U0134750

先知書
The Prophets

先知書

The Prophets

馮象 譯注

OXFORD
UNIVERSITY PRESS

OXFORD
UNIVERSITY PRESS

Oxford University Press is a department of the University of Oxford.
It furthers the University's objective of excellence in research, scholarship,
and education by publishing worldwide. Oxford is a registered trade mark of
Oxford University Press in the UK and in certain other countries

Published in Hong Kong by
Oxford University Press (China) Limited
39/F One Kowloon, 1 Wang Yuen Street, Kowloon Bay,
Hong Kong

ISBN: 978-988-867885-3

先知書
The Prophets
馮象 譯注

Impression: I

In
memoriam
Prof. Larry D. Benson

Uscicci mai alcuno, o per suo merto
o per altrui, che poi fosse beato

請告訴我，老師，我啟唇發問
極想確認那信仰可戰勝
一切謬誤

可曾有誰，憑自己
或別人的功德
從這兒出去
再蒙福

《神曲／地獄篇》4:46

目　錄

經書簡字表

希伯來聖經三十九篇

摩西五經

創世記	太	民數記	民
出埃及記	出	申命記	申
利未記	利		

前先知

約書亞記	書	撒母耳記下	撒下
士師記	士	列王紀上	王上
撒母耳記上	撒上	列王紀下	王下

後先知

以賽亞書	賽	約拿書	拿
耶利米書	耶	彌迦書	彌
以西結書	結	那鴻書	鴻
		哈巴谷書	哈
何西阿書	何	西番雅書	番
約珥書	珥	哈該書	該
阿摩司書	摩	撒迦利亞書	亞
俄巴底亞書	俄	瑪拉基書	瑪

聖錄

詩篇	詩	路得記	得
箴言	箴	哀歌	哀
約伯記	伯	傳道書	傳
雅歌	歌	以斯帖記	斯

但以理書	但	歷代志上	代上
以斯拉記	拉	歷代志下	代下
尼希米記	尼		

希臘文次經六篇

多俾亞傳	俾	瑪加伯下	加下
尤迪絲傳	尤	智慧篇	智
瑪加伯上	加上	德訓篇	德

新約二十七篇

馬太福音	太	提摩太前書	提前
馬可福音	可	提摩太后書	提後
路加福音	路	提多書	多
約翰福音	約	腓利門書	門
		希伯來書	來
使徒行傳	徒	雅各書	雅
		彼得前書	彼前
羅馬書	羅	彼得後書	彼後
哥林多前書	林前	約翰一書	約一
哥林多後書	林後	約翰二書	約二
迦拉太書	迦	約翰三書	約三
以弗所書	弗	猶大書	猶
腓立比書	腓		
歌羅西書	西	啟示錄	啟
帖撒羅尼迦前書	帖前		
帖撒羅尼迦後書	帖後		

前　言

　　這幾年，常有讀者來信詢問《先知書》何時出版。《先知書》的譯注，二〇一二年春就開始了，但暑假完成《以賽亞書》初稿後，擱了一陣子，轉向了理論研究。其間還有別的興趣和任務，如人工智能與人機倫理——物聯網智能社會帶來的挑戰，頗像希伯來先知所翹盼的"終了之日"（賽2:2，耶23:20，何3:5，彌4:1），既是對人的咎責的總追究，也是人人成聖，一場"催來"世界大同的"最後的鬥爭"（參《我是阿爾法》，頁177以下）。

　　眾先知聆受而傳世的啟示，多數為詩體；義理深奧，富於哲思，風格極"樸素、聖潔、雄健而熱烈"（《政法筆記》，頁230）。可是《約拿書》除外，聖者施教故事性不強，其"靈中所見"異象紛呈，諷喻連着詛咒、牽着哀歌。若想弄明白預言的歷史背景同寓意象徵，往往須查閱對照《摩西五經》《歷史書》等經書的相關內容。故而《先知書》的文字，若無注釋，對於普通讀者或初學者，確實不太好懂。我零九年回國服務，講課論說古以色列的先知傳統及其對西方宗教、文藝和思想史的巨大影響，立刻意識到了這個問題。

　　所以《以賽亞書》譯出初稿，是探索性質，即拿《先知書》裏篇幅最長、思想最崇高的一部做試點，開展課堂討論。接着，基於教學反饋，又寫了一組解經文章，竝研讀《以賽亞書》的札記，供學生參考，效果不錯。遂添上三五篇評論跟故事，收在《以賽亞之歌》（北京三聯，2017）。同年，與之配合，還出了一本《聖詩擷英》（北京三聯，2017），是聖詩的選本，取希伯來《聖經》四十一篇，《新約》十二篇，各具導讀和尾註。其中《歷史書》與《先知書》部分是新譯。這樣，對眾先知的宗教思想、語彙特徵及文本的歷史脈絡有了探索得來的眞切體會，才繼續《先知書》的譯注。經兩年奮鬥，心無旁騖，至去年十二月終於竣工。

《先知書》按希伯來傳統，共計十五篇（詳見本書導讀）。作者之間，思想觀念、用語和修辭均有明顯的差異；加之諸多文本片斷屬於後人託名的續作或補綴，所載神諭來自不同歷史時期，情況就更複雜了。例如《以賽亞書》中篇和下篇的各個片斷，據考證，要比以賽亞本人（活躍於公元前八世紀下半葉）晚了一到兩個世紀。故此卷譯成，便沒有像前三卷（《摩西五經》《智慧書》《新約》）那樣冠以譯序，而是作了一篇導讀，依十五位大小先知的經書順序，逐一解說。不過限於頁數，無法面面俱到地介紹，深入分析教義學説；那得寫一厚本專著才行。我的辦法，是借鑒《聖詩擷英》的導讀，就若干有代表性的章節串講，拈出問題，略作申論。各篇的角度與側重點不一，恰好相互發明，也許對讀者閱讀和理解經文較有裨益。

譯經於我，原本只是學術興趣，教書育人，則可歸於韋伯所謂"志業"（Beruf）。但在今天的高度官僚化管理、急功近利、形式主義氾濫的大學，就顯得有點不合時宜。這是因為傳道授業解惑之屬，照我們"國際一流"的評價標準，是不算科研成果，不記"工分"的（套用一個從前人民公社分配制度的術語）。即便可以記作成果，工分值也不高，得不着那隻唯有一幫經濟學家跟"市場教"信徒才"看不見的手"的青睞。因而少有人願意去做，或者有愛好也做不起，沒法子養家餬口。結果在這"滿血復活"的僱傭制下，基礎性研究，長期的投入，凡需要坐冷板凳、寧靜以致遠的一切，都已"被荊棘包圍""爬滿蒺藜"（賽34:13，結2:6）——譯經反倒成了上年紀的人的一種豁免，特許不受記工分之累；如一些老教師説的，幸虧早生了三十年，還能安心做點學問！

於是，從我放牧的羊群後面，我被忽然舉起（摩7:15），竟去到了兩千五百年前的先知身畔，走在"靈中破碎"的卑微者中間，沐浴着聖者的榮耀：看哪（賽57:15, 60:8）——

這些飛雲一般，像白鴿

旋繞鴿棚的，是誰？……

直至全書脫稿之日，正逢春節，一早起來，滿屏溢出學子賀年的微信。

然而"新冠"肆虐，各地疫情一級響應，航路阻絕，一時不能返校授課了。改完導讀，首先想到，要謝謝三年來選修"法律與宗教"、"法律與倫理"的同學們，尤其是先後擔任助教的五位：海敏、信寧、凱業、吳琦和玉璿。他們熱情高效、腳踏實地的工作，一如他們不囿於法律而豐富多彩的事業追求，是教書育人最大的回報。

同往常一樣，內子通讀了書稿，畫杠杠打鈎鈎提修改意見，又做了一回聖書的"守望者"——這一次，是為了眾先知而"警醒着，守望他們的興建與種植"（耶31:28）。

這本書獻給我的導師班生（Larry Benson）先生。先生是二〇一五年二月辭世的，享年八十六歲。當時收集了一些資料，包括我的副導師皮爾索（Derek Pearsall）等十來位教授和同學的回憶文字，準備作一篇紀念文章。可是想起先生的音容笑貌，又轉了念頭。在哈佛從先生受教六年，考訂抄本，辯駁成說，"從《貝奧武甫》到喬叟"（先生一部論文集的副標題），從亞瑟王傳奇到北歐薩迦，從普羅旺斯歌謠到中古拉丁語戲劇，學海泛舟悉憑先生指引——我得多做些成績出來，才不負他的殷殷期望。

先生是南方人，亞利桑那州的兒子，海軍陸戰隊的老兵，一顆幽默、灑脫又不失虔敬的靈魂：星期天常上教堂做義工，幫助拉美難民。我大考過後，學習希伯來先知的智慧，也是得了他的推薦和讚賞的。於是決定，還是埋頭苦幹，待把聖書五卷全部譯出，再寫先生的故事。

二〇二〇年春節過後於鐵盆齋

一個疾苦人，他認得病痛

先知書導讀

希伯來《聖經》的編排，是三分法，即聖法（torah，摩西五經）、先知（nebi'im）、聖錄（kethubim）。先知又分前後："前先知"接續摩西五經，鋪陳聖史，從摩西辭世後約書亞揮師入侵迦南（古巴勒斯坦），以色列十二支族定居福地寫起，到巴比倫滅猶大，毀聖城，子民入囚；習稱"歷史書"。"後先知"反思聖史，彙集先知言論和著述，載以賽亞、耶利米、以西結三大先知，各作一卷，並十二小先知，何西阿至瑪拉基合抄一卷——所謂"大""小"，指作品篇幅，並非地位高下的分野——共四卷，總名"先知書"。

基督教"舊約"則依循七十士本，即埃及亞歷山大城猶太經師的希臘文譯本的傳統，順序不同。摩西五經、歷史書之後是智慧書（《約伯記》《詩篇》《箴言》等），而以先知書收尾；俾眾先知關於受膏者（mashia<u>h</u>，彌賽亞/基督）的啟示，跟《新約》的福音銜接，並以《馬太福音》開頭的施洗約翰（新以利亞）故事，照應先知書末尾上帝要遣以利亞再臨福地的預言（瑪3:23–24）：從而引出耶穌的受洗與傳道。

"舊約"先知書另有《哀歌》《但以理書》兩篇。後者是亞歷山大大帝征服近東以後希臘化時期的作品，部分章節用亞蘭語創作（但2:4b–7:28），成書較晚（前167~164）；前者古譯本（希臘語、亞蘭語和拉丁語）歸於耶利米，題作"耶利米哀歌"。但《哀歌》五首詩的語言風格、宗教思想皆與《耶利米書》迥異，希伯來《聖經》把這兩篇放在聖錄，本書從之。

聖書記載，希伯來先知（nabi'）的始祖，是亞伯拉罕。《創世記》二十章，聖祖客居基拉耳時，與夫人莎拉以兄妹相稱。國王聽說莎拉美貌，派人將她接進了後宮。當晚，上帝托夢警告國王：莎拉乃有夫之婦，若不送還亞伯拉罕，"你與後宮都死路一條"。並說，"亞伯拉罕是先知，可以替你求情，保你的性命"（創20:7）。自聖祖以降，以色列先知輩出，其集大成者為摩西。聖法有言，世上沒有一個先知及得上摩西："蒙耶和華選召，面對面承教"，率以色列出埃及，佈法立約，建政教民，"在全以色列眼前，舉手展示如此大力而可畏之極"（申34:10–11）。

這些故事告訴我們，希伯來先知同周邊各國的先知、術士、占星家一樣，也是人神間的中介或中保，善預言、作法、觀兆，能替人禱告並訓誨子民；在經書中又名視者（ro'eh），獲異象者（hozeh），上帝之人（'ish 'elohim）。

先知預言，來自神的啟示，而神諭的授受是不拘途徑的，包括彈琴奏樂（王下3:15）、托夢跟"魂遊象外"（徒10:10, 22:17；傅利門，頁17）；不論看見、聽到或嗅得，均稱異象。儀式可以一個人做，亦可數人乃至成百上千一起舉行，集體陷於迷狂。這在古代近東，是標準的求徵兆、施神跡的做法。

神諭除了口傳，也有用動作演示的，屬諷喻（mashal）的一種。例如，先知將身上的新衣撕成十二片，比擬以色列十二支族分裂（王上11:29）。先知書中，以賽亞"裸身赤足而行"，做埃及俘虜和古實流民的預兆，也算一例（賽20:2）。北國先知何西阿遵旨"娶一個賣淫的為妻"，則是象徵子民對天父不忠，拜迦南大神巴力為主，為丈夫（ba`al，何1:2–3）——大神有聖女或女祭司侍奉，經師蔑稱其為"廟妓"（qedeshoth）。在南國猶大，耶利米負軛，以西結畫磚，皆預示聖城傾圮，即將被上帝拋棄（耶27:2，結4:1–3）。

跟家族壟斷的祭司職位不同，先知不論出身，可從任何階層及女性中"擢立"：在人世給至高者的旨意做一個"徵兆"，用蒙召者的言行，甚至生命，見證聖言。歷史上，以色列不乏女先知：摩西的姐姐米蓮，耶和華對法老大軍在蘆海的"全勝"由她領頭歌頌（出15:20）；海棗樹下的"蜜蜂"黛波拉，號火炬/閃電女，又審案又領軍，享"以色列的母親"之美譽（士5:7，《聖詩擷英》，頁32, 55）。

　　早期的上帝之人，類似別處的神漢巫婆，百姓可請他祈雨、醫病、尋回走失的牛羊。也有游走四方，單幹或結門派的。後來掃羅稱王（前1030），建君主制，重大決策如興兵、立嗣，往往請視者探求神意，先知便捲入了宮廷政治。遂有以利亞挑戰大神巴力的四百五十先知，反對牙哈王（前874~853在位）同王后夷色貝縱容異教的鬥爭（王下18–21章，《聖詩擷英》，頁75）。

　　公元前八世紀起，有些先知的"工作方式"變了，經常上聖殿和街市佈道，向百姓談論國事，批評這個譴責那個，儼如"公共知識分子"。其言說經門人輯錄整理、補充闡發，流傳開去，便是先知書的文獻來源。

　　恰逢亞述征伐，天下動盪，有識之士無不憂心忡忡。兵燹之世，先知領受神諭，既是傳達天父旨意，也是分享聖者的悲哀。"確實，我主耶和華行事，沒有一次不將其隱秘/先啟示於他的僕人眾先知"（摩3:7），無論反悔、赦罪，或詛咒、降罰。於是，當以色列朝野墮於安逸的常規，他們卻被"來自高天的風暴"不停吹打，而企圖喚醒世人。因為他們發現，誠然觸罪的是少數，主要是王室貴族、祭司和"扮先知"的，承責的卻是全體子民（何歇爾，頁19）。"耶和華啊……答應我，不要傳你的僕人受審。因為在你面前，活人無一/可以稱義"（詩143:2）。

　　直到巴比倫之囚結束（前538），子民回返家園，重修聖殿，這救主對忠僕的拷問與考驗，仍無結束的跡象。漸漸地，以色列的先知傳統到了盡頭。上帝之人原本即沒有門檻，做的人多了，良莠不齊，名聲自然就壞了。最終，耶和華傳諭，要從福地剗除"先知跟穢靈"，一如之前耶路撒冷的那堆異教偶像。"待到那一天，凡做先知的，無一例外，要由自己預言的異象而蒙羞；再不能披一件粗毛大袍就騙人"（亞13:2–4）

　　綜上，先知書四卷所呈現的古以色列先知文學，從阿摩司、何西阿、三大先知到《約拿書》，持續了四個世紀，約公元前760~350年。這十五篇經書的歷史順序，按通說，大致可分六組：

　　其一，八世紀中葉起，阿摩司、何西阿先後預言北國以色列的覆亡（前722/721）。緊接着，其二，南國先知興起，以賽亞、彌迦宣道警世，至"希士迦為猶大王"之時（前727/715~698/687在位）。而後，其三，自約西亞王宗教改革（前621）到巴比倫入侵，西番雅、耶利米、那鴻、哈巴谷唱響了猶大與耶京的輓歌。其四，以西結、俄巴底亞和"第二以賽亞"所見之異象，在聖城傾覆前後，竝巴比倫之囚期間（前587~538）。其五，及至波斯大帝居魯士釋囚，子民返歸福地，聖殿重起（前516），則有哈該、撒迦利亞、瑪拉基同"第三以賽亞"傳諭施教，啟示新天新地。末了，其六，波斯統治晚期（前400年以後），約珥再一次確認"耶和華之日"，而《約拿書》的作者卻藉一諷喻故事，質疑了上帝的信約義務與救恩。

以下，就按照希伯來《聖經》先知書各篇的次第，抉其大義，作一簡要的介紹。導讀舉例則不求全面，重在啟發。因經書術語、比喻象徵、異文異讀、文本片斷的組織、歷史背景和典故出處等，譯注已有解釋，這兒就不重複了。

以賽亞書

《以賽亞書》六十六章，如前文所述，處於歷史書（或智慧書）之後，先知書之首。這一位置，正是《聖經》敘事的轉捩點：福地淪陷，子民為奴，受膏的王被剜去雙眼的慘劇講完（王下25章），重拾或"追憶"之前各個時期大小先知的訓誨。故對於解經及人神關係的維護，此書的啟示至關緊要，既是聖史的自我批判和總結，又是救恩之"永約"的見證（賽55:3）。

相傳以賽亞（yesha`yahu，"耶和華拯救"）的父親阿謨，是猶大王烏齊亞的叔叔。烏齊亞在位五十二年，強軍拓疆，國力鼎盛。先知曾撰史著錄君上的文治武功（代下26:22），可惜散逸了。以賽亞蒙召那年，烏齊亞晏駕（約前742/733）；從此領受異象，歷經猶大四朝（烏齊亞、約坦、那哈、希士迦），傳道四十餘年，至公元前七世紀初（1:1, 6:1）。猶太傳統（後聖經文獻），稱其殉道在希士迦之子瑪納西（前698/687~642在位）治下。史載瑪納西拜異教神，獻童子祭，褻瀆聖殿，是個無惡不作的暴君；終於招致聖怒，種下了國家毀亡的禍根（王下21:3, 24:3–4）。

　　《以賽亞書》的文字，雄渾悠遠，適於詠誦。細讀，則語彙句式思想立場均前後不一，所涉人事一直延續到先知身後，如聖城傾圮、猶大蒙難、波斯滅巴比倫、居魯士釋囚等，長達兩個多世紀。歷史地看，許多片斷不可能出自先知之口，當屬後人編寫，託名傳世。因之現代譯本一般分作三篇，即"預言集"（1–39章）、"安慰書"（40–55章）與"萬民的殿"（56–66章），而僅把上篇的一部分歸於以賽亞。其餘的章節，凡內容分歧風格迥異，可考證的人事年代較晚的，比如預言巴比倫竝諷喻其君王的章節（13:1–14:23）和所謂"以賽亞啟示錄"（24–27章），就視為弟子或再傳弟子的作品（《以賽亞之歌》，頁121–122）。

　　"預言集"以譴責子民背叛開始，終於希士迦王重病，奄奄一息，請以賽亞祈禱延壽。先知求得一個康復的徵兆（日影倒走），不久，卻道出了凶信：看哪，日子快到了，宮中的寶物，祖宗的庫藏，都要擄往巴比倫，一樣不留。而國君"親生的兒子""將來的後裔"，要抓去"收在巴比倫王宮當太監"（39:6–7）。基調是悲傷而憤恚的。因為以色列大面積腐敗了，"既不為孤兒伸冤/也不替寡婦主持公道"，乃至蔑視至聖，"朝他背轉了身子"（1:4,23）。

　　儘管如此，當那必來的屠殺和覆亡，即上帝的懲罰過後，雅各家的"殘餘"定會收復錫安，竝"藉耶和華的光明"偕萬民前行。這一"終了之日"異象的啟示，便是第二章開頭，膾炙人口的聖者之應許："他將在族與族之間審判，替萬民裁定是非。而人要把劍打成犁頭/變長矛為修枝的鉤。一族不必向另一族舉劍/再不用學習爭戰"（2:2–5，《聖詩擷英》，頁83）。

　　當然，普世皈依同登聖殿，這"新耶路撒冷"的降臨，是有前提的；那就是，救主須實踐他同耶西之子大衛的"永約"（撒下7:14–16，詩89:27–29）。

　　由耶西的樹樁，要發一嫩枝
　　從他的根子要抽出新芽。
　　他身上要憩息耶和華的靈……

審案他不是憑兩眼所見

判決也不僅靠耳聞。

弱小的，他審之以公義

卑微於世的，必判以正直。

他口銜棍杖，痛擊大地

啟唇呼氣，他專殺惡人——

公義，乃他的腰帶

他胯上束的是忠信。　（11:1–5）

此詩也是聖書名篇。對照上述第二章"錫安頌"大同世界的異象，則可發現，先知強調了兩點。一是聖言承諾的普世拯救，將繫於"耶西的樹樁"生發"嫩枝"或"新芽"，即大衛王的一位子裔（11:1）。這是以色列先知傳統中，受膏者/彌賽亞思想脫離君王、大祭司和先知的膏禮，轉向末日救贖的重要一步。第二，那最後的解放，新人新獸與新天地的誕生，如聖者應允，取決於人們"對耶和華的認知"充盈大地（11:9）。

這"充盈"二字（mal'ah），卻是極高的理想。因為，僅有一位大衛之子身上"憩息"聖靈，無論他多麼偉大，是談不上充盈大地的。那化作聖言而啟示的理想，便不應是某個英雄或拯救者的等待；相反，唯有如摩西所言，"耶和華的子民都變成先知，人人承接耶和華的靈"（民11:29），才有實現的可能。

理解了以上兩層意思，我們就不難看到，這人人受膏而救世的"靈馨"，跟西方歷史上的種種進步思潮、社會改造和革命運動，包括共產主義理想的淵源關係。

至於成詩的年代，學界眾說紛紜。有歸於先知本人的，也有主張晚一個世紀，如猶大王約西亞（前640~609在位）之時，還有推至聖城傾覆（前587/586）以後的——子民對大衛後裔稱彌賽亞的強烈期盼，先知關於靈恩膏立"澆注子實"的論說（44:3, 61:1），都是巴比倫之囚後期開始興盛的信念（耶

23:5，結37:24–28）。但有一點可以肯定，"預言集"的這一片斷，不是中篇"安慰書"作者的手筆。後者習稱"第二以賽亞"（Deutero-Isaiah），傳道於子民入囚之後。這位"後先知"寄望的不在大衛王室的復辟，而是"日出之地"波斯的"一個宏圖之人"，消滅巴比倫並救命釋囚的居魯士大帝——那耶和華親選、"握住他的右手"的彌賽亞（45:1, 46:11，《聖詩擷英》，頁88）。

　　而後，野狼要與羊羔共處
　　豹子和小山羊同宿；
　　牛犢小獅要跟肥畜合群
　　由一個牧童帶領……

　　在我的整座聖山之上
　　再無作惡，無傷亡；
　　因為大地要充盈對耶和華的認知
　　一如洪流覆蓋海洋。　（11:6–9）

　　《以賽亞書》中篇"安慰書"，背景是巴比倫之囚後期（前550~538），波斯業已興兵；"一位勝者"即將來到，他要收取萬族而"踏倒眾王"（41:2）。有四首"忠僕之歌"，佈局精巧，迴旋照應，是理解、探討"第二以賽亞"思想的關鍵。第一首在四十二章，寫上帝對忠僕（指以色列或忠信者的"餘數"或其先知）的褒揚：看，我這僕人——我扶持、揀選而心裏悅納之人！他雖有耶和華攙扶，是"搏來/給眾人為約，做萬族的光"的，行事卻十分謹慎："壓傷的蘆葦，他不折斷，將滅的燈芯，他不吹熄/只是將公道忠實傳佈"（42:1–9）。

　　其二在四十九章，為忠僕自述：耶和華召我時，我尚在子宮/未出母腹，便取了名字。使命誠然艱巨，有時"拼盡全力，只換來一口噓氣"，但他從不灰心。因他的報酬在雅各的救主：不僅要把流散的"以色列保住了/領回"，更要將"耶和華的光明"帶給萬國，俾"救恩/囊括地極"（49:1–7）。

其三在五十章，忠僕繼續表白：主耶和華賜了我受教的舌頭，教我用言語將困乏的撫慰。但宣道需要極大的耐心和勇氣，因為除了敬畏者，他還須勸導"走在黑地裏，不見光明"的芸芸，甚至面對殘酷的迫害。"只把背對準打我的人，臉頰給那拔鬍鬚的/沒有掩面，躲侮辱與唾唾"（50:4–11）。

第四首最長，是天父同子民的一場對話（52:13–53:12）。起始，上帝預言，忠僕"必興盛/必得高舉，極受尊崇"。然而那勝利之日到來之前，他已經"形容枯槁，不成人樣/殘軀已不似人子"。接着，子民講述"一個疾苦人"的犧牲，如何替眾人承擔咎責。而他最大的痛苦，還不是"因我們忤逆才被刺穿，因我們罹罪而被碾碎"，而是族人的誤解、冷漠，"藏臉不理"，以為"他遭打擊/是上帝出手，將他折磨"。

結尾，耶和華回應，再一次允諾救贖。"待劫難過後/他的靈必見光明而滿足；憑此認知，眾人要因我的義僕/而稱義"（53:11）。可是那"囊括地極"的救恩，人們都曉得，已經無限延宕了。而且，關於疾苦人所認得的"病痛"，現實又那麼無情（53:1, 3，詳閱《以賽亞之歌》，頁136–139）：

我們說與人聽的，有誰肯信？
耶和華的巨臂，曾向誰顯露？

《以賽亞書》下篇，拙譯題為"萬民的殿"，內容風格跟中篇明顯有別，多是居魯士釋囚（前538），子民回返福地以後的作品。作者舊稱"第三以賽亞"（Trito-Isaiah），實際上不可能是一人；毋寧說，下篇是"以賽亞傳統"後期多位先知（包括"第二以賽亞"的弟子）的思想文字的彙編。

但彙編並非沒有統一的主題，那就是耶路撒冷的復興，祈望中的受膏者/新王的統治。作者擁抱了宗教普世主義，憧憬着異族歸附而朝拜聖山，竝詠讚

“靈中破碎”的卑微者與聖者同在（57:15）。為此，他譴責會眾受異教統治者的“孽謀”蠱惑，偏離耶和華的正道。另一方面，能作此期盼，也反映了猶大作為波斯行省的現實：新主子遠較巴比倫為寬容。

以末章為例。起首是上帝“廢聖殿”的宣言（66:1–4），可看作聖者對子民重建耶京聖殿竝為之祝聖（前516）的反思與批判。顯然，作者擔心，形式主義教條主義的祭禮，會催生貴族祭司集團的腐敗，且愈演愈烈，讓以色列重走“歧路”，招惹天怒。因此他主張回歸祖宗的“窮人宗教”；務使貧苦人，或“靈受了打擊”“因聖言而顫慄”的，全體蒙恩，迎來“耶和華之日”（2:12, 13:6，番2:3）。

隨即，切換至另一片斷（66:5以下）：聖殿未廢，仍是聖居。而且很快，聖言宣告，“耶和華的雷霆”就要從那兒響起，“向仇敵施報應”。然後，救主將在烈火中降臨，揮劍“審判一切肉身”（66:6, 16）。這是一篇翹盼末日、預言“新天新地”、洋溢着革命的天啟主義（apocalypticism）理想的檄文。意象瑰麗，氣勢磅礴，後世猶太教同基督教的末日想像和教義學説（包括旁經、僞經與後聖經文獻），無不受其影響（《聖詩擷英》，頁97）。

耶利米書

耶利米（yirmeyahu，“耶和華升揚”），出身於耶路撒冷附近牙娜城（`anathoth）的一個祭司家庭。他的蒙召，開始施教，是在約西亞王十三年（前627）。那一天，“耶和華之言”忽然降臨：“母腹中尚未搏你，我就認了你/沒出子宮，就祝聖了你，立你做萬族的先知”。他想推脱，説年少口拙，不能勝任。可是天父已經伸出手，點了他的口：好了，我把我的話放進你嘴裏了。看，今天我立你於列族列國之上，乃是要你去拔除，去拆毀/去興建，去種植！（耶1:4–10，參賽6:6）。

從此，世界大變。人們習以為常的一些主流觀點、偏見和“陋習”，一些百姓每天抱怨，但依舊忍受着的社會不公，包括王公貴族和聖城祭司的腐敗無能——原先耶利米自己也不太關心，熟視無睹的種種，現在一下都成了他揭露、譴責的對象。不音耶和華將"一杯聖怒之酒"交到他手裏，要他拿給列族去喝，直喝到爛醉，嘔吐，在那上帝召遣、砍向各國的利劍下仆倒，再也爬不起來。而福地將淪為廢墟，子民要給巴比倫王為奴，整整七十年，直至上帝轉過臉來，追究迦勒底人的咎責（25:8以下）。

然而最讓先知感困惑的，還是他"開眼"所見，子民外族不論，到處一樣的好人受苦、惡棍享福。國王的宗教改革轟轟烈烈，聖殿的祭壇淌下鮮血，青煙瀰漫，飄向天庭。可是"為什麼，惡人不死/反而頤養天年，勢力囂張"（伯21:7）？雖說聖法教導，一人負罪必牽連會眾，因而子民須承擔一定的團體責任，但上帝降罰，動輒死傷無辜：這世界真是如造主所言，一切皆按神的意願實現，"非常之好"麼？（創1:31）。

終於，耶利米站到萬軍之主面前，宛如聖祖當年在所多瑪的山上，向同行的救主提問、懇求、替人子申辯（創18:22以下）——儘管他已有聖言應許，若是城裏能找出一個"行公道、求忠信"的，耶和華願意寬恕耶京（5:1, 12:1–2，《聖詩擷英》，頁103）：

公義在你，耶和華，我如何與你爭訟？
但我還是要同你論理：
為什麼，惡人的路條條順達
越是欺詐的越安逸？
你栽的他們，他們就生根
蔓延，是呀，還結了果子！

人蒙召當了先知，照理說，是大好事。耶利米對此也有感人的回憶：當初你的話一來，我就吃了/你每一言都是我的喜悅，心中的歡愉：是呀，被喚歸你的名下——耶和華/萬軍之上帝（15:16）！聆受聖言而承恩，先知比作女子訂婚，歸在丈夫/主的名下——稱耶和華為主（'adon），為丈夫（'ish，14:9，申28:10，賽4:1，何2:18）。

但是，聖言不全是喜訊。耶利米傳道之初，亞述衰落，幼發拉底河下游巴比倫崛起，不久即北上攻破亞述的王城尼尼微（前612）；接着向西，擊潰埃及聯軍，佔領亞蘭（敘利亞），大軍直逼迦南。猶大一片惶恐，到了傾覆的前夜。所以，當先知開始批評朝廷的搖擺不定、投機主義外交政策，勸誡聖城居民，要他們放棄享樂，回歸聖法，要"迷路的褻瀆的"趕快悔改：他的日子就難過了。貴族百姓都不肯聽他的；甚而，因為他道出了令人難堪而殘酷的真相，就排斥他，陷害他，朝他投以"噓聲"和詛咒。

於是耶利米不論走到哪裏，都是一個"人民公敵"。他遠離追逐財富與安逸的人們，悲哀地獨行，為會眾所唾棄。依然，他被上帝的巨手抓住，"全身注滿了怨憤"（15:17）。先知簡直痛不欲生了，再也按捺不住，他一腔怒火，向擢立他、"以聖名下聘禮的那一位"噴發——給我們留下了這首千古傳唱的"義怒之歌"（20:7以下，《聖詩擷英》，頁107）：

耶和華啊，你勾引了我。我竟然
"乖乖"上鈎！你抓住我強迫我
我反抗不了：如今我一天到晚
受人恥笑！
我只要開口，就忍不住呼喊：
強暴！毀滅！
因為耶和華的話
於我，是終日的辱罵和譏嘲。

我說了我不要想他
再也不奉他的名說話。

可是心裏就像禁閉着一團烈火

燒乾我的骨髓——我忍不住

我受不了！……

據傳統教義，天父同人子立約，可視為創世宏圖的展開；信約所宣示的，無非預定之救恩。然而考之於聖史，還原聖言的語境，上帝立約，卻更像是一系列處理危機的憲政安排：災殃過後，至高者檢討並決意重建人神關係，扶持忠信者，擺脫困境。

比如挪亞出方舟，耶和華掛戰弓立彩虹之約，允諾息洪，不滅蒼生；准許人以動物為食，但禁止吃血，血仇必報（創9:1–17）。那是大水淹了一世界的“邪惡”與無辜生靈，僅存挪亞一家八口，“取潔淨的牲畜並鳥兒”獻祭之日，上帝負疚，修正神恩：俾人類盡快“生兒育女、遍佈四方”。

再如亞伯拉罕聽從召喚，攜家人遷迦南，拜受肉塊之約及割禮之約；蒙耶和華應許福地，子孫繁衍，多如天星海沙（創15, 17）。那是亞當子孫在巴別塔下被造主扭了舌頭，人語分蘗，不通聖言，致使上帝失聯，不得不“絕地反擊”：立聖祖為先知，由他開始，重新揀選子民（參《以賽亞之歌/考驗》）。

又如摩西承命，率以色列出埃及，登西奈山聆受聖法；上帝更新福地之約，認以色列為特選產業，成祭司之國、聖潔之邦。摩西領會眾築壇獻祭，灑血立約，誓遵聖言（出19, 24）。那是以色列寄居埃及，“奴隸之獄”四百三十年，淡忘了聖名之後，救主至慈，入居荒野，“白天雲柱，夜晚火柱，須臾不離子民的前路”的偉大長征（出40，《聖詩擷英》，頁37）。

那麼，第三十一章，耶利米傳諭，耶和華要子民悔改，另承“新約”（berith hadasha），又是怎麼回事呢？原來，公元前612年巴比倫滅了亞述，繼而西進，稱霸近東；猶大雖是巴比倫的藩屬，也未免惶惑不安。埃及趁機鼓動結盟禦敵。周邊五國遂派使節到耶路撒冷，商討停止納貢，一起舉兵事宜。大臣也都力主加盟。國王正舉棋不定，忽報先知求見——他頸脖套了繩索木軛，特來宮中向君臣使節宣佈：萬軍耶和華，以色列的上帝有言：這幾國我已交在"我的僕人巴比倫王尼布甲尼撒"的手裏，連野獸也一併賜下，給他為奴！凡不肯引頸就軛、服事巴比倫王的，我必揮劍降饑荒鬧瘟疫，嚴懲！（27:2–8）

不難想見，正當耶京上下積極備戰，決心抵抗侵略，捍衛民族獨立之際，那木軛先知卻倡言投降，還把膽怯的失敗情緒歸於上帝的旨意，會是什麼結果。他成了眾人羞辱的民族敗類、叛國賊、"假先知"，一次又一次鞭打、上枷，被投進地牢，差點處死（20:2, 32:2, 37:11–16）。而尼布甲尼撒，一如聖者預言，做了耶和華的僕人和"刑鞭"，蹂躪福地，屠戮子民，一把火焚了那天庭之主在人世的聖居。

猶大王耶義（zidqiyahu，前597~587在位）沒能逃脫，被追兵捉住扔到尼帝腳下。巴比倫王判決，將耶義的兒子推來父親面前，一個個斬了，連同猶大所有的公卿大臣。然後剜掉耶義的眼珠，套上鐵鐐，跟被俘軍民一起，光着腳走上了囚徒之路（39:5–10）。

就這樣，大衛王室斷了根子，上帝恩賜大衛"王權永存，寶座永固"的聖約不存（《聖詩擷英》，頁73注）。取而代之，亡國為奴之後，便是耶利米事先奉旨，要子民迷途知返，重新承約——那不用王權寶座來擔保，但必須"寫在他們心上"的新的永約（32:38–40，同上，頁112）。

以西結書

公元前七世紀末，猶大已由埃及的附庸轉為巴比倫的藩國。國王耶舉（yehoyaqim，前609~598在位）卻誤判形勢，犯了一個致命的錯誤：重新投靠埃及。結果，耶路撒冷被迦勒底大軍圍困，耶舉病卒（王下24:1–6）。

繼位的新君耶立（yehoyakin），年僅十八，率王后大臣投降（前597）。宮室庫藏連同聖殿被敵軍搶劫一空，貴族工匠壯丁等一萬人，擄去巴比倫。征服者尼布甲尼撒另立廢王的叔叔耶禮為猶大王，改名耶義（zidqiyahu）。耶義做了幾年傀儡，不聽先知勸阻，復又結盟埃及，起事反叛。尼帝隨即興師討伐。這一次，"巴別子孫"摧毀了聖城，燒了聖殿；猶大覆滅，大批子民入囚（前587/586）。

跟隨廢王耶立入囚巴比倫的俘虜裏有一位祭司，名叫以西結（yehezqe'l，"神賜力量"）。某日，在客壩河畔，忽有耶和華的榮耀降臨，一個聲音向他說：人子啊，你站起來，去給那"抗命之家"（beth hammeri），即以色列，傳我的聖言！以西結抬眼望去，天上伸下一隻手來，給他一軸書卷，正反兩面寫滿了哀歌、呻吟與悲泣。人子呀，那聲音道，把你受賜的吃了！他便張開嘴，那書卷入口，竟是蜜一般的甜（結2:9–3:3）。

就這樣，以西結當了耶和華的先知——子民中間最幸福，也是最痛苦的人。幸福，是因為他雖然在敵國為奴，飽經凌辱，卻時時聆受聖言；甚而於異象中得見四位天尊（hayyoth），人獅牛鷹四臉四翼，牽引着天庭御輦，托起穹隆上一架藍寶石樣的寶座，光芒萬丈，全能者的榮耀高踞其上（1:4–28）。痛苦，則是由於每逢異象，所承使命，都是要他警告族人災殃已近，而他們無論君臣百姓都註定了不會迷途知返（賽6:10）。然後，他就不得不發出聖者的詛咒，預言祖國的覆亡。

最傷心的一次，他被那隻巨手抓住頭髮提在空中，靈風吹拂，送回了錫安（8:3）。由王宮北門走進聖殿，啊，那兒怎麼又豎起一尊女神，聖怒不容！牆上，何時雕刻的一條條爬蟲跟穢物，那麼噁心？而以色列家的七十長老正手提香爐，青煙繚繞，朝它們膜拜……先知看得痛切，救主如何摒棄了他的子民；連自己的聖居，所羅門王造的聖殿，也沒顧惜，一總交在尼帝手裏，任他踐踏褻瀆、夷為平地（9–10，《聖詩擷英》，頁117）。

當然，這一幕幕慘劇只是以西結自己的"靈中所見"，旁人是看不到的。如何理解，信服與否，便不是他能夠保證的了。但是先知心裏明白，聖言決不會落空。所以，他將歷年所得的啟示一一記下，托人帶回殘破的聖城，為時人，也給後世做一卷見證。其闡發的義理，歸罪與報應原則，以及對救恩之日的憧憬：萬軍耶和華終將再臨福地，寬赦子民，賜“以色列全家”重生——這些因虔敬而大膽而奇異的明喻和教導，無不是聖書之瑰寶。例如（37:1–6）：

耶和華以手覆我，以耶和華的靈將我攜出，放在那山谷中央——啊，遍地是骸骨！他引我四處走了一遭，看哪，層層叠叠堆滿了山谷，全是枯骨！於是他說：人子呀，這些骨頭能復活麼？我說：我主耶和華啊，只有你知道。他說：你向這些骨頭預言吧，說：

枯骨啊，請聽耶和華之言——
如是，主耶和華訓諭這一具具骸骨：
看，待我親自將元氣存入你們
你們就復活了。
待我給你們貼上筋，敷上肉
裹上皮，再注入元氣
你們就重生了——就認識到
我，乃耶和華。

先知書三大先知，以賽亞、耶利米和以西結，既是耶和華的傳道者，也是敏銳而深邃的哲人。以西結蒙召在入囚的第五年（前593），對於罪罰救恩、生命與苦難，其感受之痛楚，非常人可比。而他的思想學說，就其巨大的歷史影響而言，幾乎重構了人神關係。上帝降罰，依傳統觀念，是子民陷於罪愆的報應。但以西結強調，聖怒一忍再忍，實際是受約束的，為向列族昭示聖名之尊嚴（20:9–44）。同理，耶和華重續永約或“平安之約”，亦非獎勵耶路撒冷悔改，回歸天父，而是出於救主無盡的慈愛（hesed，出20:6, 34:7）。之後，澤被大愛，才有罪人自覺的悔改（16:62–63）。

據此，以西結明確提出竝全面闡述了個體責任的罪罰原則——父罪不必子承，誰違法誰負咎責（18:4, 19–20）。易言之，罪罰一如恩典，也源於上帝之愛；耶和華為王，即大愛為王。落實到每一個個體，唯有罪責自負，才能促成人人悔改，讓子民換一顆"新的心"，以領受"新的靈"，獲重生——何必要死呢，以色列家？因民的先知如此發問（11:19, 18:31–32）。

原先，按照摩西傳統罪責連帶的團體責任，神恩一如罪罰皆可祖孫轉承，報應只在今世：耶和華不容不忠（qanna'），"凡恨我、被我定罪的，我必降罰於其子孫，直到三代四代；凡愛我、守我誡命的，我必以仁愛待之，澤被千代"（出20:5–6, 34:7）。因而"惡人的路條條順達"（耶12:1），意味着報應將落在兒孫頭上，並非公義受阻。相應地，人死後，亡靈不論善惡，一律墮入陰間（she'ol），與陽世隔絕。"子裔享尊榮，他無從知曉；遭人輕賤，他也不會察覺——他只能感受肉身的痛苦/亡靈，只為自己哀哭"（伯14:21–22）。

若是罪責自負，今世報應就成了問題。因為顯然，好人受苦、惡棍享福乃是現實生活（即私有制下）的常態。而陰間善惡兼收，則成了人世不公的鏡像，這是創世聖言迴避不了而必須回應的。以西結的啟示，或"耶和華的手"再一次把他"覆蓋"，便是第三十七章"枯骨逢元氣"的故事。

是的，如果有朝一日死者會復起，義靈將由以色列的聖者指引，重返錫安，那現時子民所忍受的搶掠屠殺和奴役又算得了什麼？不過是救恩的稍稍延宕罷了。而苦難中會眾對"報應之日"的無條件的接受與翹望，就繫於這復活的信仰了。

何西阿書

先知書，三大先知之外，還有篇幅較短的十二篇，象徵以色列十二支族，以《何西阿書》起頭，稱"十二小先知"。

何西阿（hoshea`，耶和華"拯救"），是小先知裏唯一的北國人氏，生平不可考了。他蒙召傳道（前750~721），恰逢亂世。亞述西侵，列國披靡，以色列卻陷入了血腥的王位爭奪，最後二十年換了六朝君主，四個被臣子謀殺。對外政策也遊移不定，一會兒稱臣納貢，做亞述的藩邦（王下15:19–20）；一會

兒又跟亞蘭（敘利亞）結盟，試圖反叛，或者就投靠亞述的宿敵埃及（何7:11,
11:5）。末了，亞述王大軍打來，圍困都城撒瑪利亞三年，北國覆滅，大批居
民被擄去了兩河流域（前722/721，王下17:5–6）。

何西阿的預言，在他的家鄉，大概是不招人待見的。篡位的僭主跟祭司集
團一樣腐敗，"假先知"蜂起，誤導百姓，追隨"邪神"，統治者卻寧可信強
鄰信盟約，不信靠上帝。這些都是他譴責的對象，得罪的人太多了。加之忠言
逆耳，有誰肯聽呢？先知的苦悶，可想而知（9:7）：

來了，降罰之日！

到了，報應之日：願以色列認得！

——愚蠢哪，先知

靈附體的，瘋了！

——因為你，咎責極多

才有此怨恨極大！

這些啟示的原始文本，通説是亡國之後先知本人或弟子帶到猶大的，經
後人編輯成書。因為書中用猶大王朝紀年，時而在關鍵處，例如敘事結尾插一
句，順帶説明南國的罪孽與命運，像是編者補入的（1:7, 3:5, 12:1b）。當然，
也不排除一種可能：先知流亡猶大期間，開始關注當地的宗教和政治問題，自
己做的修訂。

一部《何西阿書》，傳揚最廣的是起首三章，寫先知奉耶和華旨意"娶一
個賣淫的為妻，跟淫婦生孩子"（1:2），做一諷喻的象徵。通觀聖史，上帝同
以色列會眾的關係比作父子或夫妻的説法，竝不鮮見（11:1，出4:22，申1:31，
耶31:9，太2:15）。因此那三章所述——妻子歌美不貞，跟了別人；做丈夫的如
何耐心等待罪人悔改，一邊咒她、罰她、將她挽救，直至重歸於好，等等，很
難説是作者真實生活的寫照。但這啟示的宗旨，不在討論某人婚姻家庭的禍福
教訓，而是藉一諷喻指出：天父與子民立約，是建立在感情和認知基礎上的。

如果沒有雙方感情的投入，不求彼此認識的覺悟，人神之間只講法條教義跟祭禮，那信約是維持不久的。信約動搖，失了根基，救贖的應許便成了空話，如先知感歎的：以法蓮（北國的別名）還在一個勁為贖罪築祭壇，可那一堆祭壇本身就是罪愆（8:11，《聖詩擷英》，頁129）。

約珥書

約珥（yo'el，"耶和華上帝"）是猶大先知，身世不詳。他的文字，十分強調聖殿禮儀和祭司之功，對耶路撒冷的復興、以色列的聖者擊敗竝審判敵族（所謂"萬族"）充滿了信心（珥4:2）。先知文學的熟路，如亞述蹂躪福地、子民入囚巴比倫、大衛後裔為王之類，他反而絕口不提。加之作者對阿摩司、以賽亞、耶利米、俄巴底亞等先知語錄的嫻熟借用，學界通說，把《約珥書》歸於波斯統治後期，公元前400年以後。

先知書的編者卻着眼不同，將此書放在早幾個世紀的《何西阿書》與《阿摩司書》之間，或因末章譴責非利士諸城，正好對上《阿摩司書》開頭列族受"大審判"的預言，主題相似的緣故。

《約珥書》不長，四章，結構勻稱，可分為上下兩篇。上篇（至2:27）寫蝗災：猶大在哭號，聖所祭祀中斷，"田疇荒廢，泥土舉哀"（1:10）。當上帝降罰之日，羊角號響起，先知呼籲"眾長老召集全國的居民"禁食祈禱，求天父"反悔，撤消災禍"（2:13）。下篇（3:1起）預言，耶和華即將"自錫安吼叫"，令諸天大地震顫，"太陽昏黑，月亮血紅"；直至萬族集結，滾滾洪流來攻打聖城，在脫粒橇之谷（`emeq heharuz）接受上帝的判決（haruz，4:14）。

因為作者關注祭禮的功效，主張悔罪以求得赦免，有學者認為他是第二聖殿（新聖殿）的祭司，另一位先知瑪拉基的同道。然而那只是猜測，不能排除別的可能，如摹仿或回應前輩祭司的作品。《約珥書》最著

名的一闋，在第三章起首，聖者宣告"耶和華之日/降臨，那至大而可畏
［之日］"（七十士本及欽定本2:28以下）：

那以後——
我要向一切肉身傾注我的靈：
你們的兒女個個要預言
老人要做異夢
青年要見到異象。
甚而對奴婢，臨到那一天
也要傾注我的靈。

這是聖殿先知的衷心祈願，"人人承接耶和華的靈"，一如摩西所願（民
11:29）。換言之，待到那一天，當猶大與耶路撒冷"扭斷囚鎖"（4:1），拯救
將無分貴賤，削平階級壁壘，破除分配不均。這實質平等的正義理想，流播後
世，才有了一位彌賽亞/基督使徒的信條："一靈之內，同歸一身，猶太人希臘
人無論，奴隸自由人不分，眾人共飲於一靈"（林前12:13）。

阿摩司書

阿摩司（`amos，耶和華"抱起/背負"），來自伯利恆東南挨近猶大荒野
的一座小村，出身牧主（noqed，或種羊培育者，摩1:1）。經書上說，一天，
他正趕着羊群，忽被耶和華"提起"，靈中受了聖言：去，給以色列我的子民
預言吧！他就當了先知（7:15）。那大概是公元前760年的事。

他便由耶路撒冷向北，來到北國的聖所"上帝之家"（beth'el，創35:7,
15），開始在那裏傳道。其時以色列國勢鼎盛，增民二世（yarob`am，前
788~747在位）秣馬厲兵，拓疆取勝，財富聚積，商埠興隆。然而在"耶和華的

牧人"眼裏，那一片欣欣向榮背後，處處是日益嚴峻的社會不公，貧困、奴役跟司法腐敗，人遭了天譴仍不自知（2:6–8）。

> ［討債的］拿義人換銀子
> 窮漢僅賣一雙鞋的價錢；
> 弱者的頭他們一腳踏進塵土
> 卑微者的路踢在一邊；
> 兒子跟父親睡同一個女奴
> 就這樣，褻瀆我的聖名！

　　於是阿摩司毫不留情，將以色列的罪行一椿椿聲討，連同她的被異教偶像玷污了的聖所祭壇、充斥着不義的都城撒瑪利亞。不過當耶和華動怒，決定降蝗災旱災時，先知又挺身而出，力諫寬恕為懷：雅各這麼瘦小，他如何站立得住？萬軍之主居然被"瘦小"二字感動了，竟"有了悔意"，乃至出於大愛而懸置神的全知——兩度收回了成命（7:1–6，參《以賽亞之歌/後悔》）。

　　那上帝之家有一個祭司耶強（'amazyah）。他聽得先知責難聖所，就向國王告狀，指其詆毀君上、詛咒以色列家。然後喚來阿摩司，一頓訓斥，要他滾回猶大，去鄉下"掙你的麵餅，講你的預言"，不許再來上帝之家扮先知："這兒是吾王的聖所，是王國的殿"。不想阿摩司回答：我可不是吃先知飯的，也不是先知子弟（即不屬任何門派）。我只是個放羊的，也［幫人］割埃及榕果子。但既然你不許我給以色列預言，那好，聽着，此乃耶和華之言：將來，你的妻必當街賣淫/你兒女必倒在劍下/田地必被人拉繩丈量了分光；你自己，必死於污穢之地（貶稱外國，拜偶像故），而以色列必入囚異鄉（7:10–17，申28:30–33，何9:3）。

　　耶強同妻兒的命運如何，聖書未提，不得而知了。但阿摩司在上帝之家施教，時間恐怕不長。或許他回到家鄉，對猶大和耶京也有預言；終於，也有了弟子跟從，記錄異象的啟示，把後人對救恩的希冀與理想記在先知名下，譬如這一段尾聲：

那一天，我必重起大衛坍塌的茅棚：
堵上破口，把摧毀了的修復，將她
再造了一如往昔……

看，日子快到了──耶和華宣諭──
那扶犁的要攆着收割的
踹葡萄的趕上播種的；
大山要淌下新酒
小山都溶於[醇釀]。　（9:11-14）

耶和華之日，耶和華有言，"我必扭斷我的子民以色列的囚鎖"　（詩126:1，《聖詩擷英》，頁136）。

俄巴底亞書

一部希伯來《聖經》，此書最短，不分章。作者失考。俄巴底亞這個名字，意為"耶和華的僕人"（`obadyah），所以也可能是作者的別號，竝非本名。書中寫到耶路撒冷陷落，指斥紅嶺（'edom）趁火打劫，侵佔福地（俄11）。故一般認為，這位"耶僕"是活躍於聖城罹難前後的先知，與耶利米同時或略晚。

紅嶺地處猶大東南，又名紅族，奉雅各/以色列的哥哥以掃為祖。歷史上同子民既有親善往來，也有齟齬衝突和血仇（民20:14-21，申2:4-8, 23:7，王上11:14-22）。尤其是尼布甲尼撒傾覆耶京，紅嶺出兵協助，手上沾了子民的血，故而巴比倫之囚期間（前587~538）編輯成書的先知文獻和詩篇，聖言對紅族多有控訴、譴責或詛咒（賽34:5–15，耶49:13–17，結35:5，詩137:7，哀4:21）。這《俄巴底亞書》，便是其中獨具風格的一個代表（11–14）：

那天，你站在一旁
當外邦人搶走他的財富，當番族
闖入他的城門，拿耶路撒冷
抓鬮──那天你就像一個幫兇！

不，你不該冷冷地旁觀
在你弟弟的遭難之日；
不該心中竊喜
在猶大子孫的毀亡之日；
不該口出狂言
在那個困厄之日。
不，你不該也擁入城門
在我子民的災殃之日；
不該跟別人一起看着猶大遇禍
在他的災殃之日；
不該對他的財富伸手
在他的災殃之日。
不，你不該擋在岔路口
連逃生的也砍上一刀！
不該交出他[們]的倖存者
在那個困厄之日。

上帝不憐，不會為感情所觸動，無愛亦無恨，是斯賓諾莎的定義（《倫理學》V, prop. xvii）。據此，人若愛神，就不應指望他報以關愛。因為天父一旦被我們的歡愉或痛苦打動而做出回應，便減損了神的完滿（teleios，何歇爾，頁325）。可是《俄巴底亞書》證明，聖書所描寫的以色列的上帝，就情感而論，是一典型的人格神，不僅"男人女人，都依照他的模樣"（創1:27）；他心裏存着大愛大恨——愛子民之所愛，恨子民之所恨，絕無掩飾。

"雅各是我的所愛，而以掃，我恨"，他説（瑪1:3，羅9:13），完全不在乎經師哲人替他設想、構建的那一片虛空中的"完滿"。

約拿書

歷史上的約拿（yonah，"鴿子"），是增民二世朝（前788~747）一個加利利先知，曾傳達神諭，助國王擊敗亞蘭，收復約旦河東的失地（王下14:25）。但《約拿書》並不是這北國先知的語錄或行傳，而是借他的名虛構，一篇反諷先知、有點"離經叛道"的詼諧寓言。從語彙風格、作者的普世救贖思想及對以色列的仇敵亞述的平和態度看，學者推測，大約成書於波斯統治後期，公元前四世紀上半葉（《聖詩擷英》，頁140）。

"鴿子"約拿可説是先知中的另類。他既不譴責耶路撒冷的"淫行"，也不詛咒歧路上的子民或周邊異族。相反，他一聽聖言召喚，抬腳就跑；下到碼頭，找了條外邦人的商船，往拓西（tarshish），就是希伯來人心目中的極西之地，揚帆去了（拿1:3）。

可耶和華哪是躲避得了的？一場大風暴追上"鴿子"，差點掀翻了船。水手們一邊往波濤裏扔貨物，一邊呼眾神救命。約拿卻藏在底艙睡覺，被船長發現，便叫眾人抽籤，看是誰惹的禍——抽中的正是"鴿子"。約拿道：把我丟海裏吧，這風暴是衝着我來的。眾人見巨浪滔天，忙向以色列的上帝禱告許願，然後舉起先知送與怒海。風浪果然平息了。

罪"鴿"落海，就被一條大魚吞了——依照耶和華的安排。他在魚腹裏向救主懺悔，念了一首結構勻稱、化用《詩篇》句法意象的感恩頌（2:3–10）。三天三夜過去，大魚游到岸邊，將先知吐了出來。

耶和華又在召喚：起來，去尼尼微傳我的聖言！這一次，約拿不敢逃了；他來到亞述大城，走上廣場，高聲宣佈：還有四十天，尼尼微就要傾覆（nehpak̲eth，雙關：翻轉、改過）！亞述雖是摧毀以色列的霸權，耶和華一度的"刑鞭"（賽10:26），那大城居民卻不乏敬畏之心。一聽"傾覆"，便家家戶戶禁食披麻；國君帶頭，脫下冕袍，繫上衰衣，坐在灰裏，傳旨：全國悔罪，人畜不論，一律停食。只求至高者垂憐息怒。上帝見尼尼微迷途知返，竟"傾覆"自己做出的決定，收回災禍（ra`ah），寬恕了罪民（3:9–10，耶18:8, 26:3）。

這下可把"鴿子"氣壞了（wayyera` ra`ah）：好，好，耶和華！我在家鄉說什麼來着？上次我逃，是因為知道你上帝慈悲，不輕易發怒，施愛守信（出34:6–7），會反悔——悔禍呀（niham `al-hara`ah）！求求你，耶和華，這條命你拿去；死掉，也比留着它強！上帝卻説：你怒氣衝衝（h̲arah），對不對呢？

原來聖者早有預備（創22:14）。待約拿出城，搭好棚子坐下，等着看那大城第四十天的命運，救主便以一株蓖麻替他遮蔭又生蟲枯萎、烈日暴曬等諸多徵兆，為倔強的先知演示了大愛。耶和華道（4:10–11）：

> 這株蓖麻……不是你培育的，它一夜長成，又一夜凋謝——這你尚且憐惜不已，那我為何不能憐惜尼尼微這座大城呢？城裏還有十二萬多人，不懂分辨左手右手，更別説那許多牲畜了！

故事完。我們不知道棚子裏的先知作何感想，能否被聖言説服。但寓言的深意並不在此，因為上帝用蓖麻設喻，看似解説寬恕與愛，實則是迴避約拿質疑。

首先，約拿發怒，與蓖麻枯死無關；他是不願意耶和華輕饒亞述，削減替忠信者伸冤的信約義務（申32:35），才講了氣話，"靈中只求一死"（4:8）。

這是因為，第二，至高者若是"反悔了收回災禍"，意味着他可以隨時悔約，赦免以色列的仇敵。不僅聖法失效、信約不存，先知的預言也將落空，"鴿子"成了摩西臨終要子民警惕的假先知，擔了"譫語妄言""冒用聖名"的死罪（申18:20–22）。

第三，悔罪免罰，"傾覆"報應，這上帝"施仁政"的消息如果流傳開去，極易刺激投機心理。須知人的皈依有發自內心的，也有走形式的。故聖者曾反復申明：虔敬勝似犧牲，認定耶和華勝似全燔（何6:6）。或者説，禁食披麻一如設壇獻祭，不保證立信就能久長；尼尼微人今日認罪，明天未必不會醜悔，折回舊道上去。而且，一旦人子懂得怎樣表現，即可求得天父"悔禍"而撤消成命，上帝將如何考驗、甄別、培養他的忠僕？（《以賽亞之歌》，頁128以下）

彌迦書

彌迦（mikah，"誰能比耶和華"）領受神諭，"時值約坦、耶哈、希士迦為猶大王"。其預言講到撒瑪利亞城的傾覆（前722年），及亞述王辛黑力討伐猶大，圍攻聖城（前701年），故可推論，先知傳道大約在公元前八世紀的最後二十五年，接着阿摩司、何西阿、以賽亞（即《以賽亞書》上篇）的啟示。

如同前輩先知，彌迦此書的主旨，也是譴責撒城和耶京背離上帝，歷數子民的罪愆與禍亂，敦促其回歸正道。他來自靠近非利士邊境的一個小村占莊（moresheth），出身卑微。農村人説話直白，比喻生動，風格犀利而少些委婉。聽眾卻嫌他"嘮叨"，不會學主流門派的先知"頌平安"，反而經常詆毀聖民，拿雅各家詛咒（彌2:6–7, 11）。那些先知大半是維護耶京、崇仰聖殿的，主張祭祀統一，把各地的神龕比作異教"高丘"而加以貶斥。這鄉下先知的教誨則激進得多，頗具一種難得的平民精神。當日的聖城，在他看來，不啻一座罪惡的淵藪：什麼是猶大的高丘——若非耶路撒冷？他斬釘截鐵（1:5）。因而若説上帝在計劃一場災禍，不可避免，定是"那落上猶大，逼近子民城門/直搗耶路撒冷的一擊"
（1:9, 2:3）。

所以，怪只怪你們自己：
錫安必犁耕為田
耶路撒冷成一堆瓦礫
聖殿山野樹滿岡。　（3:12，耶26:18）

《彌迦書》四章有一首"錫安頌"，跟《以賽亞書》2:2–4大體相同，在西
方家喻戶曉，歷代影響極大（4:1以下）：待到終了之日，耶和華的聖殿之山/定
將聳立於群峰之上，百嶺之巔……

而人要把劍打成犁頭
變長矛為修枝的鈎。
一族不必向另一族舉劍
再不用學習爭戰。

兩者孰先孰後，尚無定論，或屬同源的引用。有趣的是，如果以賽亞在
先，則彌迦並不完全認同耶京大先知那個普世皈依，"藉耶和華的光明"前
行，聖者一統天下的願景。因為，占莊小先知在頌詩末尾添了一個對句，另成
一闋，彷彿表明自己的立場："誠然，萬民是各指各的神名而行；但我們前行
乃是/奉耶和華我們上帝的聖名——永遠而永恆"（4:5）。換言之，待到終了之
日，儘管"雅各的餘數"要迎來救恩，克服強敵，"在萬民之中/有如降自耶和
華的露珠"，或"如林莽百獸裏的雄獅"（5:6–7），那更新了的世界仍將葆有
多元的宗教信仰，族與族之間和睦共處、彼此包容。這樣的"新天新地"，對
於今天的讀者，應是更覺親切而願意追求、為之奮鬥的。

　　《彌迦書》於希伯來宗教思想的演進還有一個貢獻，就是確認了以賽亞預言的受膏的王，那名為“以馬內利”（`immanu'el，上帝與我們同在）的和平之君（賽7:14, 9:5）。竝且指認，那新王必出自大衛的家鄉“伯利恆，猶大各宗裏最微不足道的一支”（5:1）。後世層出不窮的受膏者/彌賽亞教派，包括公元一世紀的耶穌運動，都記住竝印證了這一預言：“這一位，又名太平”（shalom，5:2–4）——

他，淵源極古，起於永世之日。

如此[耶和華]必交出他們
直到那臨盆的分娩；
然後，他殘存的兄弟
便可回去以色列子孫身邊。
而他將立定，以耶和華的偉力
奉耶和華他的上帝聖名至尊
放牧羊群。

那鴻書

　　公元前612年，亞述的王城尼尼微陷落。一個老大帝國，從兩河流域到地中海之濱，列族心頭的恐懼，大神的“刑鞭”（賽28:15），在巴比倫/瑪代聯軍的南北夾擊下，轟然崩塌了！不難想見，在飽受亞述蹂躪的近東各國，人們是多麼驚愕、喜悅，又怎樣互相慶賀。猶大先知那鴻（nahum，“安慰”）的預言，便是就此大事件而發，而傳世的一篇極為熱烈又發人深省的“異象之書”（鴻1:1）。

　　耶和華是報應之神。聖法有言：凡恨他的，他必當面報復，立即除滅，就地懲罰決不延擱。依照信約的對等原則，他要為忠信者“討還血債/向一切仇敵復仇/拿恨他的人雪恨，還聖潔於他的土地、他的子民”（申7:10, 32:43）。所以在先知眼裏，亞述衰微，大城夷平，恰好彰顯了全能者的報應：終了之日，一切刑鞭皆是他的刑鞭，“沒有敵手能反抗兩次”（1:6, 9）。

他一動怒，誰敢站立？
誰能承受他點燃鼻息？
是呀，聖怒如大火傾瀉
磐石因他而崩裂！

古代拉比串解經文，喜歡拿《約拿書》同《那鴻書》對舉。因為兩者分享了同一個主題：尼尼微的命運。那鴻是聖怒與報仇的先知，約拿則見證悔罪和寬赦，上帝至仁。如此，義怒蘊含着寬仁，正可見出神學家所謂“神的憐憫”（divine pathos）。然而，先知書的編者卻掉轉順序，將《約拿書》放在《那鴻書》之前，讓讀者先欣賞一齣亞述王率臣民悔罪皈依的喜劇，一則救恩的寓言；待離開了那虛構的崇高道德世界後，再誦習思考先知給我們的啟示，這上帝屠城、居民死難的真實歷史（2:9–11）：

啊，尼尼微像一方水塘
塘水在逃逸。站住，站住！
可是無人回頭。
搶銀子吧，搶金子！
府庫搬不完，珍寶無奇不有！

出空了，清空了，廢墟空空！
心已溶化，膝蓋發軟
人人腰胯扭曲，臉色慘白。

　　希伯來《聖經》的一大特色，故事情節、人物角色及語詞之間，多有呼應與對比。如亞當夏娃被逐出樂園，對以色列被擄，失去福地；挪亞子孫造巴別塔，登天未遂，對巴別之民（巴比倫）焚耶京聖殿，等等（哈佐尼，頁44）。甚至，一事剛講完一個道理，立刻就被另一事、另一個道理顛覆了（參閱柯麗茨娜）。

　　例如伊甸園故事，上帝因人祖違命偷吃禁果而降罰，對夏娃說：我要倍增你懷孕的苦，分娩時越發痛不可忍！然而你卻要依戀丈夫，要丈夫做你的主人（創3:16）。不料，下一章開頭，亞當與妻子"相認"（婉言同房），夏娃懷孕，產下該隱，多大的歡喜！她把天父給女人的一輩子的苦，臨盆時"劇痛而扭動、尖叫"（賽26:17），通通拋回了雲霄（參《以賽亞之歌/說罪》），說："同耶和華一起，我造了個男人"（qanithi 'ish，創4:1）。不是嗎，若非造主紆尊，護理助產，媽媽能順利懷孕生育，能造人——造男人？

　　《那鴻書》所載，聖者應允先知同子民的復仇之"安慰"，若是接着《約拿書》或旁的普世皈依的願景文字，對照着讀，也有一種強烈的顛覆感。或許先知書編者所希望的效果，就是要虔誠的讀者驚訝而警覺吧。

哈巴谷書

　　哈巴谷（habaqquq，"擁抱"），生平不詳；可能類似彌迦，出身卑微，經書不載其父名與出生地。其先知活動，據書中涉及的史實推算，大致在約西亞王阻擊埃及軍失敗，身亡以後，至迦勒底人第一次陷聖城，猶大王耶立同臣民入囚之前（前609~597；王下23:28~24:17）。

　　《哈巴谷書》結構清晰，由三個單元組成。一單元，是哈巴谷同上帝的兩段對話，替子民鳴冤。先知傾訴義者遭受的不公，可是上帝的答覆讓他大吃一驚：看哪，我要興起迦勒底人/那狠毒狂暴的一族（哈1:6）。救主竟動用鄙視他的異族，來懲罰信奉他的子民！於是先知繼續叫屈，開始質疑天父：聖潔是你的眼睛，"為何看到背信卻一言不發，任憑惡人吞吃比他稍近公義的"

（1:13）？上帝卻也不迴避難題，他要先知把異象記下，鑴上石版，説那可怕的異象其實是定了期限的，"正迫近終點，它不會撒謊。雖然有所推遲，仍應祈盼——它必到來，決不延宕"（2:2–3）。意謂作惡必有惡報，回報就在今世（箴11:8, 31）。

二單元（2:5以下）預言報應之日。巴比倫覆滅之際，被壓迫民族起來嘲笑諷喻，歷數強權不義，終於遭災，一共"五禍"。三單元即第三章，是一篇先知的祈禱加告白，頌揚耶和華當年克服強敵、安頓世界的偉業（3:3–5）：

> 上帝來自特曼
> 聖者起於巴蘭之巔。（停）
> 他尊榮覆蓋諸天
> 大地充盈他的禮讚。
>
> 他明輝猶如白日
> 手掌爍爍放光
> 其中有大力蘊藏。
>
> 他前頭，瘟病開路
> 腳後，火疫迸發。
> 他站下，震動大地
> 一眼掃去，萬族驚厥。

這首頌詩，或許曾用於祭禮歌詠，因有題記註明調式，末尾附了"交與樂官，絲弦伴奏"的字樣。故有評家疑其為後人增補。但脱了第三章，《哈巴谷書》就重心失落，斷了根基。概因前兩個單元所述忠信者的希望，苦難中他的"耐心"，"縱然無花果樹不會發芽，葡萄藤子不再結果……我也要以耶和華為喜悦，為上帝我的救恩而歡歌"（3:17）：這些思想須由頌詩來闡發，即指明那造天地的主權者的大力，而使人確信，公義之延宕不會太久——耶和華定將出手拯救子民，向他的受膏者降恩，"打碎邪惡之獄的頭顱"（3:13）。

西番雅書

西番雅（zephanyah，"耶和華寶藏"）大約跟那鴻同輩，比哈巴谷年長。開篇題記錄其四代先人，稱他為希士迦的玄孫（番1:1）。檢索聖書，希士迦不是一個常名；介紹先知，上溯四代亦屬罕見。所以論者推斷，很有可能，西番雅是猶大王希士迦（前727/715~698/687在位）的後裔。父名"古實人"（kushi），則像是綽號，指其相貌或血統；當然這純是猜想，並無實據。至於他的家鄉，一說是耶路撒冷，因為書中提及聖城的幾個區名，彷彿熟門熟路（1:10~11）。

此書為神諭彙編。先知領受聖言，據題記，是在"約西亞為猶大王之日"（前640~609）。他譴責的對象，首先是猶大同胞和耶京居民，包括"大臣王子"並耶和華的祭司，統稱"巴力的殘餘"。因為這些人追隨異神，穿戴外邦服飾，乃至"上屋頂跪拜諸天萬象"，"指着[亞捫大神]米爾公"起誓，"竟然對耶和華背轉身子"（1:4~6）。一國上下如此寬容異教，似乎約西亞王剷除偶像、統一祭祀於聖城聖殿的宗教改革（前621年）尚未啟動。由此推算，西番雅傳佈神諭，大概在改革初年到之前的十數年間。

《西番雅書》語言精煉，僅三章。神諭的核心教義，是前輩先知阿摩司首先描述的"耶和華之日"，亦即何西阿企盼的上帝"降罰之日"（1:14~16）：

近了，耶和華的大日已近
而且飛快！
苦啊，耶和華之日的喧聲
連勇士也禁不住喊痛！
那一天，是聖怒之日

　　困厄至絕境之日；

　　是毀棄之日，昏黑之日

　　烏雲與陰霾之日；

　　是吹響羊角號發出吶喊

　　進攻堅城和巍巍角樓之日。

　　而耶路撒冷已是一座"抗命、污穢又欺壓人的城，不聽呼喚，不受教訓"（3:1）：猶大註定了災禍難逃。誠然，這一大膽的預言逆着主流，大大超前了，無怪乎被眾人嗤之以鼻。但也並非沒有知音。後來，當約西亞王就聖殿新發現的《申命記》"約書"，派人去向女先知"鼬鼠"胡爾妲（huldah）求問神意，豈料女先知的回答正是：這城及其居民將大禍臨頭，耶和華的鼻息已經點燃，不會熄了！（王下22:14以下）

哈該書

　　公元前539年秋，波斯居魯士大帝征服巴比倫，次年敕命釋囚。不久，入囚子民開始返歸猶大，重建家園。可是造新聖殿（第二聖殿）的計劃，直到520年，仍進展不大（拉3:6, 5:16）。到處頹垣斷壁，民居園圃都需要恢復，偏又遭逢旱災，生活太艱辛了，人們為一股悲觀情緒所籠罩着。這時，有兩位先知站了出來，傳達神諭，號召給耶和華的聖所奠基。會眾大受鼓舞，在省長澤魯巴別和大祭司約書亞領導下，開工修築，歷時數年，終於在516/515年，"奉以色列上帝的旨意，並居魯士與[波斯王]大流士的命令"，新聖殿告成（拉6:14–16）。

　　這兩位先知便是哈該（haggay，"節慶"所生）和撒迦利亞（見下文）。哈該身世不詳，但顯然頗有聲望，省長、大祭司和普通民眾都願意從他得教誨。

　　《哈該書》講論的是所謂復興之道；文字生動，要言不煩，只兩章，極有感染力。宣道的策略也好，抓住了會眾和省長、大祭司的心理。不是一上來就批駁不同意見，也不擺徵兆弄玄虛；而是將子民現時所關切的，比如"住進壁板裝飾的屋"，跟救主聖居的廢墟作對比。然後提醒大家，耶和華不悦，所以諸天收起雨露，大地停了出產，上帝"召來大旱／炙烤福地"（該1:4–11）。

　　　你們盼着豐收，可是看哪

　　　歉收！運回家，被我一口氣吹沒！

　　　為什麼？萬軍之耶和華宣諭：

　　　因為我的殿一地瓦礫

　　　你們卻在忙各自的房屋！

　　這樣下去，先知警告説，以色列的復興就別指望了。於是"子民的餘數"趕緊圍攏來聆聽；聽了，"不禁人人敬畏，在耶和華面前"（1:12）。

　　至於耶路撒冷的精英，祭司集團同省長，哈該就分別"曉諭"聖言的指示，做他們的工作。對眾祭司，是以向其"請教律法"的方式，委婉指出聖殿關乎會眾全體的聖潔與福祉（2:10以下）；而依據聖法，祭司歸聖，須回到"耶和華面前"即祝聖了的祭壇前執禮，侍奉上帝。

　　對省長，則是傳達天父的允諾。救主將"震動天地"，"打翻列國的寶座，摧毀萬族的王權"。這一幅天啟主義的末日圖景不會太遠了，先知預言；屆時耶和華必擢拔澤魯巴別，記住他主持重修聖居的大功："我必戴上你如一顆印章，因我揀選的是你"（2:22–23）。

　　澤魯巴別（zerubbabel，"巴比倫子實"），史書稱他是大衛王後裔（代上3:16–19）。如此，《哈該書》把新聖殿的榮耀同大衛子實的新國或新王權聯繫起來，為後世的受膏者／彌賽亞運動標明了理想和理據。

撒迦利亞書

　　十二小先知，此書以篇幅居首。據《以斯拉記》追記，撒迦利亞（zekaryahu，"耶和華記得"）的先知活動與哈該同時，可能較後者年輕（拉5:1, 6:14）。全書明顯由兩個文本拼接而成，內容、體裁跟教義傾向均前後不一。

　　上篇一至八章，接續《哈該書》的敘事，也列出一個個日期（前520~518），並寫到大祭司約書亞戴禮冕就職，省長澤魯巴別為新聖殿奠基（亞3:5, 4:9）。一如哈該，撒迦利亞對重建耶京聖所亦抱有厚望。但他的語言靈動，充滿了天啟精神：回頭吧，回頭找我，我就會回到你們身邊！隨着耶和華這一聲宣諭，八個異象接踵而來。

　　入夜，忽見一人，騎一匹火紅的馬，立於幽谷的香桃木中間。俄而，便有天使向先知說：耶和華回來施憐愛了！他"要在耶路撒冷拉開準繩"，"必再一次安慰錫安"（1:8, 16–17）。而奠基聖殿，不僅是猶大復興的象徵（該1:8）；"錫安女兒"一俟入居她的救主，必將迎來萬族"歸附耶和華"，做以色列上帝的子民。並且這一烏托邦大同世界，要由一雙"膏油之子"大祭司與登寶座的新王引領，一同"籌劃太平"（2:15, 4:14, 6:13）。因為，大審判在即，時間十分緊迫（2:17）——

　　嘘！全體肉身肅靜

　　在耶和華面前：他已奮起

　　邁出了聖居！

　　下篇九至十四章，風格一變，由兩大段神諭組成。內容與之後的《瑪拉基書》呼應，未註明日期，約書亞、澤魯巴別和撒迦利亞的名字也不見了。遵循先知傳統，也詛咒敵族。但下篇的無名氏作者憧憬的不復是亞述、埃及的崩潰，或反擊亞蘭跟非利士，以色列子孫收復失地。畢竟已是波斯治下，是居魯士大帝開恩，猶大的“殘餘”才得以再見福地。而聖城傾圮，家園荒蕪，子民傷痕纍纍，更不存在醞釀起義復國的條件。然而至高者一刻也不曾忘記，他“親自站哨”，諭示“錫安女兒”（9:9以下）：狂喜呀，歡呼吧，向着一位騎驢的王：

　　看哪，你的王，他過來了——
　　他得了公義，勝利了！
　　恭順的，他騎在驢背
　　騎一頭母驢的駒兒……

　　至於你，既有與你立約的血
　　我必打開那口枯井，釋放
　　你的俘虜：回返你的堡壘吧
　　希望的囚徒！

　　這位神祕的王是誰呢？歷來詮解紛紜，莫衷一是。有說是上帝自謂，但萬軍之主的坐騎似乎不應是“一頭母驢的駒兒”；也有說是歷史上佔領聖城的某位帝王，如亞歷山大，但同樣，那天之驕子何時變得“恭順”了？經文串解，則指其為一個未來而必到的受膏者/彌賽亞，大衛子實，上帝的忠僕。騎驢，是象徵息兵：“他必從以法蓮剗除兵車，令耶路撒冷告別戰馬；打仗的弓張張折斷/他一聲令下，列族和平”（9:10）。

　　鑒於下篇對耶和華的“上陣之日”（14:3）的執念，詩文瀰漫着末日大決戰的氣氛——“待到那一天，世上萬族將[錫安]團團圍住”（12:3）——有一處還提及雅完/希臘（9:13），顯然成文較晚。學界遂稱作者為“第二撒迦利亞”，循“第二以賽亞”之例。

　　這"第二撒迦利亞"預言的新王或子民的救贖者，卻不是祭壇前的大祭司或寶座上的大衛子實。相反，他是一個犧牲者，極像"第二以賽亞"筆下那位耶和華的忠僕，遭人侮蔑、遺棄而"認得病痛"（賽53:3）。當救主向大衛家和耶京居民"傾瀉恩典與祈求之靈"，恰是那眾人"卻要仰望着我，一經被他們刺穿"之時。"而人就要哀悼，如悼一個獨兒，要痛哭，如哭一個頭生子"（12:10）。

　　不用說，這被仰望者刺穿了的救贖的犧牲，激發了多少宗教熱望、先知學說和革命史詩，包括一位來自加利利的先知，被天父交出而懸上十字架的勝利（約19:37，羅8:32，林前11:23注）。

瑪拉基書

　　先知書至此收尾。此書同《哈該書》《撒迦利亞書》共組一單元，記載巴比倫之囚結束，子民回到福地以後，先知聆受的神諭、所見之異象及相關教導。瑪拉基（mal'aki），意為"我的使者"，未必是先知真名，而像是取自第三章起頭一句：看，我這就派我的使者，在我面前預備一條大道（瑪3:1）。

　　雖有這使者之名，瑪拉基的身世卻留了空白，書裏未提及任何歷史事件。但他注重祭禮，希望祭司做到"唇上絕無不義"，似乎新聖殿業已竣工並祝聖（前516）。據此推想作者是第二聖殿的一位祭司，也許不無道理。加之作者對一些問題的態度近於《以斯拉記》《尼希米記》的立場，如什一捐入公庫、反對異族通婚等，一般認為，他活躍於公元前五世紀上半葉。

　　瑪拉基以散文宣道，用了六段問答，一題題回應子民的疑慮、不解和怨言，風格與前輩先知迥異。"我一直愛着你們，耶和華說。可你們老問：愛我們麼？如何愛的"（1:2）？在先知看來，問題首先出在祭司腐敗，蔑視聖名；"背離了正道，讓眾人在律法上跌跤"，"拿聖法徇私"，"敗壞了利未之約"（2:8–9）。然後才是會眾普遍的墮落，與"異神的女兒"（即外族女子）

通婚，背棄自己年輕時娶的髮妻或"約妻"（2:11, 14）。竟至於質疑起天父來了：即便作惡，也都是善，在耶和華眼裏；而且他喜歡他們！（2:17）

　　總之，先知對於救主的新聖殿立沒有給聖城帶來一番新氣象，是深深失望了。人們變得愈發冷漠而追逐私利，居然稱"狂傲者有福；造孽的個個興旺，而且試探上帝，總能脫身"（3:15）。然而他還是預言了"承約使者"的到來，因為"公義之旭日"終將升起，"展翼將救治四射"（3:1–2, 20）。

　　但誰能承受他的降臨之日？

　　他顯現之時，誰可站牢？

　　原來，作者的信心是建立在聖法之上的。所以他一再敦促子民牢記摩西的教導，謹守誡命律例。最後，又鄭重宣告：看，我要遣先知以利亞（'eliyahu，"耶和華我的上帝"）來你們中間，迎接那大而可畏的耶和華之日。他必使父母對兒女回心，兒女向父母轉意（3:23–24）——史載以利亞是上帝遣火馬車和旋風接去天上，而享永生的（王下2:11–13）。

　　從此，《瑪拉基書》的這一預言，就成了以色列的末日救贖的擔保，聖者膏立之確證，直至一個"疾苦人"拿撒勒人降世承約，將為他施洗的老師比作那位先行的使者，說：

　　"以利亞確實是先來，他要讓萬事復興"（可9:11，太17:11）。

二〇二〇年元月於鐵盆齋

馮象：《以賽亞之歌》，北京三聯，2017。

馮象：《聖詩擷英》，北京三聯，2017。

傅利門：《上帝之消失》（*The Disappearance of God: A Divine Mystery*），Little, Brown & Co., 1995。

哈佐尼（Yoram Hazony）：《希伯來聖經哲學》（*The Philosophy of Hebrew Scripture*），劍橋大學出版社，2012。

何歇爾（Abraham Heschel）：《論先知》（*The Prophets*），Harper Perrennial, 2001。

柯麗茨娜（Judy Klitsner）：《聖經中的顛覆性接續》（*Subversive Sequels in the Bible: How Biblical Stories Mine and Undermine Each Other*），Maggid Books, 2011。

庫格爾：《大轉換：遭遇上帝於聖經時代》（*The Great Shift: Encountering God in Biblical Times*），Mariner Books, 2018。

先知書

以賽亞書

上篇：預言集

一章

阿摩之子以賽亞的異象，<u>hazon</u>，所見，特指神的啟示。以賽亞，yesha`yahu，"耶和華拯救"，南國先知。阿摩，'amoz，相傳是烏齊亞王的叔父。**關乎猶大與耶路撒冷，見於烏齊亞、約坦、琊哈、希士迦為猶大王之時**。由此推算，先知活躍於公元前八世紀下半葉。

背叛

²**聽哪，諸天！大地呀請側耳**　起首程式，呼天地作證，申32:1。

此乃耶和華之言：

明明是我養大的孩兒

卻一個個背逆了我！按聖法，逆子該判死罪，申21:21。

³**牛認主人驢認槽**　直譯：驢（認）主子的槽。

以色列居然不認，我的子民

他們不明白！舊譯留意，誤。

⁴**啊，可惡的一族，負罪之民**

造孽的苗裔，腐敗子孫！自甘墮落，如摩西預言，申31:29, 32:5。

他們已將耶和華拋棄

竟自蔑視以色列的聖者　婉稱上帝，5:19, 10:20，耶51:5。

朝他背轉了身子。七十士本無此短語。

5為什麼你們還要討打，反叛不停？

整個頭昏心衰了，是嗎？

6從腳掌到頭頂無一處完好

遍體鱗傷，創口敞開　形容猶大遭亞述踩躪；後世借喻基督受難。

卻不擠淨包紮，不膏油止痛。　舊譯不通：滋潤。路10:34。

7國土一片荒蕪，城郭一把火燒盡

眼睜睜看着外邦人吞掉

你們的地，一切覆亡於敵族。　校讀：如所多瑪覆亡。

8唯有錫安女兒還支撐着　錫安女兒，擬人喻聖城，耶4:31。

彷彿葡萄園裏的草棚

又像黃瓜田頭的茅舍

一座孤城陷入重圍。

9要不是萬軍之耶和華

給我們留下點殘餘　sarid，從中揀選獲救者，稱餘數，10:21。

我們早變成了所多瑪

與俄摩拉無異。　反言"不認/不明白"與冒犯神明性質不同，創19章。

譴偽善

10聽，耶和華有言，所多瑪的首領　舊譯官長，不妥，3:7。

請留意我們上帝的教導，俄摩拉百姓！

11你們那許多犧牲於我何用？耶和華說　摩5:21以下。

我受夠了公綿羊的燔祭

連同肥畜的脂油；

小公牛、羔子和山羊的血

我一樣也不喜歡。　譴責祭祀流於形式，滋長腐敗、虛偽。

12當你們前來覲見我時　直譯：見我面。

誰向你們手上要過這個？

踐踏我的殿院，¹³別想！　斷句從猶太社本。

獻什麼無謂的素祭　無謂，shaw'，或作虛妄，5:18；舊譯虛浮，誤。

薰香也讓我噁心；

月朔、安息日、召集聖會──　利23:24注。

拿聖會抵罪，我受不了。　罪，七十士本：禁食（與安息）。

¹⁴我的靈厭惡你們的月朔和節慶；靈，naphshi，強調整個的人。

這些東西於我只是重負　舊譯麻煩，誤。

實在是忍無可忍。　舊譯不通：便不耐煩。

¹⁵隨你們伸開手來　祈禱狀。

我一定藏眼不看，禱告再多　藏眼，猶言閉眼，利20:4。

也決不垂聽──你們手上沾滿了血！　雙關：祭牲/無辜者的血。

¹⁶快洗去，弄弄乾淨

把你們造的孽從我眼前拿走。

停止作惡，¹⁷學學行善吧

尋求公義，懲治兇徒　hamoz，欽定本另讀：解救受害的，hamuz。

為孤兒申冤，替寡婦辯護。　遵從聖法，出22:21以下。

¹⁸來吧，讓我們辯論一番，耶和華說　如在法庭，結束指控。

你們的罪，雖似猩紅　暗示流血之罪，上文15節。

將來要變為雪白？

哪怕紅得像櫟胭脂蟲　tola`，寄生於蟲櫟，古人捉來製深紅色染料。

也會潔如羊毛？　喻赦罪；若至高者願意，詩147:16。

¹⁹不，要你們願意聽從

方可享用大地之豐美；

²⁰若抗拒而反叛，必為刀劍吞吃──

此乃耶和華親口所言。　如摩西傳達，利26章，申28章。

審耶京

²¹**忠信之城哪，怎麼就當了娼婦？** 指其背離上帝，何1:2。

她從前處處是公平，家家義舉 誇張對比，激憤故。

如今卻住滿兇手！

²²**你的銀子已成殘渣** 你，指耶路撒冷。

你的美酒摻了水。

²³**你的王公謀反作亂**

做了盜賊的幫兇。

人人喜歡收禮 婉言受賄，5:23。

個個貪圖回報； 貪贓枉法，違反誡命，出23:6以下。

既不為孤兒申冤

也不替寡婦主持公道。 回應上文17節。

²⁴**於是，耶和華萬軍之主**

以色列的大能者宣諭： 大能者，'abir，耶和華的號，創49:24。

啊，我要洩仇於我的仇敵

向恨我的人雪恨！

²⁵**我要對你下手，用火城** kabbor，校讀：用火爐，bakkur。

熔煉你的雜質，除盡你的殘渣； 清理子民隊伍。

²⁶**還要讓你的判官復位如初** 寬赦舊人，恢復司法尊嚴。

謀臣依舊起用。

之後，你必稱作公義之都

名為忠信之城。 七十士本：母城。

²⁷錫安，必因判決而獲贖　判決，mishpaṯ，兼指律例、公平。

城內悔改的，靠公義。城，直譯：她。指聖城。

²⁸但忤逆犯罪的要一併摧毀

那背棄耶和華的必亡。此闋風格略異，論末日審判，或屬後人補注。

橡樹

²⁹是呀，那些橡樹必令人蒙羞——

看你們沉迷不悟，遲早　橡樹，提喻異教祭壇，申12:2。

要為自己選的園子而懊喪。園子，禮拜迦南"邪神"處，65:3, 66:17。

³⁰因你們要變得如一棵橡樹

黃葉飄零，如枯園斷水。

³¹而強者不啻一團麻絨　強者，hason，另讀財富，hosen，33:6。

他的作為好似火星；點燃麻絨，觸發大審判，66:15–16。

兩者註定要一同燒毀　聯想耶京的命運？

無人會來撲滅。此片斷脫上下文，像是插入的。

錫安頌

二章

阿摩之子以賽亞所見之言，daḇar，特指異象，並藉其啟示的聖言，1:1。關乎猶大與耶路撒冷，如下：

²待到終了之日　暗示歷史之必然。

耶和華的聖殿之山

定將聳立於群峰之上，百嶺之巔。同彌4:1–3。

於是列族彙聚，³萬民向前，說：

來呀！

讓我們登上耶和華的山

去到雅各上帝的殿宇

求他指示正道，教我們走他的路。

因為聖法必出於錫安　聖法，torah，本義教導，復指聖言。

耶路撒冷，出耶和華之言。

4他將在族與族之間審判　他，指耶和華。

替萬民裁定是非。不用君主、祭司或先知中介，直接統治。

而人要把劍打成犁頭

變長矛為修枝的鈎。mazmeroth，木柄小刀帶鈎，修剪葡萄枝用，18:5。

一族不必向另一族舉劍

再不用學習爭戰。

5哦，雅各家，來呀

藉耶和華的光明，我們前行！

耶和華的恐怖

6可是你拋下了子民，雅各一家！

因為太久了，他們占卜念咒

活像非利士人　太久，miqqedem，或作：充滿東方（巫術）。

而且找異族兒女擊掌。立約做買賣，箴6:1。先知反對與外國結盟。

7他們遍地是金銀，財富無邊

遍地駿馬，兵車無數；不顧摩西的警告，申17:16。詩20:7。

8遍地偶像——他們膜拜

自己的手工，自家指頭的造形。

⁹如此，人人屈膝，個個墮落—— <small>死海古卷1QIsaᵃ無以下四行。</small>

請別扶起他們！ <small>扶起，猶言寬赦。</small>

¹⁰還是躲進岩縫，藏身塵土吧： <small>驚恐狀，啟6:15。</small>

耶和華的恐怖，他的無上威嚴來了 <small>恐怖/威嚴互訓，伯31:23。</small>

當他站起，震悚大地！ <small>原文脫此句，據七十士本及下文19, 21節補。</small>

¹¹人垂下高傲的眼睛

狂妄者不得不屈服； <small>狂妄者，直譯：人們的狂妄。下同。</small>

那一天，唯有耶和華受尊崇。

¹²因為那是萬軍耶和華之日 <small>又稱報應日，伯21:30。</small>

要懲辦所有驕橫而不可一世的

凡自大的，都要按下—— <small>預言外族入侵。</small>

¹³所有的黎巴嫩雪松，不論多麼挺拔 <small>喻王公貴族，耶22:7。</small>

每一棵巴珊橡樹；

¹⁴所有的崇山峻嶺，¹⁵一切巍峨塔樓

每一道堅固的城牆；

¹⁶所有的拓西巨舟 <small>拓西，西班牙東南或撒丁島商港，詩48:7。</small>

每一艘華美的畫舫。 <small>sekiyyoth，無善解，校讀從傳統本注。</small>

¹⁷人的高傲終要屈服

狂妄者必被按下；

那一天，唯有耶和華受尊崇。

¹⁸於是偶像一總消失

¹⁹人就躲進岩穴，藏身土洞：

耶和華的恐怖，他的無上威嚴來了

當他站起，震悚大地。

²⁰那一天，人要把金銀偶像，那些造來給自己膜拜的虛無之物，'elilim，
貶稱異神，詩96:5。通扔給鼴鼠和蝙蝠──　鼴鼠，hapharpereth，掘洞者。無確解，猶太社
本：飛狐。

²¹以便躲進岩穴，藏身崖縫：
耶和華的恐怖，他的無上威嚴來了
當他站起，震悚大地。

²²夠了，你們別指望人。此節突兀，七十士本無，或是補注。
他僅有一口氣存鼻孔裏　典出創2:7。
算個什麼東西？暗示人性孱弱，不自量力，詩146:3–4。

頹敗

三章

看哪！耶和華萬軍之主
即將奪去耶路撒冷及猶大
所倚仗的儲備，全部糧食　此短語似插注。
全部飲水的儲備，²並將士
判官與先知，巫師同長老　顯然反叛上帝，自貴族精英始。
³五十夫長、顯貴和謀臣
擅長手藝的跟精通咒語的──　手藝，harashim，或作法術。
⁴我要他們以小兒為王公　傳10:16。
讓娃娃統治他們！娃娃，ta`alulim，或複數表抽象品質：任性。
⁵人與人互相壓迫
鄰里彼此盤剝；
少年人侮慢老翁

賤人欺凌尊者。

6屆時，人會拉住一個本家兄弟　本家，直譯：父親家。

［說］：你還有一件外袍；simlah，方形布袍或氈袍，出22:25。

你來帶領我們吧，這片頹垣

就歸你手下。7可是那天

對方要高聲抗議：

我不是包紮傷口的　呼應1:6。

我家也斷了糧，沒有穿的；直譯：沒外袍。

別讓我當族人的頭領！qezin，同上節"帶領"（者），1:10注。

8啊，頹敗了，耶路撒冷

猶大業已傾覆！

因為他們的舌頭與行事

挑釁耶和華，冒犯了至尊的眼睛。

9那副嘴臉恰好作證，指控他們

展覽罪行，一如所多瑪

不加掩飾──有禍了，這些魂靈

自己給自己添災！以下插入兩節箴言，對比命運。

10告訴義人，他必蒙福

必享用善行的果子；

11禍哉，作惡的人

他手裏的歹事難逃報應。

12我的族人哪，他們被娃娃欺壓　校讀：被勒索者徵稅/掠奪。

墮於女流的統治；女流，貶損當政者。七十士本：放高利貸/敲詐者。

我的族人哪，領路的入了歧途

把你該走的道吞吃了！bille`u，喻毀壞、攪亂，9:15；創11:9注。

¹³於是耶和華起身提出控訴　既是審判者也是公訴人；伯9:15。

立於萬民的審判席上。萬民，七十士本：他子民。

¹⁴耶和華向子民的長老王公

擲下判決：侵吞葡萄園的

正是你們，窮人的財物

搶來家中。¹⁵憑什麼

我的子民你們如此踐踏　tedak'u，舊譯壓制，誤。

連貧苦人的臉也碾破？剝削殘酷如碾穀。舊譯不確：搓磨/折磨。

——宣諭了，萬軍之主耶和華。七十士本無此句。

錫安的女兒

¹⁶耶和華還說：

只因錫安的女兒輕狂　舊譯不妥：狂傲/趾高氣揚。

走路伸出頸子又賣弄媚眼；

扭扭捏捏踏着碎步

腳鐲玎玲，¹⁷所以我主

必使錫安女兒的頭頂生疥瘡——

耶和華要裸她們私處！pothhen，通行本：（剃光）頭髮。摩8:10。

¹⁸那一天，此段通說是後加的。我主必剝去她們的妝飾：腳鐲、束髮帶和月牙項圈，似指異教護符，創35:4。¹⁹耳墜、手釧與面紗，²⁰花冠、踝鏈、腰帶、香水瓶兒跟護身符，²¹戒指同鼻環，如利百加所戴，創24:22。²²節慶禮服、大氅及斗篷，荷包、²³銅鏡與亞麻衫子，銅鏡，另作薄紗。還有頭巾和裹身的披肩——　或作大面紗，歌5:7。

²⁴**直到馨香被腐臭代替**

珠帶換作了囚繩；

縮髻變為光頭　志哀，15:2–3。

華服[撕碎]圍上縗衣：saq，黑褐喪服，山羊毛、駝毛或粗麻縫製。

羞辱，取代美麗。原文無"羞辱"，據死海古卷補，伯8:22。

²⁵**你的男人要倒在劍下**

你的勇士長眠戰場——

²⁶**她的城門要哀哭**　她，指錫安/聖城。

她，被洗劫了的，坐地上。被洗劫，niqqathah，舊譯荒涼，誤。

四章

　　七個女人到那天要抓住一個男子，因男丁死傷大半，多寡婦。**說：吃的穿的，我們自個兒就有**；即無須丈夫負擔，如律法規定，出21:10。**求求你，讓我們歸你名下，做妾**。**拭去我們的恥辱**！引拉結語，希望"開開子宮"懷上孩子，創30:23。

耶和華的新枝

²**那一天，耶和華的新枝必美，必燦然**　呼應耶23:5–6。

大地的果實要把尊嚴與榮耀

贈予以色列的遺民。新枝，指"殘餘"子民，1:9，兼喻受膏王/彌賽亞。

³**凡是留守錫安，殘存於耶路撒冷**

即一切在耶京載入生命的　因其忠信而錄入生命冊，出32:32注。

皆可稱聖者。舊定義，留守者皆入餘數而獲救，10:22注。摩5:15, 9:8。

⁴**當我主洗淨錫安女兒的穢污**

用審判之靈並焚毀之靈清除她身上

耶路撒冷的血跡：靈，ruah，本義風、氣，轉指聖靈，11:2，創1:2。

5耶和華必在錫安山整座根基

及聖會之上，白天造一雲柱　如在荒野為子民指路，出13:21。

夜晚煙火熊熊。

是的，一切榮耀之上必有華蓋

6可作帳篷，日間遮陰避暑　意象同25:4–5，啟7:15–16。

暴風雨中的庇護。

葡萄園之歌

五章

我要謳歌我的愛　yadid，愛人、心愛，申33:12，詩127:2。

這愛之歌獻給他的葡萄園。民歌風格，女聲。歌1:6。

我的愛有一座葡萄園

坐落在肥沃的山岡。

2他開一片地，撿走石塊

扦下紅葡萄枝條。soreq，一種優質葡萄，色紅，16:8。

園中央築他的守望塔　舊譯（一座）樓，誤。

還鑿一個榨酒的池子。

原指望甜果滿枝　直譯：結（甜）葡萄。

不想結的盡是野葡萄。味酸苦。參較詩80:8以下。

3啊，耶路撒冷的居民、猶大人　園主/愛人說話。

請在我和葡萄園之間主持公道！反諷：苗木能審判園丁？29:16。

4還有什麼能給葡萄園做的

我沒有做到？

為什麼，原指望甜果滿枝

可結的盡是野葡萄？子民的表現，令全知者失望。

⁵好，我告訴你們，要拿這葡萄園怎樣：

我要拆了籬笆，隨它被啃吃

挖掉圍牆，叫它受踐踏；

⁶要它拋荒，不修剪也不動鋤

隨它荊棘叢生；並且命令

烏雲不給它降雨——

⁷對呀，這萬軍耶和華的葡萄園

是以色列家，而猶大人

便是他鍾愛的幼苗。給出喻底，引出下文的詛咒。

他原指望公平，卻只見流血　mishpah，諧音公平，mishpat。

期待正義，竟聽着哀號！ze`aqah，諧音正義，zedaqah。

六禍

⁸禍哉，那房連房，田接田

把國土圈了獨佔的人！直譯：乃至無處（可圈）僅自己住國中。

⁹萬軍耶和華向我耳中［宣佈］：

等着吧，許多樓宇必成廢墟　shammah，舊譯不通：荒涼。

再高再美也無人居住；

¹⁰甚而十頃葡萄園只榨得一罐　頃，zemed，一對牛一天的耕地。

一馱穀種僅收穫一筐。十筐合一馱，乾量單位，利27:16注。

¹¹禍哉，那一早起來即追逐烈酒　譴責統治階級生活糜爛。

天黑了還酩酊大醉的人！

· 13 ·

¹²宴席上三角琴十弦琴，打鼓吹簫

他們飲酒，從未想着耶和華的作為　　昏庸且忘本，詩28:5。

沒理會他的巨手之功。

¹³所以我的子民才流亡，無知啊　　指其背離聖法，下文24節。

貴族才餓昏，芸芸渴倒──　　以下插入一冥府片斷，14:9–11。

¹⁴所以，陰間就食慾大增　　食慾，或作喉嚨，43:4注。

張開她無涯血口；她，陰間/冥府是陰性名詞：she'ol。

享榮光的跟芸芸一起下墜

那喧嘩縱樂的一堆！喧嘩，舊譯繁華，誤。

¹⁵啊，人人屈膝，個個墮落　　回放2:9, 11。

高傲者垂下了眼睛。

¹⁶萬軍之耶和華因判決而受尊崇　　呼應1:27。

至聖之上帝為公義而顯聖。懲惡揚善，是為聖德，民20:13。

¹⁷而後，羔子要回到自家牧場　　"肥畜"之都回歸自然，1:11。

肥牛的廢墟迎來小山羊。原文：外邦人。校讀從傳統本注。

¹⁸禍哉，那用虛妄之韁繩牽着咎責　　虛妄，喻異神；另讀公牛。

又似以牛車索子拉來罪愆的人！牛車，另讀犢子，對上句公牛。

¹⁹[因為]他們説：他那大功

能否快點完成，給我們看看？嘲諷"耶和華之日"，2:12。

以色列聖者的宏圖　　見25:1注。

能否再近些，讓我們認識？口吻不敬，如所多瑪人，創19:5。

²⁰禍哉，那將惡稱善、善稱惡　　譴責花言巧語，淆亂是非。

叫黑暗為光、光為黑暗

而以苦為甜、甜為苦的人！

²¹禍哉，那自視聰慧 　譴責狂妄自大，箴3:7, 26:5。

自以為明辨的人！

²²禍哉，那豪飲的勇將 　譴責司法腐敗。

調烈酒的壯士！

²³他們收了禮就開釋惡人 　直譯：以惡人為義，1:23注。

剝奪義者的正義。

²⁴是呀，就像火舌舔食麥秸 　喻罪人得意不久，出15:7。

或秕糠落入烈焰 　秕糠，hashash，兼指乾草，33:11。

他們的根必如腐物

他們花兒如塵埃飛散：

只因他們拒絕萬軍耶和華的聖法 　作為道德指引，2:3注。

鄙棄以色列聖者的訓言。 　一說原有第七禍，即10:1–4片斷。

聖怒

²⁵於是耶和華點燃鼻息，對準子民

他伸出巨手狠狠打擊； 　鼻息，’aph，鼻孔，轉喻怒氣，耶4:8。

山嶽動搖，屍首如糞土散落街口 　似描寫地震。

——即便如此，他的怒火仍未收起 　怒火，同上文“鼻息”。

那巨手，伸展依舊！ 　此闋通說是攙入的，原屬9:7–10:4片斷。

²⁶他豎起一面旗，召遠方一支異族 　從傳統本注。原文：列族。

一聲呼哨，〔大軍〕起於地極——看哪

他們來了，馬不停蹄！ 　直譯：飛快。亞述做了上帝的刑鞭，28:15。

²⁷他們沒有一個疲倦、絆倒

沒有一個打盹、睡着

沒有一個腰帶鬆脱　　腰帶，常喻勇力，詩18:32。

沒有一個鞋襻斷掉。

²⁸他們的箭矢鋒利

他們的弓弩彎彎　　開弓狀，21:15。

他們馬蹄彷彿火石

他們車輪似旋風。

²⁹他們吼聲像是母獅　　套喻。何5:14，摩3:12。

又如小獅怒吼

一邊咆哮，一邊獵食　　巴勒斯坦至中世紀尚有獅子生息。

叼走，也無人敢救——

³⁰向她咆哮着，那一天　　她，原文：他。指猶大/南國。

彷彿怒海咆哮。

環視福地，只見黑暗與困頓　　報應日到來，2:12，摩5:18。

明光在陰雲裏，沉淪。　　序曲完。以下至12章末通稱以馬內利書。

蒙召

六章

　　烏齊亞王晏駕那年，　約前742（另説前733）年。我望見我主高踞寶座之上，袍裾垂下，覆蓋寶殿。²左右有火焰天尊侍立，　火焰天尊，seraphim，一説即牽引天庭鑾駕的"活物"，結1:5；類同約櫃施恩座上的神獸，出25:18；迥異於降災火蛇，14:29，民21:6。各生六翼：一對遮面，　避見聖容，竟如人類。一對掩腳，　婉稱羞處，出4:25注。一對飛翔。　參觀啟4:2以下。³彼此高呼着：

聖哉，聖哉，聖哉，萬軍之耶和華！
大地充盈他的榮耀！呼應民14:21。

⁴那呼聲極大，連門檻的基石也震動了，基石，'ammoth，一作門柱。無確解。殿上青煙繚繞。⁵我說：嗚呼，我完了！

因為我這人嘴唇不潔 婉言有罪，恐冒犯至尊。
在嘴唇不潔之民中居住
竟親眼見了吾王，萬軍耶和華！死罪，出33:20。

⁶忽地飛來一個天尊，手持一塊紅炭，是他拿火鉗從祭壇上夾起的。⁷他就用那紅炭點我的口，取潔，並象徵擢立先知之禮，耶1:9，番3:9。說：

看，你嘴唇受過紅炭
你的咎責就除了
你的罪愆赦免了！

⁸接着，便聽見我主雷霆之音：我可派誰？誰願為我們前往？我們，君主自謂，朕；解作包括天庭神子，亦通，創1:26注。我忙回答：我願意，hineni，"誒"，應答語，創22:1, 11。請派我去！⁹他說：去吧，告訴那一族人——

你們聽是聽了，但就是不明白
看也看了，卻什麼都不見！
¹⁰——你去使這些人的心肥腫 喻愚鈍、忤逆，申32:15。
讓他們耳背眼濁；hasha`，污損失明狀。反言先知/視者警世失敗。
免得他們眼睛看見
耳朵聽到，心裏明白

而悔改，而得了醫治！耶穌曾借此論説諷喻，太13:13。

¹¹我問：幾時為止呢，我主？答：要到城邑廢棄，無人入居，房舍空寂，田畝一片荒蕪；¹²要到耶和華將人趕去了遠疆，山河淪亡。¹³而殘留的僅及什一，即便悔改了也要火裏走，比作獻什一捐，創28:22。此節晦澀，無確解。如篤耨香或橡樹伐倒了只剩樹樁──那樹樁，便是聖潔之子實。寄望"新枝"，4:2。七十士本脱末句。

勸立信

七章

猶大王烏齊亞之孫、約坦之子邪哈在位時，約前734年，其時邪哈繼位不久，二十出頭。亞蘭王列欽聯合以色列王雷馬之子培卡，peqah，"開眼"，前735~732在位。列欽，rezin，約前750~732在位。上來攻打耶路撒冷，兩國聯手，企圖迫使南國加盟反抗亞述，王下16:5以下。但未能攻破。

²[之前]大衛家聞報：大衛家，指南國朝廷。亞蘭駐紮在以法蓮了！意謂與北國以色列結盟。君王百姓皆心頭顫抖，舊譯不通：跳動。君王，直譯：他。猶如林木在風中瑟瑟。³於是耶和華指示以賽亞：帶上你的兒子餘必回，she'ar yashub，人名警世：殘餘必回/悔，1:9, 4:3, 6:13。到上池的水溝頭，往漂工田走的大道上，去會邪哈，⁴對他説：望[大王]慎重、鎮靜；心莫怯，別怕那兩個冒煙的火把頭，喻其長久不了。那列欽、亞蘭和雷馬兒子的怒氣。不稱本名而叫某人兒子，表示輕蔑。⁵誠然，亞蘭同以法蓮及雷馬兒子合謀害你，説：⁶讓我們進軍猶大，搗毀她，征服她，在那兒立無善之子為王！無善，tab'al，亞蘭人名，本義上帝至善，tab'el，傳統本標音作無善，諷其作惡不得善終。⁷但是主耶和華有言：

這不成，決計不會得逞！
⁸因為亞蘭以大馬士革為首 ro'sh，頭、首領、首府。

大馬士革以列欽為頭——

不出六十五年　另讀：六年五年。則較貼近史實；此句是插注。

以法蓮將不國不民：前722/721年，北國為亞述所滅。

⁹以法蓮以撒瑪利亞為首

撒瑪利亞以雷馬兒子為頭。

若非立信，你們必不能立定。意謂猶大須以上帝為頭，無條件信靠。

以馬內利

¹⁰耶和華復又曉諭琊哈，通過先知。說：¹¹向耶和華你的上帝求徵兆吧，陰間深處、重霄之上都行。¹²但琊哈説：我不求，我不要試探耶和華。唯恐沖犯神聖，申6:16。¹³於是〔以賽亞〕道：

聽着，大衛家！

你們讓人討厭還滿不在乎

想叫我的上帝也厭惡？朝廷準備向亞述求援，王下16:7–9。

¹⁴然而我主必親自為你們降一徵兆：應許國王得子，9:5注二。

看，那少女懷孕了　少女，ʽalmah，或新婦。七十士本：童貞女。

要生子了，要給他取名　由母而非父起名，如摩西，出2:10。

以馬內利！ʽimmanu ʽel，"上帝與我們同在"，暗示孩兒帶來救恩，8:10。

¹⁵他一旦懂得拒惡擇善

便要吃凝乳與蜜；debash，兼指蜂蜜、椰棗糖漿，象徵恩惠，申8:8。

¹⁶但沒等這孩兒會拒惡擇善

那令你恐懼的二王的國土

就要毀棄。

¹⁷耶和華定將〔大難〕之日帶給你

給你的百姓、你父親的家；

那是自以法蓮脫離猶大以來

未曾見的——亞述王的——日子！猶大不久即臣服亞述。

剃刀

¹⁸待到那一日

耶和華要打起呼哨

召集埃及河源的蒼蠅

並亞述大地的馬蜂；喻敵族入侵。天父亦是蚊蠅之主，出8:12以下。

¹⁹它們一群群飛來，落滿

深谷與岩穴，刺叢和草場。

²⁰那一天，我主要拿從大河那邊

租來的剃刀，即亞述王　此四字似補注。大河，即幼發拉底河。

剃去你的頭髮跟腿毛——　婉稱陰毛。

連鬍鬚也割掉！羞辱俘虜，撒下10:1–5。

²¹待到那一日，人還養着

一頭小母牛、兩隻綿羊就好！諷刺，倖存者幾乎一無所有。

²²如果出奶多，就以凝乳為食——

凡是故國的殘餘，皆吃凝乳與蜜。對應以馬內利，上文15節。

²³待到那一日，原先栽一千株葡萄

值一千塊銀子的地方

全要讓給荊棘；

²⁴挎上弓箭，人才敢入內

因為那已是荊棘之國。有野獸出沒，5:6。

²⁵只有幾片能落鋤的山坡

不懼荊棘蔓延，那裏　或作：從前落鋤的山坡都不去了，怕荊棘⋯⋯
可以放牛，供羊群踩踏。呼應5:17。譯文從七十士本、猶太社本。

速擄快奪

八章

　　耶和華曾吩咐我：你取一塊大板，用正體字寫上：正體字，直譯：（常）人
的尖筆。**速擄快奪**。maher shalal hash baz，人名警世，7:3，如下文所示，預言二城覆滅。[2]**然後
請可靠的證人為我作證**，原文：我就請⋯⋯作證。譯文從死海古卷及七十士本。**請祭司
耶光和耶伯之子撒迦利亞**。zekaryahu，"耶和華記得"，一說是耶哈王岳父，希士迦的外
公，王下18:2。

　　[3]**我便同女先知親近**，女先知，美稱先知妻。**她懷孕誕下一子。耶和華諭示：
給他起名"速擄快奪"吧，**[4]**因為不待這孩兒會叫"爸""媽"，大馬士革
的財富和撒瑪利亞的擄獲，就要搬到亞述王面前**。重申毀棄，7:16。

大河

　　[5]**耶和華復又降諭，說：**[6]**這一族既已唾棄徐緩的西羅亞水**，由聖城東南基
雄泉（上池）築渠引水，稱西羅亞渠。此處象徵神恩。**一見列欽和雷馬兒子就嚇癱了**，
mesos，本義溶化。另讀歡喜，無定解。[7]**那好，我主必引洶湧的大河**，即幼發拉底河，
7:20。**就是亞述王及其全部威力，來淹沒他們；要洪流漫出河床，漲過堤
岸，**[8]**沖決猶大，捲走一切，直淹到頸脖——而他，展開雙翼**，象徵護佑，申
32:11。他/它，指大水，亦通。**將覆蓋你的廣袤疆土，啊以馬內利！**

　　[9]**醒悟吧，萬民，還不喪膽！**醒悟，從七十士本。原文：歡呼/聯合。
請側耳，你們遙遠的列國：
束腰呀，怎麼怕了　hottu，破碎、喪膽，同上。舊譯破壞，誤。

束緊了，還是害怕！束腰，佩刀準備戰鬥，45:5。

¹⁰謀劃再三，終必失敗

事情説定，仍舊不成　呼應7:8。

因為──上帝與我們同在！意譯以馬內利，7:14。

教誨門徒

¹¹因為，當耶和華以大能之手，喻擢立、啟示之靈。指示我不可走這一族的歧路時，是這樣説的：先知告誡弟子。

¹²凡這些人認為是合謀的，你們莫説合謀　否認族人的指控。

他們畏懼的你們別怕，不必敬畏。

¹³唯有萬軍之耶和華可尊聖

他才是該怕的，應當敬畏。

¹⁴他既是聖所，也是絆腳石：本質上立信離不開路線鬥爭，羅9:33。

令以色列兩家跌跤的那塊磐石　兩家，即南北兩國。

或對耶京居民佈下的網羅與陷阱。

¹⁵那裏，許多人要失足摔倒

受傷，落網而被俘──　反言朝廷和同胞敵視自己。

¹⁶你可捲起證言，封好教導

存與我的門徒。先知沉默了，預言由門徒記錄，留存後世，30:8。

¹⁷我的希冀在耶和華；雖然他藏起臉，不理雅各家，不再福佑，申31:17。我仍然企盼着他。信，在所望，12:2。¹⁸看哪，我同耶和華恩賜我的孩兒，上文提及先知有二子。要在以色列成為徵兆，那入居錫安山萬軍耶和華的神跡！

¹⁹要是有人告訴你們：去問問那些通鬼魂行巫術、嘁嘁喳喳的人吧。難道百姓不能求問神靈，婉言先人。不能為活人找亡靈，²⁰領受教導和證言麼？——不，說這種話的，沒有一個見得着曙光！

²¹他們將四處流浪，直譯：穿行其中。歷盡艱辛，挨餓；而越是餓越容易發怒，就詛咒國王與神靈。邪哈王死後受世人詬罵。不論仰面向天 ²²或注目大地，啊，無非是痛苦、混亂、夜一般的災殃，人撞進了一片昏黯——²³真的，災難籠罩[家園]，不就是長夜漫漫？另讀接下句：然而遭災的終必脫長夜。通行本此處分章。

嬰孩

往昔，他曾使西布倫與拿弗他利之地受辱；北國遭亞述踩躪。他，指上帝。來日，他卻要濱海道、約旦河東跟外族的加利利，亞述在迦南北部所建三省。復歸榮光。

九章

那走在黑地裏的子民，見着一道大光

那羈旅死影之鄉的，得了光耀——

²你使這一族繁盛，倍增歡愉；你，指上帝。

他們歡樂在你面前，就像歡慶豐收　這一族，校讀：歡躍。

像分擄獲時人的狂喜！

³因為那副重軛，他們肩負的橫木　喻敵族入侵和壓迫。

他們監工的棍子，已被你折斷

如米甸之日。典出基甸吹號擊罐，夜襲米甸營故事，士7:15以下。

⁴因為所有步伐沉沉的軍靴　亞述軍的裝備。

並沾滿污血的戰袍

都要燒掉，給火焰為食。

⁵只因一嬰孩已為我們誕生　"少女"所生，7:14。

一個兒子，賜予了我們！寄望於希士迦，上帝膏立的王，詩2:7。

君權必擔在他的肩頭　君權，misrah，舊譯不妥：政權。

此乃他的名號：

神跡之謀士，至勇上帝　另讀：神樣的英雄。讚其大力，詩24:8。

永世為父，和平之君──　似埃及法老的加冕稱號。

⁶以示那君權極大，和平無涯

保大衛之寶座，保他的國；

並以公平正義使之巍然屹立

從現時直到永遠：

萬軍之耶和華不容不忠　qin'ah，本義狂熱忌妒，亦是聖名，59:17，

此事必成。　出20:5, 34:14注。

怒　火

⁷我主曾發話譴責雅各　話/言，dabar，七十士本：死，deber。

那一言落在以色列身上。

⁸雖然百姓即以法蓮和撒瑪利亞居民

都知道，卻還是心高氣傲，說：死海古卷：喊。

⁹磚[牆]塌了，我們鑿石重砌

榕樹砍了就換種雪松！榕樹，即埃及榕，詩78:47。舊譯桑樹，誤。

¹⁰所以耶和華舉列欽與之為敵　校讀。原文：對他舉列欽之敵。

鼓動仇家興兵：

¹¹東有亞蘭，西有非利士

要拿以色列填一張大口

——即便如此，他的怒火仍未收起　　疊句，5:25注四。

那巨手，伸展依舊！

¹²然而子民不肯回到懲戒者身邊　　懲戒者，直譯：打他的。

不尋求萬軍之耶和華。

¹³於是耶和華一日之間剪去

以色列的頭尾，海棗枝、蘆葦——　　海棗枝，舊譯棕枝，誤。

¹⁴那頭，即長老和顯貴　　此節似插注，解釋成語，19:15。

教謊言的“先知”是尾；

¹⁵是這一族的領袖迷失方向　　呼應3:3, 12。

讓被引領的陷於混亂。　　一說5:25一闋（及疊句）原在此處。

¹⁶故此，年輕人我主不再愛惜　　從死海古卷。原文：歡喜。

孤兒寡婦他也不垂憐；　　“頭尾”剪去，剩下孤寡。

因為全是些褻瀆造孽之輩

沒有一張嘴不在胡謅

——即便如此，他的怒火仍未收起

那巨手，伸展依舊！　　此疊句猶太社本插在下節後。

¹⁷是呀，罪惡猶如大火燎原　　描寫北國的末日。

它吞荊棘，焚密林

捲起了煙柱衝天！

¹⁸是萬軍耶和華勃然動怒

留下一片焦土，將子民

做了烈焰的美餐。

人對兄弟也沒了憐惜：

¹⁹向右割完了還是饑餓　　割，指切肉。

往左吃光，依然不飽

最後竟嚼起親人的肉——　親人，校讀。另讀子裔。原文：臂膀。

²⁰瑪納西咬以法蓮，以法蓮啃瑪納西　內戰爆發。

再兩家合力來吞猶大　見7:1以下。

——即便如此，他的怒火仍未收起

那巨手，伸展依舊！

十章

禍哉，那頒行不義之律　一說此禍原屬"六禍"片斷，5:24注四。

起草虐政，²冤屈弱小　虐政，猶言惡法。

從貧苦人中間搶走公道　反復譴責立法/司法腐敗，1:23, 5:22。

那打劫孤寡的人！

³及至降罰之日，當災難

自遠方到來，你們怎麼辦？外族入侵，耶5:31。

向誰逃去乞援，在哪兒丟下財富？另讀：保住小命。

⁴但求別蜷縮在俘虜堆裏

別栽倒了，多一具屍首　直譯：在屍首下栽倒。

——即便如此，他的怒火仍未收起

那巨手，伸展依舊！

亞述王

⁵禍哉，亞述，我的鼻息之棍——

他們手中的杖，乃是聖怒！舊譯不通：我惱恨的杖。

⁶我遣他攻一個褻瀆之國　他，指亞述王。

命他打那惹氣的一族；

隨他去擄掠、踐踏他們

像踐踏街上的泥污。暗合"速擄快奪"，8:1–4。

⁷當然，這不是他的意圖　帝王霸業皆神的工具，用完便扔。

他心裏並無如此算計；

他只是一意摧毀

想剷除的民族可不少！

⁸因為他說：

我的將領不都是王嗎？　自己則號稱萬王之王，如同上帝。

⁹卡爾諾和彌西堡有何兩樣　敘利亞北部、幼發拉底河上游重鎮。

一如哈馬跟亞爾帕　敘利亞西北的亞蘭商城，耶49:23。

撒瑪利亞與大馬士革？

¹⁰我的手既已拿下這些虛無之國　見2:20注。

論偶像那兒遠勝耶路撒冷、撒瑪利亞——

¹¹難道我不能待耶京和她的雕塑

如同撒瑪利亞及其虛無？　在亞述王看來，以色列的神也是偶像。

¹²待我主在錫安山與耶路撒冷全工告竣，便要懲治亞述王那狂妄的心果，喻自吹自擂。便，從七十士本（單數第三人稱）。原文：我。及他傲慢的眼神。¹³因為他說：

完工全憑我手上的氣力

靠我的智慧——看，我多聰明！

我廢除了列國的疆界

掠奪他們的寶藏，彷彿大力者　'abbir，自比神明或公牛。

將人口流放。　或作踏倒，63:6。似乎流放非上帝"授權"，27:8注一。

¹⁴我伸手拿下萬民的財富　萬民，同上節"列國"。

猶如探一隻鳥窩；

又像拾取遺棄的雀卵

我收服了整個大地。

沒有誰敢拍一下翅膀

或者張嘴，嘰嘰。mezaphzeph，象聲詞，8:19, 29:4, 38:14。

¹⁵豈有斧頭對掄斧人吹噓之理　上帝回答，45:9。

抑或鋸子對拉鋸的自誇？

好比說短棍能揮舞舉棍的人

牧杖舉的不是木頭！

¹⁶所以，耶和華萬軍之主才要

遣瘦弱入他的肥壯　聯想法老瘦牛吞肥牛之夢，創41章。

並在他的榮耀下燃一片熾盛的火。他，指亞述王或猶大，皆通。

¹⁷那火，便是以色列的光　榮耀，或作身子，如猶太社本。

雅各的聖者如一團烈焰；雅各，原文：他。

要一日之間燒光吞盡

他的荊棘。一說指辛黑力圍聖城，遭鼠疫而退兵，37:36。

¹⁸他森林和田園的榮耀

連肉帶靈，要一總毀滅　此句無定解，按文意似可移至16節後。

或如患癆病的，慢慢耗竭——　舊讀如欽定本：像旗手昏厥。

¹⁹他的林木所剩無幾

連小童也能數清。

雅各的餘數

²⁰待到那一日，以色列的殘餘和雅各家的遺民，將不再依靠那打擊他們的，譴責耶哈王乞援於亞述，引狼入室；解作影射希士迦，前716~687在位，被迫向亞述稱臣，亦通。而要仰賴耶和華以色列的聖者，於忠信之中。be'emeth，舊譯不確：誠實，16:5，38:3注。²¹餘數一定會回來，雅各的餘數歸至勇上帝。暗合"餘必回"，7:3。²²雖然你族人多如海沙，按上帝對聖祖的允諾，創22:17。以色列啊，能回來的只是一個餘

數。新定義，餘數為入囚而返歸福地/悔改者，4:3注；進而縮小至而後生發的"新芽"，11:1。

毀滅已定，公義必湧流；²³因為耶和華萬軍之主必依此定數，收拾大地。

²⁴就此，耶和華萬軍之主有言：我居於錫安的子民哪，莫畏懼亞述！儘管他拿棍子抽你，像埃及那樣對你舉起權杖，²⁵可是頃刻間聖怒就要結束：我鼻息噴發，滅了他們！對比5:25。²⁶萬軍耶和華要向他們揮動刑鞭，彷彿當初在老鴉岩擊殺米甸；典出英雄基甸的故事，士7:25。他的牧杖要指向海上，一如出埃及途中。出14:16。²⁷待到那一日——

他的重軛將卸下你的肩頭

你的頸項要掙脫他的枷鎖；`ol，軛、枷，喻奴役，9:3。

那枷鎖必因肥壯而折斷。肥壯，似呼應上文16節。此句無善解。

敵人來了

²⁸他已抵達艾莊，穿行密谷　migron，猶大與撒瑪利亞交界處。

在儲倉放下輜重；²⁹然後　儲倉，mikmas，耶京向北11公里處。

越過隘口，宿營在了戈丘。geba`，近猶大北界，距聖城10公里。

拉瑪在顫慄，掃羅的戈崗跑了；拉瑪/戈崗，gib`ah，地名。

³⁰你喊呀，響點，石堆的女兒！bath-gallim，地名，擬人稱女兒。

聽仔細了，獅子鎮！layshah，在聖城東北。

回答她呀，牙娜城！`anathoth，迦南女戰神之城，耶利米的家鄉。

³¹"糞坑"拔腳就逃，"地溝"人人藏匿。糞坑/地溝，意譯地名。

³²就在今天，他要踏上果村　nob，聖城北面一山村。

向着錫安女兒的山，向耶路撒冷小山

揮拳。³³看哪！

萬軍之主耶和華要狠狠修剪一番：此二節按文意可接19節。

高大的一律斫斷，聳立的通通砍去

³⁴他要用鐵斧削平密林

叫黎巴嫩偕尊貴倒地。 尊貴，美稱雪松。另讀：被尊貴者伐倒。

大衛家的嫩枝

十一章

由耶西的樹椿，要發一嫩枝 耶西，大衛王之父，撒上16章。

從他的根子要抽出新芽。喻受膏者，耶23:5，亞3:8。

²他身上要憩息耶和華的靈： 憩息，暗示蒙恩受擢拔，民11:25。

智慧與悟性之靈 如所羅門。

謀略和勇力之靈 如大衛王。

認知並敬畏耶和華之靈—— 如摩西與眾先知，箴2:5。

³他的靈馨，在敬畏耶和華。加上虔誠，基督教稱為聖靈七禮。

審案他不是憑兩眼所見 靈馨，riah，聞香，喻靈中欣悅。

判決也不僅靠耳聞。

⁴弱小的，他審之以公義

卑微於世的，必判以正直。變司法為倫理建設。

他口銜棍杖，痛擊大地 'erez，校讀：暴君，'ariz，啟19:15。

啟唇呼氣，他專殺惡人—— 末世景象，帖後2:8。

⁵公義，乃他的腰帶 'ezor，或作腰布，耶13:1以下。

他胯上束的是忠信。

⁶而後，野狼要與羊羔共處 恢復創世之初的和平景象，2:4, 9:6。

豹子和小山羊同宿；

牛犢小獅要跟肥畜合群 死海古卷與七十士本：要一同飼養。

由一個牧童帶領。

⁷母牛母熊要一起放養

幼仔一塊兒安臥；

獅子如牛，嚼着乾草

⁸乳兒在蝮蛇的洞口嬉玩

斷奶的要伸手探虺蟲窩。 虺蟲，ziph`oni，大毒蛇、傳說中的蛇怪。

⁹在我的整座聖山之上

再無作惡，無傷亡； 聖山，統稱福地，詩78:54。

因為大地要充盈對耶和華的認知 尤指懂得敬畏，箴2:5, 9:10。

一如洪流覆蓋海洋。

大旗

¹⁰待到那一日 此詩似巴比倫之囚後期作品。

耶西的根子要立為萬民的大旗 末世拯救之旗，對比5:26。

讓萬族索求，光耀他的休憩之地。

¹¹待到那一日，我主必再一次出手 出15:16，詩74:2。

贖獲子民，那殘留

在亞述與埃及

帕特羅、古實和以蘭 指上埃及、埃塞俄比亞、波斯一帶。

及示拿、哈馬、大海諸島的餘數。 巴比倫、敘利亞、地中海沿岸。

¹²他要向列國升起大纛

召回被放逐的以色列；

還要從大地四角

把流散了的猶大團聚。

¹³而後，以法蓮的忌恨便要消弭

猶大的敵意必被剷除；

以法蓮不再忌恨猶大

猶大也不復與以法蓮為敵。南北和解，再造大衛王時代，耶3:18。

[14]他們要往西飛撲非利士人的背　katheph，肩胛，轉指山坡。

一起打劫東方之民；直譯：子孫。實行同態報復，10:6，45:16注。

再拿紅族、摩押按在掌下　征服二鄰國（世敵）。

要亞捫子孫聽命。

[15]耶和華將禁絕埃及海的舌頭；即紅海。禁絕，七十士本：乾涸。

並以熾熱的風，向大河投手　大河，指幼發拉底河。

使之一分為七，人不濕腳

即可跨越。[16]而他子民的餘數

必有一條大道，自亞述起

讓殘存者如以色列當年

邁步，出埃及。最後的解放，比作重出埃及，40:3，出14:22, 29。

讚歌

十二章

那一天，你要說：

耶和華啊，我讚美你！呼應摩西凱旋之歌，出15:2。

你雖然向我發怒，但怒氣一消

就安慰了我。[2]看哪

上帝是我的拯救，我要信靠　暗合先知的名字，1:1注。

我不懼怕；因為耶和華是我的力量

我的歌——我的救恩在他。我的歌，從死海古卷。原文：耶的歌。

[3]懷着喜悅，你們從救恩的泉眼

汲水。⁴那一天，**你們要説**：轉入複數，着眼天下萬民。

讚美耶和華，呼喚他的名　讚美，ho<u>d</u>u，兼指感恩，詩105:1。

向萬民頌揚他的成就

宣佈聖名受尊崇。

⁵**歌唱耶和華，他的偉績**

願聖威傳遍天下！　當列國降服之日，60:14，詩47:1–3。

⁶**歡呼吧，入居錫安的人**

因為以色列的聖者在你們中間

稱至大。　第二單元（以馬內利書）完。

巴比倫的末日

十三章

預言巴比倫，預言，massa'，歌，先知所傳的啟示、神諭，箋31:1注。由此至23章末，集列國神諭。**阿摩之子以賽亞所見**，顯係後人託名，耶50–51章。**如下：**

²**禿山上，你們升一面旗**

高聲呼喚、招手

叫他們快進貴冑之門。　所指不詳。七十士本：開（門）哪，首領！

³**我已向我的聖潔者下令**　為神作戰須保持聖潔，書3:5。

有請我的勇士，舉行怒宴——　直譯：發怒。聖戰比作祭餐。

請我驕傲的賓朋！　直譯：歡躍者。此節無確解，意譯從猶太社本。

⁴**聽，群山迴響，彷彿人聲鼎沸**

是列國喧囂，萬族集會？

啊，是萬軍耶和華在點兵

準備開戰！

5他們來自遠方，來自天邊——

啊，耶和華及聖怒之兵器

要摧毀整個大地！

6嚎啕吧，耶和華之日近了　　見2:12注。

如全能者降災，它來了！

7馬上，一雙雙手就要癱軟

人心無不沮喪；yimmas，溶化、喪氣，8:6, 19:1。舊譯不通：消化。

8惶恐中，他們要被劇痛攫取　　劇痛，特指分娩。舊譯愁苦，誤。

女人臨盆似的扭動；套喻，26:17，耶6:24，結30:16。

一個望一個，嚇呆了　　舊譯驚奇，誤。

一臉着火的神色。焦急、絕望狀。

9看哪，耶和華之日來了！

那無情的，他噴發怒火

要把大地燒成廢墟　　舊譯不通：荒涼，5:9。

將罪人一舉殲滅。

10那時，諸天星宿包括"蠢人"　　kesil，今名獵戶座，伯9:9。

都不再發光，旭日成一團

黑影，銀月失了清輝。暗喻異教神衰亡，24:23注。

11我必懲罰這一世邪惡

追究惡人的罪責；

必了結狂妄者的傲慢

按倒暴君之驕橫：

12必使人比精金還稀罕　　聯想洪水過後，僅存挪亞一家。

勝似俄斐的純金。俄斐，阿拉伯半島西南，盛產黃金。伯22:24。

¹³為此，我要撼動諸天

叫大地震顫出位

在萬軍耶和華的怒火之中

在他鼻息點燃之日。 見5:25注。

¹⁴就像瞪羚遇圍獵或羊群無人領

大家各找各的親族

往自己家鄉逃命。 參較耶50:16。

¹⁵凡被追上的，都要刺穿 耶51:4。

抓住的，伏屍劍下；

¹⁶要他們親眼看見

自家嬰兒被活活摔碎 王下8:12，詩137:9。

房屋被洗劫，妻子被強姦。 一報還一報，聖者不講恕道。

¹⁷看，我這就喚起瑪代人入侵 伊朗高原西北一遊牧民族，善戰。

他們既不看重白銀

也不貪愛黃金。 無法納貢乞和；瑪代（米堤亞）是波斯聯軍的一部。

¹⁸他們的弓要擊碎青年

不悲憫子宮之果—— 復指下句小兒。

眼裏連小兒也不顧憐。

¹⁹而巴比倫，那萬國之榮光

迦勒底驕人的華美 迦勒底，兩河流域南部，復指巴比倫。

必如所多瑪、俄摩拉

為上帝所傾覆。 前539年被波斯居魯士大帝征服，但無大損毀。

²⁰那裏再也不會有人居住

世世代代，永不；

既沒有阿拉伯人支帳篷

亦無牧童的羊兒安臥。

²¹唯有沙漠的野獸出沒其間

空屋子留給了鴟梟；'ohim，哀鳴的鳥獸，無定解。

還有鴕鳥在那兒營巢

羊怪在那兒起舞。羊怪，se`irim，棲居荒野、廢墟，利17:7。

²²大殿上鬣狗長嗥　殿，'armanoth，校讀。原文：寡婦，'almanoth。

後宮裏紅豺亂吼——　tan，吼獸、紅豺，又名金豺，詩63:10。

來了，巴比倫大限將至　巴比倫，原文：她的。

不久了，她的日子！

回國

十四章

　　然而耶和華要憐憫雅各，此段散文打斷敘事，通説是補入的。他必再一次揀選以色列，將其放回故土。客籍就要加入他們，依附雅各家；皈依上帝。²萬民則會接受他們，送他們歸國。婉言各國向錫安俯首稱臣，顛覆霸權與世界格局，60:10, 14, 61:5–7。而以色列家即在耶和華的土地上，佔[萬民]為奴婢——囚徒當主子的主子，直譯：俘獲者。叫昔日的監工聽命。監工，noges，提喻壓迫者，出3:7。

巴比倫王

　　³當耶和華賜你安寧，擺脫悲楚紛擾並強加於你的苦役之日，⁴你要吟誦這一支諷喻，mashal，兼指寓言、預言，民23:7。説巴比倫王：

哎呀，監工怎麼住手了？

狂暴止息了？狂暴，marhebah，從死海古卷。原文無解：mdhbh。

⁵是耶和華折了惡人的棍子

統治者的權杖斷了——　舊譯不通：（折斷）轄制人的圭。

⁶他們一怒就抽打萬民　他們，直譯：他/它。指棍杖或上帝，皆通。

沒完沒了地抽打；

鼻息一噴，拿各族蹂躪

追捕迫害不停。

⁷大地休憩，安靜了

處處歡聲笑語；

⁸更有絲柏與黎巴嫩雪松

一同給你賀喜：反諷，實為詛咒。

自從你仆倒，就再無人

上山砍伐我們！亞述和巴比倫曾大興土木，毀壞黎巴嫩森林，37:24。

⁹地下的冥府好生激動——　舊譯不妥：震動。結32:17以下。

歡迎啊，你的到來！

為你，她喚醒了幽影　repha'im，死者的亡靈，伯26:5注。

那些世上曾經的頭羊；`atudey，喻首領。她，指冥府，5:14注二。

請列邦的王從寶座上起身

¹⁰一齊把你問候：似乎他們在陰間仍可稱王，下文18節。

原來你也像我們一般虛弱

跟我們沒什麼兩樣！

¹¹你的浮華，琴音靡靡

統統扔下了陰間；

蛆，做了你的枕席

蠕蟲是你的被單。

¹²哎呀，你怎會墜落諸天

晨星哪，黎明之子？晨星，helel，迦南神名。後世如基督教引申，

你怎會被砍倒在地　解作撒旦，路10:18。

萬族一度的主宰？　直譯：曾使萬族匍匐者。

¹³當初你心想：我要重登天庭　穹隆之上，天父與神子的居處。

在上帝的群星之上

安放我的寶座。　打破神界秩序。群星，喻神子，伯38:7。

我要足踏［眾神］聚會的山峰　足踏，直譯：坐上。

統治直達北極。　zaphon，或北峰，迦南眾神的家，詩48:2。

¹⁴我要跨上飛雲

與至高者試比高低！　至高者，`elyon，天庭之主，申32:8。

¹⁵——如今你一跤跌進陰間　路10:15。

沉入這無底深淵！　冥府底部，專收荒野棄屍，結31:18, 32:21。

¹⁶人看見你，都要定睛注視

細細省思：

這人就是令大地顫抖

震塌列國的那個？¹⁷是他

變世界為荒原，城池毀盡了

還不放俘虜回家？

¹⁸——別族的王都在榮耀裏

長臥，各有各的陰宅；

¹⁹唯獨你被扔棄，不得安葬　受了神的詛咒，王上13:22。

彷彿一根可憎的孽芽　nezer，諧音暗諷巴比倫王，nebukadne'zzar。

穿上為利劍刺穿的殘軀

滾下那深坑的亂石：　深坑，bor，喻陰間，兼指萬人坑。

一具被糟踐的腐屍。

²⁰不，你不得入他們的陵墓

因為你斷送了家園

殘殺自己的國民。

願造孽者子實永無名號。 期望波斯軍屠城，回報巴比倫的殘暴。

[21]**給他的兒子們預備屠場吧** 父債子償，出34:7。

承擔父親的罪責！ 父親，從七十士本。原文複數：祖宗。

決不許他們起來霸佔大地 反言（咒）惡王絕嗣。

滿世界興建城邑。 末四字一說是補注。

[22]**我必起來懲辦他們，** 起來，舊譯不通：興起。**萬軍之耶和華宣諭；必剪除巴比倫的名號、餘黨及後裔，耶和華宣諭。** 天父不愛敵族，不留餘數，斬草除根。參43:4。[23]**我必降其為箭豬的產業，一汪沼澤；荒廢其堤壩運河。必以毀滅為帚，掃了他們！** 直譯：她。指巴比倫。**萬軍之耶和華宣諭。** 排比收尾，重申大限，13:19以下。

亞述必粉碎

[24]**萬軍之耶和華立誓：**

是的，凡我規劃的必發生 規劃，dimmithi，兼指設想、意圖。

一如我決定的必成。 決定，ya`zti，圖謀、計劃、決意。

[25]**我必在我的福地粉碎亞述** 前701年亞述軍染疫，棄圍聖城。

在我的山上把他踐踏。

[以色列]的枷鎖定將拿走 意同9:3, 10:27。

他的重軛要卸下肩頭。

[26]**這是對整個大地所做的決定**

這巨手伸展，囊括萬族。 照應上文12節，真主宰彰顯大力。

[27]**萬軍耶和華計劃已定，誰能取消？**

他巨手一伸，誰可抵禦？ 呼應9:11, 16等疊句。

非利士

²⁸瑯哈王晏駕那年， 前727/715年。有此預言：

²⁹非利士呀，你別高興！ 非利士是以色列的世敵，9:11。
別以為那打過你的棍子斷了。
因為蛇根會長出虺蟲 見11:8注。蛇根，喻敵族（亞述）。
它的果子叫飛龍！ 或作火蛇，6:2，民21:6注。

³⁰當貧弱的頭生子找到牧草 比作上帝的羊群。
窘迫的可安心休憩；
我必以饑饉斷你的根子 斷，直譯：死。
然後誅殺你的殘餘。 然後（我），從死海古卷及通行本。原文：他。

³¹嚎啕吧，城門，哭呀大城！
你嚇癱了吧，非利士！
因為北方升起了煙塵 提喻亞述或巴比倫兵馬。
沒有一人掉隊，那大軍！ mo`adim，會眾、軍隊的行列。

³²然而如何答覆外邦的使者？ 非利士曾鼓動猶大結盟，抗拒亞述。
就說錫安乃耶和華所修
子民裏窮苦人
靠她，必得護佑。 她，指錫安，1:8注。

摩押

十五章

預言摩押，如下：參較耶48章。

因為一夜間大城陷落

摩押成了廢墟；

是呀一夜間陶牆不守　大城/陶牆，‵ar/qir，係摩押重鎮，16:7注。

摩押一片死寂。nidmah，兼指停息、毀亡、廢墟。

²笛邦的女兒　校讀，擬人指大邑，耶48:18。原文：屋與笛邦。

爬上高丘哭泣；

為尼波，為米底巴　均為摩押故地，民21:30, 32:3。

摩押哀號不已。

頭髮剃光，鬍鬚剪掉

³他們上街圍起麻衣；即縗衣、喪服，3:24注；耶48:37–38。

屋頂和廣場，人人哀號

流着淚仆倒在地。

⁴合石堡、以利亞利在痛哭

哭聲遠在雅哈城也聽到；三處皆摩押城鎮，民21:23。

無怪乎摩押的武士要驚呼　武士，haluze，另讀腰胯，halzi。

靈中止不住悸慄——

⁵我的心為摩押志哀　我，七十士本：他。

她的難民已逃至蕞爾　聯想羅得父女逃出所多瑪，創19:22。

往三犢鎮而來。難民，從死海古卷。原文：閂。三犢鎮，在摩押南部。

爬上蘆西坡

他們流了多少苦淚；同耶48:5。

走下雙溝道　derek ḥoronayim，摩押／約旦高原往死海南端的路上。

揚起一聲聲毀亡的哭嚎！

6啊，寧林之水一片荒蕪　死海南端一溪流，詳不可考。

青草乾枯，新葉凋殘

鬱鬱葱葱不見。

7難怪他們背上全部積蓄　pequdah，雙關：降罰（之日），10:3。

他們所剩無幾的浮財　yithrah，富足／殘餘，反義並舉，1:9, 30:17。

跨過了柳溪。　naḥal ha`araḇim，摩押與紅嶺的界河，民21:12。

8啊，哭聲迴響在摩押全境

哀號傳到了雨滴地　‘eglayim，諧音反諷淚滴如雨。

橡樹井縈繞她的哀鳴。　橡樹井，一說即摩西鑿的陂池，民21:16。

9笛邦的河水漲滿鮮血　笛邦，從死海古卷及通行本。原文：笛蒙。

但我給笛邦的還沒完：河，指亞嫩河，提喻摩押，民21:30。

摩押的逃生者，那一地餘孽

要由獅子來了結！

哀歌

十六章

快，把羊羔獻與土地的主子　即猶大王。此節歧解紛紜。

從岩堡經由荒野送至　岩堡，sela`，摩押或紅嶺地名，失考。

錫安女兒的山。似指摩押向耶京進貢。羊羔，象徵臣服，王下3:4。

²就像驚飛的小鳥

覆巢的雛雀，摩押女兒

在亞嫩河渡口徘徊。形容百姓逃難。

³求［大王］召集廷議，明裁：難民乞求猶大庇護。

展庇蔭於正午如掛夜幕

掩蔽被驅趕的人，那驚逃的

只求別暴露。

⁴請允許摩押的難民寄居貴國

讓他們藏身，免遭掠奪。

一旦壓迫結束，禍患停息　預言；讀作摩押使者語，則稍勉強。

蹂躪者從家園消滅；

⁵必有一架寶座因慈愛而立

必有一位，藉信實高踞其上　信實，舊譯不妥：誠誠實實。

起大衛的帳幕行審判　先知企盼的理想王國，9:6。

求公平而促正義。

⁶我們聽說了摩押驕傲　猶大回復摩押，不為所動。耶48:29。

簡直傲慢之極——

又狂又傲，動輒發怒

毫無根據地吹噓！

⁷所以摩押要哀號，為了摩押

人人嚎啕！

為陶片牆的葡萄餅　美味，也是供奉異神的祭品，何3:1，歌2:5。

呻吟吧，該你們悲痛了。陶片牆，qir ḥareseth，即陶牆，15:1。

⁸因為合石堡的田疇荒蕪了　摩押高原盛產葡萄。

西阪的葡萄凋謝；西阪，位於合石堡西南，民32:3。

那一串串紫紅

曾醉倒列族的君王；

枝枝蔓蔓，曾爬到雅則

溜進荒野，甚而越過了海疆。進入死海東岸，民21:24以下。

⁹所以我和雅則一道哭泣

哭我的西阪的葡萄。

我用淚水澆灌你

啊合石堡、以利亞利：呼應15:4。

正當你收穫夏果秋糧

吶喊聲驟然降臨！兵災取代了歡慶，耶48:32。

¹⁰從此果林裏不見了喜悅

葡萄園再無笑語，無歡歌；

再沒有榨酒人踩起酒榨

停了，出酒時的呼喊。停了，從七十士本。原文：我停息。

¹¹於是，我的肝腸如三角琴

為摩押嗚咽，我的五內

替陶片牆哀鳴。肝腸/五內，猶言心，情感之官，詩39:3, 62:4。

¹²然而，待摩押在高丘上盡顯困乏，高丘，迦南土著建祭壇處，15:2。即便去到聖所祈禱，也是徒勞。舊譯混亂：不蒙應允。

¹³此即往日耶和華譴責摩押之言。此段是後加的。¹⁴如今耶和華又說：三年之內，如傭工計年，意謂一日不差，依照工期。摩押的榮耀必遭唾棄，儘管她人口眾多；舊譯不通：與他的群眾。倖存者將寥寥無幾，滅了勢力。

大馬士革

十七章

預言大馬士革，如下：

看，大馬士革不復是都邑

她將淪為一堆殘垣。

²一座座城，永遠遺棄　原文費解：諸檜城被棄。譯文從七十士本。

給羊群安臥，無人驚擾。

³以法蓮的要塞毀盡

大馬士革被革除王權　；前732年，為亞述征服，王下16:5–9。

而亞蘭的殘餘

要像以色列子民那樣 "榮耀" ！反言蒙羞。

——萬軍之耶和華宣諭。

⁴待到那一日

雅各的榮耀必墜落　榮耀，kebod，雙關兼指重量、肝臟。

一身肥肉要掉膘。喻國土被侵佔、分割。

⁵彷彿人下田收割莊稼　人下田，校讀從傳統本注。原文：秋收。

手臂彎一抱麥穗；

抑或拾落穗，到巨人谷　在聖城西南，撒下5:18；申2:11注。

⁶他總要剩下些殘粒

猶如打橄欖樹：用長竿子打落橄欖。

總有兩三顆果子留在梢頭

四五顆藏在枝葉茂密處

——耶和華以色列的上帝宣諭。

⁷那一天，此段似後加的，預言萬族皈依。人必仰望其造主，矚目於以色列的聖者。⁸再也不去朝拜那些祭壇或他自己的手工，貶損迦南異教，2:8。不理睬自家指頭的造形，無論神柱、香壇。拜生殖女神和巴力，出34:13，利26:30。

⁹那一天，他的堅城必如希未人、亞摩利人在以色列子民面前丟棄的疆土，希未人/亞摩利人，從七十士本；二族代表迦南土著，申7:1。原文：林子與樹梢。一片荒蕪。

¹⁰是你忘卻了上帝，你的救恩

沒有記住磐石，你的堡壘；磐石，復指上帝，8:14，申32:4。

所以你才開闢"可欲"園 可欲，na`amanim，還陽神Tammuz的號。

種植異[神]的幼苗。似指亞述的還陽/繁育神崇拜，結8:14。

¹¹當天栽下就催它發芽 另讀：圍起籬笆。

早晨插枝，已含苞欲放；

然而收穫了卻要逸失 nad，校讀。原文：成堆，ned。

在沉屙與傷痛不治之日。

¹²呀，那萬民喧嚷

一似喧騰的大海喧囂；形容外敵傲慢、兇殘。參詩93:3–4。

那部族嘶吼，宛如

怒吼的洪水吼叫——

¹³一族族嘶吼如汪洋咆哮！少數抄本脫此句。

但是他一聲呵斥，他們遠遠逃遁

彷彿秕糠被山風吹散

又像狂飆中飛塵旋舞。經書熟語，詩1:4，伯21:18。

¹⁴捱到傍晚，看，多恐怖！

未及天明，已一個不剩：

這，就是那些掠奪者的份額 喻命運、下場，伯20:29。

打劫我們得來的報應。

古實

十八章

呀，古實河外，萬翅嗡嗡之地！ <small>萬翅，提喻飛蝗，象徵災禍。</small>

²她由洪波上派來使臣 <small>洪波，yam，海，形容尼羅河之闊大。</small>

紙草舟劃過中流—— <small>紙草，gome'，舊譯蒲草，誤，出2:3注。</small>

去吧，輕捷的特使

回去報告你們高個頭光皮膚的一族

那令遠近畏懼、強大而好勝 <small>此句無定解。</small>

江河貫穿全境的國度：<small>當時埃及為古實（第二十五）王朝統治。</small>

³芸芸世人與大地的居民哪

看真切了，何時群山舉起大旗

當羊角號吹響，你們聽着！

⁴這是耶和華對我說的：

我將在住所靜靜觀望

儼如日光下灼人的熱氣

或是收穫時節的露霧。<small>時節，從諸抄本及七十士本。原文：熱。</small>

⁵——因為收穫之先，一俟花落 <small>先知解釋。</small>

花蒂成熟結出葡萄

就要拿修枝鈎挑去嫩枝

剪齊參差的藤蔓。

⁶是的，全部要捨棄 <small>埃及一如亞述，必傾覆。</small>

留給山野的鷙鳥和走獸：

夏天讓鷙鳥啄食

冬季被群獸撕吃。<small>直譯：其上鷙鳥度夏，群獸其上過冬/秋。</small>

⁷之後，直譯：屆時。便有貢品獻來，歸萬軍之耶和華：預言古實/埃塞俄比亞皈
依，步他國後塵。那高個頭光皮膚的一族，那令遠近畏懼、強大而好勝，江河
貫穿全境的國度，就要朝拜萬軍耶和華的立名之地──錫安山。

埃及

十九章

預言埃及，先知反對猶大倒向埃及，與之締盟，故語多貶斥，31:1以下。**如下：**

看哪，耶和華駕着快雲
降臨埃及！
埃及的偶像在他面前顫抖
埃及的心在內中溶化。審判臨頭，驚恐狀，13:7，申1:28, 20:8注。
²我必鼓動埃及人打埃及人　鼓動，舊譯不通：激動。
令他們兄弟相爭，鄰人互鬥
這城攻那城，這國擊那國。古實王朝初起，上下埃及內戰。
³埃及要耗盡全身精氣　直譯：內中的氣/靈，4:4注。
待我挫敗其計謀。
讓他們求問偶像去吧
連同念咒通鬼魂行巫術的；熟語，譏異教不靈，8:19。
⁴我必將埃及交給一個兇狠的主子　或指外敵侵佔。
叫他們受暴君統治！
──耶和華萬軍之主宣諭。

⁵洪波要退去，大河要乾涸　洪波/大河互訓，指尼羅河，18:2注。
⁶江流變得腥臭
埃及要斷了飲水，枯竭！重演血水之災，出7:18以下。

葦子和香蒲，全爛掉

⁷長河之濱一片光禿：

兩岸莊稼凋零，被風吹走不見。

⁸漁夫要哀哭了，所有在河畔垂釣

往水裏撒網的都衰萎了。

⁹種麻、梳麻的同織白布的

無不蒙羞。

¹⁰國柱破裂，一如做傭工的

靈中傷悲。 國柱，shathoth，喻貴族。另讀：織布工。

¹¹是呀，鎖安的王公極蠢 　鎖安，zo`an，尼羅河三角洲東北都邑，

法老最聰明的謀臣 　民13:22。

出的都是笨主意——

你們怎敢對法老説：

我是智者之子，是古君王的後裔？

¹²是嗎，你的智者在哪兒？ 反諷，埃及本是智慧之鄉。

叫他們告訴你，公之於眾

萬軍耶和華對埃及有何旨意！

¹³蠢哪，鎖安的王公

墨府的首領，自欺欺人； 墨府，moph，即孟菲斯，下埃及都城。

是各郡的柱石，在誤導埃及。 柱石，喻諸侯。

¹⁴耶和華給她注入了混亂之靈 　她，指埃及。七十士本：他們。

這些人便使埃及步步走錯

似醉漢亂闖，一路嘔吐。

¹⁵如今埃及已無計可施

不論頭尾，海棗枝、蘆葦。 成語，象徵各階級，9:13–14。

三者如一

¹⁶那一天，埃及必像婦人一般顫慄、驚惶，當萬軍耶和華巨手掄起，朝她按下。¹⁷而猶大之地，便是埃及的眩暈；hogga′，懼怕倉皇狀。每一次想起，都惶恐不已，因萬軍之耶和華對她，旨意已定。以下補充四段，申明普世救恩；時代較晚。

¹⁸那一天，埃及上下，必有五座城說迦南話，此處指希伯來語。五座城，統稱以色列人在埃及的寄居地。參耶44:1。並指萬軍之耶和華立誓；祈禱、獻祭、出征等。其中一座要叫太陽城。heres，從死海古卷及部分抄本。原文：heres，傾覆。七十士本：義城。

¹⁹那一天，必有一方祭壇歸耶和華，設於埃及中央；而邊界上要立一柱，也歸耶和華。象徵至高者對埃及的主權。²⁰此乃萬軍耶和華在埃及的記號與見證。每當人受欺壓而呼求耶和華，他必遣一位施救的，moshia`，解放者，因"身懷聖靈"而稱英雄，士3:9, 15。一大者，rab，為首的。另作動詞：（來為之）申辯。七十士本：審判者。來解救他們。²¹耶和華必為埃及所知；到那天埃及人要認耶和華，要獻上犧牲和素祭，並向耶和華許願、還願。²²而耶和華若打擊埃及，打了，他必醫治；喻寬赦，化自申32:39。人就要歸依耶和華，而他必垂聽祈禱，給予醫療。

²³那一天，必有一條大道，自埃及通亞述。接通子民的流散地，35:8。亞述人要入來埃及，埃及人要加入亞述，埃及與亞述一同敬拜。

²⁴那一天，以色列必與埃及、亞述三者如一，和而不同。在大地中央稱福。為萬國祈福之榜樣或標尺，創12:2。舊譯不妥：三國一律，使地上的人得福。²⁵而萬軍耶和華必賜福與他們，說：福哉，埃及我的子民，亞述我親手所造，外邦乃至敵族，皆承永福，29:23。以色列我的產業！

異兆

二十章

那年，亞述王薩爾公遣大將軍來犯，薩爾公二世，前721~705在位，吞併北國者。攻取了亞士都。'ashdod，非利士五城之一，曾受埃及支持，反叛亞述，前711年陷落。²之前，直譯：其時。耶和華曾降言，藉阿摩之子以賽亞之手：訓示先知，並通過他儆誠世人，出9:35注。去，你解下腰間的麻衣，脫去腳上的鞋！他便照辦了，言說之外，也可用動作演示神的啟示，耶13:7，徒21:11注。裸身赤足而行。

³末了，耶和華道：一如我的僕人以賽亞裸身赤足行走三年，裸身，即不着衣袍，僅圍一塊腰布，奴隸模樣。做埃及、古實的一個異兆或預兆；三年間時而演示，很可能有門徒伴隨。⁴亞述王定有埃及俘虜和古實流民驅趕，如搶掠牛羊，創31:18。無分老幼，都裸身赤足，露出臀部，sheth，舊譯不確：下體，撒下10:4。叫埃及蒙辱！⁵於是又驚慌又羞愧：居然拿古實寄希望，把埃及當榮光！⁶那一天，這濱海一帶的居民要說：濱海一帶，指非利士。亦是對猶大的警告。看呀，我們寄望於什麼了！當初逃去那邊求援，是想擺脫亞述王——到底上哪兒逃命呢，我們？

巴比倫覆滅

二十一章

預言海之漠，midbar-yam，即巴比倫，得名於其南部（兩河流域下游至波斯灣）濱海之地。如下：

儼如風暴掃蕩南地 迦南南端的灌區與荒野，創12:9。
他來自大漠，那可怖之鄉。他，指波斯王，41:2注。
²一嚴酷的異象，在對我展示：

那背叛的已背叛，掠奪的正掠奪—— 巴比倫搖搖欲墜，33:1。

衝哪，以蘭，圍攻吧，瑪代！城外波斯軍吶喊，11:11, 13:17注。

一切哀歎歸我止息。 呼應19:22。

³所以我腰間才疼痛難忍 後人託名，摹狀先知預言，13:1注二。

被劇痛攫住，似難產的婦人；

躬着身我一樣也聽不到

害怕呀，敢看什麼？

⁴心裏一團混亂，恐懼

壓倒了我，那個渴望已久的

傍晚叫我發抖——⁵他們擺開宴席 行將滅亡，仍花天酒地。

鋪好毯子，大吃大喝—— 鋪毯，或如猶太社本：派人站哨。

起來，王公們，給盾牌上油！保護皮革，備戰，撒下1:21。

⁶因這是我主對我説的：

去，設一崗哨，讓他把看到的報來。崗哨，喻先知自己。

⁷他會望見騎兵，一對對前進

隨後是騎驢騎駱駝的；

要他仔細聽，非常仔細地聽！

⁸那站哨的就喊：站哨，從死海古卷及古敘利亞語譯本。原文：獅子。

主啊，我整天守着哨位 另讀（"主"做修飾語）：主的哨位。

在瞭望臺上一站一個通宵。

⁹看，他們來了，是騎兵

一對對地前進！

接着又大叫：

覆滅了，覆滅了，巴比倫！後世藉以形容末日，啟14:8, 18:2。

她所有的神像，都砸碎在地了！

¹⁰——我打下的穀啊，我的禾場之子　喻流亡巴比倫的子民。

凡是萬軍耶和華，以色列的上帝

賜我聆受的，皆已為你們宣示。

將破曉

¹¹預言杜默，dumah，"沉寂"，借指紅嶺/紅族，'eḏom，創25:14。如下：

有人從毛嶺向我喊：毛嶺，se`ir，即紅嶺，子民的世敵，創36:8。

喂，守望的，夜已幾何？打聽兵燹禍亂。

守望的，夜已幾何？

¹²守望者答：

將破曉，夜依然。直譯：夜亦然。似成語，災難未完之意。

你們如果想問就問吧

回頭再來，也行。黎明不至，沉寂無期。此段晦澀，無善解。

¹³預言荒漠，`araḇ，此處指北阿拉伯諸部。如下：

荒漠裏，灌木叢，你們過夜　逃難路上，耶49:8。

啊狄旦人這一趟"商旅"！狄旦地處商路，故言，創25:3。

¹⁴提瑪之地的居民哪，請拿水

送去給口渴的人，備好麵餅

迎接逃難的。提瑪在狄旦北邊，也是一處綠洲，創25:15。

¹⁵他們逃避的是刀劍

是出鞘的劍、彎彎的弓——　回放5:28。

是跟慘烈的兵災照面！

¹⁶是的，這是我主對我說的：還有一年，死海古卷：三年。如傭工計年，見16:14注。基達必喪失一切榮耀；基達，北阿拉伯部族，以弓箭聞名，創25:13注。¹⁷而基達子孫，那些英勇的弓手，必所剩無幾。因為耶和華，以色列的上帝已降言。

房頂

二十二章

預言異象谷，見下文5節，但耶京周圍並無此地名。一說即聖城東側橄欖山下的"審判谷"，yehoshaphaṭ，珥3:12。如下：

出了什麼事，人全上了房頂——
²你這興高采烈的大城啊

喧聲鼎沸的享樂之都？一說指亞述退兵，聖城歡慶解圍，14:25注。

你的死難者既非死於刀劍　即被俘處決，而非戰死。

也不是陣亡。³你的頭領

一個個溜掉，抓獲的　丟盔卸甲狀。

連弓也沒有一張；追上了　另讀如七十士本：（你的）壯士。

一總捆起，哪怕他們跑得再遠！

⁴所以我才說：別管我

讓我痛哭一場；

不要因子民我的女兒毀了　女兒，詩歌修辭，表親切，耶4:11。

就趕緊來安慰。反言唯有施毀滅的神是人的慰藉，12:1。

⁵因為這是驚恐、踐踏與劫難之日　審判及報應之日，2:12。

耶和華萬軍之主在異象谷之日——

城牆崩塌，呼救聲響徹丘壑。

⁶以蘭掛上箭袋，點起兵車騎手　校讀：亞蘭點起騎兵。

陶牆亮出了盾牌。陶牆，提喻摩押？亞述的幫兇或僱傭軍，15:1, 16:7。

⁷你最富饒的谷地擠滿兵車

騎手封住四門：

⁸猶大的屏障已破。屏障，指扼守聖城西路的亞澤卡要塞，`azeqah。

那一天，你指望着林宮内的武器　林宮，所羅門建造，王上7:2。

⁹眼裏只有大衛城多少裂隙　檢視錫安山要塞，撒下5:7。

如何儲積下池的水；此句意同11a節，或有訛。

¹⁰然後數點耶路撒冷的房屋

哪些可拆掉加固城牆。

¹¹兩道牆之間，鑿一方塘

用來蓄那老池的水。希士迦修造，引基雄泉入城，王下20:20。

唯獨沒有想到把造主

仰望，那早已安排一切的

你們未曾注目。批評當局無遠慮，軍事壓倒了政治。

¹²那一天，本是耶和華萬軍之主叫人

哀哭、剃髮、圍上縗衣。舉喪，3:24, 15:3注。

¹³可是看哪，人反而在取樂

屠牛宰羊，啖肉飲酒：

吃吧喝吧，反正明天就死了！誇張，猶言生命短促，及時行樂。

¹⁴萬軍耶和華遂向我耳中吐露至真：直譯：顯露自己。

這罪，等你們死了也不赦免！

——耶和華萬軍之主有言。七十士本無此句。

薛伯

¹⁵此乃耶和華萬軍之主所言：去，告訴薛伯，shebna'，希士迦王的內臣與親信，

遭彈劾後降為書記，36:3，王下18:37。**就是宮中掌事的那個家宰**：宮中，舊譯銀庫，誤。

¹⁶**你算什麼東西，誰讓你幹的** 極輕蔑的口吻。

在這兒給自己開鑿墓窟？

竟然把墓窟鑿在高處

崖石上給自家刻住所安息！或屬僭越，或涉及舞弊。

¹⁷**看，你再了不起** geber，有力氣/勇氣。咒其虛弱。

耶和華也要狠狠地拋掉

就是將你緊緊捏住，¹⁸**捲成一團**

像扔球一樣，丟在空曠地方。

讓你死在那裏，連同你的車馬榮華 車馬，校讀：墓窟。

你這主子家的羞恥——

¹⁹**我要撤你的崗**

革你的職！

²⁰**待到那一日**

我必召席爾加之子艾利雅金 'elyaqim，"上帝所立"；36:3以下。

為我的僕人，²¹**且把你的外袍**

給他穿，你的腰帶給他束

你的大權交在他手裏；

讓他做耶京居民與猶大家的亞父。宰相如父，創45:8。

²²**還要取大衛家的鑰匙放在他肩頭：**象徵家宰之權，啟3:7。

他開則無人能閉

閉則無人可開。

²³我要將他如一根橛子釘在牢固處

擔當父親家榮耀之鑾輿。

²⁴如此，此段附筆，說明艾氏最終也失勢了，且連累了家人。他身上繫着父親家全部的榮耀，子孫苗裔並各樣細物、盆碗壺罐。暗示其任人唯親，未收斂腐敗。²⁵但是那一天，萬軍之耶和華宣諭：那釘在牢固處的橛子必脫出，tamush，舊譯壓斜，誤。被砍斷在地；結果也砸了上面掛的那副重擔——耶和華已降言。

石城

二十三章

預言石城，zor，岩島築城，故名；希臘名推羅，腓尼基繁華港市，詩45:12。如下：

嚎啕吧，拓西的船隊！指從拓西歸來的商船，2:16注。

毀了，家園沒了，回不去了

噩耗從基廷傳來。基廷，即塞浦路斯島，民24:24。

²別出聲，濱海一帶的居民 見20:6注。

啊，西頓的商家！西頓，zidon，黎巴嫩南部港口、腓尼基大城。

你的使者曾越過波濤 使者，從死海古卷。原文：使你充盈。

³洪流之上運來黑水的五穀 黑水，shihor，下埃及尼羅河支流。

長河的豐登，叫她獲利——

不愧是萬族的碼頭。sehar，做買賣、集市。

⁴蒙羞吧，西頓，大海說了

汪洋的堡壘有言：堡壘，ma`oz，美稱良港。此句似補注。

我不曾娩痛，不曾生育 彷彿大海不認自己的子女腓尼基人。

從未帶大青年或撫養少女。bethulah，開始行經，已屆婚齡的姑娘。

⁵一俟風聲傳到埃及

他們要為石城的厄運

而喊痛。⁶還想遠航拓西？

哀號吧，濱海的居民！

⁷這於你們便是歡躍[之都]？

自古，她就腳步不停

四海為家。⁸是誰

做此決定，打擊石城

那一度的加冕者——　　腓尼基人殖民地中海沿岸，起初由母邦任命

她的商賈不啻王公　　長官。

她的買賣人舉世尊重？以商貿隱喻拜"邪神"，啟18:23。

⁹是萬軍之耶和華的定旨：

他要污損一切華美者的高傲

貶抑天下的權要。

¹⁰種你的地去吧　種，從死海古卷及七十士本。原文：穿越。

長河一樣，拓西的女兒；愛稱船隊，下文14節。長河，即尼羅河。

[你的]港口沒了。港口，校讀，詩107:30。原文：腰帶。

¹¹他巨手指向大海，頓時萬國震動

耶和華已對迦南降旨　迦南，借指腓尼基人/買賣人。

要摧毀她的堅城。

¹²他說：你的歡躍到頭了　直譯：不再繼續。

受欺壓的姑娘，西頓的女兒。

起來，跨海去基廷——　亞述入侵時，石城王曾避難於塞浦路斯。

但那裏你也不得安寧！

¹³看，迦勒底之地！ 此節原文有訛或脫文，無善解。

是這一族，而非亞述

將她指派給了荒漠野獸； ziyyim，舊譯不妥：住曠野的人，13:21。

一座座戎樓包圍，夷平了 巴比倫王尼布甲尼撒曾圍攻石城多年，

她的宮殿，留下一堆廢墟—— 結26:7以下。

¹⁴嚎嗨吧，拓西的船隊

你們的堅城毀了！ 重申定旨，上文11節，詛咒石城。

¹⁵待到那一日， 以下兩段散文是後加的。 **石城要被遺忘七十年之久**， 象徵流亡異鄉，耶25:11。歷史上，推羅毀於亞歷山大大帝之手（前332）。**合一君王的壽數。七十年過後，石城即如小曲唱的那個妓女**： 舊譯不通：像妓女所唱的歌。

¹⁶抱着琴，滿城蕩

這個娼妓呀人已忘；

甜甜撥，支支曲

好叫男人呀想起你。

¹⁷七十載結束，耶和華必眷顧石城。她便又回去接纏頭， 'ethnan，舊譯利息，誤。 **跟這泥塵世界的萬國行淫。** 舊譯不妥：交易。泥塵，聯想上帝對人的詛咒，創3:19, 23。 ¹⁸不過，她的獲利或纏頭須祝聖了歸耶和華；不得儲藏， 放棄奢靡生活及異教。 而是要使那些住在耶和華面前的人得利，讓他們吃飽穿好。 以下四章年代較晚，習稱以賽亞啟示錄。

一道咒誓

二十四章

看哪，耶和華要出空大地 剿滅生靈，如方舟洪水。

任其荒蕪，要扭曲地面　形容地震。

驅散居民——²是的

無分祭司百姓，主子奴僕　顛倒並消滅舊階級關係，何4:9。

主母婢女，賣家買家

放債的一如借債的

收利息的一如欠利息的：

³大地必徹底出空　hibboq tibboq，舊譯空虛，不妥。

劫難加上劫難

因為，此乃耶和華所言。

⁴大地因悲慟而凋零　何4:3。

世界在枯萎、凋落；

萎謝了，天下的高位者　校讀：高天與大地同萎謝。

⁵居民腳下，土地已玷污：道德墮落造成社會環境的腐敗。

就因為他們違法犯禁

竟敢破壞永約！犯挪亞/彩虹之約禁止的流血之罪，創9:5以下。

⁶所以才有一道咒誓吞食大地

要眾生為之負罪；眾生，直譯：其中的居民。

所以寄居大地的才遭了火燒　如所多瑪人，創19:24。

倖存者為數寥寥。下接16b節。

混沌之都

⁷新酒在悲泣，葡萄已枯乾

曾經快樂的心都在哀歎。

⁸鈴鼓的歡聲沉寂，喜慶的喧嚷不聞

三角琴樂音止息。

⁹人們不再舉杯歌唱

烈酒入口，太苦！

¹⁰那混沌之都崩潰了　與聖城為敵者如巴比倫、石城，詳不可考。

家家閉戶，無人能進；混沌，tohu，暗示被造物主克服，創1:2。

¹¹街上只有討酒的在喊

百般樂事到了黃昏

放逐了，大地的歡愉。

¹²一城悽楚，正門打碎

啊，這一地瓦礫！

¹³如此，於大地中央，萬民之前

宛如橄欖樹打過、葡萄摘後

撿起的殘粒，¹⁴他們要放聲謳歌　此段寫以色列的餘數，17:6。

從西海歡呼，耶和華至尊：

¹⁵對呀，東土把榮耀歸於耶和華　西海/東土，統稱子民流散地。

海島頌揚以色列的上帝耶和華的名。

¹⁶天涯地角，處處聞讚歌——　直譯：我們聽見讚歌。

美譽，非義者莫屬！義者，兼指上帝、忠信者。舊譯義人，欠妥。

沉沉的忤逆

但是我說：憔悴呀憔悴，我有禍了！不為歡歌所動。上接第6節。

背叛的皆已背叛——　同21:2。

那背信的在背信中背信。猶言背信/叛（bgd）之極，無以復加。

¹⁷恐懼、陷坑、羅網纏上了你　同耶48:43。

大地的居民！

¹⁸那聽喊恐懼就逃的

要掉進陷坑，那爬出陷坑的

要落入羅網。

看，高處的水閘開了　天河傾瀉，洪水景象，創7:11。

大地的根基震動。

¹⁹裂了，地一下裂開

破了，地突然破碎

搖了，地搖搖欲墜——

²⁰彷彿一個醉漢東倒西歪

晃得像一間茅舍；舊譯吊床，誤，1:8。

上面還壓着自己沉沉的忤逆

塌了，再別想撐起！

²¹待到那一日，耶和華必於高天

懲治天軍，向泥塵裏查辦　天軍，此處指反叛天庭的神子，14:12。

泥塵的王；²²必將他們圈起

囚徒般投入地牢

鎖進監獄，年數到頭

再一一討罪——　暗示末日審判。

²³直至銀月臉紅，赤日蒙羞。日月，代表異神，13:10，創1:16注。

因為萬軍之耶和華

必在錫安山上耶路撒冷為王

必對他的眾長老

昭示榮耀。回想以色列七十長老覲見上帝，出24:9–11。

感恩頌

二十五章

耶和華啊，你是我的上帝

我要頌揚你，讚美你的聖名！參12:4注二。

因你成就了神跡，互古之宏圖 `ezoth，上帝創世的計劃，28:29。

信實之至！

²因你變都邑為瓦礫

化金湯為廢墟，使外邦人的宮闕

不再為城，永無重建之日。外邦人，zarim，另讀傲慢者，zedim。

³無怪乎強力之民要光耀你

霸主之城須敬畏你。霸主，直譯：稱霸的族。

⁴因你是弱小者的堡壘

窮人救急難的堅城；

是躲暴雨的屋簷，避炎熱的樹蔭。呼應4:6。

當強霸動氣，如寒冬風暴 寒冬，qor，校讀。原文：牆，qir。

⁵像大漠蒸騰，外邦人喧囂：外邦人，七十士本：傲慢者。

是你以雲影消散了酷熱

令強霸停奏凱歌。

聖宴

⁶就在此山，萬軍之耶和華 此山，即錫安/聖城，24:23。

要為萬民設肥饌之宴、美酒之席；

那肥饌飽含髓脂，那美酒濾出醇香。

⁷就在此山，他必除掉萬民遮面的喪紗

拿走包裹列族的屍布

⁸將死亡吞滅——永遠！反言死神不再吞噬，林前15:54。

主耶和華還要抹去眾人臉上的淚痕　啟7:17, 21:4。

在大地四方為他的子民雪恨

因為耶和華已降言。

⁹那一天，人要説：作感恩之歌。

看哪，這是我們的上帝

我們一直盼着，他來拯救；

這是耶和華，冀盼中的那一位　七十士本脱此句。

讓我們起舞歡慶，迎他的救恩！或作勝利，26:18注二。

¹⁰因為耶和華必手按此山

將摩押踩在腳下　摩押，象徵子民的仇敵，參較15章。

一如草堆被踏進糞池：

¹¹任憑他在池中劃動臂膀

彷彿落水的死命撲騰；

他的狂傲終將淹沒

不論他雙手怎樣掙扎——　'orboth，手段、計策、陰謀，無確解。

¹²是呀，你城牆圍起的堅固堡壘

他必摧毀了夷為平地　你，轉換人稱，拉近距離，歌1:2注。

碾作塵灰。

貧苦人的腳下

二十六章

那一天，這首歌要在猶大之地傳唱：

我們有一座堅城　死海古卷：庇護城。指耶路撒冷。

以救恩為內牆與外郭。

²敞開大門吧，讓忠信的義民進來！呼應詩24:7–10。

³心志堅定的，你皆保平安——

平安，只緣他對你信賴。他，指上帝或義民，皆通。

⁴願你們信靠耶和華，至永遠

因為主耶和華是磐石，萬世不移。意同申32:4，詩62:7。

⁵他曾摧折了居高位的　主，原文：在耶（yah）內，12:2注二。

連同巍峨的都城；惡勢力的營壘，混沌之都，24:10, 25:2。

他將那城夷為平地

碾作塵灰，⁶讓腳踐踏——　同25:12。

踏在貧苦人弱小者的腳下。

你的死者必重生

⁷正直是義人的道：

至直者啊，義人的前路靠你鋪平。至直，上帝的號，申32:4。

⁸就在你行審判的道上，耶和華

我們把你翹盼；信寓於望，49:23注。

你的名，牢記不忘　死海古卷：你的律法。

是我們靈的欲求。原文無"我們"，從七十士本補。

⁹夜裏，我思念着你　欲求/思念，舊譯羨慕，誤。

我內中的靈，苦苦尋覓；

因你的判決垂範天下

公義為普世居民所研習。

¹⁰但惡人即便蒙恩也不學公義

在求實的國度他依舊造孽　求實，nekohoth，誠實、真相，30:10。

眼裏毫無耶和華的聖威。呼應12:5。

¹¹耶和華啊，你巨手高舉

他們居然不見——願他們蒙羞　即拒絕認上帝，6:9。

看到你不容不忠　愛恨皆繫於此，9:6注。

待你的子民；願你怒火發作

吞噬仇讎！

¹²耶和華啊，願你給我們定平安！

真的，我們行事，無不是

你替我們成就。

¹³啊，耶和華我們上帝

除了你，別的主也統治過我們　別的主，兼指征服者及其神祇。

可是唯有你，你的名

我們祈求。nazkir，本義記住，轉指祈福、讚美，詩20:7。

¹⁴死者不會重生，幽影不會復起：幽影，舊譯去世，誤，14:9注。

如此你懲罰、消滅了他們

將關於他們的記憶抹淨。俾子民牢記聖名，上文8節。

¹⁵你已使族人大增，耶和華

族人大增，榮耀在你——

是你，拓展了福地四極。猶言應許以色列復興。

¹⁶耶和華啊，患難中他們把你找尋　他們，七十士本：我們。

因身負你的懲戒而傾心祝禱。直譯：傾倒低語。無確解。

¹⁷彷彿一個孕婦臨盆

禁不住劇痛而扭動、尖叫——　套喻，啟12:2。

我們也是如此，由於你，耶和華：由於你，或作：在你面前。

¹⁸我們也曾懷孕受苦痛

可產下的竟然是風；形容徒勞無功，傳1:14注。

沒有給大地帶來拯救　yeshu`ah，兼指勝利，25:9。

世界亦未添一民。

¹⁹不，你的死者必重生　回應上文14節。結37:1–14，但12:2。

他們的屍身必復起；他們，校讀從傳統本注。原文：我。

醒來呀歡唱吧，入居塵土的人！超越傳統，祈望義人復活。

因你的露珠是晨光之珠　晨光，'oroth，喻新生命。另讀綠草。

大地必將幽影娩出。tapil，掉落，轉指生產。

海龍

²⁰走，我的子民，進你的內室

關上門，稍躲片刻，等聖怒過去。末日不會太久，2:10, 10:25。

²¹因為看哪，耶和華一出居處

便要追究世人的咎責；

而大地必顯露[無辜]的血　聯想該隱殺弟，大地飲血，創4:11。

不再掩藏遇害的人。婉言復仇，創37:26注。

二十七章

那一天，耶和華必揮起他的巨劍

無情地嚴懲海龍　liwyathan，原始混沌之怪，伯3:8, 26:12–13。

那逃竄的虯蛇，海龍

那蜿蜒的長蟲——

必擊殺那頭大洋之怪。tannin，舊譯大魚，不妥，創1:21，出7:9注。

園丁

²那一天，可愛的葡萄園　陰性名詞，故擬人稱"她"。

你們要把她歌唱：可愛，hemed，諸抄本：酒，hemer。摩5:11。

3我，耶和華，親自做園丁　看護以色列，5:1以下。

時時澆灌，日夜看守

不要她受人侵害。

4——我從來不發怒　園子語。

誰會給我荊棘？暗示子民鬆懈，在劫難逃，5:6, 7:23, 10:17。

——[誰敢]爭戰？我必出擊

將他們一把火燒掉！或如欽定本，"爭戰"四字作園子語，亦通。

5抑或歸附我，進我堅城？喻尋求庇佑，25:4, 26:1。

那與我和好的，皆可與我和好。允諾拯救；此段晦澀，無定解。

6到那[時]，雅各要生根

以色列要開花長新枝

讓全世界結滿果實。暗示萬民順服，14:2, 17:7。

東風之日

7[主]之打他，何如那些打他的被打？此段有訛，無善解。

他的遭殺，怎會像那些殺他的遭殺？意謂壓迫者的下場更慘。

8驅逐、流放，是你定的案：似指流散子民的決定；呼應3:13。

一陣狂飆將她捲去，在東風之日。喻神的懲罰，耶4:11。

9唯有這樣，雅各的咎責才能赦免

他祛罪的結果，全在此一舉：

當他把祭壇的石塊搗碎

如石灰，叫神柱香壇無處安放。 意同17:8。

¹⁰而堅固的大城則一片淒涼　預言強敵覆滅，26:5注。

遺棄了的家宅不啻荒野；

那裏牛犢吃草躺臥

那裏嫩枝毀盡。

¹¹樹木乾枯，便會折斷

給女人拾去當柴燒——

反正這是不肯覺悟的一族。 如法老死硬，上帝安排，出4:21, 7:3。

所以對他們，造主必不憐憫

那摶土者不會降恩。 摶土者，yozer，婉稱天父，創2:7。

¹²待到那一日，附兩則預言，作結語。耶和華必開始打麥，從大河之濱到埃及河谷，埃及與迦南的界河，民34:5。將你們一粒粒收起入倉，以色列子民！

¹³待到那一日，大羊角號一旦吹響，報應日到來，大審判在即，18:3，結33:3。參太24:31，林前15:52。凡滅失於亞述、流亡在埃及的，都要回來拜耶和華，就在聖山，在耶路撒冷。以下接回23章，另起一單元至35:10，譴責南北兩國。

撒瑪利亞

二十八章

禍哉，以法蓮醉漢炫耀的花冠　撒城建在山上，兼指其奢華腐朽。

那華美不再、落英凋殘

滿腦肥腸又被酒擊倒的人！滿腦肥腸，從死海古卷。原文：肥谷頭。

²看，我主有一大蠻力者　亞述軍入侵北國，10:13。

如一場冰雹，癘疫的風暴　癘疫，qeteb，或作毀滅，申32:24。

如洪水氾濫，肆虐大地。直譯：用手/猛力，beyad，扔在地上。

³他腳下要踐踏那以法蓮醉漢

炫耀的花冠，⁴那華美

要變作落英凋殘

那滿腦肥腸，被酒擊倒。

就像無花果初熟於夏日前　古人視為美味，耶24:2。

人見着就想摘，到手便吃掉。

⁵那一天，萬軍之耶和華必親自

做他子民餘數的華美之冠冕　敗局已定，信仰彌珍，10:20以下。

⁶為坐堂斷案的做公道之靈　或判決之靈，11:2–4。

做城門前卻敵者的勇力。

假先知

⁷還有這幫人，也醉醺醺的

在烈酒裏迷了方向：譴責南國猶大的政教上層，彌3:5。

稱祭司叫"先知"，卻酩酊大醉

沉溺於美酒佳釀

他們異象暈暈，裁判昏昏。paqu，蹣跚、錯亂狀。

⁸不是嗎，筵席上他們到處嘔吐

沒有一桌不弄污！

⁹——他這是在向誰顯擺知識？眾人譏嘲聖者。

跟哪個講論啟示？shemu`ah，聽聞、消息，轉指教導。

向那剛剛斷乳

放開奶頭的嬰兒？

¹⁰不就是：命呀令呀　zaw lazaw zaw lazaw，戲仿先知佈道的口吻。

準呀繩呀，這兒一點

那兒一點！

¹¹——那好，他就用口吃的唇　他，指上帝。

異邦的舌，來對這一族説話。借敵族懲戒子民，申28:49，耶5:15。

¹²誠然他告訴過他們：這兒

可以休息，讓困乏的歇歇；反言不可貿然起事。

這地方好靜養。

但是，他們不肯聽從。

¹³因此耶和華給他們的訓言便是：

命呀令呀，準呀繩呀　qaw laqaw qaw laqaw，對嘲諷者的嘲諷。

這兒一點，那兒一點！

——結果他們才邁開腳步　偏離正道或準繩所定，30:21。

就仰面跌跤，折了［骨］

中圈套，做了俘虜。被擄去異邦為奴。

刑鞭

¹⁴還是聽一聽耶和華的話吧，譏嘲的人！先知在聖城的政敵。

你們在耶路撒冷統治這子民　統治，另讀：諷喻。

¹⁵卻大言不慚：我們呀

跟死亡立過約，與冥府訂了盟！當時猶大與埃及結盟對抗亞述。

即使刑鞭像洪流決口　刑鞭，喻神的懲罰，10:26。

也碰不着我們——我們

有謊言掩蔽，有偽術藏身。謊言/偽術，兼指異教神，44:20。

¹⁶於是，主耶和華這樣宣告：

看，我要在錫安置一基石　羅9:33，彼前2:6。

取一塊考驗過的寶重的角石

打好根基：那忠信的人　此句打引號，作基石之名亦可。

就不用慌亂。¹⁷而我

必以公平為準繩

以正義為線砣。mishqeleth，鉛錘，或測平準的工具。

而冰雹必蕩平謊言的掩蔽

藏身處為洪水沖垮；

¹⁸你們跟死亡的約須廢除　kuppar，掩蓋，讀若tuphar，破、除。

一如與冥府的盟無效。

一旦刑鞭像洪流決口

你們已難逃蹂躪；

¹⁹每次決口都要捲走你們

天一亮，那大水必到

日日夜夜不息——這啟示

非驚駭了不會明瞭！婉言大禍難逃，耶24:9。

²⁰正是：舒展身子床太短　引成語，形容猶大和聖城的窘境。

蜷縮一團被嫌窄。

²¹看，如在劈裂山耶和華必起　撒下5:17以下。

如在岌崩谷，他必震怒；為以色列而戰，書10:10以下。

要成事，成他的奇異之事

要完功，完他的非凡之功。天父居然摧殘子民，故言。

²²所以快別譏嘲了

免得囚繩把你們捆得更緊；

因我聽見了：毀滅——

那是我主萬軍之耶和華

對全福地的裁決。舊譯不妥：全地……滅絕。此處非指世界末日。

蒔蘿與小茴香

²³請側耳聽我的話音

留意我作何言辭。

²⁴農夫耕種，怎能耕而不種

成天掘石耙土不休？

²⁵坡地平整了，不就該

撒播蒔蘿、小茴香？ 也叫土茴香、孜然，太23:23注。

小麥成行，大麥成片 nisman，指定（處），生僻詞，無解。

田邊栽一圈二粒麥：kussemeth，舊譯粗麥，誤，出9:32注。

²⁶照他學得的把式

他的上帝定的規矩。

²⁷同樣，打蒔蘿不用脫粒橇 haruz，木橇嵌碎石，牛驢拖着碾穀。

碾小茴香不用車軲轆；

蒔蘿要拿棍兒打

小茴香得使連枷。

²⁸碾麥子，人不會費時

打了又打；車軲轆套馬 通常用牛或驢。馬，變元音校讀：脫殼。

即可不碾碎[籽粒]。

²⁹這，也出自萬軍耶和華——

他計劃極神奇，智謀至大。故災變也是奧秘之安排，神負全責。

阿列受困

二十九章

禍哉，阿列呀阿列 ’ari’el，祭壇頂；又名神山，har’el，美稱聖城。

大衛安營之都！ 參觀33:7，結43:15。

任憑年上加年，節期輪轉
2**我也要叫阿列受困**
一城悲歎呻吟：
叫她當我的阿列！暗喻子民犧牲，如祭品燒獻。
3**我必將你團團包圍** kaddur，二抄本及七十士本：像大衛，kedawid。
四面紮營，築起箭樓攻你。
4**而你就要栽倒，從地下言語** 悲慘如下陰間，5:14。
在塵埃囁嚅，鬼魂一般
嚶嚶做聲，土裏透出些消息。一說阿列亦是鬼魂（'ob）的稱號。

5**然而芸芸外邦，必如細塵** 外邦，死海古卷：傲慢者，25:2注。
那暴虐的一群好似飛糠。敵族只是神的工具，用完即棄，17:13。
一眨眼，忽然間
6**萬軍耶和華就眷顧了你**
攜着雷霆和地震的隆隆巨響
旋風、狂飆與饕餮的烈焰。
7**猶如一場噩夢，夤夜的異象：**
那萬族麇集，向阿列進軍
那圍攻她堡壘的，皆陷於困憊。亞述軍染了瘟疫。直譯：使困憊。
8**極像一個餓漢夢見美餐**
醒來，依然腹中空空；腹，naphsho，靈、整個的人。同下句喉嚨。
抑或口渴的夢裏飲水
醒來，愈加乏力，喉嚨更乾——
那萬族洶洶，不過爾爾 舊譯不通：列國的群眾。
他們攻的是錫安山。

9**驚惶吧，你們，驚惶失措** 呼應13:8。舊譯錯亂：等候驚奇。

瞎眼吧，你們，把眼弄瞎！舊譯：宴樂昏迷，誤。

爛醉，但不是酗酒

跟蹌，卻無關醇釀。

¹⁰是耶和華給你們注入了昏睡之靈；狀其昏瞶無知，19:14。

他閉了你們的眼（先知）

蒙了你們的頭（視者）。括號內當屬插注。

¹¹所有這些異象，此段解釋前文，似補注。於你們恰似一封起的書卷。啟
5:1-3。若是交與識字的人，說：請念罷！他會答：沒法念，還封着呢。
¹²如果拿給文盲，說：請念罷！他會答：我不識字。歎真先知處處碰壁，6:10。

嘴皮

¹³我主有言：

正因為這一族僅是口頭上跟隨

敬我，只動動嘴皮　譴責形式主義、偽善，1:10以下。太15:8-9。

心，卻離我遠遠

而拜我，則是依從人的指令　七十士本：拜我也是枉然。

死背功課；¹⁴那好

我就繼續讓這一族領教神跡　令其心肥腫、耳背眼濁，6:10。

神妙之極！叫他們智者毀了智慧　林前1:19。

明辨人失了辨析。舊譯聰明，不確。呼應5:21。

陶工

¹⁵禍哉，那些耶和華深藏計謀的人！譴責猶大投靠埃及。

他們在暗裏行事，說：

誰看得見我們？誰認得我們？

16——你們弄顛倒了

難道黏土可以跟陶工並論？見45:9注，羅9:20–21。

哪有製品質疑匠人造了自己

抑或陶器數落陶工：

他一竅不通？即否認陶工的製作。舊譯不通：他沒有聰明。

17不是嗎，再過片刻

黎巴嫩就要變為豐贍的果園　秩序顛倒，始於自然界，32:15。

而果園卻看似林叢？茂盛狀。對比現實中聖城之困厄，耶26:18。

18那一天，聾子要聽到書卷裏的話

盲眼要擺脫昏黑而復明。迎來救恩，太11:5，路7:22。

19卑微者必從耶和華復得喜悅

貧苦人必因以色列的聖者而歡歌！加入聖潔之子實，6:13。

20了結了暴君，譏嘲的絕跡

那伺機作惡的均已剷除——

21凡興訟裁贓，在城門口

給仲裁的設圈套，憑空捏造

冤屈義人的，一個不留。仲裁，指長老為族人斷案，伯9:33。

22故此耶和華，那贖下亞伯拉罕的，贖下，指聖祖蒙召前往迦南，創12:1以下；流散子民復歸福地，引以為樣板。對雅各家有言：對，'el，另讀（雅各家的）上帝，'el。

今後，雅各再不必蒙羞　背棄正道、亡國為奴之羞。

臉色也無須慘白。

23當他看見自家兒女　或如猶太社本：當他即他的兒女看見。

我的親手所造，回到身邊

必人人歸聖於我的名：

必認雅各的聖者為至聖

必向以色列的上帝表敬畏。

²⁴而那靈入歧途的，便要知曉　暗示寬宥，勾銷罪責，40:2。

那抱怨嘀咕的，可受教。

驕龍歇息

三十章

禍哉，違命的子民，耶和華宣諭：呼應1:2, 4。

他們撇開我自行謀劃

織網結盟，反對我的靈　不聽真先知的啟示。

乃至罪上加罪！

²他們啟程南下埃及　希士迦王曾遣使向埃及求援，前703~702年。

未獲我准許，就投靠法老　准許，直譯：嘴。轉指命令、旨意。

躲進埃及的庇蔭——

³但法老的保護將使你們蒙羞

求埃及庇蔭，終必受辱。

⁴雖然他的王公去了鎖安　見19:11注。他，指猶大王。

他的使臣已抵達哈內　hanes，"王子宮"，尼羅河西岸郡府。

⁵結果都大失所望：那一族

實在是毫無用處；

既不施援手，亦無所補益　法老靠不住，36:6。

反而平添失望和恥辱。

⁶預言南地的野獸，譏刺猶大的外交政策，寫使節穿行南地與西奈半島的荒野，徒勞無功。如下：變元音校讀：他們頂着南地的炎熱。

跋涉那困苦之地，那群獅咆哮　nohem，校讀。原文費解：mehem。

毒蛇與飛龍的故鄉；　飛龍，見14:29注，申8:15。

他們驢背馱着厚禮

駝峰滿載寶物

前往那無用的一族：

⁷埃及的支援是一口噓氣　hebel，喻虛妄無益，詩94:11。

是空話；所以我稱她——　下句有訛，無確解。

驕龍歇息。　驕龍，rahab，混沌海怪的別名，借指埃及，詩87:4。

永久的見證

⁸好，去把這個給他們寫板子　書寫用的木板。先知失望而立言。

記上書卷，為後世

做永久的見證。　le`ed，從二抄本。原文：永遠，la`ad。參8:16。

⁹因這是抗命的一族　典出吵架泉故事，摩西語，民20:10。

撒謊的兒女，不願聽從

耶和華教導的兒女。　教導，即聖法。

¹⁰他們敢對視者說：別看！

要啟示者：別為我們啟示真相　舊譯不確：講正直的話。

講點好聽的——幻象也行！

¹¹離開你們的道，丟下那條路

叫那個以色列的聖者

給我們歇了去！　嘲諷，天父如驕龍歇息，上文7節，創2:2。

¹²故此，以色列的聖者降諭：

只因你們蔑視此言　先知傳達的神的旨意。

靠欺壓與邪曲這等手段　邪曲，naloz，舊譯乖僻，誤。

¹³所以於你們，這咎責便如

高牆上裂開一條縫，一道凸起

搖搖欲墜而猝然間崩塌——

¹⁴就像陶盆瓦罐，打個粉碎

毫不吝惜，連一塊陶片

一片向灶膛取火或從池中舀水的

也找尋不見。

¹⁵如是，主耶和華以色列的聖者

有言：回頭、安息，你們必獲救；

寧靜而信靠，賦予你們勇力。以擊退強敵（亞述），28:6。

無奈你們不肯，¹⁶反而說：信靠，舊譯安穩，誤。

不，我們要騎馬逃走！逃亡埃及。

——好，你們會逃的。

還[說]：騎的是快馬！

——好，那追逐你們的會飛快。而埃及亦非庇蔭，上文3節。

¹⁷會一人大喝，嚇得千人潰散　化用摩西之歌，申32:30。

五人一呼，你們個個逃逸

直到殘餘如一根杆子在山巔　聯想先知兒子的名字，7:3, 10:22。

如嶺上遺落的一面旗。

太陽七倍燦爛

¹⁸真的，耶和華盼着為你們降恩

真的，他必受尊崇而施憐憫。受尊崇，舊譯不通：興起。詩18:46。

因耶和華乃是公道之上帝　尤指其判決，28:6。

福哉，一切翹盼他的人！

¹⁹是的，錫安的百姓，耶京居民哪，你不用再哭了。他必降恩，只要你呼救；一俟聽見，他即應允。²⁰雖然我主給了你痛苦作麵餅、艱辛為水，喻磨難。你的老師卻不再隱藏，你必親眼望見你的老師。moreyka，複數表大，指上帝不再藏臉，8:17。解作教誨百姓的眾先知，亦通。²¹每當你偏右偏左了，你兩耳必聽到背後響起訓言：這是正道，跟着走吧！²²於是你要污損自己的包銀木偶跟貼金鑄像，貶稱異教神祇，2:8, 20。如一條月經布，dawah，經血不潔，故借此比喻，利15:33,20:18。將它們扔棄，還要大叫：滾吧！

²³他便會為你地裏播的種子降甘霖，使田間五穀豐饒。那一天，你的畜群要放牧在廣闊的草場；²⁴耕田的牛驢，要吃用木杈和穀鏟揚過、拌了鹽的飼料。福及牲口，悉心養殖。²⁵每一座高山，每一道峻嶺，都有淙淙流水，在那塔樓倒塌的大屠戮之日。報應日，2:12，送走舊世界，美景煥然。²⁶而後，月輝要勝似日光，太陽要七倍燦爛，七十士本脫右六字，一說是插注。彷彿七日合一——在耶和華替子民包紮傷口、醫治創痍之日。

焚化地

²⁷看哪，耶和華的名來自遠方 名，猶言親自（前來）。

他鼻息燃起，濃煙升騰。另讀如欽定本：帶着（懲罰的）重擔。

激憤溢出他的雙唇

他舌頭彷彿烈焰饕餮。

²⁸他呼氣像河水暴漲，直淹齊

人的咽喉——他要用毀亡的篩子

篩除列族，給萬民的腮頰

套轡頭走歧路。歧途一如正道，不由人的自由意志選擇。

²⁹而你們就要歌唱，如守聖節之夜

滿心歡愉，簫聲裏登上

耶和華之山，以色列的磐石。

³⁰耶和華必使人聽到至尊的雷霆

望見他的垂天巨臂；象徵懲戒、救恩、末日審判，申11:2。

必於聖怒與烈火的饕餮之中

擲下霹靂、暴雨、冰雹。

³¹是呀，耶和華的雷霆！亞述喪膽

受了刑杖——³²每一記

耶和華將那懲戒之棍抽在他身上

都要伴着鈴鼓和三角琴；懲戒，從諸抄本。原文：根基。

每一戰，都這樣掄[手]攻他。參19:16。此節晦澀，無定解。

³³是的，焚化地早已預備 焚化地，topheth，冥王享童子祭的山谷。

只等那大王到來；又深又寬 大王，雙關兼指冥王、亞述王。

一座靈壇柴火堆起，耶和華呼氣

如一溪硫磺，將它點燃！

駿 馬

三十一章

禍哉，那南下埃及乞援的人！背景同30:1-7。

只曉得靠駿馬兵車跟騎手 詩20:7。

倚仗人家車多，力強；

卻不曾翹望以色列的聖者

抑或向耶和華求問。

²可是他也有智慧，能降禍 模仿政敵的口吻，警告。參41:23。

說了的，他決不收回。

他必起來端造孽者的窩 直譯：家。

與支持作惡的為敵。

³埃及人是人，不是神；暗貶異神，結28:9。

他們的馬是肉，不是靈。

耶和華一旦出手，那支援的

必絆跤，那受援的必栽倒——

雙方一塊兒完蛋！埃及和猶大同樣下場。

非人的劍

⁴如是，耶和華降言於我：

就像雄獅或小獅對獵物咆哮

任憑叫來的羊倌再多

它也不會被吶喊所嚇退

因眾人嚷嚷而畏縮；

同樣，萬軍之耶和華必降臨

為錫安山，為那座小山而興兵。或如猶太社本：攻錫安及其小山。

⁵一如飛鳥展翼，萬軍耶和華　展翼，猛禽護雛狀，申32:11。

要庇護耶路撒冷：庇護

而拯救，逾越而解放！himliṭ，掙脫、獲自由。逾越，如子民出埃及。

⁶回來呀，此段散文似後加的。以色列子孫，回到被人深深背叛的那一位身旁。深深，狀其罪孽。⁷因為那一天，人要丟棄各自的金銀偶像，歷史上子民拜"邪神"，屢禁不止，2:20, 17:8注。你們罪惡雙手的製作。

⁸而亞述必倒在劍下，非人的劍下　非人，強調其覆滅乃神意。

被一把非人之劍吞吃；

那劍他逃避不及，他的壯丁

都抓去服苦役。⁹他的"磐石"　譏誚敵族神祇，申32:31。

因驚嚇而碎裂，眾王公

慌亂中丟了軍旗—— 此句晦澀，無定解。

耶和華在錫安舉火 喻聖殿祭壇，兼預言亞述潰敗，30:33。

在耶路撒冷置爐，宣諭。

義王

三十二章

看，定有君王執義為王 祈盼中的大衛王後裔，受膏者。

也有公侯秉公施政； 也有，從七十士本。原文：為。

²每一個都像避風雨的藏身處

像大漠裏的泉流

或困乏之地一面巨石的陰影。 困乏之地，喻荒原。

³於是睜開眼睛的不再朦朧 舊譯不妥：昏迷。

側耳聆聽的聲聲留意；

⁴急躁的心要明辨知識 婉言敬畏上帝，箴1:7注。

口吃的舌頭要變得伶俐。

⁵愚妄就不復號稱高尚 nadib，舊譯高明，誤。下同。

耍無賴也不叫大方。 無賴，kilay，舊譯不確：吝嗇。

⁶因為，愚妄人出言即是愚妄 指其道德信仰，詩14:1注。

心裏只想着作惡； 此闋風格近《箴言》，一說是後補的。

他行事大不敬，謬論耶和華

饑餓的靈被他掏空 靈，猶言腹，29:8注。形容欺壓貧苦。

口渴的不給水喝。

⁷無賴哪，他賴事做絕

還在謀劃毒計，謊話連篇

害卑微者，哪怕是窮人在理！

⁸但高尚者謀求的是高尚

憑依高尚，他站立。喻操守、成就。

麻布與蒙福

⁹貪圖安逸的婦人哪，起來，聽我說　參較3:16以下。

自鳴得意的女兒呀，請側耳聆教。

¹⁰再有一年多，你們必受驚擾

還兀自得意什麼——

在等葡萄毀了，顆粒無歸？

¹¹發抖吧，安逸的婦人

驚顫吧，得意的女兒；

把衣裙脫了，脫光

腰間圍上［麻布］！舉哀，3:24。弔喪也是古代近東婦女的一門職業。

¹²捶你們的胸脯吧　從七十士本，原文：胸脯上他們哀哭。

為可愛的田野，為纍纍的葡萄

¹³為我子民的沃土，當它荊棘叢生；呼應5:6, 7:23–25。

是呀，為所有幸福的屋宇

及享樂之都。即耶路撒冷，22:2。

¹⁴因為，那宮闕必傾圮

那喧闐的大城，被拋棄

那山堡同望樓要淪為荒郊　me`aroth，另作（野獸的）巢穴。

永遠給野驢遊戲，讓羊群吃草——　山堡望樓，指大衛城。

¹⁵直至一靈由高處灌注我們　靈，指聖靈。筆鋒一轉，充滿希望。

當荒野變為果園

而果園卻看似林叢。同29:17。

¹⁶之後，公平就要在荒野安營

果園必入居正義；

¹⁷那正義的出產是平安

那正義的功效是寧靜、信靠

永世不變。正是獲救子民即 "餘數" 的品質，30:15。

¹⁸終於，我的子民住進平安之家

有可信賴的帳篷，有靜處休憩。

¹⁹縱然林叢毀盡而都會夷平　毀盡，校讀。原文：下冰雹。

²⁰你們也要蒙福，在諸水之濱

播種，放牛驢漫步。形容自由放牧，生活無憂；參7:25。

一生的信仰

三十三章

禍哉，人沒害你，你卻害人　暴君肖像，對應必來的義王，32:1。

沒遭背棄，你卻背棄；

一朝你害完，人必害你

背棄到頭，你就被唾棄！到頭，klh，從死海古卷。原文有訛，nlh。

²耶和華啊，求你降恩

你是我們所冀盼。舊譯等待，弱，8:17, 25:9, 26:8。

求你每天早晨做我們的臂膀　我們，校讀。原文：他們。

患難中我們的救援。臂膀，象徵力量、倚靠，59:16。詩46:1。

³啊，喧聲傳來，萬民奔竄

你一起身，列族四散！

4 於是大肆擄獲，如跳蝻掠取　跳蝻，沙漠蝗的若蟲，詩78:46。

又像飛蝗落地，一掃而空。

5 耶和華，受尊崇，居於高處　詩57:5。

他使錫安為公義所充盈。

6 此是你一生的信仰　'emunah，忠信而仰賴，對應神之信實，25:1。

救恩之財富，智慧與知識：

敬畏耶和華乃他的寶藏。猶言所珍愛。他，傳統本注：她，指錫安。

7 聽，阿列人在街上哀號　阿列人，從部分抄本。原文：他們勇士。

求和的使臣個個痛哭：求和，shalom，諧音（耶路）撒冷，shalem。

8 大路荒廢了，行旅不見；一片戰亂景象，士5:6。

他毀了約，又藐視證人　'edim，從死海古卷。原文：城鎮，'arim。

什麼人也不看重！他，一度的盟友或庇護。所指不詳。

9 福地因悲慟而憔悴

黎巴嫩懊喪而枯黃；

沙壟如荒原一片　巴勒斯坦北部沿海平原，歌2:1。

凋敗了巴珊、果園山。karmel，今以色列西北，海法市附近，歌7:6。

10 好，我這就起來，耶和華說：

現在就居高，就顯尊！

11 你們懷上秕糠，生的便是碎秸；參59:4。

我呼氣像烈火，必吞滅你們。我/像，校讀。原文：你們。

12 萬民彷彿作石灰焚燒

投在火裏，如砍下的荊棘。

13 聽着，遠方的人，我如何成就

近處的，你們嘗嘗我的偉力！

¹⁴錫安的罪人大懼

褻瀆者為悸顫所攫取：

我們中間誰能入住貪吃的火

那熾焰不滅，誰敢寄居？因上帝容不得不忠，申4:24。

¹⁵唯有那走正道、執義言　畫義人像，詩15:2–5。

鄙棄不義之財，擺手不受賄賂

塞耳不聽血謀，閉眼不視邪惡的——

¹⁶那樣的人可以在高處安家；與天父同在，上文5節。

嶙嶙峭崖做他的堡壘

不缺糧也不愁飲水。直譯：他糧有供給，水有保障。

不移的帳幕

¹⁷那王極美，你雙眼必見　祈盼義王，32:1。

必眺望其國土無垠。

¹⁸你的心就要追思曾經的恐慌：

哪裏去了，那登記的？似指佔領者徵稅，壓榨子民。

那稱量的，去了哪兒？

還有那數塔樓的，在哪兒？

¹⁹不，你不會再遇上那些蠻子　蔑稱敵族，28:11。

那說話沒人懂，舌頭結巴

不知所云的一族。

²⁰請仰望錫安，我們節慶之都

你會親眼看到耶路撒冷：

安寧的家園，不移的帳幕

橛子永不拔出，繩索一根不斷。形容聖所常存。

²¹那裏，耶和華為我們一展尊榮

如江河極浩淼處，無快舟蕩槳　象徵神恩，非描寫地理。

無巨艦遊行——　一說指外患消弭，無確解。結47:1–12。

22果然是耶和華審判我們

耶和華給我們立法

耶和華我們的王，他必拯救我們！

23你的索具卻鬆了，栽不穩桅杆　接回21節意象，補細節。

升不起帆兒——同時

有無數收繳和擄獲要分掉　校讀：盲眼的要分許多擄獲。

連跛足的亦可奪一份。

24入居的無一會說：我病了。古人相信病起於罪，詩103:3。

[城]內住的都要赦罪，稱子民。此闋晦澀，無定解。

復仇之日

三十四章

近前來，列邦，好好聽　常用起首程式，1:2。

各個部族，請留意；此章與下章受第二以賽亞影響，人稱小啟示錄。

願大地和充盈其中的

願普世一切生息，都諦聽！

2因為，耶和華對萬族動了怒

怒火直指他們的大軍：

一聲禁絕——殺！禁絕，haram，殺光夷平作禁物歸神，民21:2–3。

3殺了，通扔在野外

讓屍臭升騰，血浸群山

4直至重霄萬象爛掉。

諸天要如書卷捲起　末日圖景，舊世界滅亡，13:10，啟6:14。

星辰紛紛凋落；

凋敗一如葡萄的枯葉

如無花果一地凋殘。

⁵因我的劍已痛飲諸天

看，它要刺向紅族　　國名紅嶺，曾協助巴比倫破聖城，21:11注。

讓禁絕之民領教我的判決。

⁶耶和華的劍喝足了血，沾滿脂油

那是羔兒與公山羊的血

公綿羊腰子的脂肪。　按律法，這兩樣專屬上帝，利1:5, 3:16注。

因耶和華在堡都享了犧牲　　堡都，bozrah，紅嶺首府，創36:33。

在紅嶺大舉宰獻。　耶46:10，結39:17。

⁷野牛要跟人一起倒斃　　人，直譯：他們。

犢子連同壯牛；

國土要泡在血裏，脂油肥了泥塵。

⁸是呀，這是耶和華復仇之日　　參較詩137:7。

錫安之訟的報應之年。　訟，rib，另作申辯者，復指天父，51:22。

⁹她的河水要變為瀝青　　她，指紅嶺。

泥塵化作硫磺；

要她國土被瀝青燒遍

¹⁰晝夜不熄，濃煙不斷升騰。

世世廢墟，永無人走，永遠———　如所多瑪覆滅，創19:24以下。

¹¹做一片塘鵝箭豬的產業

給貓頭鷹跟烏鴉定居；　廢墟歸不潔動物，利11:15–18。

[耶和華]必拿混沌的準繩　　王下21:13。

並毀亡的鉛錘，來將她丈量。　混沌/毀亡，荒涼如創世之初，創1:2。

¹²而人就叫她"那邊沒國"　'en-sham melukah，諷刺。

王公顯貴皆歸了烏有。顯貴，移自上句，從猶太社本。

¹³刺叢要覆蓋她的宮闕

一座座要塞爬滿蒺藜。

那裏紅豺安家，鴕鳥做窩

¹⁴野貓邂逅鬣狗，羊怪遙相呼應；意同13：21–22。

還有狸狸，四處出沒　狸狸，lilith，夜妖，巴比倫神話的雷雨鷗鵂。

尋她棲身的角落。

¹⁵那裏，劍蛇要鑽洞產卵　劍蛇，qippoz，另作鴟梟，無定解。

在陰暗處孵出小蛇；

還有鷂鷹聚會，雌雄成對。

¹⁶你們可找耶和華的書，念一念：書，美稱以賽亞的預言。

上述[鳥獸]無一缺失　另說指天庭記載功罪的書卷，瑪3：16。

雌雄相配，一隻不少。

因為，這是他親口下的令　他，從死海古卷。原文：我。

是奉他的靈召集——¹⁷他擲下石圖

手拉準繩，為眾人分地；一如當年劃分福地，民26：55, 33：54。

俾其承業定居，萬世不移。

救贖的聖道

三十五章

荒野與不毛之地要歡愉

大漠要忻喜，要開花；

像秋水仙 ²吐蕊盛開　秋水仙，habazzaleth，或作藏紅花，歌2：1。

一片欣欣，在歌唱！

啊，領受了黎巴嫩的榮華

果園山與沙壟的明麗—— 見33:9注。

他們將目睹耶和華之榮耀

我們上帝的輝煌。

³請給懦弱的手以勇氣 熟語，意同伯4:3–4。

叫顫抖的膝堅強。

⁴向膽怯的心說：勇敢些，別怕！ 耶穌踏海語，可6:50，太14:27。

看，你們的上帝

復仇來了，那至聖的報應 至聖，'elohim，或上帝，作定語解。

他親自救你們來了！

⁵屆時盲眼要睜開，聾耳要通聲 太11:5，路7:22。

⁶跛子要鹿兒般跳躍

啞巴要鼓舌歡歌。

因為活水將湧出荒野 再現磐石出水的神跡，出17:6，民20:11。

大漠奔流江河；

⁷灼沙將變為蘆蕩

焦土化作甘泉；

而紅豺躺臥的穴居 此句原文或有訛，無確解。

要做葦子和紙草的家園。 ha<u>z</u>er，校讀從七十士本。原文：草，<u>h</u>azir。

⁸那裏，必起一條大道，稱聖道 象徵聖城解放，11:16, 40:3。

不潔者不得通行；

唯有他的子民可走此路 他的子民，校讀。原文：他們。

便是蠢漢，也不會迷失。

⁹那裏沒有獅子，亦無兇獸踏足 兇獸，兼指強盜，喻仇敵。

路人除了獲救贖的

誰也不會遇見：

¹⁰凡耶和華贖下的必返歸　同51:11。

載歌載舞回錫安

把永遠的幸福戴頭頂——

歡樂並幸福，他們收取

讓悲傷跟哀歎逃逸。以下四章借自王下18–20章，希士迦之歌除外。

辛黑力的大司酒

三十六章

希士迦王一十四年，重述王下18:13–37。亞述王辛黑力上犯猶大，辛黑力，sanherib（阿卡德語：Sin-aḫḫe-riba），前704~681在位，建尼尼微為帝都，毀巴比倫；前701年討伐猶大。將堅城盡數攻佔。此處略希士迦向亞述乞和，傾國庫賠鉅款，入聖殿搜刮金銀一段，王下18:14–16。²至拉岐，lakish，耶京西南重鎮。亞述王遣大司酒率重兵困耶路撒冷，大司酒，rab-shaqeh，亞述官名。向希士迦王問罪。開到漂工田大道，臨近上池的水溝，聖城西牆外，橄欖山方向，7:3。³有席爾加之子家宰艾利雅金、見22:20注。書記薛伯、見22:15注。亞薩之子史官約華出城迎見。約華，yoʾaḥ，"耶和華兄弟"；史官，聖城本作傳令官。

⁴大司酒對他們說：喏，告訴希士迦，大王即亞述王降旨：你倚靠的那個，算何倚靠？⁵你以為，你，從死海古卷及王下18:20。原文：我。幾句空話，動動嘴唇，抵得上打仗的謀略跟勇力？諷刺，說的正是人得自聖靈的稟賦，11:2。你究竟靠了誰，敢反叛我？⁶哼，你是靠那根破葦杆，靠埃及呀；誰傍上它，它就刺誰，把手紮穿！埃及王法老對投靠他的，向來如此。參較30:1–7, 31:1–3。⁷倘使你說：我們信靠的是耶和華我們上帝。可他那些高丘祭壇不都是希士迦廢了的？還一定要猶大和耶路撒冷，只可在這一座祭壇前敬拜。希士迦曾改教規，禁止在聖殿以外的聖所祭祀；百姓膜拜的摩西銅蛇，亦作偶像銷毀，王下18:4。⁸那好，來，同我主公亞述王賭一把，我給你兩千匹馬，要是你能夠給它們配上騎

手！⁹連我主公的小小僕人一個都將也抵擋不了，都將，pehah，亞述官名，總督或將軍。你敢倚靠埃及的車騎？¹⁰此番我上來討伐，滅取這國，可是背着耶和華的？不，是耶和華吩咐了的：雙重諷刺，究竟是上帝無能，還是亞述秉承神意？上去，把這國滅了！

¹¹艾利雅金、薛伯與約華向大司酒道：可否對您的僕人講亞蘭語，屬西北閃語，是希伯來語的近親，亞述帝國外交商務的"普通話"。我們聽得懂；請別説猶大話，即希伯來語。城牆上人有耳朵！¹²不想大司酒説：我主公派我來，只是為你的主子和你傳旨麼？你，單數表輕蔑。不也是告誡他們，那些坐在城牆上面，跟你們一樣等着吃自己屎、喝自己尿的人嗎？

¹³當下大司酒站着，用猶大話高聲喊道：聽好了，你們，大王即亞述王降諭！¹⁴吾王説了，莫上希士迦的當，他不可能解救你們！¹⁵莫倚靠耶和華，隨便希士迦胡謅什麼：耶和華必來拯救，不許這城落入亞述王手裏。¹⁶別聽希士迦的，此乃亞述王的諭旨：同我締福吧！berakah，喻和約。只要出城歸順，你們就能人人吃上自己的葡萄、無花果，各人喝自家的井水；¹⁷待我來領你們，委婉語，流放罪民是亞述對敵族的政策。去一處像你們家園的地方，一片五穀新酒之地，麵餅與葡萄園之鄉。¹⁸萬勿受希士迦的騙：耶和華必拯救我們，他説。但是各族的神明，可曾有一個把家園從亞述掌下救出？¹⁹哈馬跟亞爾帕的神祇在哪兒？見10:9注。雙河鎮的神祇安在？雙河鎮，sepharwayim，兩河流域城邑，地點不詳。他們救沒救撒瑪利亞，他們，指迦南眾神。擺脱我手？²⁰我手裏的土地，列國諸神林林總總，誰救得了？偏那耶和華成了，從我掌下拯救耶路撒冷？

²¹百姓默不作聲，未答一語，因國王有令：不可答覆他。²²席爾加之子家宰艾利雅金、書記薛伯、亞薩之子史官約華回去，撕破袍服，將大司酒的話向希士迦稟報了。

求問以賽亞

三十七章

希士迦王聽畢，重述王下19:1–7。就撕下衰服，披上縗衣，志哀，度劫難，3:24注。進了耶和華的殿。²隨即派家宰艾利雅金、書記薛伯並幾位老祭司，着縗衣去見阿摩之子先知以賽亞，³説：此是希士迦口諭：今天是危難而受罰受辱的日子！也是向天父祈求之日，詩20:1, 50:15, 86:7。眼看孩兒就要娩出，直譯：到了（產道）口。產婦卻沒了力氣。成語，形容絕望。⁴或許耶和華你的上帝在聽着，那大司酒的主子亞述王派他來辱罵永生上帝——願耶和華你的上帝聽到這番狂言就降罰！請替倖存者祈禱吧。

⁵希士迦王的臣僕遂來見以賽亞，⁶以賽亞道：請轉告你們主公，此乃耶和華之言：亞述王的嘍囉褻瀆我的話，你聽見了但無須害怕。⁷看，我會降一個靈給他，令其為“混亂之靈”誤導，妄動而敗亡，19:14。舊譯錯亂：驚動他的心。讓他聽信謠傳，舊譯風聲，誤。但下文36節似寫軍營染疫。退回老家，在本國伏屍劍下。呼應13:15, 31:8。

辛黑力再遣使臣

⁸大司酒回去，重述王下19:8–19。正遇上亞述王攻打白丘；libnah，通説在拉岐東北，詳不可考。原來他得了消息，[國王]已拔營離開拉岐，⁹因為聞報，古實王鐵哈卡正引兵北來。鐵哈卡，tirhaqah，古實/埃塞俄比亞人，埃及法老，前690~664在位。下接37節。

於是，以下至36節變奏勸降、王入聖殿和先知預言，淵源不同。[辛黑力]復又遣使臣去勸降希士迦，復又，從王下19:9及死海古卷。原文：聽了。説：¹⁰告訴猶大王希士迦：莫上你上帝的當，還想倚靠他，什麼“耶路撒冷決不會落入亞述王手裏”！¹¹你都聽説了吧，亞述諸王如何對待列國？一律禁絕！見34:2注。單你會得救？¹²我先祖滅掉的各族，古山、哈蘭、紅炭城，rezeph，聯想先知蒙召時所受、6:7。以及特拉薩的伊甸子孫，bene-'eden，所指不詳。餘皆幼發拉底河上游商城。他們的神明可曾施救？¹³哈馬王跟亞爾帕王，還有雙河鎮、希納和伊瓦的王，兩河流域同敘利亞城邦。都去了哪兒？

¹⁴希士迦從使臣手裏接過信，念了；然後走上耶和華的殿，希士迦把信攤開在耶和華面前。即祭壇上。¹⁵希士迦向耶和華這樣禱告：¹⁶萬軍之耶和華啊，以色列的上帝！你高踞昂首展翼的神獸之上，kerubim，源於巴比倫神話，負責侍衛上帝的寶座與戰車，6:2，出25:18，詩18:10注。唯有你，才是天下萬國的上帝——天地是你所造！¹⁷耶和華啊，請側耳傾聽；請睜眼垂顧，耶和華！聽一聽，辛黑力説了什麼，他派人辱罵永生上帝！或作：辛黑力派來辱罵……的言語。¹⁸耶和華啊，確實，亞述王夷滅了列族，從王下19:17；死海古卷：列國。原文重複：列國及其土。¹⁹將其神祇投入火中；但這些不是神明，只是人手的製作——木材石料，能不毀亡！駁亞述王，36:18以下。²⁰故而現在，求求你，耶和華我們上帝，從他的掌下救出我們，讓天下萬國都知道，唯有你，耶和華，是上帝！原文無"上帝"，從王下19:19及死海古卷補。

以賽亞預言

²¹於是，阿摩之子以賽亞傳話給希士迦：重述王下19:20–34。此乃耶和華以色列的上帝諭示：因你苦於亞述王辛黑力而向我祈禱，²²耶和華降言，譴責了他：

她蔑視你，她嗤笑你——
姑娘是錫安的女兒；舊譯處女，不妥，23:4注三。
她在你背後把頭搖
耶路撒冷的女兒。先知主張堅守聖城，故言，下文34–35節。

²³你辱罵、褻瀆的是誰？你，指亞述王。

對誰，你扯起嗓門

抬着你的眼睛，傲慢？marom，舊譯不確：高（舉）。

是對以色列的聖者。

²⁴借手你的臣僕，你辱罵我主

説：是我，領無數兵車

登上眾山之巔，直抵黎巴嫩縱深。

我伐倒它最雄偉的雪松

並最秀美的絲柏；

掃蕩它邊陲的高地

它的茂密的林園。直譯：它（黎巴嫩）果園（般的）林叢。無定解。

²⁵是呀，我掘遍喝遍了

外邦的水，用我腳掌 原文無"外邦"，從王下19:24及死海古卷補。

把埃及的江河踏乾。實際入侵埃及的是辛黑力之子亞述哈丁。

²⁶你沒聽説，這事我早有定奪？上帝回應，意同10:5以下。

很久以前便安排了 禍福均出於天父，全能者負全責，22:11。

而今我要它實現——

就是讓你把堅城夷為廢墟

²⁷而居民萎了手，驚慌又羞愧 同20:5。萎了手，直譯：短手。

彷彿一株野花、一根青苗 喻無力，50:2注。

屋頂上被東風烤黃了的

一棵細草。東風烤黃，從死海古卷與王下19:26。原文：田裏未長大。

²⁸然而，無論你起身坐下 原文無"起身"，從死海古卷補。

出去入來，我都知道 詩139:2–3。

你如何狂暴——

²⁹只因你對我張狂 死海古卷、七十士本脱此句。

你的叫囂已達我耳際；叫囂，sha'on，校讀。原文：得意，sha'anan。

而我卻要將你穿了鼻鈎

戴上嘴嚼子，牽着你

由原路回去！

³⁰給你，指希士迦。徵兆在此：徵兆，'oth，舊譯證據，誤。今年你們有自生的可吃，國土淪陷，嚴重缺糧。明年地裏還有一茬；但第三年，即可播種收割，並開闢葡萄園，享用果實。經濟全面復蘇；辛黑力入侵迦南不足一年。³¹那猶大家倖存的，就要重新往下生根，向上結果——

³²因為餘數必出於耶路撒冷

倖存者來自錫安山。

萬軍之耶和華不容不忠　舊譯熱心/誠，誤，9:6注。

此事必成。

³³如此，耶和華有言，説亞述王：

他決計進不了此城

朝這兒他別想射一支箭

持盾，也無法近前

更堆不起斜坡來強攻。斜坡，solelah，舊譯築壘，誤。

³⁴他從哪條路來犯

必由那條路退回，此城

他進不了——耶和華宣諭。再申決心，上文29節。

³⁵我必守護此城，一顯救恩

為我自己，也為大衛我的僕人。守諾大衛家永世為王，撒下7:16。

辛黑力之死

³⁶當晚，原文無此二字，從王下19:35補。耶和華的使者出動，入亞述軍營，殺了十八萬五千。史載亞述軍圍聖城遭鼠疫，約瑟夫《猶太史》10:21。及至黎明，看哪，取逃生者視角。遍地是死屍！

³⁷亞述王辛黑力慌忙拔營退兵，撤回尼尼微。底格裏斯河上游古城，相傳為挪亞孫寧錄王所建，創10:11。³⁸後來，他在尼斯洛神廟拜祭時，尼斯洛，nisrok，無楔形文字記載，一說是日神Nusku或戰神Ninurta的筆誤。被兒子榮王和護王拔劍殺了。意譯二名，'adrammelek, sar'ezer，生平失考。兩人逃去了亞拉臘國；古國，位於今土耳其東部；方舟着岸處，創8:4注。繼王位的是幼子亞述哈丁。'esar-haddon（阿卡德語：Assur-ah-iddina），前680~669在位。

希士迦病了

三十八章

之前，直譯：那些天。重述王下20:1-11。希士迦曾病重，奄奄一息。阿摩之子先知以賽亞過來探視，說：此乃耶和華之言：料理家事吧，你在世不久了。直譯：要死了，活不成了。²希士迦把臉轉過去，朝着牆，向耶和華祈禱：³啊耶和華，求求你，記得我如何走在你面前，全心而忠信，舊譯誠實，誤，10:20注。全心，就守約而言。在你眼裏非善不為！說着，希士迦痛哭不已。

⁴於是耶和華降言，囑以賽亞：⁵去，告訴希士迦，此乃耶和華，你祖宗大衛的上帝諭示：我聽見了你的禱告，也看到了你的淚——我在這兒！hineni，借用先知應答上帝語，創22:1, 11，出3:4。我會給你延壽一十五年，希士迦卒於前687年，由此推算，罹病在辛黑力圍聖城的前一年。王下18:2, 13。⁶會從亞述王掌下將你和此城救出，並守護此城。死海古卷及王下20:6另有：為我自己，也為大衛我的僕人。⁷看，耶和華賜你一個徵兆：因聖言有變，不取性命了，降神跡為證。此事耶和華言出必

行——⁸我在這兒！我要使日影倒走，在琊哈的日晷上後退十度。ma`aloth，

步、階，轉指日晷或晷盤刻度。死海古卷：在琊哈的頂樓臺階。

果然，那晷盤上太陽投下的影子便退了十度。原文無"影子"，據七十士本
補。

希士迦之歌

⁹猶大王希士迦之歌，miktab，另讀金詩、輕聲，miktam，詩16:1注。後人託名感恩，
詩30及107。作於大病癒後：

¹⁰我曾想：日子才到正午　dami，安息，轉指中午，壯年。

我就要進陰間的門

被奪去餘年？

¹¹我說：見不着耶和華了　yah，聖名略寫，12:2, 26:5注。

耶和華啊，在生者之地！歎自己不能再登聖殿。

再也看不到一個世人。世，heled，校讀。原文費解：終止，hadel。

¹²我的住所被拔起，扔掉

彷彿一頂牧人的帳篷；一頂，從西馬庫本及通行本。原文：我的。

就像織工捲布，我的生命

他從機頭剪斷——　直譯：我像織工卷命，他從線頭剪我。

白天黑夜，是你要我完結！或如猶太社本：保我完好。無確解。

¹³我一聲聲呼救，至黎明　呼救，校讀。原文不通：平復。

可他像獅子把我渾身骨頭擊碎——

白天黑夜，是你要我完結。義人知道是救主出手，伯10:16。

¹⁴一如燕雀啾啾，我好似鴿子

哀鳴，兩眼因仰望而乾枯。雀，`agur，鶴、鶇、呢喃，無定解。

主啊，我受着欺侮，求你作保！法律用語，喻庇護，伯17:3注。

¹⁵我有什麼可講的？他說了

這就是他的作為！

全溜走了，我的安眠　校讀從死海古卷。原文：我將慢走終年。

只因我的靈太苦。

¹⁶主啊，人活着，是依憑這個？原文複數，歎命途多舛。無善解。

我這一口氣，竟存乎其中；我，死海古卷：他。

求你讓我愈痊，得生命！

¹⁷當然，受此大苦

純是為了我完好——是你　完好，反諷，對上文12–13節"完結"。

將我的靈從毀亡的深坑拉回　hasak，校讀。原文：看中，hashaq。

背後扔下我所有的罪愆。深坑，冥府的別名，14:19，詩103:4。

¹⁸因為，陰間頌揚不了你

死亡也不會把你禮讚　傳統觀念，冥府亡靈與神隔絕，詩6:5。

那墜坑裏的盼不着你的信實。七十士本：慈恩。

¹⁹生者，唯有生者能頌揚你

如我今日；

為父的須教兒女認得

你的信實。'emeth，舊譯誠實，誤，16:5注。

²⁰耶和華啊，救救我！

我們一定天天鼓弦

終生歌唱

在耶和華的殿上。

²¹**又**，附筆，接回上文6節，參王下20：7–8。死海古卷脫此段。**以賽亞曾說：取一塊無花果餅來**，當藥膏。**敷在瘡面，即可復原。**²²**希士迦便問：有何徵兆，我能登上耶和華的殿？**見晷盤日影，上文8節。

巴比倫使者

三十九章

不久，重述王下20：12–19。**巴比倫王巴拉丹之子馬爾督–巴拉丹**，merodak bal'adan（阿卡德語：大神賜子），迦勒底酋長，曾兩度稱王反叛亞述，終為辛黑力所敗。**聽說希士迦病體康復了，就修書致禮。**²**希士迦大喜，開寶庫請使者參觀，金銀香料珍膏並全部軍械，凡府庫貯藏，無不展示**；炫耀，也是準備配合酋長起事。**宮中所備乃至全國上下，希士迦都讓他們看了。**

³**先知以賽亞忙來求見，問希士迦王：這些人說了什麼？是從哪裏來的？一個遠邦呢，希士迦回答，從巴比倫來的。**⁴**[以賽亞]又問：他們在宮中看了什麼？樣樣都看啊，希士迦說，凡府庫所藏，無不展示。**

⁵**以賽亞遂向希士迦道：聽着，萬軍之耶和華訓示：**⁶**看哪，日子快到了，宮中所有，祖宗庫藏至今的一切，都要擄往巴比倫，一樣不留——耶和華有言。**⁷**而你親生的兒子，你將來的後嗣，必有被抓去，收在巴比倫王宮當太監的！**⁸**可是希士迦回答：承[先知]見告，耶和華之言甚好。**不聽忠告，婉拒先知。**因為他想：那我這輩子太平無事了。**直譯：會有平安與信實。上篇"預言集"完。

中篇：安慰書

四十章

安慰呀，安慰我的子民——由此至55章，作者稱第二以賽亞。
言者是你們上帝。

²**請對耶路撒冷的心訴說** 溫柔關愛狀，創34:3, 50:21注。

向她宣告：她的苦役 zeba'ah，舊譯不妥：爭戰的日子。

期滿了，她的咎責 通說中篇大部作於"苦役"或巴比倫之囚後期。

清償了，她沉沉罪孽

已由耶和華手中

受了雙倍懲罰。 如偷盜與賠償律規定，出22:3, 8。

³**啊，一個聲音在喊：** 七十士本：荒野裏一個呼喊者的聲音。可1:3。

荒野裏預備好耶和華的道

大漠中為我們上帝修一通衢！ 七十士本作複數。

⁴**千溝萬壑要填滿**

大小山岡要削低；

陡坡變平路，崎嶇開坦途： 俾天父引領子民，打碎枷鎖，重出埃及。

⁵**耶和華的榮耀必彰顯**

讓全體肉身同望見 肉身，basar，提喻人類，詩65:2，太24:22。

——此乃耶和華親口所言。

⁶**一個聲音説：呼喊吧！** 如同上闋，不說誰指示先知。

我問：喊什麼？ 我，從死海古卷及七十士本。原文：他。

——那肉身皆草，美顏似野花； 美顏，七十士本另讀：榮耀。

⁷**花草一經耶和華的靈吹打** 彼前1:24。

即枯敗了：那草

不就是子民？ ha`am，特指，相對肉身/人類。此句破格律，似插注。

⁸**草可枯，花可敗** 暗示巴比倫亦不長久，詩37:2，伯14:2。

我們上帝之聖言永存。

⁹**快上高山吧**

你這為錫安傳喜訊的！或如路德本：錫安，你這傳喜訊的。

使勁揚聲吧

你這給耶路撒冷報佳音的！路德本：耶路撒冷，你這報佳音的。

揚聲哪，莫怕，通告猶大各城：

你們的上帝在此！

¹⁰看哪，主耶和華攜大能降臨

他的巨臂要替他掌權；巨臂，象徵拯救，30:30注。

看，他的酬勞與他同在

他的繳獲獻他面前。酬勞/繳獲，喻擊敗頑敵，光復福地。

¹¹他要像牧人放羊 親自為王，牧育以色列，耶23:1以下。

臂彎抱羔子，摟懷裏

領哺乳的母羊，去休憩。喻子民回歸，結34:12–13，詩78:71。

耶和華的靈

¹²是誰，曾用掌心將大海掂量 海，從死海古卷。原文：水。

張手一拃，測定諸天？想像上帝創世，伯38:5以下。

又曾一斗盛盡寰中塵土

拿大秤稱大山，戥子戥小丘？暗示執掌人世公平，箴16:11。

¹³誰可以探測耶和華的靈

或替他做謀臣，出主意？羅11:34。

¹⁴他同誰商議，向誰求教

學習公平之道？

又是誰給他傳授知識

將悟性之途點撥？以神的全能全知反襯人類之渺小，伯21:22, 28:12。

¹⁵看，萬族像吊桶裏的一滴水

不啻戥子上一粒灰；

看，列島他拈起如撢塵埃　列島，泛指地中海沿岸各國。下同。

¹⁶黎巴嫩不夠他當柴燒　黎巴嫩的山林盛產木材，37:24。

[林]中的鳥獸不足一次燔祭。

¹⁷在他跟前，那芸芸萬族

彷彿虛無——要他看

更比烏有與混沌還不如！　死海古卷：一如烏有與混沌。參24:10注。

¹⁸那麼你們以誰比擬上帝

將他附會作什麼模樣？　附會，ta`arku，安排，轉指比較、比附。

¹⁹偶像嗎？那是能工鑄造　如巴比倫、迦南的異教神。

金匠給它包金

再打幾條銀鏈的東西。

²⁰至於獻禮，可選桑木　mesukkan，另作太窮（而獻不起）。

那木料抗腐；然後找個巧匠

立一隻偶像不搖晃就成。　下接41:6-7。

²¹你們不曉得，還是未聽說？

自始就沒人告訴你們？

抑或自己也弄不明白

大地根基何在？　宏圖不可測量，人子能力有限，耶31:37。

²²而他，高踞大地的穹隆之上　舊譯不通：地球大圈之上。

腳下居民看似螞蚱；　聯想子民見巨人而膽怯，民13:33。

他鋪展諸天如放簾子

撐開，像一頂入住的帳篷。

²³他使人君歸於虛無

世上判官成一片混沌。　喻毀滅，24:10,34:11注。伯34:18-19。

²⁴宛若才剛栽上，剛種植

剛往土裏扎根的苗苗

他呼一口氣，便都枯了　意同上文7節。

碎秸一般被旋風捲跑。

25你們以誰與我相比，為我儔類？同46:5。

——聖者有言。

26抬起你們的眼睛瞭望，這一切

是誰的創造？

他天軍如數調遣，順次點名　天軍，指眾神子、星宿，24:21，

一個不漏，全憑他的偉力　敵族奉為神明，耶8:2。

他的大能。

27那為什麼，雅各，你還說——

以色列你亂講：

我的路已對耶和華藏起　路，指命途。反言天父藏臉出離，8:17。

我的上帝，他不理我的冤情！

28難道你不曉得，從未聽說？再次提醒亡國奴，上文21節。

耶和華，永恆之上帝

從地極到地極，皆他所造；

他不會疲憊，亦無困乏

他的悟性不可探究。設禁忌，也是人覺悟而立信之依據，伯12:13。

29疲弱的，他賜予力量

氣餒的，他強其體魄。

30雖然少年也免不了困憊

壯漢子說跌就跌；

31但那翹盼着耶和華的

必精力復生，如雄鷹出翎　鷹春天換羽，古人視為更生，詩103:5。

他們必迅跑，不困乏
必無憊而前行。

勝者

四十一章

列島啊，來我這兒須靜默　列島，見40:15注。

讓各部族復生精力；暗示救星出自外族，修正40:31。

讓他們近前，一一陳情　回應子民的猜疑和怨言，40:27。

匯攏了讓我們審理！

²**是誰，向日出之地喚起**　波斯居魯士大帝崛起，44:28。

一位勝者，召至麾下　或作：一位，被公義/勝利召至腳前。

將萬族付與，令其踏倒眾王──　踏倒，舊譯管轄，誤。

猶如泥塵，交給他的劍　形容陳屍荒野。

驚弓之下如碎秸飛散？

³**他追擊，他突防，一路無阻**

雙腳幾乎不用沾地。yabus，校讀。原文：來，yabo'。死海古卷：認。

⁴**究竟是誰，如此成就**

一代接一代宣召，自始？擢先知、立君主、舉刑鞭，等等。

──是我，耶和華，我乃元始

那與終了同在的，是我。表白神性永恆，啟1:8, 17, 21:6, 22:13。

⁵**列島見了，懼怕不已**　似指波斯征服小亞細亞沿岸各國。

從地極到地極發顫：

他們近了，他們來了！此句解作列島/偶像之民聚集，亦通。

⁶**趕緊，一個幫一個**　按文意，上接40:19–20，譏諷外族"邪神"。

要自己的兄弟 "放膽"；

⁷有木工給金匠打氣

也有錘平滑的鼓勵敲砧的

説那鉚活 "就是好"　　鉚，debeq，或作焊、鍛。

釘子一根根釘牢， "不會搖" 。

以色列我的僕人

⁸可是你，以色列，我的僕人

我親選的雅各，我友　　熟語，褒揚聖祖，代下20:7。

亞伯拉罕的子裔；

⁹你是我從地極領回　　可見子民流散之久。

由天涯召來，特意囑咐了的：

你是我的僕人

我既已揀選，決不放棄！申7:6。

¹⁰──所以別怕，有我同在　　上帝向以撒顯現時所言，創26:24。

莫恐慌，我是你的上帝。恐慌，tishta`，生僻詞，無確解。

我必使你堅強，必救助

必以我勝利的右手將你扶持。勝利，zedeq，同上文2節 "勝者" 。

¹¹是呀，凡對你洩憤的

都要蒙羞辱，誰向你發難

一定滅亡，淪為虛無；

¹²那跟你爭鬥的，你尋不見了？

那進攻你的，連虛無也不如！直譯：如虛無如烏有，40:17。

¹³因為我，耶和華你的上帝

是我在握住你的右手

叮囑你：別怕！

我必救助。

¹⁴別怕，雅各你這條蟲　極言其卑賤、受奴役的苦楚，14:11。

以色列你一根蛆！moth，校讀從傳統本注。原文：人們，methe。

我必救助，耶和華宣諭：

那贖回你的是以色列的聖者。

¹⁵看，我要你做一架脫粒橇　舊譯不確：打糧的器具，28:27注。

嶄新的，安兩排利齒；

讓你把大山碾碎，化小山為秕糠。

¹⁶然後當風將它們揚起

任由狂飆捲去。

而你，卻要向耶和華歡歌

因以色列的聖者得讚譽。呼應29:19。

¹⁷當貧苦人尋水無果　回想子民在西奈荒野，出15:22, 17:1以下。

口乾舌裂之際

我，耶和華必應允他們

以色列的上帝，決不遺棄。

¹⁸我要禿山開出河網　禿山，另作：不長草的小徑，民23:3注。

谷底蜿蜒清溪；

我要變荒原為水鄉　同詩107:35。

旱土湧流甘泉。

¹⁹我要在荒野遍植雪松

並金合歡、香桃木、橄欖樹；

再以絲柏覆蓋沙漠

連同雲杉與黃楊——　雲杉，tidhar，榆、松、懸鈴木，無定解。

²⁰為的是，讓人都看到

而得知，領會而明瞭：
此乃耶和華親手之作為
以色列的聖者所造。

審異神

²¹陳明你們的案由，耶和華說　你們，指異教神，下文23節。

將辯詞呈上，雅各的王有言——　想像上帝開庭，審判眾神。

²²讓他們呈來，告訴我們　轉換人稱，此處表輕蔑。

註定會發生什麼；

描述一下從前如何

我們好用心領會；譏其無知。

或者就說說未來怎樣　從傳統本注，與下行調換順序。

為我們揭示結局。

²³對，講講往後的事兒

教我們懂得，你們是神明！回到第二人稱，嘲諷。

降福吧，降禍呀

好恐怖呢，我們一塊兒看看——　另讀：一同害怕。

²⁴啊不，你們純是虛無

所作所為，烏有不如；m'aphes，校讀，40:17。原文有訛：m'apha`。

那揀選你們的，屬穢惡。意謂諸神是人立的偶像，40:20，申32:16。

²⁵我已自北方喚起一人，他來了！指居魯士，上文2節。

從日出之地，是憑名字蒙召；從死海古卷。原文：他呼我的名。

他踩躪番官如踏污泥　踩躪/踏，校讀。原文：來，上文3節注。

像陶工腳踹黏土。番官，seganim，亞述語借詞，行省都督。

²⁶當初可有誰預告我們

事前通知，我們好回一聲"對"？

不，誰也沒預報，沒說明

誰也沒聽見你們吭聲。

²⁷一開始就要錫安：看哪 此句或有訛，無定解。

這兒！我給耶路撒冷一位傳喜訊的！似指波斯釋放子民，40:9。

²⁸然而我抬眼不見一人；

他們中間，無一可做謀臣 斥偶像無用，責子民不忠。

或答覆我的詢問。

²⁹啊，都是虛無！'ayin，從死海古卷。原文：罪惡，'awen。

他們的事功盡歸烏有

這些鑄像是風，是混沌。參24:10注。鑄像，貶稱諸神，30:22。

忠僕之歌

四十二章

看，我這僕人── 七十士本：雅各我的僕人。太12:18–21。

我扶持、揀選而心裏悅納之人！同上：以色列我揀選……之人。

我把我的靈賜予了他 喻選立、恩顧，民11:29, 27:18。

要他向萬族傳公道。即上帝之公義，創18:25。舊譯公理，不妥。

²他不呼求，也不高喊 此忠僕不是報佳音的那一位，40:9。

街市不聞他的聲音。

³壓傷的蘆葦，他不折斷

將滅的燈芯，他不吹熄

只是將公道忠實傳佈。忠實，舊譯不確：憑真實。

⁴他不會熄，也不會斷 yeroz，從七十士本。原文：跑，yaruz。

直至世間奠定了那公道；

他的教導，列島期盼。教導，或作聖法，2:3, 30:9注。

⁵如此，上帝耶和華──那造諸天

捲蒼穹，鋪開大地及其出產　鋪，或作錘（成形），出39:3。

並賜世人以呼吸，為行走者賦靈的

有言：

⁶是我，耶和華，以公義召了你──

我攬住你的手，將你搏來　回憶造亞當的情形，27:11，創2:7。

給眾人為約，做萬族的光；或作：立為約民。約，舊譯中保，誤。

⁷以開開瞎眼，釋放囚徒

讓坐黑地裏的出牢房。

⁸我乃耶和華，聖名在此：

我的榮耀，決不歸另一　'aher，婉言異神，詩16:4。

我的讚譽，決不容偶像。嚴禁宗教妥協或融合，出20:3–4, 34:14。

⁹看，那當初預告的成真了！或指波斯崛起。

新事呀我這就宣佈　子民即將獲釋、重返家園的喜訊，41:26–27。

不待發生，便通知你們。

新歌

¹⁰新歌一曲，獻給耶和華　同詩96:1, 98:1。

讚美他，邈邈地極！

願大海轟鳴，水族充盈　轟鳴，校讀，詩96:11。原文：下（海）。

列島與棲居的同聲！

¹¹願荒野和城邑高唱

一如基達駐紮的營地；基達，qedar，黑膚或黑帳族，21:16注。

願岩堡的百姓歡呼　岩堡，一說在紅嶺，16:1注，王下14:7。

從群山之巔引吭。

¹²願他們把榮耀歸耶和華

濱海響徹他的讚譽。

¹³啊，耶和華如勇將出征

像一名戰士，他喚醒聖怒—— 不容不忠之怒，9:6。舊譯不通：

他吶喊，他吼叫，他向仇敵 激動熱心。

顯威風！

¹⁴我已經沉默了太久 上帝表白。

一語未發，克制着自己；

現在我要呻吟，像一個產婦

大口喘氣，喊痛！ 天父自比夏娃女兒，親身感受子民的苦難，49:15。

¹⁵我要毀掉大山小丘

令草木凋敗；

我要變河流為島嶼 校讀：旱地，41:18。

使池沼乾涸。

¹⁶我要領盲眼走他們不認的路

指一條人不知的道；

就在他們面前，化黑暗作光明

崎徑開出平川——

此事必行，我不會離棄！ 事，debarim，複數雙關兼指預言。

¹⁷那些人便要潰退，蒙大羞：

誰叫他們靠的是木偶

求的是鑄像：你們

可是我們的神吶！ 仿敵族口吻，譏其神祇不再靈驗，30:22。

像約友

¹⁸聾子呀，你們聽好

瞎眼的，你們睜眼看看！

¹⁹誰這麼瞎，除了我的僕人　以色列讓上帝又愛又恨。

這麼聾，似我派遣的使者？

到底是誰，瞎得像一個約友　meshullam，與神立約者，54:10。

聾得像耶和華的忠僕？聾，從二抄本及西瑪庫本。原文重複：瞎。

²⁰你呀，看了再多也不關注　你，校讀：他。

耳朵開通，竟一無所聞！恰是救主佈置，先知的使命，6:9–10。

²¹耶和華樂意，本着他的公義

而光大聖法。²²這一族

卻是飽受劫掠，盡數

墮於深坑，鎖進牢籠；鎖，直譯：藏。

劫走了，無人搭救

掠空了也不敢說一聲"歸還"。

²³你們中間誰肯為此側耳

留意傾聽，[面]對未來？婉言認罪，迷途知返。

²⁴是誰，將雅各交與人擄掠

任憑以色列遭劫？

不就是耶和華，我們冒犯的那一位？可知約友聾瞎本是神意。

他的道，[錫安]不願遵行

不欲從聖法聆教。道出災禍的根源：子民抗命，30:9–11。

²⁵所以他鼻息作兵燹

向她噴發，可是烈焰四起

她渾然不覺，大火燒身

她沒擱在心裏！她，指錫安/子民。原文：他。

換命

四十三章

　　而如今，雅各啊以色列

　　此乃耶和華，那造你搏你的

　　所言：別怕，有我救贖；重申不棄子民，41:8以下。

　　我憑名字召了你——你歸我。憑名字，喻恩寵，出33:12。

　²你盡可穿越波濤，我與你同在：應許拯救，以馬內利，7:14。

　　渡河，水決不淹你

　　踏進火裏，也不會灼傷　呼應詩66:12。

　　不會被赤焰吞噬。

　³因為我，耶和華，是你的上帝

　　以色列的聖者，你的救主。

　　我已將埃及給作你的贖價

　　拿古實和西巴換你。西巴，埃及向南，一説在阿拉伯南部，創10:7。

　⁴只因你在我眼裏寶重

　　位尊，是我的所愛　'ahaḇtika，終於表露了對子民的愛，申7:8。

　　我才拿人替代　借居魯士之手，如時人期待，41:1–2。

　　用諸部族換你的命。nephesh，呼吸、咽喉，靈、命，29:8注。

　⁵別怕，有我與你同在：

　　我要從東方帶來你的子裔

　　自西方把你聚集；

　⁶我要命北方：交出來！

　　令南方：不許扣留！

　　快，把我的兒子從遠疆領回

　　向地極索還我的女兒——

　⁷凡歸於我名下，為我的榮耀

而造，而搏而製成的

一個不少。反之，抗命者視同次品，必毀棄，30:9。

耶和華的見證

8帶出來吧！這些人瞎了，仍有眼睛　接回42:19。

聾了，耳朵還在。

9當列國聚攏一處，部族會部族　'ummim，諸部、各族，17:12。

內中有誰曾作此預報

將前事告知我們？

就讓他們出證人，給自己辯白　即展示眾神的能力。

叫人聽了說"屬實"。

10但你們是我的見證，耶和華宣諭：見證上帝唯一。

是我親選的僕人

如此你們可認我，信我

並明白：唯有我，才是"他"。語出摩西之歌，申32:39。

在我前面，無[手]搏之神　諷刺，神像確是人手所製，37:19。

後邊，也決不會有──　前面/後邊，兼指臉、背，出33:23。

11我，唯有我，是耶和華

除我之外，別無救主。如摩西言：上帝之外，別無他神，申4:35。

12那預言、拯救、宣告的，是我

而非某個異神眷顧你們；直譯：在你們中間。

你們是我的見證，耶和華宣諭：

我，乃上帝──

13自有今日，我便是"他"；自有今日，七十士本意譯：自始。

誰也不能從我的手裏脫身

我要做的，誰能阻止？熟語，14:27，伯9:12, 11:10。

新事

¹⁴如是，耶和華，那救贖你們的

以色列的聖者有言：

為了你們，我已派［人］往巴比倫

我要推倒一切囚欄　berihim，從傳統本注。原文：難民，barihim。

變迦勒底人的歡呼為號喪。ba'aniyyoth，校讀。原文：乘船。

¹⁵我乃耶和華，你們聖者

那造以色列的，你們的王。

¹⁶如是，耶和華有言：

他曾向海中指路，一條道劈開洪濤；

¹⁷又引出兵車戰馬，浩浩蕩蕩　法老做了昭示神義的道具。

大軍躺倒了再爬不起來　回放以色列越蘆海/紅海，出14:21以下。

如一根燈芯熄滅——

¹⁸啊，前事無須追念

古往的，你們不必縈懷。

¹⁹看哪，我要做一件新事　重出埃及，更新萬象，林後5:17。

馬上就發生，懂不？強調解放之緊迫，後世天啟主義濫觴於此。

是呀，我要在荒原開路

讓大漠貫通江河。死海古卷：道（複數）。參11:16。

²⁰便是野獸也把我光耀

紅豺連同鴕鳥。

因為，我令荒野湧泉　重申救恩，41:17以下。

清溪遍佈沙漠

給我親選的子民飲用——

²¹這[手]搏之民歸我

讓他們講述我的美名！暗諷子民忘義，背了罵名，下文28節。

以色列的罵名

²²然而，雅各，你沒有向我呼求

你反倒厭倦了我，以色列！

²³沒有牽你的羊來獻燔祭

沒設犧牲把榮耀歸我；不如鳥獸順其天性，上文20節。

我呢，也未用素祭役使你 自嘲，倫理崩潰，祭禮徒具形式。

或以乳香叫你倦乏。

²⁴你沒有花銀子替我買菖蒲 qaneh，可提取香料，出30:23。

沒供犧牲的脂油讓我饜足；

相反，你役使我，以你的罪愆

纍纍咎責，令我厭倦！唯一神不堪做人的工具，淪為偶像。

²⁵我，唯有我，才是“他”——

我抹去你的忤逆，不記你的罪愆

是為我自己。意謂赦罪也是預定，聖名不容褻瀆，48:9, 11。

²⁶別讓我忘了，你我一道上法庭

你先陳述，表表你的“義”。讓原告舉證。

²⁷可獲罪的，是你的老祖宗 指雅各，何12:2-4。

是你那些通事背逆了我！通事，指祭司和先知。西諺：翻譯即叛逆。

²⁸所以我才玷辱聖所的王公 聖所，或如猶太社本：聖潔。

將雅各丟給了禁絕之咒 婉言大屠殺，34:2注。

要以色列擔罵名。被告即判官，難怪子民“敗訴”，伯9:2-3。

元始與終了

四十四章

可是你聽着，雅各我的僕人

我親選的以色列！

²此乃耶和華，那造你

摶你於子宮，並佑助你的

所言：別怕，我的僕人雅各

耶書倫哪，我的親選！ 耶書倫，愛稱以色列，本義正直，申32:15。

³因為，我必給乾枯的澆水

叫清流灌溉旱地；

必以我的靈澆注你的子實

賜福與你的後裔；

⁴讓他們如青草生發 如，直譯：在之間。死海古卷：如之間。

似楊柳立於溪畔。⁵這個說：

我屬耶和華，那個要

歸於雅各名下，再一個

手上印着“耶和華”的 喻皈依者，申6:8，比作奴隸烙上主人名字，

以色列是他的稱號。 啟13:16注。

⁶如此，耶和華以色列的王

那贖主萬軍之耶和華有言：

元始在我，終了在我 重申造物主唯一，41:4, 43:10，申6:4。

除我之外，絕無他神。 ’elohim，上帝、眾神，申32:39。

⁷可有誰像我？請他聲明

讓他宣告，給我一件件道來——

自我擢立永世之民，所有未來

及必成之事，叫他公告我們！校讀參亞蘭語譯本。原文：他們。

⁸莫慌張，莫懼怕

我不是早已説與你聽了？

是我宣佈的，你們做我的見證：同43:10, 12。

真有什麼神明，除我之外？

不，別的磐石，我一概不知！下接21節。磐石，見17:10, 31:9注。

牧灰

⁹那塑偶像的，此片斷風格一變，通篇不提上帝、以色列；從聖城本譯作散文。**全是混沌**；不僅徒勞，終必消亡，34:11, 40:23, 41:29。**他們所貪慕的，一無益處。算是給自己做了見證：什麼也不見、不知**，反襯耶和華全知全能。**活該受辱！**yeboshu，同下文11節：蒙羞/遭罵。¹⁰**誰會去塑一尊神、鑄一隻偶，而不求得益？**¹¹**看，追隨它的，個個要蒙羞——那些工匠不也是人？讓他們聚攏了，都站出來；看他們驚恐萬狀，遭罵！**

¹²**鐵匠的活計，[像]炭火上一把鈎鐮**，ma`azad，修枝用，2:4；一作斧子，此句無定解。**一記記錘打成形，用他強壯的臂膀。然而一餓，就失了力氣；沒水喝，會累倒**。可見偶像並無法力。¹³**木匠呢，拉一根繩，用赭石打好樣**，赭石，sered，或白堊、某種打樣工具；經書僅此一用，無確解。**鑿出輪廓，再量之以圓規；直至做成人形，儼然一副男人的華美**，嘲諷，諸神靠裝飾，實無人的性狀。**即可入居廟堂**。¹⁴**他砍伐雪松，或者選一棵聖櫟或橡樹，讓它在林子裏生長——自己栽一株柏，由雨露滋潤也行——**¹⁵**長成，人就有柴薪了，或取暖，或烘麵餅。可是，總有人拿它製一個神，供奉起來：一具雕像，大家跪拜！**¹⁶**於是這一半生了火，燒一份烤肉，填飽肚子**；直譯：一份肉吃，烤熟了飽（腹）。**還一邊取暖，一邊説：啊哈，好暖和，瞧這火光！**¹⁷**而那餘下的**，另一半木柴。**卻**

雕一個神，當作偶像，然後倒頭便拜，向它祈禱，説：救救我呀，我的神只有你了！意近智13:11，賀拉斯《諷刺詩》1:8:1以下。

¹⁸他們一樣不知、不會領悟，因為眼睛糊上了，<u>tah</u>，塗抹、弄髒。舊譯不確：耶和華閉住。看不見；心，也是懵懵懂懂。¹⁹沒有一個能用心的，抑或具備知識和覺悟，説：那一半給我生火了，還燒炭烘麵餅，烤肉吃呢。這剩下的，豈可製成穢物，故名混沌、虛無，2:20, 10:10, 41:24注。要我朝一段木頭叩拜？

²⁰這等人是在牧一把灰，白費力氣，一如牧風，傳1:14注。迷了心竅，走歧途；他的靈已無力自拔，又怎會想到：我右手攥着的，是否謊言？貶異神，28:15注。

歸來

²¹這些事須牢記，雅各　接回第8節。

因為，以色列，你是我的僕人。

你是我摶來給我為僕的

以色列呀，我怎能把你輕忘！或如七十士本：萬勿把我忘記。

²²我已抹除你的忤逆，如掃殘雲

如迷霧散去，你的罪愆。

歸來吧！是我，救贖了你。歸來，即悔罪，是獲救的前提，6:10。

²³唱哪，諸天，這是耶和華所為

歡呼啊，大地極深處！

讓群山放聲歌唱

森林裏，每一棵樹！

因為耶和華贖回了雅各

藉以色列奪得美譽。反言神不施救，則信約無存。呼應46:13。

受膏者

²⁴如是，耶和華，那救贖你的

摶你於子宮的有言：

是我，耶和華，造就萬物

獨自捲諸天，鋪大地——　見42:5注。

當時，誰與我同在？誰，另讀：沒有。

²⁵是我挫敗了喋喋者的兆頭　斥假先知。

令占卜的發狂，智者後退

陷其知識於一派胡謅；

²⁶而我僕人所說的，我必確立　我，校讀。原文：他。

叫我使者的謀略成功；

並且預言耶路撒冷：要有人住！

指猶大的城邑：要重建

待我把廢墟光復！直譯：立起。

²⁷然後命深淵：乾了吧

我要你江河枯竭！

²⁸遂稱居魯士：我的牧人　終於道出波斯大帝的名字，41:2以下。

凡我的旨意，他必實施——

必向耶路撒冷說：重建！實現上帝的規劃。一說此句是補注。

告訴聖殿：奠基！

四十五章

如是，耶和華訓示自己的受膏者　七十士本：我的受膏者/基督。

居魯士——我已握住他的右手　波斯王，前558~530在位。

令萬族匍匐在他面前，眾王鬆脫腰帶　解除佩劍，5:17。

為他敞開大門，不許城池鎖閉：直譯：城門關閉。

2我要親自引你前行，修平眾山　從死海古卷。原文：隆起/球。

擊碎銅門，砍斷鐵閂；

3我要賜你暗處的寶藏

及隱秘的財富，讓你知道

是我，耶和華以色列的上帝

指名召的你——　特許居魯士征服天下，奴役各族，41:2, 43:1注。

4為了我的僕人雅各

以色列我的親選

我才指名召你，敕封聖號　但大帝銘功，把勝利歸了巴比倫大神。

雖然你不認識我。外族且非信徒，也做了彌賽亞，4:2注。

5我乃耶和華，唯我無他　反復申說上帝唯一，41:4, 44:6注。

除我之外，別無他神。

儘管你不認識我，我也幫你束腰　拯救通過戰爭實現，8:9。

6以使人人懂得，從日出之地

到日落之鄉，無我即烏有：否定異教神，41:24, 29。

我乃耶和華，唯我無他——

7光是我造，黑暗我搏　晨昏交替，始於造光，創1:5，摩4:13。

我塑平安，我造災禍；平安，死海古卷：福，伯2:10。

那成就這一切的，是我，耶和華。

8降雨吧，諸天，自高處

願重霄瓢潑公義！通行本：義者。基督教借指耶穌。

願大地張口，生發救恩　喻受膏者居魯士。通行本：救主。

是呀，願公義同抽新芽：聖傑羅姆解作"新枝"基督，4:2, 11:1注。

那無所不造的，是我，耶和華！

他的路我一一修直

⁹禍哉，那同摶土者爭拗的　傳統母題，人不可向神稱義，伯9:3。

你這一地陶片裏的一片！

黏土豈可質問陶工：你做的什麼？喻不自量力，27:11, 29:16。

或者：你那製品缺了手呢！另讀：說製作它的：你沒手。

¹⁰禍哉，誰要是說父親：為何生子？或作：生個什麼。

或責怪女人：幹嗎分娩？

¹¹如此，耶和華，那摶以色列的

聖者說了：想問我子孫的未來？

還是就我手的製作下個指令？舊譯不妥：可以求我命定。

¹²那開闢大地，又給它造人的

是我！我親手鋪展的諸天

萬象由我號令。

¹³是我，以公義將那人喚起　那人，即居魯士。直譯：他。

他的路，我一一修直。喻勝利，48:15。

他必重建我的城邑

把我的流民送還；赦令釋囚，子民返歸福地，代下36:22–23。

不討價錢，不求賜禮

——萬軍之耶和華有言。救恩非回報，不容置疑。

眾舌立誓

¹⁴此乃耶和華之言：

埃及辛勞的收成、古實的獲利

還有西巴人的高挑個兒　似指奴隸，43:3注。

都要運來，獻給你；要他們　你，即以色列。

走在你身後，拖着腳鐐

向你跪拜，對你禱白：

啊，唯獨你這兒有上帝

別處，是烏有為神！ 'elohim，複數，如上文5節，44:6注。

¹⁵——真的，上帝，你藏起自己　如摩西預言，申31:17, 32:20。

以色列的上帝呀，救主！

¹⁶任他們蒙羞，連連受辱

但凡塑偶像，就屈辱難逃！ 以眼還眼，同態報復，出21:23–25。

¹⁷而以色列必蒙耶和華拯救

享永世之救恩：

永不蒙羞，不受辱

直至萬世無盡。

¹⁸因為，此乃造諸天的耶和華之言——

他呀，是上帝！他開闢大地

奠定一切，絕非造一片混沌

而是開闢了讓人棲居：

我乃耶和華，唯我無他。

¹⁹我從未訴諸隱秘或在黑暗之地　聖言並不隱晦難求，申30:11。

訓示，也不要雅各子裔

去混沌裏尋我。 勸告子民，歧路必亡，55:8, 66:3。

我，耶和華，只言公義

我宣告的是正直。 故又名至直，11:4, 26:7。

²⁰來呀，都聚攏來

各族逃生者，你們近前。

無知啊，那些扛着木雕像的　或指巴比倫人的節慶遊行。

竟拿不能施救的神祇禱告！

²¹陳情吧，一件件呈上——　　彷彿在上帝面前申訴，41:1。

讓他們商議商議！這事

誰最早揭示，往古即已宣佈？

不就是我，耶和華麼？

除了我，難道還有他神？

公義之上帝並救主

舍我其誰？

²²追隨我吧

若想得救，哪怕在大地四極！　直譯：轉臉向我而得救，全地極。

因為我乃上帝，唯我無他。

²³我以聖名起誓，公義　　聖名，婉稱至尊。原文：我，創22:16。

既出我口，那言決不收回。

但要人人向我屈膝　　應允普世救恩，腓2:10–11。

眾舌憑我立誓，²⁴只道：　原文：說我。譯文從七十士本。

公義和大力，獨在耶和華！

乃至對他洩怒的，紛紛蒙羞

來歸他；²⁵而以色列的子實

必於耶和華內全體稱義

得讚譽。

大神當了俘虜

四十六章

大神蜷縮，尼波折腰　　大神，bel，名Marduk，巴比倫的守護神。

人把偶像交給了牲口；　尼波，nebo，大神子，天庭書記，掌知識。

可是你們扛的，沉哪

直要把役畜壓垮！

²看，折了腰，蜷縮一團

它們一馱也沒能保住

反倒自己當了俘虜。 偶像非但幫不了忙，還成了潰敗者的累贅。

³雅各家啊，請聽我說

所剩無幾的，以色列家！

你們甫出子宮就被我抱起

離開母腹，便在我懷中。 對比巴比倫人逃亡，扛着神像的狼狽相。

⁴直到人老了，我還是"他"——

到你們頭白了仍是我背負。 兼指扶持、忍耐，申32:11。

造化在我，懷持在我

我必背負，亦必救護。

⁵你們以為我像誰，似誰？

誰可與我相比，如儔類？ 至高者唯一，不可名狀，40:18, 25。

⁶那傾囊揮金、平杆稱銀的 杆，qaneh，指秤杆。

只消僱一個金匠製一尊神

即可俯伏，向它膜拜！

⁷然後扛上肩，背負着它； 如參加遊行，45:20注。

待到放下，它便原地立定

再不動彈：人喊，它不會應

更不會救人脫急難。 訴諸常識，災禍視為神明失靈或敗落之兆。

⁸這事你們要記住，站穩了 hith'oshashu，另作勇敢，無定解。

忤逆的人哪，請用一用心

⁹記住前事，悠悠如何；

因我乃上帝，唯我無他

是上帝，絕沒有似者！

¹⁰開初，**我就預告了終極**　重申造主預定一切，42:9。

自古昔指明未竟

說：我的宏圖必起　宏圖，舊譯籌算，不妥，25:1注。下同。

但凡我的旨意，必成！例如借波斯之力，44:28。

¹¹**於是從日出之地召來**

一頭鷙鳥，天邊一個宏圖之人：美稱彌賽亞居魯士，41:2, 25。

我言出必行，勾畫已定——

必成。

¹²**聽好了，你們，別犟了心**　直譯：你們心壯，63:17。

丟開公義！¹³**我的公義已近**

不遠了，我的救恩必不遲誤。

我要在錫安施救恩

讓以色列載我的美譽。下章是一首長短句哀歌，qinah，咒巴比倫。

萬國的主母

四十七章

下去，坐塵埃裏

巴比倫的童貞姑娘；擬人，城是陰性名詞。童貞，猶言待嫁。

坐地上去，寶座沒了

迦勒底的女兒！

因為，再也不會有人稱你

嬌柔或窈窕。²**推磨吧**　萬國的主母成了婢女，下文5節。

把麵磨來；揭了你的面紗

解下拖裙，裸露雙腿　拖裙，死海古卷：裙裾。皆貴婦穿着。

一條條河趨去。

³你的羞處要暴露　破城後的慘狀，被敵軍強暴，耶13:22。

是呀，讓人看你的恥辱　比作戰俘，或淫婦受辱，何2:10。

任我復仇，一個都不饒恕！西瑪庫本：誰也阻攔不了。

⁴那救贖我們的，名為萬軍之耶和華　此節打斷節奏，似插注。

以色列的聖者——　七十士本補動詞：説。

⁵啊，默默坐下，走進黑地　喻牢獄，42:7。

迦勒底的女兒！

因為，再也不會有人呼你

萬國的主母了。喻巴比倫霸權。

⁶我曾對子民發怒　指敵族入侵福地，10:5以下。

聽憑我的產業玷污了

交在你的手裏，而你對他們

毫無憐憫，連老人也加一副重軛：

⁷我必永為主母，永遠！你説——

所以從未把此事放在心上

沒想想後果怎樣。

⁸好吧，你聽着，別把奢靡

當安穩了，心説：別把/當安穩了，直譯：你這/居安穩的。

我呀，除我之外，皆烏有；僭號，譏嘲上帝，45:6, 14, 46:9。

我決不會居寡婦之位　喻亡國。

不會有喪子之痛！

⁹——可是這兩樣你都躲不了

忽一日，猝然降臨，喪子並守寡；

你巫術再大，符咒再靈

· 128 ·

也是白搭。

¹⁰而你還倚仗着

惡行，説：又沒人看見。

那是被自家那點聰明才智

騙了，心存妄念：我呀

除我之外，皆烏有。

¹¹呀，災殃要找你了

你卻不懂禳解，遭逢禍害　　禳解，本義尋、欲求。校讀：賄災。

也無法祛除：突然間

毀滅臨頭，而你還一無所知！

¹²站穩哪，就用你那自幼修行的

符咒與一套套巫術吧；

興許能管用，興許可以唬人！巴比倫占星術發達。啟18:23。

¹³你計謀太多，疲憊了吧。

讓那些劃分天象的起身

救救你，讓他們盯着星星

每逢新月，便預報你的未來。新月，即月朔，1:13，民28:11–15。

¹⁴看，他們彷彿碎稭落在火裏　　熟語，5:24, 33:11。

性命掙不脱烈焰的手——　　性命，見43:4注三。

那可不是燒炭取暖，火光前沒有坐席。

¹⁵罷了，你自幼一同修煉的　　原文無"一同"，據二抄本補。

買賣人也不過如此：買賣人，soher，貶稱巴比倫術士，23:8注。

大家各奔東西，沒有誰

救得了你。

困厄之爐

四十八章

聽好了，雅各家的，你們

名叫以色列，誕於猶大之水；me，費解，另讀內臟、腹，me`e。

[説是]奉耶和華的名立誓

向以色列的上帝祈求　指聖所祭禮。

卻不是憑忠信、憑公義——

²誠然，也自稱屬於聖城

以色列的上帝為倚靠

萬軍耶和華是聖名。

³前事，我早已宣告

出自我口，是要人聽見；即以耶和華的先知為口。

而後我忽然行事，事事皆成。忽然，或指聖城陷落，子民入囚。

⁴因我知道，你有多死硬！比作法老，斥其愚頑，出4:21注。

你頸脖是鐵打的筋肉

你額頭是一塊銅？幾如造主的一件傑構，伯40:19。

⁵所以我早早宣佈

不待發生便讓你聆取　意同42:9。

免得你説：是我的偶像所為

那木偶或鑄像下的指令。

⁶你都聽到了，也見了這一切

難道你們不該承認？ngd，同上文"宣告/佈"，兼指作證，3:9。

而今，我要你聆受新事　如居魯士滅巴比倫、佈法、釋囚。

那些秘密你聞所未聞：

7全是新近造就，非古已有之
此前你從未聽說的
免得你咕噥：哼，我早知道了。
8不，你沒聽過，你不知道
你自古就沒開呢，耳朵！譴責子民屢拒先知。

雖然明知你會一次次背信
甫出子宮，即以忤逆為號。
9但為聖名故，我強按鼻息　不後悔立子民為業，出19:5，申7:6。
為了我的頌歌，我要忍住──
就沒把你剪除。10看哪　頌歌，tehillah，兼指美名，43:21。
我熔煉了你，不似煉銀　似，原文：作。熔煉，七十士本：買。
而是以困厄為爐，將你揀選。困厄，指巴比倫之囚。
11這麼做是為我，為我自己：理論上也是宏圖的設計，結36:22。
聖名，豈能受污損？聖名，從七十士本。原文：它。
我的榮耀，決不讓與他人。婉言異神。

耶和華所愛

12雅各啊，請聽我說，以色列呀
容我召喚：
我，就是"他"──
元始在我，終了亦在我。三申造主無疆，41:4，44:6。
13我曾親手給大地奠基
並以右手展開諸天；我喚一聲

它們一齊立定。猶言完工。

¹⁴聚攏來，大家聽聽

這一切，他們可有誰宣示？他們，指眾神。諸抄本：你們。

那耶和華所愛的　第二次言愛，43:4；讚居魯士，宏圖之人，46:11。

必在巴比倫實現他的旨意

把迦勒底[交與]他的巨臂。他，指上帝或波斯王，皆通。

¹⁵我，唯有我，說過且已召喚：

有我引領，他一路得勝！

他的名在我面前

¹⁶挨近些，你們聽好了：

我自始就不曾在隱秘處說話　由摩西佈法，有上帝之人傳諭。

萬事之初，那兒，我就在——

今天，是主耶和華遣我

與他的靈同來。與，猶言身懷。此句為先知插話，61:1。

¹⁷如此，耶和華，那救贖你的

以色列的聖者有言：

我乃耶和華，你的上帝

我教你，是要你受益

指一條正道該你走。

¹⁸但願，你還能留意我的誡命！反言子民忤逆成性，上文8節。

那你的平安就會像長河

你的公義如大浪滾滾；

¹⁹似海沙你子實無數

如沙粒，你腹中所出：重申對聖祖的允諾，創15:5, 22:17。

他的名，就常在我面前　他，指子實。七十士本：你。

不剪不滅，永不。

20快，走出巴比倫，逃離迦勒底！想像帝國覆滅，奴隸趁亂出逃。

盡情歡呼而宣告，傳揚

直至地極：耶和華

他贖回了僕人雅各！

21跟隨他穿行大漠的

沒有一個渴倒，為了他們

他令磐石淌水，讓峭岩　借手先知摩西，出17章，民20章。

裂開，湧泉——

　　　　22不，耶和華說了　插入此句，照應前章結尾。

惡人絕無平安。

忠僕第二歌

四十九章

列島啊，請聽我說

遠方的部族，請留意。

耶和華召我時，我尚在子宮　參以賽亞自述蒙召，第6章。

未出母腹，便取了名字。一似耶利米所言，耶1:5。

2他使我口如利劍

庇蔭於巨手之下；意同51:16。

又拿我做一支矢鏃閃亮

藏入他的箭囊：

3你是我的僕人，他說

以色列，我要藉你贏美譽。以色列，少數抄本脫此詞，或是插注。

4可是我說：白辛苦呵

我拼盡全力，只換來一口噓氣！直譯：為混沌和噓氣，30:7注。

當然，還我公道的，是耶和華　表信心，30:18，呼應42:1–4。

我的酬報在我的上帝。

5於是耶和華，那摶我於子宮

給他為僕，要領回雅各　可見忠僕非指以色列，上文3節注。

讓以色列復歸身畔的　從死海古卷。原文：但以色列不許復歸。

有言——願耶和華眼裏

我受寶重，我的上帝　按文意，此句可移至上節末。參12:2, 43:4。

是我的力量——6他說：

你當我的僕人，復興雅各

眾支族，把以色列保住了

領回，不算什麼；我還要舉你

為列國的光，俾我的救恩　光，喻福份，皈依而獲救，42:6。

囊括地極。

　　　　　　7如此，耶和華

以色列的贖主兼聖者

對那鄙視之靈，那被外族憎惡　靈，猶言備嘗（鄙視）。

飽受統治者奴役的說：原文無"被"字，從死海古卷及七十士本補。

要君主見了忙起立，王公個個屈膝

只因耶和華至為信實

以色列的聖者揀選了你！

拯救之日

⁸此乃耶和華之言：

悅納之時，我應允了你

拯救之日，我佑助了你。

我將你摶來，給眾人為約　舊譯中保，不妥，42:6注。

是要復興疆土，荒蕪得承繼；猶言重整河山。

⁹是向囚徒說：出來吧！

命那黑地裏的：露［臉］吧！

上路即有牧草，禿山遍被綠茵　比作上帝的羊群，14:30, 40:11。

¹⁰再沒有饑渴難熬

沒有熾灼的日頭傷害；熾灼，或作焦土、沙漠吹來的熱風，35:7。

因為，那憐憫他們的必為嚮導

領他們來到淙淙水泉——

¹¹啊，我要變眾山為通衢　呼應40:3, 43:5。

把大路築高。¹²看哪

他們從遠方走來！

從北面，從西海，還有

從阿斯旺的大地！阿斯旺，sinim，舊譯秦國，誤。結29:10。

¹³謳歌啊諸天

歡躍吧大地，群山要放聲歌唱！同44:23。

因為耶和華安慰了子民　安慰，婉言寬赦，12:1, 40:1。

受苦人他最憐恤。

¹⁴然而錫安說：耶和華拋棄了我　不信天父言，44:21。詩22:1。

我主已把我遺忘。

¹⁵——可有婦人忘掉她的乳兒　上帝自比母親，66:13。

不憐愛自己子宮所生？

縱使她會忘記，我

也不能忘了你呀！ 記得信約之愛，申4:37, 7:8，耶31:20。

16看，我已將你刻在了掌上 如愛人志愛；呼應44:5。

你的城牆常在我眼底。

17那重建你的正急急趕來 重建你，從死海古卷。原文：你兒子。

而摧毀你的即將逃離。

18你就抬起眼，往四下望：

都聚攏來找你呢，他們！ 子民從流散地回歸，聖城復起。

一如我永生——耶和華宣諭——

你必以他們為珠寶而梳妝

束作腰帶，彷彿新娘。 擬人，61:10，啟19:7, 21:2。

19至於你的廢墟，你的頹垣斷壁

如今你要嫌它窄，不夠住

那吞噬你的要遠遠遁去。

20你耳中就又要聽見

曾以為喪失了的兒女在説： 直譯：你喪子之子説，47:8–9。

這地方太窄，求你

給我騰一個居處！ 復國後人口大增。

21叫你心裏納悶：

誰替我生的他們？

我原已喪子絕後，流亡異鄉 七十士本脱此四字。絕後，舊譯獨居，誤；伯3:7。

他們，是誰養大的？

明明只剩我孤身一個

這些人，卻是哪裏來的？

²²如此，主耶和華有言：

看哪，我這就向列國舉手　　召喚狀，11:12。

為萬民豎一面大纛：

要他們把你的兒子抱在懷裏　　形容愛護，60:4。

女兒則背在肩上，帶來。

²³眾王要做你的養父

王后當你的乳母；

他們鼻子貼地，朝你叩拜　　主奴顛倒，革命成功。

舔你腳上的塵土。

而後你就懂了，我乃耶和華

翹盼我的，不該受辱！　　翹盼，qoway，舊譯等候，不妥，26:8注。

²⁴那勇士搶走的豈可奪回？

暴君的俘獲，也能解放？　　暴君，從死海古卷，11:4注。原文：義人。

²⁵但此乃耶和華之言：

便是勇士所俘，也要奪回

暴君搶去的定將解放；

與你相爭的，我必鬥爭　　即以子民之敵為敵，出23:22。

你的兒女，歸我拯救。

²⁶我要使欺壓你的食自己的肉　　喻痛苦，熟語；同態復仇，9:19。

被自家的血醉倒，如飲甜酒——　　‵asis，或指鮮榨的葡萄汁。

叫肉身皆知，我乃耶和華你的救主

雅各之大能者，你的贖主。　　大能，故必救贖，1:24注。同60:16。

休書

五十章

此乃耶和華之言：

你們母親的休書在哪兒　自命丈夫，借休妻喻剝奪福地，申24:1。

我遣她走的那一張？暗示上帝信實，子民不忠，耶3:1，何2:2–5。

或是給哪一個債主

我把你們賣了？

不，賣掉，是抵你們的罪孽　罪/債互訓，24:2，太6:12注。

你們忤逆，才被休了母親。喻亡國。

²為什麼，我來時沒人〔迎候〕？

召喚，也無一應答？

莫非我手太短，贖不了？熟語，手喻能力，民11:23。

還是救援之力匱乏？

看，我一聲呵斥，大海枯竭

江河變為荒漠；同詩107:33。

魚兒發臭，因缺水而乾死。

³諸天我用昏黑裹起

一領縗衣遮蔽。準備審判仇敵，3:24注二。

忠僕第三歌

⁴主耶和華賜了我受教的舌頭

教我用言語將困乏的撫慰。`uth，另讀開導；生僻詞，無定解。

每天早晨他來喚醒——

我耳根清醒，如受教者聆聽。語氣似先知自況忠僕。

⁵是主耶和華開了我的耳　參詩40:6。

我不曾違抗，亦無退避。

6 只把背對準打我的人　說明如何面對欺凌。太5:39。

臉頰給那拔鬍鬚的

沒有掩面，躲侮辱與啐唾。　見7:20注。

7 幸虧主耶和華佑助

那份屈辱，我不必忍；反言義人有替天父擔苦難之責。

乃至仰起臉，如峭岩　hallamish，燧石、磐岩，形容堅定。

因為認準了我不會蒙羞。

8 那稱我為義的已近——

誰可與我相爭？

站出來，當庭對質！直譯：讓我們一起站（上法庭）。

誰敢告我的狀？

叫他上前，找我！

9 看，佑助我的是主耶和華

誰還能定我的罪？

瞧瞧他們，像舊衣爛裳　喻脆弱，伯13:28。

終要被蛾子蛀光。

10 你們中間有誰敬畏耶和華　解作弟子論老師，亦通。

願聽他僕人的話？僕人，即先知，20:3。

誰走在黑地裏，不見光明

卻信靠耶和華的名，仰仗上帝？

11 當然，你們也可以自己點火　警告不聽勸誡、自以為是者。

圍一圈火把——去呀

藉自家的光焰，讓火炬燒！火把/炬，或作火箭。此句無定解。

這才是我親手給你們的：

受盡痛楚，栽倒。

盼巨臂

五十一章

追求公義，尋覓耶和華的人哪

請聽我説！

想一想那塊鑿出你們的磐石

那口開採你們的岩坑；

2再想想亞伯拉罕你們祖宗　福源須上溯聖祖，創12:1–3。

還有生你們的莎拉：

不是嗎，蒙召時僅僅一人　夫妻一體，算一人，創2:24。

蒙我賜福，他壯大了！子裔繁衍，成一大族，申26:5。

3是呀，耶和華必安慰錫安

凡她的廢墟，皆有慰藉　盼子民苦難將盡。

荒野要變為伊甸

大漠成耶和華的樂園；回放創世的第二個版本，創2:8以下。

處處是歡樂，是幸福

感恩與歌聲相伴。

4都給我留意，我的子民　少數抄本：萬民。

我的部族啊，請側耳。部族，諸抄本作複數。

因為教導必由我出　教導，兼指聖法，2:3注。

我的公道乃萬民的光。通過忠僕/以色列昭示天下，42:1, 49:6。

眨眼間，5我的正義已近　眨眼，另讀接上句：立（公道），42:4。

我的救恩已出　如聖法所應許，46:13。

我的雙臂要審判萬民；

列島在盼我，在期待巨臂！

6抬起眼，你們仰望諸天

· 140 ·

再把大地俯視：

啊，蒼天就要像青煙消散　末日臨頭，屠戮開始。對比詩102:26。

大地如舊衣破損

居民一群群蚊蠓般死去；蚊蠓般，另讀：也如此。出8:12注。

唯有我的救恩萬世常存

我的正義永不廢除。

7聽着，認識公義而聖法在心之民！認識，猶言忍受痛苦。

莫怕人辱罵，莫驚惶於褻瀆。

8恰似舊衣，他們必給蛾子為食　見50:9注。

或如羊毛餵了蛀蟲。

唯有我的正義永世常在

我的救恩澤被萬代。

9醒來呀醒來，披上偉力　先知呼喚。

啊耶和華的巨臂；

醒了，一如往日，世代之前！

不是你嗎，那斬驕龍　創世的原始版本，源自近東神話，30:7注三。

刺海怪的？10那令汪洋乾涸

深淵水枯，海床變幹道

讓獲救贖者穿行的，不正是你？回憶子民出埃及，出14章。

11凡耶和華贖下的必返歸　同35:10。

載歌載舞回錫安

把永遠的幸福戴頭頂——

歡樂並幸福，他們收取

讓悲傷跟哀歎逃逸。

¹²我——那安慰你們的，是我。上帝回答。

怎麼，那必死的人

小草似的人子，你也害怕？小草，狀其脆弱，40:7。

¹³竟忘了你的造主，那鋪展諸天　恰如摩西預言，申32:15。

奠立大地的耶和華！

只會日復一日地恐懼

懾於那執意毀滅的壓迫者的

怒火——可是在哪呀

那壓迫者的怒火？¹⁴馬上　當喜訊/佳音做成新事，40:9, 43:19。

屈身為奴的就要開釋，他不會

死於深坑，不會斷了麵餅。深坑，即陰間/冥府，14:9–11。

¹⁵我乃耶和華你的上帝

那攪動大洋，使驚濤澎湃的　同耶31:35。

名為萬軍之耶和華！

¹⁶聖言已放進你的嘴裏　參59:21注。

有巨手替你庇蔭——　呼應49:2。

我栽種諸天奠立大地　栽種，校讀如古敘利亞語譯本：鋪展。

是要告訴錫安：我的子民是你。

聖怒之杯

¹⁷奮起呀，你快奮起　第二以賽亞喜用疊詞，烘托氣氛。

立起來，耶路撒冷！參較上文9節。

你從耶和華的手裏飲了

他的聖怒之杯，那踉蹌之爵　原文此處重複"杯"字，似插注。

連殘渣都喝個乾淨！

¹⁸她生了這許多兒子　她，指聖城。

沒有一個來引領；反言子民被福地拋棄。

養大的孩兒沒有一個

攙住她的手——19禍上加禍　直譯：這兩樣你遇上。

這般遭遇，誰會搖頭為你哀傷？

荒蕪與毀滅，饑饉和刀兵

誰能給你慰藉？誰，從死海古卷。原文：我如何。

20你的兒子們神志不清

躺在街頭，彷彿直角大羚羊　to'，或作野牛，te'o，申14:5。

落入獵網：一個個滿載

耶和華的盛怒，該你的上帝

呵斥！

　　　　21所以你給我聽好了

卑微的，你醉了卻沒沾酒！醉於聖怒，故無力擺脫，63:6。

22此乃你的主，耶和華

即為子民申辯的上帝之言：

看，我這就取走你手上

那隻踉蹌之杯，我的聖怒之爵　原文重複 "杯" 字，同上文17節。

你不必再飲了。23我要把它

交到虐待你的人手裏　預言報應之日，49:26、耶25:15。

因為他們曾對你的靈說：

趴下，讓我們踏過去！侮辱俘虜。

於是你的背脊竟成了平地

像條土街，任人踩踏。

救恩在上帝

五十二章

醒來呀醒來，錫安，披上你的偉力　同51:9。

穿好你的華服，耶路撒冷聖城！　對比巴比倫貴婦解裙，47:2。

因為那留包皮的不潔的　貶稱外族侵略者。

再也不會入內了。

²撣落塵土，起來，入座吧　升殿復國。另讀如下句：被俘的。

耶路撒冷；解開你項上的鎖鏈

被俘的錫安女兒！

³如是，耶和華有言：既然賣你們未曾開價，舊譯無價，不妥。賣，婉言被擄，亡國為奴，下文5節。贖回也無須銀子。拯救一如懲罰不講對價，只能"白送"，歸於神恩。⁴是的，此乃主耶和華之言：初時，子民曾南下埃及，雅各逃荒，創46章。在那裏寄居；而後亞述又無端把他們壓榨。其實是做了上帝的馬蜂、聖怒之杖，7:18, 10:5。⁵如今，我還在這兒幹什麼？另讀：這兒誰歸我。暗示救恩延宕，雖然一再應許，46:13。耶和華宣諭：啊，子民被擄，一無作價，統治他們的在吹噓——耶和華宣諭——沒完沒了，吹噓，從死海古卷與通行本。原文：嚎叫。我的名終日遭大不敬。⁶就因為這個，我的子民定會認我的名，原文此處重複"就因為這個"，衍文，據死海古卷及七十士本刪。到那天[他們必明白]，那降言的是我：看哪，是我！hinneni，應答語，38:5注。

⁷多美啊，那喜訊使者上山的腳！呼應40:9。

他傳佈平安、報佳音、宣救恩　保羅引此節指認福音，羅10:15。

向錫安道：你的上帝為王了！重申萬國皈依，43:15，詩47, 93章。

⁸啊，你的崗哨的聲音？崗哨，美稱忠信者、先知，21:6注。

是他們異口同聲在歡歌；

因為都看見了，親眼目睹

他回了錫安——耶和華！結43:1以下。

⁹放聲唱吧

一起唱，耶路撒冷的廢墟；

是耶和華安慰了他的子民

贖回了耶路撒冷。

¹⁰耶和華已袒露他的聖臂　喻審判，復指救恩，30:30, 51:5。

叫萬族看見，大地四極仰望

救恩在我們上帝。

¹¹離開，快離開，從那兒出來！

不潔的東西別碰；

走出大城，潔淨自己　大城，即巴比倫。原文：她內，13:22注三。

你們，抬耶和華器皿的人。器皿，指居魯士敕令歸還的聖殿禮器。

¹²但這一次出走不必慌張　不似出埃及倉促，出12:11，申16:3。

你們不是在逃亡——　　對比48:20。

看，耶和華要走在你們前頭

以色列的上帝為你們殿後。降雲柱與火柱護佑，出13:21, 14:19。

忠僕第四歌

¹³看哪，我的僕人必興盛　yaskil，兼指審慎。此段為天父預言。

必得高舉，極受尊崇。舊譯不妥：成為至高。

¹⁴而之前，人見了無不震驚：了/他，從二抄本。原文：你。

他形容枯槁，不成人樣

殘軀已不似人子——¹⁵如今

他要威震萬族，令列王閉嘴。直譯：列王向他閉嘴。噤聲狀。

因為，那不曾講述的　威震，本義使跳起、驚嚇。無定解。

要他們看到，那從未聽說的　羅15:21。

他們須領悟。

五十三章

我們說與人聽的，有誰肯信？羅10:16。或作：我們聽到的……

耶和華的巨臂，曾向誰顯露？子民/追隨者表白。

²如嫩芽生發在［上帝］面前

又如根子扎進旱土：形容忠僕，真信仰生於苦難，41:18。

他本無光彩照人的美顏

不具儀容，讓我們愛慕。

³受盡侮蔑，被人遺棄　hadal，另作（視為）卑賤之極。

一個疾苦人，他認得病痛；舊譯疏漏：多受痛苦，常經憂患。

但就像一個大家藏臉不理的　暗示上帝藏臉降罪，8:17, 45:15。

他侮蔑受盡，我們沒尊重。

⁴而他，承受的是我們的病痛　holi，古人以為病因罪生，申7:15。

背走的是我們的疾苦；福音書引此句指耶穌，太8:17注。

可我們竟以為，他遭打擊

是上帝出手，將他折磨。直譯：被上帝打而貶損/受苦。

⁵不，他是因我們忤逆才被刺穿　meholal，舊譯受害，不確。

因我們罹罪而被碾碎；

是為我們復元而身負懲戒

道道鞭痕，俾我們愈痊——

⁶一個個彷彿羊兒迷途　族人為領袖誤導，3:12, 9:15；彼前2:24–25。

各找各的路；

耶和華卻把眾人的咎責

歸了他一人。

7啊，如此折磨貶損了　或如猶太社本：如此折磨，他仍順服。

也不開口！像羔羊牽去屠宰　參較耶11:19。

又像母羊面對剪毛人

沉默：他不開口。　後世引為耶穌受審之預象，太26:63，徒8:32–33。

8囹圄之中，不容他申辯。　直譯：從監禁，從審判/申辯他被奪。

誰會思念他的一世？　doro，圈、世代、人生；另作住所，38:12。

當他從生者之地被割棄　生者之地，猶言今世。

因我子民的忤逆，遭擊殺；　我，死海古卷：他。

9當他跟惡人葬在了一處

墳頭挨着財主　`ashir，校讀：造孽的，`ose ra`。財/惡/孽互訓。

儘管他一向遠離暴力　墳頭，從死海古卷。原文：他死後。

口裏斷無詭計？

10然而耶和華樂意，以病痛

將他碾碎——若是你獻出他的靈　你，指上帝；通行本：他。

成一贖罪祭，他定能看到子實　喻追隨者。

而延年，讓耶和華的旨意　ẖephez，兼指目的、事務，44:28。

藉他的手實現。

11待劫難過後　天父回應，應許拯救。

他的靈必見光明而滿足；　光明，從死海古卷及七十士本。原文無。

憑此認知，眾人要因我的義僕　真知得自病痛，上文3節。

而稱義，而咎責卻要他獨自背起。

12所以，我要把他那一份增大　rabbim，雙關，兼指眾人。

叫他與強者分擄獲。　義民終將擊敗征服者。

只因他向死亡傾瀉自己的靈　喻捨命。傾瀉，he`erah，或作裸露。

被歸於忤逆之列：

是他，承受了眾人的罪愆　路22:37，來9:28。

替忤逆的求得赦免。　正如先知，任中保之職，申29:13注。

髮妻

五十四章

歡唱吧，不育而無子的女人　喻錫安，比作莎拉，創11:30。

放聲謳歌，喊哪

你這沒臨盆扭動過的！形容分娩之痛，13:8，迦4:27。

因為，被遺棄的要比有丈夫的

兒女更多——耶和華說了。

²拓寬你的紮帳篷處

你居所的幔子要伸展，別顧忌！

要拉長繩索，敲牢木橛。做新以色列的母親，創24:67。

³因為向右向左你都要進擊　tiphrozi，擊破；舊譯不通：開展。

讓你的子實佔列邦為業　聖戰復仇。

住滿廢棄的城邑。

⁴莫害怕，你不會再蒙羞了

別自卑，罵名已經過去；

是的，你將忘卻放蕩青春的羞恥　喻信仰不堅，追隨異神。

不必記得你守寡受的辱罵。

⁵因為，那造你的是你夫君　ba`al，兼指主人、丈夫。

名為萬軍之耶和華；同47:4。

那救贖你的乃以色列的聖者

必稱全世界的上帝。

⁶是呀，就像一個棄婦，靈中悲苦

當耶和華把你召喚；

年輕時娶的髮妻，豈可鄙棄？ 呼應49:15，箴5:18以下。

——你的上帝有言。

⁷我離棄你，短短一瞬　天庭一日，世上千年，詩90:4。

卻要發大慈悲將你迎回。

⁸當初怒洪流溢

瞬息，我曾對你藏臉；

而今我要以永恆的仁愛悲憫你　道出信約的感情基礎。

——那救贖你的耶和華有言。

⁹此事於我，正如挪亞當年：從諸抄本，原文重複下句：洪水。

我曾起誓，挪亞洪水永不淹沒大地；彩虹之約，創9:11以下。

同樣，我現在立誓

再不向你動怒，不呵斥。

¹⁰是的，大山可移，小山可覆；

但我對你的慈愛，決不移遷

我的平安之約必無傾覆

——那憐憫你的耶和華有言。

新耶路撒冷

¹¹苦難的，你遭狂風摧折　so`arah，陰性單數，指聖城。

還不得安慰！

看，我要拿瑪瑙壘起你　直譯：用黑灰漿/瑪瑙放你的石頭。

以天青石給你奠基；瑪瑙，puk，某種灰漿、綠松/孔雀石，無定解。

¹²再取紅玉修你的垛堞　shemesh，本義太陽，轉指尖頂、城堞。

綠柱石造你的城門

叫你四面圍牆，琳琅悦目。唯獨不說聖殿，66:6。啟21:9以下。

¹³你的兒女皆要從耶和華受教

大平安歸你的子孫。

¹⁴只要你立於公義

就能遠離欺壓，無所畏懼

驚嚇，就再也近不了你。驚嚇，mehitah，或作毀滅。

¹⁵若有人尋釁，那絕非我的意思；直譯：出於我。

誰向你挑釁，讓他栽在你面前！或作：因你而栽倒。

¹⁶須知，是我造了鐵匠

他吹旺炭火，製作營生工具；keli，或特指兵器，亦通。

那肆意破壞的毀滅者，也是我造——　生滅同源，37:26注。

¹⁷兵器，凡設計了對付你的

都不會成功；

舌頭，凡起來與你爭訟的

都要被定罪。

此乃耶和華僕人的產業

他們得自於我的公義

——耶和華宣諭。

永約

五十五章

哦，口渴的，請都來泉邊

哪怕你們沒有銀子，也來！

買吧，吃吧，快來買

不要銀子的酒和奶，**免費**！拯救純是信約之恩典，無對價，52:3。

2**為什麼，不能食的東西卻要掏銀子**

拿辛勞所得，換那吃不飽的？私欲饜足，實為異神邪路。

聽着，聽我的話，即有佳餚

肥饌盡你們的靈享用。加入聖宴或上帝的國，25:6。

3**側耳吧，都來我這兒**

聆教，讓你們的靈得生命！

我要與你們立一永約　否定大衛之約因亡國而失效，59:21, 61:8。

實現我應許大衛的慈愛。一顯救主之信實，16:5, 25:1，詩89:49。

4**看，我已立他向萬民做見證**

萬部之領袖並施令者──　由一家而萬族，稱平安之約，54:10。

5**是呀，不認得的一族你要召見**

素不相識的外族要奔來迎你；

為的是，耶和華你的上帝

以色列的聖者，他賜了你美譽。藉子民得榮耀，44:23, 49:3。

宏圖

6**快尋耶和華，趁他還能被找見**

呼求呀，趁他就在近處。救恩已近，雖無定期，46:13, 51:5。

7**讓作惡的背離惡途**

造孽的丟掉孽謀；舊譯意念，不妥。下同。

讓他們回歸耶和華，蒙垂憐

歸我們上帝，他寬恕極豐：

8**不，我的宏圖非你們的謀慮**　箴19:21。

正如你們的歧路不是我的正道　又名聖道，35:8。

——耶和華宣諭。

⁹一如諸天高於大地

我的正道必高於你們的歧路

萬般謀慮不可企及我的宏圖。

¹⁰又如雨雪降自昊天

回升之前，要潤澤田畝

生發草木，讓人有種子可播　林後9:10。

有麵餅可食；¹¹同樣

我口中所出，每一言

都不會無功而還——不

它定將實現我的旨意　通過波斯王等聖怒的載具，44:28, 46:10。

完成我派下的任務。　下闋為中篇“安慰書”結語。

¹²是呀，你們將滿懷喜悅，出來　破巴比倫之囚，返歸福地。

入平安而獲引領；

大山小山要放聲謳歌

歡迎你們，遍野樹林的掌聲！歡迎，直譯：在面前。

¹³取代刺叢，是巍巍絲柏

蕁麻要讓位於香桃木。　象徵舊世界消遁，41:19, 44:3, 51:3。

啊，耶和華在此一顯聖名

那永世之標識不會剪除。　標識，兼指永約。舊譯證據，誤，37:30。

下篇：萬民的殿

五十六章

此乃耶和華之言：

你們應守公平，行正義　國與人，命運皆繫於此，9:6。

因為快來了，我的救恩

我的公義即將彰顯。

²福哉，人若篤行於此

若人子能堅持，謹守安息日　聖法之下，永約的憑證，出31:17。

而拒絕褻瀆，雙手不沾

任何惡事！

³莫叫歸附耶和華的異族說：公佈新會眾資格，申23:2以下。

耶和華還是要把我剔出他的子民！歸附，舊譯聯合，不確。

也別讓閹人說：

瞧我，一棵枯樹。陽具受損，原本依法不得入耶和華的會眾。

⁴因為此乃耶和華所言：

閹人，凡謹守安息日

擇我所樂，並堅持我的約的──　參觀智3:14。

⁵我必賜他們在我的殿上

並我城牆內，有手有名　手，喻力量、榫頭，暗示陽具復元，57:8。

更比兒女繞膝還美。忠信之福，勝於兒女。

我還要以永久的名相贈

那不得剪除之名。卑賤如閹人亦可獲救，與聖名同在，55:13。

⁶至於歸附耶和華的異族　直譯：異族兒子，60:10注。

那些侍奉他、愛耶和華的名

而給他為僕的，凡謹守安息日　學習子民，愛神守法，出20:6。

而拒絕褻瀆，並堅持我的約的──　包括割禮，結44:7。

⁷我必領他們到我的聖山

使之歡愉在我的祈禱之殿；強調禱告之功。太21:13。

其全燔祭與犧牲獻上我的祭壇

必蒙悅納，因為我的殿要稱　想像萬民來朝，普世皈依，60:3。

替萬民祈禱之殿。

⁸主耶和華

那召集被放逐的以色列的宣諭：

集攏了這些，我還要召人

歸於子民。 直譯：歸他。指以色列。希冀聖殿向皈依的各族開放。

假牧人

⁹野獸啊，都來吞吃吧　野獸，喻敵族，如紅嶺。

林子裏所有的獸類！

¹⁰他的崗哨全瞎了眼　譴責誤導以色列的假先知，21:6。

懵懵懂懂，成了啞巴狗

不能吠，只會躺着做夢，貪睡。

¹¹而且這些狗胃口了得　胃口，本義呼吸、咽喉，43:4注。

從來不知饜足——這幫"牧人"　似痛斥祭司或貴族腐敗。

根本不想弄明白什麼

各走各的路，尋不義之財：呼應33:15。

¹²來呀，拿酒來

讓我們一醉方休！明天

一如今日，還有更大的歡宴！此節似酒歌。

五十七章

義人死了，誰也不放在心上

虔敬者被收割，有誰明瞭？mebin，兼指關注。

是呀，邪惡當道，才割去義人。當道，直譯：從/面前，指因由；

²然而他必入平安，長眠　解作離開、免遭（災禍），亦通。

在自己的床榻，每一個　床榻，婉言墳墓，14:11。

走在正直中的人。正直，nekoho，兼指誠實，59:14。

淫物

³還有你們！近前來呀

巫婆的兒孫，姦夫妓女的種！轉喻背信，拜"邪神"。

⁴你們在取笑誰呢？

向誰這麼張口吐舌？做怪臉譏嘲、不敬狀。

是你們不是，忤逆的崽兒

謊言的子實，⁵鑽進橡樹林　子實，舊譯不通：種類。

發情，在綠蔭深處——　發情，比作牲口交配，貶損異教，申12:2。

在溪谷裏，崖縫下

幹那屠宰孩童的活計？迦南土著的童子祭，利18:21注。

⁶那小溪的卵石有你一份——

那東西，對呀，做你的石圝！goral，或拈圝決定之物，如產業。

就是給它們，你酹了酒

獻素祭：這等事我豈能姑息？

⁷你把床榻放上高山之巔

往那兒攀登，把犧牲供奉。醜化異教神廟和祭祀。

⁸然後在門背，即門框後面　mezuzah，刻上帝誡命處，申6:9。

置你的淫物——好了　淫物，zikaron，或指生殖力標記、靈根。

丟下我，赤裸身子爬上去

把床鋪開！你喜歡誰的床

便與誰搞交易，色迷迷

盯着他的手！yad，婉言陽具，暗喻偶像，56:5注。同下文10節。

⁹還攜帶膏油去見恥王　另讀大王，即迦南冥王，享人祭，利18:21。

香料添了又添，使節遠遠地派

連陰間也沒落下。

¹⁰路遙，你未免困乏

但從來不說"無望"；

你總能找回手的活力　hayyah，猶言性欲旺盛。

所以不覺體虛。

¹¹誰呀，讓你焦慮又恐懼？

你竟撒了謊，沒想念我

沒把我存在心底！一如義人被遺忘，上文1節，49:14。

莫非是我沉默了太久　校讀：沉默而閉目。形容克制，42:14。

你就不敬畏我了？天父反思。敬畏，舊譯不妥：怕。

¹²我承認，你有義舉也能成就　反話。承認，或作宣佈，48:6注。

然而那幫不了你。

¹³你喊哪，叫你積攢的

[淫物]來救援！

別等風把它們捲走　風，ruah，暗示聖靈，4:4注，及下文苦靈。

輕輕一噓，盡數吹散。極言偶像之脆弱，"邪神"不可靠。

唯有那信靠我的，必繼承福地　重申普世救恩，56:7。

領受我的聖山。

耶和華的苦靈

¹⁴於是放言：

築高，築高，預備大道　呼應40:3。

把我子民路上的絆腳石搬開！植石移石，皆耶和華，8:14。

¹⁵因為，此乃至高無上

居永恆而名為聖者的所言：

我居處至高至聖

卻與靈中破碎、卑微的同在　破碎，dakka'，形容悔罪。

以復活卑賤者的靈

讓碾碎的心復蘇。　如忠信者所企盼的，詩69:32。

¹⁶不，我不會永遠指控　即便以聖法為據，3:13。

也不會一直發怒

除非我要某個靈昏厥——　直譯：靈在我面前昏倒。

哪一口氣不是我造？靈/氣（neshamoth）互訓，生命所繫，創2:7。

¹⁷我是為他圖財犯罪而動怒　他，指以色列。

打了他，憤然藏起；上帝藏臉，反言降災，8:17, 45:15。

可是他心裏不服，照舊

走他的老路。

¹⁸那歧路

我見了，我會醫治，會引導　收回成命，拯救先於悔改，6:10。

使他復得安慰，在為他哀慟的

¹⁹唇上造出佳果：喻佳音、救恩，40:9, 52:7。造，bore'，美言生長。

平安！平安！遠近同歸——

耶和華有言——我必醫治。有損傷即有赦免，19:22注。

²⁰而惡人，就要像大海翻滾

不得寧靜，濁浪翻捲污泥：

²¹平安，我的上帝說了，不屬惡人！意同48:22。

禁食

五十八章

叫啊，放開喉嚨，別顧忌

如吹羊角號，你揚聲！參27:13。

向我的子民宣佈，他們忤逆

叫雅各家坦白罪行！

²他們居然還天天找我　來聖殿獻祭，或向祭司先知求徵兆。

以熟知我的道為樂。　諷刺，不知大道另有預備，57:14。

似乎他們是行義的一族

從無背棄上帝的律令；

還向我求問公義之判決

喜滋滋地挨近上帝：婉言祈禱、供奉犧牲。

³為什麼，我們禁食，你沒看見？

我們的靈受磨練，你不理會？磨練，復指禁食守齋，利16:29注。

——看，守齋日你們還在尋歡　上帝回答，擲下指控。參57:16。

把做苦工的輪番盤剝。

⁴看，說是禁食，只為爭鬥

用邪惡的拳頭打人。

不，像今天這樣禁食

再嚷嚷也沒用，不會得天聽！

⁵如此齋戒，難道是我選的

找個日子，人把靈磨練？反言齋戒只走形式，未觸及靈魂。

要他垂頭學一根蘆葦

躺進縗衣和塵灰？形容哀傷，伯2:8, 42:6。

你就把這個稱禁食

耶和華悅納之日？

⁶不對，這才是我選立的禁食：

解開邪惡之鎖鏈，鬆脫套軛的皮索　惡/軛互訓，53:9注一。

送被踩躪的回自由　子民結束巴比倫之囚，重返福地。

將一切重軛打斷。

⁷不是嗎，要你同挨餓的分麵餅

把苦命的流浪漢接進屋

碰見裸身的，給他衣穿

是親骨肉就不可躲開？按聖法規定，周濟貧苦。太25:35–36。

⁸而後，你的光必如朝旭噴薄　yibbaqa`，舊譯發現，誤。

傷口必迅速合愈；舊譯不通：你所得的醫治要速速發明。

公義要走在你的前頭

耶和華的榮耀為你殿後。意同52:12。

⁹於是你求得了耶和華應允

你呼救，他必答：我在這兒！參38:5, 8, 52:6注。

若是你卸下項上的重軛　項上，直譯：你中間。

那戳人的指頭及惡言惡語　戳人，直譯：伸出。鄙視、威脅狀。

¹⁰若你心繫挨餓的人　心，同下句靈，少數抄本：（送）麵餅。

遇苦靈，不吝施與：直譯：滿足苦靈。

那麼黑地裏定將升起你的光　喻生命、救恩，9:1。

幽冥為你化作正午。

¹¹你常有耶和華指引

焦土之中，你的靈依然豐足

骨骼強健；像一座潤潤的園子　復得幸福生活，耶31:12。

又如甘泉湧流，水無謊騙。喻斷流，反襯子民撒謊背主，57:11。

¹²你那荒蕪已久的，要重建

那世代的根基，要重起

人要喚你：補缺口的——

那修復街巷築新居的，是你。但不言重修聖殿與城牆，54:12注。

安息日

¹³若是你收斂腳步守安息　腳，雙關暗喻羞處，6:2, 7:20注。

不在我的聖日作樂　舊譯不通：以操作為喜樂。出31:13–17。

若你稱安息日"可喜"

叫耶和華的聖日"可敬"

且因敬重而不走歧路

不尋歡也不亂語：路/語互訓，統稱做工、經商等安息日的禁忌。

¹⁴那麼，一旦你以耶和華為喜悅　回歸正道，伯22:26, 27:10。

我必教你駕馭大地的群山　典出摩西之歌，申32:13。

讓你獨饗祖宗雅各的產業──

此乃耶和華親口所言。同1:20, 40:5。

悔忤逆

五十九章

不，不是耶和華手短，救不了　見50:2注。

亦非他耳背，聽不見；

²而是你們的咎責，把你們

與上帝隔絕，是你們的罪愆

叫他藏臉，不再垂聽。報應之日遲遲不來，需要向子民解釋。

³因為你們手掌沾了鮮血

指頭被咎責玷污

嘴唇在欺瞞，舌尖吐不義──

⁴無人按公義起訴，無人據實判決；倫理崩坍，導致司法腐敗。

全靠混沌即編造謊言　或作空話，指偽證，出20:16，申5:20。

懷上禍種，生的是罪孽。似成語，參33:11，詩7:14，伯15:35。

⁵他們抱的是虺蟲的蛋　見11:8注。

織一張蜘蛛的網；喻虛幻、徒勞，伯8:14–15。

誰吃了這蛋，必死

蛋破，孵出的是毒蛇。

⁶蛛網縫不成衣服

那種活計，沒法蔽體；

可他們幹的是作孽的活

一雙手只會暴力。

⁷一抬腳便追着邪惡

迫不及待要流無辜的血；迫害忠信者，26:21注。箴1:16。

凡有謀慮，不脫孽謀　呼應55:7–8。

所修所築：荒蕪與毀滅。同51:19；對應為義人預備的通衢，49:11。

⁸啊，平安的道他們不識

所行之處，絕無公正。

前路，被他們通通扭曲　執意走歧途，同義人相反，26:7。

只消踏足，就不認得太平！

⁹於是，公平遠離了我們　受了先知譴責，開始懺悔。

再也夠不着正義；zedaqah，兼指拯救。

盼光，卻盼來黑暗

朝着亮處，竟走入了幽冥！摩5:20。

¹⁰又彷彿瞎子摸牆

像沒了眼睛那樣摸索　化用聖法之詛咒，申28:29。

大白天跌跤，如走夜路　直譯：如傍晚。

看似壯實，不啻死人。看似，直譯：在（壯實者）裏。無定解。

¹¹一個個低吼着，像熊

如鴿子咕咕哀鳴；形容痛苦，同38:14。

盼望公平，是白盼

救恩呢？離我們已遠！

¹²多少次我們忤逆，反你

縈縈罪愆，皆是見證；

是的，我們與忤逆為伴

自己的咎責怎會不知：

¹³忤逆，即假裝認耶和華　假裝認，kaḥesh，舊譯不確：不認識。

卻對我們上帝背轉身子

鼓吹欺詐和反叛

懷上謊言，從心底吐露。　呼應上文4節。

¹⁴公平退卻了，正義遠遠站開

因為忠信摔倒在了廣場

誠實又不得入內。　誠實，兼指正直、真相，30:10, 57:2。

¹⁵而一旦忠信缺失

避惡的反遭劫掠。

耶和華見了，惡入眼中：　形容不悅、厭惡，創38:10，民22:34注。

公平，哪兒去了？

¹⁶且不見一人，連求情的　暗示先知/中保已犧牲，53:12。

也沒有，令他一驚。　yishtomem，荒廢、遺棄，轉指震驚，52:14。

便出巨臂施救，以正義

為自己支撐——他

¹⁷公義當胸甲披掛　保羅引作對傳道者的要求，弗6:14。

頭戴救恩之盔

申冤作禮服穿好　末日在望，申32:35。

裹一件外袍，叫不容不忠！　道出聖名，9:6注。舊譯熱心，誤。

¹⁸他必按人的行事報應

對敵人發怒，向仇家復仇　顯出戰神本色，42:13，出15:3。

〔包括〕列島，他要一一回報。七十士本脫此句。

¹⁹要日落處畏懼耶和華的名　畏懼，諸抄本：望見。

日出之地，敬他的榮耀；

因為他來時必如峽谷激流　他，指仇敵（被聖靈驅散），亦通。

受耶和華的靈驅使。靈，猶言己身；或作大風，創1:2。

²⁰終於，錫安迎來了贖主

雅各之內回絕了忤逆

——耶和華宣諭。

聖言永存

²¹**至於我，耶和華説，我同他們立有此約**：插入此段散文，重申永約為據，55:3。**我賦予你的靈，我放進你嘴裏的話**，指聖言，51:16。救恩之日，實現摩西理想，子民人人先知，民11:29。**決不會離開你的口，你子實的口，你子實的子實之口——耶和華有言——從現時直到永遠**。同9:6。

白鴿

六十章

起來呀，放光！你的光明來了　以下至62:12為一單元，盼解放。

耶和華的榮耀已向你升起！

²看哪，幽暗籠罩大地

黑雲覆蓋萬民；形容苦難，於聖怒之下，5:30。

耶和華卻要為你升起　如朝日驅散陰霾。

在你身上一顯他的榮耀：

³讓列族加入你的明光

眾王進你旭日之輝煌！啟21:24。

⁴你舉目往四方瞭望

啊，都在聚攏，來你這兒！呼應49:12, 18以下。

你的兒子紛紛從遠方走來

小女兒抱在胸口。或作：乳母抱。胸，zad，側面，轉指肋、胯。

⁵看到了！你容光煥發

心兒顫抖，膨脹！興奮、狂喜狀。

因為大海的寶藏要轉歸於你　攫取萬國，顛倒世界，詩72:10。

列族要交出財富；

⁶成群的駱駝將你擠滿　直譯：覆蓋。

不乏米甸、黑娃的單峰駝；

示巴則要全體來朝　三部族均屬阿拉伯，係香娘之後，創25:1–4。

進貢黃金與乳香

傳揚耶和華的美名。或頌歌，43:21, 48:9注。

⁷基達要把羊群替你趕攏

尼拜約的公綿羊供你獻祭　此二族亦屬阿拉伯，21:16，創25:13。

要放上我的祭壇，蒙悅納：同56:7。

我的美譽之殿我必稱譽。

⁸這些飛雲一般，像白鴿

旋繞鴿棚的，是誰？

⁹哦，在翹盼我呢，列島　校讀：列島舟楫齊聚。

拓西的船隊領頭

把你兒子從遠方送歸

滿載他們的金銀——　他們，指列島及地中海沿岸各族。

奉耶和華你的上帝之名

並以色列的聖者，是他　　同55:5。

賜了你聲譽。

　　　　　　　¹⁰而異族的兒子　　虛指，民17:25注，對上節"兒子"。

必重建你的城牆，他們的王

要給你服役；誠然我曾動怒

打你，恩澤中我必垂憐。唯憐憫是恩，成悅納與拯救。

¹¹於是你的四門必常開

晝夜不閉，以便列族為你

輸送財富，眾王被牽着遊行──

¹²若有一族一國拒絕侍奉而討死的　　此節破格律，似補注。

此等番邦一個不留，必夷平！

¹³還有黎巴嫩的榮耀，也歸你　　榮耀，美稱雪松，10:34。

率同絲柏、雲杉與黃楊　　同41:19。

一齊美化我的聖所

讓我踏足之處享尊榮。重建聖殿，感懷往昔，王上5:15以下。

¹⁴那折磨你的人的子孫

必來降服，凡蔑視過你的

皆要匍匐在你腳下，喚你：

耶和華的城，以色列聖者之錫安。

¹⁵儘管你被遺棄，受憎惡　　比作棄婦、廢墟，49:14。

連一個過路的也沒有，我卻要你

做永世的驕傲，萬代的歡愉。

¹⁶還要你，吃列族的奶

捉眾王的乳房吮吸；乳房，shod，七十士本意譯：財富。參66:11。

教你認得，我乃耶和華你的救主

雅各之大能者，你的贖主。同49:26。

17銅的我要用金，鐵的用銀　描摹新聖城，榮華遠勝昔日。

木的用銅，石的用鐵；

我要"太平"做你的官府　或作執事。

"公義"任你的總督。或作監護，1:26。

18從此國土不必聽說暴力

荒蕪與毀滅，境內絕跡；

你要喚你的城牆"救恩"

以"美名"稱你四門。

19從此你不用太陽照亮白晝

夜晚，也無須明月；原文無"夜晚"，從死海古卷及七十士本補。

你有耶和華作永世的光　故名上帝之城，啟21:23, 22:5。

有上帝揚你的聲威。

20從此，你的太陽不落

你的圓月不缺；

只需耶和華作你永世的光

你舉哀的日子必終結。

21啊，你舉國是義民，承這片地

為永業；這新芽是我栽培　死海古卷：耶和華所栽。

我的手工報我以美譽。子民與天父，互為榮耀，上文9節。

22那渺小的要增千倍，那極弱的

要變強國：我乃耶和華　千倍，'eleph，或作（成一大）家族。

屆期，必速成此事。

公義之橡樹

六十一章

主耶和華的靈降臨我身

因為耶和華膏立了我。 耶穌引此節稱基督，路4:18–19。

他遣我為貧苦人傳喜訊　先知自陳使命，40:9, 52:7。

包紮破碎的心，向被擄的宣告自由　如禧年來臨，利25:10。

囚徒得了解放——²宣佈

耶和華的悅納之年

我們上帝的復仇之日！ 重申報應在望，34:8，雖然已一再延宕。

並安慰一切哀慟的人

³給他們，錫安的舉哀者　此六字出格律，似插注。

洗去塵灰，代之以華冠

脫下喪服，代之以喜油　指膏禮聖油，詩45:7。

讓黯淡的靈披上禮讚。 直譯：禮讚的披風取代黯淡的靈。

而他們要叫作“公義之橡樹”

是耶和華彰美譽而栽培。 呼應60:21，一說為補注。

⁴昔日的廢墟，他們必重建　意同58:12。

讓荒蕪已久的復起，傾圮的城邑

更新，哪怕荒廢了幾世。

⁵外邦人則要來替你們放羊　參觀申6:10–11。

異族的兒子幹農夫、園丁； 皈依不僅是信，亦是臣服，60:10。

⁶但你們必名為“耶和華的祭司”　悅納而歸聖，出19:6。

人稱“我們上帝的侍從”。

還要享用列族的財富

拿他們的寶物炫奇。 或作：榮耀中取代他們。

⁷只因你們曾雙倍蒙羞　被上帝懲罰，40:2。你們，另讀他們。

人喊：屈辱是他們的產業！此句無定解，譯文從猶太社本。

——不，土地他們要繼承雙份　至高者語。

領取永遠的幸福。呼應35:10, 51:11。

8因為我，耶和華，愛公道

痛恨藉燔祭行搶掠；燔祭，`olah，校讀：不義，`awlah。

我必以信實賜人酬報　救主信實，在子民則為忠信，10:20, 16:5注。

同他們立一永約。承續聖祖之約，創12:1-3, 17:7。

9他們的子實要聞名列邦

後裔為萬民所仰慕；

凡見了他們的均承認

這是耶和華賜福的一族。直譯：子實。

讚辭

10啊，歡愉在耶和華，我的靈

在我的上帝內忻喜！

因為他讓我穿上了救恩

身披公義之外袍；

像一個新郎頭戴華冠　yakin，校讀。原文：做祭司，yekahen。

又像新娘通體珠玉。

11一如大地生發新枝　喻獲救的“餘數”，4:2, 45:8。

園圃裏種子吐芽

我主耶和華也必對天下萬族

生公義，發讚譽。

耶和華的新娘

六十二章

為了錫安，我決不緘默

為耶路撒冷，我不會停息

直至公義如明輝將她照臨　她，擬人指耶京，1:8注。

她的救恩如熊熊火炬。lapid，猶如神現，創15:17。舊譯明燈，誤。

²於是列族望見了你的公義

眾王瞻仰你的榮耀；

而你，要另起一新名　改名象徵變了命運，1:26，創32:29。

是耶和華親口所賜。

³你將是耶和華手中的美譽之冠　極言恩寵，46:13。

上帝掌上，一頂王冕。

⁴從此，再無人說你"被遺棄"　`azubah，女子名，王上22:42。

你的國土，亦非"荒蕪"；shemamah，形容猶大遭蹂躪，1:7。

相反，你要叫"我中意她"　hephzi-bah，女子名，王下21:1。

你的國該稱"婚配"：be`ulah，有夫之婦，54:1。

因為，耶和華中意於你

你的國婚配在即。

⁵恰如一個青年迎娶少女　見23:4, 37:22注。

你的重建者也必娶你；重建者，校讀，54:5。原文：兒子們。

又如新郎的歡樂在新娘

你的上帝，必以你為歡愉。熟語，化自何1–3章。

⁶耶路撒冷啊，我在你城牆上

佈了崗哨，日日夜夜

他們從不沉默。祈禱並見證，是忠信者的使命，52:8。

要提醒耶和華不忘 <small>舊譯不確：呼籲耶和華。</small>

就別想歇息了，你們！<small>先知為中保，有犧牲之責。</small>

7也別讓他歇息，直到他

令耶路撒冷復起，享譽大地。<small>敦請上帝不再藏臉，54:8, 59:2。</small>

8耶和華已舉右手並大力之臂

立誓：再不會了

我拿你的五穀餵你的仇敵

任由異族的兒子喝你的新酒 <small>結束信約之詛咒，申28:30, 39。</small>

你的辛勞所得——9不！

唯有那收割的可享用

而讚美耶和華，那堆倉的

必暢飲於我的聖潔之庭。<small>指耶京聖殿的庭院。</small>

未遺棄

10走啊，走出四門

預備子民的道！

築吧，築高大路 <small>通向聖城，49:11, 57:14。</small>

把亂石搬走，豎起大旗 <small>召回流散的子民，11:12, 49:22。</small>

向着萬民！

11聽哪，上帝的宣言響徹地極：

告訴錫安女兒 <small>擬人喻聖城，1:8。舊譯居民/女子，誤。太21:5。</small>

看，你的救主來了；

看，他的酬勞與他同在 <small>同40:10。</small>

繳獲擺他面前！

　　　　12人要稱他們為聖民——

"耶和華所救贖"；

你要被喚作尋回——

"此城未遺棄"。呼應上文4節。

酒榨

六十三章

是誰，這從紅嶺來的　報應始於耶和華的家鄉，申33:2。

袍子血紅，出自堡都　校讀：如榨葡萄。詛咒世敵，34:5–8。

這一身華袞，步伐如此有力？步伐，校讀。原文：屈身。

——是我，我出言即公義　上帝與先知對話。

施救最力。

2——那為何你的袞服紅了

袍子像踩了酒榨？

3——那酒池是我獨自踩的

我的子民無一在旁；我的子民，從死海古卷。原文：萬民。

所以我發怒了，踩他們　指敵族，下文6節。

狠狠將他們踐踏！

他們的葡汁濺上我的袍子　葡汁，喻鮮血；下同。啟14:19–20。

弄污了全身衣裳。

4因為，復仇之日已入我心　決心已下。

我的救贖之年到了。

5可是我四望，沒人援手　四望，'abbit，舊譯顛倒：仰望。

我驚愕，竟無一支持。聖民傷亡慘重，餘數聊聊，59:16。

結果拯救唯有靠自己的臂　痛訴至高者之孤獨，無法拋下子民。

靠憤恨，把自己支撐；

6一怒，我踏倒萬民

叫他們醉飲我的激憤　醉飲，諸抄本：粉碎（他們）。

讓葡汁流淌，入土！猶太社本另讀：將他們的榮耀摔倒在地。

眾山震顫

7我要稱頌耶和華的仁愛　稱頌，或如七十士本：牢記。

禮讚耶和華——

為我們，耶和華如何成就一切

洪福賜予以色列家

以慈恩與大仁愛成全他們。七十士本：我們。

8他曾想：他們確是我的子民

做兒女的不會欺瞞。愛之切，忘了人子腐敗狡詐的一面，申32:5。

他便做了救主

9加入他們一切的苦難——　或如欽定本：一切苦難有他的苦。

不是某個使節或天使　使節，zir，從七十士本。原文：苦，zar。

而是他親臨施救；欽定本：他面前的天使救了他們。

是出於大愛與憐憫，將眾人贖回　至此三申神愛，43:4, 48:14。

抱起背着，日日年年。直譯：日日終古。回放46:3-4，申32:11。

10而這些人居然抗命

刺痛了他的聖靈。天父又一次痛心，創6:6。舊譯不妥：聖靈擔憂。

於是他轉而與之為敵

親自發動了攻擊。

11他[們]這才想起了昔日

摩西他的僕人：校讀從古敘利亞語譯本。原文：他的民。

那將羊群連同牧人救出波濤的

他在哪兒？牧人，原文複數，諸抄本及七十士本單數。

哪兒呀，那往內中降聖靈　暗示立聖民，民11:17。

¹²藉摩西右手，以光榮之巨臂

指道，向前，分開海水　回顧子民越蘆海，出14:15以下。

為自己贏得永世美名；

¹³那深淵引路，無一失足

如馬行荒野，¹⁴如獸下山谷的

他在哪兒？

哦，安息只在耶和華的靈——

如此，你當了子民嚮導　轉換人稱，詠讚上帝，詩77:20。

贏來你的美譽之名！

¹⁵求求你，從天庭俯察

自你的美譽之聖居垂顧。

你的不容不忠，你的偉力

在哪兒？你肝腸所繫　直譯：肝腸之聲/豐。喻內心感情，何11:8。

你對我的慈恩，都收回了？

¹⁶可你是我們父親呀！

誠然亞伯拉罕不認識我們

以色列也未必承認；擔心子民入囚巴比倫丟了傳統，辜負祖宗。

但是你，耶和華，是我們父親

贖主自古便是你的聖名。提醒造主，拯救乃天父的信約義務。

¹⁷耶和華啊，你為何讓我們

誤入歧途？令我們硬了心　愚頑如埃及法老，出4:21注。

失去敬畏？

　　　　　回來吧

為了你的僕人，你各支產業！以色列原有十二支族，申32:9。

¹⁸你的聖民承業，才片時

敵虜已糟踐了你的聖居。

¹⁹我們儼然成了從未受你統治

不歸你名下的一族。儼然，校讀從通行本。原文：自古。

啊，願你裂諸天而降　通行本此句歸下章。

願你面前，眾山震顫——　神現的景象，詩18:7以下。

六十四章

恰如柴枝着火，火燒水滾：

你的聖名要讓敵虜知道

叫列族在你面前發抖！

²萬沒想到，你行神跡

竟如此恐怖——　婉責子民淡忘了祖宗所見，申10:21。

當你降臨，你面前

眾山震顫！此句重複63:19b，或是補注。

³自古可曾聽說，耳聞或是眼見

除了你，上帝，還有誰

那樣行事——只因人把他翹盼？

⁴然而你不待見那樂於執義　不待見，paga`，遇見、觸及、攻擊。

謹記你正道的人！譯文從七十士本。原文：在你的道謹記你。

看，是你發怒，我們才罹罪；怪上帝，萬有之因，63:17。

且沉溺日久，還有救否？此句原文晦澀，或有訛，無定解。

⁵一個個皆屬不潔

連義事也像是月經布。經血不潔，30:22，利15:19以下。

全凋落了，我們不啻枯葉

咎責如狂風把人捲走。

⁶沒了，那喚你聖名的

沒人奮起，握住你；

因你藏起臉，不理我們

將我們交在咎責手中。 交在，從死海古卷。原文：溶化/顫抖。

[7]可如今，耶和華，你是我們父親 連叫三聲父親，63:16。

我們是黏土，你是陶工 呼應29:16, 45:9。

我們無一不是你親手製作。 天父的義務起於創造，63:16注二。

[8]耶和華啊，你莫多怒

不要記罪責太久。

求求你，看一眼我們，你的子民——

[9]你聖潔的村鎮成了曠野

錫安淪為荒漠，耶路撒冷

一片瓦礫。[10]我們美譽之聖殿

即祖宗讚頌你的去處

已被大火焚塌；

我們珍愛的一切只剩廢墟。

[11]事已如此你還忍着，耶和華？ 提醒上帝，救恩已一再延宕。

還保持沉默，任我們受盡折磨？ 禍福同源，詩28:1, 79:5。

新天新地

六十五章

那沒在求問的，我曾讓他尋我 至高者答。

不曾找我的，我要讓他覓着。 保羅引以指外族，羅10:20。

這兒，我在這兒！我說

對那未呼聖名的一族。 未呼，從古譯本。原文被動語態。

[2]我整天伸出雙手

向一群違命之民 斥責以色列，30:1。民20:10。

儘管他們走了不善之路

依從自己的謀慮。 舊譯不確：意念/思念，55:8–9。

³這些人時時惹我動怒　呼應申32:21。

當我的面在園子裏獻祭　拜異神，1:29, 57:5。

磚臺上焚香；⁴竟然坐進墳丘　或指招魂術，撒上28:8以下。

在隱秘處過夜，吃起豬肉　豬不潔，禁食，利11:7。

湯湯水水，一盤盤污物！湯水，maraq，校讀。原文：碎塊，paraq。

⁵站遠點，他們說，別挨着我　做完儀式，入“邪教”者言。

當心你碰了聖潔！怕旁人觸碰，聖潔轉移，出29:37，結44:19。

啊，全是我鼻孔裏的煙　上帝發怒狀。

天天燒不完的火！

⁶看，這是寫在我面前的：

我決不緘默，我必報還

往人的懷裏報應：懷裏，外袍束起形成兜，可裝食物，路6:38。

⁷你們的咎責要同你們祖宗的

一起算，包括上大山焚香

登小山醜詆——耶和華有言——

將這些酬報稱量了，一總扔他們懷裏。

⁸此乃耶和華之言：

葡萄串若是還存有新酒　汁未乾，可釀酒，24:7。

人會說：別毀它，粒兒有福呢。

同理，我這麼做是為我的僕人　以下至15節，“僕人”重複七遍。

決不會把他們滅盡。拯救僅及殘存者或餘數，10:21以下。

⁹我要從雅各生養子實

經猶大傳承我的群山；

必使我揀選的繼受，那裏

給我的僕人定居。

10沙壟要做羊群的牧場　見33:9注。

禍谷，留與耕牛躺臥　禍谷，`akor，約書亞拈鬮定罪處，書7章。

為了那尋我的子民。息戰事，望太平，何2:17。

11至於你們，背棄耶和華

忘了我的聖山，幫"幸運"擺筵席

替"命定"調酒又斟酒：幸運/命定，gad/meni，亞蘭神名。

12我要你們命定倒在劍下

人人屈身受戮。

只因我召喚，你們不答

我講話，你們不聽；

盡幹些我眼中的惡事

專揀我不喜歡的去行！

13於是，主耶和華這樣宣示：同28:16。

將來，我的僕人有吃的　將來，直譯：看哪。

你們卻要挨餓；

我的僕人有喝的

你們卻要忍渴；

看哪，我的僕人一片歡欣

你們卻要蒙羞；

14我的僕人唱着心中的幸福

你們卻要哀嚎，心悲而靈碎──　形容痛苦、悔恨，57:15。

15只留下你們一個名字

給我的選民咒人：

你個主殺的、耶和華斃的！省略：跟某某一樣。

而他的僕人必另起一名。象徵蒙福而獲救，56:5。

¹⁶故而凡在世上為己求福的

必憑阿門之上帝蒙福；阿門，'amen，兼指信實、真確，25:1。

凡在世上立誓的

必指阿門之上帝起誓。

因先前的磨難，終要忘記　婉言救主寬赦。

從我的眼前隱去。

¹⁷因為，看哪，我要造新天新地了！天啟主義的理想和口號。

那先前的，不必再記住　否定自己的舊創造，51:6，彼後3:13。

不必繞心頭。

¹⁸只須你們歡愉，永遠忻喜

於我的創造，因為看哪：

我要造耶路撒冷為“忻喜”　磨難結束，錫安復興。

造她的子民為“歡愉”。

¹⁹我必忻喜於耶路撒冷　如新郎迎新娘，62:5，啟19:7, 21:2。

歡愉在我的子民。

從此，城內再不聞哭聲或哀歎　勾畫新耶路撒冷，啟21:4。

²⁰從此，那兒再無嬰兒夭折

也沒有老人壽數未滿；

那百歲而卒的只算青年　廢人類120歲壽限，創6:3。

不足百歲的，算受了詛咒。病殘災禍，均源於神意，申32:39。

²¹他們要建房給自己住

要墾種葡萄園，採食果實

²²而非建好了讓別人入居

或種下，任別人摘吃。

是的，我的子民必壽如大樹

我揀選的，雙手所得要自家享用。yeballu，耗費、使用。

²³他們決不會白辛勞

生兒女，也不必是種禍； behalah，橫禍、恐慌，詩78:33。

不，他們是耶和華賜福的子實

後裔也個個如此。

²⁴並且不等他們呼求，我就應允

方將祈禱，我已垂聽。

²⁵狼與羊羔要一起放牧　回歸創世之初，創1:30。

獅子如牛，嚼着乾草　借自11:6–7。

而大蛇以塵土為食：依神的詛咒，創3:14。此句破格律，似插注。

在我的整座聖山之上　同11:9。

再無作惡，無傷亡

——耶和華有旨。

廢聖殿

六十六章

此乃耶和華之言：

諸天放我的寶座，大地做我的腳凳

那麼何處你們能建我的殿　貶斥聖殿祭禮，太5:34，徒7:49以下。

哪裏，可供我安息？廢親選的聖所與立名之處，申12:5, 11。

²萬物皆出於我手

故而萬物歸我——耶和華宣諭。

但我要垂顧的是這人：歸我，從七十士本。原文：乃成。

他貧苦，靈受了打擊　舊譯：虛心痛悔，誤。太5:3注。

他因聖言而顫慄。一幅虔敬者的畫像。

³那宰公牛的，殺沒殺人？或作：不啻殺人。指童子祭，57:5。

獻上羔羊，又打斷狗的頸子？

那備素祭的，可供了豬血？豬狗按律法屬穢物，利11:27注。

焚完乳香，再拜孽偶？譴責子民調和信仰，膜拜異神，65:3–5。

既然這些人都選了歧路

把靈的喜悅寄予種種穢物　蔑稱迦南祭禮。

4我也要選他們來愚弄　另作責罰，無定解。譯文從七十士本。

叫他們最怕的臨頭！

只因我召喚，無人應答　同65:12。

我講話，無人肯聽；

盡幹些我眼中的惡事

專揀我不喜歡的去行。

大審判

5聽哪，耶和華訓示，因聖言

而顫慄之人！回到前章的天啟主義理想，表信心，65:17。

你們兄弟，那些仇視你們

奉我的名驅逐你們的　從此兄弟間衝突迫害，皆奉上帝之名。

說過：讓耶和華顯榮耀

給我們看看，你們多歡欣！嘲諷。

——然而，蒙羞的定是他們。呼應65:13。

6聽，城裏陣陣喧嚷

似雷聲，起於聖殿！與前詩背景不同，聖殿未廢，仍是聖居。

啊，那是耶和華的雷霆　qol，上帝的話音，6:8，出19:19。

他在向仇敵施報應！參59:18注。

[7]她沒等臨盆，即已生產　喻新天地降臨之神秘、突然。

不及陣痛，便誕了一個男孩。啟12:5。

[8]這等事，可曾有誰聽說　約16:21。

誰見過如此種種？

一國，豈能一天娩出

一族人一次生完？

然而錫安剛一臨蓐，就產下了

她的兒女。

　　　　[9]開胎在我，我豈能不生？

耶和華有言。

　　　　生育在我，我豈能閉宮？

你的上帝所言。

[10]歡慶吧，與耶路撒冷同樂　呼應65:18。

所有愛着她的人！

忻喜呀，一同喜慶

所有曾為她哀傷的人——

[11]而你們，就可以吃飽她的奶　新耶路撒冷為萬民之母。

她的安慰；

可以美美地吮吸

她榮耀之乳頭。ziz，另如欽定本：豐盈。

[12]因為，此乃耶和華之言：

看，我要賜她平安如長河蜿蜒

並列族的財寶如山溪氾濫。財寶，kebod，兼指榮耀。

而你們就有奶吃，被抱在胸口　參60:4注。

在膝上逗弄。

¹³好比孩子要母親撫慰　　天父自比人母，49:15。孩子，直譯：人。

我必給你們慰輯

入耶路撒冷你們得安慰。

¹⁴而你們見了，必喜上心頭

身子骨如草木葳蕤。

是耶和華要人知道，他巨手

與僕人同在，而聖怒

已對準仇讎。

¹⁵因為，看哪，耶和華在火中降臨　　傳統意象，42:13。

他戰車好似旋風

他鼻息噴發，回來了——　　如忠僕所祈望，63:17，詩80:14, 90:13。

熾焰熊熊，是他在呵斥。　　暗示復仇，申32:41, 43。

¹⁶是的，耶和華要降大火

要揮劍，審判一切肉身；　　參40:5注。火與劍的審判，意謂不饒恕。

他，必殺無數——

耶和華！

¹⁷而那自行稱聖、取潔而入園子的　　回放65:3–5祭"邪神"場景。

他們跟在當中那一個身後　　那一個，指異教（女）祭司。

豬肉鼠肉什麼穢物都吃：穢物，古敘利亞語譯本：爬蟲。

就一塊兒滅了！耶和華宣諭。

¹⁸因我知道他們幹了什麼　　原文無"知道"，據七十士本補。

又圖謀什麼。

新月復新月

來了！七十士本：我來。**我要聚攏萬族萬舌，讓他們來見證我的榮耀**。萬族歸順，56:8。[19]**我要給他們立一徵兆**，從皈依的外邦選召傳道人。**派他們的逃生者走遍列國：**逃生者，反言抗拒必亡，45:20以下。**從拓西、**見2:16注。**利比亞、**pul，校讀：put，耶46:9。**開弓的呂迪亞，**lud，小亞細亞西岸，結27:10；另說在北非，即路德，創10:13。**到圖巴和雅完，**小亞細亞東部及希臘，結27:13。**以及遙遠的諸島，所有未曾聽說我的聲威或見識我的榮耀的地方——去向萬族宣告我的榮耀**。參40:5。[20]**這些人要從各族中間把你們的兄弟全數領來，**解放流散地的子民。**作祭品敬獻耶和華，不論騎馬、乘車、坐轎、駕騾抑或單峰駝，齊集我的聖山，耶路撒冷——耶和華有言——就像以色列子民攜潔淨器皿，將獻儀送上耶和華的殿堂**。[21]**並且，其中一些我還要立為祭司，做利未人，**向外族開放神職，以合普世信仰之宗旨。**耶和華有言。**

[22]**的確，一如我要造的新天新地**

必常存於我面前——耶和華宣諭——

你們的子實、你們的名字　獲救子民/虔敬者的新名，65:15。

必永立。

　　　　[23]**於是新月復新月**　守月朔，47:13注。

安息日復安息日，一切肉身

皆要前來，向我叩拜——　人類大同，以皈依為前提，亞14:16。

耶和華有言。

　　　　[24]**而他們出去**

便會看見那背逆我的，屍首狼藉：回到1:2, 59:13主題：背叛。

這些人的蛆不死，火不熄　聖山下慘不忍睹，臭不可當。可9:48。

必為一切肉身所憎惡。猶太會堂傳統，誦經至此須重複上節。

二〇一二年七月初稿，一九年六月定稿

耶利米書

引言

一章

　　耶利米，yirmeyahu，一說意為"耶和華升揚"。**希爾迦之子，本雅明之地牙娜城祭司所言**。dibrey，複數，兼指事跡。牙娜城，位於聖城東北5公里處，賽10:30注。**2 其[初]逢耶和華之言，時在猶大王阿蒙之子約西亞在位十三年**；公元前627年。約氏屬行宗教改革，禁拜異神，獨尊聖殿。**3 復於猶大王約西亞之子耶舉朝聆受，**耶舉，yehoyaqim，前609~598在位。**至猶大王約西亞之子耶義末年，**耶義，zidqiyahu，征服者巴比倫王尼布甲尼撒所立，並賜名，王下24:17。**即十一年五月，耶路撒冷入囚為止。**前587年聖城陷落，王下25:8以下。

蒙召

4 是耶和華之言降於我，道：降言，婉稱得異象，轉述靈中見聞。

5 母腹中尚未摶你，我就認了你　一如認定摩西，出33:12。
沒出子宮，就祝聖了你　摶，回放亞當受造，創2:7。
立你做萬族的先知。　藉以色列的興亡，儆誡天下，賽49:1。

6 我說：哎呀，主耶和華！我連話都不會說，只是個小孩兒呀。na`ar，兼指幼兒、少年。先知口拙，是傳統母題，出4:10–12。**7 但是耶和華回答：**

莫説 "我只是個小孩兒"；

我派你去哪裏，你就去哪裏

命你説什麼就説什麼。

8別怕他們的臉色　或作：別怕同他們照面。結2:6。

有我與你同在，有我救你——

耶和華宣諭。ne'um，特指神諭、諾言，創22:16，民14:28，賽14:22–23。

9於是耶和華伸出手來，點了我的口，想像巨手拂唇，但不寫聖容，因是禁忌：人見至尊必死，出33:20。耶和華道：

好了，我把我的話放進你嘴裏了。賽59:21。

10看，今天我立你於列族列國之上

乃是要你去拔除，去拆毀

去興建，去種植！

11曾有耶和華之言降於我，道：你看見什麼，耶利米？看見一根扁桃枝子，我説。12看得沒錯，耶和華説，我的話我句句守望，shoqed，諧音扁桃，shaqed，民17:23注。舊譯保守，誤。言出必行！

13接着，耶和華第二次降言，道：你看見什麼？看見一口燒開的鍋，喻厄運，詩58:9，結11:3。斜架在北邊，直譯：其面從北面。鍋口向南，沸水溢出狀。我説。14耶和華道：

忽然禍起北方

福地的居民已難逃！預言強敵來犯，4:6, 6:22。

15看，我正召集北方各國所有的部族——

耶和華宣諭

他們必來；必各安王座，堵住　王座，提喻聯軍，43:10。

耶路撒冷四門，將她的高牆圍起

攻陷猶大的一切城邑。<small>前587年，巴比倫滅南國猶大。</small>

[16]而我必宣佈判決，懲辦

眾人的惡行：他們拋棄我　<small>惡行，ra`ah，同上文14節"禍"。</small>

給異神燒香，竟跪拜

自己雙手的製作。<small>譴責子民供奉偶像，賽31:7。</small>

[17]你呀，束緊腰，起來　<small>束腰，熟語，形容準備戰鬥，賽8:9注。</small>

把我訓誡你的都告訴他們。<small>命先知警告同胞。</small>

不要被他們嚇到　<small>以色列愚頑，是先知書一大主題，賽48:4。</small>

免得我當他們的面，嚇着你。<small>暗諷，後果然被驚恐圍困，20:10。</small>

[18]我呢，我已使你今日成一堅城　<small>參6:27–28。</small>

一根鐵柱、一面銅牆

以對抗整個福地

包括猶大諸王、公卿祭司

及全國百姓。

[19]他們會攻擊，但不可能

勝你，因為有我與你同在——　<small>同上文8節。</small>

耶和華宣諭

我要救你。

以色列變節

二章

　　有耶和華之言降於我，道：[2]去，向耶路撒冷耳中呼喊，<small>同1:15上帝</small>
<small>"召集"，qr',暗示先知傳道將受挫，賽6:9–10。</small>此乃耶和華所言：

我記得，你少時的情　hesed，子民忠信之情，天父以信實對應。

訂婚後你的恩愛！比作元配夫人。出34:7，何2:21。

你跟了我，跋涉荒野

走那片未耕耘的土地。回想以色列出埃及。

³當以色列歸聖，屬耶和華　出19:6，23:19。

做他收穫的初熟之果：誰吃的　泛指冒犯神聖的惡行，1:16。

誰負罪責，一定難逃災禍——

耶和華宣諭。

⁴請聽耶和華訓示，啊雅各家

以色列家所有的親族！

⁵此乃耶和華之言：

你們祖宗見我有何不義

竟遠遠跑開，去追一口噓氣　hebel，喻虛妄無益，貶稱異教神。

把自己給了噓氣？

⁶他們從不問耶和華在哪裏：上帝的會幕就在近旁，習慣了。

誰引領我們，從埃及上來　古人以聖城為大地之臍，方位在上。

誰帶我們跋涉荒野，大漠與溝壑

旱土死影，走出無人穿越

無人居住之地？

⁷是我，讓你們進了果園之鄉　迦南富饒，出3:8，申8:7–10。

享用豐美的物產。可你們入來

便玷污福地，把我的產業

弄得如此穢惡！to`ebah，特指迦南宗教的"淫祀"，賽41:24。

⁸連祭司也不問：耶和華在哪裏？

掌律法的居然不認我

牧人的，反而衝我忤逆　牧人，喻子民首領。

而先知就憑巴力預言，追隨

一無益處的東西。 復指異族神祇為木石偶像，無用，上文5節。

9 所以我要再一次指控你們—— 控審皆歸天父。

耶和華宣諭

控訴你們子孫的子孫。 控訴，'ari<u>b</u>，舊譯爭辯，誤。

10 就上基廷的島嶼看看吧 基廷，即塞浦路斯，創10:4。

派人到基達，留意觀察 基達，北阿拉伯遊牧部族，創25:13。

此類事情到底有無：

11 可曾有一族換了神祇——

哪怕是些根本不算神的？

然而我的子民將我的榮耀 校讀從傳統本注。原文：他們的榮耀。

換了無益的東西！

12 諸天哪，為之恐慌

毛髮豎起，一團沮喪吧！ 擬人，指天地為見證。

耶和華宣諭。

13 我的子民幹了兩件惡事：

他們背棄我，活水的源頭 喻生命、救恩，出17:6，約4:10。

卻給自己掘了些池子

裂隙漏水的池子。 指"邪神"不能保命。

14 以色列是〔買來的〕還是家生的奴隸

為什麼飽受劫掠？

15 群獅朝他怒吼，咆哮

他土地一片荒蕪 群獅，kephirim，未成年的獅，喻敵軍，賽5:29。

城邑焚毀，滅了人居。

16 更有墨府和潘堡的子孫 墨府，noph，即孟菲斯，下埃及都城。

削去你的顱蓋！削去，另作打破。潘堡，尼羅河三角洲東部要塞，43:7。

¹⁷這一切，難道不是你自尋——

捨棄耶和華你的上帝

行路不要他指引？

¹⁸現在你跑去埃及，喝那黑水　shihor，下埃及尼羅河支流。

圖個什麼？先知反對猶大投靠埃及。賽23:3。

為什麼，你還要前往亞述　背地裏又同法老的敵人來往。

飲大河的水？大河，nahar，指幼發拉底河，13:4。

¹⁹作惡，你必受罰

變節，必定你的罪。tokihuk，意指審判之日。舊譯責備，弱。

要懂得，要看到，撇棄耶和華

你的上帝，對我不存畏懼

就是惡，是苦毒——

主，萬軍耶和華宣諭。

野驢

²⁰很久以前，你就折了軛，掙斷皮索　喻聖法誡命。

說：我不侍奉了！你，從七十士本。原文：我。

就一座座高丘，一樹樹綠蔭

你到處趴倒了行淫！喻建神龕，立神柱等，申12:2，王上14:23。

²¹可我栽下的你，原是一枝紅葡萄　soreq，一種優質葡萄。

種子絕對信實——你　信實，強調神履行了信約義務，賽38:19。

怎麼會變質，給我結一串

異邦的提子？異邦，婉言異教神，創35:2,4。

²²即便拿城來清洗，多用皂莢

你咎責的污跡依然在我面前——

主耶和華宣諭。

23 你怎能說：我沒玷污

從未追隨眾巴力？ 迦南大神，司雷雨生育，民25:3。此處泛指異神。

看看你的路，在谷底 或指啼子谷，有冥王享童子祭的丘壇，7:31。

就知道你幹了什麼：

一峰小母駝，四處亂闖

24 一頭雌野驢，習慣了荒野

一發情便迎着風嗅 極言背信之卑劣，結23。

她要交配，有誰擋得？ 兼申斥子民與迦南人通婚。

尋她，卻無須勞乏

那月份一到，都能見着——

25 當心，你別落到光了腳，喉嚨乾枯！ 形容亡國為奴。上帝語。

可是你說：不，無望了！ 執迷不悟，賽57:10。

我愛上了異〔神〕，我追隨的

是他們。 參3:13。

26 一如賊被捉住，要蒙羞 舊譯（怎樣）羞愧，不確。

以色列家也要受辱：落入敵手，聖城淪陷。

那些君王公卿，祭司和先知

27 他們向木頭說：你是我父親；

對石頭講：我是你生的。 套用聖者認主的習語，詩2:7, 89:26。

然後轉過臉去，拿背對着我；

待到遭了難，才喊：起來呀 諷刺，譴責實用主義態度。

救救我們！

28 你替自己製作的神呢

在哪兒？叫他們起來，若是能救你

當你遭難之際！

好在你神祇的數目，啊猶大

如你的村鎮繁蕪！七十士本另有：巴力香壇的數目如耶京街巷，11:13。

29 為什麼偏要同我爭訟？司法用語，視子民為異神的代理，伯9:3。

一個個都衝我忤逆——

耶和華宣諭。

30 可是白費力氣呀，我責打你們兒女

他們不受教訓。他們，七十士本另讀：你們。

從前你們的劍吞吃

自家先知，獅子般的兇殘；

31 而今這一代，你們看沒看到　反言其罔顧聖法。

耶和華有言！

莫非以色列當我是荒野　不如"邪神"恩典豐盈。

抑或幽冥之地？熟語，婉稱陰間，伯17:13。

是子民怎會說這話：我們自己做主　radnu，猶言無拘束。

就不用再[求]你。

32 可有少女忘記梳妝　少女，bethulah，舊譯處女，不確。賽62:5。

新娘遺忘腰帶的？而以色列原是上帝的新娘。

我的子民，卻把我淡忘了

多少天——數不清了！人神分手已久。賽49:14–18，何2:15。

33 一條道，多快活，你求起愛來！喻拜祭異神，上文25節。

便是惡婦，你也教她們上你的路。傳播"邪教"，惡上加惡。

34 衣裾沾了無辜苦靈的血　苦靈，統稱義人，賽58:10。

你何曾抓到他們破牆入室？按聖法可當場打死，不得報復，出22:1。

儘管如此，35 你還強辯：我無辜；

肯定啊，天怒得收回。

好，我這就審判！耶和華回答。

就憑你說的：我沒觸罪。不明聖法或遺忘信約，皆入罪。

³⁶ 你換了道，好輕賤，為什麼？歎其不忠。

然而你必因埃及而受辱

一如當年蒙羞於亞述。前722年，北國以色列覆滅，前車之鑒。

³⁷ 是呀，你將雙手抱頭 悲哀絕望狀，形容子民入囚。

從那裏啟程。因為你所信靠的

已被耶和華鄙棄──

跟着他們，你不會成功。舊譯不妥：得順利，32:5。

休妻

三章

說是人休妻，妻離去 七十士本及古敘利亞語譯本脫起首二字。

跟了別人。前夫可回頭

重娶她否？律法不禁止女子再嫁，但她對前夫屬“不潔”，申24:1–4。

這幅地，豈非污穢至極？地，指福地，轉喻以色列，上帝元配。

而你，給那麼多“情人”為妓

還想回頭跟我？暗示仍有和好的機會，大愛至慈，何2:18以下。

耶和華宣諭。

² 你抬眼朝那一座座禿山，看呀！山，另作小徑，賽41:18注。

在哪兒，你沒讓人奸過？shuggalta，強姦，賽13:16，借喻背教。

路邊你坐着拉客

像個阿拉伯人［潛伏］荒野；阿拉伯人，七十士本：烏鴉，`oreb。

一地穢污，你的淫亂與惡行。

³ 於是甘霖收起，春雨不降　春雨，直譯：晚雨，伯29:23。

而你卻擺一副娼妓的眉眼

依然拒不認羞。拒認，舊譯不顧，弱。

⁴ 不，今後你別呼喚我：父親哪　今後，或如猶太社本：方才。

你是我少時的良友——　'alluph，美稱結髮丈夫，箋2:17。

⁵ 他不至於永遠記恨，怒個沒完吧？轉第三人稱，委婉。

看，你一邊說，一邊還在　意謂猶大言行不一，人格分裂。

作惡，真能耐！

耶和華的寶座

⁶ 約西亞為王之時，前640~609在位。耶和華曾對我說：看見了嗎，以色列失節，meshubah，回轉、倒退，喻背信。幹了什麼？她怎樣爬高丘鑽綠蔭，參加或容忍異族的祭祀活動，2:20注。四處行淫？⁷ 我以為她這些事完後，便會回來。但沒有。她妹妹，那背信的猶大，背信，舊譯奸詐，誤。也看到了；⁸ 即目睹以色列失節，一再通姦，拜異教神，2:33。被我下了休書，趕走。可是那背信的妹妹猶大不怕，竟也去當了妓。⁹ 而她的輕薄淫亂，輕薄，qol，舊譯輕忽，誤。她，指猶大或以色列，皆通。跟木石通姦，就弄污了福地。帶定冠詞，特指應許之地。¹⁰ 然而落到這地步，那背信的妹妹猶大回來找我，仍不是真心，她裝樣子而已——耶和華宣諭。

¹¹ 耶和華還說：以色列失節，比起猶大背信，差可"稱義"了。譏諷南國苟安一時，不思悔改。¹² 去，這些話你向北方宣告：

回來吧，失節的以色列——
耶和華宣諭。
我不會以怒容對你
因為我乃至慈——耶和華宣諭

我不會永遠記恨。安撫子民，上文5節。

¹³只消承認你的咎責

就是忤逆耶和華你的上帝

一樹樹綠蔭下亂跑　形容迦南祭禮。

只顧討好異類，我的話音　異類，zarim，婉言異教神，2:25。

卻不聽從——

耶和華宣諭。

¹⁴回來吧，變節的兒女，耶和華宣諭。做你們主公的，ba`alti，女子稱丈夫，雙關諧音大神巴力，2:23注。是我；我必取你們一城一人，一親族兩人，所謂餘數，又名聖者，賽1:9, 10:22。將你們帶到錫安。耶京重新歸聖。¹⁵我還要賜下稱我心的牧人，即先知、祭司，子民的嚮導。讓他們用知識和慎明牧養你們。恢復敬畏之道，永葆生命，箴1:3, 7, 16:22。

¹⁶而後，當你們國中人口繁衍，到那天，耶和華宣諭，人不會再講起耶和華的約櫃——不會繞心頭，不再記住，告別舊世界，賽65:17。不覺缺少，亦不會再造。聖殿既焚，約櫃遺失，先知的啟迪轉向普世拯救，賽56:7。¹⁷那時，人必稱耶路撒冷：耶和華的寶座。聖山取代約櫃，天父將審判萬民。賽66:1，詩122:5。萬族必齊集一處，奉耶和華的名，上耶路撒冷——再也不必死追人心裏的惡欲。

¹⁸那一天，猶大家要偕以色列家前行，盼滅失了的北國十支族終能復歸，結37:17以下。一起從北方返來我賜你們祖先為業的土地。

禿山

¹⁹我曾想：接回上文5節。

如何將你置於兒女之列　領養，確認父子關係，申1:31。

賜你一方樂土，萬族之間

一份最美麗的產業。應許奶與蜜之鄉，出3:8注。

我還想，你們會叫我：父親！ 對比上文4節。

跟緊我，不轉過身去。

20然而就像一個妻子背棄她的郎君

你們竟這樣背叛了我，啊以色列家—— 全知者有所不知。

耶和華宣諭。 背棄/叛，舊譯不確：行詭詐。

21禿山上一片喧聲，聽！ 禿山，象徵聖城的傾覆。

那是以色列子孫在痛哭，哀求

因為他們走了邪曲的路 失敗歸因於容忍異教，不守誡命。

忘了耶和華他們上帝。

22回來吧，變節的兒女！

我要醫治你們的失節。

在這兒哪，我們來了！ 子民應答，開始悔罪。

是呀，耶和華我們的上帝，是你。

23誠然，求小丘是自欺 求，直譯：從。此句脫動詞，無定解。

一如［拜］大山，徒增紛擾；

誠然，耶和華我們上帝

唯有他，是以色列的救恩。

24可是，自我們少時起，那可恥的東西就吃了我們祖宗的辛勞所得，可恥的，貶稱巴力，11:13。大群牛羊，並親生兒女。 迦南大神享童子祭，利18:21，申12:31。25讓我們躺下，睡進羞恥，讓屈辱覆蓋我們！ 形容亡國之苦，子民悔恨。因為，從少時至今，我們同列祖一樣，觸罪於耶和華我們上帝，觸罪，hata'nu，舊譯得罪，不妥。創39:9，詩41:4，伯8:4。從來不聽耶和華我們上帝的話音。

四章

若是你回來，以色列——

耶和華宣諭

回到我的身邊；

若你把我面前你的穢物 　shiqquz，異教偶像、首飾、護身符等。

都扔了，且不再遊蕩； 　就信仰而言。舊譯不通：不被遷移。

2 若你以忠信與公義立誓： 　忠信，舊譯誠實，誤。賽10:20注。

一如耶和華永生—— 　起誓語，呼神見證，民14:21，申32:40。

那麼萬族必因他而蒙福 　如聖祖稱福，創12:3。他，另讀：你。

在他內得讚譽。

3 如是，耶和華有言

對猶大人，對耶路撒冷： 　少數抄本及七十士本另有：居民。

墾荒吧，你們，荊棘叢中 　喻回歸天父，何10:12。

莫撒種。

4 行割禮吧，把自己歸於耶和華

將心尖的包皮切去，啊猶大人 　象徵立信承約，申10:16。

耶京居民！不然我怒火迸發

烈焰熊熊，無人能熄滅 　傳統意象，詩2:11，18:7以下。

就因為你們造孽。

北方

5 [去]，向猶大宣告，要耶路撒冷聽好

說：國中要吹響羊角號，要高喊

集合了！我們走 　同8:14。

退入堅城。

⁶豎一面路標，朝着錫安　以為聖城堅固，可以抵抗巴比倫。

出逃呀，莫遲延。

是的，我要從北方降禍　興兵討伐，侵略者實為救主的"刑鞭"，

一場巨大的摧折：　1:14，賽10:26。

⁷一頭獅子從密林起身

那毀滅列族的業已上路；

他離開老巢，是要變你的沃土

為荒漠，城邑為廢墟，絕了人居。

⁸所以圍上麻衣，你們哀號吧：福地淪陷，戶戶舉喪，賽15:3。

耶和華鼻息點燃，他沒有　鼻息，'aph，喻怒氣，結13:13。

放過我們！

⁹待到那一天，耶和華宣諭：

君王要灰心，公卿會喪氣　舊譯不通：心都要消滅。

祭司驚慌失措，先知目瞪口呆。

¹⁰嗚呼，我說，主耶和華！我，七十士本：他們將。

你怎麼忍心騙子民，騙耶路撒冷　通過祭司跟假先知。

說：平安你們必得？而其實

利劍已頂着喉嚨了！hannaphesh，呼吸、咽喉、靈、命。詩69:1。

¹¹到那時，這一族同耶路撒冷

將被告知：有灼熱的風　東風，常喻災禍，創41:6，出10:13。

由荒野禿山颳向子民我的女兒　直譯：女兒我子民。詩歌修辭，

它既不揚穀，也不做清掃——　表親切。

¹²一股狂飆從那邊被我召來：現在

我宣判，對他們制裁！呼應1:16。被我召來，或作：向我而來。

¹³看哪，他起身像雲頭聳立　他，指敵軍，上文7節。

他戰車好似旋風　氣勢如神，賽5:28, 66:15。

他駿馬比飛鷹更快──禍哉

我們完了！

¹⁴洗淨你心底的惡，耶路撒冷

以使你獲拯救。

還要多久，你留宿

那點計謀？　敦促子民認罪，回返正途，賽55:7。

¹⁵一個聲音，從丹城宣告　丹城，dan，北部邊塞，創14:14。

自以法蓮山傳來了凶信。　以法蓮山，指石肩以南山地。

¹⁶請報知各族，他們來了！

叫耶路撒冷聽清楚：

圍攻者來自遠方　圍攻者，noẓrim，七十士本：敵人，ẓarim。

正朝着猶大的城池亂吼　比作野獸襲擊。

¹⁷如守一塊田，將她團團圍起　諷刺，福地成了仇敵的產業。

只因她對我造反──

耶和華宣諭。

¹⁸這是你自己的行徑

招惹的：是呀，作惡還真苦

真刺中了你的心！　耶和華乃報應之主，申32:35。

錫安女兒

¹⁹我的肝腸，我的肝腸，我因劇痛　參觀賽63:15，伯30:27。

而扭動！啊我的心[在撞]牆　受苦是聖者的標誌，20:9以下。

心兒在胸中呻吟，我

沉默不了！

因為我的靈，你聽見了號音

戰場上陣陣吶喊。

²⁰摧毀呼喚摧毀，福地一片瓦礫。呼喚，另讀：忽遇。

突然間，我的帳篷塌了

帷幔猛地撕裂。帳篷，兼喻家園、人生，賽54:2，詩52:5，伯4:21。

²¹我滿目軍旗，角聲充耳　子民不解天父為何懲教。

究竟要到幾時？

²²不，是我的子民愚頑　上帝回答。申32:6。

他們不認我了，一群蠢笨的兒女

全然失了悟性：作惡倒蠻聰明

就是不曉得行善！悟性，敬畏上帝、信守聖法的智能，詩119:34。

²³我朝大地瞭望，啊，無形而混沌！先知接着講述異象。

仰天，則森然無光。彷彿創世之前，黑暗籠罩深淵，創1:2。

²⁴我向大山眺望，啊，它們在顫抖

小山也不停地搖晃！

²⁵再看，呀，不見一人

連飛鳥也消遁了。

²⁶呀，看到了，果園成了荒野

城郭廢棄，在耶和華面前

在他熾烈的鼻息之前。見上文8節注。

²⁷是的，此乃耶和華之言：

福地要整個淪陷，但不會全部夷平。殘餘可承救恩，賽1:9注。

²⁸要讓大地因此而傷悲

高天落下黑幕。

因為我一言已定，決不後悔　造主不悅，15:6，創6:6。

不會回頭——我不！

²⁹聽得騎兵和弓手的喊聲

各城紛紛出逃；

躲進密林，爬上石崖

全都拋下家園，沒有一個留居。

³⁰而你，你這遭蹂躪的　shadud，兼指強暴。舊譯淒涼，誤。

能做什麼，即便你穿朱紅飾黃金　富貴人家的裝束，箴31:21。

鉛華描的眼線？你再打扮

也是白搭。

那些舊情人厭棄了你　舊情人，`ogbim，舊譯不妥：戀愛你的。

他們只想要你的命！

³¹是呀，我聽見婦人臨盆似的尖叫　套喻，賽13:8, 26:17。

彷彿生頭胎，她痛不可忍

錫安女兒在大聲喘氣，伸開雙手：　錫安女兒，愛稱聖城。下同。

慘了我！碰上殺人的

我的靈發昏了！　靈，復指生命，整個的人，上文10節注。

雄馬

五章

你們巡一巡耶路撒冷的街巷

她的廣場也搜一搜　她，擬人，城是陰性名詞。

訪查一遍，看有沒有一個人

行公道，求忠信——好讓我　忠信，或作真理、信實，詩33:4。

將她寬恕。　七十士本此處另有：耶和華宣諭。聯想創18:23以下。

² 雖然那些人也說：一如耶和華永生——

說是起誓，盡在撒謊。

³ 耶和華啊，難道你的眼睛　質疑造物主全知，伯 10:4 注。

不待見忠信？ 'emunah，特指信仰堅定，賽 33:6 注。

你打呀，他們不感覺痛　直譯：不病 / 傷痛。

及至毀亡，仍拒不受教。令至高者計窮，參 2:30。

他們的臉比岩石還硬，硬是

不肯回頭。反復指斥，責任在子民，3:1, 4:28。

⁴ 於是我想：這些人貧弱，愚昧　傳統偏見，箴 19:3。

不識耶和華的道，他們上帝的裁決。道，derek，特指聖法。

⁵ 不如去找權貴，跟他們談談；

權貴總該知曉耶和華的道　權貴，gedolim，大者，與貧弱相對。

他們上帝的裁決。

豈料他們也一樣，折了軛　意象同 2:20。

掙斷了皮索。

⁶ 難怪叢林中，獅子要咬死他們

野地裏狼要戕害他們　野地，`araboth，阿奎拉本另讀：夜，`ereb。

豹子窺視着他們的村鎮　猛獸喻災荒兵燹，何 13:7。

誰敢出來，就撕碎！

只因人忤逆太多，失節

又罪上加罪。

⁷ 這叫我如何寬恕你？你的兒女

捨棄了我，還指那不是神的　視異教神為 "人手的製作"，1:16。

發誓！我讓他們餐餐饜足　回想荒野賜食，出 16 章，民 11 章。

他們卻通姦，結夥逛妓院——

⁸好一群餵飽的雄馬，個個淫具抖擻　從傳統本注，無定解。
向鄰人的妻嘶鳴。以姦淫之罪喻膜拜偶像，3:1, 9。利18:20。
⁹這種事，我豈能不追究？
耶和華宣諭：
一族落到這個地步，我的靈
豈能不報復？

¹⁰上去，將她的葡萄一排排毀掉　排排，另讀如欽定本：牆。
但不要全部夷平；同4:27。
只削她的枝子，那些不屬耶和華的。
¹¹因為以色列家跟猶大家　聖怒之日，無分義者罪人，52:3。
公然背叛了我——　舊譯誤讀：大行詭詐攻擊我。
耶和華宣諭。
¹²他們假裝認耶和華，說的卻是：賽59:13。質疑上帝的承諾，
別管他。災禍輪不到我們　非否認其存在或大能。
不會撞見的，刀劍同饑荒。
¹³先知呢？一陣風罷了　形容短暫、虛妄，詩78:39, 103:16。
那言，也不在他們中間——
願這一切在他們身上應驗！反指其為假先知，故預言落空，無效。

¹⁴如此，耶和華萬軍之上帝有言：
既然人說了這話　人/他們，校讀從傳統本注。原文：你們。
看，我就把我的話放進你口中
為火，將子民當柴
給火吞吃。
¹⁵看，我要從遠方引一支異族
來攻打你們，以色列家——耶和華宣諭。賽5:26。

那是流水長長的一族　流長，'ethan，喻人口繁盛，傳承悠久。

古老的一族，是言語你不懂

説話你聽不明白的一族。

¹⁶ 他們清一色的勇士

箭袋像敞開的墳；

¹⁷ 要吃光你的收穫和麵餅

還要吃你的兒女，吃你的牛羊　或如欽定本：那該你兒女吃的。

吃你的葡萄，你的無花果樹——

要搗毀你所倚靠的堅城，一總

交給刀刃。下接26節。

¹⁸ 便是到了那天，報應日，4:9，賽2:12注。耶和華宣諭，我也不會把你們全部夷平。三申留餘數，上文10節注。¹⁹ 若有人説：耶和華我們的上帝待我們如此這般，為什麼？你要告訴他們：一如你們捨棄了我，家園裏侍奉起異神，將來你們必流落異鄉，直譯：在不屬你們的地 /國度。侍奉異族！子民入囚巴比倫。

子民缺心

²⁰ 此事要在雅各家宣告

要猶大聽好，説：

²¹ 聽聽這個，缺了心的愚頑之民！心，視為智慧之官，申29:3。

你們長着眼睛卻不見，生了耳朵　賽6:10。

卻不聞。²² 難道你們不懼我？

耶和華宣諭：

在我面前，還不顛慄？表虔敬，賽66:2, 5。

是我，給大海積沙為岸

一道永遠不得逾越的疆界。詩104:9，伯38:8–11。

波濤翻滾，仍奈何不了

再喧嘩也不能越過。

²³ 但這些人存了一顆違抗的心

居然抗命，走了！

²⁴ 心裏也從不反省：直譯：不（對自己）説。

還是敬畏他吧，耶和華我們上帝

畢竟他按時降賜秋霖春雨　直譯：先雨後雨。典出申 11:14。

又定下收割的節令，專為我們保留。

²⁵ 所以丟掉這一切，是咎由自取

是罪愆纍纍，奪了你們的福。

²⁶ 是呀，我的子民裏不乏惡棍　連累全體遭禍，上文 17 節。

像個捕鳥的，埋伏窺探　此句原文有訛，無確解。

設下羅網，他們捉的是人！羅網，mash<u>h</u>ith，毀滅，轉指捕獵裝置。

²⁷ 如一隻鳥籠裝滿雀兒

他們的屋子也充斥詭計——

難怪人家權勢大，發了財！傳統倫理，戒不義之財，箴 1:19。

²⁸ 又肥又光鮮，惡行不知收斂　申 32:15。

斷案亦不秉公：不幫孤兒申冤

不替貧苦人辯護，然而

卻春風得意！聖法及善惡報應的原則失效，出 22:21，申 10:18。

²⁹ 這種事，我豈能不追究？同上文 9 節。

耶和華宣諭：

一族落到這個地步，我的靈

豈能不報復？

³⁰ 令人震驚啊恐怖，一國

頹敗至此：

³¹ 先知盡是謊言　後人引為末世景象，可 13:22，太 24:11。

祭司則藉他們的手統治；耶京當局利用假先知，或受其蠱惑。

可我的子民喜歡這個樣子！

臨到結局，你們怎麼辦？意同賽 10:3。

大摧折

六章

快逃，本雅明的子孫　其支族領地包括耶京。

逃出耶路撒冷！

要在響村吹響羊角　響村，teqoa`，聖城至伯利恒，往南 10 公里。

登葡萄莊，升〔煙〕為號。葡萄莊，beth hakkerem，一説在聖城

因為災禍已從北方探頭　南邊 5 公里處。

那大摧折，在俯視：擬人，暗喻至高者降罰，4:6, 20。

² 她果然嫵媚嬌嫩，錫安女兒　見 4:31, 5:1 注。

可我必將她剪除！校讀：我曾把錫安女兒比作秀美的牧場。

³ 必有牧人領羊群前來　諷刺，這回天父牧養的是敵族，12:10。

四面圍攏，紮營，各佔草場的　詩 23:1, 28:9。

一翼：⁴ 準備聖事，向她開戰；祭神祈勝，稱聖戰。賽 13:3-4。

起來，到午時我們進攻！

——慘了我們！白日將盡　子民哀歎，4:31。

黃昏的影子在伸長。歌 2:17, 4:6。

—— ⁵ 起來，我們趁着夜色

攻上去，毀掉她的宮闕！敵軍叫囂，賽 32:14。

⁶如是，萬軍之耶和華有言：

把她的樹砍了，然後堆斜坡　古人圍攻要塞的戰術，賽37:33。

強攻耶路撒冷！

這座城逃不脫懲罰　七十士本：啊，謊言之城。

城內處處是欺壓。

⁷如一眼井涼水滿滿　haqir，或如欽定本：湧出。

她的邪惡也源源不斷：

那裏面只聽說強暴與踐踏

我眼前永遠是病痛，是瘡痍。改換視角，造主宛如先知哀傷。

⁸受教吧，耶路撒冷，別讓我的靈

疏遠了你，別讓你變為荒漠

家園渺無人跡。

⁹如此，萬軍之耶和華有言：

讓他們撿，像撿葡萄那樣　讓他們撿，另讀：撿吧。

收拾以色列的殘餘；she'erith，所謂餘數，歷經劫難而歸聖者，賽4:3。

如一個摘葡萄的，你抽出手

再捋一遍那些枝子。七十士本及通行本：（摘了放進）籃子。

¹⁰我該向誰去説，警告哪個　先知自忖。

要人聽信呢？

看，他們耳朵未受割禮　喻其愚頑，5:21。

無法聆教呢。

看，耶和華之言他們當作笑柄　聖言如忠信者落難，詩44:13。

一點也不覺歡愉。不習聖法，背離正道，詩1:2, 16:11。

¹¹但我被耶和華的義怒所充盈

我，忍不住了！同20:9。

那就傾潑在街頭小童　上帝回答。那就，七十士本：我要。

跟聚會的青年身上；

對，不論男女，**通通擄去**　反復預言南國將亡，1:15, 4:27。

連同垂暮之年的老者。舊譯混亂：日子滿足的。

¹² 他們的房舍要轉歸別人

一如田產和妻子。

是的，我要伸展巨手　喻大能，出 13:3, 14。

與這一國居民為敵──耶和華宣諭。以下三節同 8:10–12。

¹³ 因為，他們從卑小到尊大　無論年齡地位，16:6，詩 115:13。

人人貪財不擇手段；不說斂財是少數，禍及全體，17:11，箴 15:27。

由先知到祭司，個個精於欺瞞。指耶利米在耶京的對頭，5:31。

¹⁴ 子民的傷口則草草包紮：

平安了！平安了！嘴上掛着　偽善，誤導百姓，4:10，詩 28:3。

其實哪來的平安？shalom，兼指安寧、和睦、繁榮。

¹⁵ 可恥啊，行事如此穢惡　見 2:7 注。

竟然沒覺得羞恥，不知何謂臉紅。

為此，他們要倒斃在倒斃者中間　呼應詩 106:26–27。

當我降罰之時，他們必傾覆──

耶和華有言。

絆腳石

¹⁶ 此乃耶和華之言：

去，站到路口，察看打聽

有何往古的岔道：nethiboth，先輩走過的正道邪路。

哪一條為善，就走哪條　危急關頭，須做出道德選擇。

而後，你們的靈可獲安寧。前提是受苦、亡國和大流散，31:2。

可他們說：不，我們偏不走。行使人子的自由意志。

[17] 我還給你們設了崗哨：喻先知、忠信者，賽21:6, 52:8。

注意呀，羊角號音！戰號，兼喻聖怒，出19:16, 19。

可他們說：不，我們偏不注意。

[18] 所以列族啊，你們聽着

會眾哪，要明白，即將[遭遇]什麼！

[19] 大地呀，聽好了！

看，我要降災於子民，他們的計謀　mahshboth，舊譯意念，弱。

結了果子：不肯留意我的訓言　賽55:7。

連我的教導他們也敢鄙棄！教導，torah，兼指聖法、聖言，賽2:3。

[20] 啊，這於我何用，示巴的乳香　示巴，位於阿拉伯半島西南。

遙遠國度運來的菖蒲？賽43:24注。

你們的全燔祭不蒙悅納

那些犧牲我也不中意。摩5:22。

[21] 故此，耶和華有言：

看，我要在子民腳前放上

絆腳石，叫父與子一塊兒絆倒　接受神的審判。賽8:14注。

鄰友一道滅亡。

銀渣

[22] 此乃耶和華之言：

看，一族自北地而來，一個大國　同50:41–43。

躁動於遠疆。躁動，ye`or，喚醒而興奮。舊譯不通：被激動。

[23] 他們拿起弓和投槍，殘忍

而不會憐憫，喊聲像大海喧囂；

跨上駿馬列陣儼如一人　隊伍整齊，意志統一。

對你開戰，啊，錫安女兒！

²⁴我們一聽到這風聲，手就癱軟了　驚恐狀，賽13:7。

就被劇痛緊緊抓住

女人臨盆似的扭動！　經書熟語，4:31注。

²⁵不，不要下去田間

也別上路，那兒有仇敵的劍

恐懼呀團團圍困！　同詩31:13。

²⁶啊子民，我的女兒，你圍起麻衣　志哀，4:8，伯42:6。

往塵灰裏滾吧，彷彿死了獨子　摩8:10。

你哀哭，苦苦地哭！

因為突然，那踩躪者　巴比倫不啻天怒之使者，4:6, 30。

正朝我們撲來。

²⁷我立你，是要驗定子民的成色　mbzr，校讀。原文：堅城。

由你瞭解並查驗其路向。　先知傳道，可甄別信仰。

²⁸他們是徹頭徹尾抗命

散佈讒言，整一堆破銅爛鐵

腐朽透頂。

²⁹任憑風箱猛吹，爐火攻鉛　以煉銀設喻，譴責猶大。

那爐工的熔煉只是徒勞

因為渣滓無法除去。　渣滓，ra`im，直譯：諸惡（人/事）。

³⁰人稱他們"被遺棄的銀渣"

因為耶和華已將他們擯棄。

耶利米在聖殿

七章

一言，自耶和華降於耶利米，啟示來得突然。道：[2] 你站到耶和華的殿門內，在那兒宣佈此言：請聽耶和華訓示，全體進門來拜耶和華的猶大！國名借指居民，常用修辭格。[3] 如此，萬軍耶和華，以色列的上帝有言：你們改正路向和行事，我就讓你們留居此地。阿奎拉本及通行本另讀：我就同你們一起居住。[4] 莫信賴那些糊弄人的話，什麼這兒是耶和華的殿，這兒，校讀從傳統本注。原文：他/它們。耶和華的殿，耶和華的殿！

[5] 若你們真能改正路向和行事，真能在人與鄰人間行公道；利19:15–18。鄰人，re`ehu，包括朋友族人，或泛指任何人，出20:16注。[6] 既不欺壓客籍孤寡，不在此流無辜的血，出22:20–21, 23:7。也不自尋禍害追隨異神：出20:3, 34:14。[7] 那樣，我才讓你們留居此地，同上文3節注。領有我賜你們祖先的土地，終古而至永恆。

[8] 可是看哪，糊弄人的話，一無益處，你們也信賴！[9] 又是偷盜兇殺通姦，又是發假誓，給巴力燒香，追隨那些你們從來不識的異神，不識，反言其虛妄無能，1:16，申11:28。[10] 居然還敢來我面前，站到這座歸我名下的殿裏，聖殿乃上帝在子民中間立名安家之處，申12:5注。說：我們沒事了！——穢惡做盡，還沒事？nizzalnu，解脫、逃出、得救。舊譯自由，不妥。[11] 難道這座歸我名下的殿，在你們眼中成了賊窩？me`arah，洞穴、獸窩。可11:17，太21:13。不是嗎？我都看到了！耶和華宣諭。

[12] 去吧，到示路，shilo，位於聖城以北40公里處；建有耶和華的聖所，供奉約櫃，後被非利士人摧毀，撒上4章，詩78:60。即我當初立名的居處看一看，由於子民以色列邪惡，我怎樣處置它的！[13] 而既然這些事都是你們幹的，耶和華宣諭，而我早已告誡再三，hashkem，早起，轉指及時、急切、反復（說）。可你們就是不聽；我呼喚，你們也不應答：賽50:2, 65:12。[14] 那我只好像待示路那樣，對這座歸我名下、為你們所倚靠的殿，對我賜予你們及祖先的家園下手了。家園，直譯：

（居住）地。¹⁵ 我要把你們從我面前扔開去，一如扔你們那些兄弟——以法蓮的全部子實。亞述滅北國十支族，2:36。

天后

¹⁶ 你呢，你不要替這一族祈求，別為他們呼籲禱告，向我求情，因為我不會垂聽。取消先知中保之職，出33:12，申29:13–14注，同時懸置神的信約義務。¹⁷ 他們在猶大各城，在耶路撒冷街頭幹些什麼，你看不到？¹⁸ 孩兒拾柴，父親生火，女人揉麵做餅，供奉天后，迦南和兩河流域神系的主女神，掌生育、性愛、戰爭等，44:17–19。給異神澆酹祭，惹我動怒——¹⁹ 豈止是惹我動怒？耶和華宣諭：毋寧說是〔害了〕自己，自己丟臉。舊譯不確：臉上慚愧。²⁰ 故此，主耶和華有言：看，我聖怒發作，必傾瀉於此處，燒盡人畜田林並地裏的果實，烈焰熊熊不熄。同4:4。

忠信被割去

²¹ 如此，萬軍耶和華，以色列的上帝有言：搭上全燔祭，獻你們的犧牲，肉儘管吃！聯想饞鬼墳故事，民11:18–20, 33。²² 然而，當我將你們先祖領出埃及之日，並無就全燔祭獻犧牲一事下達指示或命令。舊譯不通：提說/吩咐。²³ 我頒發他們的誡命，僅此一條：聽我的話，我就做你們的上帝，你們當我的子民；人神關係基於信約的理想，出6:7，利26:12，申26:17–19。你們只要走的是我指的路，便能得福。

²⁴ 可是他們不肯側耳，不聽從；逕自擺弄起孽謀，死追心裏的惡欲，同3:17。轉臉後退，不前行。²⁵ 自你們先祖出埃及那天起，到今時，我給你們派遣我的忠僕先知，你們，一抄本及七十士本：他們。一日未停，一早就派。強調及時，表關切，上文13節注。²⁶ 可他們就是不側耳，不聽從，反而硬起脖子，頑固，似強牛不肯套軛，出32:9注。作惡遠甚於祖宗！

²⁷ 這些話，你要一字不漏告訴他們，儘管他們不會聽你的；你呼喚，他們也不會答應。恰如天父藏臉，不理子民，申 31:17，詩 13:1。²⁸ 而後你要對他們説：就是這一族，不聽耶和華他們上帝的話音，不願受教訓。〔結果〕忠信滅失，從人的口中被割去了。nik<u>l</u>thah，聯想（同一動詞）割包皮，出 4:25，向耶和華割肉立約，創 15:18。

屠谷

²⁹ 剃光你的秀髮，扔掉；秀髮，nizrek，獻身者歸聖，留的長髮。

上禿山，唱起哀歌　為聖城傾覆而舉喪，3:21。

因為耶和華已經擯棄

那惹他動怒的一代。重申救主決意，交出子民，6:30。

³⁰ 是的，猶大子孫幹了我眼裏的惡事，耶和華宣諭。他們把穢物堆在我的名下，玷污了我的殿；同 32:34。穢物，貶稱異教偶像，4:1，申 29:16。³¹ 又在啼子谷築丘壇，啼子谷，ge' ben-hinnom，或作辛農谷，聖城西南山谷，後世借指地獄，太 5:22 注。即焚化地，迦南冥王享祀處，王下 23:10，賽 30:33 注。燒獻自家兒女。但這絕非我的誡命，從未進入我心。

³² 所以看哪，日子快到了，耶和華宣諭；同 19:6。人不再説焚化地、啼子谷，而要管它叫屠谷：ge' haharegah，從敵軍屠城得名，賽 30:25。墳場不夠用，只好在焚化地掩埋。³³ 子民的屍骸將為鳥獸分食，沒人來嚇走它們。同申 28:26。³⁴ 我要滅絕猶大各城和耶路撒冷街頭的歡聲笑語，新郎新娘的對唱，直譯：新郎之聲和新娘之聲。因為福地必成廢墟。

八章

到那時，耶和華宣諭，猶大王的骸骨，及公卿骸骨、祭司骸骨、先知骸骨，連同耶京居民的骸骨，都要從墳裏挖出，歷數巴比倫軍的暴行。² 亂丟在他們生前如此喜愛侍奉、追隨求問並敬拜的太陽月亮與一眾天軍之下；天軍，統稱星辰、天使。**無人收殮安葬，而被踏進泥塵**，諷其膜拜天體無濟於事；照樣回歸塵土，一如亞當，創3:19。**猶如糞土。** ³ **這邪惡的部族所剩無幾，他們無論被我放逐到哪裏**，原文此處重複"所剩"，據一抄本及七十士本、古敘利亞語譯本刪。**都只想死掉**，形容子民流散，境遇悲慘。**不求活路——萬軍之耶和華宣諭。**

撒謊的筆

⁴ **你要告訴他們，此乃耶和華之言：**

人跌一跤，就不再爬起？

迷路了，就不會回頭？

⁵ **可為何這耶京子民一旦變節** 詞根同"回頭"，shwb，特指背信。

即永遠失節，就執迷不悟 一抄本及七十士本脫"耶京"。

拒絕回頭呢？

⁶ **我仔細聽了，他們不肯講實話** 或如聖城本：從不講那個。

沒有一個悔罪，說： 罪，直譯：惡。

呀，我幹了什麼！

照舊奔自個兒的前程

渾如一匹馬，直衝戰場。

⁷ **便是空中的鸛也曉得季節** 指候鳥遷徙。

斑鳩雨燕與白鶴，會守歸期； 白鶴，或作鶇，無定解，賽38:14注。

我的子民卻一點不在乎

耶和華的裁決。

⁸ **你們怎敢說：我們有智慧**

耶和華之法跟我們同在？

而實際上，那書記撒謊的筆 書記，sophrim，此處指聖殿祭司。

已把她弄成了謊言。斥其歪曲聖法。舊譯不通：假筆舞弄虛假。

9 智者於是要蒙羞，要驚慌失措　熟語，賽20:5, 37:27。

被拿下；看哪，耶和華之言

也能鄙棄，還談何智慧？以下三節重複6:12–15，七十士本略。

10 所以他們的妻子，我要給別人　實施對等報復，賽13:16。

田產，必交與佔領者。yorshim，兼指奪取、承業。

因為他們從卑小到尊大

人人貪財不擇手段

由先知到祭司，個個精於欺瞞。

11 子民我女兒的傷口則草草包紮：女兒，愛稱；子民乃天父的

平安了！平安了！嘴上掛着　感情所繫，4:11注。

其實哪來的平安？

12 可恥啊，行事如此穢惡

竟然沒覺得羞恥，不知何謂臉紅。

為此，他們要倒斃在倒斃者中間

當我降罰之時，他們必傾覆——

耶和華有言。

毒汁

13 消滅，我要消滅他們！耶和華宣諭　校讀：待到收穫時節

叫葡萄藤不結葡萄，無花果樹　葡萄藤已不剩葡萄……

不長果子，唯有黃葉凋零；熟語，預言猶大，賽1:30。

我賜予他們的一切

都過去了。

14 為什麼還坐着？集合！同4:5。

讓我們退入堅城，去那裏

沉默。是呀，是耶和華我們上帝　沉默，婉言死亡，48:2。

要我們沉默，給我們喝的毒汁。ro'sh，貶喻異教，申 29:17。

只因我們對耶和華犯了罪：

15 原是指望平安，反而失了幸福　重申咎責在子民，5:25。

盼着痊癒之時，不想——

何等的驚懼！

16 從丹城能聽見他戰馬的響鼻　生動，伯 39:20 注。

他雄驥嘶鳴，舉國震動；敵軍迫近，由北向南，4:15。

來了，他們要吞下這片土地

及其豐饒的［出產］，大城　單數，解作泛指猶大各城，亦通。

並她的居民。

17 真的，看，我這就放出毒蛇

那不懼咒語的虺蟲，派它來　虺蟲，大毒蛇、蛇怪，賽 11:8 注。

咬死你們——　回放摩西銅蛇故事，民 21:6-9。

耶和華宣諭。

哭子民

18 當我身負哀傷，卻強扮笑顏　mabligithi，閃亮、微笑。

我的心病了。難句，注家歧解紛紜。參伯 9:27, 10:20。

19 ——聽，子民我女兒求救的喊聲　上帝旁白，自問。

從遙遠的四方傳來！

莫非耶和華不在錫安？先知繼續獨白，反思而質疑。

她的王不在城裏？直譯：不在她內。

——為什麼，他們會拿些個偶像

異邦的噓氣，惹我動怒？責怪子民不忠，7:18。

²⁰收割結束，夏季過去了

可我們還未獲救！不知救主藏臉，業已出離聖居，賽57:17, 59:2。

²¹——因子民我女兒的創傷

我也裂了傷口，也舉哀，被驚恐　將心比心，神在人內。

死死攫住。大愛之道，在加入人子的一切苦難，賽63:9。

²²怎麼，基列山不見了香膏？Zori，療傷用，51:8。舊譯乳香，誤。

那裏絕了醫生？基列山，在約旦河以東，今約旦境內，創31:21。

——對呀，為何子民我的女兒

遲遲不得康復？深知信仰重建之難。通行本此處分章。

²³啊，假若我的頭可化為水源　或作：誰可使我的頭化為……

兩眼變淚的泉眼

讓我日夜不停，哭我子民

我的遭殘殺的女兒！想像重霄之上造主哭子，淚作傾盆雨。

九章

假若我

在荒野裏可有一頂旅人的營帳　懷念與摩西同行的日子。

讓我脫離我的子民，走開去！上帝寧願入居荒野。出33:16。

因為他們個個犯通姦

一幫背信之徒。

²他們彈起舌頭像一張弓　形容能言會道，詩12:1-4。

謊言排擠忠信，在國中稱雄；校讀。原文：謊言而非為忠信……

是的，這些人惡上加惡　直譯：從惡到惡。

根本就不認我了——　一再申斥子民寬容異教，2:8, 4:22。

耶和華宣諭。

³ 人要當心鄰人　族人墮落，愛有等差。參利 19:18。

哪怕兄弟也莫信靠；此處泛指親友、族人。

因為兄弟會砍兄弟的腳跟　`aqob ya`qob，諧音雅各，創 27:36。

鄰人會散佈讒言。同 6:28。

⁴ 人人蒙鄰舍，沒一句真話

都教會了舌頭扯謊，為造孽

竭盡全力。

⁵ 你的居處已被詭計包圍；校讀：壓迫加壓迫，詭計加詭計。

沉迷詭計，他們才拒不認我——　形勢岌岌可危，5:27。

耶和華宣諭。

⁶ 故此，萬軍之耶和華有言：

看，我要熔煉考驗他們　雖然註定了是徒勞，6:29。

不這樣還能如何，待子民我的女兒？大愛別無選擇，參 5:3。

⁷ 他們舌頭像鋒利的箭鏃　ḥez shaḥut，舊譯毒箭，不確。

句句是詭計，嘴上祝鄰人平安

肚裏卻設下了埋伏。熟語，詩 59:3。兩面派對聖者也是一大考驗。

⁸ 這種事，我豈能不追究？同 5:9, 29。

耶和華宣諭：

一族落到這個地步，我的靈

豈能不報復？

哭錫安

[9]我要為群山放聲痛哭，哀歌一曲

給荒野牧場；

因為[家園]已成焦土，無人行走　聖怒降臨，4:25以下。

再也不聞哞咩，飛鳥一如獸畜

都消遁了。

[10]我必變耶路撒冷為斷壁殘垣

給紅豺安穴；紅豺，tannim，又名金豺，賽13:22注。

要猶大各城化作廢墟一片

人居滅絕。

[11]誰是智者，以領悟此理？智慧與教訓所得，箴1:2。耶和華，他是親口對誰説的，囑其宣講？先知業已選立，1:9–10，但眾人均不知情。怎麼會這樣，福地毀亡，焦土如荒漠，無人行走？

[12]因為他們拋棄了我當他們的面頒立的聖法，錯誤非出於無知，申28:15。耶和華説，不聽話，不遵行！[13]反而硬了心，喻冥頑不化，出4:21注。死追眾巴力，見2:23注。依循列祖的遺教。[14]故此，萬軍耶和華，以色列的上帝有言：看，這子民，我要讓他們吃苦艾，la`anah，喻苦難、禍亂。舊譯茵陳，誤，申29:17。喝毒汁，見8:14注。[15]而流散四方，到他們跟祖輩都不識的異族中去。申28:36, 64。我還要派刀劍追殺他們，一個不剩，殺光！

[16]如此，萬軍之耶和華有言：

明白了吧　hithbonenu，提示語，促請注意。舊譯不通：應當思想。

快把唱哀歌的婦人叫來

派人去請最會哭的！弔喪婆，受僱在葬禮上哀哭者，傳12:5。

¹⁷ 請她們馬上為我們舉喪　nehi，哀哭，接回上文9節。

陪我們流淚

讓我們把眼瞼哭腫。直譯：眼瞼淌水。

¹⁸ 因為聽哪，錫安響起了哀號：

啊，這一堆瓦礫，我們莫大的恥辱！

可我們的確遺棄了福地

被人搗毀了家居。mishkanoth，居所、營地，泛指家園。

¹⁹ 所以聽着，女人，聽耶和華訓示

側耳聆受他啟唇之言；

然後教你們的女兒舉喪

鄰人間互學哀歌。家家戶戶都死了人，一如埃及當年，出12:29。

²⁰ 因為，死亡已經爬上窗戶

摸進我們的宮殿；

它要將街頭小童和廣場上的青年　意同6:11。

統統刈除。

²¹ 説呀！如此，耶和華宣諭：

屆時人的屍首會糞土一般

往田裏倒，又如收割者

遺落的麥束　`amir，割倒的一排/捆/束莊稼。

無人拾取。原本靠撿食為生的窮人也死難或逃離了，申24:19。

²² 此乃耶和華所言：

莫讓智者自詡智慧，勇士自誇勇力

財主炫耀財富；

²³ 相反，要誇耀的誇誇這個——　林前1:31，林後10:17。

他慎明，且認定了我：不容不忠，不拜異神，出34:14，詩100:3。

我，乃耶和華，我普施慈愛　hesed，神性之核心，出34:7注。

並公平正義，於大地之上；

是的，我的喜悅在此——

耶和華宣諭。

²⁴看哪，日子快到了，耶和華宣諭；凡割禮僅及包皮的，信仰不堅不純，形式主義，4:4注。我都要查究：paqadti，兼指懲罰，6:6。²⁵無論埃及、猶大、紅族、雅各兄紅哥的後裔，領地稱紅嶺，在死海以南，創27:39注。亞捫子孫或摩押，創19:37-38注，抑或那住荒野剃兩鬢的。即阿拉伯諸部。因為，列族均留包皮，參結28:10, 32:21注。而以色列全家則是，心未割包皮。

草人與至真

十章

請聽耶和華對你們的訓示，啊以色列家！此片斷至16節，受第二以賽亞影響。通說為編者插入，不屬耶利米的啟示。²此乃耶和華之言：

異族的道你們莫學　道，此處指異教習俗、祭祀等，5:4注。

也不要被天上的徵兆所驚嚇

雖然那足以嚇唬外族。徵兆，自然現象，古人視為神跡，詩65:8。

³實際那萬民的惡俗只是一口噓氣：

一棵樹，伐倒，拖出林子　惡俗，huqoth，定規、習俗，申18:9。

匠人手拿一把斧子加工製成　參觀賽40:19-20。

⁴再飾以金銀，錘頭釘釘

固定好，免得搖晃。

⁵像黃瓜園裏一架草人，這東西　草人，tomer，另作椰棗。

不會說話；得有人抬着

因為也不會走步。

所以你們無須害怕，它不能降禍——

當然，也無從降福！嘲諷口吻，賽41:23。

[6] 誰也不能與你相比，耶和華！出15:11，賽40:18，詩86:8。

唯你至大，偉力至巨

是你的名。

[7] 誰敢對你不敬畏，萬族之王？設想將來受萬邦敬拜，啟15:4。

是呀，這於你是應得；ya'athah，相稱，詩33:1。反言今世不敬。

因為列族的智者，數遍萬國 直譯：在所有他們的國中。

也無一能比之於你。

[8] 一律是畜牲樣的蠢笨：外交軍事連連失敗，作者歸罪於偶像崇拜。

那噓氣之屬也會教誨？得了吧

一段木頭！

[9] 銀子錘成薄片，從拓西運來 拓西，西班牙東南或撒丁島商港。

黃金則采自俄斐；'ophir，從古敘利亞語譯本。原文：烏法，'uphaz。

都是些木工金匠的製品 賽13:12注二。

一身藍紫，也無非巧手織造。

[10] 然而耶和華上帝至真 'emeth，神性信實，亦作聖名，啟6:10。

乃是永生之上帝，永遠的王。

他一發火，大地震顫

降怒，則列族難當！鴻1:6。

[11] 這一點你們要告訴他們：此節是亞蘭語，編者插注。**諸神原非造天地者**，似乎不否認其存在與功效，參5:12注。**必從大地上，從天底下消滅**。ye'badu，諧音"造"，'abadu。

¹²是他，以大能造了大地　同51：15–19。

用智慧奠立世界　後世稱智慧為造主伴侶，參與創世，箴8：30注。

藉悟性鋪展諸天。悟性，tebunah，舊譯聰明，誤。詩136：5，伯9：8。

¹³他一聲，重霄大水轟鳴

當他從地極召來雲霧

電光裏潑下雷雨

又打開庫房，讓狂風呼呼！同詩135：7。

¹⁴而人卻畜牲一樣無知

金匠因偶像而蒙羞；

他的鑄像是一個騙局　舊譯虛假，不妥。賽30：22注。

內中沒有呼吸。ruah，兼指元氣，賦予生命的靈，結37：5。

¹⁵全是噓氣，糊弄人的製品　見2：5, 8：19注。

待到降罰之時，能不消滅！

¹⁶雅各的那一份與之不同：子民承約，原是祭司之國，出19：6。

因着他，萬物成形；"雅各的聖者"乃萬物之因，賽29：23。

以色列一族是他的產業

萬軍之耶和華——他的聖名。片斷完。

大震盪

¹⁷快收拾，拿起地上你的行李　準備入囚巴比倫，結12：3。

陷於重圍的人！

¹⁸如是，耶和華有言：

看，這一次，我要將福地的居民

如一塊石子投出；喻拋棄，流散天涯，9：15。

要讓他們受盡磨難

感覺到［苦］。或作：讓他們（重新）找到（我）。無定解。

¹⁹ 禍哉，我受傷了，痛哪，遍體瘡痍！擬人，猶大思忖。

是我說的：若只是這種痛法

還能忍受。

²⁰ 可我的帳篷毀了，繩索一根根斷完　參 4:20。

兒女也離開，不在了；

沒有一個留下來搭我的帳幕

替我再掛上帷幔。

²¹ 確實，這幫牧人蠢似畜牲　指猶大的公卿貴族，2:8 注。

從不把耶和華尋求；

故而，他們興盛不了　舊譯不通：不得順利。

羊群終於四散。　亞 13:7。

²² 聽哪，什麼聲音？啊，他們來了——

大震盪源自北地！　強敵入侵，彷彿地震。

猶大各城，全要夷平

讓給紅豺安穴。　套喻，淒慘狀，9:10。

²³ 我曉得，耶和華，人擇道不由自己　獲救亦然。

走路，也管不住自己的腳步。　故子民失足，按宿命論不負全責。

²⁴ 教訓我吧，耶和華，不過請秉持公道　要求從寬發落。

萬勿一聲鼻息，將我吹滅。　直譯：以免使我變小 / 消滅。

²⁵ 願你聖怒潑向那些不認你的異邦

所有不呼聖名的部族；潑怒，熟語，猶言洩憤報復，6:11，詩 79:6。

因為他們吞了雅各——吞吃不算

還想滅絕，變他的家園

為廢墟。　不指望天父息怒，但求他修正報仇對象，5:9, 29。

信約

十一章

一言，自耶和華降於耶利米，見7:1注。道：² 聽好了，此約所載，信約既是神恩的應許，也是承恩者必須履行的義務，創6:18注。一字字去給猶大人耶京居民傳達。³ 告訴他們，此乃耶和華以色列的上帝所言：人若不聽從此約之言，必受詛咒。申27:26。⁴ 而這是我將你們先祖領出埃及那熔鐵爐之日，熔鐵爐，喻奴役，申4:20。所頒佈的誡命：聽我的話，一切按我的指示，你們就當得我的子民，我必做你們的上帝；見7:23注。⁵ 以便實踐我與你們祖宗所立之誓，賜他們一片奶與蜜之鄉，迦南，或理想家園，出3:8，申6:3。今天亦然。誓約不可更改、撤銷。我便回答：阿門，惟願如此，民5:22。耶和華。

⁶ 耶和華接着道：這些話，你要在猶大各城，在耶路撒冷街頭宣佈，先知擴大宣道範圍。說：聽好了，此約所載，須字字遵行！⁷ 因為，早在我將你們先祖帶出埃及之日，就再三警告他們，直到今天，仍反復告誡：舊譯不通：從早起來，切切告誡。7:13注。聽我的話，務必！⁸ 但他們就是不側耳，不聽從，人人死追心裏的惡欲。同7:24,26。於是我把此約所載，那命其遵行而他們不幹的，子民背約而受詛咒，申11:28，亦是聖法所載宏圖之預定。一字字壓在他們身上了。

⁹ 耶和華又道：猶大人和耶京居民裏，有陰謀！合謀抗命，5:23。¹⁰ 他們回頭去學祖輩造孽，我的話卻拒不聽從，一個勁追着異神侍奉。包括與外族通婚，民25:1-3。以色列家跟猶大家毀了我同他們祖宗立的約。¹¹ 故此，耶和華有言：看，我要降禍了，他們已無法逃脫；即使呼救，我也不會垂聽！因救主已決意出離，8:20注。¹² 猶大各城和耶京居民，只好去找他們燒香供奉的諸神求救，可是這些神當人遭難之際，一個也拯救不了。

¹³ 好在你神祇的數目，啊猶大　同2:28。

如你的村鎮繁蕪！

又如耶京的街巷，你給那恥物　bosheth，貶稱巴力，3:24。

修築、為巴力燒香的祭壇

數不勝數。

¹⁴ 你呢，你不要替這一族祈求，別為他們呼籲禱告，同 7:16。因為到遭難之際才告饒的，故悔改須及時，過期無效。我不會垂聽。

¹⁵ 我的愛，她在我家裏做什麼？她，從七十士本。原文：他。

搞了這許多惡謀，還想靠聖肉 提喻聖殿祭禮，摩 5:21 以下。

避災殃？你還得意？詩94:3。此節晦澀，或有訛，無善解。

¹⁶ 曾經，耶和華叫你：橄欖樹 詩52:8。

鬱鬱蔥蔥，果子好漂亮！

然而呼嘯聲中，一串霹靂

天火劈斷了枝子。劈斷，wera`u，校讀參通行本：燒，ba`aru。

¹⁷ 這是萬軍耶和華，上接 14 節。即栽培你的那一位下旨，降禍於你；皆因以色列家同猶大家作惡，給巴力燒香，把我激怒了。反復聲明降罰之理由，7:18–19。

牙娜人

¹⁸ 是耶和華指明，我才明白——

幸虧有你為我揭示他們的邪行。得知牙娜城對自己的敵意，1:1。

¹⁹ 而我，像一隻順服的羔羊 一幅忠僕畫像，賽53:7。

被牽去屠宰

一點沒想到他們業已設下

害我的詭計：或因先知支持約西亞王的宗教改革，得罪了地方勢力。

讓我們把這樹毀了

趁着還鮮嫩，從生者之地剪除　鮮嫩，bele<u>h</u>o，校讀。原文費解：

叫那名字再無人記得！　在其麵餅中，bela<u>h</u>mo。

²⁰啊，萬軍之耶和華，你秉公審判

查驗心腎，求你允我得見　腎，古人視為情欲直覺之官，詩7:9。

你向他們報仇——我的案情

如上，已稟明。同20:12。

²¹所以，當牙娜人謀你性命，你，七十士本：我。均指先知。[威脅]說：你不要奉耶和華的名預言，認為耶利米是假先知，誤導鄉親，5:13。別死在我們手裏！——對這些人，耶和華有言——²²此乃萬軍耶和華之言：看，我必降罰於他們，叫青年死在劍下，兒女被饑荒攫走，²³一個也不留給他們。咒其不入餘數，不獲救恩，6:9注。因為，懲罰之年，對牙娜人我必降禍。

為什麼惡人的路

十二章

公義在你，耶和華，我如何與你爭訟？呼應2:29。

但我還是要同你論理：

為什麼，惡人的路條條順達　質疑救主，好人受苦，伯21:7。

越是欺詐的越安逸？世上不見善惡報應，明顯不合神的正義。

²你栽的他們，他們就生根

蔓延，是呀，還結了果子！惡果一如善果，也是上帝種植。

他們嘴上挨你好近

心裏卻離得遠遠。心，直譯：腎，11:20注。

³可是你認得我，耶和華，也瞭解我

考驗過我對你的心意。既然全知，為何一再考驗義人，伯7:17–18。

求你將他們拉出來，像待宰的羊

分開，待那受宰之日。對比忠信者的悲慘命運，11:19。

4 還要多久，這大地哀傷，大地，特指福地，亦通。遍野草木枯黃？人子觸罪，

連累土地受神的詛咒，創 3:17, 4:12。那鳥獸滅絕，是因為居民邪惡，竟説：〔上帝〕

看不見我們的歸宿？'aharithenu，七十士本：道路。

5 要是你跟人跑步，都累得不行 上帝回復先知。

又怎能與奔馬比試？

太平地方，你才覺得安穩 七十士本部分抄本：也不覺安穩。

那掉進約旦河岸的密林，怎麼辦？有猛獸出沒，不安全，49:19。

6 是呀，甚而你兄弟和你父親的家

他們也把你欺騙！強調邪惡無處不在，親族亦不例外。

還追着你嚷嚷沒完——— 但子民受騙，也是天父的設計，4:10。

再怎麼巴結，漂亮話説盡

你也別信他們！始終沒有正面回答先知的指控與質疑。

鷙鳥

7 我拋棄了我的家 指耶京聖殿，11:15。

丟了我的產業，將靈中的愛 以色列是救主的元配，2:2, 3:1。

交在她仇敵掌下。

8 我的產業對我，如林子裏

一頭獅子，老是衝着我咆哮

叫我能不恨她！產業（人口領地）日漸縮小，人神關係動搖。

9 我的產業

於我像一隻帶斑點的鷙鳥 帶斑點，zabua`，另作鬣狗。

任由別的鷙鳥圍攻：鄰國或巴比倫入侵猶大，王下 24:1–2。

去，糾集野獸，一起來把她吃了！

[10]啊，牧人好多，毀我的葡萄園　牧人，喻敵族，6:3–4。

踐踏屬我的那一份

將那份曾經贏了我歡心的　ḥemdathi，兼指福地、子民。

夷為廢墟——

[11]她被夷平，一片荒蕪

荒蕪了，她才向我悲泣；

福地全部夷平，卻沒有人　卻，校讀從傳統本注。原文：因。

把她放在心上。感歎人心敗壞，賽 57:1。

[12]荒野裏一座座禿山，蹂躪者　禿山，暗示異教神龕，3:2。

滾滾而來：是耶和華的劍在吞吃

從地極到地極，但凡肉身　提喻人類，賽 40:5，詩 65:2。

皆失了平安。

[13]他們撒的是麥種，收穫的

卻是荊棘，累癱了仍一無益處

而必為這出產蒙羞：耶和華　這，校讀。原文：你們的。

已點燃聖怒！直譯：鼻息，4:8。

[14]此乃耶和華之言：至於我那些惡鄰，摩押、亞捫、紅嶺等周邊部族，巴比倫的盟邦或藩屬，9:25。凡動了我特許子民以色列承受之產業的，動，hannog`im，觸、碰、打，婉言侵佔。看，我要將他們從土裏拔出，喻滅國。且要從他們中間把猶大家拔起。天父結束藏臉，解救子民。[15]但拔起之後，我會回頭施憐憫，神恩 "全善"，可有條件地不棄敵族，出 33:19。帶他們返回各自的產業，人人復歸故里。[16]而後，若他們好好學習我子民的道，盼萬族歸信以色列的神。奉我的名發誓：見 4:2 注。一如耶和華永生——恰如之前他們教我的子民指巴力起誓——若是

那樣，他們就定能重起，加入我的子民。¹⁷但如果他們不聽，七十士本：不肯回頭。我必拔出那一族，拔光而斬絕——耶和華宣諭。

腰布

十三章

此乃耶和華之言：去，給自己買一塊亞麻腰布，圍在胯上，遮羞用，創3:7。舊譯覦覥：帶子束腰。別沾水。以免亞麻縮水。²我就照耶和華說的，買了腰布圍在胯上。³接着，耶和華第二次降言，道：⁴帶上你買的腰布，你胯上圍的那塊；起來，往幼發拉底河走，perath，西亞第一大河。到那兒找一處岩穴把它藏好。⁵我就去了，到大河之濱藏了腰布，按耶和華的指示。⁶久之，耶和華又道：第三言。起來，去到幼發拉底河，把我命你藏在那兒的腰布取來。⁷我便到大河，將腰布從藏匿處挖出。可是看哪，腰布爛了，沒用了。上帝命先知設動作諷喻，儆誡子民，喻底如下。

⁸於是有耶和華之言降於我，道：⁹此乃耶和華所言：四言。如此，我必使猶大的驕傲、耶路撒冷的大驕傲爛掉！先知傳統，失敗通常歸因於驕傲/背信。¹⁰這幫惡民，我的話他們拒不聽從，硬了心，見9:13注。追着異神侍奉敬拜——到頭來，必如這塊腰布，沒用處！¹¹因為，正如腰布貼着人胯上，我也曾讓以色列全家並猶大全家貼緊了我，特選子民歸聖，神愛亦需私密，有等差，詩76:10。耶和華宣諭：以使他們歸我，為子民，為美譽，為頌歌，為榮光。可他們就是不聽！

¹²另外，你把這話告訴他們：此乃耶和華以色列的上帝所言：五言。酒罈要只只灌滿。他們若說：原文：會說。校讀從七十士本。你以為我們不懂，得灌滿酒罈？nebel，或作皮囊。¹³你就回答：此乃耶和華之言：總共六言。看，這福地的居民，我要全部灌倒；要坐大衛寶座的王，祭司與先知並耶京居民，個個酩酊大醉。罪人喝下聖怒，賽51:17。¹⁴我還要他們兄弟相爭，父子反目，一個

撞碎一個，太 10:34–36。**耶和華宣諭：決不留情，不顧惜，不憐憫，**借手一遙遠
大國，6:22–23。**當我毀滅他們。**

裙子

^{15}**聆聽請側耳，莫倨傲**

因為言者乃耶和華。

^{16}**榮耀應歸耶和華你們上帝**

當黑暗來臨之先，在你們抬腳

進暮色之山，跌倒之前—— 報應如聖法所載，申 32:35。

而你們所指望的亮光，要被他變為

死影，落入沉沉雲幕。 形容亡國與流散之苦，賽 59:9–10, 60:2。

^{17}**若你們仍不聽從，我的靈**

只好在隱秘處痛哭，為你們的自大 古敘利亞語譯本：災難。

而淚眼漣漣，因為耶和華的羊群 喻子民。舊譯群眾，誤。

被擄去了。

^{18}**你告訴國王和太后：** 前 597 年，猶大王耶立投降，入囚巴比倫。

去卑位坐吧。你們頭上那頂

極盡榮華的冠冕，掉落了。 頭上，從古譯本。原文：頭前 / 枕頭。

^{19}**南地各城皆已關閉** 歷史上屢受紅族侵害。

無人開門：整個猶大都入囚了

全數趕進囚牢。 參 22:24–27。

^{20}**抬起眼，看一看北方來的人。** 七十士本此處另有：耶路撒冷

先前賜予你的羊群，你的一眾榮耀 美稱耶和華的會眾。

哪兒去了？

²¹ 是他要降罰於你，你能説什麼？他，指上帝。七十士本：他們。

那些人是你自己教出來的領頭　譏南國認敵為友。

盟友，劇痛豈能不攫住你　此句或有訛，無確解。

彷彿一個孕婦臨盆？譴責聖城/子民，4:31, 6:24，賽26:17。

²² 倘若你心裏説：這一切

怎麼都被我碰上了？

你咎責深重哪，所以裙子剝掉　參較賽47:2–3。

裸露腳跟，你遭了強暴！腳跟，婉言下體。

²³ 難道古實人能換一身皮膚？古實，今埃塞俄比亞、蘇丹一帶。

豹子能褪去花斑？

若能，你這慣於作惡的

便能行善了。

²⁴ 不，我要颳起荒野的風

將你們如碎秸吹散。你們，從傳統本注。原文：他們。

²⁵ 這是你的命鬮，我量給你的份額——　命運已定，詩16:5。

耶和華宣諭：

因為你居然忘卻了我

拿謊言來倚靠。謊言，sheqer，貶"邪神"偶像，10:14，賽28:15。

²⁶ 所以我要親自掀起你的裙子　施暴者亦在神內，在大愛中。

蒙你的臉，袒露你的羞處。qalon，舊譯醜陋，誤，鴻3:5。

²⁷ 哦，你的通姦，你的嘶鳴　狀其背信之醜態，5:8注。

你淫亂肆無忌憚——土丘上　提喻迦南神龕、神柱等，2:20。

野地裏，你的一樣樣穢物　形容拜祭異神，4:1, 7:30注。

我看見了！

慘了你，耶路撒冷！

你不肯潔淨，要拖到幾時？

饑荒與刀劍

十四章

　　有耶和華之言降於耶利米，講的卻是旱災：bazzaroth，匱乏，轉指旱情、災荒。

² 猶大在悲泣，城門凋敗了　城門，提喻城市。

人們披上黑衣坐倒在地，哀聲　披上黑衣，qadru，舉哀。

自耶路撒冷升起。

³ 貴族派童僕去打水。

來到池邊，卻發現沒水

只好提着空桶返回——羞愧呀

沮喪，他們把頭遮住。　自知觸罪，招致天怒，聖城行將傾圮。

⁴ 土地乾裂了仍然沒雨，農夫

也一團沮喪，遮了頭。　至高者按人的罪孽降災，利26:19–20。

⁵ 甚而野地裏的母鹿遺棄

她的幼仔，迫於青草匱乏。

⁶ 野驢則站上禿山，豺狗般的喘氣

綠葉一斷，他黯了眼簾。　終日悲愁，弄壞了眼睛，伯17:7。

⁷ 儘管咎責作證，在告我們　子民悔罪，告白，賽59:12。

耶和華啊，求你行動，一顯聖名！　全能者名實統一，詩23:3。

的確，我們已經屢屢失節　參3:6以下。

觸罪於你，⁸ 以色列的希望　七十士本此處另有：耶和華。

危難之時她的救主：為什麼　她，擬人。原文：他/它。

你在福地，反而像一個寄居的

彷彿旅人投宿，只住一晚？　不知救主早已出離，8:20, 11:11注。

⁹為什麼，你會像一個驚呆的人

彷彿勇士，卻無力施救？心生疑竇，大能者能否守約。

可是你，耶和華，就在我們中間；

我們被喚作你名下的，求求你

萬勿離棄！詩119:121。

¹⁰如此，耶和華説到子民：這些人太喜歡流蕩，nua`，喻偏離正道，違背聖法。收不住腳步，故而耶和華不悦納他們；如今，他要記住其咎責，不再寬赦。追究其罪愆。同何8:13。

¹¹耶和華還説：不要為這一族祈福。重申7:16。¹²隨他們禁食，我不會垂聽呼求；即使獻全燔祭和素祭，我也不會悦納。約西亞王宗教改革受挫，祭禮失效，6:20, 7:21。相反，我要用刀劍饑荒跟瘟疫，滅了他們！

¹³哎呀，主耶和華！我忙説，耶利米堅持替同胞求情。這可是眾先知答應他們的：你們決不會看到刀劍，亦不會遇上饑荒；我賜你們的是平安信實，或作：真平安。我，直接引語傳上帝訓言，求生動。就在此地。

¹⁴然而耶和華道：謊言！那夥先知托我的名預言！假先知難題，長期困擾着會眾，5:31, 8:8, 13:25。申13章。我從未派遣他們，既無下達誡命，也沒有給他們訓諭。騙人的異象、虛妄的占卜、鈎心的詭計，或作：他們自己的邪思/癡心妄想。他們為你們預言的是這個！¹⁵故此，耶和華有言：先知托我的名預言，絕非受我的派遣，[若是]他們聲稱，福地決計不會有刀劍饑荒。不，刀劍饑荒，這夥先知一個也跑不掉！直譯：必為刀劍饑荒所完結。¹⁶而那些聽信預言的子民，必死於饑饉利劍，棄屍耶京街頭，無人安葬他們——妻子兒女，一應如此。預言巴比倫軍屠城。我要將他們自己的惡，潑在他們身上。猶言自作自受，罪有應得。參10:25注。

¹⁷這一言，你告訴他們：悼念受難者。

讓我淚眼漣漣吧，夜以繼日

泣涕不停！

因為子民我的女兒受了大摧殘　呼應10:19。

痛哪，姑娘她遍體瘡痍！姑娘，bethulah，已屆婚齡（行經而可生育）

[18] 無論我去到田間，啊不　的少女，出22:15注。

不看那刀劍的殺戮——還是

走進城裏，我只見，饑饉肆虐！子民之殤，天父無法回避。

而先知跟祭司正忙着做買賣——　saharu，往來，轉指販賣。

賣了國土還渾渾噩噩。直譯：還不知（去哪兒／怎麼辦）。無定解。

[19] 擯棄了，你擯棄猶大？子民回復，求開恩，6:30, 7:29。

你的靈厭惡錫安？

為什麼你擊倒了我們，不許治癒？喻赦罪、復興。申32:39。

原是指望平安，反而失了幸福　同8:15。

盼着痊癒之時，不想——

何等的驚懼！

[20] 耶和華啊，我們承認自己邪惡

負有祖宗的咎責，因為觸罪於你。知罪，但為時已晚，11:14。

[21] 求你為了聖名，不要嫌棄我們

莫讓你榮耀之寶座受屈辱；榮耀之寶座，美稱錫安或聖殿。

求你記住

莫毀了你與我們立的信約。提醒天父守約施救，11:10。

[22] 異族的噓氣，可有能喚雨的？表態，宗教寬容並無否認唯一神。

或者，諸天能自灑甘霖？申28:12，詩147:8。

除了你，耶和華我們上帝——

還有誰，讓我們翹望？唯有你

能做到這一切。做到，或作造下。

十五章

可是耶和華向我說：便是摩西同撒母耳立於我面前，擔任中保，勸說至聖，出 32:11，撒上 7:9，詩 99:6。**我的靈也不會眷顧這一族。你把他們趕走，別讓我看見他們！** 直譯：從我面前趕走。命先知阻隔聖言，使子民愚鈍，賽 6:10。² **倘使他們問你：去哪兒？告訴他們：此乃耶和華之言：**

那定了入死的，必死 特指死於瘟疫，14:12。

該挨劍的，必挨劍；

定了受饑的，必受饑

該擄去的，必擄去。 入囚巴比倫，13:17, 19。

³ **我給他們定了四樣懲罰，耶和華宣諭：刀劍屠殺，野狗叼走，飛鳥走獸來搶食、毀[屍]。** 屍骸被遺棄或挖出，8:1–2，古人視為極大的詛咒。⁴ **如此，我定叫天下萬國驚駭，** 舊譯不通：拋來拋去。申 28:25 注。**皆因猶大王希士迦之子瑪納西，** 前 698/687~642 在位，對迦南宗教取寬容態度，故受先知嚴厲譴責，王下 21 章。**在耶路撒冷的所作所為。**

揚穀鏟

⁵ **還有誰會可憐你，耶路撒冷？** 意謂親者都死了。

誰搖頭為你哀傷？ 同賽 51:19。

誰轉身，問你一聲平安？

⁶ **是你把我丟開，耶和華宣諭：**

拿背對着我，所以我才伸手反擊

毀了你——

我厭倦了寬恕！ hinna<u>h</u>em，兼指安慰、後悔，4:28。

⁷ **從福地各個城門，我用穀鏟將他們揚出** 喻剔除、懲罰。

讓他們子女死絕而滅亡，我的子民；

然而他們仍不離歧路。故而至慈者不予寬赦。

[8] 他們的寡婦要比海沙還多；誇張修辭。

而我，就在正午給戰士的母親　隱喻福地，陰性名詞。

召來一個踐踏者，令她猝然　戰士，bahur，青年、壯丁。

被驚恐壓倒！踐踏者，即巴比倫，6:26, 12:12。

[9] 那生有七子的婦人垮了，喘不上氣

還是白天，她的日頭忽已落下：七子，象徵蒙福，撒上 2:5。

多麼絕望這羞辱。餘數我必交與

刀劍，扔給他們的仇敵——

耶和華宣諭。

耶利米表白

[10] 慘了我，母親呀你生下我，我一個人

與全國作對、爭執！恰是以色列先知的宿命，路 2:34。

我既無放債，也不借債，可是他們

眾口一辭，罵我。

[11] 當真麼，耶和華，我沒有好好侍奉你？校讀參七十士本。

沒有在禍亂危難之時，替 "仇敵"　原文有訛：耶和華說，我豈

向你求情？　無使你堅定 / 自由，為（你）好……？ "仇敵" 似補注。

[12] 人豈能折斷鐵，那北方的鐵，還有銅？上帝回答。同 17:3–4。

[13] 你的財富，你的寶藏，我要任人劫掠　鐵 / 銅，喻強敵。

不討價錢，以抵償四境之內

你犯下的一切罪愆。

[14] 我還要逼你給仇家為奴　從部分抄本及七十士本，參 17:4。

在你素來不識的國度　原文：使你的仇敵通過。

因為，我的怒火已經點燃——　申32:22。

燒的就是你們！

¹⁵啊耶和華，你知道的！

求你記得我，眷顧我，向迫害我的人

報仇。求求你

忍住怒氣，不要將我攫去

須知我是為了你，才受盡屈辱。詩69:7。

¹⁶當初你的話一來，我就吃了　先知回想蒙召之日，結3:1–3。

你每一言都是我的喜悦，心中的歡愉：強調一向謹守聖法。

是呀，被喚歸你的名下——耶和華

萬軍之上帝！

¹⁷不，我從未與嘲笑者共席，一同取樂　參與異教祭祀。

總是依從你的手，獨自靜坐　手，猶言指示。舊譯不通：感動。

全身注滿了你的怨憤：

¹⁸為什麼，我痛苦不止，創傷不癒　傾訴先知之苦，20:7–10。

久久不能康復？

啊，你對我，像一條騙人的小溪　迦南的季節河，伯6:15–20。

流着水，但靠不住！批評至高者多變，信約堪憂。

¹⁹於是，耶和華這樣回答：

只要你回頭，我就讓你回來

立於我面前。雙關：承允先知履職；子民返歸福地，重建聖殿。

只要你把貴重的和下賤的分開　或作：說出貴重的而非下賤的。

你便可以當我的口；勝任人神之間的中保，1:9。

叫他們回來找你，而非你回歸他們。

20 對於這一族

我必使你成一道設防的銅牆；與子民對立，飽受攻訐，1:18–19。

他們會來進攻，但無法取勝

因為有我與你同在，將你解救——

耶和華宣諭：

21 我必救你擺脫惡人的手

從暴君掌下把你贖出。

居喪之家

十六章

復有耶和華之言降於我，道：2 此地，迦南福地。你不可娶妻生兒育女。以先知的人格，或其生活遭遇，成一徵兆而啟示世人，賽8:18，結24:15以下。3 因為，耶和華講到此地出生的兒女，及國中生養他們的父母，是這樣說的：4 他們必死於癘疫，tahalu'im，疾病，泛指瘟疫災殃，申29:21。無人哀悼掩埋，猶如糞土遺落地面；必為刀劍饑荒所滅，屍骸給飛鳥走獸為食。參8:2, 15:3注。

5 如是，耶和華有言：莫進居喪之家，傳7:2。別去哀哭，向人弔唁；因為我已拿走了給這一族的平安，戰爭在即。耶和華宣諭，收回了慈愛與憐憫。6 大小不論，指社會階層。這一國的人都要死掉，且不得掩埋或哀悼：既無割破皮肉的，亦無剃光頭頂的。異教志哀習俗，但以色列民間禁而不止，41:5，利19:27–28，申14:1，賽22:12。7 舉喪的，無人與他掰餅以示吊慰；餅，從二抄本及七十士本。原文：為其（舉喪）。失了父母的，也沒有人遞上一杯酒慰唁。

8 宴飲之堂也莫進，傳7:2。別跟他們同席，一起吃喝。9 如是，萬軍耶和華，以色列的上帝有言：看，就在你們眼前，在你們自己的日子，暗示節慶屬人，非關神恩。我要將歡聲笑語、新郎新娘的對唱，同7:34。從此地放逐。

10 當你把這些話一一轉告子民，他們會問：什麼緣故，大禍若此，耶和華要降於我們？什麼咎責，什麼罪愆，我們觸犯了耶和華我們上帝？子民不明白，因聖所祭禮從未停止。[11] 你要回復他們：可你們祖宗拋棄了我，團體責任，父罪子承，申 29:24–26。耶和華宣諭，追着異神侍奉敬拜——拋棄我不算，還不守聖法。實用主義或迫於形勢，取寬鬆的宗教政策。[12] 你們呢，你們作惡更甚於祖宗！看吧，人人死追心裏的惡欲，就是不肯聽我的。呼應 7:24, 11:8。[13] 故我只好將你們扔出福地，扔到你們跟祖輩都不識的國度；那裏，你們可以日夜不輟，拿異神來侍奉，省得我還要對你們施恩！

漁夫

[14] 所以看哪，此段同 23:7–8，通説屬後人增補。日子快到了，耶和華宣諭，同 7:32。人不再説：起誓語，4:2 注。一如耶和華永生，是他領以色列子孫從埃及上來！[15] 相反，要説：一如耶和華永生，是他將以色列子孫領出北地，並流放者所到各國。前 538 年，波斯大帝居魯士敕命釋囚，允子民回返福地，賽 41:2, 45:1 以下。因我必引他們返歸故土，我賜他們祖先的家園。

[16] 看，我要召許多漁夫，耶和華宣諭 預言敵族入侵。

命其將［子民］網起；耶穌借喻收徒傳道，太 4:19，可 1:17。

然後，再召許多獵人，走遍大山小山

一處處岩穴，獵取［子民］。

[17] 因我緊盯着他們的路向 指猶大的行事，6:27，伯 34:21。

沒有一步能對我隱藏，既是咎責

便逃不過我的眼睛。

[18] 我要一總報還，不，雙倍報應 一總，ri'shonah，另作首先。

他們的咎責與罪愆——

啊，他們用可憎的死屍 貶喻異教神龕、偶像等。

玷污了我的家園，令我的產業

為穢惡所充斥。見 2:7 注。

¹⁹耶和華啊我的力量，我的堅城

危難之日，我的庇護！經書熟語，出 15:2，詩 59:16, 71:3。

萬族必從地極來歸依，向你說：

除了謊言，我們祖宗別無遺產

一口噓氣，全無益處。參 2:5, 8:19 注。

²⁰人，豈能造幾尊神給自己？

那可算不上神明！譏諷南國宗教寬容，換不來保佑，賽 40:19–20。

²¹所以聽着，我要教他們承認

這一次，必叫他們認得

我的手和我的大能；手，喻上帝偉力，6:12, 10:6。

以使他們不得不認可——耶和華

我的聖名。

猶大的罪

十七章

猶大的罪，七十士本脫此片斷，1–4 節。**是鐵筆鐫寫，金剛鑽銘刻，載於他們
的心版和祭壇四角。**意謂不可磨滅。² **他們的兒女，卻惦記着自己的祭壇跟神
柱，**沉湎於祭祀"邪神"，2:20。**綠樹掩映，高丘之上，**³ **[遍佈]我的山野。**另讀：
原野的群山。

**不，你的財富，你的寶藏，我要任人劫掠，以抵償四境之內你犯下的
罪愆。**抵償，bimhir，校讀參 15:13。原文：你的丘壇（之罪），bamotheyka。⁴ **你自作自受，**
直譯：因你的（行為）。另讀：你將鬆手（失去）。無定解。**必失去我恩賜的產業；而我
還要逼你給仇家為奴，在你素來不識的國度，因為，我的怒火已經點燃，**
從二抄本，參 15:14。原文：已被你們點燃。**定將燒到永遠。**

箴言集：報應

⁵此乃耶和華之言：

誰若只信靠世人，仰賴肉身之力　zero`o，臂膀、氣力。

心卻背離了耶和華——

這人必受詛咒！

⁶就像沙漠裏一株檉柳　`ar`ar，灌木，一作杜松。無確解。

即便幸福來臨，也不會察覺：

它在荒野的乾涸處定居

一片鹽地，渺無人跡。　無知無識，類比野驢，伯 39:6。

⁷福哉，那信靠耶和華的人——　熟語，詩 40:4，信善惡報應。

他有耶和華倚靠！

⁸就像一棵樹植於水畔　詩 1:3。

樹根伸向小溪：

它不懼炎熱來襲，綠葉葳蕤

大旱之年也無須掛慮

依舊果實纍纍。　直譯：不停結果。結 47:12。

⁹人心比什麼都狡猾　`aqob，諧音砍腳跟、暗算，9:3 注。

而且敗壞得沒治——誰能識透？　惡，是普遍原則，創世之奧秘。

¹⁰我，耶和華，查心驗腎　見 11:20 注。

要照各人的路向，他行事的果子　功罪個人承擔，詩 62:12。

——報應。

¹¹又如山鶉抱窩，拿別人的蛋

人也是這樣斂不義之財：

他沉浮半生，被財富拋棄　經書常理，錢財如噓氣，傳5:9以下。

落得一個蠢人結局。

¹²啊，榮耀之寶座，崇高超乎元始　此闋不似耶利米思想。

我們的聖所！作者仍寄望於聖殿，不知天父已決意出離，7:1–15。

¹³啊，以色列的希望，耶和華！

凡捨棄你的，必蒙羞

那背離你的必錄入地下；你，校讀。原文：我。地下，指陰間。

因他們拋棄了活水的源頭——　參2:13注。

背棄耶和華。

禍殃之日

¹⁴求求你，耶和華，醫治我，讓我痊癒　喻悔改歸正，3:22。

拯救我，讓我得救。唯有你

是我的頌歌。或作：我的榮耀，13:11。

¹⁵聽，他們喋喋不休：

耶和華之言，在哪兒？叫它來呀！其時聖言尚未應驗。

¹⁶可是我從未催促你降禍　lera`ah，校讀。原文：做牧人，mero`eh。

也無渴求那不治之日　婉言聖怒。此句晦澀，無確解。

這你知道。凡出自我雙唇的

皆已向你面陳。或指入聖殿告白，絕不敢隱瞞。

¹⁷求求你，別讓我恐慌

遭禍之時，我的庇佑在你。

¹⁸願迫害我的個個蒙羞，免我承羞；改口，祈救主報復。

願他們，但不是我，受恐嚇！

願你給他們招來禍殃之日

摧毀他們，雙倍的摧折！

安息日

¹⁹ 如此，耶和華有言：此片斷思想風格與耶利米迥異，似波斯時代的文字。尼 13:15–22。去，站到民子門前，耶京一城門。民子，即百姓。亦即猶大諸王出入的那門，並耶路撒冷各門，²⁰ 向他們說：請聽耶和華訓示，啊猶大王，整個猶大與耶京居民，所有入來城門的人！

²¹ 此乃耶和華之言：當心你們的靈，猶言為了保命。或作：你們要當心。安息日勿事搬運，進耶京四門。²² 也不要在安息日從家裏往外搬東西，什麼工都別做。要以安息日為聖日，按我給你們列祖的誡命。出 20:8, 31:13–17。²³ 可他們就是不側耳，不聽從，反而脖子一硬，愚頑狀，7:26 注，申 9:13。不聞也不受教。

²⁴ 若是你們認真聽從，耶和華宣諭，安息日不往這城的四門搬運；若你們守安息日為聖日，當天一律停工。²⁵ 那麼，這城的四門便能繼續迎接坐大衛寶座的王，原文此處重複"公卿"，從傳統本注略去。並公卿大臣，駕車乘馬，連同猶大人耶京居民。這城便能永存。或作：永遠能住人，結 37:25，珥 4:20。²⁶ 人們將來自猶大各城跟耶路撒冷四周，從本雅明境內，從平原、山區和南地，帶着全燔祭、犧牲、素祭同乳香，到耶和華的殿獻上感恩祭。todah，為獲救、消災而謝恩讚頌之禮，利 7:12, 22:29，詩 56:12。²⁷ 但如果你們不聽我的，不守安息日為聖日，反而在安息日搬運，進耶京四門；那麼，我必在城門口放火，召敵軍攻陷聖城，6:5, 7:20。那火必吞噬耶路撒冷的宮闕，而熊熊不熄。

陶工

十八章

一言，自耶和華降於耶利米，同 7:1, 11:1。道：² 起來，你下去陶工家；那裏，我讓你聆受訓言。³ 我便下到陶工家，見他正踩着轉輪幹活。⁴ 陶工手上，那黏土器皿要是壞了，他就重做一隻；器皿合格與否，yashar，直、正確、合宜。由陶工的眼睛決定。

5 接着，耶和華降言於我，道：解釋上述動作諷喻，賽29:16。6 難道我不能如這陶工一樣待你們，以色列家？耶和華宣諭。看，你們在我手裏，就像黏土在陶工手上哪，以色列家！7 曾經，講到某族某國，我說要拔除、拆毀。見1:10。8 但如果那一族被我說了就改過棄惡，我也可反悔，寬恕罪人，15:6注。收回定旨，不降災禍。人子悔改，可修正或懸置聖言。9 曾經，也是講到某族某國，我說要興建、種植。見1:10。10 但如果它幹了我眼裏的惡事，不聽我的話音，我也可反悔，收回許諾，信約存廢，生死二途，由人子選擇，申30:15。不賜福份。

11 好了，你告訴猶大人耶京居民，此乃耶和華之言：聽着，我就是給你們搏災殃的陶工，聯想創世，搏泥造人，創2:7。我大計已定！快從你們的邪道折回，人人改正路向和行事。同7:3, 5。12 他們卻說：無望了！實則是對大能者失望，2:25。我們有我們的計謀，得照辦；誰個行事，不死追心裏的惡欲？市場邏輯，反駁天父指摘，7:24。

13 故此，耶和華有言：

你們可向各族詢問，這樣的事　詢問，舊譯訪問，誤。

誰聽說過？以色列[我的]姑娘　擬人，愛稱，14:17注。

她幹下的，可怖至極！

14 黎巴嫩的積雪，豈能離開山崖？山，從猶太社本。原文：田野。

外邦的長河，那清冽的流水　外邦，另讀：埃及。無定解。

可曾乾涸？yinnashtu，校讀。原文不通：拔出，yinnathshu。

15 然而我的子民忘掉了我　呼應2:32, 13:25。

給一個"虛妄"燒香！虛妄，婉言"邪神"，賽5:18，詩4:2, 24:4。

他們被絆倒在了中途　受祭司先知誤導，或自己不慎不智而犯錯。

在古道上跌跤，又誤入小徑

一條沒鋪平的岔路。喻異教。

16 結果家園化為廢墟，令人震驚：

從此在噓聲裏度日，路人見了　噓聲，表譏嘲、厭惡，19:8。

無不驚歎而搖頭。　憐憫、鄙視或恥笑狀，15:5，詩22:7, 64:8。

¹⁷大敵當前，猶如東風　喻禍害，4:11注。

讓我吹散他們；災殃之日

我給他們看的是我的背影

而非聖容。　校讀參古譯本。原文：背而非臉，我要看到他們。喻潰敗。

惡報

¹⁸來，他們説，我們合謀幹掉耶利米！聖法怎會因為缺一個祭司而亡？
意謂耶利米雖是祭司，卻不捍衛律法。**不，宏圖不缺智者**，宏圖，`ezah，或作謀略，弱。伯
12:13注。**聖言不缺先知！**聖言，dabar，或作預言。**來呀，我們用舌頭揍他**，猶言批
駁，暗示詆毀。**管他説些什麼，別理他。**

¹⁹耶和華啊，求你眷顧我——聽見了吧

我的對頭在嚷嚷什麼。

²⁰應該嗎，善有惡報？

可他們在給我的靈挖坑！　陷害先知，詩35:7, 12。

記得不，我曾經立於你面前

替他們説好話，求你將聖怒移開？　行中保之責。參7:16, 15:1。

²¹好，你就把他們的兒女交與饑荒吧　回應天父，11:22, 14:12。

任由刀劍攫走，叫他們女人喪子

都做寡婦——願男人死於瘟疫

青年上陣被利刃砍殺；

²²願哭聲傳出他們的屋舍

當你帶領搶掠者，突然來到！　血腥報復，實現宏圖，王下24:2-4。

只因他們挖了坑想抓我

設下圈套絆我的腳。套喻，婉言害命，詩140:4-5。

²³幸而有你，耶和華，明察一切

害我的孽謀。

願你勿赦免他們的咎責

你眼前的罪愆，也決不抹去；

要他們仆倒在你面前

於盛怒之時，領受懲辦。

打碎瓦罐

十九章

此乃耶和華之言：部分抄本：對我說。你去向陶工買一隻瓦罐。帶上幾個子民的長老和年長的祭司，原文脫"帶上"，從古敘利亞語及亞蘭語譯本補。²出碎瓦門，位於聖城南牆，一說即運垃圾出城的糞門，尼2:13。下到啼子谷；見7:31注。在那兒，宣告我傳你的訓言，³說：

請聽耶和華訓示，啊猶大王，耶京居民！如此，萬軍耶和華，以色列的上帝有言：快了，我必降禍於此地——凡聽見的，必耳鳴！tizzalnah，聞噩耗而畏懼，撒上3:11。⁴只因他們拋棄了我，把這里弄成一個番邦，yenakru，指其褻瀆聖地。舊譯不通：看為平常。到處燒香拜異神，拜他們跟祖輩，包括猶大王都不識的東西！啊，遍地是無辜者的血，⁵一座座巴力丘壇，築來焚燒自家兒[女]，舉行童子祭，2:23, 3:24注。作全燔祭獻與巴力。但這絕非我的誡命或指示，從未進入我心。同7:31-32。⁶所以看哪，日子快到了，耶和華宣諭：人不再說焚化地、啼子谷，而要管這裏叫屠谷。⁷就在這兒，我要使猶大和耶路撒冷的孽謀落空；baqaq，諧音（瓦）罐，baqbuq。要他們栽倒在劍下，被仇敵的手索去性命。直譯：在仇敵面前，被索命/靈的手。而他們的屍骸，我要給飛鳥野獸為食；⁸還要變這城為廢墟，令人震驚，讓人恥笑：lishreqah，噓聲、嘲笑，18:16。路人見了她的創傷，無不驚歎而噓她——⁹噓，我要迫使他們吃親生兒女的肉：利 26:29，申 28:53–57。當他們陷於圍城，被仇敵索命，逼入絕境，舊譯不通：
窘迫他們。人要吃鄰人的肉！

　　¹⁰説完，你就在同去的人眼前，把那罐子打碎，¹¹告訴他們：此乃萬軍
耶和華所言：我必擊碎此民此城，一如人打碎陶工的瓦器，令其再不能修
補。舊譯囫圇，不妥。賽 30:14，詩 2:9。而焚化地則要充當墳場，因為無處可供安
葬。因為，或如欽定本：直至。¹²我必待這地方及其居民若此，耶和華宣諭，令
這城淪為焚化地：¹³耶路撒冷的房舍，猶大王的宮室，將全數不潔，被死屍玷
污，利 26:30。與焚化地無異——凡屋頂上有人給諸天萬象燒香，為異神澆酹祭
的，無一例外。

　　¹⁴後來，耶利米從耶和華派他去預言的焚化地返回，到耶和華聖殿的庭
中站定，向眾人道：¹⁵如此，萬軍耶和華，以色列的上帝有言：看，對這城
及所屬各個村鎮，我必照我警告的降下大禍，直譯：全部災禍。因為他們硬起
脖子，連我的話也不肯聽從。見 7:26, 17:23 注。

二十章

　　那耶和華聖殿的總監是一個祭司，伊莫之子帕撕胡。pashhur，諧音撕碎，
pashah，哀 3:11。總監，paqid nagid，負責治安的首長。聽得耶利米預言這種事情，認為他
口出妄言，煽動民眾。²帕撕胡就把先知耶利米一頓鞭打，不寫拘捕判罪，申 25:2。上
了枷，腳枷或頸枷，9:26。因在耶和華聖殿的本雅明高門內。

　　³次日，帕撕胡給耶利米下了枷，釋放，暗示無罪。不想耶利米説：耶和華
不叫你帕撕胡了，他叫你“被恐懼圍困”！上帝對忤逆子民的判詞，6:25。⁴如是，
耶和華有言：看，我必將你交給恐懼，連同你所有的親友；直譯：所愛。下同。
他們要倒在仇敵的劍下，讓你親眼見到。忍受後死者的痛苦。整個猶大要交在巴
比倫王手裏，隨他擄往巴比倫，拿刀劍屠殺。⁵我還要將這城的一切財富同
辛勞所得，一切珍寶，猶大王的一切庫藏，通通交在仇敵手裏，任由其洗
劫，運去巴比倫。古代戰爭的常態。⁶至於你，帕撕胡，並全體家人，則要入囚

巴比倫：死在那裏，葬在那裏，你跟你的那些親友，所有把謊言當預言的
人！直譯：你以謊言為之預言的。

勾引

⁷耶和華啊，你勾引了我。我竟然　先知大膽，指上帝勾引／誘姦。

"乖乖"上鈎！你抓住我強迫我　hazaqtani，特指強姦，申22:25，

我反抗不了：如今我一天到晚　撒下13:11。

受人恥笑！反抗不了，tukal，直譯：你贏了／幹掉（我）了。

⁸我只要開口，就忍不住呼喊：

強暴！毀滅！

因為耶和華的話

於我，是終日的辱罵和譏嘲。　自比忠僕，而謾謗鄙夷竟來自聖言，

⁹我說了我不要想他　詩22:6-7。

再也不奉他的名說話。

可是心裏就像禁閉着一團烈火　喻聖言。先知熟語，5:14, 23:29。

燒乾我的骨髓——我忍不住　直譯：像烈火在燃燒／禁閉我骨中。

我受不了！

¹⁰啊，滿耳是流言蜚語　同詩31:13。

我已被驚恐圍困：帕氏的新名，上文3節。解作蜚語，接下句，亦通。

告吧，我們一起告他！

連我的密友都等着看我摔倒：密友，直譯：平安之人。喻好友。

興許他會上鈎？然後我們就能　暗示密友背叛，恰是天父的安排。

將他幹掉，拿他復仇！　上鈎／幹掉：動詞同上文7節。

¹¹ **但耶和華與我同在，像一個可怕的勇士。** 此闋為忠僕表白。

所以那迫害我的必絆跤

而無法取勝，因不慎而處處蒙羞 不慎，猶言虛妄，18:15注。

受辱而永不被遺忘。 神的懲罰，通常是抹除對罪人的記憶，賽26:14。

¹² **萬軍之耶和華啊，你考驗義人** 另讀從二抄本：秉公考驗。

洞察心腎，求你允我得見

你向他們報仇——我的案情

如上，已稟明。 同11:20。義者哀求，宛如與至高者爭訟，12:1。

¹³ **歌唱耶和華，讚美耶和華！** 插入此節頌辭，略作停頓，轉折。

是他解救了貧苦人的靈 苦靈有福，必承福地，賽57:13，太5:3。

打斷惡人的手。 打斷，直譯：從（手中）。

¹⁴ **願我出生的那一天受詛！** 拒絕神的"開胎"生育，賽66:9，伯3:3。

願母親誕我之日不蒙福！ 抗議沒出子宮即被祝聖，做了先知，1:5。

¹⁵ **願給父親報喜，説生了個男孩**

闔家歡欣——願那人遭咒！ 闔家，直譯：使他。

¹⁶ **願他像耶和華傾覆而不憐惜的** 他（那人），校讀：那天。

城邑：早晨聽見哀哭 聯想罪城所多瑪的末日，23:14。

正午吶喊入耳； teru`ah，轉喻戰爭、敵軍圍城。

¹⁷ **只因他沒在子宮裏就把我殺了** 他，雙關暗示上帝不公，

讓母親當我的墳墓 那人不是神明，並無關閉子宮的大能。

永遠挺她的大肚！ 誇張修辭，表達憤慨、痛苦。

¹⁸ **究竟為什麼，要我出子宮**

見識辛勞與悲慟，日子

為羞辱吞吃？ 直譯：在羞辱中滅失。現實寫照，呼應上文11節。

耶義求問神跡

二十一章

一言，自耶和華降於耶利米。起首語，引入新單元，7:1, 18:1。其時，耶義王派瑪基亞之子帕撕胡、與聖殿總監同名，20:1。耶工之子西番雅祭司來見，西番雅，zephanyah，"耶和華寶藏"，聖殿祭司中位列第二，52:24。說：² 煩請替我們求問耶和華：有巴比倫王尼布甲尼撒興兵來犯，前588年，尼帝（前605~562在位）第二次圍困聖城。耶和華可否以其廣大神跡，為我們略施一二，迫敵退兵？

³ 耶利米道：請這樣回復耶義，⁴ 此乃耶和華以色列的上帝所言：看，我要繳下你們手裏的兵器——你們拿它抵抗城牆外的圍攻者，繳下，mese_b，使轉向、交出。巴比倫王並迦勒底人，我卻要收了堆在這城的中心——⁵ 然後親自向你們開戰，伸開巨手與大能之臂，一如當年與埃及為敵，出13:3, 14:13。我鼻息噴發，忿恨至極！⁶ 我必擊倒這城的居民，叫他們人畜一起死於大瘟疫。⁷ 而後，破城之日。耶和華宣諭，我必將猶大王耶義連同臣僕百姓，城裏所有從瘟疫刀劍和饑饉逃生的，都交在巴比倫王尼布甲尼撒的手裏，亦即索他們性命的仇敵掌下；讓他們被利刃擊殺，屠城；以及入囚為奴，受虐待至死。決不顧惜，不留情，不憐憫。同13:14。

⁸ 你就告訴這一族，此乃耶和華之言：看，我把生命之路同死亡之路擺在你們面前了。禍福任選，申30:15。⁹ 凡留居這城的，必死於刀劍饑饉和瘟疫；同38:2。而那出城的，向圍攻你們的迦勒底人投降的，皆可逃生，可留一條命當掠物。暗諷：雖則做奴隸飽受屈辱，但好死不如賴活。¹⁰ 之所以我臉對着這城，喻決斷，天父中斷藏臉。對比12:14。是要降禍，而非賜福，耶和華宣諭。[大城]必交在巴比倫王手裏，被他一把火燒掉。

最美的雪松

¹¹ **致猶大王室**：標題。以下至 23:8 為一單元。**請聽耶和華訓示，**¹² **大衛之家！**
猶大諸王是大衛王後裔，上帝與大衛立"永約"的果實，撒下 7:14–16。**此乃耶和華之言：**

早晨，須秉公斷案　君王乃神子，判決終歸天父，申 1:17。
欺壓者手中人受了掠奪
要解救——不然我怒火迸發　同 4:4。
烈焰熊熊，無人能熄滅
就因為你們造孽！ 司法不公，會銷蝕君權的合法性，賽 59:4。

¹³ **我 [說] 你呢，山谷裏的居民**　山谷，指耶京周邊山谷。
平川上的磐石——　大衛王建宮闕處，轉喻聖城。
耶和華宣諭。
還在說：誰敢下來攻打我們？ 通常耶京為上，說"下來"是心虛。
誰能進我們的老窩？ me`onoth，獸穴，轉指庇護，9:10，申 33:27。
¹⁴ **我必照你們行事的果子**　參 17:10 注。
追究罪責——耶和華宣諭： 救主被迫出手，主持公道，申 32:36。
我必放火燒光她的樹林，吞滅　樹林，借喻王宮，王上 7:2。
她周圍的一切。 她，擬人指聖城，50:32。

二十二章

此乃耶和華之言：你可下去猶大王宮， 聖殿挨着王宮，但地勢更高，26:10。**到那兒傳達此言：**² **請聽耶和華訓示，啊坐大衛寶座的猶大王——你，與你的臣僕並進來四門的百姓！** 四門，轉喻聖城。³ **此乃耶和華所言：你們要秉公行義，要解救欺壓者手中受掠奪的人；客籍孤寡，皆不可剝削虐待，勿在此流無辜的血。** 同 7:6。⁴ **因為，若你們一絲不苟遵行此言，這宮殿大門就會迎**

來坐大衛寶座的君王，宮殿，舊譯疏失：城。華鑾高馬，臣僕百姓簇擁。⁵但如果你們不聽從這訓言，我指自己發誓，如說我乃耶和華，9:23。耶和華宣諭，這一片宮闕必成廢墟。

⁶如是，耶和華有言，講猶大王宮：

哪怕你於我有如基列山　見8:22注。

如黎巴嫩主峰　黑門峰，又名西連山，申3:8–9，詩29:6注。

我也必須變你為荒野

為滅了人居的城鎮。

⁷我要祝聖毀滅你的戰士　預備聖戰，6:4注。

個個全副武裝；

他們將砍伐你最美的雪松　提喻耶京宮闕，21:14。

砍倒，扔進烈焰。

⁸將來，此段似後人補注。各族路過這城，人會彼此詢問：見殘垣斷壁，故問，5:19。耶和華竟如此處置這大城，為什麼？在外族看來，不像以色列的庇護神，或上帝不敵異神。⁹回答是：因為他們背棄了耶和華他們上帝的約，轉而膜拜侍奉異神。

神諭：諸王的命運

¹⁰不要為死者哭泣　約西亞率兵截擊埃及軍，戰死，王下23:29。

不必搖頭為他舉哀。呼應15:5。

還是為那遠行的痛哭吧——

他這一去再不復還　王儲耶捏，yeho'aḥaz，繼位三個月被法老廢黜，

再也看不到故園。　擄往埃及（前609年），王下23:33–34。

¹¹ 如是，耶和華有言，說猶大王約西亞之子沙龍。shallum，"平安／回報"，耶捉的本名，代上 3:15。他繼父王約西亞之位，卻被迫離開了這裏：一去再不復還，¹² 他要死在入囚之處，再也看不到這片土地。耶捉死在埃及。

¹³ 禍哉，那以不義蓋房　預言耶舉，耶捉的異母弟，王下 23:36。

以不公建樓的人！耶舉大興土木，學祖宗所羅門王，王上 5:27。

他叫同胞給他無償勞作

不付工錢，¹⁴ 還説：公然違犯聖法，利 19:13，申 24:15。

我要給自己蓋一座大殿

樓宇寬敞透亮。窗戶開好

裝雪松牆板，然後塗上朱砂。

¹⁵ 難道你稱王，是靠雪松爭勝？反言君主奢靡必敗。

你父親不[喜歡]吃喝？約西亞虔敬，反對鋪張。

但他秉公行義，而後便得了福份──

¹⁶ 貧苦人的案子他一一審斷

之後自有福恩！先知讚揚約氏的宗教改革，儘管國力不振，軍事失敗。

這不就是，認定了我麼？呼應 9:23。

耶和華宣諭。

¹⁷ 可是你眼睛盯着的，心裏想的

只有你的不義之財

只在流無辜的血，在勒索、壓迫！

¹⁸ 故此，耶和華有言，說猶大王約西亞之子耶舉：道出天譴的對象。

人不必為他舉哀：哀哉，我的兄弟

或哀哉，姊妹！前 598 年，尼帝圍困聖城，耶舉病卒，王下 24:1–6。

人不必為他哀悼：哀哉，主公

或哀哉，他的尊榮！hodoh，婉稱君王，詩 21:5，伯 40:10。

19 掩埋他像埋一匹驢即可——

拖出去，扔掉

扔在耶路撒冷城門外頭。國王須為亡國和子民的苦難負責，16:6。

20 你上黎巴嫩哀號去吧　以下預言耶立，哭聖城。

到巴珊去揚聲！巴珊，今約旦北部、敘利亞南部高原，民 21:33。

哀號，從阿跋嶺開始　`abarim，死海東北山地，民 27:12。

因你的情人，全摧折了。情人，貶稱猶大王和耶京上層。

21 你興旺時，我勸告過，可你説：

我不要聽！你從小就是這德行　derek，路向、作風，5:4, 10:2 注。

不肯聽我的話音。參 2:25, 31, 3:25。

22 你那些牧人，都要被風捲走　tir`eh，放牧、驅趕。

情人一塊兒擄去；牧人，喻貴族首領、祭司先知，2:8, 3:15, 10:21。

然後你就會領略羞辱

為你的纍纍惡行。

23 啊，你這安家於黎巴嫩

在雪松間營巢的

當劇痛來襲，如產婦臨盆　喻聖城陷落，4:31, 6:24, 13:21 注。

你該如何呻吟！nenahat，校讀從傳統本注。原文：被可憐，nehanet。

24 一如我永生，起誓語，4:2 注。耶和華宣諭，即便猶大王耶舉之子耶立是我右手上的印章戒指，耶立，konyahu，在位僅三月，出降，大批貴族百姓被擄往巴比倫。尼帝立其叔父繼位，取名耶義，王下 24:10–17。就是戴那兒，我也要把你摘下，25 交在索你性命、你最怕照面的人手裏，交在巴比倫王尼布甲尼撒，並迦勒底人的掌下。26 我要將你跟你的生身母親拋到異邦：在巴比倫囚禁了 37 年，至尼帝駕崩才出獄，52:31，王下 25:27。**雖然不在那兒出生，卻要死在那裏。**²⁷ **不，那靈中縈繞，**直譯：舉靈。喻渴望、思念。**渴念回歸之地，他們決計回不去了。**

²⁸ **他是一隻可鄙的破罐兒──** `ezeb，陶工的製品。

耶立這人，一件沒人要的家什？ 何 8:8。

為什麼他被拋出，連同子實

扔到素來不識的國度？ 熟語，引出喪亡之歎，15:14, 17:5。

²⁹ **啊國土，國土，國土──聽哪**

耶和華之言！

³⁰ **如此，耶和華有言：**

請記下，這人無後 君主絕嗣，視為惡報。

一輩子一事無成；只因他

子實沒有一個能成功坐上

大衛的寶座，重新統治猶大。

新枝

二十三章

　　禍哉，那些牧人，把我草場上的羊群弄丟了，失散了！怪子民首領違約，辜負了大愛，10:21, 22:22 注。**耶和華宣諭。**² **故此耶和華，以色列的上帝有言，講牧育子民的牧人：是你們散失了我的羊群，一味驅趕，從不照看。**以聖法的誡命衡量。**好，那我就照看一下你們，查查你們的惡行，**照看／查查，poqed，兼指追究、懲罰，9:24, 21:14。**耶和華宣諭。**³ **但我羊群的殘餘，我會親自喚攏，**拯救以色列的餘數，6:9 注。**從我放逐它們的各國將羊兒領回羊圈，俾其多多繁衍。**⁴ **還要擢立牧人來放牧，**參 3:15 注。**叫羊兒不再害怕或驚惶，無一走失，**yippaqedu，被查尋、追究，轉指缺失。**耶和華宣諭。**

⁵看哪，日子快到了，耶和華宣諭

當我給大衛立一公義之新枝； 美稱大衛後裔，賽4:2, 11:1。

他必執政為王，而興盛 hiskil，兼指審慎明智，9:23，賽52:13。

秉公行義於國中。 後世遂以"新枝"名救世的受膏者，亞3:8, 6:12。

⁶在他的日子，猶大必獲救

以色列得安居；

而人喚他須用這個名字：

耶和華我們的正義。 意謂受膏者藉救主施政而稱義。同33:15–16。

⁷所以看哪， 同16:14–15。日子快到了，耶和華宣諭，人不再說：一如耶和華永生，是他領以色列子孫從埃及上來！子孫，七十士本另讀：家。⁸相反[要說]：一如耶和華永生，是他將以色列家的子實領出北地，並流放者所到各國。 從七十士本，參16:15。原文同上文3節：從我放逐他們的各國。而他們必歸居故土。

假先知

⁹論先知—— 標題。此單元至本章末。

我的心在胸中碎了，渾身骨頭打顫 碎，舊譯憂傷，弱。

彷彿一個醉漢，一個被酒淹沒的人 形容爛醉。

只為耶和華，為他的聖言：

¹⁰因福地已為犯通姦的所充斥；

是呀，因一句詛咒，大地哀傷 國土／自然界轉承罪責，創3:17。

荒野牧場枯黃。 經書熟語，12:4注，賽33:7。

他們飛跑着去作惡

正事卻無幹勁。 舊譯不妥：勇力使得不正。

¹¹甚而先知祭司也個個褻瀆

就在我的殿上，讓我看他們的惡——

耶和華宣諭。 耶利米看到，宗教改革已陷入形式主義而失敗，14:12。

¹²難怪他們的路極像黑暗中 意象同詩35:6。

一片滑腳的地，人被趕進去

定會摔倒。

因為，懲罰之年，對他們我必降禍—— 同11:23。

耶和華宣諭。

¹³我在撒瑪利亞的先知中間 撒瑪利亞，北國以色列的首府。

見過愚妄：他們敢憑巴力預言 參2:8注。

引我的子民以色列入歧途。 北國覆滅，歸罪於假先知，2:36。

¹⁴而[如今]耶路撒冷的先知當中

我見到的更為可怖： 呼應18:13。

竟然通姦，走在謊言裏

扶持惡人的手，乃至誰也不肯 扶持，hizzqu，舊譯不通：堅固。

棄邪惡而回頭。

依我看，他們全學了所多瑪

一城居民與俄摩拉無異。 比作罪城，危在旦夕，賽1:9。

¹⁵難怪萬軍之耶和華有此言，講那夥先知：

看，我要給他們吃苦艾，喝毒汁 同9:14。

因為耶路撒冷的先知褻瀆

污染了整個福地。 南國神恩不保，不再蒙福，16:5, 18:10。

¹⁶此乃萬軍耶和華所言：

莫聽那夥先知給你們說預言 因為真假先知難辨，申13章。

那是哄你們去追噓氣； 貶喻異神，2:5。

一套說辭，是他們心裏的異象

絕非出自耶和華之口。

¹⁷ 對嫌惡我的，就一再唆使：

耶和華說了，你們必享平安！但此類教唆也是神的安排，4:10。

對一切死硬了心的，則稱：

災殃輪不上你們。

¹⁸ 然而有誰曾立於耶和華的聖會，sod，坐下交談，開會。此句或是插注，見下文22節。看見，並聽到，他的聖言？有誰聆受了那聖言，便去宣講？另讀：聽從。

¹⁹ 看，耶和華的狂飆——聖怒發作！同30:23–24。

一股暴烈的旋風

在惡人的頭頂旋轉；

²⁰ 耶和華怒氣決不收回，直至履行

並實現他心中的計劃。mezimmoth，意圖、計謀。舊譯擬定，誤。

待到終了之日，能明白的

你們自會明白。對子民的多數，已是後悔莫及。

²¹ 我並未派這些先知

是他們自己亂跑；忙碌而墮落狀，14:14。

我也沒有向他們說話

他們竟預言起來！

²² 倘使曾立於我的聖會　得異象，或靈中所見。參上文18節注。

就該為我的子民宣講聖言

要他們在邪道上回頭，遠離惡行。直譯：從所行的惡（回頭）。

²³ 難道挨近了，我才是上帝？耶和華宣諭——

遠了就不是上帝？

²⁴ 莫非人藏在隱秘處，我便看不見他？詩139:7，德16:17。

耶和華宣諭。

難道天地不是由我充盈？詩104:24，智1:7。

耶和華宣諭。聲明造物主此在而常在，全知全能。

²⁵ 我聽到了，這些先知在胡謅什麼：我做了夢，我做了夢！即聲稱神諭/啟示乃夢中領受，如同法老當年，創41:1–7。托我的名扯謊，號稱預言。²⁶ 啊，還要多久，先知居心[不善]，謊稱預言——預言自己心裏的詭計？另讀：做心裏詭計的先知。²⁷ 他們人與鄰人講述各自的夢，妄圖藉此讓子民忘掉我的名，一如他們祖宗淡忘聖名，歸依巴力。²⁸ 就讓得夢的先知講他的夢吧；視為上帝的考驗，申13:2–4。原文無"他的"，從七十士本補。也讓得了我言的傳聖言，忠實地傳！

麥秸怎能與麥粒相比？麥秸，常喻罪人，賽33:11。

耶和華宣諭。

²⁹ 難道我的言不像烈火？可吞噬罪人罪城，5:14，賽5:24。

耶和華宣諭——

不像一把鐵錘，將磐石擊碎？

³⁰ 所以，我與那夥先知勢不兩立，直譯：在眾先知上。解作對付他們，與之為敵。耶和華宣諭；他們彼此間偷竊我的話。實為盜用聖名，所傳並非聖言。³¹ 看，我與那夥先知不兩立，耶和華宣諭；他們會玩舌頭，玩，halloqhim，拿、抓住，轉指擺弄、搬弄。無定解，9:4。咕噥神諭。³² 看，我與那夥拿撒謊的夢來預言的不兩立，耶和華宣諭；他們說着夢囈，一堆謊言，肆無忌憚引我的子民入歧途。而我從未派遣或任命他們，反言真先知如耶利米受了排斥打擊。而確實，他們對這一族毫無益處——耶和華宣諭。

耶和華的重擔

³³ 而當這一族，或任一先知祭司，問你：何謂耶和華的重擔？massa'，舉起、負重、揚聲、轉指預言、神諭。你應回答：你們就是那重擔，校讀從七十士本及通行本。原文：什麼重擔。我得卸掉，耶和華宣諭。下段通說是後人補注。

³⁴ 至於那個問及耶和華重擔的先知、祭司或百姓，我必懲處那人全家。包括妻兒奴婢，負連帶責任，不啻所多瑪之日。參5:1，創18:24注。³⁵ 如此，你們應各自對鄰人，對兄弟說：耶和華如何回答的？或者：耶和華說了什麼？³⁶ 但"耶和華的重擔"就不要再提了。以避免歧義。所謂重擔，在人自己的話，故人必須對自己嘴上的預言/神諭負責。而你們歪曲的是永生上帝，即萬軍耶和華我們上帝的訓言。即以謊言遮蔽聖言。³⁷ 你應這樣質問先知：耶和華如何答覆你的？耶和華說了什麼？³⁸ 若你們還說"耶和華的重擔"，耶和華只好這麼回應：既然你們硬要說這一句，"耶和華的重擔"——而我已派人警告過你們，別說"耶和華的重擔"——³⁹ 那好，我一定會拎起你們，校讀（ns'，詞根同"重擔"）從諸抄本、七十士本及通行本。原文（nsh'）：忘記你們。將我這副擔子，連同賜予你們及祖先的大城，指聖城，22:8。一併卸下，丟掉。⁴⁰ 我必使你們永受辱罵，永世蒙羞，遺忘不了！見20:11注。

兩筐無花果

二十四章

耶和華指給我看，哦，兩筐無花果，放在耶和華的殿前。異象設喻，類同摩8:1-2。那是巴比倫王尼布甲尼撒將猶大王耶舉之子耶立，見22:24注。並猶大的公卿和百工匠人，從耶路撒冷擄去巴比倫之後。參13:18-19注，王下24:12-16。² 一筐是極好的無花果，像熟透的頭茬果子；bakkuroth，無花果初夏頭茬成熟，味美，賽28:4，歌2:13。另一筐卻是很差的無花果，差得沒法吃。

³耶和華問我：你看見什麼，耶利米？無花果呀，我說，好果子極好，差的很差，差得沒法吃。

⁴遂有耶和華之言降於我，道：⁵此乃耶和華以色列的上帝所言：一如這無花果得福，同上文 2–3 節 "好"。我必眷顧被擄的猶大，給我從這裏發配迦勒底的囚徒賜福。舊譯不妥：得好處。⁶我眼睛要守望其福祉，要領他們返歸故地。我要興建而非拆毀，要種植而非拔除，回放 1:10。波斯征服巴比倫後，居魯士釋囚，子民重修聖殿，16:15 注。⁷要賜他們一顆認我的心，信仰離不開感情上的寄託與認同。認定我乃耶和華：要他們當我的子民，我做他們的上帝，重申人神關係的信約基礎，出 6:7，利 26:12。因他們必回頭找我，全心歸我。

⁸至於那些差無花果，差得沒法吃的，同樣，耶和華有言：我必照此處理猶大王耶義，他的公卿與耶路撒冷的殘餘，包括殘留此地和寄居埃及的。隨同廢王耶捉去埃及的流亡子民，22:10–11 注。⁹我要將他們交與禍殃，讓天下萬國驚駭，同 15:4。人人辱罵、譏嘲和詛咒，無論他們被我放逐何方。熟語，8:3，申 28:37。¹⁰我還要派下刀劍饑荒跟瘟疫，直至他們從我賜予他們及祖先的土地上滅絕。

七十年

二十五章

一言，降於耶利米，講猶大之民全體，此片斷多處重複，部分文字與七十士本迥異，通說是後補的。時在猶大王約西亞之子耶舉四年，亦即巴比倫王尼布甲尼撒元年。前 605 年。²先知耶利米遂向全體猶大人和耶京居民宣告，如下：

³已經二十三年了，自猶大王阿蒙之子約西亞十三年迄今，見 1:2 注。每當耶和華降言於我，我總是及時傳達，再三囑咐——可你們就是不聽！同 7:13。⁴真的，耶和華早給你們派了他的忠僕，先知一位接一位，但你們硬是不聽，從不側耳聆受。回想蒙召以來屢遭挫折，有自辯之意，7:25–26。⁵回頭吧，他們說，離開各自的邪道跟惡行，即可入居耶和華賜予你們及祖先的土地，終古乃至永遠。⁶切勿追着異神侍奉敬拜，反復儆誠，歸罪於子民，11:10, 13:10, 16:11。

莫拿你們手工的製作惹我動怒，指其膜拜偶像，1:16注。以免罹禍。⁷然而你們不肯聽從，耶和華宣諭，反而拿你們手工的製作來激怒了我——活該你們罹禍！

⁸故此，萬軍之耶和華有言：既然你們不聽我的話，⁹看，我必召遣北方所有的部族，回放 1:15。耶和華宣諭，尤其是巴比倫王尼布甲尼撒，我的僕人；先知傳統，侵略者異教徒亦可充任神的代理人或工具，助其實現宏圖，賽10:5。我要引他們來攻打這國及其居民，連同周邊各族。我要禁絕、毀滅他們，任其化為廢墟，永遠令人震驚，讓人恥笑。同 19:8。¹⁰他們中間，我還要消滅歡聲笑語，新郎新娘的對唱，同 7:34, 16:9。磨盤的哼唧與燈光；寫尋常人家的生活，子民毫無防範，啟18:22。¹¹這整個福地將淪為廢墟，一片荒涼。

而列族要給巴比倫王為奴，達七十年。此時距巴比倫覆滅六十六年（前605~539）；自聖殿焚毀起算，巴比倫之囚（前587~538）僅四十九年。一說七十象徵人的壽數，詩90:10。¹²但一俟七十年期滿，我必降罰於巴比倫王，追究那一族的咎責，耶和華宣諭。是呀，迦勒底之地我必夷平，永遠廢棄；¹³對那一國，凡我警告過她的，都要落實——一句不少，均載於此書。從聖城本此處分段。

聖怒之杯

耶利米另有預言，據七十士本，此片斷可作"列族神諭"的序，接 46–51 章。講列族——

¹⁴因為，將來他們也要給諸多強國和霸主為奴，霸主，直譯：大君主。而我必按其劣跡同手工施報應。詩28:4。

¹⁵如是，耶和華以色列的上帝有言：直譯：對我說。我手上這杯聖怒之酒，喻受罰的命運，賽51:17, 啟14:8。你拿着，叫我派你去到的外族，都喝了它！普世主義願景，萬民伏罪。¹⁶要他們飲了，歪倒，神智不清，喻社會腐敗，毀亡不遠，賽16:8, 49:26。而後同我遣下的刀劍照面。直譯：在我往他們中間遣下的刀劍面前。

¹⁷我便從耶和華手裏接過酒杯，給耶和華派我去到的外族一一喝了，¹⁸[一如]耶路撒冷及猶大各城，並國王公卿：此節重複，阻斷文意，係後人補注。喝了即化為廢墟，令人震驚，讓人恥笑詛咒，至今仍是——¹⁹埃及王法老和臣僕公卿、百姓 ²⁰跟客籍雜民；`ereb，外族客商、奴隸等，出 12:38。烏斯諸王；七十士本無此四字。烏斯地處紅嶺以南，阿拉伯半島西北，伯 1:1。非利士諸王，包括秭港、'ashqelon，地中海商港，位於加沙北邊。加沙、埃克龍，及亞士都殘部；賽 20:1 注。²¹紅族、摩押和亞捫子孫；代表死海以東各族，12:14。²²石城諸王，石城，zor，地中海港市，希臘名推羅，賽 23:1。西頓諸王同海島諸王；代表腓尼基人的領地。海島，尤指塞浦路斯。²³狄旦、提瑪、布斯，均為北阿拉伯部族，賽 21:13–14，伯 32:2。所有剃兩鬢的部落；即阿拉伯人，9:25。²⁴阿拉伯諸王，荒野裏紮帳篷的雜民之王；²⁵辛黎諸王，七十士本無此四字。辛黎，zimri，校讀：zimki，字母表反寫密語（atbash）代稱以蘭。以蘭諸王，瑪代諸王；伊朗高原西北遊牧民族，創 10:2, 22，賽 21:2。²⁶直至北方諸王，巴比倫帝國，上文 9 節。遠遠近近，一個接一個——大地之上所有的王國。而最後一個喝的，則是"邪瞎國"的王。邪瞎國，sheshak，密語：巴比倫。

²⁷你要告訴他們：此乃萬軍耶和華，以色列的上帝之言：喝吧，要喝醉，嘔吐！跌倒了再也爬不起來，而後同我遣下的刀劍照面！同上文 16 節。

²⁸若是他們拒不接你手上的酒杯，不願飲，你就告訴他們：此乃萬軍耶和華所言：喝呀，你們必須喝掉！²⁹看哪，我降禍從歸我名下的城開始，先子民，後外族，降罰一如傳道，羅 1:16。你們還想裝無辜，逃罰？不，你們逃不了了！因為我將召來利劍，對準大地的全體居民——萬軍之耶和華宣諭。

³⁰所以，你必須給他們預言這一切，一句不少，都告訴他們：

耶和華自高處吼叫，聖居發出雷鳴　摩 1:2。
他朝自己的羊圈大吼，一聲聲　羊圈，喻福地或聖城，23:3。
像踩葡萄的人杭育——
向着大地的全體居民。賽 63:3–6。
³¹那巨響傳遍了地極：

啊，耶和華要控訴列族，要審判　控訴，rib，舊譯相爭，不妥。

一切肉身，惡人他必交與利劍——　賽3:13, 57:16。

耶和華宣諭。

³²此乃萬軍耶和華所言：

看，災禍在蔓延，從一族到一族

大風暴已經颳起

自遠疆來襲！巴比倫即將西侵，猶大危殆，6:22。

³³待到那一天，從地極到地極，處處是耶和華的屠戮。後世天啟主義末日

慘像的先聲。無人哀哭，無人收殮安葬，[屍骸]被踏進泥塵，猶如糞土。同8:2,

16:4。

³⁴哭吧，牧人，嚎啕吧　牧人，喻國君、王權，詩23:1注。

往[塵灰裏]滾哪，趕着羊群的尊者！

你們的屠宰之日，散失之日　散失，tephozoth，或作打碎。

滿了——如一隻討人歡心的花瓶　七十士本另讀：精選的公羊。

你們摔倒。滿，猶言到。

³⁵牧人無路可逃，趕羊的尊者

沒法脫身。

³⁶聽哪，牧人在尖叫，羊群後面

尊者在嚎啕！

因為耶和華毀了他們的牧場

³⁷平安的羊圈而今一片死寂　屠殺之後，賽15:1。

面對耶和華熾烈的鼻息。同4:26。

³⁸啊，小獅已經離開巢穴——　小獅，校讀。原文：像小獅。

他們的家園成了荒漠，令人震驚　獅/上帝/巴比倫所為。

只因為他的刀劍無情　刀劍，harbo，校讀。原文：怒火，haron。

更因為他聖怒發作！因為，mipeney，同上節"面對"。

耶利米受審

二十六章

猶大王約西亞之子耶舉即位之初，前609年。一說此片斷出自耶利米的助手巴路克之手，36:32。有這一言降自耶和華，道：古敘利亞語譯本及古拉丁本：自耶和華降於耶利米。

²此乃耶和華之言：你去耶和華聖殿的庭中站定。把我命你傳達的一切，一字不少，向猶大各城，即來耶和華的殿敬拜的人宣告。³也許他們肯聽，由各自的邪道折回；全知者不避假設，認可人的自由意志。如此我便反悔，收回定旨，不降災禍，同18:8。不計他們的惡行。

⁴告訴他們，此乃耶和華所言：若你們不聽我的，不遵行我當你們的面頒立的聖法，見9:12注。⁵不從我的忠僕先知聆教——而我早就給你們派遣，再三儆誡，呼應7:25–26。可你們硬是不聽——⁶那麼，我必待這座殿如示路，使這城為世上萬族所咒詛。以上複述7:1–15。

⁷耶利米在耶和華的殿上講的，那一眾祭司先知和全體百姓都聽見了。全體百姓，同下句"子民"。暗示罪責在"整個猶大"，13:19, 20:4。⁸耶利米剛說完耶和華命他向子民傳達的旨意，祭司先知全體百姓就將他一把抓住，說：你死定了！⁹竟敢托耶和華的名胡謅，預言這座殿要跟示路一樣，這城要化為廢墟，沒人住？指其褻瀆聖居。大群子民把耶利米圍在了耶和華的殿裏。

¹⁰猶大的官長聞說此事，官長，sarey，王公、首領，此處指執法官員。即從王宮上來耶和華的殿，參22:1注。到耶和華新門入口處坐下。聽審案件。新門，諸抄本及古譯本：聖殿的新門。一說即聖殿北面的本雅明門，20:2。¹¹祭司先知便對官長和全體百姓說：這人該當死罪，指控真先知，太26:65–66。他預言褻瀆這城，你們親耳聽到了！

¹²耶利米卻向那些官長同百姓道：是耶和華派我來預言，說這座殿與這城的，方才你們聽到的便是。¹³所以你們趕緊改正路向和行事，同 7:3, 5, 18:11。好好聽耶和華你們上帝的話音，耶和華便會反悔，收回成命，不降災禍。¹⁴至於本人，我已經在你們手裏；怎麼好，怎麼對，你們看着辦吧。直譯：待我如你們眼裏的好和對。¹⁵不過你們得想明白了，處死我，你們就沾了無辜的血，這城及城內居民亦然。解釋為何子民須負全責，太 27:24–25。因為確實是耶和華派遣，要我來向你們耳中講這道理。

¹⁶官長和全體百姓遂回復祭司先知：這人不該死罪，他是奉耶和華我們上帝的名，給我們講理。¹⁷有幾個國中長老還起身，向子民的會眾說：¹⁸從前猶大王希士迦當朝，前716~687 在位。有占莊人彌迦為全體猶大人預言，彌迦，mikayah，猶大先知，以賽亞的同輩或稍晚，彌 1:1 注。說：此乃萬軍耶和華所言：彌 3:12。

錫安必犁耕為田
耶路撒冷成一堆瓦礫
聖殿山野樹滿岡。"上帝之家"的慘狀，12:7。

¹⁹可是猶大王希士迦，並整個猶大，將他處死了麼？主張循先王之例。難道他，七十士本、古敘利亞語譯本及通行本：他們。出於對耶和華的敬畏，沒有祈求耶和華開恩，直至耶和華反悔，收回成命，不降災禍？我們可別攬下大禍，害自己的命！

²⁰此外還有一人，也奉耶和華的名預言，叫佘瑪雅之子耶光，'uriyahu，民間先知。是林鎮人氏。林鎮，又名巴力鎮，在聖城西面，書 15:60。他對這城這國的預言，跟耶利米講的一模一樣。²¹耶舉王與手下的將軍公卿聞報，國王就決意殺他。國王，七十士本：他們。耶光聽說，害怕了，便逃去了埃及。²²但耶舉王派阿革波之子艾爾納丹，親信大臣，一說即耶舉的岳父，36:12，王下 24:8。原文"派"後另有：人去埃及。從傳統本注刪贅文。帶人到埃及，²³把耶光從埃及引渡歸案。當時

猶大王向埃及稱臣，大約不難引渡逃犯，王下 23:34–35。**耶舉王將他刀斬了，棄屍於民子的亂墳**。民子，即普通百姓，17:19。

²⁴ **然而，沙番之子亞希甘援手保護了耶利米**，亞希甘，'aḥiqam，宮廷書記，曾積極參與約西亞的宗教改革，王下 22:12 以下。**他便沒有被交給眾人去處死。**

重軛

二十七章

猶大王約西亞之子耶義即位之初，耶義，校讀，參下文 3, 12 節。原文：耶舉。**有這一言自耶和華降於耶利米，道**：以下至 29 章末風格統一，關注入囚，自成一單元。

² **如此，耶和華有言**：直譯：對我說。**你做一副帶皮索的重軛，架上自己頸項**。動作諷喻，13:7, 18:5 注。³ **然後，藉來耶路撒冷覲見猶大王耶義的使臣之手，將此軛送交紅嶺王、**此軛，校讀：此信。**摩押王、亞捫子孫的王、石城王和西頓王，**⁴ **並囑轉告其主公：此乃萬軍耶和華，以色列的上帝之言，務請稟報你們主公，如下：**

⁵ **是我，運大能伸巨臂，**申 4:34, 5:15, 7:19。**造了大地及地上的人畜；我看誰合宜，**yashar，直、正、對、可欲。**就賜誰。**參撒旦稱主，做今世元首，誘惑耶穌語，路 4:5–6。⁶ **現時，我把列國都交在了我的僕人巴比倫王尼布甲尼撒手裏；**見 25:9 注。**連野獸也一併賜下，給他為奴！**舊譯使用，誤。尤 11:7，巴 3:16。⁷ **列族皆臣服於他與他的子孫，直至其國運衰微；而後，各強國霸主必役使他為奴。**七十士本脫此節，似補注，25:14。

⁸ **若有一族一國，拒不臣服巴比倫王尼布甲尼撒，不向巴比倫王俯首就軛，則我必以刀劍饑荒跟瘟疫懲罰那一族，耶和華宣諭，直至藉他的手，滅掉他們。**另讀如古敘利亞語及亞蘭語譯本：直至把他們交在他手裏。⁹ **所以你們不可聽從你們的先知，那幫占卜、解夢、**校讀從七十士本。原文：你們的夢。**觀兆、行巫術的。**歸於"邪教""妖術"，申 18:10–11。**他們老說：你們決不會給巴比倫王為**

奴。¹⁰ 這是拿謊言當預言，結果是，你們遠離家園，被我放逐，走向毀滅。
¹¹ 而那願意引頸受軛，臣服巴比倫王的一族，我必讓他們留在家鄉，耶和華宣諭，**繼續耕耘**，`abadah，反諷，同上文"為奴/臣服"；暗示亞當子孫的宿命，創 3:23,
4:2。定居。

¹² 對猶大王耶義，同樣的話我也說了：你們應引頸受軛，臣服巴比倫王及其子民，以保命。反言指望埃及干涉不切實際，2:18, 36。¹³ 為什麼，你和臣民要死於刀劍饑荒跟瘟疫，做耶和華所指，那拒不臣服巴比倫王的一族？此節重複，似補注。¹⁴ 莫聽那夥先知胡謅，什麼你們決不會給巴比倫王為奴。那是拿謊言當預言，哄你們。¹⁵ 不，我從未派遣他們，耶和華宣諭，是他們擅自托我的名謊稱預言。結果是，我定將放逐你們，叫你們毀滅，一如給你們預言的先知。

¹⁶ 接着，對祭司和全體百姓，我又說一遍：此乃耶和華之言：莫聽你們的先知所預言的，諸如：看，耶和華聖殿的禮器，很快就會從巴比倫運回！那也是拿謊言當預言，哄你們。¹⁷ 不，別理他們。臣服巴比倫王，保命吧；為什麼要讓這城變為廢墟？七十士本脫此節，似補注。¹⁸ 倘使他們真是先知，與耶和華之言同在，那就請他們向萬軍耶和華求情，勿使耶和華聖殿和猶大王宮殘存的寶器，從耶路撒冷擄去巴比倫！前 597 年三月，巴比倫軍洗劫聖城，22:24 注，王下 24:10-17。

¹⁹ 如是，萬軍之耶和華有言，講銅柱、銅海與銅盆座，均為所羅門聖殿的遺物，王上 7 章。及城中殘留的寶器，²⁰ 就是巴比倫王尼布甲尼撒沒有掠走的那些——沒有跟猶大王耶舉之子耶立，同猶大和耶京貴冑一起，七十士本脫此短語，及末二節大部。從耶路撒冷入囚巴比倫。參 13:18-19。²¹ 是的，此乃萬軍耶和華，以色列的上帝所言，講耶和華聖殿、猶大王宮和耶路撒冷殘存的寶器：²² 必全數運往巴比倫，留在那兒，至我眷顧之日，眷顧，paqdi，或作降罰（滅巴比倫），24:5-6。耶和華宣諭。而後我必全數送回，[寶器]還家。

哈納尼亞

二十八章

同一年，猶大王耶義即位之初，前597~587在位。四年五月，前594年八月。岌崩人亞助之子先知哈納尼亞，ḥananyah，"耶和華施恩"。岌崩，gib`on，交通要衝，在耶京西北9公里處。在耶和華的殿上，在祭司和全體百姓眼前，公開挑戰，彷彿決鬥。對我説：我，另讀：耶利米。²此乃萬軍耶和華，以色列的上帝之言：我已折斷巴比倫王的軛。喻壓迫、統治。³兩年之內，我必把巴比倫王尼布甲尼撒從這兒掠走的耶和華聖殿禮器，由巴比倫全數送回。⁴還有猶大王耶舉之子耶立，所有被擄去巴比倫的猶大人，我也要送回此地，耶和華宣諭。是的，我必折斷巴比倫王的軛。

⁵先知耶利米遂在祭司眼前，及立於耶和華殿內的全體百姓眼前，語詞重複，以示先知門派對立與鬥爭之嚴峻。回了先知哈納尼亞。⁶阿門，先知耶利米説，願耶和華如此作為！願耶和華實踐你的預言，將耶和華聖殿禮器，併入囚巴比倫的人，全數送回此地。⁷不過，這一言你聽好了，這一言，七十士本：主的言。我向你耳中及全體子民耳中所言：⁸你我的前輩先知，前輩，直譯：前面。自古以來，對列國大邦，都是預言戰爭、災殃或瘟疫。反言子民背離正道而墮於罪惡已久。⁹那預言平安的先知，此等人居多，於今為烈，4:10, 6:14, 8:11。則唯有預言應驗了，才能認定，申18:21~22。耶和華確實派了先知。

¹⁰先知哈納尼亞[急了]，將先知耶利米項上的重軛一把奪下，折為兩截。卸軛，也是動作諷喻的化解。¹¹就在眾人眼前，哈納尼亞又説一遍：此乃耶和華之言：照此，兩年之內，我必折斷巴比倫王尼布甲尼撒的軛，抬起列族的頸項！

先知耶利米便走開去了。

¹²卻有耶和華之言，在先知哈納尼亞折斷先知耶利米項上的重軛之後，降於耶利米，道：¹³去，告訴哈納尼亞，此乃耶和華所言：木軛你折為兩截，換上的卻是一副鐵軛！七十士本：我卻要做鐵軛換上。¹⁴如是，萬軍耶和華，

以色列的上帝有言：這鐵軛，便是我架上列族的頸項，使之臣服巴比倫王尼布甲尼撒的——不僅人給他為奴，連野獸我也一併賜下了。補注，同 27:6。七十士本無此句。

¹⁵ 於是，先知耶利米對先知哈納尼亞說：聽好了，哈納尼亞！你不是耶和華派遣的，所以你教子民倚靠謊言。¹⁶ 故此，耶和華有言：看，我要將你攆出塵世，直譯：地面。今年就死——你竟敢慫恿人反叛耶和華！七十士本無此補注，申 13:6。

¹⁷ 果然，當年七月，兩年之期未滿。先知哈納尼亞死了。

致巴比倫的俘虜

二十九章

以下文字，是先知耶利米自耶路撒冷寄出的一封信，致入囚巴比倫的祭司先知和殘存長老，結 14:1 注。及尼布甲尼撒從耶路撒冷擄去的全體子民——² 時在耶立王偕太后太監，並猶大與耶京公卿、百工匠人，出離耶路撒冷之後。見 24:1 注。³ 恰逢猶大王耶義遣沙番之子艾爾薩、'el`asah，通說即亞希甘的兄弟，26:24。席爾加之子耶成，gemaryah，身世不詳。去巴比倫覲見巴比倫王尼布甲尼撒，參 51:59。[耶利米]便托二人帶信——信上說：

⁴ 此乃萬軍耶和華，以色列的上帝之言，致被我逐出耶路撒冷，入囚巴比倫的全體俘虜：提示救恩之"大計"，18:11，子民做了天父的俘虜。⁵ 你們要蓋房住下，要種田，吃園中的出產；⁶ 要娶妻生養兒女，再給兒子娶妻，把女兒嫁人，依聖法，不可與外族通婚，申 7:3。讓他們也生兒育女，在那裏繁衍，不得減少。⁷ 此外，還要替我放逐你們去到的城鎮尋福祉，shalom，完好、幸福、平安，6:14注。為之向耶和華禱告，因為當地太平，你們就太平。

⁸ 如是，萬軍耶和華，以色列的上帝有言：別上你們身邊的先知或占卜師的當，莫聽信他們解夢。他們，從七十士本。原文：你們自己（的夢）。⁹ 那是托我的名，拿謊言當預言，哄你們；我並無派遣他們——耶和華宣諭。

10 如是，耶和華有言：待巴比倫那七十年期滿，見 25:11 注。我必眷顧你們，履行賜福的諾言，領你們返回此地。11 是的，我知道，猶言不忘，欲安慰流亡子民。我給你們設想的大計，舊譯不通：向你們所懷的意念。耶和華宣諭，是賜平安而非降禍之計，好讓人對前途抱希望。前途，舊譯末後，誤。12 你們只要呼喚我，常來祈禱，我必垂聽。13 你們只要尋求我，就會找見；若全心索求，14 我必讓你們找到，申 4:29，賽 56:6。以下至段末，七十士本無，或是補注。耶和華宣諭。我必扭斷你們的囚鎖，喻扭轉命運，苦盡甘來，詩 14:7, 85:1, 126:4。從我放逐你們去到的各地，從各族中間召集你們，耶和華宣諭。我必送你們返歸故園，一如當年我擄走你們。

15 然而你們説：耶和華在巴比倫為我們擢立了先知——下接 21 節。

16 然而，此段打斷文句，是插注。耶和華有言，説那坐大衛寶座的王，及留居這城的全體子民，那些沒有同你們一起入囚的兄弟——17 此乃萬軍耶和華所言：看，我要召來刀劍饑荒跟瘟疫，對準他們；這些人像爛掉的無花果，差得沒法吃了！同 24:2-3。18 必須拿刀劍饑饉和瘟疫驅趕他們，叫天下萬國驚駭，萬族詛咒、懼怕、譏嘲和辱罵，無論被我放逐何方。同 15:4, 24:9。19 只怪他們不聽我的話，耶和華宣諭，雖然我早給他們派遣了我的忠僕先知，再三儆誡，怎奈他們就是不聽，意同 26:5。他們，校讀從古敘利亞語譯本。原文：你們。耶和華宣諭。20 但是你們，所有被我從耶路撒冷押送到巴比倫的俘虜，你們得聆聽耶和華之言！點題：苦難中保持信心。

21 此乃萬軍耶和華，以色列的上帝之言，回應 15 節提出的問題。説耶音之子牙哈、'ah'ab，與以色列史上的惡王同名，王上 16:30。耶工之子耶義，與猶大的亡國之君同名。那兩個托我的名給你們預言的騙子：看，我要將他們交在巴比倫王尼布甲尼撒的手裏，就在你們眼前，處死他們。22 將來巴比倫的猶大俘虜咒人，qelalah，詛咒。舊譯賭咒，誤。都要提起他們：願耶和華待你如耶義、牙哈，叫巴比倫王攔火上烙！23 活該他們在以色列幹下可恥的勾當，申 22:21。跟鄰人的妻通姦，托我的名撒謊，沒有一句是我的指示。全知在我，我乃見證——耶和華宣諭。真先知或 "親選的僕人" 為證，賽 43:10。

耶 聞

²⁴ **關於尼赫蘭人耶聞**，shema`yahu，入囚巴比倫的猶大先知，如同牙哈、耶義。尼赫蘭，nehelam，詞根諧音做夢，ḥlm。**你可這樣説**：你，指耶利米。

²⁵ **此乃萬軍耶和華，以色列的上帝之言：既然你幾次署自己的名來信**，反言對手不奉聖名。**又是致耶路撒冷全體子民，又是致祭司耶工之子西番雅**，見21:1注。**及全體祭司**，七十士本脱此五字，或是插注。**説**：²⁶ **耶和華已立你為祭司，取代祭司耶知**，yehoyada`，耶京上層派系鬥爭的失敗者。**負責監察耶和華的殿，以拘捕任何扮先知的瘋子，給他戴上腳鐐頸枷**。促其效法前任總監帕撕胡，20:1-2。²⁷ **為何至今不訓斥牙娜人耶利米，那個對你們扮先知的？**²⁸ **他居然帶信來巴比倫，遊説我們：長久打算吧**，顯然耶聞的預言同哈納尼亞一路，期待不久看到巴比倫垮臺，以色列復興，28:2-4。**你們要蓋房住下，要種田，吃園子的出產……**

²⁹ **祭司西番雅卻把這信念給先知耶利米聽了**。可能耶聞未曾料到。³⁰ **於是有耶和華之言降於耶利米，道**：³¹ **你可致信全體俘虜，説：此乃耶和華之言，聲討尼赫蘭人耶聞：既然耶聞非我派遣，就給你們預言，教你們倚靠謊言**，³² **如此，耶和華有言：看，我必懲罰尼赫蘭人耶聞，並其子實**。父罪子承，全家連坐，16:11注。**他家必無一個男人能居於子民當中**，男人，'ish，解作（必無）一人，亦通。**看到我為子民成就之幸福，耶和華宣諭——他竟敢慫慂人反叛耶和華！**同28:16。七十士本無此句。

以色列的安慰

三十章

一言，自耶和華降於耶利米，道：² **此乃耶和華以色列的上帝之言：你記下，把我傳你的一字字都寫在書上**。此書原稿，至下章末，習稱安慰書；反映了約西亞宗教改革時期，前622~609，人們對以色列／北國復興的企盼。³ **因為看哪，日子快到了，耶和華宣諭：我要扭斷以色列和猶大子民的囚鎖**，見29:14注。**和猶大**，編者補注，南國覆滅後擴充預言。**耶和華有言；我必引他們返歸我賜他們祖先的土地，重佔為業。**⁴**以下即耶和華所言，説以色列和猶大：**同上節注。

⁵**如是，耶和華有言：**

那發抖的喊聲，我們都聽見了　寫亞述滅北國，2:36, 7:15。

恐懼呀，失了和平！

⁶**你們去打聽看看**　打聽，舊譯訪問，誤。

男子可會生產？

我怎麼就望見這些大男人　geber，或作戰士。

手捧着肚子，渾如產婦　不知南國/聖城也將同樣命運，4:31。

一個個臉色慘白？yeraqon，灰白、發青，霉斑或屍體色，利13:49。

⁷**禍哉！那一天之大，無可比擬**　末日習稱大日，珥2:11, 3:4。

那災殃之時，雅各[入囚]——

但最終他必獲救。

⁸**待到那一天，**此段散文打斷詩行，也是後補的。**萬軍之耶和華宣諭，我必打碎你項上的軛，**賽9:3。**斬斷你的囚索，叫[子民]不再受外邦人奴役。**⁹**相反，他們要侍奉耶和華他們的上帝，並大衛他們的王，**新王，或新的受膏者/彌賽亞，何3:5。**即我給他們擢立的那一位。**

¹⁰**所以你不用害怕，我的僕人雅各——**　同46:27–28。

耶和華宣諭

以色列呀，莫驚惶：

看哪，我要救你出遠疆

由囚牢之邦開釋你的子實。

雅各必歸來，享安寧而無人驚擾　反襯後來猶大的慘像。

¹¹**因為有我與你同在，有我救你——**　同1:8。

耶和華宣諭。

而且，我要滅了你被我驅散

去到的各族；對於你

我卻不施毀滅，只是按公道教訓： 從寬，畢竟多數子民並無

該負罪的，不得免罪。　背信毀約，10:24，詩44:17–18。

¹²如是，耶和華有言：

你創口不愈，你傷痛難醫；

¹³沒有人為你申訴，求包紮

醫治、康復與你無緣。

¹⁴情人紛紛把你遺忘　情人，此處指埃及等對抗亞述的盟邦。

一個也不來探視。

是呀，我傷了你如仇敵傷害

懲戒毫不留情

只因你咎責沉沉，罪愆無數。 此句重複下節，似誤抄。

¹⁵怎麼，還在為你的創口哀號？

那病痛已不可救藥！

只因你咎責沉沉，罪愆無數

我才這樣處置。

¹⁶然而凡吞吃你的，皆要被吞吃　然而，校讀。原文：所以。

你所有的強敵，個個要入囚；

那掠奪你的，必成掠物

搶劫你的，我都叫他遭劫。 同態報復，以牙還牙，賽45:16注。

¹⁷而且，我必使你康復，醫好你的創傷——

耶和華宣諭

雖然人管你叫"棄婦"： niddahah，被逐出的女子。賽62:4。

這個錫安，沒人來探視！ 錫安，七十士本：擄獲。

18 **此乃耶和華之言：**

看，我要扭轉雅各帳篷的命運 喻釋囚，解放子民，29:14注。

顧憐他的居所：那城

要重建在她的山岡 視線轉回錫安山和聖城的廢墟。

宮闕於法定之處再起； 法，指聖法。舊譯生造：照舊有人居住。

19 **從中要發出感恩與歡笑。**

我必使他們繁盛，人口不減

必賜其尊榮，不受人輕賤。

20 **他的子孫將一如往日** 他，指雅各。

會眾立定，在我面前；

凡欺侮他的，我必懲辦。

21 **他的尊者也是同胞** 尊者，'addir，泛指領袖。舊譯君王，不確。

那統治他的，要出自族人； 盼推翻亞述王的暴政。

而我會允許他上前，向我靠近──

不然，誰敢押上一顆心，挨近我？ 押心，喻大膽。

耶和華宣諭。

22 **如此，你們當我的子民** 反復申明信約義務，7:23, 11:4, 24:7。

我必做你們的上帝。 此節似補注，七十士本無。

23 **看，耶和華的狂飆──聖怒發作！** 同23:19–20。

一股暴烈的旋風

在惡人的頭頂旋轉；

24 **耶和華怒火決不收回，直至履行**

並實現他心中的計劃。

待到終了之日，你們自會明白。

三十一章

到那時，耶和華宣諭，我要做以色列所有家族的上帝，家族，mishpehoth，家庭、部族，包括流散滅失了的北國十支族。他們必當我的子民。

2 此乃耶和華之言：

荒野裏，他們尋到了恩典　普世拯救的起點：打破因牢，以色列

那刀劍下逃生之民；　　"重出埃及"，賽40:3。

當以色列邁出安息之旅

3 耶和華曾從遠方向他顯現：他，從七十士本。原文：我。

大愛永恆，是我對你的愛

故而一直為你存着我的仁慈；全能者竟為愛所束縛，何11:1以下。

4 以便再一次建設你——你必重建

啊以色列[我的]姑娘！見18:13注。

再一次，梳妝了拍起鈴鼓　學女先知米連慶祝凱旋，出15:20。

歡笑着出列跳舞；

5 再一次，到撒瑪利亞的山坡

種你的葡萄園：讓栽種的栽種　喻光復家園。賽65:21–22。

自家享用！hillelo，褻瀆/去聖，婉言食用，申20:6注。此句或是補注。

6 是的，終有一天，守望者

要在以法蓮的山頂呼喊：起來！以法蓮，提喻北國，4:15,7:15。

讓我們登上錫安，去[敬拜]

耶和華我們上帝。

7 如是，耶和華有言：

歡唱吧，為雅各而歡慶！

向萬族之首謳歌！以色列將率先解放，示範新天新地，賽65:17。

傳揚啊讚頌，你們宣佈：

拯救呀，耶和華，你的子民　七十士本：耶和華救了他的子民。

拯救以色列的餘數！

⁸看，我要將他們從北方領回

自大地的遠疆召聚：遠疆，特指兩河流域，6:22, 25:32。

他們中間，有眼盲腿瘸的

也有懷孕生產的——走到一處

會眾真大，那歸來的！

看，⁹流着淚，他們來了　流淚，形容悔罪。

哀告聲中，我必引導他們。哀告，或作祈求。七十士本另讀：安慰。

我要帶他們走去溪畔，一條平路

不會絆跤。因為以色列的慈父　申1:31。

是我，我的頭生子是

以法蓮。回放雅各認孫為子故事，創48:12–20。

¹⁰聽哪，耶和華之言，啊列族！

請傳佈到遙遠的海島：

那驅散了以色列的，在把他召攏

彷彿一個牧人守護羊群。熟語，23:3，賽40:11，詩23:1，約10:11。

¹¹耶和華，贖回了雅各

幫他解脫一隻強者之手。直譯：比他更強的手。指壓迫者。

¹²於是他們要來錫安的山巔

歡唱着，湧向耶和華的美福：委婉，不提聖殿命運如何，詩65:4。

五穀新酒和油，加上羊羔牛犢；

他們的靈宛如喝飽水的園子　靈，猶言生命，4:10, 31注。

再也不會凋零。da'abah，昏厥、凋敗、嚇到。舊譯愁煩，誤。

¹³接着，姑娘要欣然起舞　姑娘，舊譯處女，不妥，14:17注。

小夥兒跟老人同樂；

而我必變他們的哀悼為歡愉

給他們安慰，用喜悅抹去傷悲； 賽40:1，詩30:11。

¹⁴繼而以肥饌讓祭司的靈饗足　 上帝重新悅納犧牲，6:20, 14:12。

令子民盡享我的福恩——　 舊譯誤讀：因我的恩惠知足。

耶和華宣諭。

¹⁵此乃耶和華之言：

一個聲音，從拉瑪傳來——痛哭

啊苦苦哀號！拉瑪，在耶京以北8公里處，有拉結墓，撒上10:2。

是拉結在哭她的孩兒　 拉結，雅各的愛妻，以法蓮之父約瑟的生母。

不願意讓人安慰，因為

孩兒沒了。 校讀從傳統本注。原文：我們/他沒了。太2:17–18。

¹⁶此乃耶和華之言：

止住你的哭聲，揩乾你的淚眼

要有的，你的辛勞有回報——耶和華宣諭

他們必從敵國歸來。

¹⁷一定的，你的未來有希望——耶和華宣諭

你兒女必返歸故疆。 gebul，疆界、邊境，轉指故國。

¹⁸聽見了，我聽見以法蓮在搖頭哀鳴：

你抽了我，我該抽——

有如一頭未馴服的牛犢。 聯想子民膜拜偶像，出32:4，詩68:30。

求你領我回來，我要回來—— 詩90:3。

唯有你，是耶和華我的上帝！

¹⁹其實自從背離，我就追悔莫及　 子民表白。

醒悟之後，只能拍大腿［歎息］：悔恨、悲哀狀，結21:17。

羞愧呀，實在臉紅　對比6:15, 8:12。

為了少時沾染上的恥辱！

20啊，以法蓮可是我的愛子？天父自問。

一個最受寵的孩兒？

儘管我經常説他，卻依然把他記掛。説，婉言譴責、懲戒。

所以才為他動了肝腸，不　動肝腸，形容關心、憐憫。參4:19。

我不會不施憐愛——　何11:8–9。

耶和華宣諭。

21你給自己豎路牌吧，插上一根根標識　tamrurim，一説是

把心兒寄與大道，回想你走過的路。　堆石為記。無定解。

回來呀，以色列[我的]姑娘　呼應3:12, 14。

回到你這些城邑！

22還要多久，反反復複

你這變節的女兒？

可是，耶和華在世上造就一椿新事：顛倒世界秩序，賽43:19。

女人轉身擁抱男人。喻以色列與丈夫/上帝和好，賽54:5，何2:18。

甜夢和酸葡萄

23此乃萬軍耶和華，以色列的上帝之言：此片斷通説是聖城傾覆前夕的預言。

再一次，在猶大與國中各城，當我扭斷他們的囚鎖，見29:14, 30:3注。人要説出

這話：

願耶和華賜福與你　福在神的反悔，收回定旨，18:8–10。

公義之居處——　行公義是得寬恕的前提，5:1。

啊聖山！

²⁴ 這裏，猶大與所轄各城要一同居住，農夫並遊牧的人。校讀從古譯本。原文：他們必上路／遊牧。²⁵ 靈中饑渴的，或作困乏，伯 22:7，箴 25:25 注。我必使他飽足；昏厥的靈，我一一充盈。

²⁶ 至此，忽地醒了，才發現

這一覺真是香甜。回想夢中的異象。一說此句引自民歌。

²⁷ 看哪，日子快到了，耶和華宣諭：我要將人畜的種子，播種在以色列家和猶大家。子民的餘數將返回家園，3:14。²⁸ 一如我曾警覺於他們的拔除、拆毀跟禍害，天父未曾瞌睡，或無視福地的禍亂。暗諷耶利米不願履職，1:10, 20:7–8。而今我必警醒着，守望他們的興建與種植，耶和華宣諭。²⁹ 臨到那一天，直譯：那些日子。人不會再說：

父吃葡萄酸──

酸倒兒的牙。酸倒，tiqheynah，變鈍，轉指牙不好使。結 18:2。

³⁰ 相反，人必因自己的咎責而死；新國將奉行個體責任，而非傳統的父罪子承。參16:11，申 7:10, 24:16 注。只有那吃了酸葡萄的，他的牙才酸倒。

以色列的新約

³¹ 看哪，日子在即──耶和華宣諭：

我要同以色列家及猶大家另立一新約，及猶大家，係編者插注。³² 不似我與他們祖宗立約之日：救主再三立誓宣諭，一俟以色列回頭／悔改，即重續平安之約，永不傾覆，32:40, 50:4–5，賽 54:10, 55:3。我握住他們的手，領他們出埃及；可是那些人竟破壞我的約，而我，是他們的丈夫！──耶和華宣諭。丈夫，兼指主子，對應新娘以色列，2:32, 3:14 注。

³³ 不，此約乃是那些日子到了之後，我同以色列家所必立——耶和華宣諭：

我要把聖法植入他們腑髒，寫在他們心間；新信約也依託聖法，鐫於心版，須每日遵行，申 30:14，何 2:22，林後 3:3。是的，我要做他們的上帝，他們必當我的子民。³⁴ 誰也不用再施教，勸鄰人或兄弟：應認識耶和華。認識，即懂得敬畏，賽 11:9，箴 2:5。反言以色列丟了對神的信心，不聽先知儆誡。不，將來從小到大，人人認識我——耶和華宣諭：

因為，我將赦免他們的咎責，因赦罪而抹去記憶；據此，神的遺忘，一如子民悔罪，是重續信約而締為永約的前提條件，33:8。不復回想他們的罪孽。

³⁵ 此乃耶和華之言：

那置太陽於白天照耀 創 1:14–18。

規定月亮星星在黑夜放光 規定，從傳統本注。原文作複數名詞。

又攪動大洋，使驚濤澎湃的

名為萬軍之耶和華。同賽 51:15。

³⁶ 這些天規，除非在我面前消失——

耶和華宣諭——以色列的子實

才會在我面前絕種

永廢一族。起誓承諾，新約必為永約，詩 89:33–37。

³⁷ 此乃耶和華之言：

除非諸天之高能夠丈量

大地根基之深可以探測，我才會

因以色列子實的一切作為 暗示救恩一如宏圖，不可測算量度，

將他們一總拋棄—— 伯 11:7–8。

耶和華宣諭。

新聖城

³⁸ 看哪，日子[在即]，耶和華宣諭：至此，安慰書兩章共"宣諭"二十次。**這城要為耶和華重建**，波斯治下，聖城有所擴建，16:15, 24:6注。**從神恩塔到角門**。塔名神恩，hanan'el，位於耶京東北，角門在西北。³⁹ **準繩拉出，[往南]繼續丈量，至疥癬山**，gib`ath gareb，西南方向，一說在啼子谷對面，7:31，詳不可考。**再轉向哞石**。go`ah，新城的東南端地標，黑溪與啼子谷交匯處。⁴⁰ **那整條山谷，連同屍骸跟祭品的灰燼**，啼子谷有冥王祭壇，2:23注。**並全部田地，到黑溪為止**，此為南界。黑溪，nahal qidron，流經城東山谷，水渾濁，故名。舊譯：汲淪溪，約18:1。**東邊至馬門拐角**，耶京東門。**都要歸聖於耶和華——永不拔除、拆毀。**

耶利米買田

三十二章

一言，在猶大王耶義十年，即尼布甲尼撒十八年，前588年。**自耶和華降於耶利米。**² **當時，巴比倫王的大軍正圍困耶路撒冷，先知耶利米囚於猶大王宮的禁軍院子，**³ **因為幽禁是猶大王耶義的旨意**：參37:11以下。**為什麼**，**他說，你老這麼預言，動輒"此乃耶和華之言"——看，我要把這城交在巴比倫王手裏，讓他奪取！**如20:4, 21:10。⁴ **猶大王耶義逃不脫迦勒底人之手，註定了要扔到巴比倫王掌下，面對面回他的話，眼對眼受他審判。**直譯：他嘴對他的嘴說，他眼睛看他眼睛。⁵ **然後被押去巴比倫，耶義要留在那裏**，見39:5–7, 52:11。以下至"成功"，七十士本脫，或是補注。**直到我眷顧**，婉言去世。**耶和華宣諭。你們若是抵抗迦勒底人，決不會成功！**同2:37。

⁶ **[一日]耶利米忽道：耶和華降言於我了：**⁷ **看，你叔叔沙龍的兒子哈納梅爾要來見你，**哈納梅爾，hanam'el，"神恩"。**說：請買下我在牙娜城的那塊田吧，你有權出價贖回。**行使至親之權，防止祖產流歸外人，利25:25注。⁸ **果然，如耶和華所言，叔叔兒子哈納梅爾就來到禁軍院子，對我說：請買下本雅明境內**

牙娜城我那塊田，你有權繼承並贖回；你就買了吧。於是我知道，這是耶和華之言。

9 我便向叔叔兒子哈納梅爾買下牙娜城那幅地，給他稱了十七塊銀子：10 田契畫押，封好，請人見證，再取秤將銀子稱出。11 然後持購田契，依照律例，七十士本脫此四字。一份封起，一份不封，田契寫在紙草紙上，一式兩份，方便查閱、驗真。12 請叔叔兒子哈納梅爾和購田契的具名證人，原文脫"兒子"，據部分抄本及古譯本補。以及禁軍院子內坐着的全體猶大人見證：我把購田契交與耶庇之孫、耶燈之子巴路克，baruk，"蒙福者"，耶利米的書記，36:4, 32。13 並在眾人眼前，指示巴路克：14 此乃萬軍耶和華，以色列的上帝之言：指天父為見證。這份田契你收起，加封的與未加封的購田契各一，將它放進瓦罐，以便長期保存。等待福地復興之日。15 如是，萬軍耶和華，以色列的上帝有言：將來這片土地上，人還是要買房、買田、買葡萄園。

16 我把購田契託付耶燈之子巴路克之後，便向耶和華祈禱：17 我主耶和華啊！是你，運大能伸巨臂，造了天地。於你，沒有做不成的事。典出聖祖夫人莎拉懷孕故事，創18:14。18 你仁愛施與千萬，或作千代，出34:7。但父親的咎責，要報應在子孫後代的懷裏，外袍束起形成兜，可裝食物；借喻承罪受報應，賽65:6。啊上帝至大至勇，萬軍之耶和華為名！賽9:5-6。19 你宏圖極大而事跡極眾，宏圖，舊譯謀事，不妥，18:18、賽25:1, 55:8-9。眼觀人子的一切路向，為的是，照各人的路向，他行事的果子，一一報還。同17:10，呼應16:17。20 你曾在埃及顯徵兆與神跡，至今在以色列，在人內，兼指人世，但強調信眾內心。依然如此：遂成就了你今日之威名。21 你揮手運大力伸巨臂，以徵兆與神跡，造下大恐懼，mora'，古敘利亞語及亞蘭語譯本另讀：異象，mar'eh。領你的子民以色列出埃及；22 又賜下你立誓應許其祖先的家園，那一片流淌着奶與蜜的福地。23 可是他們進佔以後，卻不聽你的話音，不遵行聖法：你指示他們做的，一概不做！你只好給他們召來這種種災禍。24 看，斜坡已經堆起，大城搖搖欲墜；直譯：即將奪取，6:6注。跟着，與刀劍饑饉和瘟疫照面，城要交在圍攻的迦勒底人手裏：一切，如你所説——如你所見！未來就在眼前。²⁵ 然而你，主耶和華啊，還在吩咐：買下那塊田，付銀子，請證人——而這城呢，早交在迦勒底人手裏了！

²⁶ 於是有耶和華之言降於耶利米，七十士本及古拉丁本：降於我。道：²⁷ 看哪，我乃耶和華，一切肉身的上帝；暗示宏圖繫於全人類的解放，而非成全子民一族。於我，可有做不成的事？

²⁸ 如此，耶和華有言：看，這城我必交給迦勒底人之手，扔到巴比倫王尼布甲尼撒掌下，任他奪取。²⁹ 那圍城的迦勒底人會攻入，會放火焚城，燒光房舍——那些在屋頂上燒香拜巴力、為異神澆酹祭，惹我動怒的人家。³⁰ 以色列子孫、猶大子孫一個樣，從小就幹我眼裏的惡事。重申罪罰理由，7:30。的確，以色列子孫那雙手的作為，無不惹我發怒，耶和華宣諭。七十士本脱此句，似補注。³¹ 是呀，這城自始建之日迄今，老讓我鼻息噴發，恨不得鏟了它，再別看見！³² 怪只怪以色列子孫猶大子孫惡行纍纍，激怒了我；從君王公卿、祭司先知到猶大人耶京居民，他們 ³³ 一個個轉過臉去，把頸背對着我。雖然我反復訓誨，可他們就是不聽，不肯受教；³⁴ 反而把穢物堆在我的名下，玷污了我的殿；同 7:30–31。³⁵ 又在啼子谷築巴力的丘壇，向恥王燒獻自家兒女。恥王，molek，貶稱迦南冥王，賽 57:9 注。但這絕非我的誡命，從未進入我心——他們竟造下如此穢惡，陷猶大於罪孽。

³⁶ 所以，對於你所説的，你，從七十士本。原文：你們。下同。要以刀劍饑饉和瘟疫，把這城扔到巴比倫王掌下，此乃耶和華以色列的上帝之言：³⁷ 看，當初我鼻息噴發，忿恨至極，同 21:5。放逐了他們；如今我要從各流散地召集他們，領回這裏，令其安居。³⁸ 而後，他們就能當我的子民，我做他們的上帝；³⁹ 並賜他們同心同道，直譯：一心一道。終生把我敬畏，俾自己和子孫後代蒙福。⁴⁰ 我還要與他們立一永約，為他們謀幸福，而決不後退；見 31:32 注。要把對我的敬畏存入其心，他們便不會掉頭離去。⁴¹ 啊，我的歡愉在此，在為他們謀幸福；我要將他們種植在這片土地，用我的全心全靈，於信實之中。be'emeth，舊譯：誠誠實實，誤。

⁴²如是，耶和華有言：一如我對子民降下這種種大禍，將來我必給他們送來一切福恩，兌現承諾。⁴³當田畝重啟買賣，就是你說的，那一片荒蕪、人畜絕跡，交在迦勒底人手裏的土地，⁴⁴人必出銀購置：田契畫押，封好，請證人，在本雅明境內，耶路撒冷四周，在猶大各城，包括山區、平原和南地的村村鎮鎮。因為，我必扭斷他們的囚鎖——耶和華宣諭。承諾解放入囚子民，16:15, 30:18。

福恩與顫慄

三十三章

耶利米仍囚於禁軍院子時，接應32:2。耶和華第二次降言於他，道：²如此，耶和華，那造就大地，校讀從七十士本。原文脫"大地"，重複聖名。為之賦形奠基，而以耶和華為名的一位，有言：³你呼喚，我必應允，呼應29:12。並把你所不知的種種大隱秘宣示與你。隱秘，bezuroth，而稱大，實為希望和信心之本。舊譯不通：又大又難的事。

⁴如是，耶和華以色列的上帝有言，講這城為〔抵禦〕堆起的斜坡和刀劍而拆毀的房舍、猶大王宮：難句，無確解，32:24。⁵那些前去與迦勒底人交戰的，不過是再填進些屍身——我鼻息噴發，一頓殺戮，因他們惡行纍纍而對這城藏起了臉。不再恩顧，申31:17，賽8:17, 54:8, 59:2。⁶然而看哪，我必使〔這城〕得醫治而康復，這城，原文：她，5:1注。我要治癒他們，為之降示平安與信實之豐盈。⁷我要扭斷猶大的囚鎖和以色列的囚鎖，重建他們，一如初時；實踐對大衛王的誓約，詩89:49, 132:11。⁸還要滌淨他們的咎責，那觸罪於我的一切，赦免對我犯下的各樣忤逆之罪。⁹而〔這城〕於我，於世上萬族，就要名為歡愉、頌歌和榮光。受列國仰慕，13:11。當列族聽說我賜下的福恩，我給她營造的全部美福與平安，都要顫慄，怕子民報復；耶和華治下，幸福和平皆戰爭的孩兒，出15:3, 14。為惶恐攫住。

¹⁰ 此乃耶和華之言：這裏，就在你們稱作一片廢墟、人畜絕跡處，_同
_{32:43}。在荒無人煙不見鳥獸的猶大各城和耶京街頭，再一次，要傳來 ¹¹ 歡聲
笑語，新郎新娘的對唱，_{天父極願意反悔，取消制裁，7:34, 18:8}。並耶和華的殿上那
獻感恩祭的歌聲：

向萬軍之耶和華謝恩！
因耶和華，他乃至善
因他的慈愛常在。_{同詩106:1, 107:1}。

因為，我必扭斷福地的囚鎖，一如初時，耶和華有言。
¹² 此乃萬軍耶和華所言：在此人畜無蹤的廢墟之地，包括內中諸城，
再一次，要有牧場，讓牧人的羊群安臥。_{熟語，此處形容太平盛世，賽13:20, 17:2}。
¹³ 在山區、平原和南地的村村鎮鎮，在本雅明境內，耶路撒冷四周及猶大各
城，再一次，要有羊群從點數的手底下走過，_{象徵子民安居樂業}。耶和華有言。

大衛的永約

¹⁴ 看哪，_{此片斷七十士本不載，編者補入，或屬波斯時期}。日子快到了，耶和華宣
諭：我必履行諾言，_{參29:10}。為以色列家跟猶大家賜福——

¹⁵ 臨到那一天，那一時　_{一天，原文複數，下同，31:29注}。
我要讓大衛生發一公義之新枝　_{美稱其子裔、接班人}。
他必秉公行義於國中。_{同23:5–6}。
¹⁶ 那一天，猶大必獲救
耶路撒冷得安居；_{念念不忘復興北國，3:18注}。
而人喚她須用這個名字：_{原文略"名字"，從諸抄本補}。
耶和華我們的正義。_{她，指聖城，錫安女兒，4:31}。

¹⁷ 如是，耶和華有言：大衛決不會斷了後人，空出以色列家的寶座；重申永約，撒下 7:12–16。¹⁸ 利未祭司也不會斷了子裔，停止在我面前獻全燔祭、燒素祭、預備每日的犧牲。救主承諾，永葆聖殿與祭司制度，17:26。

¹⁹ 之後，有耶和華之言降於耶利米，道：²⁰ 此乃耶和華之言：若你們能廢除我的日夜之約，使白天黑夜不再守時，修辭程式，以創世之功類比永約，31:35–36。²¹ 那麼，我與大衛我僕人立的約便可作廢，叫他沒有子孫繼位為王，而利未祭司也無須為我執禮。²² 就像諸天萬象不可勝數，一如海沙無法斗量，引上帝與聖祖之約，創 15:5, 22:17。我必增添大衛我僕人的子實，並為我執禮的利未人。

²³ 有耶和華之言降於耶利米，道：²⁴ 你沒留意這些人在說什麼？留意，舊譯不確：揣摩。他們說：耶和華揀選的那兩個家族，被他擯棄了！他們竟這樣鄙視我的子民，公然勾銷了一族！直譯：不再是一族在他們面前。²⁵ 此乃耶和華之言：除非我從未立日夜之約，不曾定天地之規，²⁶ 唯有如此，我才會背棄雅各與大衛我僕人的子實，不復從這些子實中選人來統治亞伯拉罕、以撒和雅各的子實。因為，我必扭斷他們的囚鎖，必施憐愛。大愛離不開子民，不能失去對象，31:20。

耶義的命運

三十四章

一言，自耶和華降於耶利米，正當巴比倫王尼布甲尼撒率軍親征，傾其治下大地列國與列族之力，組成聯軍入侵猶大，1:15。治下，直譯：手所統治的。攻打耶路撒冷及所屬城鎮之時：

² 此乃耶和華以色列的上帝所言：去，告訴猶大王耶義，此乃耶和華之言：參 21:1–7, 32:1–5。看，我要把這城交在巴比倫王手裏，讓他放火焚掉！³ 你呢，你逃不脫他的手，註定了要被抓住，送到他掌下，眼對眼受巴比倫王審判，面對面回他的話。見 32:4 注。然後走去巴比倫。婉言受刑入囚，39:5–7。

⁴但是，請聽耶和華訓示，啊猶大王耶義！如此，耶和華有言，講你的：你不會死在劍下，⁵必於平安中離世。正如你祖宗或歷代先王皆有人焚香，提喻君王葬禮，代下 16:14。舊譯不妥：焚燒物件。將來，你也會有人焚香舉哀，説：哀哉，主公！參22:18。因為説這話的，是我——耶和華宣諭。

⁶於是，先知耶利米在耶路撒冷，不提幽禁，32:2-3。將這些訓言轉告了猶大王耶義。勸其出降，或可繼續納貢稱臣，21:9。⁷其時，巴比倫王的大軍正攻打耶路撒冷及猶大殘城，拉岐和鑿堡，`azeqah，在耶京往西 30 公里處。拉岐，lakish，鑿堡以南，距耶京45公里，賽36:2。那是猶大僅剩的兩座要塞。

釋奴

⁸一言，自耶和華降於耶利米，當耶義王與耶路撒冷全體子民立約，宣佈釋奴之後：釋奴，deror，自由，尤指禧年休耕、解放奴隸，利 25:10，賽61:1。⁹各家一律放了希伯來奴婢，還其自由，誰也不可收一個猶大兄弟為奴。旨在全民動員保衛聖城，並祈求神的佑助。¹⁰承約的公卿百姓一致同意，各家放了奴婢，還其自由，不再收奴：既然同意，就釋放！¹¹可是過後，這些人改變主意，見圍城的敵軍撤退，聽説埃及已出動援兵，前來解圍，37:5, 11。把放歸自由的奴婢又抓了回來，強迫他們重做奴婢——¹²於是有耶和華之言，自耶和華降於耶利米，自耶和華，重複聖名，語氣嚴峻。七十士本及古敘利亞語譯本脱此四字。道：

¹³此乃耶和華以色列的上帝所言：當初我將你們先祖領出埃及，那奴隸之獄，出 13:3, 14。曾親自立約與他們，説：¹⁴七年為期，各家一律：若有希伯來兄弟賣身與你，服侍你滿六年，就必須放歸自由。第七年立為禧年，族内釋奴，申 15:12-14。但你們祖宗不肯側耳，沒有聽從。可知聖法也有執行難，或理想化、具文化的一面。¹⁵如今你們自己回頭了，行我眼裏的合宜之事，參 18:4, 27:5 注。人向鄰人宣佈釋奴；並且來我面前，在這座歸我名下的殿裏，立下誓約。¹⁶你們怎能又改變主意，褻瀆聖名，各家把順其意願、尊重奴婢自己的選擇，出21:2以下。放歸自由的奴婢抓回來，強迫他們重做奴婢！

¹⁷ 如此，耶和華有言：你們也不肯聽從，不願向兄弟跟鄰人宣佈釋奴。而上帝面前，原本人人平等，皆兄弟姐妹，創 1:27, 5:1–2。那好，我來向你們宣佈，耶和華宣諭，釋放刀劍饑饉和瘟疫；我要將你們交給自由，叫天下萬國驚駭！意同 29:18。¹⁸ 那些違背我的約，不履行在我面前立下的誓言的，我必待他們[如]一頭牛犢；人把它剖為兩半，宰獻之禮。再穿行於肉塊之間。古代近東的立約儀式，創 15:9–17。¹⁹ 猶大和耶路撒冷的公卿，太監祭司與國中百姓，所有穿行了那牛犢肉塊的，²⁰ 我必交在其仇敵或索命人的手裏，而屍骸就給飛鳥野獸為食。同 16:4, 19:7。²¹ 至於猶大王耶義同他的公卿，也要交在仇敵或索命人手裏，即巴比倫王的大軍掌下，雖然他們剛剛退兵。暫時為埃及所牽制，上文 11 節注。²² 看，我這就下令，耶和華宣諭，命其回師攻打這城，攻取了放火燒光；而猶大各城要化作廢墟一片，滅了人居。同 9:10。

雷卡子孫

三十五章

一言，當猶大王約西亞之子耶舉之日，巴比倫軍蹂躪福地，第一次圍困耶京的前夜。自耶和華降於耶利米，道：² 你去雷卡家族，rekabim，"騎手"，遊牧為生，虔敬而戒律極嚴。與他們交談。把他們帶來耶和華的殿，找一間餐室，lishkah，聖殿旁，貴族人家有專門的房間，供分食祭肉。給他們酒喝。

³ 於是，我請哈瓦欽之孫、耶利米之子耶聆，ya'azanyah，雷卡人的族長，其父與先知同名。並其兄弟、兒子全體，率雷卡家族，⁴ 來到耶和華的殿，進了上帝之人耶大之子哈南的兒子們的餐室。哈南的兒子，另讀：本約哈南。耶大，yigdalyahu，上帝之人，美稱聖者、先知，申 33:1。那餐室挨着眾官長的那間，在看守殿門的沙龍之子耶工的住房上面。耶工，ma`aseyahu，或是祭司西番雅的父親，21:1。⁵ 然後，在雷卡子孫面前，取酒壺斟滿，擺開杯盞，向他們説：請，飲酒。

⁶ 不，他們回答，我們不飲酒。守獻身者之律，民 6:2-4。因為先祖雷卡之子耶貴有此遺訓：耶貴，yonadab，事跡見王下 10:15-27。你們不可飲酒，子子孫孫，永不；⁷ 不建房，不播種，不開葡萄園，一座也不要。只可終生住帳篷，虔敬者視城市文明為腐敗之淵藪，耶京亦不例外。以使你們在寄居之地，來日綿長。⁸ 所以我們一絲不苟，遵先祖雷卡之子耶貴的遺命：決不飲酒，包括妻子兒女，終生不渝；⁹ 不建房定居，不要葡萄園、田產和種子，¹⁰ 而只住帳篷。堅持摩西一代出埃及、入荒野的"初心"。一切行事，皆遵先祖耶貴的遺命。¹¹ 及至巴比倫王尼布甲尼撒來犯福地，我們才說：走，上耶路撒冷去，避一避迦勒底人和亞蘭人的大軍！參34:1。之後，才入住了耶路撒冷。

¹² 於是，有耶和華之言降於耶利米，道：

¹³ 此乃萬軍耶和華，以色列的上帝所言：去，告訴猶大人耶京居民：你們仍舊不受教，不聽我的話麼？耶和華宣諭。¹⁴ 雷卡之子耶貴的話，卻有人履行；他命子孫不得飲酒，他們就遵從祖訓，至今一滴不沾。而我早跟你們說了，再三告誡，可你們就是不聽。同 7:13。¹⁵ 我還給你們派了我的忠僕，先知一位接一位：回頭吧，他們說，離開各自的邪道，改正作為，莫追着異神侍奉，即可入居我賜予你們及祖先的土地。意同 25:4-6。然而你們仍不側耳，一句不聽！¹⁶ 是呀，雷卡之子耶貴的子孫，履行了祖訓，這一族卻從來不聽我的。

¹⁷ 如此，耶和華萬軍之上帝，以色列的上帝有言：看，對猶大和耶京全體居民，我要照我警告的降下大禍！同 19:15。因為，我講的，他們不聽；我呼喚，他們不應。對比天父對子民的承諾，一呼即應，賽30:19, 65:24。

¹⁸ 言畢，耶利米向雷卡家族道：此乃萬軍耶和華，以色列的上帝之言：因你們遵從先祖耶貴的遺訓，謹守他的一切誡命，照他的指示行事，家訓儼如聖法。¹⁹ 如此，萬軍耶和華，以色列的上帝有言：雷卡之子耶貴決不會斷了後人——那侍立於我面前的，忠信者而非大衛後裔 /利未祭司，33:17-18，才是真正的聖潔之邦，神的特選產業，出 19:5-6。永日無盡。

書卷

三十六章

猶大王約西亞之子耶舉四年，_{前 605 年，猶大向巴比倫俯首稱臣。}有這一言自耶和華降於耶利米，道：² 你取一軸書卷，_{紙草紙數張連綴，抱軸成卷。}將我訓示你的關於以色列、猶大和列族的一切，從我降言之日，即從約西亞朝迄今，_{參 1:2–3。}都寫下來。_{聯想王下 22 章。}³ 也許，猶大家聽説我決意對他們降下大禍，會由各自的邪道折回，俾我赦免其咎責與罪愆。_{實則大局已定，救主一如罪民，並無退路，26:3 注。}

⁴ 耶利米便召耶燈之子巴路克，口授耶和華的訓言，讓巴路克一字字錄下，成一書卷。⁵ 耶利米又指示巴路克：他們不准我進耶和華的殿，_{或是聖殿總監有令，20:1–2。}⁶ 那就你去。禁食那天，到耶和華的殿，把書卷上我口授你記錄的耶和華之言，向子民耳中宣讀；要各城上來的猶大人，也都聽見你宣讀。⁷ 也許，他們哀求會感動耶和華，倘使他們離開各自的邪道。因為耶和華鼻息之怒極大，已經警告這一族了。⁸ 耶燈之子巴路克遂按先知耶利米的指示，在耶和華的殿上展開書卷，把耶和華的訓言念了。

⁹ 猶大王約西亞之子耶舉五年，九月，_{前 604 年十二月。}耶路撒冷全體子民和猶大各城上來耶路撒冷的百姓，在耶和華面前宣佈禁食。¹⁰ 巴路克宣讀了書卷所載耶利米所言，就在耶和華聖殿的上庭，新門入口處，書記沙番之子耶成的餐室；_{此耶成是先知的朋友，亞希甘的兄弟，26:24。}耶和華殿內所有子民都聽見了。

¹¹ 沙番之子耶成有個兒子米迦亞。_{mikayehu，"誰能比耶和華"，彌迦的變體，26:18。}他聽了書卷上耶和華的訓言，¹² 就下來王宮，進到書記室；看，官長都坐在那兒：書記以利沙瑪、_{'elishama`，"上帝聽見"。}耶聞之子耶汲、_{delayahu，汲水喻拯救、保佑，詩 30:1–3。}阿革波之子艾爾納丹、_{'elnathan，"耶和華賜予"，26:22 注。}沙番之子耶成、哈納尼亞之子耶義，及別的官長。¹³ 米迦亞便把自己聽到的，巴路克向百姓耳中宣讀書卷所言，一五一十向他們彙報了。

¹⁴眾官長於是派內塔尼亞之子"猶大人"，yehudi，或是綽號。並"古實人"之子耶平安，校讀從傳統本注。據原文，耶平安，shelemyahu，為內塔尼亞之父。去傳巴路克，說：拿上書卷，就是你給百姓宣讀的那一軸。有請！耶燈之子巴路克便手持書卷，來見官長。¹⁵請坐，官長說，念給我們聽聽。巴路克就一句句念了。¹⁶眾人聽完，大吃一驚，面面相覷，對巴路克說：這種事，或作：這些話。我們得稟報國王。¹⁷然後詢問巴路克：告訴我們，你怎麼會寫這個？從七十士本。原文：按他口（授）寫這個。¹⁸這些話都是他口授與我的，他，雙關兼指先知、上帝，上文6, 8, 10節。巴路克回答，我只是用筆墨錄於書卷。¹⁹官長們遂警告巴路克：快去藏起來，你跟耶利米，顯然都知道書卷內容出於先知之口。別讓人知道你們在哪兒。

²⁰言畢，他們把書卷存在書記以利沙瑪的屋裏，就入內殿拜見國王，把這事向王的耳中稟報了。試圖大事化小。

²¹國王卻派"猶大人"去取那書卷。"猶大人"便從書記以利沙瑪屋中拿來，念給國王和侍立左右的諸公卿聽。²²時值九月，七十士本脫此四字。國王居於冬宮，腳前生了一隻火盆，腳前，直譯：面前。燒得正旺。²³"猶大人"每念三欄或四欄，國王就拿書記的刀將那段割碎，扔在火盆裏，直至一軸書卷全部葬身火盆。²⁴聽到這些文字，國王及其臣僕居然無一驚懼，也不撕裂衣服。志哀、懺悔。以約西亞聆受"約書"撕裂王袍，王下22:11，反襯耶舉不敬不智。²⁵雖然艾爾納丹、耶汲與耶成懇求國王，別燒那書卷，但國王不聽，²⁶反而命"王子"帝憐、yerahme'el，或因其受君主寵用，別號王子。阿茲列之子耶角力、serayahu，常名，紀念雅各與神／天使角力，創32:29。阿僕迪爾之子耶平安，去捉拿書記巴路克和先知耶利米。然而，耶和華將他們藏過了。

²⁷國王燒了那書卷及耶利米口授、巴路克記錄的文字之後，有耶和華之言降於耶利米，道：²⁸你另取一軸，將原先那軸，就是被猶大王耶舉燒了的書卷上的文字，重新寫下。又口授一遍。²⁹至於猶大王耶舉，你要說，此乃耶和華之言：你敢燒這書卷，還問：為什麼上面寫着，巴比倫王註定了要來，把這一國夷為平地，人畜絕跡？³⁰如此，耶和華有言，講猶大王耶舉：

他必無後人坐大衛的寶座，參較 22:30, 33:17。他的屍首要拋給白天的炎熱、黑夜的霜凍。[31] 我必追究他與他的子實、臣僕的咎責；必對他們一夥，對耶京居民和猶大人，子民仍須負團體/連帶責任，31:30注。降下大禍——每一樣都是警告了而他們不聽的！意同 35:17。

[32] 於是，耶利米另取一軸，交與書記耶燈之子巴路克。後者便照耶利米口授的，聖言復活。把猶大王耶舉燒了的那書卷上的文字重新寫下——還添了許多相近的文字。婉言加重懲罰。

耶義求禱

三十七章

約西亞之子耶義繼耶舉之子耶立為王，參 13:18, 22:24, 28:1注。是巴比倫王尼布甲尼撒立的猶大王。點明其傀儡性質。[2] 但無論他本人抑或臣僕、國中百姓，都不聽耶和華藉先知耶利米之手，猶言通過先知之口，出 35:29注。傳下的訓言。

[3] 耶義王曾派耶平安之子耶能同祭司耶工之子西番雅，耶能，yehukal；兩人是國王的親信，21:1, 29:25。去見先知耶利米，說：請為我們向耶和華我們上帝祈禱！希望先知幫助求勝，負起中保之責，15:11。[4] 當時，耶利米尚未陷圄圄，仍可在子民中出入。[5] 而法老軍已經出了埃及，埃及王霍弗拉，hophra`，支援猶大，44:30注。圍困耶路撒冷的迦勒底人聞報，便拔營離去了。[6] 遂有耶和華之言，降於先知耶利米，道：

[7] 此乃耶和華以色列的上帝所言：猶大王遣你們來找我求問，你們可這樣回復：看，法老出兵，可是援助你們？暗示其別有圖謀，自身難保，44:30。一旦他班師，退回埃及，[8] 迦勒底人就會重新兵臨城下，攻進來，放火焚燒！看清埃及終非巴比倫的對手；否定耶京解圍後，朝野普遍的樂觀情緒。[9] 此乃耶和華之言：別自欺了，說：走了，撤退了，迦勒底人！不，他們沒走。[10] 就算你們能擊敗迦勒底人的大軍，那攻打你們的只剩下帳篷裏的傷殘，那些人也會一個個站起，不愧為救主的"刑鞭"，4:6注。放火燒了這城。

耶利米被捕

[11] 當迦勒底人因法老出兵，大軍拔營撤離了耶路撒冷，[12] 恰好耶利米要出耶路撒冷，去本雅明境內族人中間分一份產業。lahaliq，無定解。或與後來買田有關，32:6以下。[13] 走到本雅明門，那裏有一個站崗的哨長，ba`al peqiduth，負責城門的警戒。叫作哈納尼亞之孫、耶平安之子耶見，yir'iyyah，暗諷真先知反而不受人待見。一把抓住先知耶利米，喝道：想去投迦勒底人，你！或許哨長瞭解耶利米宣揚的"投降主義"立場，21:9，故做此判斷。[14] 耶利米回答：你瞎説！我不是去投迦勒底人。可是耶見不由分説，將耶利米拿下，解到諸官長面前。見26:10注。[15] 官長大怒，把耶利米鞭打了，囚在書記約納丹家裏——那房子先已改作監獄了。約納丹，yehonathan，"耶和華恩賜"。[16] 於是，耶利米被關進一間拱頂地窖或地牢；在那兒，耶利米熬過了好些日子。

[17] 後來，耶義王派人把他提出，悄悄接到王宮詢問：耶和華可有啟示？還在幻想借法老之力，擺脱尼帝的統治，21:2。有啊，耶利米回答。接着又道：你要被交在巴比倫王手裏！參32:4–5。[18] 耶利米還質問耶義王：我究竟何事得罪了陛下，或陛下的臣僕百姓，你們把我下在獄中？[19] 你們的先知哪裏去了，那些預言巴比倫王決不會來犯，不會侵犯福地的？[20] 所以，請我主大王垂聽！請陛下恩准我的祈求，不要將我送回書記約納丹家，否則我死定了！

[21] 於是，耶義王下旨：將耶利米移交禁軍院子，幽禁，條件較好，親友可探望，32:6以下。每日由餅鋪街取一個麵餅給他——直至城中斷糧。這樣，耶利米就留在了禁軍院子。

枯池

三十八章

然而，瑪坦之子耶判、shephatyah，常名。帕撕胡之子耶偉、gedalyahu，其父或即聖殿總監，20:1。耶平安之子耶能、見37:3。瑪基亞之子帕撕胡聽説，見21:1。

四人皆屬朝廷上親埃及一派，視耶利米為對頭、投降派。**耶利米還在宣講，勸誡子民：**
² 此乃耶和華之言：凡留居這城的，必死於刀劍饑饉和瘟疫；而那出城歸降
迦勒底人的，皆可逃生，可留一條命當掠物。同 21:9。**³ 此乃耶和華之言：這**
城註定了要交在巴比倫王的大軍手裏，讓他奪取。同 32:3。

⁴[四位]公卿遂上奏國王：這人必須處死，他對城裏殘存的士兵和百姓
說的那番言語，會使他們的手癱軟。喻灰心，喪失鬥志，6:24。**這人不是在求子**
民平安，而是要他們受禍！⁵ 耶義王道：好，他在你們手裏了；意謂任其處置，
伯 1:12, 2:6。**國王沒有理由否定你們。**從七十士本。原文費解：不能與你們同在。

⁶ 於是他們拿住耶利米，把他扔進了瑪基亞王子的蓄水池。bor，深坑、旱
井、口小肚大的蓄水池。瑪基亞，malkiyahu，常名，"吾王耶和華"。**那池子在禁軍院子**
內，水乾了，只有淤泥。圍城日久，已成枯池。**他們用繩子將耶利米墜下，耶利**
米便陷在淤泥裏了。

⁷ 幸而有一個王宮內臣，古實人王僕，`ebed-melek，一說是埃及／古實僱傭軍的將
領，saris，故能勸動耶義。**他聽說耶利米囚於枯池。**趁國王移駕本雅明門之際，敵
視先知的公卿不在。**⁸ 王僕忙從宮裏出來，向國王稟告：⁹ 我主大王啊，這些人待**
先知耶利米，真是惡事做絕；竟把他扔進了池子，隨他餓死在下面——城
中已經斷糧了呀！

¹⁰ 國王便命令古實人王僕：你從這兒帶三個人去，三，從一抄本。原文：
三十。**把先知耶利米從池子拉上來，別讓他死了！**直譯：在他死前。**¹¹ 王僕即**
帶人回宮，進到庫房的藏衣室，meltahath，校讀從傳統本注，參王下 10:22。原文：
（庫房）下面，tahath。**取了些破舊衣服跟碎布，用繩子墜下枯池給耶利米。**
¹² 然後，古實人王僕吩咐耶利米：這些破衣碎布，請裹了繩子，墊在腋下。
先知受盡折磨，赤裸着身子，十分虛弱。**耶利米照辦了。¹³ 他們就抽緊繩子，把耶利**
米從枯池拉了上來。這樣，耶利米又回到了禁軍院子。

耶義問計

[14] [一日]耶義王傳令，將先知耶利米帶至耶和華聖殿的第三入口處。舊譯不妥：門裏。我有一事問你，一事，或作一言。國王對耶利米説，你什麼也不可對我隱瞞！

[15] 若是如實稟告，耶利米回復耶義，陛下豈不要處死我嗎？先知不怕死，但故意這麼説。如果斗膽徹誠，陛下也不會聽哪！

[16] 耶義王便屏退左右，bassether，秘密地、私下。向耶利米起誓，説：一如耶和華永生，為我們造了這靈，猶言賜亞當子孫以生命。我決不會處死你，不會把你交在那些索你性命的人手裏。

[17] 於是，耶利米對耶義説：此乃耶和華萬軍之上帝，以色列的上帝所言：陛下只要出城，歸降巴比倫王的將軍，sarey，或作大臣。即可性命無虞，這城也不至於遭火焚，陛下全家皆可逃生。[18] 但如果不出城歸降巴比倫王的將軍，這城就必定交在迦勒底人手中，被其焚毀，而陛下也逃不脫他們的鐵掌。

[19] 耶義王向耶利米歎道：我擔心的是那些投降了迦勒底人的猶大人，就怕被交在他們手裏，即被巴比倫人移交"合作者"處置。受他們凌辱。舊譯戲弄，弱。

[20] 不，不會的，耶利米回答。務請聆聽耶和華的話音，如我傳達的，陛下一定萬事大吉，性命無虞。[21] 但如果陛下拒不出城，堅持抵抗。這便是耶和華指給我看的了——[22] 看，凡留在猶大王宮裏的女子，都要領到巴比倫王的將軍們面前，聽哪，她們在哀歎：一説借自民歌。

他們引誘你，贏了你—— 引誘，hissith，舊譯催逼，不確。
你的平安之人！被好友或深受信任的人背叛，20:10注。
你兩腳陷進了污泥
他們卻背轉身，跑人！

²³ 是的，你的後妃兒女要全部領到迦勒底人面前；你呢，也逃不脱他們的鐵掌，必被巴比倫王的手擒住。至於這城，她必遭火焚。

²⁴ 末了，耶義警告耶利米：這些話絶不可讓人知曉，否則你死定了。²⁵ 若有公卿聽説我與你談話，而來找你，説：告訴我們，你跟國王講了些什麼？國王又如何回答？此句從古敍利亞語譯本，移自節末。別想對我們隱瞞，不然就殺了你！²⁶ 你就告訴他們：我只是祈求國王恩准，直譯：祈求在國王面前。不要將我送回約納丹家，去死在那兒。

²⁷ 果然，公卿一個個都來見耶利米，向他詢問。他則依照國王的指示，拿那些話應付。他們就不説什麼了，畢竟談話並無洩露。²⁸ 這樣，耶利米仍留在了禁軍院子，直至耶路撒冷陷落之日。此處原文另有：當耶京陷落。移至39：3句首，以順文意。

聖城陷落

三十九章

猶大王耶義九年，十月，前588/587年一月。參52：4–16，王下25：1以下。巴比倫王尼布甲尼撒率大軍來犯，包圍了耶路撒冷。² 耶義十一年，四月初九，前587/586年七月。城破。

³ 當耶路撒冷陷落之際，此短語移自38：28。巴比倫王的公卿全體入城，坐鎮中門：一説即城西北的以法蓮門。有侍衛長尼波扎爾丹、nebuzar'adan，“大神賜子”，校讀，參下文13節。原文重複人名：尼甲薩勒策。此句有訛，無善解。大將軍尼波沙班、nebushazban，“大神救我”。將軍，saris，或作太監。大占星師尼甲薩勒策，nergal sar'ezer，一説後來發動政變，弑君（尼帝之子愚威王）篡位，52：31。及巴比倫王的一眾將領。

⁴ 猶大王耶義見大勢已去，便帶上士兵棄城出逃。趁着黑夜，取道御苑，聖城東南角。穿過兩牆間的便門，泉門或碎瓦門。直奔河谷之路。往約旦河谷和死海方向。⁵ 但迦勒底人立刻派出追兵，在耶利哥荒野趕上了耶義，將他擒獲，帶到尼布甲尼撒面前。巴比倫王遂於哈馬境內的里貝拉，riblah，敍利亞東

部要衝，大馬士革向北，創 10:18，民 13:21。**宣佈其罪狀。**⁶**就在里貝拉，巴比倫王讓耶義親眼看着，兒子被一一屠戮；**企圖使大衛寶座絕後，永約作廢，33:17。**猶大的貴冑也盡數斬殺，巴比倫王一個不留。**消滅耶京上層的親埃及集團。⁷**然後，把耶義剜去雙目，鎖上銅鐐，押往巴比倫。**

⁸**王宮一如民居，迦勒底人一把火燒掉，還拆毀了耶路撒冷的城牆。**⁹**城中殘餘的子民，連同早先出降的，及剩下的工匠，**校讀，參 52:15。原文重複：殘餘的子民。**侍衛長尼波扎爾丹都擄去了巴比倫。**既鎮壓反抗、掠奪人才，也懲罰叛徒。¹⁰**窮人裏面，一無所有的，卻被侍衛長尼波扎爾丹留在了猶大；**區別對待，籠絡人心，非常精細的統治策略。**同時他還分了葡萄園和田地，給他們。**均田，安撫被征服的多數。

¹¹**至於耶利米，巴比倫王尼布甲尼撒下旨，藉侍衛長尼波扎爾丹之手，**委託其處理，欲利用先知的影響力。**說：**¹²**你可領去，悉心照看，不得加害；他要什麼，給他辦到就是。**

¹³**侍衛長尼波扎爾丹便轉告大將軍尼波沙班、**轉告，校讀。原文重複下句：他派人。**大占星師尼甲薩勒策，及巴比倫王的一眾將官。**¹⁴**他們派人到禁軍院子提出耶利米，交與沙番之孫、亞希甘之子耶偉帶回家去。**耶偉，跟帕撕胡之子同名，38:1；家人與先知友善，26:24, 29:3, 36:10。**這樣，他就跟同胞待在一起了。**

古實人

¹⁵**耶利米仍囚於禁軍院子時，**上接 38:7–13。**耶和華降言於他，道：**¹⁶**去，告訴古實人王僕，此乃萬軍耶和華，以色列的上帝所言：**

看，我要實踐諾言，對這城降禍，而非賜福！同 21:10。反襯古實人因善舉而蒙恩。**到那天，讓你親眼見着！**¹⁷**但那一天我必解救你，耶和華宣諭，不讓你落在你懼怕的人手裏。**¹⁸**是的，我必施救；你決不會倒在劍下，而可留得性命當掠物，**同 21:9, 38:2。**因你信靠的是我——耶和華宣諭。**

耶利米在拉瑪

四十章

一言，上接 39:12。自耶和華降於耶利米，在尼波扎爾丹釋放他之後。侍衛長是在拉瑪找到耶利米的：拉瑪，耶京向北，瞭望臺東邊，31:15 注。此片斷與 39:13–14 淵源不同，故細節衝突。他戴着鎖鏈，走在耶路撒冷和猶大俘虜中間，暗諷以倫生稱獲救者，實則當了尼帝的掠物，39:18。正被擄往巴比倫。

2 侍衛長將耶利米提出，對他說：耶和華你的上帝警告過，此地有此禍。3 果然就發生了，耶和華說到做到，迦勒底人多神崇拜，認可耶和華作為民族神的威力。因為你們非但觸罪於耶和華，還不聽他的話音。難怪給你們的，是這一言！贊同先知的解釋，巴比倫摧毀耶京，一如當年亞述滅北國，是實現上帝的旨意，賽36:10。4 好了，我這就解開你手上的鎖鏈。若是你覺得與我同去巴比倫好，就去；我一定悉心關照。但如果覺得與我同去巴比倫不好，就別去。你看，天地寬着呐，直譯：地全在你面前。引聖祖對侄兒羅得語，創 13:9。你覺得哪兒好，哪兒合適，只管上那兒去！──5 不待[耶利米]回過神來，先知沒有想到，巴比倫人如此瞭解以色列的聖者及聖言，一時無語了。又道：此句有訛，無定解。或者，回去找沙番之孫、亞希甘之子耶偉也行；巴比倫王剛任命了他總管猶大各城。建立傀儡政府。你可跟他一起，住在同胞中間；或者就去你覺得合適的任何地方。

說完，侍衛長送了些乾糧和禮物，便放他走了。先知始終沉默着，彷彿挪亞在方舟之世，創 6:22, 7:5 注。6 於是，耶利米到瞭望臺投奔亞希甘之子耶偉，瞭望臺，mizpah，耶京西北 12 公里處，本雅明境內。巴比倫征服猶大後設行省，以此為省府。同他一起，住在國中殘餘的子民中間。

耶偉

7 [其時]鄉間尚有殘部。諸將領聽説，巴比倫王任命亞希甘之子耶偉為本地省長，男人婦女孩童，凡境內沒有被擄去巴比倫的窮人，都歸他總管，⁸就來瞭望臺見耶偉：有內塔尼亞之子以實瑪利、yishma`e'l，"上帝聽見"，創 16:11。禿夫之子約翰、yohanan，"耶和華恩顧"。原文此處另有"和約納丹"，從王下 25:23 刪。禿夫,qareah，綽號。潭胡默之子耶角力、參 36:26 注。水滴鎮人俄飛的幾個兒子、水滴鎮,netophah，伯利恒東南小鎮。馬加人之子耶聆，見 35:3 注。各率部卒。

⁹沙番之孫、亞希甘之子耶偉當場發誓，向眾人及部屬保證：沒什麼好怕的，服侍迦勒底人。留在國中，侍奉巴比倫王，大家會好起來的！做了亡國奴，只能政教分離，以維護信約。¹⁰只是我得守在瞭望臺，迦勒底人來了，好同他們周旋。直譯：站在他們面前。而你們就可以釀酒榨油、收穫夏果，qayiz，特指無花果。下同。裝滿自家的罈罈罐罐，在你們佔據的村鎮住下去。

¹¹同樣，那些逃去摩押、紅嶺等地，流落在亞捫子孫當中的猶大人，他們也聽說了，巴比倫王給猶大留了餘數，即屠殺之餘、倖存者,6:9、賽 37:32。並已任命沙番之孫、亞希甘之子耶偉當省長。¹²很快，猶大人紛紛從各流散地返歸。他們回到猶大，跟隨瞭望臺的耶偉，就收穫了巨量的酒和夏天的果實。

¹³[一日]禿夫之子約翰帶着鄉間殘部的眾將領，來瞭望臺謁見耶偉，猶大軍殘部分裂，約翰一派尋求省長支持。¹⁴說：你知不知道，亞捫子孫的王巴利斯派了內塔尼亞之子以實瑪利，來取你的性命？此時亞捫王還在抵抗巴比倫，恐腹背受敵；以氏系王室子弟，欲堅持抗戰,41:1。可是，亞希甘之子耶偉不願相信。¹⁵禿夫之子約翰便又私下在瞭望臺向耶偉進言，道：那就讓我去除掉內塔尼亞之子以實瑪利，沒人會知道的。為何要讓他害你性命，把聚攏在你周圍的整個猶大又打散了，叫猶大連餘數也滅絕？

¹⁶然而，亞希甘之子耶偉回答禿夫之子約翰：這事做不得，你這是造以實瑪利的謠啊！省長或心存幻想，試圖彌合兩派。

四十一章

七月間，以利沙瑪之孫、內塔尼亞之子以實瑪利來了。他是宗室子實，國王的將領，卻帶了十個隨從，到瞭望臺見亞希甘之子耶偉。當他們一起用餐時，就在瞭望臺，重複地名，暗表刺客輕裝深入偽政權心臟之勇力與謀略。2內塔尼亞之子以實瑪利同那十個隨從突然站起，舉劍砍倒沙番之孫、亞希甘之子耶偉，殺了巴比倫王任命的省長。史載後人每年在這一天禁食，紀念此壯舉，亞7:5, 8:19。3瞭望臺耶偉身邊的猶大人，連同碰上的幾個迦勒底士兵，以實瑪利一個不留，都殺了。

4次日，人們還不知道耶偉已死，5有八十個人從石肩、示路和撒瑪利亞過來。北國以色列人。他們鬍鬚剃了，衣袍撕裂，皮肉割破，志哀，16:6注。手裏捧着素祭和乳香，要去耶和華的殿獻祭。雖然耶京聖殿已毀，虔敬者仍奉為聖所，堅持朝拜。6內塔尼亞之子以實瑪利從瞭望臺出來迎接，邊走邊哭，見了面就說：亞希甘之子耶偉有請！7進到城裏，內塔尼亞之子以實瑪利卻命部下大開殺戒，或許怕走漏消息，故滅口。以將軍的部下顯然不止十人。還把屍首扔進了蓄水池。原文脫“屍首扔進”，從古敘利亞語譯本補，參下文9節。8他們當中有十個人，一個勁地求以實瑪利：別，別殺我們！我們有小麥、大麥、油和蜜，藏在野地裏。他就住了手，沒有把這些人同他們兄弟一塊兒殺掉。

9以實瑪利殺人棄屍的那口池子很大，從七十士本。原文費解：他藉耶偉手殺的……池子。是從前亞薩王為防範以色列的巴沙王而挖的。這南北二王曾長期爭戰，王上15:16–22。內塔尼亞之子以實瑪利卻把砍殺的人填了進去。10接着，以實瑪利將瞭望臺剩下的子民趕攏來，包括諸公主和留在瞭望臺的百姓，都是侍衛長尼波扎爾丹移交亞希甘之子耶偉的。內塔尼亞之子以實瑪利擄了他們，想去投奔亞捫子孫。

11禿夫之子約翰和手下將領聞報，內塔尼亞之子以實瑪利犯下大惡，直譯：所有的惡。12即全軍出動，進攻內塔尼亞之子以實瑪利。他們在岌崩的大塘遭遇。岌崩，在瞭望臺南面，28:1注。13以實瑪利那邊，眾人望見禿夫之子約翰和眾將領，就歡呼起來；14所有被以實瑪利從瞭望臺擄來的子民，都轉身倒向了禿夫之子約翰。15但是，內塔尼亞之子以實瑪利帶着八個隨從逃脫了約翰[之手]，跑去投靠了亞捫子孫。

¹⁶這樣，在亞希甘之子耶偉遇刺後，禿夫之子約翰率眾將領趕到炭崩，截下了內塔尼亞之子以實瑪利從瞭望臺擄獲的子民餘數，擄獲，shabah 'otham，校讀從傳統本注。原文累贅：他從（以實瑪利手裏）奪回，heshib me'eth。有男人或兵丁，也有婦女孩童和太監。¹⁷於是上路，他們先到伯利恒附近的金罕客棧休憩，客棧，geruth，阿奎拉本另讀：羊圈，gidroth。伯利恒，在耶京以南8公里處。準備前往埃及，¹⁸躲避迦勒底人。他們着實害怕，因為內塔尼亞之子以實瑪利殺了亞希甘之子耶偉，而耶偉是巴比倫王任命的省長。

埃及

四十二章

於是那一眾將領，禿夫之子約翰同何沙亞之子耶助，'azaryah，從七十士本，參43:2。原文：耶聆，40:8。及全體百姓，不論大小，都來見 ²先知耶利米，說：請恩准我們的懇求，替我們向耶和華你的上帝祈禱，為了這一點餘數！回放耶義王求問中保，37:3。我們原本眾多，現在只剩下伶仃幾個，如你親眼所見。³願耶和華你的上帝指示我們，那該走的路和當行的事！

⁴聽見了，表同意或確認。先知耶利米回答；好，我就照你們說的，祈禱耶和華你們上帝。耶和華有何回復，我都告訴你們，一言一語，決不相瞞。呼應38:14。

⁵眾人便向耶利米道：願耶和華見證，至真而信實，舊譯誠信，不確。若是我們不遵行耶和華你的上帝遣你傳達的全部聖言——⁶是福是禍，耶和華我們上帝的話音，既是托你傳達，我們一定聽從，以使我們因聆受了耶和華我們上帝的指示，直譯：話音。而蒙福。福在受苦，在救恩之延宕。

⁷十天以後，忽有耶和華之言降於耶利米。⁸他便召集禿夫之子約翰及其手下將領，並全體百姓，大小不論，⁹道：此乃耶和華以色列的上帝之言，亦即你們托我去他面前求情所得：¹⁰你們若能留居福地，我必興建你們，決

不拆毀；必種植你們，決不拔除。喻興衰禍福，1:10, 24:6。因為我給你們造下災禍之後，反悔了。仁愛所出，救恩之源，18:7–10。[11] 不，別怕巴比倫王，儘管你們懼怕慣了——絕不要怕他，耶和華宣諭。因為有我與你們同在，有我救你們掙脫他的鐵掌。[12] 而且，我必對你們施憐愛，以使他也生憐憫，七十士本、古敘利亞語譯本及通行本：我必憐憫你們。但原文更具張力：設想感化／改造尼帝，變不可能為可能。讓你們回返家園。

[13] 但如果你們堅持説：我們不要待在這片土地！亦即不肯聽耶和華你們上帝的話，[14] 且説：不，埃及才是我們要去的地方，那裏見不到打仗，聽不到角聲，更不會缺麵餅餓肚子；對比福地與錫安的慘狀，4:19–21。我們要住那兒！[15] 既然如此，聽好了，耶和華訓示，猶大的餘數！此乃萬軍耶和華，以色列的上帝所言：若你們把臉轉向了埃及，執意要去那兒寄居，[16] 那麼，你們所畏懼的刀劍，就一定會在埃及追上你們；你們所擔心的饑荒，也會跟到埃及纏住你們——那裏，你們死定了！[17] 是的，凡把臉轉向埃及，執意去那兒寄居的，都要死於刀劍饑荒跟瘟疫：沒有一人能倖免，能逃過我召來的災禍。

[18] 如是，萬軍耶和華，以色列的上帝有言：一如我曾鼻息噴發，燒耶京居民，一旦你們去到埃及，我必降下聖怒，要你們受盡詛咒、驚嚇、鄙薄跟辱罵，再也見不到這地方。[19] 猶大的餘數啊，耶和華説了，不可去埃及，你們明白不明白？今天我警告你們了！[20] 本來你們靈中就走了歧路，形容不老實，自欺欺人。托我去求問耶和華你們上帝，説：替我們祈禱耶和華我們上帝；告訴我們，耶和華我們上帝有何囑咐，我們一定照辦。[21] 今天，我告訴你們了，可你們照樣不聽耶和華你們上帝的話音，不理會他遣我傳達的一切。全知者心裏明白，餘數不敢滯留，因巴比倫王肯定會殘酷報復，41:18。[22] 但現在你們必須明白，拜刀劍饑荒跟瘟疫所賜，你們必死在自己一心想去寄居的那個地方！

四十三章

　　不料耶利米向全體子民講完耶和華他們上帝的訓言——句句皆是耶和華他們上帝遣他傳達——²何沙亞之子耶助、禿夫之子約翰等一幫狂妄者卻眾口一辭，暗示耶助挑頭，雖然約翰是殘部首領。說耶利米：你撒謊！耶和華我們上帝絕不會派你來說：不可去埃及寄居。³是那個耶燈之子巴路克，他挑唆你跟我們作對，或以為先知幽禁久了，不瞭解局勢，被助手利用。想把我們交在迦勒底人手裏，或者處死，或者擄去巴比倫！

　　⁴結果，禿夫之子約翰與將領百姓，沒有一個肯聽耶和華的話，留在猶大境內。⁵相反，禿夫之子約翰和眾將領帶走了猶大的餘數，那些被驅散到外族中間又返回猶大寄居的：福地已失，故稱寄居，gur。⁶男人婦女和孩童，連同諸公主及侍衛長尼波扎爾丹留給沙番之孫、亞希甘之子耶偉的每一個靈魂，包括先知耶利米和耶燈之子巴路克。故先知不獲抵抗者的信任，41:10。⁷就這樣，他們去了埃及，沒有聽耶和華的話音。

潘堡

　　他們抵達潘堡。taḥpanhes，阿蒙大城（底比斯）潘將軍的要塞，2:16, 46:25注。⁸卻有耶和華之言在潘堡降於耶利米，道：⁹你手裏拿幾塊大石頭，到潘堡的法老王宮門前，讓猶大人看着，埋進砌四方院的灰泥。四方院，malben，另作鋪路磚。無定解。¹⁰然後告訴他們：此乃萬軍耶和華，以色列的上帝所言：看，我要派人將巴比倫王尼布甲尼撒，我的僕人領來；他必在我埋下的石頭上安放他的寶座，他必，從七十士本及古敘利亞語譯本。原文：我必。撐開他的華蓋。¹¹而他一來，必踩躪埃及——

　　那定了入死的，必死　死於瘟疫。同15:2。
　　該擄去的，必擄去
　　該挨劍的，必挨劍！前568~567，尼帝入侵埃及，但被擊退。

¹² 他要火燒埃及諸神的廟，他，從古譯本。原文：我。焚了，把[神像]擄走；小心翼翼，避免引起巴比倫諸神連連得勝的聯想。**他要捲起埃及的大地，彷彿牧人捲他的袍子**，捲起，`atah，喻劫掠。另讀如七十士本：抖去蝨子。**完後安然離去。**¹³ **他還要砸碎埃及太陽城的方尖碑**，太陽城，'on，從七十士本，參創 41:45。原文：太陽（神）廟。**將埃及神廟一把火焚盡。**

天后

四十四章

一言，降於耶利米，致寄居埃及，即住在守望塔、migdol，在尼羅河三角洲東部，出 14:2。潘堡、墨府和帕特羅境內的全體猶大人，帕特羅，pathros，埃及語：南地，即上埃及。墨府，見 2:16 注。道：

² 此乃萬軍耶和華，以色列的上帝之言：種種災禍，我降於耶路撒冷和猶大各城的，你們都見着了。看，如今那裏殘垣斷壁，絕了人居，³ 只因他們造孽，忙着燒香侍奉異神，那些他們自己跟你們，祖祖輩輩都不識的東西——惹我動怒！不識而拜，罪加一等，7:9 注。⁴ 雖然我早給你們派遣了我的忠僕先知，再三儆誡：此等穢行我憎惡，你們萬勿沾染！⁵ 可他們就是不側耳，不聽從，離不開那門罪孽，為異神燒香。參 7:25–26。⁶ 所以我才鼻息噴發，烈焰熊熊，將猶大各城和耶京街巷化為廢墟，一片荒蕪，一如今日。

⁷ 現在，此乃耶和華萬軍之上帝，以色列的上帝之言：為什麼，你們竟造下這般大惡，特指背信，故咒其禁絕，賽 43:28。戕害自己的靈，把男人婦女連同小童乳兒，通通從猶大剷除，一個不留？⁸ 除了惹我動怒，你們一雙手做了什麼？來到埃及，寄居了，還在向異神獻香——你們真想剷除自己，受天下萬族的詛咒、辱罵？意同 42:18。⁹ 難道你們忘了祖宗的惡行，猶大諸王同後妃的惡行，後妃，七十士本另讀：公卿。你們自己跟妻子的惡行，那在猶大各地耶京街頭犯下的一切？¹⁰ 至今，仍無悔意，亦不敬畏；硬是不遵行我的教導，即摩西所傳的聖法，6:19。那當你們的面，並你們祖宗的面，頒立的我的法令。

¹¹ 如此，萬軍耶和華，以色列的上帝有言：看，我臉已經對着你們，下了決心，21:10注。要降禍剷除整個猶大。¹² 我必取猶大的餘數，那些把臉轉向埃及，執意去那兒寄居的；他們必死在埃及，一個不剩，倒在刀劍或饑荒之下；不論大小，拜刀劍饑荒所賜，他們斃命，這受盡詛咒、驚嚇、鄙薄跟辱罵的一群。¹³ 我必查究那留居埃及的，一如我懲罰耶路撒冷，以刀劍饑饉和瘟疫。¹⁴ 而猶大的餘數，那些來埃及寄居的，沒有一人能逃脫或倖存而返歸猶大。就自願撤離福地的避難子民而言。儘管他們仰起靈，翹盼狀。渴望着回家，但除了[零星]逃生者外，被迫入埃及者，如巴路克，45:5。一個也不回不去了！

¹⁵ 於是，眾人回答耶利米——凡知道妻子向異神獻香者，及身邊站着的婦女，芸芸一大群，全體留居埃及帕特羅的子民，道：¹⁶ 那種話，你托耶和華的名跟我們說，我們不要聽！指耶利米冒充先知，沉溺於臆想。¹⁷ 相反，既已開口發願，就得一樣樣做到：給天后燒香澆醇祭，天后，見7:18注。依照我們自己跟祖宗、諸王公卿，在猶大各城耶京街頭的慣常行事。從前我們餐餐飽足，生活幸福，沒見過什麼災禍。¹⁸ 可自從停了天后的香煙醇祭，我們反倒匱乏了，每每受刀劍饑饉的摧殘。下句是婦女插話。¹⁹ 至於我們[女人]，給天后燒香澆醇祭，假若丈夫不允許，聽到先知譴責，多少有點害怕，故做此解釋。我們能做供餅，捏一個她的形象，即女神的裸相。再澆上她的醇祭？

²⁰ 耶利米便數落眾人，即同他爭辯的男女子民，說：²¹ 你們在猶大各城耶京街頭到處燒香，諸王公卿和國中百姓都學你們祖宗，難道耶和華不會記住，不放在心間？舊譯不通：豈不記念/思想。²² 不，耶和華面對你們的惡事穢行，面對，或作（虛指）對於。不能再容忍了；至高者不容不忠，既是信約的誡命，出20:5，34:14，也是人神關係的一項基本悖論。所以你們的家園才成了廢墟，滅了人居，只剩驚駭與詛咒，一如今日。²³ 只因你們燒香，觸罪於耶和華，硬是不聽耶和華的話，不遵行他的教導、他的法令與他的約，`eduth，證言、誓約，特指十誡，出16:34注。故此遭逢這場災難，正如今日。

²⁴接着，耶利米又向眾人，向全體婦女道：回應上文19節，不忘做婦女和家庭工作。請聽耶和華訓示，在埃及的整個猶大！²⁵此乃萬軍耶和華，以色列的上帝所言：你們夥同妻子，倒是嘴上說了，手就兌現！諷其拜神的功利主義態度。既然聲稱，發了願，定要實踐，要給天后燒香澆酹祭；那好，就守你們的誓願，行你們的酹祭去吧。酹祭，校讀從部分抄本。原文重複：誓願。²⁶但是，你們得聽聽耶和華之言，入居埃及的整個猶大：看，我指至大之聖名立誓，耶和華有言，在埃及全境，我的名再也不要被任何猶大人的嘴唇呼喚，說：一如我主耶和華永生！斥子民妄呼聖名，出20:7注。²⁷看哪，我一直在守望，給他們望禍，而非望福！守望，舊譯留意，誤。埃及的猶大人都要死於刀劍饑荒，直至絕跡。²⁸唯有那劍下逃生的，人數寥寥，能從埃及返回猶大之地。而猶大的餘數，所有那些來埃及寄居的，終要明白，誰的話站得住——我的，還是他們的！站得住，喻應驗。

²⁹而這於你們，便是徵兆，耶和華宣諭：我要在此處懲罰你們，以使你們懂得，我警告你們的禍亂，必應驗。直譯：站得住。³⁰此乃耶和華之言：看，我必把埃及王霍弗拉法老交在他的仇敵與索命人手裏，霍弗拉，hophra`，前589~570在位，曾軍援猶大對抗巴比倫，37:5，並收容難民。後國中叛亂，被迫出逃，遂勾結尼帝入侵埃及，兵敗被殺。一如猶大王耶義被我扔到巴比倫王尼布甲尼撒掌下，任由仇敵取他的性命。

安慰巴路克

四十五章

先知耶利米之言，字字皆耶利米口授，耶燈之子巴路克錄於書卷，時在猶大王約西亞之子耶舉四年，前605年，參36:1–2。如下：

²此乃耶和華以色列的上帝所言，講你的，巴路克！³你曾說：慘了我，耶和華往我的苦楚裏添傷悲！我因哀歎而憔悴，尋不到休憩之地。不獲神的護佑，賽11:10，詩23:2。⁴你可告訴他這個，你，指耶利米。此乃耶和華之言：

看，我要拆毀我興建的

我種植的，我要拔除—— 全知者表白，反悔，18:7–10, 42:10。

掃蕩這整片土地！預言福地有難。

5 可是你，還想給自己謀大事？要求特殊的恩典。

別謀了。看哪，我要引來災殃

給一切肉身——耶和華宣諭 上帝終將審判列族，25:31。

但我會讓你留下性命

當掠物，不論你去到何處。

列族神諭：埃及

四十六章

乃有耶和華之言，神諭集，至 51 章末。七十士本置於 25 章之後，但內容有出入，25:13b注。降於先知耶利米，講列族。

2 關於埃及：埃及王聶戈法老率軍至大河幼發拉底，聶戈，neko，前 609~594 在位。為支援崩潰中的亞述，曾發兵北伐，中途擊殺投靠巴比倫的猶大王約西亞，22:10，代下 35:20–25。在彌西堡，karkemish，敘利亞北部重鎮，進入兩河流域的要津，賽10:9。被巴比倫王尼布甲尼撒擊敗，當時尼帝是王儲，尚未繼位。時在猶大王約西亞之子耶舉四年。

3 圓盾和長盾列隊，出戰！經書熟語，詩35:2。

4 繫好鞍轡，騎兵們，上馬！

戴盔呀，各就各位！

磨亮長矛，披甲！

5 為什麼，我看見他們紛紛後退

一片驚慌？啊勇士被擊潰，只顧逃命

他們頭也不回，被恐懼包圍—— 參6:25，摩2:14–16。

耶和華宣諭。

⁶腿再快也無法逃逸

再勇猛，也不能脱身；直譯：別讓快者逃逸，別叫勇士脱身。

在北方，在大河之濱　大河，從七十士本。原文：大河幼發拉底。

他們跌跤，倒地。

⁷這是誰，像尼羅河漲起　尼羅河，ye`or，河、渠，特指尼羅。

大水如萬流翻騰？

⁸是埃及，像尼羅河暴漲

大水如萬流喧騰！

他説：我要漲上岸淹沒大地　他，指埃及，陽性名詞，創10:6。

捲走城邑並城裏的居民！

⁹衝啊，戰馬！狂怒吧，兵車！狂怒，hithholelu，舊譯急行，誤。

好一場勇士出擊——古實跟利比亞持盾

開弓的人稱路德！lud，一北非部落。原文重複"持"字，從傳統本注刪。

¹⁰但那一天屬於我主，是萬軍耶和華報應之日：

他要向頑敵復仇，讓利劍飽餐、醉飲鮮血

當我主萬軍之耶和華在北方的疆場

在大河幼發拉底之濱

備下他的犧牲。比作宰牲獻祭，審判與降恩，賽2:12, 22:5；摩5:18。

¹¹上基列山，取你的香膏吧　見8:22注。

姑娘呀埃及女兒！擬人，愛稱，4:31, 18:13；諷刺尼羅河之子。

你藥再多，也沒用

治不了你的傷痛。直譯：康復與你無緣，30:13。

¹²列族都聽説了你的羞辱

大地迴響着你的哀泣

當勇士跌向勇士，兩人一同倒地。形容法老軍潰敗。

小母牛與牛虻

¹³ **此言乃耶和華傳與先知耶利米**，此片斷是先知被挾持，入埃及後的啟示，參43:8–13。**說巴比倫王尼布甲尼撒將進犯埃及。** 前568~567，法老Amasis統治期間。

¹⁴ **傳揚吧，埃及，讓守望塔聽見** 見44:1注。
在墨府和潘堡宣告！
說：各就各位，準備——
刀劍已把你圍起，開始吞吃！
¹⁵ **怎麼，亞匹斯逃跑了？** 校讀從七十士本。原文：被推翻。
你的大力者公牛也站不住？ 亞匹斯，<u>h</u>aph，墨府的守護神／公牛。
因為耶和華將他推翻， ¹⁶ **放倒了**
許許多多——他們一個撞上一個，說：
起來，回我們自己人那裏
回出生地去，躲開那無情的利劍！ 無情，或作兇狠，25:38。
¹⁷ **他們給埃及王法老起了個綽號：** 從七十士本。原文：那裏。
"貽誤戰機的喧囂"。 ○諷刺：戰機與喧囂背後，是救主的宏圖和報應。

¹⁸ **一如我永生**
那名為萬軍耶和華的王宣諭：
像岡巒簇擁塔博，像果園山雄視大海 果園山，今海法市附近。
是他的到來！ 塔博，tabor，加利利湖東南的聖山。

¹⁹ **趕緊收拾，準備流亡**
棲居埃及的女兒！ 發揮上文11節的意象。
因為墨府將化為荒原
焚毀了，渺無人居。

²⁰一頭美麗的小母牛，是埃及——

一隻牛虻從北方飛來叮她。從諸抄本。原文重複：飛來飛來。

²¹她身邊的僱傭兵就像圈裏的肥牛犢；如待宰的祭牲，

可是他們掉頭便跑，一窩蜂　上文10節。

沒能站住。因為他們遭災的日子

到了：他們的受罰之時！

²²她還在嘶嘶作響，彷彿蛇行　嘶嘶，從七十士本。原文：行走。

敵軍已經向她湧來，揮動戰斧　呼應詩74:5。

像樵夫伐木，²³斫倒她的樹林　隱喻王宮，21:14。

那茂密得難以探訪的一片——

耶和華宣諭。

因為他們比蝗蟲還多，數不勝數。聯想當年上帝以蝗災降罰，

²⁴啊，何等的羞辱，埃及女兒　出10:13–15。

她被交在一支北民的手裏。以上詩體預言下埃及。

²⁵萬軍耶和華，以色列的上帝有言：此段散文預言上埃及。看，我要懲罰大城的阿蒙與法老，大城，no'，埃及第二大城，希臘名底比斯。阿蒙，'amon，埃及太陽神。懲辦埃及並她的諸神諸王——懲治法老和倚靠他的人；²⁶要將他們交在索命人手裏，扔到巴比倫王尼布甲尼撒及其臣僕掌下。但過後，她仍可恢復人居，條件是認識即皈依以色列的唯一神，賽19:21–22。宛如昔日——耶和華宣諭。以下插入一闋，安慰子民。

²⁷所以你不用害怕，我的僕人雅各　同30:10–11。

以色列呀，莫驚惶：

看哪，我要救你出遠疆

由囚牢之邦開釋你的子實。應許赦罪而贖回，31:11，賽44:21–23。

雅各必歸來，享安寧而無人驚擾。

²⁸ 你一點也不用害怕，我的僕人雅各——

耶和華宣諭，因為有我與你同在。反復保證，提示信約，而子民

而且，我要滅了你被我放逐　依然回了埃及，申 28:68。

去到的各族；對於你

我卻不施毀滅，只是按公道教訓：

該負罪的，不得免罪。

非利士人

四十七章

有耶和華之言降於先知耶利米，說非利士人，時在法老攻加沙之前。

史載兩位法老聶戈和霍弗拉，先後攻打過濱海諸城。參 25:20–22。² 此乃耶和華之言：

看，大水自北方漲起，要變為滾滾洪流

而遍地肆虐，淹沒一切

城邑並城裏的居民！同 46:8。傳統上非利士有加沙等五城，書 13:3。

人慌忙呼救，那境內棲居的一片哀號

³ 當他的駿馬鐵蹄踏響，兵車轔轔

輪轂隆隆。

做父親的沒顧得上兒女，兩手癱軟；參 6:24, 38:4 注。

⁴ 因為那一天到了，非利士人要毀滅殆盡

石城跟西頓要被剪除

剩下的每一個盟友。五城常聯合腓尼基人（石城／西頓）對抗外敵。

是的，耶和華要滅掉非利士人

克里特島的一堆餘孽。克里特，kaphtor，非利士人的老家，申 2:23。

⁵ 剃去頭髮吧，加沙，秤港已經沉寂；前 604 年，尼帝圍攻秤港。

哦，巨人項納的殘餘，還要多久

你割破自己的皮肉？巨人項納，從七十士本。原文：谷地。書11:22。

6 啊，耶和華的劍！喻審判、懲罰，25:31，賽34:5。

要到幾時，你才肯安靜？擬人發問；劍，<u>h</u>ereb，是陰性名詞。

請回你的劍鞘去吧

停下，休息吧！

7 可是她如何安靜？她，從七十士本及通行本。原文：你。

那是耶和華給她的命令——

攻秤港、佔海濱，哪一擊 直譯：那／哪裏。

不是他所指定？

摩押

四十八章

關於摩押，死海東岸，合石堡以南地區。此章地名皆摩押故地，經書熟語引用較多。
此乃萬軍耶和華，以色列的上帝之言：

禍哉，尼波竟要受蹂躪 尼波，合石堡西南，民32:3，賽15:2。

雙城子要蒙羞，被攻佔；雙城子，qiryathayim，尼波往南？民32:37。

羞辱啊，堡壘喪了膽 堡壘，misga<u>b</u>，欽定本作地名，亦通。

2 摩押的頌歌沉寂！

在合石堡，他們合計害她：合計，<u>h</u>ashbu，諧音合石堡，<u>h</u>eshbon。

來，我們鏟了她，除掉一族！她，指摩押之地／國。

至於你，默門，也將沉默 dmm，詞根諧音默門，ma<u>d</u>men，8:14。

刀劍必把你追逐。

³一聲尖叫，從雙溝傳來：雙溝，horonayim，在摩押南部，賽15:5。

毀滅！大摧折！⁴摩押慘遭摧毀——

可聽見她的小童在哭喊？毀滅，sho<u>d</u>，舊譯荒涼，弱。

⁵爬上蘆西坡　lu<u>h</u>ith，地點不詳。

他們流了多少苦淚；同賽15:5。

走下雙溝道

又響起毀亡的哀嚎：

⁶快逃，救自己的命要緊

學荒原上的野驢去吧，你們！野驢，校讀。原文：檜堡，申2:23。

⁷是呀，既然你倚仗的是些<u>要塞</u>　從七十士本。原文：你的作為。

和財寶，你也一定要失陷。

凱魔必被人擄去　凱魔，kemosh，摩押人信奉的戰神，民21:29。

跟祭司與執事一起入囚。

⁸而蹂躪者必踏遍各城　蹂躪者，或指巴比倫，6:26, 15:8。

沒有一座可以倖免；

山谷遭毀壞，高原受侵奪

誠如耶和華所言。

⁹就給摩押立墓碑吧　ziyyun，從七十士本。原文：花／翅膀，ziz。

因為她必成廢墟；na<u>z</u>oh tizzeh，校讀。原文：必出去，na<u>z</u>o' teze'。

她的村鎮要變為荒漠

內中絕了人居。參較4:7。

¹⁰願那替耶和華做工卻懈怠的，侵略者雖然拜的是"邪神"，按先知論述，同樣是造主的僕役，25:9, 27:6。受詛咒——那放下刀劍，不讓它飲血的，必受詛咒！

¹¹ 摩押從小就享安逸——

一向在酒糟裏棲身　摩押是羅得醉酒，同女兒亂倫所生，創19:37。

無須由一壇倒進另一壇——

亦不曾遭遇擄掠：

故此，他保存了原味

馨香一點沒變。當地出產，以葡萄和美酒聞名，下文32–33節。

¹² 所以看哪，日子快到了，耶和華宣諭：我要遣倒酒的去將他倒出，傾空他的罈子，打碎他的酒壺。他，從七十士本及阿奎拉本。原文：他們。¹³ 摩押必因凱魔而蒙羞，恰如之前以色列家，為信靠伯特利而受辱。伯特利，beth 'el，"上帝之家"，北國聖所。

¹⁴ 你們怎能自稱勇士：

我們力大，我們善戰？

¹⁵[眼看]摩押被蹂躪，各城告急　直譯：她的城（被攻）上。

青年的精華就要倒下，遭屠殺——

那名為萬軍耶和華的王宣諭。

¹⁶ 摩押的災殃已近，禍亂正飛速到來

¹⁷ 搖頭舉哀吧，他的四鄰

所有認得他名字的人：反言死難者將被世人遺忘，11:19。

如此威風的權杖，那尊榮之枝　威風，'oz，兼指大力。

怎麼也會折斷？

你們哀歎。

¹⁸ 走下你的榮耀，坐進乾渴吧　zama'，校讀：糞堆，zo'ah。

棲居笛邦的女兒！笛邦，dibon，亞嫩河北岸／摩押北部重鎮，民21:30。

那蹂躪摩押的衝上來了，他已攻破

你的堅城。

¹⁹**你去路邊站着，望一望，檟堡的女兒** yoshe<u>b</u>eth，女居民。

向逃難的男男女女打聽：

出了什麼事？

²⁰**——摩押蒙羞，崩潰啦！** 逃難者回答。

哭吧，嚎啕吧！去向亞嫩河宣佈 亞嫩河，提喻摩押，民 21:13。

摩押成了廢墟。

²¹**於是，審判降臨高原之國：** 此段列舉摩押北部城鎮，多數地點不詳。**霍壘、**
雅哈城、 笛邦東北？民 21:23。**照城、** mepha`ath，一度歸呂便支族，書 13:18。²²**笛邦、尼**
波、無花果餅廟、 beth <u>d</u>iblathayim，民 33:46。²³**雙城子、報應廟、** beth gamul，一說在笛
邦東邊。**巴力庵、** beth me`on，又名：ba`al me`on，民 32:38。²⁴**諸城、** qeriyyoth，據摩押碑記
載，城內有凱魔廟。**金礦鎮等等，** be<u>z</u>er，校讀，申 4:43。原文：堡都，49:13 注。**遍及摩押**
各城，遠遠近近。

²⁵**啊，摩押的犄角砍了** 犄角，象徵力量、地位，詩 75:4。

他的臂膀折了——

耶和華宣諭。 七十士本脱此五字，或是補注。

²⁶**灌醉他呀，他敢對耶和華稱大！** 喻驕狂、吹噓、欺壓，詩 35:26，伯 19:5。**讓摩**
押在自己的嘔吐物裏打滾，叫他也受盡恥笑——²⁷**當初以色列不就是被你**
當笑柄，彷彿做賊被捉個正着？你只要説起她， 校讀。原文：他。**就一個勁搖**
頭！ 譏嘲狀，18:16。

²⁸**拋下你們的村鎮，去山崖上住吧**

摩押的居民！學學野鴿

在峭岩的嘴邊做窩。 極言逃難之艱辛。

²⁹我們聽說了摩押驕傲　與子民同罪，13：9。同賽16：6。

簡直傲慢之極；

又狂又傲，還十分自負

他心氣好高！

³⁰我知道他動輒發怒──　舊譯不通：他的忿怒是空虛的。

耶和華宣諭──毫無根據地吹噓

壞事做絕。

³¹所以為了摩押，我要哀號　先知語，天父口吻。化自賽16：7。

為整個摩押嚎咷，為陶片牆的人們呻吟。賽15：1注。

³²比我為雅則流的淚還多呀，我哭你　民21：24，32：3。

西阪的葡萄！西阪，sibmah，合石堡西南，尼波峰北側，賽16：8–9。

你枝蔓曾伸過海疆，爬到雅則；原文此處有"海"字，從二抄本刪。

而今你夏天的果實同摘下的葡萄　摩押曾向北拓疆至亞捫故地。

全被那踩躪者霸佔了。

³³啊，歡樂就此消失，從果園　化自賽16：10。

從摩押之地。酒榨我已經放乾；hishbati，因缺乏葡萄而停工。

沒有了榨酒人的踩躂，呼喊　榨酒人，校讀。原文重複：歡呼。

也不復是歡呼。意謂豐收的歡歌被敵軍吶喊所取代，20：16。

³⁴合石堡、以利亞利在痛哭；校讀，賽15：4。原文：從合石堡痛哭到以利亞利。遠至雅哈城，他們在號咷，從蕞爾到雙溝，到三犢鎮。`eglath shlishiyah，摩押南部，靠近死海南端的蕞爾，zo`ar。因為，連寧林之水也荒蕪了。天災亦是報應，賽15：5–6。

³⁵而我，必放乾摩押，如同荒園酒榨，上文33節。耶和華宣諭，除盡那些上高丘獻祭、給眾神燒香的人。

³⁶所以，我的心為摩押如簫聲嗚咽；先知大慟，請天父同哭。

為陶片牆的人們，我的心嗚咽如簫——

因為他積攢的財富全毀了。他，指摩押。

³⁷看，人人把頭髮剃了，鬍鬚剪了

手割破了，胯上都圍了麻衣。志哀，4:8, 6:26, 41:4注。

³⁸摩押的屋頂和街市無不為哀歌所籠罩；賽15:2–3。

因為我摧折了摩押，像打碎一隻

沒人要的瓦罐———耶和華宣諭。命運一如聖城，19:10–11。

³⁹那是何等的崩潰，哭呀！摩押

背轉身去，啊，何等的羞辱！

摩押，於是受盡恥笑

時而又把四鄰驚嚇。

⁴⁰如是，耶和華有言：

看哪，他就像一頭鷹，在翱翔　　同49:22。

伸展雙翅，瞄準了摩押！

⁴¹城鎮通通淪陷，堡壘一座座被攻破——

摩押勇士的心呀，那一天

必如女人臨蓐似的劇痛！

⁴²而摩押必亡，永廢一國　　參31:36。

只因他對耶和華稱大。重申罪狀，上文26節。

⁴³恐懼、陷坑、羅網纏上了你　　同賽24:17–18。

摩押的居民——耶和華宣諭！

⁴⁴那與恐懼照面就逃的

要掉進陷坑，那爬出陷坑的

要落入羅網。

是呀，懲罰之年在即

我必給摩押召來這一切——　校讀從古譯本。原文：給她召來。

耶和華宣諭。

⁴⁵ 在合石堡的綠蔭裏，逃亡的人　綠蔭，喻庇護。

停下，精疲力竭。

然而火舌將從合石堡升騰　民 21:28–29。

烈焰起於西宏的殿宇；mibbeth，從三抄本。原文：中央，mibben。

它要吞噬摩押的額角　喻疆域，民 24:17。

那喧嚷之子的頭顱。喧嚷，sha'on，或如猶太社本作地名。

⁴⁶ 慘了你，摩押！完了，凱魔之民！

因你的兒子被盡數擄去

女兒淪為了囚徒。

⁴⁷ 但我仍會扭斷

摩押的囚鎖，待到終了之日——　列國皈依之時，46:26注。

耶和華宣諭。救主至慈，不忘外族，29:14, 30:3。

摩押之判決至此。謄抄者注，51:64。

亞捫子孫

四十九章

關於亞捫子孫，其國在摩押以北，今約旦境內，居民信奉大神米爾公，milkom，王上 11:5。此乃耶和華之言：

莫非以色列絕了子裔，無人承繼？

那為什麼米爾公佔了迦得？往各城　佔了，同上文"承繼"。

住進他的子民？米爾公，從古譯本。原文：他們的王，malkam。

2 所以看哪，日子快到了——

耶和華宣諭：

我要讓廝殺的吶喊響徹亞捫子孫的大都　rabbah，今約旦安曼。

要她變成荒岡一座，女兒村村燒光。附近村莊視為母城之女。

而後，以色列就要重佔被霸佔的——

耶和華有言。

3 哀哭吧，合石堡，艾城遭了蹂躪！艾城，`ay，諧音廢墟，`i。

尖叫呀，大都的女兒！

圍上麻衣，舉哀，拿起鞭子

抽破皮肉吧！校讀從傳統本注，參48:37。原文費解：羊圈裏跑來跑去。

因為米爾公要被人擄去了

跟祭司與執事一起入囚。同48:7。

4 那你還標榜什麼大力？你力竭了呢　從猶太社本。

變節的女兒！你還倚仗幾堆寶藏　大力，另作山谷。無定解。

[說]：誰敢來犯？

5 看，我這就從四鄰給你召來恐懼——

我主萬軍之耶和華宣諭

而你們必被驅散，各自逃走

難民無人收留。參賽21:14。

6 儘管如此

日後我仍會扭斷亞捫子孫的囚鎖——

耶和華宣諭。條件和待遇同埃及、摩押，46:26, 48:47。

紅嶺

⁷關於紅嶺，'e<u>d</u>om，或作紅族，9:25注。**此乃萬軍耶和華之言：**

莫非智慧已告別特曼，明辨人 從七十士本。原文：眾子。
失了計謀，他們的知識敗壞了？ 特曼，teman，紅哥以掃之孫，
⁸**快掉頭逃走吧！深深藏起** 借指紅族，創36:11注。
啊狄旦的居民。 狄旦，de<u>d</u>an，阿拉伯西北商路綠洲，25:23，創25:3。
因為，當懲罰以掃之時
我必給他引來災殃。
⁹**若有摘葡萄的來你這兒** 你，舊譯不妥：他。俄5–6。
他們可會一串不留？ 按聖法，應留一些給窮人和外族，利19:10。
夜裏，賊人潛入
不也只是盜其所需？
¹⁰**但剝光以掃的，是我；**
我揭露了他的隱秘處，他沒法躲藏了。
子實遭蹂躪，一如兄弟和鄰舍：他
歸了烏有——
¹¹**你拋下的孤兒，我會養活**
讓你的寡婦倚靠我吧！ 天父不記恨，願對戰爭的倖存者負責，3:12。

¹²**如是，耶和華有言：看，那原本不該喝這一杯的，** 喻聖怒、命運，25:15。**也必須喝它；** 如以色列子民，25:28–29。**你還想裝無辜，逃罰？不，你不可逃罰，必須喝掉！** ¹³**因為，我指自己發誓，耶和華宣諭：堡都必化為荒漠，** 堡都，bo<u>z</u>rah，紅嶺首府。**人人驚駭、辱罵而詛咒；她村村鎮鎮，皆要成廢墟，永世不移。**

¹⁴我從耶和華聽到的消息，信使　俄1–4。

已派往列族：集合！向她進發！她，指紅族之國。

起來，準備打仗！

¹⁵因為看哪，我要貶你為萬族之卑　qaton，弱小、卑微。

世人最鄙視的一個！

¹⁶你的令人顫慄，你肆意妄為的心　紅族曾助巴比倫攻聖城。

欺騙了你：你這岩石縫裏安家　岩石，sela`，或岩堡，紅嶺要塞，

抓住山巔不放的人！　王下14:7，賽16:1，俄3注。

哪怕你學了老鷹把窩築在高處

我也要從那裏將你打落——

耶和華宣諭。

¹⁷於是紅族必讓人驚駭：凡路過的都大吃一驚，對她的遍體鱗傷發噓聲。表譏嘲、恥笑，19:8。¹⁸恰如所多瑪、俄摩拉及鄰城之覆亡，同50:40。耶和華有言，那裏將渺無人跡，不會有人子寄居。

¹⁹看，像一頭獅子，由約旦河岸的密林　同50:44–46。

上來，撲向常綠的牧場：我眨眼間　'argi`ah，或作：一眨眼。

即可將他們趕跑，重新指定　他們，指紅族。

一位我選中的。

不是嗎，誰能與我相比？反言異教神非真神，10:6，賽40:25。

誰可把我傳喚？有哪一個牧人　套喻，指君主，詩23:1注。

敢跟我對峙？伯9:19，智12:12。

²⁰好，就讓你們聽聽，耶和華

對紅嶺將作何安排，他給特曼居民

設想的大計：羊群的羔子，定會被叼走　亡國且子孫難保。

而羊圈則要因之而惶惶。 或如聖城本：要搗毀在他們眼前。

²¹一陣轟響，他們倒塌，大地震顫不已

那呼救的喊聲在蘆海也能聽見。 蘆海，今紅海一帶，出10:19注。

²²看哪，他就像一頭鷹，在高高翱翔　同48:40–41。

伸展雙翅，瞄準了堡都！

紅族勇士的心呀，那一天

必如女人臨蓐似的劇痛！

大馬士革

²³關於大馬士革：

哈馬跟亞爾帕蒙羞了，一聽噩耗　哈馬/亞爾帕，亞蘭商城。

就嚇癱了，如大海不能平靜。 如，校讀。原文：在。賽10:9。

²⁴大馬士革一團沮喪，她扭頭就逃　嚇癱，舊譯不通：消化。

卻被顫慄所攫住，為苦惱和劇痛

壓倒，彷彿一個臨盆的產婦。 七十士本脫“為……產婦”，似補注。

²⁵啊，如何就捐棄了這頌歌之城　亞蘭/敘利亞也是天父所愛。

我的歡悅之都？原文“捐棄”前有否定詞，從通行本刪。

²⁶如此，她的青年在街市上仆倒　同50:30。

她的戰士那一天統歸死寂——

萬軍之耶和華宣諭。

²⁷而我必於大馬士革的城頭放火　前732年，被亞述軍攻陷。

要烈焰吞噬雷神子的宮闕。雷神子，ben-hadad，亞蘭王的尊號。

基達與夏寨

²⁸ **關於基達和夏寨諸部**，直譯：諸國。基達，見 2:10 注；夏寨，<u>hazor</u>，巴勒斯坦以東半定居的阿拉伯部族。**為巴比倫王尼布甲尼撒所敗**，前 599~598 年冬季，尼帝征伐阿拉伯。**此乃耶和華之言：**

起來，進攻基達，滅了東方子孫！ 猶言東方諸部，賽 11:14。

²⁹ **奪下他們的帳篷與羊群**

帷幔及一切用具；駱駝也牽走

歸你們——讓他們亂喊，被恐懼包圍！ 呼應 46:5。

³⁰ **逃吧，快跑！深深藏起** 同上文 8 節。

啊夏寨的居民——耶和華宣諭

因為巴比倫王尼布甲尼撒圖謀你們的

謀略已定，心意已決。

³¹ **起來！進攻那安居無慮的一族——**

耶和華宣諭：

他們無門無閂，獨自紮營； 暗示部落大意，沒有防備，消息閉塞。

³² **那些駱駝可供繳獲，牛羊家產**

掠物多多！我要叫他們隨風飄散

這群剃兩鬢的，從四面八方招攏

他們的災殃——耶和華宣諭。 剃兩鬢，阿拉伯人的習俗，9:25。

³³ **夏寨必給紅豺安穴，廢墟一片** 套喻，9:10, 10:22。

至永遠。那裏將渺無人跡 同上文 18 節。

不會有人子寄居。

以蘭

³⁴猶大王耶義即位之初，前597年。有耶和華之言降於先知耶利米，説以蘭：`elam，兩河流域東南古國，後融入崛起於伊朗高原的瑪代和波斯，25:25注。³⁵此乃萬軍耶和華之言：

看，我要折斷以蘭的弓，他們的勇力之本。re'shith，舊譯不通：
³⁶我要召來四方的風，從諸天四極颳起　為首的權力。
叫以蘭隨大風飄散：沒有一國
他們不會去到，流亡吧以蘭！

³⁷我要使以蘭在仇敵，在索命人面前
驚惶。我必給他們引來禍殃
點燃我的鼻息──耶和華宣諭
必遣刀劍追殺他們，至消滅殆盡。
³⁸而後，我將在以蘭立我的寶座　接受皈依，伸張信仰。
把君王公卿從那裏剷除──　非指遷立聖所，放棄聖城，3:17。
耶和華宣諭。
³⁹然而，當終了之日
我仍會扭斷以蘭的囚鎖──
耶和華宣諭。見上文6節注。

巴比倫

五十章

一言，耶和華所言，藉先知耶利米之手，猶言之口，37:2注。説巴比倫及迦勒底之地。前539年十月，居魯士大帝征服巴比倫。

² 向列族宣告，昭示〔天下〕，豎一面旗

宣揚！什麼也別掩藏，説呀：

巴比倫陷落了，大神蒙羞！ 大神，bel，主、主神，名馬爾督克，

馬爾督克驚慌失措——蒙羞了 merodak，賽46:1注。

她的偶像，驚惶啊她的穢木！ gilluley，木材、木雕神像，結6:5。

³ 因為一族，自北方入侵

將她的國土變為荒原而不容棲居

人與獸畜紛紛逃避。 史載巴比倫不戰而降，波斯軍並未屠城。

⁴ 臨到那一天，那一時，耶和華宣諭：以色列子孫必返來，連同猶大子孫； 此六字似插注，恐遺漏南國。他們且走且哭，尋找耶和華他們的上帝。⁵ 他們要打聽上錫安的路， 舊譯不妥：訪問錫安。把臉朝着她的方向：來，讓我們加入耶和華，讓我們， 從古敘利亞語譯本。原文：他們將。永約不可遺忘！ 因永久而常新，又名新約，31:31，32:40。

⁶ 迷路的羊群，我的子民，是牧人誤導了他們； 罪責首先在族人的頭領，23:1，賽53:6。隨他們受山野引誘，大山小崗亂走，竟忘了回羊圈。 ribzam，臥處。喻信約。⁷ 結果遇上了吃他們的； 直譯：凡遇上他們的都吃他們。吃了，這些仇敵還説：不是我們的錯，怪他們自己——觸罪耶和華，那公義之牧場， naweh，或作居處，31:23。他們列祖列宗的希望，耶和華！

⁸ 快，逃出巴比倫，離開迦勒底之地

要像公山羊領着羊群！ 離開，校讀。原文：他們要離開。

⁹ 因為看哪，我要喚起一眾大族 波斯為首的聯軍。

自北地入侵巴比倫。

他們擺開陣勢，欲將她一舉攻陷；

射箭，又像善戰的勇士

決不空手而歸。¹⁰ 迦勒底必成掠物

凡搶掠她的皆可滿足——

耶和華宣諭。

11 你們盡可享樂喜慶，洗劫我產業的人！

盡可如小母牛在青草地撒歡　青草地，校讀。原文：踩踏。

嘶鳴，像求偶的雄驥；形容其異教典儀或生活方式，5:8, 13:27。

12 但你們母親要蒙受奇恥大辱　國都擬人，比作居民之母。

那生養你們的女人——

啊，她成了萬族之尾　'aharith，最後、末尾。參49:15。

一片荒野，乾涸幾如大漠；

13 由於耶和華震怒而滅了人居

徹底毀亡。凡路過巴比倫的

都驚駭不已，都要噓她笑她

遍體鱗傷。同49:17。

14 列陣吧，包圍巴比倫，全體挽弓

射她！莫吝惜你們的箭

她觸罪的是耶和華。

15 四面圍住，發出吶喊：她舉手了！直譯：給手。通作投降。

她的棱堡垮了，城牆塌了！棱堡，舊譯不確：外郭。

這是耶和華的報應。向她復仇吧，你們

按她的行事報還；賽59:18，伯34:11。

16 從巴比倫剷除撒種的人

並那收穫季節揮鐮刀的。奴隸遭殃，團體責任，同態報復，30:16。

面對利劍如此無情，還不讓人

回歸本族，各自逃往故土？預言子民獲釋。

¹⁷ 以色列是走散了的羔羊，<small>接回上文6節。</small>屢受獅子襲擊。先是被亞述王撕吃，後有巴比倫王尼布甲尼撒，啃他的骨頭。<small>參51:34。</small>¹⁸ 故此，萬軍耶和華，以色列的上帝有言：看，我必降罰於巴比倫王及其國土，一如我懲辦亞述王。¹⁹ 我要將以色列領回他的牧場，<small>重現神的公義之牧場，上文7節。</small>到果園山和巴珊吃草，在以法蓮跟基列的山上，讓他的靈饜足。

²⁰ 臨到那一天，那一時，耶和華宣諭：那挑以色列咎責的將一無所獲，尋猶大罪愆的將了無所見。因為，凡我留存的，我必寬恕。

禁絕

²¹ 衝啊，向着雙抗命之地　<small>merathayim，兩河交匯，入波斯灣處。</small>

進攻東罰的居民！<small>東罰，peqod，亞蘭部族，據底格裏斯河以東平原。</small>

殺呀，把他們禁絕，一個不留——　<small>校讀。原文：在他們之後。</small>

耶和華宣諭　<small>禁絕，人不留活口，牲畜財物或燒或擄，歸聖上帝，</small>

一切照我的指示去做！　<small>賽34:2。</small>

²² 戰號響徹國中，好一場大摧折！

²³ 怎麼，那威震大地的鐵錘　<small>諷刺，對比聖言之威力，23:29。</small>

也被砍斷了？巴比倫在萬族中間

怎會變得那麼嚇人？

²⁴ 我給你佈下的網羅，捕你，巴比倫

你絲毫沒有覺察；

待到發現，卻已經落網——　<small>直譯：你被發現，且被抓住。</small>

只因你挑戰耶和華！<small>挑戰，hithgarith，舊譯爭競，不確。</small>

²⁵ 耶和華開啟武庫，取出聖怒之兵器　<small>賽13:5。</small>

因他有要務，我主萬軍之耶和華

在迦勒底之地。

²⁶來，從四角攻入，打開她的糧倉　四角，猶言各個方向。

將她像穀堆堆起，歸聖禁絕　屠城，屍首堆積。

一點殘餘也不給她留下。

²⁷她的公牛要殺光：帶下去，宰掉！想像勝利者發號施令。

慘了他們！臨到那一日

他們的受罰之時。

²⁸聽，巴比倫之地跑出來的逃生者，在錫安宣告，預言子民的餘數將回返聖城，29:10。耶和華我們上帝降了報應，為他的聖殿復仇了！

²⁹召集射手，一齊挽弓，瞄準巴比倫！回放戰鬥，上文14節。

圍住她紮營，一個也不許逃脫：

按她的劣跡給回報，待她　呼應25:14。

如她待人——她竟對耶和華狂妄

不敬以色列的聖者！道出罪名。

³⁰如此，她的青年在街市上仆倒　同49:26。

她的戰士那一天統歸死寂——

耶和華宣諭。

³¹好，我跟你勢不兩立，你這"狂妄"——　za<u>d</u>on，擬人修辭。

我主萬軍之耶和華宣諭

你的日子到了，你的受罰之時！

³²"狂妄"就要絆跤倒地，無人

會扶他起來。我必火燒他的城鎮

連帶郊野，交烈焰吞噬。郊野，直譯：他周邊一切。

救贖者

33 此乃萬軍耶和華之言：**以色列子孫飽受欺壓，猶大子孫亦然**；此短語似編者插注，上文4節注。**一大幫俘獲者將他們強行鎖了，拒不釋放。** 34 **但他們的救贖者更強，**救贖者，goʾel，負有申冤報仇、出贖價營救等血親義務者，伯19:25。**名為萬軍之耶和華。他必替他們申冤，還大地以安寧，叫巴比倫的居民發顫。** hirgiz，舊譯攪擾，誤。

35 **一把利劍，降於迦勒底人——**
耶和華宣諭
對準巴比倫的居民，她的公卿
她的智者！ 神廟祭司、解夢者、占星師之類，賽44:25。
36 **一劍給她的喋喋者；願他們愚狂！** 喋喋者，貶稱異教先知術士。
一劍給她的勇士；願他們喪膽！
37 **一劍給她的戰馬兵車，並隨軍雜民，** 僱傭兵、奴隸等，25:20。
願他們像婦人！ 或作：屬於婦人。參51:30。她，校讀。原文：他。
一劍給她的寶庫；願它們被洗劫一空！
38 **一場大旱給她的江河；願它們枯竭！** 旱，horeb，諧音劍，
只因這是偶像之鄉，一堆兇惡形象 hereb。
讓人發了狂。 貶損異教信仰與祭祀。

39 **所以，野貓要同鬣狗入住，** 野貓，ziyyim，某種荒漠/廢墟裏的野獸。**鴕鳥要在那裏安家。** 熟語，寫荒涼景象，賽13:19–21, 34:13–14。**從此她永訣了人煙，世世代代不見一頂帳篷。** 40 **恰如上帝傾覆的所多瑪、俄摩拉及鄰城，** 同49:18。**耶和華宣諭，那裏將渺無人跡，不會有人子寄居。**

41 **看，一族自北方而來，一個大國** 同6:22–24。

眾王躁動於遠疆。此闋原是預言猶大覆滅，借作聖者對巴比倫的宣判。

⁴² 他們拿起弓和投槍，殘忍

而不會憐憫，喊聲像大海喧囂

跨上駿馬列陣儼如一人

對你開戰，啊，巴比倫女兒！

⁴³ 巴比倫王一聽到這風聲

手就癱軟了，就被劇痛緊緊抓住

女人臨盆似的扭動！

⁴⁴ 看，像一頭獅子，由約旦河岸的密林　同 49:19–21。

上來，撲向常綠的牧場：我眨眼間　此闋取自對紅嶺的預言。

即可將他們趕跑，重新指定　他們，指迦勒底人。

一位我選中的。

不是嗎，誰能與我相比？

誰可把我傳喚？有哪一個牧人

敢跟我對峙？

⁴⁵ 好，就讓你們聽聽，耶和華

對巴比倫將作何安排，他給迦勒底之地

設想的大計：羊群的羔子，定會被叼走

而羊圈則要因之而惶惶！見 49:20 注。

⁴⁶ 一陣轟響，巴比倫陷落，大地震顫不已

那哀號在萬邦都能聽見。

耶和華的金杯

五十一章

此乃耶和華之言：

看，我要喚起一場毀滅的颶風　或：一位毀滅者的靈，出 12:23。

掃蕩巴比倫和"心裏反"居民。心裏反，leb qamay，密語：迦勒底。

² 我要派揚穀的來巴比倫揚穀　喻除惡，太 3:12。

把她的國土清空，當禍殃之日　揚谷的，從阿奎拉本及西瑪庫本。

他們從四面將她圍住。　原文：外邦人。

³ 別讓[她的]弓手開弓，別讓　別，從諸抄本。原文：向。

披甲的站起；對她的青年別手軟　青年，指巴比倫戰士，15:8。

要咒她全軍歸聖——　禁絕，獻歸上帝，50:21, 26。

⁴ 仆倒在迦勒底之地，橫屍

她的街頭，具具是刺穿了的！

⁵ 因為以色列與猶大並未守寡：

沒有被他們上帝，萬軍耶和華所遺棄

儘管福地充滿罪惡，背離了

以色列的聖者。

⁶ 快，逃出巴比倫，各人救自己的命　此短語或是插注，50:8。

莫陷於她的咎責而入死寂；參 49:26。

因這是耶和華的報應之時

該她的，他必報還。

⁷ 巴比倫是耶和華手裏一隻金杯　盛滿了聖怒，25:15 注。

她灌醉了全世界，列族喝了　指其盟國和藩屬。

她的酒，然後就撒了酒瘋。原文此處重複"列族"，從古譯本刪。

⁸ 突然，巴比倫垮了，摧折了

為她哀哭吧，你們！

拿些香膏給她止痛，興許管用？見 8:22, 46:11。

⁹ ——已經敷啦，可巴比倫沒治了！

別管她，正好我們各自回家園！接受波斯帝國的統治。

——是呀，她的判決已升至諸天

達於重霄之上：¹⁰是耶和華表彰

我們歸義—— 也是承認"受膏者"居魯士的征服為義，賽45:1。

來，讓我們到錫安宣揚

耶和華我們上帝的偉績。

¹¹ **於是磨亮箭鏃，裝滿箭筒——** shelaṭim，另作盾牌。

耶和華喚起了瑪代王的靈， 喚起，舊譯不通：激動。瑪代王，提喻波斯聯軍，賽13:17。此段散文打斷詩句，係編者插注。**因他對巴比倫的計劃，是要毀她；這是耶和華的報應，為他的聖殿復仇——** 同50:28。

¹²**向巴比倫的城牆，豎起大旗**

加強警衛，派出哨兵，準備埋伏！

因為耶和華早有計劃，且已實踐

他對巴比倫居民的訓言！ 暗諷，迦勒底人非信徒，從無聆受聖言。

¹³**哦，你帳幕立於百水之上** 大城借幼發拉底河之利，廣修運河

坐擁無數寶藏。但臨到結局 水渠，啟17:1, 15。

你的命數即斷，¹⁴**當萬軍耶和華** 命數，'ammah，肘，喻命運。

指自己發誓：我必拿敵人將你填滿 敵人，校讀。原文：人。

如跳蝗把你覆蓋，嘈嘈吶喊！ hedad，歡呼得勝，48:33。

¹⁵**是他，以大能造了大地** 同10:12–16。

用智慧奠立世界 借頌詩為歡歌，慶祝仇敵的都城傾覆。

藉悟性鋪展諸天。

¹⁶**他一聲，重霄大水轟鳴**

當他從地極召來雲霧

電光裏潑下雷雨

又打開庫房，讓狂風呼呼！同詩135:7。

¹⁷ 而人卻畜牲一樣無知

金匠因偶像而蒙羞；

他的鑄像是一個騙局

內中沒有呼吸。

¹⁸ 全是噓氣，糊弄人的製品　見2:5, 8:19注。

待到降罰之時，能不消滅！

¹⁹ 雅各的那一份與之不同：

因着他，萬物成形；

以色列一族是他的產業　原文脫"以色列"，從諸抄本補。

萬軍之耶和華——他的聖名。

巴比倫鐵錘

²⁰ 你曾是我的鐵錘，我的兵器：鐵錘，mappez，舊譯斧子，誤。

掄起你，我錘碎了列族，毀掉列國！你，指巴比倫。

²¹ 掄起你，錘碎戰馬和騎手

掄起你，錘碎兵車跟禦者；

²² 掄起你，錘碎男人婦女

掄起你，錘碎老人小孩

掄起你，錘碎壯丁和姑娘；壯丁，或作青年，15:8。

²³ 掄起你，錘碎牧人與羊群

掄起你，錘碎農夫同耕牛；直譯：他一對（共軛的牛），伯1:3注。

掄起你，我錘碎了總督和番官——　亞述官名，賽36:10, 41:25。

²⁴然而，巴比倫及全體迦勒底居民對錫安犯下的纍纍惡行，全民承罪，循所多瑪歸責原則，23:34注。我必報復，先知相信，報應日為時不遠，46:10。且要你們目睹——耶和華宣諭。

²⁵好，我跟你勢不兩立，你這毀滅之山——　參50:31。
耶和華宣諭
你這毀滅全世界的！或作：整個大地的毀滅者。
我要出手拿你，將你從峭崖上滾下
把你一座山燒個光禿。設想仇敵學子民據守岩堡。
²⁶人再也不會向你采鑿角石同基石；毀滅者曾大興土木。
相反，你要被夷平，永世不移——
耶和華宣諭。

²⁷大地之上，豎一面旗
萬族中間，吹響號角！
祝聖各族向她進攻，列國召集一處：組成聯軍，在波斯麾下。
亞拉臘、米尼、阿希克納茲；均為亞美尼亞至黑海一帶遊牧部落。
再派一員大將點兵，帶馬隊衝鋒
彷彿飛蝗抖翅！大將，tiphsar，亞述語借詞：書記。

²⁸祝聖各族向她進攻：視同聖戰，22:7，波斯不僅是客觀上實現上帝的旨意，如之前的亞述、巴比倫。瑪代諸王率總督與全體番官，並治下的每一個邦國。

²⁹於是大地震顫，劇烈地扭動　套喻，痛苦狀，4:19, 6:24。
因耶和華對巴比倫，大計已成：
要巴比倫化為一片荒蕪
遍地絕了人居。

³⁰巴比倫的勇士放棄了戰鬥，躲進要塞

他們勇氣枯竭，活像一群婦人。套喻，50:37，賽19:16。

啊，她的樓宇沉入火海，閂閂根根砍斷　詩107:16。

³¹傳令的一個接一個，報信的撞着報信的

跑來稟報巴比倫王：大城淪陷了！

四角被攻破，³²渡口也已失守　參50:26。

火燒到了葦塘，士兵驚恐萬狀！

³³如是，萬軍耶和華，以色列的上帝

有言：巴比倫女兒就像一處禾場

等待碾谷之時──再過片刻

便是收割她的季節。明喻轉暗喻，由碾穀聯想收割/降罰。

³⁴他撕吃我，強暴我，巴比倫王尼布甲尼撒

扔掉我如棄一隻空盤；像一頭海怪　強暴，校讀。原文：虐待。

把我吞下，一口珍餚填他的肚子　珍餚，校讀。原文：從我的美味。

而後又將我吐出。

³⁵我受了強暴，皮開肉綻，要巴比倫償還！

錫安的女兒在喊。女兒，直譯：女居民，48:19。

我流的血，要淌在迦勒底居民身上！形容負血債，創9:6。

耶路撒冷必言。

³⁶如此，耶和華有言：

好，我必替你申冤，一定為你復仇。救主確認信約義務，50:34，

我要舀乾她的湖澤，令她的泉眼乾枯　申32:35。

³⁷要巴比倫變為斷壁殘垣，給紅豺安穴　同9:10。

讓人驚駭恥笑，而人居滅絕。

³⁸ 他們如小獅一起咆哮

像母獅的幼仔吼叫。 熟語，寫仇敵氣焰囂張，賽5:29。

³⁹ 一俟他們發情，我就擺開酒宴 發情，喻異教祭禮，賽57:5。

給他們喝個爛醉，喜滋滋睡一長覺 詩76:5。

永不醒來——耶和華宣諭：

⁴⁰ 待我拖着他們，如羊羔下屠場 參50:27。

如公綿羊與公山羊。

⁴¹ 什麼？"邪瞎國"被攻破，失守了 見25:26注。

那全世界的頌歌？ 或作榮耀，17:14。嘲諷巴比倫自大。

巴比倫在萬族中間，怎會變得 同50:23。

那麼嚇人？

⁴² 大海湧起，漫過了巴比倫

滾滾波濤將她淹沒。

⁴³ 她村鎮一片荒蕪，乾涸幾如大漠 同50:12。

國土無人棲居，也不會有

人子路過。 此闋為長短句哀歌體，結19:1注。

⁴⁴ 我要在巴比倫嚴懲大神 見50:2注。

逼他張嘴吐出所吞下的一切

而萬族無須再朝他匯流—— 喻進貢、朝拜。

哦，巴比倫的城牆坍塌了！

⁴⁵ 快從她那兒出來，我的子民

各人救自己的靈，當耶和華 靈，兼指性命，上文6節。

鼻息點燃。

⁴⁶ **不過莫灰心**，散文打斷詩章，似插注，上文 11 節注。**莫膽怯，對於國中聽到**
的各種傳言：今年傳這樣，明年傳那樣，無非是暴行[充斥]大地，回放挪亞之
世，創 6:13。**強權傾覆強權**。moshel，統治 / 掌權者。太 24:6–7。

⁴⁷ **所以看哪，日子快到了！**
我要嚴懲巴比倫的偶像，令她舉國
蒙羞，那遭殺戮的都要仆倒在境內。出逃者不殺，上文 4 節。
⁴⁸ **而諸天大地與其中的一切，要指着**
巴比倫歡呼；因為蹂躪她的隊伍　　直譯：眾蹂躪者。
從北方來了——耶和華宣諭！
⁴⁹ **是的，巴比倫必須倒斃**
[為了]以色列被屠殺的；另讀如聖城本：以色列呀被屠殺的。
一如全世界遭屠殺的
是因為巴比倫而倒地。

⁵⁰ **你們躲過了刀劍的，要快走**　　先知叮囑同胞。
莫停步！再遠，也要懷念耶和華　　詩 137:4–5。
讓耶路撒冷縈繞心頭：
⁵¹ **羞辱啊我們聽着咒罵，臉上寫滿**　　直譯：覆蓋。詩 69:7。
冤屈，因為外邦人進了聖所
踐踏了耶和華的殿。

⁵² **所以看哪，日子快到了，耶和華宣諭：**
我要嚴懲她的偶像，要她舉國
無處不是垂死者的呻吟！
⁵³ **哪怕巴比倫攀上諸天，她要塞聳立**　　呼應 49:16。

不斷加固，那踐蹋她的奉我召遣　直譯：從／由／因我。
也要到來——耶和華宣諭。

⁵⁴聽哪，聲聲哀號，巴比倫那邊
何等的大摧折，迦勒底之地！
⁵⁵那是耶和華在踐蹋巴比倫
了斷她的喧囂——他們波濤洶湧　描繪兵臨城下，上文42節。
如汪洋一般發出陣陣轟鳴；
⁵⁶看，踐蹋者已經攻上巴比倫
她的勇士當了俘虜，弓弩劈斷。弓，象徵勇力，49:35，伯29:20。
因為耶和華乃報應之上帝
該報的他一定報還。
⁵⁷我必給她的公卿智者飲酒
令她的總督番官同勇士爛醉
睡一長覺，永不醒來——　同上文39節。
那名為萬軍耶和華的王宣諭。

⁵⁸此乃萬軍耶和華之言：
巴比倫，她寬闊的城牆要夷平
宏偉的城門必焚毀；百姓的苦役
終於化作空無，那萬民的勞乏　歎無辜者受苦承罪，哈2:13。
竟付之一炬。從七十士本。原文：萬民為火，他們勞乏。

書卷扔進大河

⁵⁹先知耶利米指示耶庇之孫、耶燈之子耶角力之言；耶角力，serayah，先知
的助手兼書記巴路克的兄弟，32:12。時在猶大王耶義四年，前593年。耶角力身為宮

廷大臣，宮廷，menuḥah，休息、居處。七十士本：掌禮；古敘利亞語譯本：行營；通信本：神諭。無定解。**將隨國王前往巴比倫。** 朝貢或賠罪之旅？詳不可考。

60 **耶利米拿了一軸書卷，將巴比倫註定要遭受的種種災殃寫下，** 通常做法是口授，巴路克記錄，36:4, 45:1。**凡涉及巴比倫的，一句不漏。** 61 **接着，耶利米囑咐耶角力：去到巴比倫，記得把這些話大聲宣讀了，** 警告大城居民，雖然天父並不指望其悔改。62 **說：耶和華啊，你說過的，要剷除這地方，不留一個活口，人畜不論；必全部夷平，永世不移！** 同上文 26 節。63 **宣讀完畢，你就把書卷繫上一塊石頭，扔在幼發拉底河裏，** 動作諷喻，13:7, 18:5 注。64 **說：如此，巴比倫必沉沒，不會浮起，因為那災是我要降於她的！** 原文此處另有"他們必勞乏"，衍文，從傳統本注刪。

耶利米所言至此。 謄抄者注，48:47。

附錄：耶京淪陷

五十二章

耶義二十一歲登基， 此章內容，略同王下 24:18–25:30。**在耶路撒冷為王十一年。母后名哈慕塔，** ḥamutal，"公公如露"？約西亞的王后，生耶捉、耶義，王下 23:31, 24:18。**是白丘人耶利米的女兒。** 白丘，libnah，猶大地名，在聖城西南方向。2 **他幹了耶和華眼裏的惡事，一如之前耶舉所為。** 見 1:3 注。3 **結果耶和華一聲鼻息，對準耶路撒冷和猶大，** 無辜者不幸，轉承團體責任而罹禍，16:11, 50:16。**將他們從自己面前放逐了。** 他們，即子民。

耶義還反叛巴比倫王。 視為忤逆之罪，不聽先知的反復儆誡，結 17:15, 21:28。以下至 16 節大致重複 39:4–10。4 **於是[耶義]王九年，十月初十，** 前 588 年一月。**巴比倫王尼布甲尼撒率大軍來攻耶路撒冷；紮了營，壘起工事，將城團團圍住。** 5 **圍城持續至耶義王十一年。** 6 **四月初九，** 前 587 年七月。**全城大饑，百姓斷糧。** 7 **隨即城[牆]就裂了口子，** 被敵軍攻破。**士兵紛紛棄城出逃。趁着黑夜，穿過兩牆**

間的便門，取道御苑，[避開]圍城的迦勒底人，直奔河谷之路。見39:4注。
8但迦勒底人立刻派出追兵，在耶利哥荒野趕上了耶義；[國王]的隊伍頓時
潰散了。9眾人將國王抓獲，帶到巴比倫王面前。後者遂於哈馬境內的里貝
拉，見39:5注。宣佈其罪狀。10就在里貝拉，巴比倫王讓耶義親眼看着，兒子
被一一屠戮，猶大的貴冑也盡數斬殺。11然後，把耶義剜去雙目，鎖上銅
鐐，押往巴比倫。結12:13。巴比倫王將他囚在牢獄，直至死期。

聖殿焚毀

12五月初十，那是巴比倫王尼布甲尼撒十九年，前587年八月。巴比倫王
的御前侍衛長尼波扎爾丹進入耶路撒冷。參39:3。13他焚毀了耶和華的殿和
王宮，耶路撒冷的民居，包括各家大戶，此短語似補注，王下25:9。也一把火燒
掉。14耶路撒冷四圍的城牆，則被侍衛長指揮迦勒底大軍拆除殆盡。

15城中殘餘的子民，連同那些早先投降巴比倫王的，及剩下的工匠，侍
衛長尼波扎爾丹一總擄走。唯有子民裏面最貧苦的，此短語移自上句句首，以順
文意。16國中的窮人，被侍衛長尼波扎爾丹留下，叫他們修剪葡萄，耕種田
地。見39:10注。

17迦勒底人砸碎了耶和華聖殿的銅柱，並耶和華聖殿內的銅盆座與銅
海，見27:19注。且將銅器全部運去了巴比倫：18盛油灰的盤、鏟和燭剪，供桌
的碗碟等一切執禮銅器，他們一掃而光。19酒盅、香爐、碗盤、燈枱、行醮
祭的杯爵，凡屬金銀製作，出27:3, 29:40, 30:27, 35:16–17。皆被侍衛長劫掠一空。
20至於那兩根銅柱、一座銅海及座下的十二銅牛，乃是所羅門王為耶和華
的殿所鑄造，銅牛原物已被耶哈王拆毀，王下16:17。這幾樣所用的銅，重量無從估
計。21單說銅柱，一根高十八肘，圍十二肘，厚四指，中空。一肘，'ammah，
合公制45.7釐米。22柱頭有銅頂，高五肘；銅頂四周飾有花網和石榴，均為銅
製。另一根式樣相同，也飾了石榴：23懸空者四面九十六顆，懸空/四面，
ruhah，詞根本義：風、氣。無定解。加上圍花網的，一共一百顆石榴。

²⁴ 侍衛長還拿獲了大祭司耶角力、跟巴路克的兄弟同名，51:59。副祭司西番雅，見21:1注。及三個看守殿門的。管理聖殿的官員，35:4。²⁵ 又在城裏搜捕，捉住一個監軍的宦官同七名國王的親信，直譯：常與國王見面的。原文此處重複"城裏"。並負責全國徵兵的官長書記；另有六十個平民，也是在城內找到的。舊譯遇見，不妥。²⁶ 侍衛長尼波扎爾丹把這些人押解到里貝拉，獻與巴比倫王。²⁷ 就在里貝拉，哈馬境內，巴比倫王將他們砍倒，處死了。

就這樣，猶大入囚，痛失家園。

²⁸ 子民為尼布甲尼撒所擄，[人數]如下：按傳統只數男丁，不計婦孺，出12:37，民1:2，太14:21。第七年，猶大人三千零二十三名；前597年，耶立投降，猶大第一次入囚，13:18, 22:24注。²⁹ 尼布甲尼撒十八年，八百三十二人，擄自耶路撒冷；前587年，如前述。³⁰ 尼布甲尼撒二十三年，侍衛長尼波扎爾丹擄走猶大人七百四十五名。前582年，或因以實瑪利刺殺省長耶偉，巴比倫報復，殺掠子民。參41章。總計：四千六百人。

耶立出獄

³¹ 猶大王耶立入囚第三十七年，十二月二十五日，巴比倫王愚威－馬爾督克於登基當年，前562年。愚威－馬爾督克，'ewil merodak，"大神之人"，尼帝之子，在位兩年，一說遇刺而薨，39:3注。抬起了猶大王耶立的頭，喻認可、眷顧，創4:7, 32:21；此處指大赦，象徵子民終將獲釋。放他出獄。³² 繼而又召他親切交談，賜座高於同在巴比倫的一眾[降]王之位。故猶太傳說，經外文獻，對愚威王多有正面描述。³³ 於是[耶立]換下囚服，得以時時在御前進餐，終其餘生。³⁴ 他的需用，常年的飲食，巴比倫王亦有賞賜：每天一份，終其餘生，至離世之日。

二〇一八年六月初稿，一九年五月定稿

以西結書

四天尊

一章

三十年，一說指以西結蒙召或始任祭司的年齡，民4:3。無善解。**四月初五，我在客**
壩河畔入囚者當中，客壩，kebar，巴比倫運河名。先知在被擄子民的營地外，獨自冥想。
忽地諸天開了，我見到了上帝的異象！mar'oth，所見，尤指聖言的啟示，創46:2，民
12:6。下接4節。2 **當月初五**，重複，轉第三人稱敘事，文本片斷不同。**時在耶立王入囚第**
五年，前593年7月31日。耶立，yoyakin，猶大廢王，前597年投降巴比倫，耶13:18, 22:24注。
3 **有耶和華之言降於布西之子祭司以西結**，yehezqe'l，“神賜力量”。**在迦勒底之**
地，即巴比倫。**客壩河畔——那裏，他為耶和華的手所覆蓋**。蒙召，迷狂狀。手，
喻大能。他，少數抄本：我。

4 **待我望去，啊，一陣風暴，自北方颳來！湧起一團極大的雲，通體明**
輝，火光四射，熊熊之中彷彿琥珀般的透亮；琥珀，hashmal，或指某種閃亮的貴金
屬。經書僅此一用，無確解。5 **內裏又顯出四個形象，看似天尊**，hayyoth，“活物”，
御前使者。形狀借自守護巴比倫王宮、聖所或陵墓的神獸，10:15，出25:18，賽6:2，詩18:10注。
如下：模樣像人，6 **各具四臉四翼**，7 **直腿，腳掌如牛犢蹄子；光澤熠熠，恍**
若精銅。8 **翅膀下方，四面皆有人手，配其四臉四翼**。9 **他們翼並翼行走，一**
齊向前，沒有一個會轉身停步。10 **至於臉的模樣，這四位都是人臉［在前］，**
獅臉朝右，牛臉朝左，鷹臉［在後］。後世教會以此四者象徵《新約》四部福音書的作
者。啟4:7。11 **翅膀則向上展開**，原文“翅膀”前另有：他們的臉。似衍文，從七十士本刪。
各以一對與旁者相接，即並翼。**另一對用於遮體**。婉言遮羞，賽6:2。12 **如此，各**

自向前，那靈要往哪裏，他們便去那裏，服從聖靈指揮；天使一如人子，分享神的靈馨，賽11:3。決不轉身停步。

¹³ 天尊當中，從七十士本。原文：天尊的形象。還有一物，看似燃燒着的紅炭，如一支支火炬在天尊間來去。創15:17。那火十分明亮，火中發出閃電。暗示至高者降臨，出20:18。¹⁴ 而天尊就忽隱忽現，直譯：跑（出）又返回。異象飄忽不定狀，無確解。七十士本脫此句。彷彿電光閃耀。bazaq，僅此一用，無定解。

¹⁵ 我正望着天尊，啊，一隻輪子落地，上帝的戰車或禦輦，詩65:11, 68:17。挨着那［四位］四臉天尊！¹⁶ 輪子的形狀與構造，四隻一模一樣，四輪座駕。看似水蒼玉閃亮，又彷彿輪中套輪。¹⁷ 行走則四方不論，都能轉向而不必掉頭。¹⁸ 輪輞高而可畏，四張輪輞佈滿了眼睛。象徵全知，洞察一切，亞4:10。¹⁹ 天尊舉步，輪子便跟着行走；天尊離地而起，輪子也一同飛升。²⁰ 那靈要往哪裏，他們便去那裏，原文此處重複：那靈去哪裏。從傳統本注刪。而輪子就跟着升起，因為輪內有天尊的靈——²¹ 這邊走，那邊就走，這邊停，那邊也停；此句重複，或屬誤抄。每當他們離地而起，輪子跟着，也飛升，因為天尊的靈在輪內。

²² 天尊頭頂，似有一穹隆，禦輦的底部，非指天穹。如水晶閃爍，從七十士本。原文：可畏的水晶。鋪展在頭頂上方。²³ 穹隆之下，他們翅翎挺立，並翼相接，且各以一對遮體。原文重複：各以一對遮之。刪衍文。²⁴ 我還聽見他們振翅的響聲，那是他們在行走，如大水轟鳴，如全能者的霹靂，古人以為打雷是神在說話。七十士本脫此短語。又像一座軍營喧鬧；天使成軍而吶喊。直至站住，收攏翅膀。²⁵ 而穹隆之上，此句重複，或屬誤抄。他們頭頂，傳來一個聲音，每當他們站住，翅膀收攏。

²⁶ 接着，穹隆之上，他們頭頂，顯出一個形象，彷彿藍寶石，天庭景象，回放摩西率七十長老覲見上帝，出24:10。看似一架寶座——確是形如寶座，上面坐着一位，看似人的模樣。看似／模樣，demuth kemar'eh，暗示本真不可名狀，與肉眼隔着兩層。作者反復強調此點，虔敬故。²⁷ 我望見，他看似腰胯以上，琥珀般的透亮，彷彿一團火燃於內中；直譯：內裏周圍。無定解。而腰胯以下，定睛看去，也彷

彿燃着火，燁燁地通體明輝。²⁸ 宛若雨天雲開，忽現彩虹，即耶和華的戰弓，創 9:13。那明輝通體映照——如此現形，乃是耶和華的榮耀之模樣。先知所見，只是那榮耀的輪廓之輪廓。

我一看，忙俯伏在地；敬拜；至尊入目必死，出 33:20。只聽見一個聲音——他，降言了！

書卷

二章

他向我道：人子呀，ben-'adam，人，特指某人或泛稱人類。你站起來，我要同你說話。² 話音未落，即有靈入來，聖靈附體。使我站起；便聽得他降言於我，³ 說：

人子呀，我要派你去以色列子孫中間，那反叛的一族；單數，從古敘利亞語譯本。原文複數。他們竟敢造我的反！學他們祖宗對我忤逆，至今不停！申 9:7, 24。⁴ 雖是些臉硬心強的子孫，臉硬心強，成語，狀其愚頑，出 7:14。我仍要派你去通報他們，說：此乃主耶和華之言。⁵ 不管他們聽還是不聽，都得叫這抗命之家曉得，意謂子民是明知故犯，民 17:25。他們中間出了一位先知。

⁶ 你呢，人子，別怕他們，他們說什麼也別害怕，即使你被荊棘包圍，坐在毒蠍窩裏。坐，兼指住。莫被人說的嚇倒，莫因人的臉色而驚惶，做先知跟祭司不同，必受人攻訐，耶 1:8, 17。即便那是抗命之家。⁷ 只管傳達我的話，隨他們聽還是不聽，即或他們抗命到底！

⁸ 然而你，人子，我給你講的，你務必聽好；莫學那抗命之家抗命。張開嘴，把我賜你的這個吃了！耶 15:16。⁹ 我一抬眼，啊，一隻手向我伸來，手裏托着一軸書卷！啟 5:1, 10:2。¹⁰ 他將書卷在我面前展開，裏外都寫了字——寫的是哀歌、呻吟與悲泣。hi，七十士本及通行本另讀：災禍，hoy。

三章

他向我道：人子呀，把你受賜的吃了；吃掉這書卷，而後去向以色列家宣講。聖教可口，詩 19:10，猶如智慧之果，創 3:6。² 於是我張開嘴，他就讓我吃那書卷，³ 一邊說：人子呀，把我賜你的這書卷吃了，吞下肚去，飽餐一頓！我便吃了，口裏覺得甘甜如蜜。象徵勝利，耶 15:16，啟 10:9–10。

⁴ 接着又道：人子呀，去到以色列家，把我的話傳給他們。⁵ 因為你奉差遣，不是去找唇音混濁、喻口齒不清，語言難懂。舌頭佶屈之民，而是回以色列家；⁶ 不是那些大族，或作：那許多族。他們唇濁舌屈，說話你聽不懂。但如果我派你去找他們，他們反而願意聆教。如約拿所見，拿 3 章。⁷ 而以色列家卻不會聽你的，因為他們不願聽我的；是的，他們全都額頭強、心死硬，以色列家！故天父降罰，無須區分子民的個體責任，18:4, 20。⁸ 看，我已使你的臉硬如他們的臉，你的額強如他們的額；⁹ 要你的額像金剛鑽一般，比火石還硬。如此，新先知佈道是代表上帝，而非如摩西，做子民的中保，申 29:13–14。所以你莫怕他們，莫因他們的臉色而驚惶，反復申說，不避冗贅，是本書一個風格特點。雖則那是抗命之家。

¹⁰ 人子呀，他還說，凡我給你講的，你都要聽在耳裏，存在心底。¹¹ 回去找你的入囚族人吧，直譯：入囚者，你族人眾子。向他們宣講，告訴他們：此乃主耶和華之言。別管他們聽還是不聽！

¹² 說着，那靈將我舉起，便聽見身後轟轟巨響：願耶和華的榮耀於居處受讚頌！baruk，校讀：升起，berum。¹³ 還有天尊振翅，翎羽相吻，mashshiqoth，天軍列隊，並翼互摩，1:9, 23。身旁飛輪旋轉，隆隆作響。¹⁴ 於是那靈將我一攫而起，我就走在苦裏，苦火燒靈了：痛苦而憤懣，被迫當了先知，而同胞罹難的命運已定，耶 20:7–9。啊耶和華之手覆蓋了我，那大力！hazaqah，兼指堅硬，上文 7–9 節。¹⁵ 回到洪丘，tel ʿabib，今地名特拉維夫源於此。那客壩河畔的俘虜營地，我在他們中間坐下，整整七天，宛如舉哀，伯 2:13。一直恍恍惚惚。沮喪、崩潰狀，舊譯憂悶，誤。

崗哨

¹⁶七天過後，忽有耶和華之言降於我，道：¹⁷人子呀，我派了你給以色列家站崗，zopheh，先知、忠信者有守望之責，賽 21:6, 52:8。你聽到我口中之言，要替我警誡他們。¹⁸若是我說某個惡人：你死定了！你如果不警告，不勸誡惡人為保命須離開邪道，這惡人就要承咎責而死；脫罪不死，以先知履職為條件。而我卻要向你討他的血債！視為先知失職，拯救失敗。你，直譯：你手裏。下同。¹⁹假若你警誡了惡人，而他仍不棄惡，不離邪道，則他必死於咎責；但你就救了自己一命。然而子民耳背眼濁，命數已定，先知何以自救？賽 6:10。²⁰還有，義者若是背義而行不義，一俟我在他腳前放上絆腳石，喻降罰，耶 6:21。他就死了：只因你未能警誡，他必觸罪而亡，他原先的義舉也不會有人記得；救主審判，善惡不相抵。而我卻要向你討他的血債！²¹但如果你警告了義者不得觸罪，原文此處有"義人"，從七十士本及古敘利亞語譯本移至下句。而他的確未觸罪，他便是接受警誡而活命的義人了；而你也救了自己一命。序曲完。

以西結的啞喻

²²就在那裏，以下至 24 章末為第一單元，預言猶大與聖城覆亡。耶和華之手覆蓋了我。見 1:3 注。他說：起來，往谷地去，我要在那兒同你說話。²³我便起身，去到谷地，啊看，耶和華的榮耀停在那兒，跟客壩河畔所見一樣的榮耀！不說模樣、現形，所見似較前次清晰，1:28。我趕緊俯伏在地。²⁴那靈卻入來，使我站起。同 2:2。隨即他降言於我，道：

去，把自己關在屋裏。決定暫停傳道。²⁵你呀，人子，你馬上要被繩索捆住，一說喻偏癱或患重病，4:8。去不了眾人中間了。²⁶我還要使你舌尖黏着上齶，經書熟語，詩 137:6，伯 29:10。變成啞巴，沒法斥責他們，儘管那是抗命之家。²⁷不過待我有話傳你時，自會叫你開口，先知受命，別無選擇，故稱義憑自覺而

非自願。**讓你向他們宣講：此乃主耶和華之言。誰願聽就聽**，子民則允許/推定有選擇的自由，並就此承責。**不聽也罷——儘管做他們的抗命之家！**

耶京受困

四章

你呢，人子，你拿一塊磚，lebenah，此處指燒制前的磚坯、瓦片。**擱自己面前。在磚上刻一座城，做耶路撒冷。**動作諷喻，警示子民，耶 13:7, 18:1 以下。[2] **然後將城團團圍困**，預言尼布甲尼撒討伐猶大。**壘工事**，dayeq，壕溝、營壘、射箭的高臺等。**堆斜坡，四周紮營，架設攻城錘。**[3] **再取一隻鐵鐺**，mahabath，舊譯不確：鏊。**當一道鐵牆，放在你和這城之間。**象徵巴比倫軍圍城，子民與天父阻隔。**你就沉下臉，圍住她強攻。**她，擬人，城是陰性名詞。**此於以色列家，為一徵兆。**

[4] **你要朝左側臥，以承擔以色列家的咎責，**左，象徵北國。古俗，安營面東，北在左手，南在右手，出 26:9，民 2:3。**就是按你臥着的日數，承受他們的罪罰。**[5] **因我已將他們負罪的年數，**負罪，`awon，咎責，及由此而起的罪罰。舊譯作孽，誤。**定為你[側臥]的日數，即三百九十日；**七十士本：一百九十日。**如此你要負起以色列家的咎責。**[6] **完了，你必須再躺倒一回，朝右側臥，以承受猶大家的罪罰；**右，象徵南國。**我給你定了四十日，一日頂一年。**南北兩國負罪之年，390 + 40 = 430，合子民在埃及為奴的年數，出 12:41。[7] **你要向被圍攻的耶路撒冷沉下臉，袒露臂膀，**喻力量，賽 33:2，詩 89:21。**對她預言。**[8] **看，我要拿繩索捆你，叫你輾轉不得，直至你的圍困之日結束。**

[9] **之後，你取小麥、大麥、芸豆、小扁豆、**又名濱豆，創 25:34 注。**小米跟二粒麥，**舊譯粗麥，誤，出 9:32，賽 28:25。**盛在一口缸裏，給自己做餅。按你側臥的日數，要吃上三百九十天。**[10] **這份口糧，你每天稱出二十舍克來吃，**一舍克，sheqel，約合公制 11.4 克，出 30:22。**要按時進食。**[11] **喝水也要定量，[每天]六分之一壺，**hin，一壺約合公制 7.5 升（液量），出 29:40。**按時飲用。**[12] **要像大麥餅那樣吃**

法，用人屎在他們眼前烤熟！屎尿不潔，申 23:13–15，賽 36:12。食穢物象徵流落異鄉，侍奉異神，耶 5:19。¹³ 如此，以色列子孫必食不潔之物，耶和華說，在我放逐他們去到的異族中間。

¹⁴ 我急回答：哎呀，主耶和華，我可不敢玷污了自己！直譯：我的靈。無論自死之物抑或野獸撕的，非經屠宰放血，肉類不潔，出 22:30，利 17:15。從少時至今，我一概不食，穢肉絕不入口。

¹⁵ 好吧，他說，我許你用牛糞代替人屎，牛糞曬乾，古人常用作燃料。烤你的餅。¹⁶ 接着又道：人子呀，看，我要折斷耶路撒冷的麵餅之杖，喻斷糧，利 26:26，詩 105:16。叫他們擔驚受怕，稱舍克吃餅，依定量喝水。¹⁷ 直至缺水斷糧，人彼此驚嚇，暗示絕望，人相殘相食，5:10。因自己的咎責而朽爛。

五章

而你呢，人子，你要拿一把利劍，當理髮匠的剃刀，剃去你的鬚髮。繼續動作諷喻；聯想敵軍羞辱俘虜，賽 7:20。然後用戥子將鬚髮分成幾份：² 三分之一要在城裏燒掉，一俟圍困之日結束；三分之一要拿到城的四周，用劍切碎；聖城淪陷，軍民遭屠戮。還有三分之一則拋在風中，我會拔劍驅趕！逃生者入囚，四方流散。³ 此外，你要從中取出少許，包在衣襟裏。⁴ 再從中拿幾根扔火裏焚燒；忠信者須歷經劫難。那裏必騰起火焰，以色列全家難逃！似指子民不聽先知懲戒而受罰，無善解，19:14。

⁵ 此乃主耶和華之言：這，是耶路撒冷，接回磚塊之喻，4:1。我將她置於萬族中央，列國圍繞。聖城習稱大地之臍，38:12。⁶ 可是她違抗我的律例典章，作惡更甚於外族與周邊列國，竟然鄙棄我的律例，不遵我的典章！以西結是祭司，極重聖法。

⁷ 如此，主耶和華有言：只因你們混亂，hamankem，另讀：叛亂。舊譯不確：紛爭。勝似周邊列族；我的典章律例你們不遵守，行事也不顧周邊列族的法例；不顧，諸抄本：只顧。舊譯：尚不滿意，誤。⁸ 那好，此乃主耶和華所言：我就

跟你勢不兩立，直譯：在你之上。耶23:30注。要讓列族看着，我親自拿你審判！mishpatim，同上節"律/法例"。拿你，直譯：在你中間。轉第二人稱單數，加重語氣。[9]並且，因你的種種穢惡，尤指拜異教神，耶2:7。我要你嘗嘗我從未實施，將來也不會有第二次的那個，[10]就是在你[們]中間，要父親吃親生的兒子，兒子食生身父親！利26:29，申28:53以下。如此我對你擲下判決，將你的餘數拋去四方的風中。餘數，即子民的殘餘，賽10:21。

[11]所以一如我永生，至高者起誓，耶22:24。主耶和華宣諭：既然你穢物纍纍穢行不斷，玷污我的聖所，我就只好厭棄你了：校讀從七十士本及古敘利亞語譯本。原文：減少/收回。我眼睛不會顧惜，不，我決不留情！耶13:14, 21:7。[12]你的三分之一必死於瘟疫，或陷於饑饉而亡；三分之一必倒在劍下，橫屍於四周；解釋上文2節。還有三分之一，我必拋在四方的風中，然後拔劍驅趕。

[13]就這樣，我鼻息噴發，盛怒狀，13:13。將聖怒棲息在他們身上，才住了手。直譯：得安慰/感滿意。七十士本脫此詞。而他們就懂了，他們，指倖存的子民。我耶和華所言，拿他們成就聖怒，降災意在懲惡，但也是實現創世之宏圖。乃是因為不容不忠。qin'athi，人神關係的基石，兼會眾的組織原則；亦是聖名，出20:5, 34:14。舊譯不通：出於熱心。[14]是的，我必使你化為廢墟，在每一個路人眼前，被周邊列族辱罵；耶18:16。[15]就是在四周的異族中間，就是，校讀從古譯本。原文：她將。讓人羞辱譏嘲，引以為戒而驚恐，當我對你擲下判決，降聖怒即烈焰的懲罰：這是我，耶和華說的。[16]當我射出饑饉的惡箭，惡，猶言死；暗示神賜的知識，或創世（版本二）之惡，創2:17注。對準那些註定毀滅的——當我向你們射出毀滅，我必使你們餓殍遍野，直譯：饑荒大增。必折斷你們的麵餅之杖。見4:16注。[17]我要調遣饑饉連同惡獸，叫你子女死絕，瘟疫蔓延，鮮血流盡；染紅救主的衣袍，賽63:1-3。就這樣，你刀劍臨頭。

言者是我，耶和華。

朽木

六章

　　曾有耶和華之言降於我，道：[2] 人子呀，你臉朝以色列的群山，提喻子民 /
罪民。預言譴責它們：譴責，`al，或作：説，'el。介詞一音之轉。[3] 以色列的群山哪，
請聽主耶和華的話。此乃主耶和華之言，説大山小丘溪谷溝壑：看，我
要親自引來刀劍，搗毀你們的神龕，[4] 叫你們祭壇廢棄，香壇打碎，香壇，
ḥammanim，舊譯日像，誤。利 26:30。那遭殺戮的一具具扔在你們的朽木面前——
[5] 我要用以色列子孫的屍首供起他們的朽木，gillulim，貶稱異教神像，或作穢木，諧
音屎，gel，4:12，剝光 / 袒露，gillu，23:10。耶 50:2 注。把你們的骸骨撒在祭壇四周。[6]
凡你們居住之處，城邑都要變廢墟，神龕統統夷平，乃至祭壇荒蕪負罪，
ye'eshmu，西瑪庫本、古敘利亞語及亞蘭語譯本另讀：廢棄。朽木摧折，香壇砍倒，你們
的製作一掃而光。製作，特指偶像，賽 37:19。舊譯工作，不妥。[7] 當那遭殺戮的倒在你
們中間，你們便會認得，我，乃耶和華。非流血不能修復人神關係。

　　[8] 但我也會留下幾個，讓你們有人逃脱刀劍，流落異邦，散佈列國。
[9] 你們的倖存者去到異族中間，在入囚地，會把我思念：我如何被他們的淫
心背棄所損傷，另讀如古譯本作主動語態：因我擊碎了他們的淫心。他們兩眼追着朽
木，那樣行淫！不，他們要為所行的一切穢惡，感到自己面目可憎；暗示悔
改有時，利 26:40–41，申 30:1–2。[10] 他們必須承認，我，乃耶和華；我説這場災禍
臨頭，絕不是空話！

　　[11] 此乃主耶和華之言：你擊掌頓足，表示高興、嘲笑、斥責等。説：呀，就為
這一切穢惡，以色列家必倒在刀劍饑荒跟瘟疫之下：[12] 遠處的染瘟疫而亡，
近處的撞上利劍，而殘存的被圍困的，要死於饑饉。如此，我拿他們成就
聖怒。參 5:13 注。[13] 待那遭殺戮的被扔在朽木中間，四周一座座他們的祭壇；
當他們橫屍高丘與山頂，一具具棄於綠蔭及枝葉茂密的橡樹下面，申 12:2。
亦即獻祭於各色朽木而馨香嫋嫋之處——那時，你們便不得不承認，我，
乃耶和華。

¹⁴我必向他們按下巨手，喻降罰、打擊。**徹底摧毀其家園，從荒野到里貝拉**，意謂福地從南到北，王下 23:33，耶 39:5 注。校讀從諸抄本。原文：自迪貝拉荒野。**遍及他們所有的居處。而後，他們就懂了：我，乃耶和華。**

大結局

七章

忽又有耶和華之言降於我，道：²你呀，人子，你說，原文脫此詞，從七十士本及古敘利亞語譯本補。此乃主耶和華對以色列之地所言：

啊結局，到了福地四角的結局──
³此刻是你的結局！我要對準你洩怒
照你的路向下判決，報還你的　路向，套喻，指行事，耶 17:10。
一切穢惡。
⁴我眼睛不會顧惜，我決不留情　同 5:11。
卻要追究你的路向，你深陷其中的　直譯：你內中的。
種種穢惡──是要你們懂得　轉第二人稱複數，較委婉。
我，乃耶和華。

⁵此乃主耶和華之言：
禍啊，一場災禍！看哪，它來了！預言兵燹之災。
⁶結局已到，那結局已到
它一醒就要找你，看哪，它來了──　擬人，求生動。
⁷來了，你的"王冠"，福地的居民　王冠，zephirah，反義喻
時辰到了，日子已近──　厄運、劫數，賽 28:5。
一山山唯有喧嚷，不聞歡歌。喧嚷，mehumah，提喻戰亂。
⁸快了，當我向你傾潑聖怒，因你而

鼻息噴發，我必照你的路向下判決　同上文3–4節。

報還你的一切穢惡。

⁹我眼睛不會顧惜，我決不留情

卻要追究你的路向，你深陷其中的

種種穢惡——是要你們懂得

那降罰的是我，耶和華。

¹⁰看，那日子！看哪，它來了！

那“王冠”已經出現，權杖已經開花

“狂妄”業已抽芽。　婉言巴比倫（狂妄）將滅猶大，耶50:29–32。

¹¹強暴興盛，好一根〔懲〕惡的杖：　暴力亦是神義，賽30:32。

他們將一無所有，人口、財富　他們，指子民或耶京居民。

連同尊榮，全部要從中拿走。　此節有訛，無善解。

¹²時辰到了，日子抵近——

買家不必歡欣，賣家也不必叫苦

因為他們人人負着天怒。　他們，直譯：她的。似指聖城。下同。

¹³的確，東西售出，賣家就不能翻悔，yashub，兼指回返、背信。此段解釋上節，
似補注。雖然人還在生者當中。　人，直譯：他們。指買賣雙方？同樣，這異象說到眾
人，也不容翻悔。而人因為負罪，必抓不住自家性命。　此節晦澀，歧解紛紜。

¹⁴啊，號角吹響了，一切停當　諷刺，耶京當局誤判了形勢。

卻無一人迎戰，因為他們

人人負着我的怒火。　劫數已定，降罰者負全責或終責。

¹⁵外有刀劍，內有瘟疫同饑饉：

那田間的要死在劍下

城裏的，為饑饉瘟疫所吞吃；

¹⁶而逃生的就逃進深山，如谷中鴿子

咕咕，哀歎各自的咎責。子民的餘數將有機會悔改。

¹⁷一雙雙手都癱軟了，膝蓋像水一樣　形容怯懦，賽13:7。

¹⁸人要圍起麻衣，披上顫慄

無不羞辱覆面，頭顱剃光；志哀，耶16:6注。

¹⁹甚而要把銀子亂扔在街頭

連黃金也成了污垢。一反平日追逐錢財的奢靡風氣。

不，無論金銀都救不了他們，此段解釋上節。當耶和華動怒之日：那沒法充饑，也填不飽肚子，反而使他們負罪絆跤。暗示其沉溺於今世的財富，3:20。²⁰他們曾以自己的華麗裝飾為傲，拿它製作可憎的形象，即異教神像。那些穢物——所以，我才賜他們享用污垢！一說此句是補注。

²¹我必將它交在外邦人手裏作掠物　它，或指聖殿。

給世上的惡人為擄獲，聽憑褻瀆。

²²我必轉過臉，不理他們，任我的寶藏　喻耶京。

遭褻瀆——被強盜侵入，而玷污。

²³造鎖鏈吧！準備當俘虜，入囚巴比倫。

福地處處在犯罪流血，京城充滿暴力。

²⁴我必引最兇惡的異族來搶佔他們的房舍

必剪除強者的傲慢，叫他們的聖所　強者，統稱耶京上層。

受褻瀆。

²⁵當恐怖來臨，他們會尋求平安

而一無所得。

²⁶災殃加上災殃，傳言接着傳言

他們會乞求先知給異象；顧不上區分真假先知，耶5:31。

但律法將丟棄祭司，眾長老斷絕計謀

²⁷君主要哀慟，王公身穿毀亡　做了亡國奴，慘遭屠殺。

一國的子民，手發抖！七十士本無"君主"等五字，或是補注。

我必照他們的路向待他們，按他們的判決　即應得的懲罰。

擲下判決——而後他們便不得不承認

我，乃耶和華。

聖殿裏的穢行

八章

第六年，六月初五，前592年9月17日。坐於屋內，在營地。猶大眾長老坐在我面前——那裏，我主耶和華的手忽將我覆蓋。當眾降靈，但異象僅賜一人，1:3注。

²待我看時，啊，一個形象，人的模樣！人，從七十士本。原文重複：火。參1:26–28。他看似腰胯以下燃着火，腰胯以上燦若明光，琥珀般的透亮。見1:4注。³忽又伸下一隻手的形狀，tabnith，或作：手樣的東西。靈中所見，恍恍惚惚。揪住我的一綹頭髮，我就被一股靈風舉在了天地之間，靈風，ruah，風、氣、靈，賦予生命的元氣，37:5。進入上帝的異象，而被帶到耶路撒冷，落在內［院］北門；王宮通聖殿的門。那兒卻供着一尊塑像，或是迦南生育神／女海神，出34:13，王下21:7。觸怒了不容不忠的那位！haqqin'ah hammaqneh，宗教寬容，即挑釁聖威，申32:16, 21，詩78:58。⁴看哪，以色列的上帝之榮耀，回放3:22–23。恰如我在谷地所見。

⁵人子呀，他說，天父降言。你抬眼，朝北看。我就抬眼朝北望去，啊，祭壇門北邊，聖所祭壇坐西向東，左手為北，4:4, 47:1。門口便是這犯聖威的塑像！⁶人子呀，他又說，看看他們幹了什麼，以色列家在此造下的大穢惡，見5:9注。逼我遠離我的聖所！可還有更大的穢行呢，讓你見識！

⁷他領我到那庭院門口，走近聖殿外庭。我一看，誒，牆上有個窟窿。⁸人子呀，他說，你把牆挖開。我便挖開那牆，卻又見一門。⁹進去吧，他說，

看看他們造下的種種穢惡，在這兒！[10]我便入內，四下望去，誒，牆上刻滿了各色各樣的爬蟲跟噁心的獸類，爬蟲，remes，統稱蛇蜥蟲豸之類，創1:24。並以色列家的一切朽木。[11]牆下，站着以色列家的七十長老，代表全體子民，民11:16。沙番之子耶聆也立於其中；耶聆，ya'azanyahu，常名。此句或是補注。各人手提香爐，一片芳馨，煙雲繚繞。聯想寇臘作亂故事，民16章。[12]人子呀，他說，以色列家的長老在黑地裏幹什麼，每人一間偶像閣子，貶稱異教神龕。你看到了嗎？居然聲稱：耶和華瞅不見我們，賽29:15。耶和華，他拋棄了福地！強敵覬覦，大勢所趨，朝廷百姓皆失了信心，7:2。[13]接着又道：他們還有更大的穢行呢，讓你見識！

[14]說着，他把我領到耶和華的殿的北門。聖殿內庭的門，王上6:36。看哪，門口坐着些婦人，在哭塔慕神。tammuz，蘇美爾/巴比倫牧神，入死還陽的美少年，希臘名阿多尼。每年六七月間，婦女行哀儀，紀念其留居陰間的日子。[15]人子呀，他說，看見沒有？還有比這更大的穢行呢，讓你見識！

[16]然後，他領我進了耶和華的殿的內庭。看，就在耶和華聖所門口，殿廊同祭壇之間，約有二十五人，男子。背對着耶和華聖所，面朝東方，向着旭日，在俯伏敬拜！[17]人子呀，他說，看見沒有？猶大家造下的這種種穢惡，還有完沒完，直譯：是小事嗎。在這兒！可是他們遍地施暴，再三惹我動怒——看，竟敢拿根枝子戳他們的鼻孔！喻其忤逆，冒犯上帝。他們，婉言至聖（我）。[18]那好，我就以聖怒行事，我眼睛不會顧惜，我決不留情；反復強調，不行恕道，5:11, 7:4, 9。哪怕他們向我耳中高聲呼求，我也不會垂聽。耶11:11。

聖城受戮

九章

說着，他向我耳中高聲道：懲罰此城的，懲罰，pequddoth，追究、責罰，賽10:3。舊譯監管，誤。你們過來，各人手持毀滅的兵器！[2]立刻有六個人，從朝北的上門下來，人手一根鐵錘。keli mappazo，擊碎（頭顱）的武器。耶51:20。其中一位，身穿白亞麻袍子，baddim，天使的裝束，但 10:5。腰間掛一個書記墨盒。或作墨角，盛墨水的容器。他們一到，就去銅祭壇旁站立。

³[只見]以色列上帝的榮耀，那原先停在昂首展翼的神獸身上的，神獸，kerub，造型常作人首獅身牛蹄鷹翼；此處指約櫃施恩座的護衛，出 25:17–20。飛向了聖殿的門檻。救主行將出離。忽而又召喚那身着白袍、腰懸墨盒的人，天庭書記。⁴ 耶和華道：去，走遍全城，整個耶路撒冷，在那些為城裏各樣穢行而哀歎的人的額頭，畫一個十字。即希伯來字母 taw，古體如十字，象徵赦免，伯 31:35，啟 7:3。⁵ 對另外幾個，則聽得他説：你們跟着他，走遍全城，開殺！眼睛莫顧惜，切不可留情。⁶要男女老幼，包括年輕姑娘，舊譯處女，不妥，耶 14:17 注。通通砍倒！但畫了十字的，都不要碰他。出 12:7, 13。從我的聖所開始！於是，他們就從殿前的長老殺起。先斬拜太陽者，8:16。⁷接着，又吩咐他們：把這殿弄污，叫庭院堆滿屍首，放棄聖居，失望之極，賽 63:18。去吧！他們便出去，屠戮全城。

⁸他們屠殺着，我卻被留下了。做了敵軍的俘虜，異象接通／基於現實。趕緊俯伏在地，同 3:23。喊道：嗚呼，主耶和華呀！你連以色列的殘餘也要毀盡嗎，你聖怒傾潑在耶路撒冷？試圖勸阻，但更像哀歎。⁹可是他説：以色列家跟猶大[家]，實在是罪大惡極！血污遍地，邪曲滿城，熟語，7:23。他們公然聲稱：耶和華拋棄了福地，耶和華，他瞅不見！同 8:12。¹⁰那好，我眼睛一定不會顧惜，我決不留情——待我將他們的行事扣在他們頭上。喻報應。

¹¹啊看，那身着白袍、腰懸墨盒的人返來稟告，平淡如例行公事。説：遵旨辦了。

十章

只見，啊，那神獸頭頂，穹隆之上，透出彷彿藍寶石的形象，看似一架寶座，高高聳立。直譯：在其上方。參 1:26。²便有一言，給那身着白袍者：上帝發話。你進去，到神獸下方的輪盤裏面，從神獸中間滿滿掬一把紅炭，撒向這城。象徵巴比倫軍焚毀耶京。啟 8:5。他就入內——我親眼所見。

³那人入內時，諸神獸正立於殿的南邊，_{亦即右手。}內庭雲彩瀰漫。⁴當耶和華的榮耀自神獸升起，飛上聖殿的門檻，_{回放9:3。}殿內祥雲氤氳，庭院為一片明輝即耶和華榮耀所充盈。⁵那神獸振翅的響聲，在外庭也能聽到，幾如全能上帝的雷霆話音。_{參1:24，出19:19，詩29:3。}

⁶之前，當那身着白袍者受命，要從輪盤裏面，從神獸中間取火，他入內，去了一隻輪子旁站立。⁷諸神獸中，_{七十士本無此四字，或是補注。}卻有一名神獸伸出手來，到神獸中間取了火，放在那身着白袍的人手裏。他就捧着，出去了。⁸諸神獸翼下，似有一隻人手的形狀。_{似乎依然看不真切，8:3注。}

⁹只見，啊，神獸身旁有四隻輪子，一輪挨着一名神獸；_{原文重複此句，從七十士本及古敘利亞語譯本略。}那輪子的外表，宛若水蒼玉閃亮。¹⁰式樣上，四隻如一，又彷彿輪中套輪。¹¹行走則四方不論，都能轉向而不必掉頭。_{同1:16–17。}領頭的朝哪邊，後面的就走哪邊，從不自行轉向。¹²他們周身長滿了眼睛，脊背、雙手和翅膀，_{脊背/雙手，解作輪輞/輪輻，亦通。參1:18注，啟4:8。}到處都是，一如那四位[天尊]的輪子。_{直譯：以及輪子，他們四位的輪子。}¹³這些輪子，我聽他們喚作飛輪。_{galgal，輪盤、旋轉、旋風。無定解。}¹⁴他們各有四張臉，其一為神獸的臉，_{參較1:10，牛臉。}其二是人臉，其三獅臉，其四鷹臉。_{啟4:7。}

¹⁵於是諸神獸昂然升起；此即我在客壩河畔見過的天尊。¹⁶神獸舉步，輪子便跟着行走；_{參1:19–21。}神獸展翅，離地飛升，輪子也不轉開去。¹⁷前者站住，後者也站下；前者升起，後者就一同飛升，因為輪內有天尊的靈。_{禦輦乃聖靈驅動。}

耶和華的榮耀出離

¹⁸接着，耶和華的榮耀離開聖殿門檻，_{接回上文3節。}落在了諸神獸之上。_{登禦輦，棄聖城。}¹⁹神獸便一齊舉翅，離地飛升——我親眼所見，當他們攜輪子一同出發，在耶和華的殿的東門口稍作停留，_{校讀從七十士本及古敘利亞語譯本。}

原文：他停留。東門，朝橄欖山方向，俯瞰黑溪，11:23，耶 31:40 注。**載着以色列的上帝之榮耀。**

²⁰**此即我在客壃河畔見過的，以色列的上帝座下的天尊。**座下，直譯：之下。**故我認得他們是神獸：**靈中已聽聞其名，上文 2 節。²¹**各有四臉四翼，翼下彷彿長着人手。**參 1:8。²²**至於臉的模樣，同我在客壃河畔所見，臉形完全一致。**直譯：其形象同他們自己（一樣）。其實有一臉不同，上文 14 節注。**每一位皆可昂首前行。**即做領頭者。下接 11:22。

鍋裏的肉

十一章

那靈又將我舉起，接回 8:18，耶京覆滅之前。**攜至耶和華的殿東面的東門。**上帝出離處。**啊，門口聚了二十五人，**此非前述所見在內庭拜日者，8:16。**只見其中有子民的首領亞助之子耶聆、耶建之子耶解。**pelatyahu，常名。

²**人子呀，他說，**七十士本及古敘利亞語譯本：主說。**那策劃罪愆，在這城設惡謀的，就是他們！**³**還說什麼：別急着蓋房；這[城]是一口鍋，我們是肉啊。**諷其虛妄，以為君臣被擄，敵軍離去，耶京保住了，24:3–14；或謂修復城牆要緊，準備再戰。無善解。⁴**為此你要預言譴責他們，預言吧，人子！**

⁵**隨即，耶和華的靈落上我身，道：說，此乃耶和華之言！以色列家呀，你們想什麼，靈中存着什麼，我一清二楚。**⁶**你們在城裏大開殺戒，**消滅異黨，或耶利米那樣主張不抵抗的一派，耶 38:1–3。**街上到處是死屍。**⁷**故此，主耶和華有言：那被你們殺掉，扔這兒的，是肉；這[城]便是鍋。只是你們就要被趕出去了。**⁸**刀劍你們可害怕？**通作肯定句。**我必使你們刀劍臨頭！主耶和華宣諭。**⁹**我要將你們趕出[城]去，交在外邦人手裏，叫你們受審判。**¹⁰**你們必倒在劍下；我要在以色列的疆界審判你們——要你們懂得，我，乃耶和華。**同 7:4。疆界，猶言全境。¹¹**不，這[城]於你們決不是鍋，你們也不是**

鍋裏的肉。**一俟我在以色列的疆陲把你們審判**，或指尼帝殺俘，在里貝拉，王下 25:18–21，耶 39:5–7。[12] **你們便不得不承認，我，乃耶和華——只因你們不遵我 的典章，不服我的律例，而周邊列族的規矩卻照辦！** 申 12:30。

[13] **預言未完，耶建之子耶解就斃命了。我俯伏在地，高聲喊道：嗚呼， 主耶和華呀！以色列的殘餘你也要滅絕？** 震驚之餘，再試勸阻，9:8。

肉心

[14] **忽有耶和華之言降於我，道：** [15] **人子呀，你的兄弟，**原文此處重複"你的 兄弟"，從部分抄本刪。**一起入囚的同胞，**校讀從七十士本及古敘利亞語譯本。原文：你的 近親。**以色列全家，所有的人，在耶路撒冷居民看來，不就是：正好他們離 耶和華遠點，**他們，指前 597 年，耶京第一次投降尼帝，被擄去巴比倫者。**這片地給我們 為業了！**

[16] **對此，你應説：此乃主耶和華之言：雖然將他們遷去了遠邦，流散在 異族中間，但暫且，**兼指一定程度上。**我仍是他們的聖所，在他們所到之地。** 上帝棄聖殿而加入戰俘和流散子民，欲以其為新枝，生發新以色列。[17] **故而你應説：此乃主 耶和華之言：我必從萬民中召回你們，自流散之地聚攏你們，把以色列故 土再賜予你們。** 申 30:35，賽 11:12。[18] **他們一旦歸來，必從中清除一切可憎的穢 物。** 貶喻異神崇拜，7:20。[19] **而我就要賜下一顆專一的心，**喻信仰。另讀如少數抄本及 古敘利亞語譯本：一顆新心。參 18:31, 36:26。**將新的靈置於他們內中；**他們，從諸抄本。 原文：你們。**我要摘除他們肉身裏的石心，給他們一顆肉心，**即立信承約之心，申 30:6–10，耶 4:4 注。[20] **以使他們遵行我的典章，守我的律例，無不照辦。如此， 他們才當得我的子民，我做他們的上帝。** [21] **至於那幫心裏追隨可憎的穢物 的，**那幫，校讀。原文不通：那（可憎穢物的）心。**我必令他們自作自受——主耶和 華宣諭。** 自作自受，直譯：他們的道／行事歸自己的頭，9:10。

舉翅

22 於是，上接 10:22。神獸舉翅，飛輪齊轉，直譯：跟着他們／在其身旁。載着以色列的上帝之榮耀。同 10:19。23 當耶和華的榮耀自城中升起，停上城東的山頭，即橄欖山。24 那靈卻將我一舉，參 3:12。於異象之中，藉着上帝的靈，帶我回到迦勒底，返來入囚者中間。方才目睹的異象，便在我眼前消失了。直譯：離我升去。25 遂把耶和華為我顯示的種種，給囚徒們講了一遍。

入囚之諷喻

十二章

復有耶和華之言降於我，道：2 人子呀，你入居於抗命之家；委婉承認大道受阻，2:5–7。他們有眼卻視而不見，有耳卻聽而不聞，不說是天父設計，先知教導的結果，賽 6:9–10，耶 5:21。確實是抗命之家！3 所以人子呀，你給自己備好入囚的行李，鋪蓋、食物等。大白天，就在他們眼前，如一名囚徒拋下家園；讓人看着，你走去他鄉。或許這樣他們才會明白，舊譯不確：揣摩思想。儘管已是抗命之家。4 你要白天當他們的面背起你的行李，像入囚的行李。傍晚，你要如囚徒一般，讓人看着走出家門。5 就在他們眼前，你把牆挖開，喻敵軍破城，耶京淪陷。將 [行李] 帶出。6 讓人看着，將它搭在肩頭，走進黑暗；ba`alaṭah，象徵無盡的苦難。還要蒙住臉，別看福地。婉言痛別家園，耶 3:9 注。因為，我已立你給以色列家做一預兆。

7 我便遵命做了。白天背起行李，像入囚的行李。傍晚就動手挖牆，黑暗中將它帶出，或作：將它帶進黑暗。搭在肩頭，讓人看到。

8 清晨，乃有耶和華之言降於我，道：9 人子呀，以色列家，那抗命之家，不是問過你：你這是幹什麼？10 告訴他們：此乃主耶和華之言：這神諭關乎耶路撒冷的王公，指耶義，猶大的末代君主，耶 39:4–7。神諭，massa`，舊譯預表，誤。及城內以色列全家。11 並說：這是給你們一個預兆：我所行的，就是他們要遭受的——被擄去，入囚鎖！變"你們"為"他們"，視子民儼如敵族。¹²便是他們的那位王公，也得弓起肩背，負重狀。在黑暗中出走。他挖開牆，他，從七十士本及古敘利亞語譯本。原文：他們。將[重負]帶出；還要蒙住臉，使眼睛不見福地。使，校讀從七十士本。原文：因。¹³而我必向他撒網，叫他陷於我的網羅。假手巴比倫，實踐神諭。同 17:20。我要把他押去巴比倫，到迦勒底之地，只是他無緣看見了：耶義被俘後，尼帝下令剜去了他的雙眼，王下 25:7。他要死在那裏。¹⁴他身邊的侍從，那些幫他的，他所有的軍隊，我都拋在四方的風中，然後拔劍驅趕。同 5:12。¹⁵唯有將他們吹去了列邦，吹，wezerithi，拋/吹散，宛如揚穀，耶 15:7。流散在異族中間，他們才會懂得，我，乃耶和華。¹⁶不過，我也會留下幾個，免遭刀劍饑饉和瘟疫，讓他們每到一國就講述自己的種種穢惡，叫人不得不承認，我，乃耶和華！

審判決不延宕

¹⁷繼而，有耶和華之言降於我，道：¹⁸人子呀，你吃麵餅要發抖，喝水要擔驚受怕，呼應 4:16。¹⁹要對這福地之民宣佈：此乃主耶和華之言，說以色列土地上耶路撒冷的居民：麵餅他們吃着要擔驚嚇，水他們喝着必惶恐，只因家園即將洗劫一空，虧得全體居民的暴行！惡人雖是少數，報應卻基於團體責任，耶 52:3 注。²⁰當繁華都邑變為廢墟，繁華，直譯：人居（稠密）。福地一片荒蕪，你們便會認得，我，乃耶和華。

²¹遂有耶和華之言降於我，道：²²人子呀，你們這一句"箴言"什麼意思，暗諷反對派/耶京主流自以為是。箴言，mashal，舊譯俗語，誤。講以色列之地：日子老延宕，異象全落空？顯然先知不受待見，十分孤立。²³那好，你告訴他們：此乃主耶和華之言：我必剷除這"箴言"，讓以色列再也用不上它。直譯：不拿它當箴言。而你要說與他們的，卻是此言：

日子已近，是異象必應驗。debar，先知所見乃聖言所載，所成。²⁴因為以色列家不會再有虛妄的異象、奉承的占卜。虛妄/奉承，堅稱異教神無力兌現承諾，賽

5:18。²⁵ 而我，耶和華説話，一定言出即成，決不遲延。賽55:11。是的，就在你們的日子，猶言忤逆者逃不了了。啊抗命之家，我説的每一言，我必成就──主耶和華宣諭。

²⁶ 有耶和華之言降於我，道：²⁷ 人子呀，以色列家還在嘮叨：他見到的那異象，是很久以後的事，他是預言遙遠的未來！不敢信，囿於日常生活經驗。²⁸ 那好，你告訴他們：此乃主耶和華之言：我的話，沒有一句會遲延；神的審判/報應在即，啟10:6。凡我説的，必言出即成──主耶和華宣諭。

假先知

十三章

忽有耶和華之言降於我，道：² 人子呀，你預言吧，譴責那幫販預言的以色列先知，接應11:2–4，對手也稱先知。那心裏編預言的一夥：指其編造異象，假傳神諭。聽哪，耶和華訓示！³ 此乃主耶和華之言：這些蠢先知有禍了！他們追隨自己的靈，喻狂妄。一無所見。⁴ 以色列呀，你的先知活像廢墟裏的豺狗！shu`alim，西亞金豺，狀似大狐，故七十士本：狐狸。詩63:10。⁵ 既不敢上去堵豁口，阻止危難，是先知以摩西為楷模的職責，詩106:23。也不修復圍牆，俾以色列家能屹立迎戰，當耶和華之日。又稱報應日、聖怒之日，22:24，賽2:12，摩5:18。⁶ 他們所見，是虛妄；占卜呢，盡撒謊。口口聲聲"耶和華宣諭"，可耶和華何曾派遣他們──居然指望説話會應驗！直譯：站得住。耶44:28注。⁷ 不是嗎，你們非虛妄不見，非謊言不卜；聲稱"耶和華宣諭"，可沒有一句是我講的。

⁸ 故此，主耶和華有言：只因你們説的是虛妄，見的是謊言，我跟你們勢不兩立！見5:8注。主耶和華宣諭。⁹ 我必出手拿下這夥先知，他們指虛妄為異象又撒謊占卜，就不得入我子民的義會，sod，義者之會，信仰共同體，詩111:1。不得寫進以色列家的名冊，除籍。不得踏足以色列的土地。而後你們才會懂得，你們，七十士本：他們。我，乃主耶和華。

¹⁰ 是呀，原因就在他們一口一個平安，引我子民上了歧路；hiṭ`u，舊譯誘惑，不確。其實哪來的平安？耶 6:14。明明人在築界牆，他們卻拿石灰水來塗抹。指對立派罔顧巴比倫的野心與威脅，粉飾太平，誤導民眾。¹¹ 你告訴這些抹石灰水的：taphel，舊譯生造：未泡透的灰。[牆]要塌了，滂沱大雨夾着冰雹就要來臨，夾着，校讀。原文不通：和你們。只等狂風驟起！¹² 待那牆一塌，耶京淪陷。人還會問不：你們抹的那層東西，haṭṭiah，諷其一廂情願，大話誤國。哪兒去了？

¹³ 如此，主耶和華有言：我聖怒發作，狂風暴雨，我一聲鼻息，be`appi，形容動怒，5:13，耶 10:24。冰雹猛砸！直譯：怒毀。¹⁴ 我要搗毀你們抹了石灰水的城牆，將它夷為平地，裸露根基。要一片瓦礫，把你們埋了——那時，直譯：待（牆）塌，你們滅於其內。你們便不得不承認，我，乃耶和華。

¹⁵ 當聖怒席捲城牆，掩埋了這些抹石灰水的，席捲/掩埋，直譯：完成、毀滅。我必對你們説：沒了，牆和抹牆的，都沒了！¹⁶[説是]以色列的先知，指着耶路撒冷預言，為之見異象稱平安；其實早沒了平安——主耶和華宣諭。

女先知

¹⁷ 還有，人子，你要對族人的女兒，那些心裏編預言的，古以色列先知不乏女性，如摩西姐米蓮、火炬女/閃電妻黛波拉，出 15:20，士 4:4。沉下臉；態度堅決（譴責）狀，6:2。要預言，譴責她們：¹⁸ 此乃主耶和華所言：這群女人有禍了！她們給人縫腕帶，護身符之類，或異教飾物。做不同尺寸的長頭巾，外族服飾，視為巫術用具，無定解。尺寸，或作身材。只為獵取人的性命！nephashoth，呼吸、咽喉、靈、命，賽 43:4注。可是獵取了我子民的靈，能保你們自己的命麼？¹⁹ 為兩把大麥、幾塊麵餅，似乎女先知占卜，禮金微薄，民 22:7，撒上 9:7。就在子民中間把我褻瀆：不應死的靈，你們殺死，不該留的命卻留下，一派謊言騙我的子民，他們竟聽信了謊言！天父歎息。

²⁰ 故此，主耶和華有言：看，我要與你們獵取性命的腕帶為敵，原文"性命"後另有：像飛鳥。衍文，從七十士本及古敘利亞語譯本刪。要從你們臂上將它一條條

扯下，像釋放鳥兒一樣，釋放被獵取的眾靈。²¹我還要撕碎你們的長頭巾，從你們掌下救出我的子民。非得他們不復是你們手中的獵物，你們才會懂得，我，乃耶和華。

²²原因就在你們撒謊，令義者灰心，hak'oth，兼指沮喪、背信。另讀（陷於）苦楚，同下句。舊譯傷心，不妥。但那苦楚絕不合我意。可你們還扶持惡人的手，喻鼓動、支持，耶23:14注。不欲他回頭棄惡道而活命：²³那好，你們就再不會有虛妄的異象或占卜之事。而我必從你們掌下救出我的子民——叫你們認得，我，乃耶和華。

先知受誘騙

十四章

恰逢幾位以色列長老來訪，長老，入囚子民的頭面人物，8:1。坐在我面前，²卻有耶和華之言降於我，道：³人子呀，這些人心裏供着一堆朽木，責其容忍異教，信仰不純，6:5注。把絆跤的罪愆擱在自己腳前，直譯：面前。下同，3:20。我豈能接受他們求問？⁴你就告訴他們，說：此乃主耶和華之言：以色列家，凡心裏供奉朽木，腳前放了絆跤的罪愆，卻還來求見先知的——我耶和華必給他一個答覆，抵得他的朽木之眾！抵得，或作因為、依照。⁵這樣我好捉回以色列家的心，捉回，猶言贏取。儘管他們完全把我當了外人，nazoru，婉言背信。就因為這堆朽木！

⁶所以你告訴以色列家：此乃主耶和華所言：回頭吧，促悔罪，耶8:4–5。離開你們的朽木，丟下一切穢惡，轉過臉來！⁷因為，以色列家，包括在以色列寄居的客籍，ger，其承約義務視同子民，47:22，出12:48注。凡把我撇開，yinnazer，諧音上文5節"當外人"。入囚者行事未免有所妥協，天父視若不忠。心裏供奉朽木，腳前放了絆跤的罪愆，卻還來求見先知，要他向我求問的——我耶和華必親自答覆；⁸必對那人翻臉，舊譯變臉，不妥。將他做一個標記，le'oth，以警示會眾，民

17:25。**任人恥笑**，lemashal，雙關兼指：一句"箴言"，12:22–23。舊譯混亂：警戒、笑談，令人驚駭。**並從族中剷除。而後你們才會懂得，我，乃耶和華。**

⁹**若有先知發言是受了誘騙**，舊譯迷惑，不確。**則引誘那先知的是我，耶和華；**以宏圖觀之，真假先知所作所為，皆是神的安排，賽44:25，耶20:7。**我必伸手將他拿下，剷出以色列我的子民。**¹⁰**如此罪人必承罪：求問者與先知同罪，**¹¹**以使以色列家不再棄我而入歧途，不復墮於各樣忤逆而遭玷污。之後，他們才當得我的子民，**同11:20。**我做他們的上帝——主耶和華宣諭。**

三義人

¹²**忽有耶和華之言降於我，道：**¹³**人子呀，若有一國背信，**實指以色列，上帝特選的產業，出19:5。**觸罪於我，若是我伸手折斷其麵餅之杖，**見4:16注。**往那裏送去饑荒，從中剪滅人畜；**¹⁴**縱然那兒住着這三個人，挪亞、丹尼爾、**dani'el，傳說中的迦南智者/判官，以保護孤寡而著名，28:3。**約伯：他們也只能各憑義德，救自己的命——主耶和華宣諭**。換言之，拯救將繫於各人的功過或個體責任，而非傳統的團體責任，申24:16，耶31:30。¹⁵**倘使我叫惡獸橫行，到處吃人，**直譯：令她（國/地）子女死絕，5:17。**以至田地荒蕪，路人因［懼怕］野獸而絕跡；**¹⁶**縱然那兒住着這三個人，一如我永生——主耶和華宣諭——便是他們也救不了兒女，**婉言猶大/耶京居民。**只能自己獲救，**功德一如罪罰，歸於個體，不再轉承。**而那一方土地必成荒漠。**¹⁷**或者，我叫刀劍蹂躪那國，**蹂躪，直譯：降臨。**說：刀劍哪，遍地走起，讓我從中剪滅人畜！**¹⁸**縱然那兒住着這三個人，一如我永生——主耶和華宣諭——他們也救不了兒女，唯獨自己能獲救。**¹⁹**或者，我給那國送去瘟疫，以血污傾潑聖怒，**呼應9:9。**從中剪滅人畜；**²⁰**縱然那兒住着挪亞、丹尼爾、約伯，一如我永生——主耶和華宣諭——便是他們也救不了兒女，**接連發誓三遍，5:11。**只能各憑義德，救自己的命。**

²¹**如是，主耶和華有言：待我四份判決向耶路撒冷擲下，**參5:10, 7:3。**刀劍加上饑荒，惡獸連同瘟疫，從中剪滅人畜，這一連串災難將如何？**²²**但是看**

哪，即使那樣，也還會有人倖存，有兒女逃生，被帶來這裏。前587年聖城陷落，第二批子民入囚巴比倫。而你們見到他們的路向和行事，`alilotham，尤指惡行。即會得安慰，不論我降災於耶路撒冷，那一難接一難多麼慘痛。意謂罪罰相符，至高者並無冤枉罪民。23 那於你們確是慰藉：見了他們的路向和行事，你們自會明白，我對她做下所做的一切，她，指聖城，4:3注。絕非無緣無故——主耶和華宣諭。

葡萄樹

十五章

有耶和華之言降於我，道：

2 人子呀，葡萄樹比別的樹

有何強處，林子裏長那一株藤子？暗喻以色列，賽5:7。

3 可否取一段木料，做一樣用具

例如做根橛釘掛東西？反言子民不堪信約之重，賽22:23。

4 可是看哪，它被扔火裏當柴燒呢

兩頭着火，中間焦黑　福地屢遭外敵入侵，聖城危在旦夕。

還能用做什麼？

5 它完好的時候也沒什麼用　葡萄須培植，野種無用。

何況火燎焦黑了，拿來做哪樣？

6 故此，主耶和華有言：

就像林子裏那一株葡萄

被我扔在了火裏，當柴燒

我也必捐棄耶路撒冷的居民

⁷必對他們翻臉：他們逃得這一場火 _{前597年耶京投降。}

卻要給那一場火吞吃。

而你們便不得不承認，我，乃耶和華

當我沉下臉，拿住他們。 _{你們，七十士本：他們。}

⁸只因他們背信，我必變這一方土地

為荒漠——主耶和華宣諭。 _{一再申明，咎責在子民，14:13, 16。}

約妻不忠

十六章

於是有耶和華之言降於我，道：²人子呀，你要向耶路撒冷公佈她的穢行，_{確定子民乃明知故犯，非無心之過。}³説：此乃主耶和華對耶路撒冷所言：論起源和出生，你屬迦南之地；_{擬人，諷喻。參何1:2以下。}父親是亞摩利人，母親是赫提人。_{小亞細亞民族，曾佔據迦南北部；此處借指迦南土著，創10:15。}⁴你出生即來世那天，臍帶不曾剪斷，也沒有用水洗淨，更不要説拿鹽抹了，_{潔禮，兼做消毒，出30:35注。}裹在繈褓。⁵沒有眼睛把你顧惜，或出於憐憫而將你抱起；_{直譯：為你做其中一事。指抱養棄嬰。}相反，你誕生那天就被遺棄在野外，因為遭人厭惡。

⁶恰好我路過，見你在血泊裏搖手蹬腿，就對血泊裏的你説：活吧！_{原文重複末十字，從少數抄本及七十士本、古敍利亞語譯本刪。}⁷像田間的新枝成長！_{校讀。原文：我使你成為眾多。}於是你漸漸長大，至月信發動，_{be`eth `iddim，校讀從傳統本注。原文：戴極美的首飾，ba`adi `adayim。}乳峰挺起，一頭秀髮。_{se`arek，解作陰毛（長出），亦通，賽7:20。}

但你仍然光着身子，_{如夏娃在樂園，創2:25。}⁸被我路過，看見了：啊，正逢你懷春的季節！_{暗示少女是自由戀愛。}我便展開衣裾，覆蓋了你的裸相；_{`erwathek，婉言羞處。衣裾覆蓋女子，喻娶妻，申23:1，得3:9。}又向你起誓，與你立約——主耶和華宣諭——你就歸我了。_{立約，此處指婚約，故稱以色列為約妻，}

瑪 2:14。舊譯結盟，誤。[9] 我取水給你沐浴，洗去你身上的血跡，新婚圓房。然後抹

油。[10] 我給你穿繡花衣裳、海豚皮的鞋，海豚皮，tahash，或作海豹、貂、獾等，無

確解。出 25:5。讓你細麻束[腰]，身着綢緞，meshi，或某種昂貴織物。[11] 珠寶一樣不

缺：又是手鐲項鍊，[12] 又是鼻環耳環，頭戴一頂極盡榮華的冠冕。耶 13:18。

[13] 如此金銀妝飾了，穿的是細麻絲綢與繡品，吃的是細麵蜂蜜和油。真是

美麗絕倫，尊若王后。詩 48:1–3。[14] 你的美貌在列邦贏了美名，因這完美無

瑕不是別的，完美無瑕，kalil，舊譯不確：十分美貌。哀 2:15。原是你通體所綴我的璀

璨——主耶和華宣諭。璀璨，喻分享神的榮耀，蒙庇佑。

[15] 可是你仗着美貌，有了點名聲就行淫，管他是誰，碰上便發洩淫慾。

[16] 還脫下衣裙，紮幾個五顏六色的神龕，bamoth，高丘，轉指祭祀用的丘壇、神龕，

6:13。用來縱慾：[此事]本不該有，也決不可再有。反言確有這事。此句似插注，無

定解。[17] 還拿我送你的金銀首飾，製成男人的形象，貶稱異教神像。跟這些東西

行淫！[18] 還替它們披上你的繡花衣，擺開我的膏油熏香，供奉它們。[19] 還有

我賜下的食品，那養育你的細麵、油和蜂蜜，也獻在它們面前，那嫋嫋馨

香！

更有甚者——主耶和華宣諭——[20] 你竟把給我生的兒女也做了犧牲，獻

與它們吞吃。彷彿嫌淫亂還太少，[21] 索性宰了我的孩兒，丟[火裏]祭祀它

們！迦南宗教的童子祭，利 18:21、賽 57:5、耶 3:24 注。[22] 如此沉溺於一切穢惡淫慾，你

從來不記得自己幼時，光着身子在血泊裏搖手蹬腿。

[23] 除開這纍纍惡行——慘了，慘了你！主耶和華宣諭——[24] 你還給自己

建高臺，gab，圓形凸起，此處指丘壇。在各個廣場搭丘壇：[25] 當街口祭壇一立，

你的美貌便污穢不堪，兩腿又開迎候過路的，沒完沒了縱慾。[26] 還跟你那鄰

居，下體碩大的埃及子孫行淫，沒完沒了縱慾，惹我動怒。企圖結盟埃及，對抗

亞述 / 巴比倫，23:20。[27] 所以看哪，我已伸手降罰，削減你的口糧，把你交給仇

家，那些非利士女兒，擬人修辭。或指前 701 年，亞述懲罰埃及盟友，割猶大國土給濱海非

利士諸城。任其處置；連她們都為你的淫行臉紅！[28] 然而你還不饜足，又傍上

了亞述子孫；但給他們當妓，依舊慾壑難填，例如瑪納西朝，前 698/687~642，猶大

依附亞述。²⁹ 於是找迦勒底那商賈之邦，巴比倫商業發達，故有此稱號。**沒完沒了縱慾——就這樣，你仍不饜足。**

　　³⁰ **啊，你的心何等的敗壞——主耶和華宣諭——你種種行事**，心，libbah，另讀參阿卡德語詞根：怒。則此句可可作：我被聖怒所充盈。**簡直是最厚顏無恥的娼妓所為，**³¹ **一處處街口建高臺，一座座廣場搭丘壇！可你又鄙視纏頭**，舊譯賞賜，誤。賽 23:17。**不像賣笑的，**³² **而［更像］一個通姦的淫婦，背着丈夫偷漢子。**
³³ **妓女皆收贈禮，你反倒給情人送禮行賄，**南國向亞述稱臣納貢，間或又給埃及送禮。**要四面八方的人都來睡你！**³⁴ **所以你的淫亂，跟別的女人相反：沒人勾搭你當妓，也沒人給你纏頭，而是你付人酬金——你完全搞反了！**

　　³⁵ **好了，娼妓，聽耶和華訓示！**³⁶ **此乃主耶和華之言：只因你欲火溢流，**欲火，nehushtek，另如聖城本：銅錢。無定解。**羞處袒露，只顧找情人行淫，拜那一堆可憎的朽木，不惜獻上親生兒女的血——**³⁷ **為此，**不惜，校讀從諸抄本。原文：就像。**我要召集你所有的情人，那些跟你作樂的，所有你喜歡和忌恨的。我要將他們集合了，四面圍攻你；要在他們面前，把你剝光，讓人看盡你的羞處。**聖城被巴比倫軍洗劫、焚毀，詩 137:7。³⁸ **我要審你，照姦婦並流血之罪下判決，把你交給不容不忠的聖怒之血。**指敵族侵略為神的旨意。³⁹ **待你交在了他們手裏，他們必拆毀你的高臺，夷平你的丘壇，剝去你的衣裙，奪走你的首飾，丟下你赤身露體。**⁴⁰ **再召集大群兇徒來抓你，扔石頭砸你，**申 13:11, 17:5。**揮刀劍砍你，**⁴¹ **放火燒你的家，在眾多婦女眼前，執行對你的判決。**舊譯不妥：施行審判。**而我必了斷你的淫亂，叫你無酬金可付。**⁴² **直到聖怒對你停息，我的不容不忠離開了你，我才會平靜，不再動氣。**

　　⁴³ **只因你從來不記得幼時的日子，**責其忘本，上文 22 節。**事事向我挑釁，**tirgezi，或作：惹我發怒。舊譯顛倒：向我發烈怒。**所以我必令你自作自受——主耶和華宣諭。**

　　莫非你如此放蕩，是嫌穢行不夠？⁴⁴ **聽着，凡講箴言的，**參 12:22 注。**都要用這一句說你：有其母，必有其女。**⁴⁵ **你不愧是你母親的女兒，她嫌棄丈夫和兒女；你也不愧是你姐妹的姐妹，她們也嫌棄丈夫跟兒女。你們母親是**

赫提人，父親是亞摩利人。⁴⁶你大姐叫撒瑪利亞，shomron，北國以色列的首府。她同女兒們住在你北邊。或左手，4:4, 8:5注。你小妹住在你南邊，或右手。叫所多瑪，也有一群女兒。⁴⁷是嗎，你沒走她們的邪路，沒學她們的穢行？可一會兒，或如猶太社本：幾乎。你腐敗行徑就超過了她們！⁴⁸一如我永生，主耶和華宣諭：你妹妹所多瑪跟她女兒幹的壞事，趕不上你和你的女兒。⁴⁹看，這是你妹妹所多瑪的咎責，她們母女驕傲、貪食、生活安逸，卻不肯援手扶助貧苦。不提居民曾企圖強暴天使，創19:5。⁵⁰還妄自尊大，當我的面犯穢惡，結果被我滅除，如你所見。你，校讀從二抄本。原文：我。⁵¹至於撒瑪利亞，她罪愆不及你的一半。

論穢行，你比她們嚴重；放在你的穢惡邊上，你的姐妹幾乎可稱義了。諷刺。⁵²故你必須承受恥辱，你敢為姐妹開脫；pillalt，彷彿耶京承辱，竟有了向上帝求情的資格。舊譯不通：斷定為義。因你犯下的罪愆更比她們的可憎，比之於你，她們就近乎公義了。所以你蒙羞承辱吧，你這幫姐妹稱義的！

⁵³而我必扭斷她們的囚鎖，喻扭轉命運、解放，耶29:14注。即所多瑪和女兒的囚鎖，撒瑪利亞和女兒的囚鎖——還有你的囚鎖，同她們的一併扭斷。⁵⁴如此你可承擔恥辱，為自己做的一切抱愧，讓她們稍感安慰。⁵⁵待到你的姐妹，所多瑪同她女兒復歸原位，蒙恩赦罪，皈依正道/本原。撒瑪利亞同她女兒回歸本位，你和你的女兒也將返歸本原。⁵⁶不是嗎，你嘴裏老拿你妹妹所多瑪說事，諷其平日表露的道德優越感。當你的驕傲之日，⁵⁷在你自己的羞處袒露之前？羞處，從少數抄本，參上文36節。原文：惡行。像她一樣，從七十士本。原文：像（今）時。如今你也成了紅嶺女兒跟四鄰婦人，紅嶺，校讀從諸抄本。原文：亞蘭。即非利士女兒的笑柄，被她們狠狠地譏嘲。⁵⁸是呀，你淫蕩，你穢惡，你自攬的〔報應〕——耶和華宣諭。

⁵⁹如是，主耶和華有言：

我必報還你的行事，你輕忽誓言

破壞信約。報還你的行事，直譯：待你如你所行。

⁶⁰然而我還記着你幼時同我訂的約　利26:44–45。

並且我要立一永約與你。承諾與子民重續平安之約，耶31:31–34。

⁶¹而你就會記住你曾經的路向

為之臉紅，當我接回你的大姐小妹　我，校讀。原文：你。

將她們賜你為女兒，雖然此非

同你的約定。接回/賜為女兒，猶言交給耶路撒冷統治。

⁶²我必與你重立誓約，教你認得

我，乃耶和華。重立，haqimothi，舊譯不通：堅定。

⁶³如此你才會牢記，羞愧難當

不好意思再開口，一俟我寬恕了

你做的一切——主耶和華宣諭。

老鷹與葡萄

十七章

曾有耶和華之言降於我，道：²人子呀，你給以色列家猜個謎，講一則諷喻。mashal，兼指寓言、預言。舊譯不妥：設比喻。³說：此乃主耶和華之言：

一頭大鷹，翅膀寬寬，翎毛長長　金鷹，借指尼布甲尼撒。

滿身斑斕的美羽，來到黎巴嫩。

他抓住雪松的樹梢，⁴折斷嫩枝的尖尖

把它叼到商賈之邦，放在了　喻耶立王入囚巴比倫，16:29注。

跑買賣的城裏。

⁵接着，他衘起那片地的籽實　前597年，尼帝立耶義為猶大王。

植入一塊肥田，〔猶如〕一棵柳樹

插在眾水之濱。

⁶不久新芽出土，長出一株葡萄

矮矮的，蔓延開去，藤鬚對着老鷹　南國戰敗，臣服巴比倫。

根子則就地扎下：

如此葡萄長成，一根根藤子

抽出新枝。

7 另有一頭大鷹，翅膀也寬　指埃及。

羽毛也豐滿。可是看哪，這葡萄

朝他彎轉了根子，伸出藤鬚　暗中聯繫結盟，反抗巴比倫。

為獲得比栽培於自家園圃

更多的澆灌。

8 但它原是種在良田，眾水之濱

枝葉茂盛，果實纍纍

一株尊貴的葡萄。反言猶大成了大國的附庸。

9 說吧，此乃主耶和華所言：

會成功麼？難道老鷹不會刨出它的根子　老鷹，指巴比倫。

啄掉它的果子，叫新發的綠葉全部

枯黃，不用使大力氣或許多人　猶大抵抗巴比倫毫無勝算。

便將它連根拔起。

10 對呀，就算移植了，能否成功？

難道東風颳來，它不會凋枯？

不，就在它生長的園圃，它必凋敗。

11 繼而，又有耶和華之言降於我，道：你問那抗命之家：這什麼意思，
你們不明白？12 告訴他們：看，巴比倫王駕臨耶路撒冷，把她君臣一總抓
了，帶回巴比倫。耶立入囚，王下 24：10–17。13 又挑一個宗室子實，耶立的叔父耶

義。同他立約，逼其發誓，_{傀儡王宣誓效忠。}而國中貴族則[盡數]擄走；¹⁴以使敗國卑怯而不能抬頭，守約而易於維持。

¹⁵可是那[新王]竟敢反叛，_{王下 24:20。}派了使者去埃及求戰馬和援兵。_{直譯：大民。}他能否成功？人做了這事，豈能逃脱？破壞了誓約，還能脱身？_{顯然天父認可侵略者脅迫之約的效力。}¹⁶一如我永生，主耶和華宣諭：就在那立他為王的大王的居處，在巴比倫，由於他輕忽誓言、破壞誓約：那兒，他死定了！_{參觀 16:59。}¹⁷那法老雖然大軍雲集，開戰卻救不了他，_{救，從傳統本注。原文：做。}無論堆斜坡壘工事，屠戮多少生靈。¹⁸他輕忽的是誓言，破壞的是誓約；看，他舉手[承諾]了還幹這些：不，他決計逃脱不了。

¹⁹如此，主耶和華有言：一如我永生，我的誓言他輕忽，我的誓約他破壞，我一定把這[罪]扣他頭上！_{喻報應，9:10。}²⁰我必撒網將他罩住，叫他陷於我的網羅；_{同 12:13。}我要把他押去巴比倫，在那兒審判，定他的背信之罪。²¹他三軍的精銳都倒在劍下，_{精銳，從諸抄本、古敘利亞語及亞蘭語譯本。原文：逃兵。}殘部被四方的風吹散。而後，你們便不得不承認，言者是我，耶和華。

²²此乃主耶和華之言：_{接回上文 10 節。}

我要擰下那高高的雪松的樹梢 _{喻子民餘數。}

折斷它嫩枝的尖尖；_{原文 "高高" 後另有：我要給。似衍文，刪。}

我要親自將它種上一座

峻峭的山峰。

²³在以色列的山巔，我把它種下 _{應許回返錫安，重建家園。}

讓它抽枝結果，長成一棵

尊貴的雪松。

樹下有各樣鳥雀飛來棲息

向枝葉的綠陰投宿。_{象徵天下皈依，31:6，太 13:32。}

²⁴於是野地裏所有的林木都認得：

我，乃耶和華，是我

使大樹倒伏，臥樹站直

令綠樹枯萎，枯樹發芽—— 救主將顛倒世界秩序，賽29:17–19。

我，耶和華

言出必行。

誰觸罪誰死

十八章

有耶和華之言降於我，道：2 你們老說這句箴言，講以色列的土地，什麼意思：福地乃上帝恩賜，繼受看護是全體子民的信約義務。

父吃葡萄酸——

酸倒兒的牙？酸倒，或作變鈍。意謂父債子償，耶31:29–30。

3 一如我永生，起誓語，5:11。主耶和華宣諭：今後在以色列，這句箴言你們用不着了。4 看，一切生命屬於我，父命一如兒命歸我。故報應/復仇在主，創9:5；申32:35。是呀，誰觸罪，誰死。此章闡述罪罰的個體責任原則，申24:16。

5 人若稱義，行事講公平正義：6 若是他從不上山吃[祭肉]，參加異教的丘壇祭祀。不朝以色列家的朽木抬眼；鄰人的妻他不曾玷污，經期內的女子也不親近；戒通姦與經期房事，出20:17，利15:19。7 任何人都不欺壓，借債的抵押他必歸還，決不強奪；出22:25，利19:13。挨餓的他送去麵餅，赤身的他給衣穿；太25:35–36。8 無論借[錢]賒[糧]皆不取利息，出22:24，利25:37。不義他概不沾手，人與人之間按實情審斷；實情，'emeth，同下句"忠實"。舊譯不確：至理。利19:15。9 我的典章必遵，我的律例必守，執行必忠實——這樣才可稱義人，並得生命——主耶和華宣諭。

¹⁰但如果他生一個兒子，是做強盜流人血的，無惡不作，_{直譯：做其中一}（惡）_{的兄弟。}¹¹雖則他本人絕無此事——就是說，那［兒子］偏要上山吃［祭肉］，玷污鄰人的妻；¹²還欺壓貧苦，一味強奪，不歸還抵押，_{ḥabol，舊譯當頭，誤。申 24:6。}又朝杇木抬眼，服事穢惡，¹³借賒只為利息——這人能得生命？不能。_{不因父親是義人而免死。}如此穢行纍纍，他死定了，血罪臨頭。

¹⁴再者，如果他生一個兒子，那［兒子］看父親屢犯罪愆，經過思量，_{從諸抄本、七十士本及通行本。原文：懼怕。}卻不學他：¹⁵既不上山吃［祭肉］，也不朝以色列家的杇木抬眼；不玷污鄰人的妻，¹⁶不欺壓人，不收抵押，決不強奪；挨餓的他送去麵餅，赤身的他給衣穿；¹⁷不義他概不沾手，_{不義，從七十士本，參上文 8 節。原文：窮人。}借賒皆不取利息；我的律例典章必遵行——這人不會死於父親的咎責，他必得生命。¹⁸而那父親，因為敲詐劫奪，_{原文此處另有 "兄弟"，從傳統本注刪。}在族人中間從不行善，看哪，他必負罪，丟掉性命。

¹⁹或許你們會問：子不承父罪，是何道理？兒子若行事講公平正義，遵守我的一切典章，他必得生命。²⁰誰觸罪，誰死。_{同上文 4 節。}兒子不必擔父親的咎責，父親也不用替兒子負罪：義人的公義歸己，惡人的邪惡也歸己。_{就報應而言。}

²¹但如果惡人回頭，遠離犯下的罪愆，_{悔改，告別舊我。}謹守我的一切典章，行事講公平正義，他必得生命，決不會死。²²他曾經的忤逆，沒有一事會被記住；_{同 33:16。}而他的義行必使他得生命。_{救主至慈，不計前嫌。}²³我豈能喜歡惡人的死？主耶和華宣諭：我寧願他回頭，棄舊路而活命！_{舊路，喻惡行。}

²⁴同樣，義人若是回頭，棄公義而行不義，學惡人沉迷穢惡，他能得生命？他曾經的義行，沒有一件會被記住；而他背信再背信，在罪愆中不拔，_{直譯：在他背信的背信中，觸罪的罪愆裏。}為此，他死定了。

²⁵或許你們會說：主的道不公！_{道，derek，路向、做法、作為。}可是聽着，以色列家：真是我的道不公？而不是你們的道不公？²⁶義人若是回頭，棄公義而行不義，他必死，_{原文此處另有 "為它們"，從一抄本、七十士本及古敘利亞語譯本}

刪。即因他所行的不義而死。同樣，惡人若是回頭，棄邪惡而行事講公平正義，他就保住了性命。²⁸ 經過思量而回頭，遠離犯下的忤逆，他必得生命，決不會死。

²⁹ 然而以色列家還在說：主的道不公！真是我的道不公，以色列家？難道不是你們的道不公？

³⁰ 所以，將來我審判你們，以色列家，要看各人的路向，見7:3注。主耶和華宣諭。回頭吧，遠離你們的忤逆，免得咎責絆倒你們。抵制異教，人人有責，視為子民的個體責任，14:3。³¹ 掙脫讓你們忤逆的那一切忤逆，給自己造一顆新的心，新的靈！悔改或自我改造須出於自願自覺，方能重締信約，11:19，耶4:4。何必要死呢，以色列家？³² 我的確不喜歡任何人的死——主耶和華宣諭——所以你們回頭，活命吧。

哀歌

十九章

啊，你給以色列的王公吟一首哀歌吧，qinah，長短句，詩行（對句）以 3＋2 重音為主，間以幾種變體。² 說：

你母親像什麼？像一頭母獅　象徵猶大，創49:9。

出於獅群，她臥於小獅中間

養育幼仔。小獅，kephir，未成年但已能捕獵的獅子。

³ 她帶大了一隻幼仔，未及成年　直譯：他（幼仔）成了小獅。

便教他撕碎獵物——學會吃人。

⁴ 列國聽說了，便設下陷阱

將他捕獲，用鼻鈎牽着　　，古人待俘虜的殘酷手段，賽37:29。

押去埃及。前609年，猶大王耶捉被法老廢黜，捉去埃及，耶22:10–12。

⁵ 她盼頭落空，失望之餘　王下 23:33–34。

就又取一隻幼仔養成小獅；

⁶讓他加入獅群的巡弋

未及成年便學會撕碎獵物

吃人：⁷他欺辱寡婦，摧毀城邑　　欺辱寡婦，校讀：毀壞宮／堡。

國中居民對他的吼聲　　國中居民，直譯：地與充盈其中的。

無不驚懼。

⁸於是周圍各省列族一起出動　　省，medinah，巴比倫帝國行政

向他張開網羅，設陷阱將他捕獲。　　區劃，但8:2。

⁹穿上鼻鈎，關進鐵籠，他被解到

巴比倫王面前，投在大牢；mazoreth，校讀。原文：要塞，mezodoth。

免得以色列的眾山　　耶立入囚，17:12，王下24:8以下。

老聽見他嘶吼。

¹⁰原本你母親像園囿裏一株葡萄　　gephen，陰性名詞，17:6–8。

植於岸畔，果實纍纍根深葉茂　　園囿，從二抄本。原文：你的血。

靠那流水潺潺。

¹¹她樹幹粗壯，可做統治者的權杖；樹幹，喻耶義，12:10以下。

她巍巍然藤鬚纏繞，因枝丫繁密

而更顯高大。

¹²可是她被狂怒者拔出，扔在地上　　狂怒者，兼指尼帝、上帝。

任由東風把她的果子吹得枯瘁；果子，另讀：枝蔓。參17:10。

她粗壯的樹乾枯裂，折斷

餵了烈火。約15:6。

¹³如今她移植到了荒野　　子民流亡巴比倫。

那乾涸焦渴之鄉。¹⁴她樹幹騰起火焰　　呼應5:4。

吞噬着枝蔓和果子——

啊，沒了她的粗壯樹幹，沒了

那權杖的統治。

此是哀歌，可用於哀悼。編者補注。

長老求問

二十章

第七年，五月初十，前591年8月14日。有幾位以色列長老來求問耶和華，代表入囚子民，14:1。坐在我面前。²忽有耶和華之言降於我，道：

³ 人子呀，告訴以色列長老，說：此乃主耶和華之言：你們來求問我麼？一如我永生，我決不接受你們求問——主耶和華宣諭。

⁴ 你要提審他們——你可會提審，人子？警告並譴責子民，乃先知的職分，22:2，33:36。讓他們知道自己祖宗的穢行，⁵說：此乃主耶和華所言：

當我揀選以色列之日，我曾向雅各家的子實舉手，擬人：人起誓、詛咒或向神祈禱的姿式，36:7，創14:22，出6:8。並在埃及向他們顯現，舉手宣佈：我乃耶和華，你們上帝。⁶那一天，我向他們舉手，誓將他們領出埃及，去到一片流淌着奶與蜜的土地，出3:8注。那是我專為他們考察了的，萬國當中最美麗的〔產業〕。

⁷ 還關照他們：要人人眼睛摒絕穢物，莫受埃及的朽木玷污：我乃耶和華，你們上帝。⁸可他們竟敢違抗，不願聽我的。沒有一人的眼睛摒絕穢物，埃及的朽木亦不放棄。書24:14，但此事摩西五經不載。我原想傾瀉聖怒，在埃及就噴一頓鼻息。喻發怒降罰，13:13。⁹但是為聖名的緣故，我忍住了，免得〔聖名〕在列族即他們四鄰眼裏遭褻瀆；即讓外族質疑上帝的威名或指聖名立誓的效力，出32:13，民14:15。而當列族的面，我宣佈過，要領他們出埃及。

¹⁰ 於是，我將他們領出了埃及，帶進荒野；¹¹給他們頒佈我的典章，傳授我的律例，人若照辦，必得生命。利18:5。¹²又賜下安息日，出20:8。做我同他們之間一個標記，舊譯證據，不妥，14:8注。教人認得，那祝聖他們的是我，

耶和華。¹³ 然而，以色列家一入荒野就抗命，不遵我的典章，鄙棄我的律例——而照辦[聖法]人必得生命——還把我的安息日肆意褻瀆。我原想傾潑聖怒，在荒野裏滅了他們。¹⁴ 但是為聖名的緣故，我忍住了，免得[聖名]在列族眼裏遭褻瀆；而他們是我當列族的面，領出來的。¹⁵ 誠然，荒野裏我也曾向他們舉手，誓不帶他們去那片應許之地，萬國當中最美麗的奶與蜜之鄉，民 14:28–30，申 1:34–35。¹⁶ 只因他們鄙棄我的律例，不遵我的典章，並褻瀆我的安息日：他們的心追着那一堆朽木去了。本章天父傾吐心境，語句重疊，離不開子民故。¹⁷ 儘管如此，我眼睛顧惜了他們；未降毀亡，沒有將他們滅於荒漠。

    ¹⁸ 荒野裏，我也警告過他們的兒女：祖輩的規章勿遵從，成例不可守，暗示以色列自定法規或隨意釋法、心口不一，賽 29:13。朽木莫沾染：¹⁹ 我乃耶和華，你們上帝。要遵行我的典章，謹守我的律例，並照辦。²⁰ 要以安息日為聖日，做我與你們之間一個標記，教人認得，我，乃耶和華你們上帝。²¹ 然而，做兒女的竟也抗命，不遵我的典章，不守我的律例，不照辦——而人要得生命須照辦——反而褻瀆了我的安息日。我原想傾潑聖怒，荒野裏就噴一頓鼻息。²² 但是我掣回手，為聖名的緣故，忍住了，免得[聖名]在列族眼裏遭褻瀆；而他們是我當列族的面，領出來的。²³ 又一次，荒野裏我向他們舉手，誓將他們流散於異族中間，放逐異邦，²⁴ 只因他們拒不執行我的律例，鄙棄我的典章，褻瀆我的安息日：他們兩眼盯着祖輩的朽木去了。²⁵ 故而我頒給了他們不善的規章、不賜生命的成例；陳規陋習亦是神意，一如聖法，上文 11 節。²⁶ 並使他們被自己的供物玷污，把子宮的頭胎全丟在[火裏]——要讓他們受盡折磨，'ashmmem，另讀：負罪。參 16:21 注。不得不承認，我，乃耶和華。

    ²⁷ 為此，人子，你要告訴以色列家，說：此乃主耶和華之言：還有這事，你們祖宗也侮辱了我，侮辱，或作褻瀆。對我背信。²⁸ 我引他們去到我舉手應許的福地，可他們只要見到一座高丘或一棵樹枝葉茂密，指迦南神祇的祭壇或神龕，6:13。就宰獻犧牲，供奉祭品，惹我動怒；那裏，他們點起了馨香，那種地方，澆上酹祭！²⁹ 我問他們：這高丘什麼名堂，你們老去那兒？——

於是就管它叫"巴馬"，bamah，高丘。諧音老去/什麼名堂，ba'/mah。至今猶然。
此句或屬補注。

³⁰ 如此，你曉諭以色列家：此乃主耶和華所言：既然你們上了祖輩的
路，玷污自己，跟他們的穢物行淫——³¹ 每當你們獻上供物，把兒女丟在
火裏，便是讓自己受一堆朽木的玷污，至今日。那我豈能接受你們求問，
同14:3。以色列家？一如我永生，主耶和華宣諭：我決不接受你們求問！照應
上文3節。

³² 而且你們靈中所存，猶言內心欲望，11:5。也決不會成真，如你們所想：
或作所說。我們可像外族，像各國諸部一樣，禮拜木石。貶稱異教神。

³³ 一如我永生，主耶和華宣諭：我必出強手，伸巨臂，聖怒傾潑，做
你們的王；³⁴ 必領你們走出萬民，自流散之地召攏你們，允諾未來，對比今日。
當我出強手，伸巨臂，傾潑聖怒。³⁵ 但我也要引你們入異民之荒野，經由敘
利亞，擄往巴比倫。那裏，我將面對面擲下判決。³⁶ 一如當年在埃及荒野判罰
你們祖宗，我也必降罰於你們——主耶和華宣諭。³⁷ 我要趕着你們由牧杖
下經過，以牧人數羊設喻，利27:32。令你們接受信約的約束；重新承擔信約義務。
³⁸ 要清除你們中間的反叛忤逆之人，讓他們離開寄居之邦，但不得踏足以色
列的故土。要求清洗子民，但承認福地之外信仰多元。而後你們才會懂得，我，乃耶
和華。

³⁹ 對於你們，以色列家，此乃主耶和華之言：去吧，各自侍奉起你們
的朽木——看你們以後敢不聽我的！但我的聖名，你們不得再褻瀆，擺弄
些供物和朽木！⁴⁰ 因為在我的聖山，即錫安山，詩2:6。在以色列的山巔，主耶
和華宣諭：那裏，以色列全家，國中每一個人，都要侍奉我。子民終要回歸聖
城，17:23。那裏，我將悅納並索求你們的供物，索求，'edrosh，同本章開頭長老的"求
問"，暗示天父與子民相互依存，有賴於雙方履約。你們一切聖物中頭等的獻儀。頭等，
re'shith，本義頭茬/初熟的果實。⁴¹ 如一縷馨香，我悅納你們，當我將你們帶出萬
民，自流散之地召攏你們，讓列族看着，在你們中間彰顯至聖。⁴² 而你們便
不得不承認，我，乃耶和華，一旦我引你們返回以色列故土，我舉手應許

你們列祖的家園。⁴³ 那裏，你們會記起玷污自己的路向和種種行事，記起，舊譯不妥：追念。為那纍纍惡行而感到自己面目可憎。據此，倖存者悔改／回頭，發生在返歸福地之後，是廢墟裏的重新出發。參6:9注。⁴⁴ 然後，你們便會認得，我，乃耶和華，當我為聖名的緣故，忍住了，至此重複四遍：全能者一忍再忍。未追究你們的邪路跟行事之腐敗，以色列家——主耶和華宣諭。通行本20章繼續。

大屠殺之劍

二十一章

有耶和華之言降於我，道：² 人子呀，你臉朝右手，temanah，向南。為南方滴[預言]，滴，猶言説，摩7:16。譴責南地的灌木林子。南地，negeb，迦南南端，誓約井以南的灌區與荒野，創12:9。³ 告訴南地的灌叢：象徵猶大。聽哪，耶和華訓示！此乃主耶和華之言：看，我要進來點火，把你的綠樹枯木燒光！參耶21:14。那熊熊烈焰不會熄滅，從南到北，所有臉龐都要被它灼黑。⁴ 然後全體肉身便會明白，肉身，提喻人類，賽40:5。此火乃是我耶和華所降，直譯：點燃。撲滅不了。⁵ 哎呀，我説，主耶和華！他們正數落我呢：這人除了諷喻，或作謎語，17:2。還會什麼？通行本此處分章，節數減五。

⁶ 遂有耶和華之言降於我，道：⁷ 人子呀，你臉朝耶路撒冷，為聖所滴[預言]，譴責以色列的土地。⁸ 告訴以色列之地：此乃耶和華之言：看哪，我與你為敵了！或作：勢不兩立，5:8注。我要拔劍出鞘，將你的義人惡人一總斬除。顯然聖怒之日，是子民集體承罪受罰，不循先知闡發的個體責任原則，14:14注，18章。⁹ 既是要斬盡，不論義人惡人，我的劍必出鞘，揮向一切肉身，從南到北；¹⁰ 以使肉身個個認得，那拔劍出鞘，不肯收兵的是我，耶和華。

¹¹ 你就哀歎吧，人子，折了腰桿，mothna'im，提喻力量、勇氣，申33:11，詩69:23。讓他們看你苦苦哀歎！¹² 若是有人問你：為何歎息？就説：因為凶信來了啊，每一顆心都要溶化，沮喪狀，賽13:7, 19:1。手要癱軟，人人靈中衰竭，膝蓋如水。套喻，7:17。看哪，它來了，馬上就到——主耶和華宣諭。

¹³ 於是有耶和華之言降於我，道：¹⁴ 人子呀，預言吧，説：此乃我主所

言，我主，諸抄本：我主耶和華。如下：以下詠劍詩多處有訛，歧解紛紜。

劍呀劍！磨快了，再擦亮：

¹⁵ 磨快了好多多殺戮，擦亮它

有如閃電！

——可我們怎能快樂，我兒？此句有訛，或是補注，無善解。

它鄙棄權杖〔如〕任何木棍——

¹⁶ 這劍已拿去擦拭，握在掌中

要把它磨快了擦亮，交到

屠夫的手裏。指巴比倫，視為代行以色列的聖者之判決。

¹⁷ 哭吧，哀號吧，人子！

因為它將刺中我的子民

刺中以色列的王公；全體首領

跟百姓一樣，要扔在劍下。拍大腿，表悲痛，耶31:19。

嘻，拍大腿吧！¹⁸ 一場何等的磨難：bohan，兼指考驗。

連權杖也一併鄙棄，它豈能不來？此句有訛，校讀從猶太社本。

主耶和華宣諭。

¹⁹ 所以你，人子，預言吧

以掌擊掌：讓利劍揮舞再三　擊掌，鄭重保證，兼表譴責，6:11。

那是一把屠戮之劍，那圍困他們的

大屠殺之劍——

²⁰ 為使他們的心化掉，眾人倒地　化掉，見上文12節注。

每座城門我都佈下了殺人的劍。校讀。原文：劍的威脅。無定解。

啊，它造得像閃電，擦亮了好屠殺：擦亮，校讀。原文：裹起。

²¹ 刺右！攻左！你刃口

無論碰哪兒都鋒利。hithhadi，從七十士本。原文：為一，hith'ahadi。

²² 好，我也要以掌擊掌

讓聖怒漸次停息：言者是我

耶和華。

巴比倫王在岔口

²³ 繼而，有耶和華之言降於我，道：²⁴ 你呢，人子，你標出兩條路，給巴比倫王的劍走，喻尼帝西侵。兩條路要起於一地。再做一塊路牌，yad，手，轉指標記。豎在通往城邑的路口，²⁵ 就是標出那劍取亞捫子孫大都的路，大都，rabbah，亞捫首府，遺址在今約旦首都安曼，申 3:11。並取猶大，即去堅城耶路撒冷的路。²⁶ 因為巴比倫王停在了岔口，直譯：路之母。在兩條路的起點占卜；他搖了箭，箭上寫字，用來搖籤。求問了家神，teraphim，小神像，創 31:19 注，士 17:5。還檢視了[犧牲的]肝。察驗預兆。²⁷ 他右手拿了"耶路撒冷"籤：是去架設攻城錘，karim，公羊，轉指撞錘。一說此句重複，係誤抄。張口叫殺，意謂下令屠城。揚聲吶喊；是用公羊錘撞城門，堆斜坡壘工事。見 4:2 注。²⁸ 這在[子民]眼裏像是胡卜亂占，畢竟他們是承了誓約的。雙關反諷：子民與上帝立有信約，卻跟巴比倫締藩屬之約，17:13。然而他將使咎責被記取，婉言上帝降罰。舊譯不通：使他們（子民）想起。令他們俯首就擒。

²⁹ 如此，主耶和華有言：只因你們忤逆毫不遮掩，所作所為皆顯擺罪愆，你們的咎責已被記取——因為這記取，舊譯記念，誤。你們必束手就擒。直譯：就擒於手。

³⁰ 你呀，玷污了的邪惡的以色列王公 玷污，halal，或作刺死。

你的日子到了，那咎責清算之時！

³¹ 此乃主耶和華之言：

摘下王冕，除去華冠　猶大王耶義被俘，12:10 以下。

一切已非原樣——　直譯：這非這。

那卑賤的要升揚，那驕揚的要卑屈。　太 23:12，路 1:52。

³² 毀滅，毀滅！我必成就一場毀滅

前所未有，直至那宣判者　或執公道者，指尼帝。後世解作受膏者

來臨，受我賜予。　或未來的王享萬民歸順，創 49:10。

³³ 所以你，人子，預言吧，說：此乃主耶和華所言，講亞捫子孫及其嘲罵，歷史上與以色列多有衝突，申 23:4–5。如下：

劍呀劍，拔出就殺戮

擦亮了好滅命，有如閃電！滅命，從七十士本。原文：承受。

³⁴ 人給你虛妄為異象，謊言作占卜　商賈之邦膜拜"邪神"，16:29。

卻讓你抹了那幫玷污了的惡棍的

脖子——他們的日子到了

那咎責清算之時。

³⁵ 收起它，入鞘。預言巴比倫覆滅。

就在你的受造之處，你的源起之地

我要擲下判決。

³⁶ 我必對你傾瀉天威，噴出怒火

將你交在專事毀亡的人皮畜生手裏。　人皮畜生，指蠻族，詩 94:8。

³⁷ 你要給烈焰當柴，你的血要流進大地

而無人記得：因為言者是我　無人記得，猶言絕後，被歷史遺忘。

耶和華。

耶路撒冷的罪狀

二十二章

有耶和華之言降於我，道：² 你呀，人子，準備提審——你會提審那血污之城麼？那就向她公佈她的穢行！命先知聲討聖城，16:2, 20:4。³ 説：此乃主耶和華之言：城哪，你內中在流血，你的時辰到了！你，直譯：她。城是陰性名詞，4:3。製作一堆朽木玷污自己，舊譯添足：陷害自己。⁴ 因流人的血而負罪；是呀，被自製的朽木所玷污，你的日子已近，你的年限到了！所以，我才叫你受列族辱罵，被萬邦譏嘲。⁵ 他們無論遠近，都要恥笑你，呼應 5:14–15。你臭名昭着，騷亂頻頻。

⁶ 看，以色列的王公在你內中，一個接一個逞能，不惜流血。⁷ 你內中有人侮慢父母，有人勒索客籍，還有人欺負孤寡。申 27:16，出 22:21。⁸ 我的聖物你鄙視，我的安息日你褻瀆。利 19:30。⁹ 你內中有人散佈讒言，煽動流血，利 19:16。也有人上山吃[祭肉]，見 18:6 注。公然淫亂。¹⁰ 你內中，竟有裸露父親羞處的，婉言與父親的妻妾同床，屬亂倫。還有跟經期不潔的女子強合的；利 18:7–8, 19。¹¹ 一個跟鄰人妻行穢惡，一個姦污自家兒媳，一個強暴同父所出的姐妹，直譯：他姐妹，他父親的女兒。利 18:9, 15, 20。都在你內中！¹² 你內中，人受賄而不惜流血。你借賒只為利息，申 27:25，利 25:37。斂財靠敲詐鄰居；你完全忘了我——主耶和華宣諭。

¹³ 看哪，我要擊掌[譴責]你聚斂的不義之財，見 21:19 注。你內中斑斑血污。¹⁴ 待我找你算帳之日，你的心能否抵擋，你的手可還有力？我，耶和華，言出必行。同 17:24。¹⁵ 我要將你流散於異族中間，放逐異邦，除盡你的污垢。¹⁶ 而你，自己造孽，bak，在你內 /因你。另讀參古譯本：而我就要因你而（遭褻瀆）。就要在列族眼前受屈辱，而不得不承認，我，乃耶和華！

¹⁷ 接着，又有耶和華之言降於我，道：¹⁸ 人子呀，以色列家於我已成渣滓；套喻，賽 1:22, 25。銀銅錫鐵鉛，放進熔爐一處煉，便是一團渣滓。原文：銀渣，耶 6:30。從傳統本注，"銀"字移至"銅"前。¹⁹ 如此，主耶和華有言：既然你們

都成了渣滓，那好，我就把你們收進耶路撒冷。巴比倫軍迫近，難民湧入耶京。²⁰好比銀銅鐵鉛錫，投在熔爐中，生火扇風，直至熔化：你們也得收攏了投入聖怒，焚化於我的鼻息。敵軍屠城，視同天譴，20:8注。²¹如此我收拾你們，用怒火猛吹，焚化在［城］裏。²²一如銀子熔化於熔爐，你們也必焚化在［城］裏；而後，你們便會明白，那向你們傾瀉聖怒的，是我，耶和華。

²³之後，再有耶和華之言降於我，道：²⁴人子呀，你告訴她：此段似作於聖城（她）陷落後。你是一片不潔的地，不潔，七十士本另讀：無雨。當天怒之日，了無雨水。滌蕩罪孽，是靈與火的工作，太3:11。²⁵內中，她的王公，校讀從七十士本。原文：她的先知合謀。不啻咆哮着的獅子撕碎獵物；他們吃人，直譯：吃靈。爭搶財寶，弄得［城］裏寡婦大增。²⁶她的祭司違犯聖法，竟褻瀆我的聖所；或作聖物（複數），上文8節。他們不辨聖俗，也不教人區分潔與不潔，眼睛則對安息日藏起，不守安息日，利19:30。任人把我褻瀆！²⁷她的大臣彷彿惡狼入［城］，撕咬獵物，流血害命，攫取不義之財。²⁸她的先知，卻拿石灰水來幫他們塗抹，粉飾太平，13:10注。指虛妄為異象又占卜撒謊，聲稱"此乃主耶和華之言"，可沒有一句是耶和華說的。回放13:7。²⁹這福地子民，敲詐的敲詐，掠奪的掠奪；按團體責任，無辜百姓須為統治者負罪，21:8–9。他們欺壓貧苦，勒索客籍，卻不受懲罰。³⁰我曾想在他們中間找一個能修復圍牆的人，能站在豁口擋住我，其實先知已被取消了中保責任，3:9, 13:5注。護着福地，以免她被我毀棄。但我沒有尋獲。³¹因而我對他們傾瀉了天威，za`mi，同上文24節"天怒"，21:36。令他們怒火臨頭，自作自受——主耶和華宣諭。

兩姐妹

二十三章

於是有耶和華之言降於我，道：接應16章約妻之名喻。²人子呀，從前有兩個女子，一母所生。直譯：一母之女。所羅門死後，王國分裂為猶大、以色列，南北對峙，王上12章。³她們在埃及行淫，小小年紀就當妓。貶喻子民容忍異教，祭拜"邪神"，祖宗曾寄居埃及，20:7-9。那裏，她們酥胸讓人撫弄，童貞的乳頭被人糟踐。參耶 3:6-11。⁴兩人的名字，大的叫帳帳，'oholah，"她的帳篷"。妹妹叫篷篷；'oholibah，"我的帳篷在她"。暗示耶京本是聖居。原本她們歸我，也生了兒女——那兩個名字，帳帳即撒瑪利亞，篷篷指耶路撒冷。

⁵帳帳雖然歸我，卻很放蕩，情人頻頻，專找鄰舍的亞述人。鄰舍，qerobim，另作（穿紫衣的）戰士，無確解。⁶都是些穿紫衣的都督番官，pahoth/seganim，亞述語借詞。紫色因染料昂貴，貴族和上層階級服飾常用，27:7，歌 7:6。騎高頭大馬的俊男。⁷她就給亞述子孫的精華當妓，被情人們的各色朽木所玷污。譴責北國討好亞述，進獻金銀，不信靠上帝，王下 15:19, 17:3。⁸自埃及起，便淫猥不拔，小小年紀就跟人亂睡，隨人糟踐童貞的乳頭，往她身上發洩淫慾。

⁹所以，我將她交在她情人手裏——
她迷戀的亞述子孫之手。
¹⁰他們把她剝光，擄走她的兒女
而後拿她祭了利劍：剝光，直譯：裸露羞處。婉言強姦，利 18:6。
女人當中她惡名最大
當得這般懲罰！亞述滅北國，以色列十支族淪亡，前 722/721 年。

¹¹[這些]她妹妹都見了，篷篷卻越發猥劣，更比姐姐還淫蕩。¹²也迷戀亞述子孫，鄰舍的都督番官，鮮衣怒馬的俊男。南國為抵禦北國 /亞蘭同盟，也曾向亞述求援，稱臣納貢。後來巴比倫興起，大軍西侵，猶大又臣服新的主子，王下 16:7-9, 24:1, 17。¹³是的，我看到她玷污自己，兩姐妹走了一路，¹⁴她變本加厲地縱慾。連牆上雕刻的男子，丹繪的迦勒底人——¹⁵那腰帶緊緊、裹頭寬寬，seruhey，展開、飄垂，一說指裹頭的飾物。無定解。一派軍官神氣，畫的是迦勒底老家巴別的子孫——¹⁶她也會一眼就迷上，就托使者去迦勒底尋訪。或指希士迦王跟迦勒底酋長馬爾督 –巴拉丹交好，配合其起事反抗亞述，王下 20:12-19，賽 39 章。¹⁷那幫巴別子孫就來

登她的愛床，一通淫亂，將她玷污。但一邊墮污，一邊她心裏已經嫌棄他們了。猶大臣服巴比倫後，又多次試圖擺脫。

18 就這樣，她拿淫行顯擺——

顯擺起自己的裸相！

直至我的靈將她厭棄　我的靈，猶言我、自己，強調語氣，4:14。

一如先前厭棄她的姐姐。

19 可是她淫慾大增，不忘

少時在埃及當妓的日子：耶義向埃及求助，結盟對抗尼帝，17:7, 15。

20 不惜給人當妾，服侍那幫

下體似驢鞭，濫射如公馬的　鞭，basar，肉、下體，16:26，耶5:8。

情人！

21 是呀，你渴求的就是

你少時的淫惡，你青春的酥胸——

埃及人糟踐你的乳峰！埃及人，從二抄本。原文：自埃及。

22 所以篷篷，此乃主耶和華之言：看，我要喚醒你的情人，亦即你心裏嫌棄了的，我要鼓動他們來圍攻你：敵族做了聖怒的載具。23 巴別子孫的迦勒底大軍，率東罰、書亞和哥亞[三族]，東罰，peqod，巴比倫東邊一亞蘭部族，耶50:21。書亞/哥亞，shoa`/qoa`，失考，一說也是屬於東亞蘭人的遊牧部落。並全體亞述子孫；一色的俊男，都督番官，將領個個出名，另讀：將士個個。無定解。高頭大馬。24 他們兵車隆隆，自北方來犯；自北方，apo borra，從七十士本，耶4:6。原文：hozen，謹此一用，無解。大軍集結，長盾圓盾與頭盔列陣，將你團團圍起。我要把審判權賜予他們，按他們的律例判你。救主以尼帝為僕人與刑鞭，降罰耶京，特許燒殺擄掠，耶25:9；事實上懸置了信約義務。25 我必拿住你，不容不忠，賽9:6注。要他們向你點起怒火，割掉你的鼻子耳朵，而殘餘的必倒在劍下：他們必擄去你的兒女，一把火吞噬你的殘餘，子民的劫餘，賽6:13。26 而後剝光你的衣裙，搶走你的珠寶。

27 就這樣，我消滅你的淫亂

你始於埃及的縱慾；

我要你不敢再朝他們抬眼

再也不思念埃及。兼指異教神祇和不可靠的結盟，上文19節注。

28 是的，此乃主耶和華之言：看，我要把你交在你仇家手裏──你心裏嫌棄了的人之手。29 他們必拿你洩憤，搶光你的辛勞所得，扔下你一絲不掛：你縱慾行淫的那一副裸相，要全部袒露！子民拜異神必引來敵意、入侵、福地淪亡，是先知時代流行的因果報應論。30 人那樣待你，是因為你給外族當妓，跟他們的朽木同污。既然你走了你姐姐的路，我必將她的杯爵放你手中──32 此乃主耶和華所言：

喝吧，你姐姐的苦爵──　kos，喻命運，熟語，賽51:17，

又深又廣，滿滿一杯　耶25:15，詩11:6, 75:8。

譏笑和嘲罵，都斟給你！

33 你必酩酊大醉，醉於悲慟。

好一杯驚恐淒涼

你姐姐撒瑪利亞的苦爵──

34 喝吧，把它吸乾

再摔成碎片，割你的雙乳！爛醉發狂而自殘，悲慘之極。

是的，這是我説的──主耶和華宣諭。

35 如此，主耶和華有言：就因為你忘記了我，將我丟在身後，你必須對自己的縱慾行淫承責！

36 耶和華還對我説：人子呀，你會提審帳帳和篷篷麼？那就控訴她們犯下的穢行！儘先知之責，20:4, 22:2。37 她們一貫通姦，雙手沾滿鮮血；是呀，跟一堆朽木通姦，甚而把給我生的孩兒燒了，獻與它們吞吃！參16:20–21。38 這還

不夠，居然在同一天玷污我的聖所，褻瀆我的安息日；³⁹ 就是為朽木宰獻了孩兒，當天又進到我的聖所，公然褻瀆。看，他們敢幹這個，在我家裏！

⁴⁰ 更有甚者，她們還派人去遠方招攬男人，專門遣了使者，而果然，他們來了。引狼入室。歷史地看，以色列依附大國是無奈，非心存僥倖。於是你趕緊沐浴、描眼、佩戴首飾，⁴¹ 坐上華麗的床榻，前面擺一張小桌，桌上放的卻是我的薰香膏油。象徵耶京背信。⁴² 而眾人喧嘩反讓她舒坦：shalew bah，此句有訛，無善解。那一夥醉醺醺來自大漠的男人。喻敵族。他們給〔姐妹倆〕戴上手鐲，又讓她們頭頂華冠。⁴³ 啊，她憔悴了，我說，通姦搞的！可他們仍舊纏着她行淫；此句亦有訛，無確解。⁴⁴ 找她，像召一個妓女，他們就這樣找帳帳和篷篷，一對淫婦。⁴⁵ 然而必有人執義，審判她們，定其通姦與流血之罪，尼帝代行公道，11:9, 17:20, 21:32注。因為確實，她們犯了通姦，雙手沾滿鮮血。

⁴⁶ 如是，主耶和華有言：召集大群兇徒來拿下她們，喻巴比倫入侵，同16:40。交給驚駭與擄掠。驚駭，za`awah，舊譯不通：拋來拋去，申28:25，耶15:4。⁴⁷ 要眾人扔石頭砸她們，揮刀劍砍她們；要她們兒女遭屠殺，家業陷火海。⁴⁸ 如此，我必將淫亂從福地消滅，福地，或作國中。取猶大視角。令女子都吸取教訓，不敢學你們淫蕩。⁴⁹ 人必按你們的淫行回報，即追究罪責。叫你們負〔拜〕朽木之罪——那時，你們便會認得，我，乃主耶和華。

生銹的鍋

二十四章

第九年，十月初十，前588年1月15日。忽有耶和華之言降於我，道：² 人子呀，記下今天的日期，直譯：名字。對，就是今天——就在今日，巴比倫王壓上了耶路撒冷！壓上，samak，喻開始圍攻，王下25:1，耶52:4。³ 你給這抗命之家講一則諷喻，舊譯不妥：設比喻，17:2。告訴他們：此乃主耶和華之言：

支一口鍋，支穩了 鍋，喻耶京，借用子民首領的比喻，11:3。

再往鍋裏倒水

⁴放進切好的肉塊。

揀肥美的，後腿跟肩胛

挑幾塊上好的骨頭，滿滿一鍋

⁵取自羊群的精華。

然後鍋底下塞進木柴　　校讀從傳統本注，參下文10節。原文：骨頭。

旺旺地煮，直至鍋裏

連骨頭也煮爛。

⁶如此，主耶和華有言：

禍哉，血污之城──　　聖者詛咒聖城，22:2。

一口生銹的鍋，鍋裏的銹　　ḥel'athah，另如猶太社本：垢。

不曾去除！一塊塊全部倒掉

不必為它拈鬮。　　意謂肉變味了，無須挑肥揀瘦。

⁷因她內中還在流血　　她，指聖城。

流下裸露的岩石，而非淌進大地

被塵土覆蓋。　　喻被人遺忘，而逃脫懲罰，伯16:18。

⁸為了激起聖怒，以申冤復仇　　申32:35。

我讓裸露的岩石沾了她的血污

而不得覆蓋。

⁹如此，主耶和華有言：

禍哉，血污之城！

我要親自生一堆大火：直譯：加大柴堆。

¹⁰多添木柴，把火燒旺

待肉爛了再調進香料　校讀參七十士本：把湯熬乾。

骨頭就一根根烤焦！

[11] 之後將空鍋放在紅炭上　象徵巴比倫軍焚毀耶京，10:2。

燒熱，直至黃銅透紅

鍋裏的積垢熔爍

燒盡銹痕。

[12] 可是那銹太厚了，人用盡力氣，此句有訛，歧解紛紜。也刮不乾淨——只好丟火裏，隨它銹去。[13][同樣]，揭開喻底。你一身淫垢，我想讓你取潔，你卻不願去污；所以你不會復歸潔淨了，除非聖怒對你停息。意同 16:42。

[14] 言者是我，耶和華：[時辰]一到，我必成就。不，我決不收手，或放過。舊譯不確：返回、退縮。不顧惜，不後悔；再三警示，耶京必亡，7:3–4，耶 4:28。必照你的路向和行事下判決——主耶和華宣諭。

以西結喪妻

[15] 卻有耶和華之言降於我，道：[16] 人子呀，看，我要突然一擊，maggephah，或作（降）瘟疫，民 14:37, 17:13。奪走你眼睛的珍愛。mahmad，此處指先知妻，王上 20:6。但你不可嚎哭，也不許落淚；[17] 只可默默歎息，不得哀悼死者。依舊纏你的包頭，腳上要穿鞋，別遮起髭鬚，避屍體、惡疾等不潔，利 13:45。吊慰的麵餅莫食。吊慰，校讀參亞蘭語譯本及通行本。原文：眾人。耶 16:7。[18] 早晨我向族人說了，族人，或作子民。傍晚，妻就死了。次日一早，便遵命行事。不居喪。

[19] 那些人問我：可否給我們解釋一下，你這麼做什麼意思？原文此處重複"對我們"，從古譯本刪。[20] 我回答：是耶和華降言於我，說：[21] 告訴以色列家，此乃主耶和華所言：看，我要褻瀆我的聖所，就是那個你們自誇的偉力，你們眼睛的珍愛與靈之縈繫。mahmal，憐惜的對象、感情所繫。你們丟下的兒女，

也將倒在劍下。²²而你們行事，就要如我所示：敵軍屠城，逃生者不會有機會舉哀。
髭鬚不遮，吊慰的麵餅不食；²³依舊纏包頭，腳上穿鞋；不許嚎哭，卻要因
自己的咎責而朽爛，nemaqqothem，舊譯不通：漸漸消滅，4:17。一個個只剩下呻吟。
²⁴如此，以西結於你們便是一個預兆：呼應12:6。你們必照他所示，一樣樣做
到——屆時，即會懂得，我，乃主耶和華。

　　²⁵而你，人子，當我奪走他們的要塞，他們炫耀的歡愉，聖城也曾是上帝的
歡歌，耶49:25。眼睛的珍愛與靈之渴想，massa'，舊譯（心裏）重看，誤。[連同]他們
的兒女——²⁶那一天，難道不會跑來一個逃生的，讓你耳聞凶信？接應21:12。
²⁷那一天，對那逃生者你要開口；你將言說而不再緘默。參33:21–22。這樣，
你給他們做一預兆，叫人不得不承認，我，乃耶和華。第一單元完。

亞捫子孫

二十五章

　　之後，以下至32章末為第二單元，預言周邊各國，詛咒敵族。賽13–23章，耶47–51章。
有耶和華之言降於我，道：²人子呀，你臉朝亞捫子孫，預言譴責他們。亞
捫一度是巴比倫盟友，但耶京陷落後亦收留逃難子民，耶40:11。³**告訴亞捫子孫：聽哪，
主耶和華訓示！此乃主耶和華之言：**

　　我的聖所遭褻瀆，你卻呵呵大笑；he'ah，象聲詞，哈（呀），詩40:15，伯39:25。
**以色列之地淪為廢墟，猶大家被擄走，你也是一聲哈呀：⁴既然如此，我把
你做一份產業交與東方子孫，**阿拉伯遊牧部族，耶49:28。**讓他們來你內中紮營安
帳，吃你的果實，喝你的奶。⁵我必變大都為駝場，**見21:25注。**拿亞捫城鎮給
羊群躺臥**——**要你們曉得，**城鎮，校讀從傳統本注。原文：子孫。**我，乃耶和華。**

　　⁶**如是，主耶和華有言：既然你拍手頓足，**參6:11。**以靈中全部的輕蔑，**
舊譯不確：滿心的恨惡。**歡慶以色列[淪陷]；⁷那好，我就伸手將你拿下，交給列
族作掠物；**呼應7:21。**必從萬民之中把你剗除，萬國裏面使你傾覆而毀滅。而
後，你便不得不承認，我，乃耶和華。**

摩押

⁸**此乃主耶和華之言：既然摩押和毛嶺說了：**毛嶺，se`ir，又名紅嶺，以掃後人紅族的領地，創 36:8 注。七十士本及古拉丁本脫"和毛嶺"，一說是夾註。**看，猶大家同列族一個樣！**也受巴比倫蹂躪；暗示上帝失信，未能保佑。⁹**那好，我就暴露摩押的肩胛，**喻瓦解其軍力或邊防。**從邊陲小鎮，荒莊、巴力庵、雙城子，**皆死海東北山鎮，交通要衝，民 32:37–38, 33:49。**到舉國之華光。**zebi，美稱摩押都城？賽 15:1, 16:7。此句或有訛，無定解。¹⁰**我要將這些，加上亞捫子孫，一起交與東方子孫做產業。如此，亞捫子孫在列族就再無人記得**；婉言亡國，21:37。¹¹**而對摩押我必擲下判決，以使人知道，我，乃耶和華。**

紅嶺

¹²**此乃主耶和華之言：既然紅嶺對猶大家肆意報復，**趁子民有難，蠶食猶大南部。**且因復仇而負重罪；**故不可饒恕。¹³**那好，主耶和華有言，如下：**

我必伸手拿下紅嶺，從中剪滅人畜，鋪開廢墟；從特曼至狄旦，阿拉伯西北綠洲。特曼，通說在紅嶺南部，耶 49:7–8 注。**人都要倒在劍下。**¹⁴**我向紅嶺復仇，是藉我子民以色列之手。他們報還紅嶺，要如我噴鼻息降聖怒，**見 13:13, 20:8注。**而叫人明白，那是我在申冤——主耶和華宣諭。**

非利士人

¹⁵**此乃主耶和華之言：既然非利士人老想復仇，以靈中的輕蔑不斷報復，**迦南沿海非利士諸部與以色列的歷史嫌怨頗深，上文 6 節。**出於世仇而大肆摧毀；**¹⁶**那好，主耶和華有言，如下：**

看，我必伸手拿下非利士人，剷除克里特人，kerethim，非利士人的代稱，申2:23，另說為相鄰的親屬部族。剷滅濱海的殘餘。¹⁷我要向他們報大仇，以烈焰降罰——要他們得了我的報應，不得不承認，我，乃耶和華。

石城

二十六章

十一年，那月初一，前587~586年，先知未提月份。亞歷山大城抄本：一月。有耶和華之言降於我，道：²人子呀，既然石城這麼講耶路撒冷：石城，腓尼基島港，賽23:1注。哈，打碎了，那萬民之門！聖城是交通樞紐、商貿中心。她已經向我打開，我要發了，自以為將取代耶京。如今她一片廢墟！尼帝入侵猶大，石城自保，且幸災樂禍。³那好，主耶和華有言，如下：

看哪，我與你為敵了，石城！見21:8注。
我要興起眾多敵族來攻你
如大海掀起巨浪。
⁴他們要搗毀石城的高牆
夷平她的塔樓；
而我，就刮去她的泥垢 `apharah，喻廢墟瓦礫，下文12節。
還她一塊裸露的礁岩
⁵孤懸海中，曬漁網正好：
因為言者是我——主耶和華宣諭。
她必成為列族的掠物 跟耶京一樣命運，7:21。
⁶而她在鄉間的女兒 擬人，指歸附石城的沿海村鎮。
則要被刀劍戕殺。如此
人才會明白，我，乃耶和華。

⁷如是，主耶和華有言：看，我要自北方引來尼布甲尼撒，巴比倫王，萬王之王！後世亦作至高者的尊號，加下 13:4，啟 17:14。但尼帝伐石城（圍攻長達十三年）並不順利，29:18。讓他率戰馬車騎，大軍無數，攻打石城。

⁸你在鄉間的女兒，他要揮劍殺絕

然後壘工事，堆斜坡

起一道盾［牆］將你圍困。呼應 4:2。

⁹他要架設攻城機，撞你的城牆 　攻城機，qobel，即撞錘，21:27。

拿斧子斫倒你的塔樓。斧子，harboth，劍、刀，轉指工具。

¹⁰他戰馬如雲，揚起塵埃要把你遮蔽；

在他騎兵與車輪的隆隆聲裏 　車輪，從七十士本。原文：輪和車。

你的城牆要震顫，而他邁進你的四門

不啻佔一座豁口之都。歷史上，石城毀於亞歷山大大帝之手。

¹¹他的馬蹄要踏遍你的大街小巷

你的子民他舉劍屠殺

你大力的神柱，全翻倒在地。大力，`oz，婉言異神。出 23:24。

¹²你的財富被擄獲，貨物遭搶劫

牆垣夷平，寶殿摧毀；

你的石料、你的木材連同瓦礫 　同上文 4 節 "泥垢"。

一併扔進了海濤。

¹³我必使你的歌聲止息，你的琴音 　賽 24:8-9。

再無人聽到。

¹⁴我必還你一塊裸露的礁岩 　同上文 4-5 節，如副歌。

做曬漁網的去處，永不重建：

因為言者是我，耶和華——

主耶和華宣諭。

¹⁵如此，主耶和華有言，説石城：聽到你倒地的響聲，當傷殘者呻吟，[城]裏處處喊殺，那些島嶼能不顫抖？島嶼，泛指腓尼基人經商與建政立國的整個地中海地區。¹⁶大海的王公要一個個走下寶座，除去朝服，脱掉錦袍，披上戰慄而坐於塵土，不停地發抖，震驚於你的[命運]。¹⁷他們將唱起哀歌，見19:1注。為你悲歎：

你怎會從海上消失，享美譽的港市　消失，校讀。原文：消滅居住。
大海一度的強權？你一城居民　直譯：她和她的居民。
曾給[沿岸]住戶帶來何等的恐懼！
¹⁸如今這些島嶼瑟瑟發抖
在你栽倒之日；環海諸島無不驚惶
你落得這般下場！

¹⁹如是，主耶和華有言：當我將你化為一城瓦礫，像荒城渺無人居，當我升起深淵，tehom，兼喻冥府，詩71:20。令大洋把你覆蓋：²⁰那是我扔你下了深坑，bor，即陰間，亡靈的歸宿，創37:35，民16:30注，賽38:17-18。一如沉淪其中的古人——讓你直落大地的底層，入居一座終古的廢墟，與那陷於深坑的為伴。這樣，你就再也無法返回，校讀從傳統本注。原文：不會有人居。在生者之地重煥光華。七十士本另讀：（重新）站立。無定解。²¹我要你驚恐萬狀，或作：你令人驚恐。再歸於烏有：人若是尋你，決不會找見，永遠不會——主耶和華宣諭。

船在海心

二十七章

接着，又有耶和華之言降於我，道：²你呀，人子，你為石城吟一首哀歌，實為一則諷喻。³告訴石城：你家住大海入口，mebo'oth，喻港口。在萬民萬島間跑買賣，石城靠商貿立國。此乃主耶和華之言：

石城呀，你老説：我—— 校讀：你是一艘船。參 28:12。

完美無瑕。 此語原是誇獎聖城，16:14。

[4] **你的疆域遠達海心** 喻海中央，下文 32 節。贊其商船遠航。

你的完美是造船人所賦予： 反言終究不獲神恩。

[5] **他們拿色尼爾的絲柏** beroshim，一作冷杉、杜松，詩 104:17。

刨你的舷板，取黎巴嫩 色尼爾，senir，即黑門山，申 3:9。

雪松給你做桅杆。

[6] **船槳，用巴珊橡樹** 巴珊，今約旦北部、敘利亞南部高原，民 21:33。

艙面則是基廷諸島的黃楊木 基廷，kittim，即塞浦路斯，民 24:24。

鑲嵌象牙製成。 鑲嵌，校讀從傳統本注。原文不通：女兒。

[7] **有埃及產繡花細麻布**

張你的風帆，掛一面旗； 此四字出格律，一説是補注。

有艾利沙島的紫紅織物 艾利沙，'elishah，塞島的別名，創 10:4。

縫你的天篷。 舊譯涼棚，誤。

[8] **有西頓與阿瓦德居民為你劃槳** 喻沿海的腓尼基城邦追隨石城。

羊毛城巧匠登舟，當你的舵手； 登舟，直譯：在你內。

[9] **還有，舸市的長老和技工** 羊毛城，zemer，校讀。原文：石城。

來給你撚縫。 舸市，gebal，今貝魯特以北 30 公里處，航運中心。

所有的海船跟水手， 散文打斷哀歌，寫石城的商業勢力。**都來你這兒做生意。**
[10] **波斯、呂迪亞和利比亞，** 呂迪亞，lud，位於小亞細亞西岸，商業發達，賽 66:19 注，耶
46:9。**皆編入你的軍隊，為你打仗；** 當外籍僱傭軍。**他們把盾牌頭盔懸在[城]
裏，增添你的尊榮。** [11] **阿瓦德與赫雷子孫守衛你的城牆，** 赫雷，helek，或指小亞
細亞東南的基利迦，徒 21:39。另讀如欽定本：你的軍隊。**加瑪德人駐守你的角樓；** 加瑪
德，gammad，通説在小亞細亞東部。**四面城牆掛滿他們的箭筒，** shiltehem，或作盾，耶
51:11 注。**成就了你的完美。**

¹²拓西做了你的商號，拓西，西班牙東南或撒丁島商港，賽2:16，詩72:10。見你有無數財富，就拿銀、鐵、錫、鉛來交易。¹³雅完、圖巴與米設，希臘人和小亞細亞地名，創10:2。都拉着你做買賣，用奴隸和銅器換你的貨物。¹⁴陀迦瑪族的商品，陀迦瑪，或即亞美尼亞，創10:3。是馬匹或戰馬、騾子。¹⁵羅得子孫也來跑買賣，羅得，即愛琴海門戶羅得島，創10:4，從七十士本。原文：狄旦。一如列島在你手下經商，商路遍及地中海沿岸。向你進貢象牙、烏木。¹⁶紅嶺是你的客商，紅嶺，從諸抄本。原文：亞蘭。見你那許多產品，忙拿石榴石、紫紅織物、繡品、細麻白布、珊瑚與紅玉來交易。¹⁷猶大同以色列子孫的買賣，子孫，從七十士本。原文：之地。卻是用米尼的小麥、米尼，minnith，亞捫一地區，士11:33。黍子、pannag，經書僅此一用，無善解。一說指某種糕餅或香脂。蜜、油和香脂換你的貨物。¹⁸大馬士革也是客商，見你有各色產品無數財富，就送上黑本酒跟白亮的羊毛。黑本，helbon，大馬士革以北17公里，著名葡萄酒產地。白亮，zahar，一作地名。¹⁹衛丹雅完來自烏薩，阿拉伯部族，創10:27。此句費解，或有訛。另讀如七十士本刪"衛丹"：他們（還獻上）烏薩的酒。則獻上鍛鐵、桂皮、菖蒲，同你成交。²⁰狄旦的那宗生意，鞍韉，直譯：鋪開的衣袍？無確解。是為騎乘之用。²¹阿拉伯與基達眾酋長，基達，北阿拉伯遊牧部族，賽21:16，耶2:10。紛紛把生意歸了你手，羊羔、公綿羊和公山羊便是貨款。²²示巴與拉瑪的商人，兩地均在阿拉伯半島西南，創10:7, 25:3。也來找你做買賣，捧上頭等的香料、各色寶石和黃金。²³哈蘭、喀奈、伊甸，兩河流域西北商城，創11:31。一如示巴商人，亞述和基爾馬，kilmad，地點不詳。亞述，底格裏斯河上游重鎮，尼尼微以南，一度為亞述帝國的首都。都爭着跟你做買賣。²⁴他們運來各式衣袍，藍紫繡花的無奇不有，斑爛的地毯用繩子繫牢，地毯，ginzey，或作（裝衣物的雪松木）箱。無定解。堆你的集市。²⁵至於拓西的船隊，出航全是跑你的生意。舊譯不通：接連成幫。

於是，你滿載沉沉的榮耀　接回哀歌，上文9a節。

向着海心駛去——

²⁶ 向着滾滾的波濤，你的槳夫

推你前進。可是東風驟起　暗示神的安排不可逆料，17:10, 19:12。

將你打碎在了海心。

²⁷ 你的財富，你的貨物，你的商品

連同船員舵手，撚縫的和做生意的

船上所有的戰士，你的全體乘客

就要一起沉下海心——在你

沉沒之日。舊譯不通：你破壞的日子。

²⁸ 聽到你的舵手高聲呼喊

海岸能不震顫？海岸，migroshoth，城郊，轉指鄰近沉船／石城的海岸。

²⁹ 然後，操槳的就紛紛棄船

船員跟久經風浪的舵手，一個個

爬上乾地，³⁰ 一聲聲喊你

苦苦呼求。向眾神祈禱。

同時抓一把塵土往頭上撒

倒在灰堆裏打滾，³¹ 又剃光頭頂　舉喪，7:18。

圍上麻衣，用靈中的苦楚

為你哭泣而痛悼——

³² 他們一邊流淚，一邊為你唱起哀歌

這樣哀號：

有誰像石城，像她一樣沉默　kedumah，另讀如通行本：覆滅。

於大海中央？

³³ 當初你貨物漂洋過海

曾使萬民愜意，靠你的龐大財力

你的商品，大地上列王富足。啟18:19。

³⁴如今你被怒濤打碎，在茫茫大海　如今，校讀。原文：當時。

深處，你的貨物和全體乘客

同你一起沉沒。

³⁵列島所有的居民

都震驚於你的［命運］　同 26:16。

國王則毛髮豎起，面孔抽搐。恐懼狀，耶 2:12。

³⁶萬民之中那些商人就噓你——　表譏嘲、厭惡，耶 18:16。

你驚恐萬狀，必歸於烏有　同 26:21。

永遠沉寂。

石城王

二十八章

有耶和華之言降於我，道：² 人子呀，告訴石城的君主：此乃主耶和華之言：

只因你傲慢塞心，竟稱：我是神，異教徒稱神，'el，在上帝眼裏也是褻瀆，挑戰至聖。在海心坐大神之位！賽 14:13。可你不過是一個人，不是神，哪怕你把自己的心當成神的心——　諷其不知天高地厚。心，猶言思想意志。下闋是插敘。

³好吧，你比丹尼爾還聰明　見 14:14 注。

沒有一樣隱秘瞞得過你！七十士本另讀：沒有一個智者趕得上你。

⁴憑你的智慧和悟性，你發財

金銀囤滿庫房。

⁵做買賣，你智慧老高　商人精明能幹。

所以你才會財旺：是財旺

讓你的心驕傲——

⁶如此，接回上文2節。主耶和華有言：只因你把自己的心當成了神心——

⁷所以看哪，我要引外邦人

那列族中最兇殘的，來攻你。

他們必抽劍毀你的智慧之美　兼指受造之完美、石城的榮耀，27:3。

褻瀆你的光彩；

⁸還要把你扔下深坑　shahath，即冥府，諧音腐敗，下文17節。

叫你慘死在海心。　詩16:10。

⁹到那時，當着殺你的人的面

你還敢說：我是大神？'elohim，或眾神。同（以色列的）上帝。

可你不過是一個人，不是神

在那刺穿了你的人的掌下；

¹⁰你必死於外邦人之手

如未行割禮的那樣死去：相傳留包皮者死後，入陰間底層，31:18。

因為言者是我——主耶和華宣諭。腓尼基人按習俗也行割禮。

¹¹忽又有耶和華之言降於我，道：¹²人子呀，你為石城王吟一首哀歌，

預言覆滅，此處非指詩體或格律。告訴他：此乃主耶和華之言：以下變奏同一主題。

曾經，你是平準之印　平準，toknith，指稱量貨物，蓋印，保證公平。

為智慧所充盈而完美無瑕。回放創世的第一個版本，創1:31。

¹³那時你在伊甸，上帝的樂園

通體寶石綴飾：紅玉髓、黃玉和鑽石　參大祭司胸袋寶石配置，

水蒼玉、紅瑪瑙與碧玉，藍寶石　出28:17–21。

石榴石跟翡翠，及黃金雕鏤的

手鐲耳墜——當你受造之日

一應齊備。手鐲耳墜，直譯：手鼓鑽孔。此處為首飾匠術語，無定解。

¹⁴ 起先我立你為一頭神獸　七十士本另讀：你同神獸一起，9:3 注。

昂首展翼，守護上帝的聖山；位於極北，賽14:13，詩48:2。

你可在着火的石子間行走。石子，祭壇上的紅炭，10:2，賽6:6。

¹⁵ 那完人正道雖始於受造　完人，tamim，聯想挪亞，創6:9，

但後來，你身上顯露了不義：　詩18:23。

¹⁶ 你買賣興隆，內中充斥暴力

你，墮入了罪愆。

於是我將你逐出上帝之山，你這褻瀆者

展翼的神獸！就在着火的石子中間

我把你滅了。七十士本：神獸把你帶出。

¹⁷ 驕傲呀你的心，因為你美！

腐敗吧你的智慧，為了你的光彩！嘲諷，照應上文7節。

我已經把你摔倒在地

眾王面前，我叫你出醜！

¹⁸ 就因為你咎責沉沉，買賣不公

褻瀆了自家聖所，我才從你內中取火　以暴易暴，復仇，24:8。

吞你，將你燒成泥塵裏的灰燼

讓眾人親眼看見。

¹⁹ 萬民之中，凡認識你的

都要震驚於你的 [命運]——　同27:35–36。

你驚恐萬狀，必歸於烏有

永遠沉寂。

西頓

²⁰ 有耶和華之言降於我，道：²¹ 人子呀，你臉朝西頓，腓尼基良港，石城往北，今貝魯特以南，創10:15。對她預言，²² 説：此乃主耶和華之言：

看哪，我與你為敵了，西頓！

我必在你內中得榮耀——

叫人曉得，我，乃耶和華

一旦我向她擲下判決

藉着她，一顯至聖。

23 我必降下瘟疫，叫她血污滿街 熟語，14:19，猶如詛咒聖城。

城裏屍首堆積，四面刀劍攻打——

如此，人便不得不承認

我，乃耶和華。

24 之後，對於以色列家，那些蔑視他們的鄰國就不復是傷人的荊棘、扎手的蒺藜；喻外族侵略、壓迫。而人便會認得，我，乃主耶和華。

25 此乃主耶和華之言：當我從萬民之中召攏流散了的以色列家，在他們中間彰顯至聖，列族共睹，重申救恩，安慰子民，20:34, 41，耶 23:6。那時，他們必重歸我賜予僕人雅各的土地。創 28:13。26 那裏，他們將安居，建房，種植葡萄。是的，安居樂業，當我向所有膽敢蔑視他們的鄰國擲下判決，他們必須承認，我，乃耶和華他們上帝。

埃及

二十九章

第十年，十月十二，前 587 年 1 月 7 日。有耶和華之言降於我，道：2 人子呀，你臉朝埃及王法老，霍弗拉，前 589~570 在位，曾聯合猶大抗擊巴比倫，17:15，耶 37:5。預言譴責他及全埃及，3 說：從七十士本。原文：放言，說。此乃主耶和華之言：

看哪，我與你為敵了，埃及王法老！

你這長河裏翻滾的巨怪　tannin，象徵對抗創世的惡勢力，詩74:13。

看你還吹噓：尼羅是我的　長河，複數，指尼羅河三角洲及水渠網。

是我造的！

4 我必取彎鉤穿你的腮骨　伯40:26。

令河中的游魚緊貼你的鱗甲；游魚，喻埃及的附庸。

我要將你，並所有貼在你鱗甲上的

游魚，從你的尼羅河拖上來

5 扔在荒漠：你跟你的長河魚類！

你就倒斃在了野外，無人收斂安葬　耶25:33。

被我餵了走獸和飛鳥——

6 要全埃及的居民都知道

我，乃耶和華。

只因你對於以色列家　你，從七十士本。原文：他們。

不過是一根葦杆：法老外強中乾，依靠不得，王下18:21，賽36:6。

7 剛伸手握住你，你卻斷了

割破了他們肩膀；七十士本：手掌。

才倚靠你，你就折了

閃了他們的腰。閃，him`ad，從古敘利亞語譯本。原文：撐，ha`amad。

8 如此，主耶和華有言：看，我必遣下刀劍，從你內中剪滅人畜。一如聖者對聖城的判決，14:13以下。9 埃及必成廢墟，國土一片荒蕪——而後，他們便不得不承認，我，乃耶和華。只因你吹噓：你，從古譯本。原文：他。尼羅是我的，是我造的！10 那好，我就與你，並你的尼羅河為敵！我必變埃及為荒漠與廢墟，從守望台到阿斯旺，從北到南，埃及全境，賽49:12。直至古實邊境。古實，今蘇丹、埃塞俄比亞、也門一帶，創2:13。11 再沒有人踏足，連野獸也不路過，留下蹄印；整整四十年，等於猶大負罪的年數，4:6。斷絕人居。¹² 我要埃及化為廢墟，勝似一切廢墟之地，她的城邑統統夷平，慘過所有荒棄之城：達四十年之久。而埃及人我必將他們流散於異族，放逐異邦。同 20:23, 22:15。

¹³ 但四十年結束，如是主耶和華有言，我會從萬民之中召攏流散了的埃及人；應許可如子民獲救，11:17，且不要求皈依上帝，賽45:14。¹⁴ 我必扭斷埃及人的囚鎖，讓他們重返帕特羅，pathros，埃及南部，上埃及，賽11:11，耶 44:1。他們的源起之地。那裏，他們可建一卑怯小國，¹⁵ 乃是萬國當中最卑下的，參較巴比倫對猶大的政策，17:14。再也不會高踞列族之上。我還要削減[人口]，使她無從統治列族。¹⁶ 對於以色列家，她也不復是倚靠，而成了一份咎責即徒然指望[埃及]的回憶。舊譯不通：仰望 / 便思念罪孽。如此，人才會認得，我，乃主耶和華。

尼帝的酬勞

¹⁷ 二十七年，正月初一，前571年4月26日。復有耶和華之言降於我，本書所載最晚一道神諭。道：

¹⁸ 人子呀，巴比倫王尼布甲尼撒攻打石城，令大軍服了重役。`abodah，雙關兼指勞役、拜神。頭都禿了，肩磨出趼子，merutah，磨光、擦亮，形容老趼。舊譯磨破，不妥。可不論他自己還是他的大軍，竭盡全力，也沒能從石城拿到酬勞。久攻不克。此段改正先前的預言，26:7 以下。¹⁹ 故此，主耶和華有言：看，我要把埃及交給巴比倫王尼布甲尼撒，任他攫取她的財富，hamonah，或作人口，7:11。掠奪她的掠物，攄走她的擄獲，酬勞大軍。²⁰ 他此番效勞的工錢，便是我賞下的埃及大地：七十士本及古敘利亞語譯本脫下句，或是補注。畢竟他們是替我幹活──主耶和華宣諭。

²¹ 待到那一天，我必使以色列家長出犄角，象徵力量，暗示大衛王室復興，耶48:25，詩 132:17。並賜你開口，顯然先知常沉默不語，3:26, 24:27。在他們中間──叫人不得不承認，我，乃耶和華。

耶和華之日

三十章

有耶和華之言降於我，繼續預言埃及，29:2。道：²人子呀，預言吧，你說：此乃主耶和華之言：

嚎嗨呀，為這一天哀號！
³因為日子已近，耶和華之日近了；埃及命數已定，13:5注。
啊，那是烏雲之日
列族的［受罰］之時。耶46:21。
⁴埃及將刀劍臨頭，劇痛要攫住
古實，當刺穿了的殘屍橫陳埃及
她的財富遭奪走，根基被拆除。禁止其重修城牆，13:14。

⁵古實、利比亞、路德、北非部族，創10:13，耶46:9。阿拉伯諸部和庫伯，
kub，詳不可考，七十士本另讀：利比亞。阿拉伯，`arab，從阿奎拉本及西瑪庫本。原文：混雜，
`ereb。及盟國子孫，要同他們一起倒在劍下。⁶此乃耶和華所言：

那支持埃及的必垮
她驕傲的偉力必衰；驕傲的偉力，直譯：偉力之驕傲。
從守望台到阿斯旺，一處處 見29:10注。
人倒在劍下——主耶和華宣諭。

⁷她必化為廢墟，她，從七十士本。原文：他們。勝似一切廢墟之地，城邑則統統夷平，慘過所有荒棄之城。同29:12。⁸而後，他們才會明白，我，乃耶和華，當我放火燒了埃及，粉碎她的一切援兵。

⁹ 待到那一天，我必遣使者坐船，去驚嚇安逸的古實，趁其不備突襲。使者，指侵擾者。劇痛將抓住他們，當埃及之日——看哪，就要到了！¹⁰ 此乃主耶和華所言：

我要藉巴比倫王尼布甲尼撒之手

消滅埃及的人口。兼指財富，29:19注。

¹¹ 他麾下的軍隊，那列族當中　軍隊，`am，民眾，轉指兵丁。

最兇殘的一支，就要湧來　他麾下，直譯：他和他身旁。

蹂躪全國；他們抽劍砍向埃及

啊，遍地屍首成堆！

¹² 我必使長河枯竭，將國土賣到

惡人手裏；必摧毀這國家

及內中的一切，藉外邦人的手：重蹈子民的覆轍，11:9。

言者是我，耶和華。

¹³ 如此，主耶和華有言：我必搗毀朽木，從墨府滅除偶像，墨府，noph，即孟菲斯，下埃及都城，耶 2:16。叫埃及一個王公不剩，埃及全國為恐懼籠罩。¹⁴ 我要化帕特羅為廢墟，帕特羅，見 29:14注。放火點燃鎖安，zo`an，尼羅河三角洲東部古都，詩78:12。對大城擲下判決。大城，no'，希臘名底比斯，耶 46:25注。¹⁵ 我要向辛關，sin，三角洲東北邊關。埃及的要塞，傾瀉聖怒，剪滅大城的人口。¹⁶ 我要放火焚燒埃及，讓辛關臨盆似的扭動，極言其苦痛，賽 13:8, 26:17。大城被撕開裂口，墨府天天受敵。或作：白天遇敵。無定解。¹⁷ 太陽城和貓神廟的青年要倒在劍下，太陽城，'on，位於三角洲南端，創 41:45。貓神廟，pi-beseth，也是下埃及宗教名城。居民則一總入囚。居民，直譯：她們。指二城。¹⁸ 潘堡的白天要變成黑夜，hashak，校讀從諸抄本。原文：收起，hasak。潘堡，tahpanhes，三角洲東部要塞，耶 2:16, 43:7。當我在那裏折斷埃及的權杖，她驕傲的偉力就此止息；她將為烏雲所覆蓋，她的女兒全數擄去。女兒，擬人，喻城鎮，26:6。

¹⁹如此，我判決對埃及擲下——
令他們不得不承認
我，乃耶和華。

法老折臂

²⁰十一年，正月初七，前587年4月29日。忽有耶和華之言降於我，道：

²¹人子呀，埃及王法老的臂膀我已折斷；臂膀，喻力量，4:7。看，既不包紮醫治，也不纏繃帶，讓他沒力氣揮刀。前588年春，法老霍弗拉曾發兵援猶，被尼帝擊敗，耶37:5, 44:30注。²²故此，主耶和華有言：看哪，我與埃及王法老為敵了！同29:3。我必折斷他的雙臂，叫有力氣的那只跟斷了的一樣，手裏的刀掉落。²³我要埃及人流散於異族，放逐異邦；重申懲罰，29:12。²⁴要扶持巴比倫王的臂膀，把我的劍交在他手中。視尼帝為"替天行道"，23:24注。然後折斷法老的雙臂，讓他在〔強敵〕面前呻吟，像一個被刺穿了的人呻吟！

²⁵是的，巴比倫王的臂膀是我扶持
法老的臂膀必垂下。
而後，人便會明白，我，乃耶和華——
當我把劍交在巴比倫王手裏
當他向埃及砍去
²⁶當埃及人被我流散於異族
放逐異邦——他們必須承認
我，乃耶和華。

伊甸的林木

三十一章

十一年，三月初一，前 587 年 6 月 21 日。有耶和華之言降於我，道：² 人子呀，告訴埃及王法老和他的芸芸［臣民］：hamon，眾多，指兵民、財產等，29:19。

論偉大，誰能與你相比？諷喻，風格似 17 章，但旨趣不同。

³ 看看亞述：一株黎巴嫩雪松　以亞述覆亡警示埃及。鴻 3:8–10。

枝子美，綠蔭濃，樹幹高

梢尖直插雲霄！`aboth，校讀從七十士本。原文：密枝，`abothim。

⁴ 眾水把它養大，淵泉使它生長

栽種處江河環繞，送出一條條

清渠滋潤野地林木。

⁵ 所以它高高伸出在野林之上

枝葉茂盛，樹冠寬寬　樹冠，po'roth，綠枝、高枝。

它嫩芽兒水份充足。或作：因水多而使之生發。無定解。

⁶ 飛鳥都來它枝子間做窩　參 17:23。

綠葉下各種野獸產仔

樹蔭裏，許多大族居住。暗喻帝國幅員遼闊，民康物阜。

⁷ 它美，在它的高大，椏杈伸展

因為根子扎在眾水之濱。

⁸ 連上帝樂園裏的雪松

也無法令它失色，絲柏　令它失色，`amamuhu，猶言勝過它。

比不過它的枝子，懸鈴木

及不上它的綠葉：上帝的樂園

找不到一棵樹，有它那般美麗。誇張修辭，極言當年之強盛。

⁹我把它造得如此可愛，枝葉葱蘢

以致伊甸即上帝樂園裏的林木　創2:8。

無不妒忌。亞述/埃及猶如巨怪，29:3，是造主的第一件傑構，伯40:19。

¹⁰故此，主耶和華有言：既然你樹幹這麼高——它梢尖插進雲霄，

轉換人稱，激動故。因自己高大而心傲，¹¹我就將它交在那統領萬族的人手裏，

統領，'el，指巴比倫王，諧音（萬族的）神。任其處置，報應惡行；反正它已經被我

放逐。¹²於是，它遭外邦人，那列族中最兇殘的一支，同28:7，30:11。砍倒了扔

棄。椏杈散落，漫山遍溝，舉國上下，條條河谷躺着斷枝；大地萬民紛紛

逃離，yiddedu，校讀從傳統本注。原文：走下，yerdu。把綠蔭捨棄。

¹³在它倒下的樹幹上

飛鳥仍來借宿；形容廢墟，諷刺對比上文6節。

在它的殘枝斷杈間

［如今］野獸出沒——

¹⁴所以，凡傍水的林木都不可長得過高，不可梢尖插進雲霄，三申驕傲必

亡。凡有水滋潤的，都不可挨近那高度。

因為都已經交給了死亡

要墜入大地的底層

歸於眾人子之列——

一起墮於深坑。法老與奴婢，同樣命運，26:20。

¹⁵此乃主耶和華之言：當它下陰間之日，我曾關閉深淵，將它覆蓋；

或如欽定本：我曾發喪，將深淵覆蓋其上。還使江河斷流，洪波不再，黎巴嫩為它

披黑，'aqdir，比作圍黑色繽衣志哀，賽3:24。野地林木因它而枯黃。¹⁶ 以它倒地的巨響，我讓列族震顫，當我把它扔下陰間，加入墮於深坑的一群——就在大地底層，伊甸的林木，凡有水滋潤的黎巴嫩佳樹之精華，都得了安慰。¹⁷ 而它的臂膀，zero`o，喻幫兇或盟國。七十士本另讀：子實，zar`o。列族裏面那些一度享樹蔭的，它們也跟着栽下冥府，去了被刀劍殺戮的人中間。

¹⁸ 如此榮耀而偉大，伊甸的林木中，誰能與你相比？反諷：樂園早已對人子關閉，創3:24，園中草木卻是朽物，難逃敗亡。然而你必同伊甸林木一起栽下大地底層，加入那些留包皮的，躺倒在挨了刀劍的屍首中間。特指拋屍野外，未獲安葬者，28:10, 29:5。

法老並其芸芸，不過如此——主耶和華宣諭。

怪物

三十二章

十二年，十二月初一，前585年3月3日。有耶和華之言降於我，道：² 人子呀，你為埃及王法老吟一首哀歌，告訴他：

列族的小獅呀，你完了！諷其野心大，能力小，如小獅。
你就像海洋裏一頭怪物　舊譯大魚，誤，29:3。
衝進你的大河，腳爪攪渾流水　真海龍稱霸大洋，不在河渠為王。
弄污了他們的河渠。他們，指埃及人。七十士本：你。

³ 此乃主耶和華之言：
我要撒網將你罩住，要萬民聚集
用我的漁網把你拉起；用，七十士本及通行本：我用。
⁴ 然後在岸邊晾你，將你丟在野外
讓一群群飛鳥來你身上借宿　婉言啄食，29:5。

各種走獸拿你飽腹。

⁵你的肉我要拋上山岡

你的屍骨，要填滿溝壑；屍骨，從西瑪庫本及通行本。原文：高度。

⁶我要用你流淌的血澆地　流淌，舊譯游泳，誤。

灌溉眾山，使河谷由你而滿溢。

⁷待到吹滅了你，我必遮蔽諸天

叫星星披黑；太陽我會堆烏雲　天軍為法老發喪，31:15注。

遮住，月亮則不許放光。

⁸我要穹隆上照耀你的光體

全部裹進黑夜，讓黑暗籠罩　裹進黑夜，同上節"披黑"。

你的國土──主耶和華宣諭。再現摩西的神跡，出10:21–22。

⁹我要傷萬民的心，當我牽着你入囚　從七十士本。原文：毀亡。

於異族，去到你從來不識的國度。萬民，此處指埃及臣民與盟邦。

¹⁰我還要萬民受你的驚嚇，一如眾王　驚嚇，舊譯驚奇，誤。

因你而戰慄；面對我掄起的利劍　巴比倫入侵，30:25。

人人要為自家性命不停地發抖：同26:16。

那是你倒斃之日。

¹¹如是，主耶和華有言：

巴比倫王的刀劍必來找你

¹²我要你的芸芸倒在勇士的劍下。

啊，列族中最兇殘的一支，他們將摧毀

埃及的驕傲，她的臣民通通掃除。呼應30:6, 18。

¹³我還要在眾水之濱滅她的牲畜

不許人腳獸蹄進去攪渾；

¹⁴而後，那裏的波浪便會澄清

大河如油漫流──主耶和華宣諭。大河如油，象徵復蘇、豐裕。

¹⁵ 待我變埃及為廢墟，掏空國中

積攢的一切，擊殺她所有的居民　誇張修辭，表憤恨。

人便會認得，我，乃耶和華。

¹⁶ 這，就是哀歌

萬族的女兒要唱的哀歌：

她們要為埃及，為其芸芸眾生吟唱

哀歌一曲——主耶和華宣諭。

法老下陰間

¹⁷ 十二年，正月十五，前 586 年 4 月 27 日。原文脫"正月"，從七十士本補。有耶和華之言降於我，道：¹⁸ 人子呀，哀哭吧，為埃及的芸芸！你同那些尊貴異族的女兒一起，唱哀歌弔喪，上文 16 節。你，校讀從傳統本注。原文：跟她。無確解。將他們送下大地底層，加入墮於深坑的一群。

¹⁹ 誰有你這麼漂亮？觀者議論埃及。直譯：你比誰更漂亮？

下去吧，到留包皮的人　一說此節應放在 21 節中。

那兒睡去！

²⁰ 他們要在挨了刀劍的屍首間栽倒——她已經被交與刀劍，跟眾人一道拖走。此節原文有訛，無善解。²¹ 從陰間深處，那統領勇士的會這樣說她，統領，或作強大，31:11 注。她，從聖城本。原文：他。七十士本：你。並其盟友：他們也下來了，躺倒了，這幫留包皮、挨刀劍的！其實古埃及一直有割包皮的風俗。

²² 那裏，以下數說列強的命運，詛咒埃及。賽 14:9–11。亞述和她的大軍為墳丘所圍繞：大軍，qahal，會眾，轉指軍隊，17:17。到處是刺穿了的倒在劍下的屍首。²³ 墳場位於深坑盡頭。而那拱衛她的墓的大軍，已是倒在劍下刺穿了的一堆；而曾經，在生者之地，他們播種何等的恐懼！

²⁴那裏，還有以蘭。`elam，兩河流域古國，位於今伊朗西部，創10:22，耶49:34以下。她的墓也有芸芸拱衛，一堆刺穿了的倒在劍下的屍首。他們未行割禮就墜入大地深處，而曾經，在生者之地，他們播種恐懼——而今卻負着羞辱，加入墮於深坑的一群。以西結敘事，憤慨激昂，異象環生，不避重複。²⁵就在刺穿了的殘屍中間，他們給她放一張床榻，她，擬人指以蘭。挨着她的臣民，為墳丘所圍繞：到處是留包皮、挨刀劍的屍首，雖然他們曾在生者之地播種恐懼——而今要負着羞辱，跟墮於深坑的為伴，添作屍堆的一員。

²⁶那裏，米設、圖巴及其芸芸，代表小亞細亞諸國，27:13, 38:2。也為墳丘所圍繞：到處是留包皮、挨刀劍的屍首，雖然他們曾播下恐懼，在生者之地。²⁷他們不得與倒下的古人同臥——那些帶兵器下來陰間，古人，從七十士本及古拉丁本。原文：留包皮的。頭枕刀劍、骸骨披盾的勇士——可曾經，盾，校讀從傳統本注。原文：咎責。在生者之地，連勇士也懼怕［他們］！解作生者/人間曾懼怕勇士，亦通。

²⁸同樣，你也一定會被摧折，你，指法老。轉換人稱，略作停頓。倒在留包皮的中間，與刀劍殺戮的同臥。

²⁹那裏，還有紅嶺，她的眾王及全體酋長。參25:12–14。徒有英雄氣概，也歸了那挨刀劍的，他們只得與留包皮的同臥，跟墮於深坑的為伴。

³⁰那裏，北方的諸王公做一處，連同西頓人全部。泛指敘利亞和沿海腓尼基城邦，28:20以下。他們跟被刺穿的一塊墜入而蒙羞，儘管勇力令人畏懼；未行割禮，只得與刀劍殺戮的同臥，跟墮於深坑的為伴，他們能不承辱？

³¹這一切，法老必會目睹，而得慰藉：冥府列族共處，不感孤獨。那挨了刀劍的芸芸，［不止是］法老及其大軍——主耶和華宣諭。

³²是的，我曾播下何等的恐懼，生殺同源，皆在上帝，申32:39。我，虔敬轉讀：他。指法老。於生者之地！所以他［們］必與留包皮的同臥，跟刀劍殺戮的為伴，法老及其芸芸——主耶和華宣諭。第二單元完。

崗哨

三十三章

確有耶和華之言降於我，以下至39章末為第三單元，預言以色列復興。道：² 人子呀，你給族人講去，族人，直譯：族人之子。下同。告訴他們：

若是我揮劍指向一國，那國便從四境之民挑選一人，四境，猶言全國或全體。擔任崗哨，喻先知的職責，3:17。³ 要他一見聖劍降臨就吹響羊角號，預警災禍與降罰之日，賽18:3，耶4:5，珥2:1。警誡民眾：⁴ 那麼，凡聽到號音而不受警誡的，聖劍來時，一律擄走——那人必血罪臨頭。⁵ 明明聽到了號音卻不理會，這人須負血罪；罪責自負。唯有那願受警誡的，救得自家性命。

⁶ 但如果站崗的發現聖劍降臨，卻沒吹響號角，因而民眾未獲警誡，被聖劍從中擄去一靈；或一條性命，13:18注。那人雖是亡於咎責，這份血債，我必向崗哨的手追討。手，轉喻責任所在。

⁷ 人子呀，你就是我派給以色列家的崗哨。同3:17–19，天父又叮囑一遍。你聽到我口中之言，要替我警誡他們。⁸ 若是我說某個惡人：惡人哪，你死定了！你如果不勸誡惡人離開邪道，這惡人必承咎責而死；我卻要向你討他的血債！你，直譯：你手裏。上文6節注。⁹ 假若你警告了惡人，要他棄邪回頭，而他仍不離邪道，則他必死於咎責；但你就救了自己一命。對比摩西示範的中保之道，出32:32。

公義救不了義人

¹⁰ 所以人子，你就告訴以色列家：你們老說這個：我們忤逆罪愆壓身，正在因此而朽爛，哪有活路呢？子民在巴比倫受奴役，容易悲觀絕望，24:23。¹¹ 告訴他們：一如我永生，主耶和華宣諭：惡人死掉，不若惡人回頭，棄舊路而保命能讓我喜歡。參18:23。回頭吧，從你們的邪道上回來！何必入死呢，以色列家？

¹²人子呀，你就告訴族人：公義救不了義人，他若有忤逆之日；邪惡也絆不倒惡人，待他棄惡之時。既已入囚，須變神的失敗為人的悔改，方能守持信仰。故義者一旦入罪，即便[稱義]也不能得生命。¹³若是我說某個義人：你可獲生命！你，從七十士本。原文：他。他如果仗着稱義，因謹守聖法而蒙福，詩24:5。就開始造孽，他之前的義行便沒有一樣會被記住；相反，他必因造孽而亡。¹⁴同理，若是我說某個惡人：你死定了！他如果棄罪回頭，行公道正義，舊譯不妥：合理的事。¹⁵免除抵押，原文此處重複"惡人"，從二抄本及七十士本、古敘利亞語譯本刪。歸還劫物，遵循那賜生命的法令而再無造孽：他就能保命不死。利18:5。¹⁶他曾經的罪愆，沒有一事會被記住；同18:22。而公道與正義在他所行，他必得生命。

¹⁷可是你的族人竟說：主的道不公！同18:29。其實是他們的道不公。¹⁸義人若是棄了公義而造孽，他必為此而喪命；¹⁹惡人如能棄惡而行公道正義，他可因此而保命。²⁰怎麼你們還在說：主的道不公？我必按各人的路向審判你們，以色列家！同18:30。

聖城失陷

²¹入囚第十二年，部分抄本及古譯本：十一年。十月初五，前585年1月19日。有人從耶路撒冷逃來這裏，路上走了近半年，拉7:9。報告說：京城失陷了！²²那逃生者來的前一晚，耶和華的手忽將我覆蓋，開了我的口。婉言接到凶信，8:1，24:26-27。早晨，他到達時分，我已開口，不再緘默。預言驗證，重新開始傳道，3:26-27，24:27。

²³隨即，有耶和華之言降於我，道：²⁴人子呀，以色列之地那些廢墟居民還在說：亞伯拉罕只一個人，就得了福地為業；賽51:2。我們人多，這片地肯定是我們承業！聖祖蒙召，子孫承福，創12:1-3。

²⁵那好，你告訴他們，此乃主耶和華之言：你們吃帶血的[肉]，違反誡命，利17:10-14。另讀：上山吃[祭肉]，18:6。又朝朽木抬眼，又流人的血；這片地是

你們能承業的？²⁶ 你們倚仗刀劍，穢行不斷，個個玷污鄰人的妻；利 18:20。這片地你們能承業？

²⁷ 所以你告訴他們，此乃主耶和華所言：一如我永生，那住廢墟的必倒在劍下；佔領者十分殘暴，但也是宏圖的安排。那留在野外的，我必扔給走獸為食；而那藏身要塞或岩穴的，要塞，舊譯保障，誤。必死於瘟疫。²⁸ 我要將福地徹底摧毀，令她驕傲的偉力止息；參 6:14, 30:6。要以色列群山一片荒蕪，無人路過。²⁹ 如此，他們才會認得，我，乃耶和華，當福地被我徹底摧毀，因為那纍纍穢行。

情歌

³⁰ 可是人子，族人在牆垣下、屋門口議論你，一個跟一個嘀嘀咕咕：來呀，聽聽耶和華有何訓示。³¹ 他們便擁來找你，一大群人來你面前坐下，我的子民聽了你說的，卻不實行。耶京焚毀，警告成真，以西結仍說服不了流亡同胞。只是嘴上一百個愛，`agabim，情欲，性愛。七十士本：謊言。心裏卻惦着不義之財。³² 他們看你，就像一首情歌，唱得優美，伴奏也好。如在聲色場所，無人當真。但他們聽了你說的，沒有一人肯實行。³³ 然而當〔所說的〕來臨——看哪，就要到了！指神的審判和降罰。人這才明白，他們中間真有先知。

以色列的牧人

三十四章

遂有耶和華之言降於我，道：² 人子呀，你預言譴責以色列的牧人，喻子民首領，猶大王，耶 23:1 以下。預言吧，告訴那幫牧人：原文 “告訴” 後另有：他們。從七十士本及通行本刪。此乃主耶和華之言：

禍哉，以色列的牧人，只顧養肥自己！指其腐敗，不顧百姓死活。可牧人豈能不牧羊？³ 你們食脂膏，heleb，七十士本另讀：奶，halab。衣羊毛，宰獻肥羔，卻不放牧。[4]瘦弱的，你們不滋養；生病的，你們不醫治；受傷的，你們不包紮；迷途的不去牽回，迷途，舊譯被逐，不妥，申22:1。遺失的也不尋找；反而蹂躪壓榨，十分殘暴。[5]於是［羊群］四散，亞10:2。因牧人不管——散開去，為各種野獸所獵食。受敵族侵害，賽56:9。[6]我的羊群迷失在了一座座大山高丘，暗喻神龕，6:3, 20:28。流散去了大地四方，我的羊兒！沒人打聽，更無人尋找。

[7]所以，牧人哪，你們得聽一聽耶和華之言。[8]一如我永生，主耶和華宣諭：只因我的羊成了掠物，我的羊失了牧人，被各種野獸獵食；又因我的牧人沒在尋覓我的羊，做牧人的只顧養肥自己，而不牧羊：[9]那好，牧人們，請聽耶和華訓示！[10]此乃主耶和華所言：

看哪，我與這幫牧人為敵了！但這任務託付給了巴比倫，21:8。我要從他們手裏索回我的羊群，停止他們的放牧，不許牧人這樣養肥自己。我必救羊兒脫離血口，決不能讓他們被吃盡。

[11]如是，主耶和華有言：看，我要親自尋回我的羊群，好好照看。[12]一如牧人看顧他的牲口，當失散了的羊兒［找見］之日，失散，校讀。原文：分開。我也要照看好我的羊群。我必解救他們，無論散開去了何方，在那烏雲與陰霾之日；[13]必將他們從萬民中領出，自異邦召攏，帶他們回返故園。我要在以色列的群山上放牧他們，在河谷並國中一切宜居之處；[14]要給他們最好的牧場，以色列的高山為羊圈。喻家園，耶23:3。那裏，他們將有舒適的圈棚休憩，享用以色列山岡肥美的草場。[15]是的，我要親自放牧我的羊群，親自讓他們安臥——主耶和華宣諭。賽40:11。

[16]丟失的，我必尋找
迷途的，我必牽回
受傷的，我必包紮
生病的，我必滋養。
但是肥壯的，我必滅除—— 二抄本及古譯本另讀：看護。
必循公道，我放牧。肥壯，喻貴族和腐敗官僚，與病弱貧乏者相對。

17 至於你們，我的羊兒，此乃主耶和華之言：看，我要在羊與羊之間裁斷，拿公綿羊公山羊審判。在子民中區分義者惡人，按功罪報應，太 25:32 以下。18 你們佔着好牧場不算，還要糟踐剩下的草地，玩你們的蹄子？你們，指“肥壯”者，上文 16 節。自己喝着清泉嫌不夠，硬是去別處踩踏，把水攪渾。19 可是我的羊就該吃你們蹄子糟蹋了的，喝你們蹄子弄污了的？

20 如此，主耶和華有言：原文此處另有“對他們”，從二抄本及古譯本刪。看，我要親自在肥羊與瘦羊間裁斷。21 既然你們側身以肩撞，用犄角頂那些生病的，不把他們攆散逐走，決不罷休；22 那我一定得救我的羊群，讓他們不再遭擄掠。羊與羊之間，我必審斷。

23 我要擢立一位牧人，我的僕人大衛，來牧育他們。仍寄望於大衛後裔，37:22–25。他負責放牧，做他們的牧人。24 而我，耶和華，必做他們的上帝，我的僕人大衛要在他們中間為領袖：nasi’，首領、王公、酋長。言者是我，耶和華。

25 我要與他們立一平安之約，重續永約，賽54:10，耶 31:31–32 注。使惡獸自國中絕跡，人可入荒野安居，在林中安睡。26 我要為他們及我的小山四周賜福：小山，即錫安／聖殿山。此句或有訛，無確解。必降下時雨，即賜福的甘霖。27 原野上樹林就要結果，福地獻出物產，一俟他們在故土安頓。而人便會曉得，我，乃耶和華，當我折斷他們項上的軛，將他們從奴役者掌下救出。28 之後，他們就不復是異族的掠物，不再被野獸吞吃，而要安居樂業，免於驚恐。29 我還要使他們栽種什麼都揚名，喻豐登，享譽四方。直譯：立栽種於（美）名。國中再無饑荒肆虐，亦不必受列族羞辱——30 如此，叫人認得，我，耶和華他們上帝，與他們同在，而他們是我的子民，以色列家——主耶和華宣諭。

31 是呀，唯獨你們，我的羊群，我的亞當牧場上的羊兒，亞當，猶言人類。七十士本脫此詞，無定解。有我做你們的上帝——主耶和華宣諭。

毛嶺

三十五章

有耶和華之言降於我，道：² 人子呀，你臉朝毛嶺，預言譴責他，毛嶺 /
紅嶺曾追隨巴比倫，25:12–14。他，擬人，山嶺是陽性名詞。³ 說：此乃主耶和華之言：

看哪，我與你為敵了，毛嶺！
我要按下巨手，將你徹底摧毀；儼如之前預言福地，6:14,33:28。
⁴ 待城鎮夷平，化作一片荒漠
你就懂了，我，乃耶和華。

⁵ 只因你懷着世仇，把以色列子孫丟給持刀之手，即巴比倫軍。當他們災
殃之日，那咎責清算之時；呼應21:30，耶18:17。⁶ 那好，一如我永生，主耶和
華宣諭：我這就給你造一灘血污，喻屠戮。叫血罪把你追逐；既是你流血洩
憤，直譯：但願你曾恨血（但實際相反）。血罪就饒不了你！或作：把你追上。⁷ 是的，
毛嶺我要徹底摧毀，令過往路人從那兒絕跡。⁸ 我要用刺穿了的殘屍堆滿他
的群山——你的丘陵，轉第二人稱，表嚴厲。你的溝壑，你的河谷全部，任由那
刀劍殺戮的倒下：

⁹ 待我變你為一片荒漠至永遠
待你城鎮滅了人居，你才會明白
我，乃耶和華。

¹⁰ 只因你宣稱：這兩族、這兩國都是我的，兩族 /國，指以色列和猶大。歷史
上，紅嶺向無侵佔迦南的國力，但入因子民或先知本人擔心這個。我們要佔來為業——儘
管耶和華就在那裏——¹¹ 那好，一如我永生，主耶和華宣諭：我必按你的怒
氣與嫉恨待你，一如你對他們洩憤；並且我必彰顯在他們中間，意謂與子民同

在。他們，七十士本：你。一旦我拿住你審判。¹²知道嗎，我耶和華全聽見了，你對以色列群山不停謾罵，na'azoth，鄙視、嫌惡、辱罵。說什麼：毀完了，歸我們吞吃！¹³好大呀你們的口氣，還喋喋不休將我攻訐，我都聽見了！¹⁴此乃主耶和華之言：

為使大地處處歡欣，我必變你為荒漠。
¹⁵一如你曾歡慶以色列家業被摧毀
我必同樣奉還：
毛嶺啊，你必成廢墟，紅嶺上下　同態報復，賽45:16，耶30:16。
要全部荒蕪——令人不得不承認
我，乃耶和華。

群山必蒙福

三十六章

　　所以人子，你就為以色列的群山預言，說：以色列的群山哪，提喻整個福地，子民的家業，6:2。請聽耶和華訓示：

　　²如此，主耶和華有言：只因仇敵這麼說你們：哈，這些終古的高丘，貶稱上帝的聖山/基業，視之為異教丘壇，16:16, 20:28。歸我們所有了！³那好，預言吧，你說：此乃主耶和華之言：原因就在你們遭了摧殘，四鄰都來壓榨，sha'oph，另如猶太社本（同音詞）：喘着氣垂涎。你們成了別族的產業，在眾人的唇舌間受盡譏謗。⁴故而以色列的群山哪，請聽主耶和華訓示：此乃主耶和華對大山小丘、河谷溝壑、廢墟荒漠及毀棄的城邑，對那飽受周邊異族掠奪譏笑的所言。

　　⁵如此，主耶和華有言：以我不容不忠之怒火，我譴責列族之餘並紅嶺全體，列族之餘，猶言異族、別族，下文36節。他們心裏得意又靈中蔑視，佔了我的福地為業，將她的牧場據為掠物。她的牧場，migrashah，另如欽定本：逐出。此句或有

訛，無確解。⁶所以你要為以色列故土預言，告訴大山小丘、河谷溝壑，此乃主耶和華之言：看，以我不容不忠之聖怒，我宣佈——因你們忍受着異族羞辱，⁷如此，主耶和華有言：我已舉手［發誓］，參 20:5 注。願你們四鄰異族個個受辱！

⁸可是以色列的群山哪，你們要生發新枝，為我的子民以色列結果，因為他們快回來了。先知堅信巴比倫苦役不會長久，子民將重返家園，賽 4:2, 40:2。⁹看哪，我這就來你們中間，天父跟子民同返聖地。我一定向着你們，不再藏臉不理，賽 8:17,54:8，與以色列和好，耶 12:15。使你們得耕種。¹⁰我必大增你們的人口，以色列全家，一起！要城鎮迎回居民，廢墟重新建設；¹¹是的，我要你們人畜大增，多多生育，家家勝似昔日，蒙福超過當初——要你們懂得，我，乃耶和華。

¹²如此，我領人踏上你們，又一次

把你歸了他們，以色列我的子民；你，單數求生動。七十士本及

而你重做他們的產業，就再不會 古敘利亞語譯本：你們。

讓他們有喪子之痛。福地吃人，是傳統說法，民 13:32。

¹³此乃主耶和華之言：既然人說你們：古譯本：你。均指群山。吃人的，你盡讓族人喪子！雙關：山地貧瘠，也是迦南土著舉行童子祭的場所，16:21。¹⁴那好，你不可再吃人了，也不許讓族人喪子——主耶和華宣諭。¹⁵我一定不讓你再聽異族的羞辱，再受萬民唾罵，再絆倒自己的族人——主耶和華宣諭。絆倒，部分抄本：使喪子。

聖名

¹⁶復有耶和華之言降於我，道：¹⁷人子呀，以色列家的故土，是被他們自己的路向和行事玷污的；參 20:43。那路向在我眼前，不啻婦人經期的污

物。利15:19以下。[18] 於是聖怒傾潑在了他們身上：竟敢在福地流人的血，拿一堆朽木把她玷污！她，擬人，指福地，陰性名詞。[19] 遂將他們流散於異族，放逐異邦，按其路向行事，判決了他們。[20] 然而他們一到所去的異族中間，他們，從少數抄本。原文：他。就褻瀆了我的聖名，因為人這麼説他們：這些是耶和華的子民，卻不得不出離他的福地！異族幸災樂禍，令全能者名譽受損，出32:12，民14:15–16，視為流亡子民不敬。[21] 而我卻要顧惜聖名，那以色列家去到異族中間就褻瀆了的聖名。[22] 所以你告訴以色列家：

此乃主耶和華之言：

我這麼做，不是為了你們，以色列家

而是為聖名，那異族中間你們去到

就褻瀆了的聖名。參20:44，賽48:11。

[23] 我要我的偉名彰顯至聖

可它在列族備受褻瀆

被他們內中的你們所褻瀆！連説五遍"褻瀆"，罪在子民。

而列族應明白，我，乃耶和華——

主耶和華宣諭：當我藉你們

彰顯至聖，人有目共睹。呼應20:41, 28:25。

[24] 我必將你們從列族中領出，自萬國召攏，帶你們返歸故土；[25] 必灑清水在你們身上，祝聖儀式，利8:6, 14:8。洗淨一切朽木的垢污，還你們潔淨。[26] 我必賜你們一顆新心，將新的靈置於你們內中。同11:19–20。我要摘除你們肉身裏的石心，給你們一顆肉心，[27] 再把我的靈置於你們內中，使你們遵行我的典章，守我的律例，無不照辦。通過心、靈再造，成新人而承永約，16:60, 34:25注。[28] 之後，才能入居我賜你們祖宗的家園：你們當我的子民，我做你們的上帝。三申諾言，11:20, 14:11。

²⁹待我救你們出一切垢污，我必召集五穀，令其豐登，免你們遭遇饑饉；豐收與否皆天父指令，申 11:14–17。³⁰要果樹結實，田畝增產，列族中間你們就不用再擔鬧饑荒的罵名。³¹你們便會記得自己的邪路、種種醜行，直譯：不好的行為。參 16:61–63。乃至厭惡自己的嘴臉，那沉沉咎責，穢惡至極！如此，悔改取決於拯救和再造，而非獲救的初始條件。³²不，不是為了你們，我這麼做——主耶和華宣諭——你們懂嗎？羞愧吧，為自己的路向臉紅吧，以色列家！

³³此乃主耶和華之言：當我滌淨你們的咎責之日，我必使城鎮迎回居民，廢墟重新建設。再申救恩，上文 10 節。³⁴焦土之上，原先路人眼裏的寂寥荒漠，又開始了墾殖。³⁵人要説：這片地，昔日荒蕪，如今一座伊甸園似的！賽 51:3。那夷平毀棄了的城邑，竟成了堅固而可安居的要塞。³⁶而你們周圍殘餘的異族就懂了，想像外族讓出或被逐出迦南，而非歸信，加入會眾。是我，耶和華，將夷平的重建，荒蕪的還耕：我，耶和華，言出必行。同 17:24, 22:14。

³⁷此乃主耶和華之言：還有這事，我也會讓以色列家求得，給他們辦到：人口增加猶如羊群。³⁸一如獻祭用羊，如耶路撒冷節慶期間的羊兒〔之眾〕，朝聖者的祭牲。那些被毀棄的城邑必為人群所充盈——那時，人便會認得，我，乃耶和華。

枯骨

三十七章

耶和華以手覆我，受大能激勵，迷狂狀，1:3。以耶和華的靈將我攜出，放在那山谷中央——啊，遍地是骸骨！出營地，來到客壩河畔附近的山谷，3:22–23。²他引我四處走了一遭，看哪，層層叠叠堆滿了山谷，全是枯骨！似古戰場景象，先知不説／尚且不知死者是誰。³於是他説：人子呀，這些骨頭能復活麼？我説：我主耶和華啊，只有你知道。敬語，婉言此事超出了人的能力，啟 7:14。⁴他説：你向這些骨頭預言吧，説：

枯骨啊，請聽耶和華之言——

⁵如是，主耶和華訓諭這一具具骸骨：

看，待我親自將元氣存入你們

你們就復活了。元氣，rua**h**，風、靈、呼吸，造主所賜生命之氣，8:3，

⁶待我給你們貼上筋，敷上肉　創2:7。

裹上皮，再注入元氣　整個的人或一體的靈的復活，賽26:19。

你們就重生了——就認識到

我，乃耶和華。兼指懂得敬畏上帝，奉為真理與生命之源，賽11:9。

⁷於是我遵命預言。正說着預言，忽然，什麼聲音——啊，那些骨頭格格作響，ra`ash，舊譯不通：有地震。一塊塊接了起來！⁸定睛看時，一具具都生了筋，長了肉，包上了皮，只是沒有呼吸。尚未活起，但先知或可猜到是死難同胞。⁹他又道：你可向元氣預言；預言吧，人子，對元氣說：

此乃主耶和華之言：

乘着四方的風，來吧，元氣

吹在這些遇難者身上　遇難者，harugim，被殺害的。他們雖是上帝

讓他們復活！　懲罰的罪人，卻是未來新人的"素材"。但12:2。

¹⁰於是我遵命預言。元氣便注入骸骨，他們便重生了，站起，立定：啟11:11。一支極眾的大軍。復活對於以西結，一如以賽亞，是民族獨立、光復聖城，而非個人的拯救。

¹¹然後他說：人子呀，這些骸骨就是以色列全家。點題，回答先知心裏的疑問。他們一直在說：我們骨頭枯了，希望也失了，我們被割棄了！nigzarnu，形容流亡子民的痛苦和絕望，反襯先知啟示的救恩之光明，賽2:5。¹²所以預言吧，你告訴他們：

此乃主耶和華之言：

看，我要親自打開你們的墳

我的子民，將你們接出墓穴

領回以色列的故土。以色列的復活，重逢聖靈，在回返福地。

¹³而你們就要認識到

我，乃耶和華——當我打開

你們的墳，將你們接出墓穴

我的子民，¹⁴再把我的靈

存與你們內中，你們就復活了！

是的，待我為你們重啟福地　直譯：安置你們在自己土地上。

你們必將認定

我，耶和華，言出必行——

[如]耶和華宣諭。聖言之本，在所成，在改造世界或再造所造。

兩截木棍

¹⁵有耶和華之言降於我，道：¹⁶所以人子，你去拿一截木棍，｀ez，樹、木、木杆。寫上：屬猶大及跟隨他的以色列子孫。象徵南國。再拿一截木棍，寫上：屬約瑟（以法蓮之棍）及跟隨他的以色列全家。象徵北國；括號內似插注，下同。

¹⁷然後把兩截木棍接起，做一根棍子拿在手中。¹⁸若有族人問你：族人，見33:2注。這什麼意思，可否告訴我們？¹⁹你就說：此乃主耶和華之言：看，我要（從以法蓮手裏）拿過約瑟及跟隨他的以色列各支族的木棍，接上猶大的那截，兩截棍子合為一根，拿在我手中。象徵結束分裂，福地統一。

²⁰待你把寫了字的兩截木棍拿在手中，讓眾人看到，²¹即可告訴他們：此乃主耶和華之言：看，我要取回以色列子孫，從他們去到的列族，從四面八方召攏，領他們返歸故土。²²我要使他們在福地成一族，登以色列的群

山，一位君王做全體的王；大衛後裔複位為王，稱受膏者／彌賽亞，29:21，耶 23:5。**再不會裂為二族，決不會兩國對峙，**23 **更不會被各種朽木穢物和忤逆所玷污。如此我必挽救他們，滌淨他們屢屢犯下的失節之罪，**meshuboth，從諸抄本。原文：（觸罪其中的）居處，moshboth。**讓他們當我的子民，我做他們的上帝。**

24 **我的僕人大衛必做他們的王，全體歸一位牧人。**約 10:16。**我的律例他們必遵行，必守我的典章，無不照辦；**同 11:20, 36:27。25 **必入居我賜僕人雅各的福地，你們祖宗的家園。那裏，他們將定居，子子孫孫直至永遠，以大衛我的僕人為領袖，至永遠。**參 34:23–24。26 **我要同他們立平安之約，作為永約締予他們。**結束今世，普降永福，16:60, 34:25。**我還要賜他們繁衍生息，**賜，另讀：立。亞蘭語譯本：賜福。**在他們中間立我的聖所，至永遠。**27 **而我的帳幕就在他們身上；**`alehem，或作：與他們同在。帳幕，兼指神的親在、聖所，賽 33:20；暗喻神在人內。約 2:21。**我做他們的上帝，他們當我的子民。**28 **如此，列族才會承認，那祝聖以色列的是我，耶和華，當我的聖所立於他們中間，至永遠。**永約之永，連說五遍。

勾戈決戰

三十八章

忽有耶和華之言降於我，道：2 **人子呀，你臉朝勾戈，**gog，傳說中一切惡勢力的代表。**瑪勾戈之地或米設與圖巴的元首，**nasi' ro'sh，惡王將率"萬民"與以色列的救主決戰。瑪勾戈，magog，統稱小亞細亞東部蠻夷，27:13，創 10:2，啟 20:8。**預言譴責他，**3 **說：此乃主耶和華之言：**

看哪，我與你為敵了，勾戈，米設與圖巴的元首！4 **我要把你翻轉過來，拿彎鈎穿你的腮骨，**如漁夫捕魚，造主將一舉制伏頑敵，29:4。**一下拎起，連同你的大軍，戰馬和騎兵，個個全副披掛，長盾圓盾，刀劍揮舞，好強大的陣容！**5 **跟着是波斯、古實、利比亞，盾牌頭盔無數；**6 **還有哥密之師，**黑海諸部，創 10:2。**並極北陀迦瑪族的兵力——萬民聽命於你。**陀迦瑪，見 27:14 注。

⁷ 準備吧，好好準備，你麾下雄兵聚集，他們有你督戰！lemishmar，看守、監督、侍奉。七十士本：當我的衛兵。⁸ 不過距你受命，惡王不自覺地做了天父的刑鞭，一如之前的尼帝，23:24注。尚有多日；待到末後之年，今世之末，末日之初。你要討伐一國，亦即躲過刀劍、自萬民召攏而重登荒蕪已久的以色列群山的那一族。他們從異民中返來，全體在那兒安居。⁹ 但你的興兵，要如風暴襲擊，如烏雲覆蓋大地，你親率雄師，萬民追隨！豪氣干雲，天下響應，不啻後世之撒旦。

¹⁰ 如此，主耶和華有言：待到那一天，自有想法入來心裏，叫你萌生惡謀。反諷，不知末日已近，想法，debarim，來自造主，乃是訓言。¹¹ 你會說：我要進攻這片不設防的地，討伐一支寧靜安居之民。他們村鎮沒有圍牆，大門也不用插閂，先知深知子民憧憬着重返家園，過上和平生活。¹² 正好擄走擄獲，掠奪掠物！參29:19。掉轉你的手，對準廢墟裏的人居，不說廢墟已建成伊甸，36:35。蕩平這一族；他們從列族中被撿回，就又添置牛羊家產，住上了大地肚臍。tabbur，高峰、臍眼。喻山巔聖城，古人視為天下之中/臍。士9:37，耶2:6注。¹³ 示巴和狄旦，代表阿拉伯諸部。拓西的客商跟那兒的小獅都會問你：小獅，象徵貪婪。你是來擄走擄獲的？你召集大軍，就為了掠奪掠物？劫金銀、搶牛羊，狠狠地收繳一把？

¹⁴ 所以預言吧，人子，告訴勾戈：此乃主耶和華之言：不是嗎，當我子民以色列安居之日，你就要起兵，從七十士本。原文：知道。¹⁵ 離開極北老家，率同萬民，全部騎馬，大軍彙集一處？¹⁶ 是的，你要進攻以色列我的子民，如烏雲覆蓋大地。待到終了之日，即耶和華之日，13:5, 30:3。我必引你來侵犯我的福地，上帝親自帶路，設伏誘敵。出14:4。好讓列族認得我，當我在他們眼前彰顯至聖——藉着你，勾戈！

¹⁷ 此乃主耶和華之言：昔日我借手僕人以色列先知所預言的，就是你麼？修辭發問，表肯定。當年他們曾反復預言，我將引你討伐他們！耶4:6以下。

¹⁸ 待到那一天，當勾戈踏上以色列之地——主耶和華宣諭——我的鼻孔必噴發聖怒。末日決戰開始。¹⁹ 以我的不容不忠，以我的怒火，熟語，36:5–6。我起誓：當那一天來臨，以色列要被大地震攖去！套喻，賽13:13，耶50:46, 51:29。²⁰ 海裏的游魚、空中的飛鳥、野獸和地上各種爬蟲，一如芸芸世人，都要在

我面前發抖。大山崩裂，峭崖坍塌，牆垣覆地，²¹ 而我必號令群山向他揮劍——主耶和華宣諭——人人把劍對準兄弟。聯軍陷於恐慌而自亂，相互殘殺。他，指勾戈。²² 我要以瘟疫加流血將他審判，要降滂沱大雨、冰雹與硫磺烈火，懲罰他同他的聯軍，並追隨他的萬民。²³ 我的至大和至聖必彰顯，萬族眼前我必宣明。如此，人便不得不承認，我，乃耶和華。

三十九章

所以人子，你就為勾戈預言吧，說：此乃主耶和華之言：

看哪，我與你為敵了，勾戈，米設與圖巴的元首！² 我要把你翻轉了，牽着，將你拉出極北，前來討伐以色列的群山。變奏 38:3–4，寫惡王覆滅。³ 我要打斷你左手的弓，奪下你右手的箭。⁴ 在以色列的山上你必仆倒，連同你的聯軍並追隨你的萬民。有各樣鷙鳥跟野獸我要餵食，⁵ 只待你倒斃野外！熟語，賽 18:6。因為言者是我——主耶和華宣諭。⁶ 我還要降天火，燒瑪勾戈同那些安居海島的——要他們認得，我，乃耶和華。安居海島，泛指地中海周邊民族。

⁷ 我的聖名我要在以色列子民中宣告，令其純潔信仰。絕不許聖名再遭褻瀆——要列族也曉得，我，乃耶和華，至聖於以色列。少數抄本及古譯本：以色列的聖者。

⁸ 看哪，它來了，馬上就到——主耶和華宣諭：同 21:12，早有警告，勿謂言之不預。這一日，我有言在先。

⁹ 而以色列城鎮的居民就要出來，點火焚燒兵器：戰爭結束，遍地是敵軍丟下的武器。圓盾長盾、弓箭投槍和長矛。要用這些來生火，七年之久；¹⁰ 無須去野地拾柴，也不必進林子砍樹，猶如山野林木享安息年，利 25:2 以下。因為有兵器可燒。他們將擄獲那些擄過他們的，掠奪那些侵掠了他們的——主耶和華宣諭。

¹¹ 待到那一天，我要在以色列賜勾戈一處著名的墳地，著名，shem，從古譯本。原文：那裏，sham。即海東的旅人谷。ha`obrim，科普特語譯本另讀：阿跋嶺，ha`abarim。海，指死海。這山谷可阻擋旅人，雙關兼指入侵者，下文 14 節。勾戈及其軍

民要葬在那裏，人稱勾戈軍民谷。¹²而以色列家掩埋他們，清潔福地，要用整整七個月。¹³全國百姓都要來掩埋，從而名聲大震，婉言獲外族承認，是上帝賜福。當我顯榮耀之日——主耶和華宣諭。¹⁴接着，要選人定職，去各地巡視，同上文11節"旅人"。掩埋"旅人"的殘留，諷刺，喻侵略者的屍骸。七十士本及古敘利亞語譯本脫"旅人"。使土地重歸潔淨：七個月結束即開始搜尋。¹⁵巡視員到各地巡查，發現人的遺骨，即在旁立一標記，俾掘墓人拿去勾戈軍民谷埋葬——¹⁶還有一座城，也叫軍民。此句是插注，城不可考。如此，福地可復歸潔淨。

¹⁷所以人子，你就告訴各種鳥雀野獸，此乃主耶和華之言：聚攏來吧，四方集合一處，享用我為你們預備的祭餐，舊譯不通：我為你們獻祭之地。以色列群山上一場巨大的宰獻，讓你們吃肉喝血！請鳥獸加入，清掃戰場，啟19:17–18。¹⁸有勇士的肉可食，也有各國王公的血可飲，一如公綿羊和羔子、公山羊跟牛犢，清一色的巴珊肥畜。巴珊，見27:6注。¹⁹脂油要吃到飽，鮮血要喝到醉，都是我給你們備下的宰獻，²⁰擺滿我的筵席：戰馬、馭手、校讀從七十士本。原文：兵車。勇士與戰將，任你們饕足——主耶和華宣諭。

以色列復興

²¹我必向異族彰顯我的榮耀，讓萬族看到我擲下的判決，我巨手將他們按下。喻懲罰，6:14。²²而以色列家自那一天起，才會認定，意謂之前子民對此無堅定正確的認識，故信約不牢。舊譯知道，不妥。我，乃耶和華他們上帝。²³列族也就懂了，以色列家是承咎責而入囚，因為背信於我；因違忤或冒犯神明而受報應，也是異教/多神教的信條，17:20, 18:24。故我藏起臉不理他們，臉，喻恩惠，申31:17, 32:20。隨他們落入仇敵掌中，全部倒在劍下。²⁴這樣，按其垢污跟忤逆，我處置了他們，藏起臉，我一個不理！

²⁵如此，主耶和華有言：今天我要扭斷雅各的囚鎖，見16:53注。憐憫以色列全家，對聖名我不容不忠。舊譯不通：發熱心。²⁶他們將忘卻羞辱，忘卻，少數

抄本另讀：承受。及對我犯下的背信之罪，待他們終於安居家園，免於驚擾。同
34:28。²⁷待我將他們從萬民中領回，自敵國召攏，在列族眼前藉着他們彰顯
至聖，²⁸人自會明白：那使他們被擄去異族中間，後又聚集他們返歸故土，
一個也不遺漏的，是我，耶和華他們上帝。²⁹是的，對他們，我決不再藏
臉，因我必傾注聖靈於以色列家——主耶和華宣諭。傾注聖靈，喻賜生命、恩典、
智慧等，賽32:15，珥3:1，亞12:10。第三單元完。

新聖殿之異象

四十章

入囚第二十五年，以下至書末為第四單元，規劃新以色列的藍圖，為之訂憲章。年
初，當月初十，前573年4月28日。亦即京城失陷後十四年，就在那一天，耶
和華之手覆蓋了我，將我倏然攜去：²於上帝的異象中，把我帶到以色列之
地，放在了一座極高的山上；新以色列的聖殿山，將聳立於群峰之上，賽2:2，彌4:1，
啟21:10。山南，七十士本：對面。像是一座城在構築。新耶路撒冷。³他引我去到那
裏，啊，一個人，模樣似精銅閃亮，顯然是一位天使，新天地的導遊。手裏拿一條
麻繩和一根量竿，qeneh hammiddah，葦竿、木製或金屬尺，啟11:1, 21:15。站在門口。
⁴那人對我說：人子呀，你眼睛看清楚，耳朵聽好，用心領會我展示於你
的一切，因為帶你來此就是為了受啟示——凡你所見，都要向以色列家宣
告。

⁵看哪，一道牆，圍起[聖]殿。那人手裏的量竿長六肘——每肘加一掌
的長肘。約合公制52.5釐米。六肘 = 一竿 = 315釐米。他便丈量那牆：直譯：那建築。厚
一竿，高一竿。

⁶然後，來到朝東的門樓，聖殿外庭的正門；古人以東為正，出26:9注。走上石
階，量了門檻：深一竿。原文此處重複：一道檻深一竿。從七十士本刪。⁷[門內]有凹
室，ta'，門洞內，兩側供衛兵休息的小間。每間長寬各一竿，鄰室相隔五肘。由壁柱隔
開。往裏，門廊盡頭，又一道門檻，也深一竿。⁸繼而量廊房：原文另有衍文：

門内一竿，再量廊房。從諸抄本及古敘利亞語譯本、通行本刪。[9]深八肘；壁柱：厚兩肘。此為門内廊房。[10]東門的凹室，兩側各有三間，都是一般大小，壁柱亦同樣尺寸。厚五肘，上文7節。[11]他還量了門洞口：寬十肘；門洞内：即門廊。寬十三肘。[12]凹室前面安了柵欄，兩邊均[伸出]一肘；兩側的凹室，皆深六肘。一竿，上文7節。[13]凹室門對門，所以丈量門樓，從兩側凹室的後牆到後牆：校讀從傳統本注。原文：屋頂。計二十五肘。兩凹室加門洞的寬度。[14]他還量了門廊：量，校讀。原文：造。六十肘。包括臺階？七十士本：二十肘。出了門廊，便是外庭，業已圍好。校讀。此節原文有訛，無善解。[15]從大門進來，穿過門廊到内門口：五十肘。[16]門樓外牆，直譯：四周。凹室及壁柱都有可關閉的斜窗；hallonoth 'aṭumoth，窗口外窄内寬，便於防守，是城堡的設計。無確解。裏面，斜窗開口在門廊兩側，壁柱則鐫有椰棗圖案。

[17]於是，他領我進入外庭。看，廂房！leshakoth，利未人和貴族休息用餐處，耶35:2。庭院四周一溜石鋪地，石塊拼成圖案鋪地。上面修了三十間廂房。[18]那石鋪地連接各門，寬同門樓，稱作下石鋪地。低於内庭地面，相差八級臺階，下文34節。[19]他從下面的門樓前量到内庭[門]外：一百肘。

東面[量畢]，走到北面，[20]他將外庭朝北的門樓長寬都量了。[21]也是兩側各有三間凹室，加上壁柱門廊，面積與頭一座門相仿：長五十肘，寬二十五肘。見上文13, 15節。[22]斜窗、門廊和椰棗圖案，也跟東門的同樣尺寸。有七級臺階上去，内有門廊。内有，從七十士本。原文：它們前面。[23]與北門相對，一如東邊，有一門通往内庭。即内庭北門。他量了這兩座門的距離：一百肘。

[24]接着，帶我來到南面。看，朝南的門樓！他量了壁柱門廊，尺寸一如前述。[25][外牆]也有斜窗，開口在門廊兩側，[面積]與前述相仿：長五十肘，寬二十五肘。[26]有七級臺階上去，内有門廊，同上文22節注。兩邊壁柱刻着椰棗圖案，一柱一樹。直譯：這邊一，那邊一。[27]内庭也有一門朝南；自此門量到[外庭]南門：一百肘。

[28]於是，領我由南門進入内庭。唯有祭司可進，42:14, 44:19。他量了南門，尺寸一如前述。[29]凹室、壁柱和門廊，皆與前述相仿；[外牆]也有斜窗，開口

在門廊兩側：長五十肘，寬二十五肘。原文多一節：30四周有柱廊，長二十五肘，寬五肘。衍文，從部分抄本及七十士本刪。³¹門廊接外庭，壁柱刻着椰棗圖案，有八級臺階上來。

³²接着，領我到內庭東面，量了門樓，尺寸一如前述。³³凹室、壁柱和門廊，皆與前述相仿；[外牆]也有斜窗，開口在門廊兩側：長五十肘，寬二十五肘。³⁴門廊接外庭，兩側壁柱刻着椰棗圖案，有八級臺階上來。

³⁵隨後，領我到北門，量得尺寸一如前述，³⁶包括凹室、壁柱和門廊；外牆也有斜窗：長五十肘，寬二十五肘。³⁷門廊接外庭，門廊，從七十士本及通行本。原文重複：壁柱。兩側壁柱刻着椰棗圖案，有八級臺階上來。

³⁸門樓附帶廂房，可由廊房進出，廊房，'ulam，校讀從傳統本注。原文：壁柱（複數），'elim。是清洗全燔祭犧牲的地方。³⁹廊房內，兩側各安兩張[木]桌，置廂房內？供宰殺全燔祭、贖罪祭和贖過祭的犧牲。利 1:9, 4:1, 5:14 以下。⁴⁰由外面上來，進大門，北邊放兩張桌，大門北邊，另讀：北門。廊房的另一頭，也放兩張桌。在廂房外？⁴¹這樣，大門內這邊四張，那邊四張，共八張桌，用來宰[祭牲]。⁴²全燔祭，則另有四張桌，石頭鑿成，長一肘半，寬一肘半，高一肘；上面擺列宰全燔祭犧牲的刀具。總計十二張桌子，宰牲用。⁴³還有鈎子，shephattayim，另作架子。一掌長，釘於四壁；掛祭肉。但桌上也可擺祭肉。

⁴⁴門樓外，內庭設有唱詩人的廂房，唱詩人，sharim，屬利未祭司，代上 9:33。七十士本另讀：兩間，shetayim。[一間]挨着北門，朝南；一間挨着東門，七十士本：南門。朝北。⁴⁵他告訴我：朝南的這間，屬於在殿上執禮的祭司；⁴⁶朝北的那間，則歸祭壇前執禮的祭司。執禮，舊譯看守，誤。這些人是撒都子孫，撒都，zadoq，"義者"，大衛王和所羅門任命的大祭司，撒下 8:17，王上 2:35。利未人裏唯有他們可上前，侍奉耶和華。

⁴⁷他還量了[內]庭：長一百肘，寬一百肘，為正方形；石鋪地。殿前立着祭壇。

聖殿

⁴⁸於是，他領我進到殿的前廳，'ulam，同門樓的廊房，上文38節。參較王上6章，代下3章。**量了前廳壁柱**：校讀從七十士本。原文：向門廊丈量。**兩邊各厚五肘。大門寬十四肘，兩邊的門肩**：kithphoth，門兩側的邊牆。**三肘**。從七十士本。傳統本脫文：門道寬三肘一邊，三肘一邊。⁴⁹**前廳寬二十肘，深十二肘**。從七十士本。原文：十一肘。**有十級臺階上來**。十級，從七十士本。原文：順着。**壁柱前，另有立柱**，銅柱，王上7:15，代下3:17。**一邊一根**。

四十一章

接着，領我上大殿，hekal，聖所主體，安放供桌等禮器。**量了壁柱：兩邊各厚六肘**。原文此處另有：帳幕之寬/厚。係編者注，從部分抄本及七十士本刪。²**門道寬十肘，兩邊的門肩：五肘。再量殿長：四十肘；寬：二十肘**。約合公制21 x 10.5米。

³**隨即，他入內[殿]**，debir，先知不提約櫃，因異象中的耶和華親臨，將以聖山為腳凳，43:6–7，耶3:16–17。**量門道壁柱：厚兩肘。門道寬六肘，[兩邊的]門肩**：從七十士本。原文：門道寬。**七肘**。⁴**也量了殿長：二十肘；寬：二十肘，同大殿**。直譯：在大殿前面。**他告訴我**：以西結未敢入內，故需告知。**此即至聖所**。出26:33–34。

⁵**然後，就量殿牆：厚六肘。有肋房寬四肘**，量的是一樓，參下文7節。肋房，zela`，肋骨，轉指主建築的側翼、廂房，聖殿的庫室。**沿殿牆而建。**⁶**肋房分三層，每層三十間**。原文晦澀：肋房，肋房在肋房上，三和三十次。無定解。**殿牆四周有坎**，校讀從傳統本注。原文：進來。**用以支撐肋房，以免[梁木]插入殿牆。**⁷**肋房有過道連接**，此句晦澀，歧解紛紜。校讀參七十士本、聖城本及猶太社本。**越高越寬；因殿牆四圍層層收窄，所以肋房就越高越寬敞**，王上6:6–8。**如此從底層經二層到頂層**。

⁸**我還看見那殿周圍有高臺，是肋房的根基，台腳高一竿整，即六長肘**。見40:5注。⁹**肋房外牆厚五肘。沿肋房留出一片空地**，munnah，形成院落，稱"殿院"。舊譯餘地，不妥。¹⁰**寬二十肘，隔開圍繞聖殿的樓房**。見42:1以下。¹¹**由肋**

房去空地有門，南北各一，門外有通道相連，通道，meqom，空地/院子的一部分。
寬五肘。

¹² 殿院西邊有一棟建築，殿院，gizrah，切、分，轉指劃分院落等。特指聖殿周圍留出
的空地。深七十肘，寬九十肘，四面樓牆厚五肘。或是聖所庫房。

¹³ 聖殿他也量了，長一百肘；前廳、大殿、至聖所及殿牆壁柱相加所得。殿院加
上那建築與牆，也長一百肘。¹⁴聖殿正面包括殿院，寬一百肘。

¹⁵ 殿院後方那棟建築，連同兩側的樓廊，'attuqeha'，但前文只提到樓牆，無定
解。也量了，寬一百肘。

大殿內部和通內庭的前廳，¹⁶ 各處門檻窗框，並對着門檻的三面樓廊，
即南北西三面。都鑲了木板，四周一圈，從地面到窗臺——窗口有櫺子遮蔽。
從，校讀。原文：和。¹⁷ 從門道開始，或作：門的上方。殿內殿外，四壁均是一種樣
式：校讀。原文費解：丈量（複數）。七十士本無此詞。¹⁸ 雕了昂首展翼的神獸與椰棗
圖案，一株椰棗配兩名神獸。神獸有兩張臉，¹⁹ 人臉朝一邊的椰棗，小獅臉
朝另一邊的椰棗。整座聖殿，皆是如此：從地面到門道上方，滿牆雕着神
獸與椰棗。滿牆，原文：和殿牆。"殿"字標記為默念。²¹ 大殿的門柱是方形的。門
柱，或作門框。

至聖所前面，有一座木台，²² 看似祭壇：形如香壇，出 30：1-3。高三肘，長
[寬各]兩肘。壇角、底座和四壁均為木製。底座，從七十士本。原文：長。他告訴
我：此即耶和華面前的供桌。出 25：23-30。

²³ 大殿跟至聖所的門，²⁴ 各有兩扇。每扇兩頁，可以折叠；這樣可視情
況，門道全開或僅開一半。這扇兩頁，那扇兩頁。²⁵ 上面，即大殿的門上，此六
字是插注。鐫有神獸與椰棗圖案，跟牆上雕的相仿。前廳外面則搭一架木製
的頂棚。'ab，一作飛簷，無確解。²⁶ 前廳大門兩翼，聖殿的肋房，皆有可關閉
的斜窗，見 40：16 注。此句有訛，無善解。飾椰棗圖案，一如頂棚。飾/一如，意譯。
原文：和。

南北二樓

四十二章

之後，他引我出來，至庭院北路；猶言北邊。將我帶到對着殿院，跟北肋房平行的樓前。肋房，直譯：建築。² 從前面即北門一側看，門，七十士本：邊。那樓長一百肘，寬五十肘。³ 它對着那二十［肘］內庭［空地］，又與外庭的石鋪地相望，見40:17。樓廊聳立，共三層。⁴ 樓前一條向裏走的夾道，寬十肘，長一百肘；從七十士本及古敘利亞語譯本。原文：一肘的路。房門朝北。⁵ 房間則頂層較中下層略窄，因為樓廊佔了地方。⁶ 樓分三層，但並無［外］庭那樣的廊柱，未修柱廊，如外庭廂房。所以面積上，三樓房間要比一樓二樓小些。⁷ 樓外，有一道平行的牆，將樓房跟外庭隔開，長五十肘。⁸ 這樣，貼着外庭的那棟樓也長五十肘；而大殿對面的這棟，就有一百肘。兩棟之間寬十肘，便是夾道，上文4節。⁹ 樓下往東，有一入口，讓人從外庭進來，¹⁰ 而無須繞一段院牆。直譯：因院牆之寬（而不得不走北門）。

向南走，南，從七十士本。原文：東。殿院同那建築對面，參41:12。也有一處樓房。¹¹ 樓前亦有一條道，整體佈局與北樓相仿，佈局，mishptehen，裁判，轉指安排、式樣。一樣長寬，一樣的出入門道。¹² 於是，這南樓的進出，另讀：樓下。參上文9節。此節晦澀，注家莫衷一是。意譯參新修訂標準本。沿院牆往東，也有相應的夾道和入口。

¹³ 他對我說：這殿院的南北二樓，都是祝聖了的。一如聖殿。那些走近耶和華的祭司要在此分食至聖之物，祭品的剩餘，利2:3。走近，猶言侍奉。舊譯親近，不妥。並在此存放至聖之物，如素祭、贖罪祭、贖過祭，因為這是聖地。¹⁴ 祭司一經入內，不得隨便離開聖地去外庭：必須先在這兒脫下禮服亦即聖衣，另換衣袍，參44:19，利6:4, 8:30。然後才可走近屬民眾的場所。

¹⁵ 他量完了聖殿內部，便引我由東門出來，丈量四周。¹⁶ 先用量竿量東面，ruah，風，轉指方向，下同。耶52:23注。計五百肘，從諸抄本及古譯本，參45:2。

原文：五肘竿。下同。**依照量竿；**¹⁷ 接着量北面，計五百肘，_{約合公制262米。}**依照量竿；**¹⁸ 再轉南面，量得五百肘，依照量竿；¹⁹ 最後轉西面，量得五百肘，依照量竿。²⁰ 就這樣，他四面丈量了[聖殿]之圍牆：長五百，寬五百；_{聖殿外庭加四周石鋪地，為一正方形。}**如此劃分了聖俗。**_{劃分，舊譯分別，誤。參 22:26, 44:23。}

耶和華重返聖殿

四十三章

於是，他帶我去到門口，那朝東的大門。_{正門，40:6。之前（異象中）救主出離聖居，亦是走東門，10:18–19, 11:22–23。}² 看哪，以色列上帝的榮耀，正由東路而來！_{路，猶言方向，42:1。}其響聲恍若巨浪喧囂，大地在他的榮耀裏一片光華。³ 這異象同先前所見，他來傾覆京城的異象無異，_{他，從六抄本及西奧多提本、通行本。原文：我。}又像我在客勒河畔見過的那番異象。_{原文句首、句中重複"異象"，似誤抄，從七十士本及古敘利亞語譯本刪。}趕緊，我俯伏在地。_{敬拜至尊，1:28, 3:23。}

⁴ 耶和華的榮耀遂由朝東的大門進了聖殿。⁵ 隨即有靈將我舉起，送至內庭，看，耶和華的榮耀已充盈大殿！_{王上 8:10–11。}⁶ 只聽得殿上傳來話音，雖則[那]人還站在我身邊；_{那人，即導遊天使，40:3。}⁷ 那聲音道：_{直譯：他說。話音/聖言是陽性名詞。}

人子呀，此是我寶座的台基，我歇足的腳凳；_{直譯：我腳掌之地。詩 99:5。}我要在此入居以色列子孫，至永遠。而以色列家及其君王，就再不會用淫行和君王的死屍來玷污我的聖名。_{死，從諸抄本。原文：其高丘。淫行，喻拜異神。}⁸ 而曾經，他們緊挨我的門檻安自家門檻，人的門柱同我的門柱並立，_{所羅門聖殿挨着王宮，聖殿南牆即王宮北牆，由衛士門相連，王下 11:19。}我跟他們僅一牆之隔——那樣犯穢行，玷污聖名！_{聖殿連接王宮，視為同一住所/帳幕，故國君去世，可使聖居不潔，民 19:14。}所以我才一聲鼻息，吞了他們！_{天父怒食子民，13:13, 15:7。}⁹ 現在，就讓他們把淫行和君王的屍首從我面前移除，然後迎我入居，至永遠。_{道出重建聖殿的目的。}

¹⁰好了，人子，你給以色列家描述一下聖殿，讓他們量一量尺寸，為自己的咎責無地自容。新天地的實現，以子民悔改為前提，18:21, 33:12注。¹¹若是他們愧對自己的所作所為，你就把聖殿的設計、構造、進出口和通道安排，以及有何規定，一切計劃與各種法度，都告知他們。而且要寫下，讓他們看，以使人遵循全部計劃，一切按規定行事。¹²此乃聖殿之法：torah，由以西結所屬祭司集團傳佈，並負責解釋，44:23。此山巔四界之內至聖。山巔，提喻新耶路撒冷，40:2。聖殿之法如上。

祭壇

¹³祭壇，位於內庭中央，40:47。以每肘加一掌的長肘測量，見40:5注。如下：壇肚[厚]一肘，壇肚，heq，即基座。四邊寬一肘，帶一條一拃深的槽。拃，zereth，張開手掌，拇指到小指尖的長度；一拃等於半肘，出28:16。祭壇的高度：gobah，校讀。原文：凸起，gab。參16:24注。¹⁴從大地之肚到下磴階，又名小磴階。大地之肚，喻壇肚。高兩肘，寬一肘；從小磴階到大磴階，高四肘，寬一肘；¹⁵壇頂，har'el，神山，美稱祭壇。賽29:1注。高四肘。壇頂有四隻犄角突起，形制似摩西的全燔祭壇，出27:2注。¹⁶壇面為四方形，長十二肘，寬十二肘。¹⁷[大]磴階長十四肘，寬十四肘，四方形；可知小磴階長寬各十六肘。四邊帶一條半肘深的槽，參上文13節注。[一如]壇肚，寬一肘。祭壇從肚至頂，共四階，高十一長肘，約5.7米，故須有石階上下。東面則是臺階。

¹⁸於是他對我說：天使傳旨，上文6節。人子呀，此乃主耶和華之言：祭壇之規定如下：當祭壇建成，準備獻全燔祭、灑血之日，¹⁹你要取一頭公牛犢作贖罪祭，交給利未祭司，即那些來我面前、侍奉我的撒都子實——主耶和華宣諭。撒都，見40:46注。²⁰要蘸一些牛血，抹那四隻犄角、磴階四角和四邊的槽，為之取潔而成潔淨之禮。出29:36-37，利8:14-15。²¹而後，將那贖罪祭公牛[犢]牽出聖地，在聖殿[所轄]指定處燒化。

²²次日，要獻一匹無殘疾的公山羊，作贖罪祭，使祭壇潔淨，一如獻公牛[犢]之禮。²³禮畢，再獻一頭無殘疾的公牛犢，並一匹取自羊群的無殘疾公綿羊。²⁴須送至耶和華面前，由祭司撒好鹽，近東古俗，鹽可防腐，祭禮與締約常用。利2:13，民18:19。作全燔祭獻與耶和華。²⁵七日之久，你要每天一匹贖罪祭公山羊，並公牛犢、取自羊群的公綿羊各一，均無殘疾；²⁶如此，一連七日，為祭壇取潔，祓淨而使之歸聖。直譯：手滿。擬人，比作祭司手舉犧牲，受職歸聖，出28:41。

²⁷一周禮成，自第八天起，祭司即可將你們的全燔祭平安祭獻上祭壇，而我必悅納你們——主耶和華宣諭。

東門關了

四十四章

他又把我帶回聖所外門，即朝東的那座；聖殿正門，43:1。仍是天使引路。門卻關了。²耶和華對我説：這門要閉着，不可打開，誰也不得由此入內。因為耶和華以色列的上帝走過此門，故必須關閉。至聖之禁。³唯有王公，nasi'，以西結喜歡這樣稱以色列的王，12:10。以其王公之身份，可坐進來，在耶和華面前進食。食平安祭的祭肉等祭品，43:27，利7:15，申12:17–18。但他進出皆應走門內廊房。正門已閉，由外庭進入，40:9。

聖殿之法

⁴他領我由北門來到殿前。回到內庭。抬眼望去，啊，耶和華的榮耀充盈耶和華的殿！趕緊，我俯伏在地。同43:3。⁵耶和華對我説：人子呀，你用心領會，眼睛看清楚，耳朵聽好我傳授於你的一切：再三囑咐，40:4。耶和華的殿有何規定，及各種法度。尤其是誰可上殿，誰禁入聖所，直譯：對殿的入口，在聖所一切出口。無確解。要當心。⁶你可告訴以色列家那幫抗命的，此乃主耶和華

之言：你們一次接一次穢行，還犯不夠嗎，以色列家？⁷竟讓異族子孫，那心與肉都留包皮的，進我的聖所，褻瀆我的殿；依聖法，異教徒不潔。而你們照舊給我獻食，又是脂油又是血——公然違背我的約，公然，直譯：你們。從古譯本。原文：他們。搞你們的那堆穢惡！⁸更有甚者，自己不執禮事聖，卻派了別人入聖所執禮，玩頂替！或指家生的外族奴隸，申29:10。

⁹此乃主耶和華所言：凡異族之子，心與肉留包皮的，不包括皈依的外族？皆不得進我的聖所——以色列子孫中間的異族，一律不准。新聖地乃子民專有。

¹⁰可是利未人，當初以色列陷於迷途，拋下我去追一堆朽木時，他們也棄我於不顧；約西亞改革禮儀，前622~609，禁拜異神，獨尊耶京聖殿之前，各地神龕曾有利未人執禮。所以必承咎責。¹¹他們仍可入聖所服事，看管殿門，在殿內當班；還可為子民宰全燔祭祭牲跟別的犧牲，替眾人盡職服務。接替被逐或解僱的外族。¹²只因他們曾在朽木面前服事這些人，讓以色列家絆跤，跌入罪孽，所以我舉手[詛咒了]他們——主耶和華宣諭——他們必負咎責。舉手，提喻發誓、許諾、詛咒等，20:5注。舊譯不通：向他們（利未人）起誓。¹³絕不許他們挨近我，舊譯不妥：親近我。當我的祭司，或接近任何一件我的聖物或至聖之物；祭品、聖所禮器等。相反，他們要為犯下的纍纍穢行而承辱。¹⁴故我只許他們看守聖殿，負責各樣雜務及殿內應做的一切。民18:3–4。

¹⁵至於利未祭司，即撒都子孫，耶京祭司奉撒都為祖，上溯亞倫父子，代上5:29以下。那些守護了我的聖所禮儀的，當以色列子孫拋開我而迷路之時：他們可以繼續來此侍奉我，就是立於我面前，獻上脂油與血——主耶和華宣諭。¹⁶唯有他們可進我的聖所，唯有他們可走近我的供桌，見41:22。侍奉我，為我執禮。¹⁷但入來內庭之門，須換上亞麻衣袍，而不得身着羊毛，在內庭各門或庭內當班。¹⁸應纏亞麻包頭，穿亞麻褲子，出39:27–29。腰間所束不可令人出汗。直譯：不可用汗束（腰）。汗液視為不潔，或是比附精液，利15:16–18。¹⁹如去外庭眾人那裏，原文"外庭"重複兩遍，從諸抄本及古譯本刪其一。應脫下[祭司]禮服，置於聖房內，另換衣袍，參42:14。以免民眾因[觸碰]聖衣而歸聖。俗眾不得觸摸聖物，逾越聖俗界限；違者死罪，獻歸上帝，出29:37，利6:11。²⁰不可剃光頭，也不可蓄長

絡，頭髮應修剪合度。利21:5。²¹ 祭司入內庭，一概不得飲酒。利10:9。²² 不得娶寡婦或棄婦為妻，只可從以色列家的子實中迎娶姑娘，參9:6注。或祭司的遺孀。利21:7,14。

²³ 他們須教導我的子民區分聖俗，懂得潔與不潔。呼應22:26, 42:20。²⁴ 遇有爭訟，須立於審判之席，祭司有調解糾紛、主持公道之責。即以我的律例審斷；並就我的一切節期謹循聖法典章，守安息日為聖日。

²⁵ [祭司]也不可靠近死者，以免沾染不潔，但父母、子女、兄弟及未出嫁的姐妹除外。利21:1–4。²⁶ 取潔之後，行潔禮祛污。應再數七日給他；²⁷ 當他重返聖地內庭，在聖所當班之日，須獻上贖罪祭——主耶和華宣諭。

²⁸ 他們別無產業，從通行本。原文：此於他們為產業。他們的那一份在我；民18:20，申10:9, 18:1–2。以色列內莫給他們分家業，他們的家業在我。²⁹ 素祭、贖罪祭和贖過祭他們都可以吃，凡以色列所獻禁物，ḥerem，神咒，轉指無條件許願歸聖之物，利27:28。皆歸他們。³⁰ 一切初熟之果，挑頭等的歸祭司，一如你們舉獻的一切獻儀。同樣，新揉的麵團，'arisoth，砂粒、穀粒。引申從七十士本。頭等的一份，也給祭司；出23:19，民15:20。如此，使你們闔家蒙福。你們，從七十士本。原文：你。

³¹ 凡自死或被野獸撕了的鳥獸，祭司概不許吃。同子民禁食之律，4:14，利7:24。

分地

四十五章

將來你們拈鬮劃分地產，應獻上一片地，歸聖耶和華：參較48:8以下。長二萬五千[肘]，寬二萬[肘]。從七十士本。原文：一萬。四界之內皆為聖產，² 其中聖所佔地一方，長寬各五百 [肘]，聖殿圍牆內的面積，42:15–20。周圍五十肘為郊野。³ 上述面積，應先量出一片給聖所，長二萬五，寬一萬，歸於至聖。⁴ 此乃國之聖產，屬祭司，俾其在聖所執禮，近前侍奉耶和華；既是聖所之聖地，又是[祭司的]住處。⁵另一片，北邊。也長二萬五，寬一萬，做利未人的家業，俾其在殿內當班，[建]村鎮入居。從七十士本。原文晦澀：二十間房。

⁶然後，緊鄰歸聖之地，南邊。撥一片給[聖]城，寬五千，長二萬五。這樣聖地加聖城，成四方形，長寬各25,000肘/13公里，48:20。這份產業屬以色列全家。

⁷王公之地，放在歸聖之地與屬城的產業兩翼，連着聖地[聖]城，由東西兩邊向外延伸，長度與[各支族的]那份相若，從西界至東界，⁸橫貫福地。將福地分為南北兩半，聖地與王公的產業居中，48章。此即他在以色列的產業。而我的王公必不再欺壓我的子民，卻要按支族為以色列家分地。

⁹此乃主耶和華之言：夠了吧，rab-lakem，斥其殘暴統治。舊譯不通：應當知足。以色列的王公！停止你們的強暴與踐踏，轉而秉公行義，耶6:7, 22:3。我的子民不能流離失所——主耶和華宣諭。

平準

¹⁰秤，必須平準，zedeq，義、公平，利19:35-36。一筐一罐皆平準無欺。筐，'ephah，乾量單位，約合公制10-20升，出16:36；罐，bath，液量單位，賽5:10。¹¹筐、罐的容量應相等，一罐盛一馱的十分之一，十分之一馱裝一筐；稱量以馱為準。馱，homer，乾量單位，源於毛驢的負載，利27:16。¹²一舍克等於二十毫。約合公制11.4克，4:10注。二十舍克加二十五舍克加十五舍克，是你們的一斤。maneh，通常合50舍克，sheqel，或1,000毫，gerah。

獻儀與節期

¹³你們舉獻的獻儀如下：小麥每馱獻六分之一筐，大麥每馱也獻六分之一筐。麥子取1/60奉獻。¹⁴油的應獻之份，以罐論：每桶或每十罐獻十分之一罐（一桶等於一馱或十罐）。桶，kor，液量或乾量單位，王上5:25。橄欖油取1/100

奉獻。¹⁵ 羊羔，則出自以色列豐沃的牧場，mashqeh，澆灌，轉指田地豐沃。每兩百隻羊裏取一隻，獻作素祭、全燔祭和平安祭，為眾人贖罪——主耶和華宣諭。¹⁶ 此獻儀，由全國子民交與以色列的王公。

¹⁷ 王公之責，便是在節期、出 23:14–17。月朔、民 28:11–14。安息日及以色列家的一切節慶日，獻全燔祭、素祭和酹祭——無論贖罪祭、素祭、全燔祭、平安祭，皆由他預備，為以色列家贖罪。

¹⁸ 此乃主耶和華之言：正月初一，你要牽一頭無殘疾的公牛犢來，給聖所取潔。行潔禮，43:20。¹⁹ 祭司須取贖罪祭的血，抹聖殿門柱、祭壇磴階的四角和內庭的門柱。²⁰ 同樣的獻祭，當月初七，七十士本：七月初一。為失誤或無知的人再做一次，贖過失之罪，利 4:13–14，民 15:22 以下。給聖殿袪罪。

²¹ 正月十四，你們要守逾越節，一連七日吃無酵餅。²² 當天，王公須為自己，為全國子民，預備一頭公牛〔犢〕獻贖罪祭。²³ 節期一周，他須向耶和華獻全燔祭：每天公牛〔犢〕七頭、公綿羊七匹，無殘疾，並每天公山羊一匹，做贖罪祭。²⁴ 配素祭，利 2 章。則一牛配〔精白細麵〕一筐，一羊也配一筐，每筐〔細麵〕配油一壺。hin，液量單位，約合公制 7.5 升，出 30:24。

²⁵ 同樣，七月十五守節，住棚節，sukkoth，又名入倉節，利 23:34。也是一連七日，照此預備，獻贖罪祭、全燔祭、素祭和油。

王公

四十六章

此乃主耶和華之言：內庭朝東的大門，正門。參 44:1。六個勞作日須關閉；僅在安息日敞開，一如月朔。² 王公應由外面經廊房進門樓，到門柱旁站立。接着，由祭司替他獻上全燔祭和平安祭，他便在門檻內敬拜，然後退出。在門樓內拜，不踏足內庭，45:17。那門天黑前不得關閉。古人以黃昏計日，創 1:5注。³ 每逢安息日與月朔，國中百姓要在大門口向耶和華敬拜。百姓，指國王、祭司和利未人之外的俗眾。

⁴安息日，王公所獻耶和華的全燔祭包括：民 28:9-14。羊羔六隻，公綿羊一匹，均無殘疾。⁵同獻素祭：公綿羊配一筐〔精白細麵〕，羊羔可視財力而配祭；酌情處理，照顧貧弱，利 14:21-22。財力，直譯：他手的禮。每筐〔細麵〕配油一壺。⁶月朔，獻公牛犢一頭，羊羔六隻，公綿羊一匹，均無殘疾；⁷並預備素祭：一牛配一筐〔細麵〕，一羊也配一筐，羊羔則視財力而定；每筐〔細麵〕配油一壺。

⁸王公入來，應走大門的廊房，指外庭東門，44:3。並原路退出。⁹國中百姓每逢節慶來耶和華面前，走北門進來敬拜的，應從南門出；走南門進來的，則從北門出。外庭人群擁擠，這樣安排較好維持秩序。不可原路折回，而應走對門出去。直譯：向前直行而出。¹⁰王公須在民內，一如神在人內。他們來，他也來；他們去，他也去。

¹¹節期與節慶日的素祭：一牛配一筐〔細麵〕，一羊也配一筐，羊羔視財力而定；每筐〔細麵〕配油一壺。

¹²王公預備自願祭，無論全燔祭平安祭，凡是向耶和華自願奉獻，相對於還願的獻祭。就要給他敞開朝東的大門，俾其照安息日的要求預備全燔祭或平安祭。獻畢，退出，門再關上。

¹³此外，他還應預備一隻一歲大無殘疾的羊羔，他，從少數抄本及古譯本。原文：你。作全燔祭獻給耶和華：每天早晨奉獻。¹⁴早晨同獻的還有素祭，即六分之一筐細麵，並三分之一壺油（用於和麵）。此乃耶和華的素祭，此律永世不移。¹⁵如此羊羔、素祭與油，須天天預備，晨晨供奉，永世之長。永世，校讀。原文：全燔祭。

¹⁶此乃主耶和華之言：王公若是將產業賜予任一兒子，那產業便歸子裔，做其繼承之基業。¹⁷但如果受賜的是一個奴僕，則產業歸他至釋奴之年；第五十年，習稱禧年，利 25:8 以下。之後得返還王公。返還，校讀從七十士本。原文：結束。王產唯獨王子可繼承。財產是大衛王室永續的一項必要條件。

¹⁸王公不可強奪民產，霸佔民地。他傳兒子的須是王產；限制王權。我的子民，一個也不能流離失所！重申君主倫理，45:9。

灶房

¹⁹於是他領我由［北］門旁的入口進來，天使繼續導遊，42:9, 12。至聖地的祭司北樓。看，那兒，西邊［夾道］盡頭有一處所。或是一院落，南北各一，42:4。
²⁰他對我説：這地方是給祭司煮贖過祭和贖罪祭，並烤素祭的，祭司煮食祭肉處。免得拿去外庭，有民眾觸聖之虞。見44:19注。

²¹繼而，又引我到外庭，把四角走了一遍。看，外庭四角各有一座院子。先前測量，未留意角院，42:15-20。²²這四座庭角小院，小，從七十士本。原文訛：香。另讀：無屋頂，《拉比法典／丈量篇》2:5。都是長四十［肘］，寬三十，四者同樣尺寸。者，原文（帶默念標記）：角。參41:20注。²³四小院皆有圍牆，牆腳安一排爐灶。²⁴這些是灶房，他説，那些殿內當班的在此煮民眾奉獻的犧牲。當班的，指利未人，44:11。

聖河

四十七章

然後，領我折回殿門。看哪，一股泉水自大殿的門檻下湧出，向東流去。因聖殿面東，象徵永生永福，珥4:18，亞14:8，啟22:1以下。那水是從殿的右側淌下，右側，即南面，4:4注。經過祭壇南邊；²他卻引我出北門，從外面繞到朝東的大門：看，水往右側汩汩地出門去了。

³那人便出去，手拿準繩向東走，量了一千肘，讓我蹚過去：水深及踝。⁴接着，又量一千［肘］，讓我蹚：水深及膝。再量一千，讓我蹚：水深及腰。⁵再量一千，水就成了河，沒法蹚了；而且大水漲起，除非游泳，這河是過不去的。⁶於是他説：看到了嗎，人子？説着，帶我退回河岸。

⁷上來一看，啊，［聖］河兩岸已經綠樹成林！⁸他便為我解釋：這水流向東部，下到河谷，`arabah，此處指約旦河谷。灌入［鹽］海，那死水之海就得了醫治。喻變清。死水，hahamuzim，發酵、污濁。校讀從傳本注。原文重複：流入，hammuza'im。

⁹ **那條河無論流到哪裏**，河，單數從古譯本。原文雙數。**都有芸芸生靈遊動其中；魚兒極豐，因河水滋養萬物**，直譯：得醫治／康復。**凡流經之處，必生機勃勃。**¹⁰ **岸畔站着漁夫，從小羊泉到雙犢泉**，`en `eglayim，地點不詳。小羊泉，`en gedi，死海西岸一富饒綠洲，歌1:14。**一張張漁網撒開。魚，總有千般萬種，不輸大海的魚群。** 大海，即地中海。¹¹ **但沼澤城灘不會得醫治，要留着產鹽。**¹² **河的兩岸則遍植果樹，綠葉不枯，佳果不斷，每月一茬，因為這水源自聖所**：耶17:8、啟22:2。**不僅果子可食，葉子還能治病。**

福地之疆界

¹³ **此乃主耶和華之言：此為福地之疆界**，以西結所見新天地的疆域，參較民34:1–12。**將來你們分給以色列十二支族，約瑟應得雙份**，指其二子以法蓮和瑪納西，創48章。利未人領有聖職，不參與分地，45:5。¹⁴ **你們彼此要均等。我曾舉手應許你們祖宗，這片地必歸你們承業。**¹⁵ **福地疆界如下：**

北界，自大海起，地中海。**由繃城經哈馬隘口**，理想中的迦南北界，大馬士革以北210公里處，民13:21。哈馬，從七十士本移自下節。繃城，hethlon，地點不詳。**到齊達達、**位於大馬士革東北，民34:8。¹⁶ **貝羅塔，及大馬士革與哈馬地界之間的西伯連，直至黑嵐邊境的中營。** hazer hattikon，一說即下節的雲營。黑嵐，hawran，敘利亞南部山地，多玄武岩，故名。¹⁷ **如此，疆界由海濱至雲營，** hazar `enon，48:1，民34:9。**在大馬士革以北，**原文此處重複"北"字，從傳統本注刪。無確解。**以哈馬為界。此是北界。**

¹⁸ **東界，〔始於〕黑嵐同大馬士革之間；基列山和以色列之地間則以約旦河為界，至東海，** 即鹽海／死海。放棄河東，幅員較傳統的應許之地窄小。**再到椰棗莊。** tamar，校讀從七十士本及古敘利亞語譯本。原文：丈量（至）。**此是東界。**

¹⁹ **南界，從椰棗莊向南，到加迪斯吵架泉，** meribath qadesh，民20:13，申32:51。**再沿河谷至大海。** 河谷，指埃及河，迦南的傳統邊界，民34:5，賽27:12注。**此是南界。**

²⁰ **西界，則以大海為界，〔往北〕至哈馬隘口一線。** 直譯：至／對面。**此是西界。**

²¹ 這片地你們分配，須按照以色列各支族。²² 要拈鬮劃分產業，歸於自己，並你們中間寄居、生子的客籍。<small>gerim，舊譯不妥：外人。</small>你們看他們，應與以色列子孫的族人無異；<small>既已皈依，一視同仁，出 12:48，利 19:34。</small>他們也要拈鬮，同你們一起，在以色列各支族承業：²³ 依其所寄居的支族，就地給他產業——主耶和華宣諭。

劃分福地

四十八章

眾支族[所得]按名字如下：

北端，取道繃城經哈馬隘口，至雲營（與大馬士革交界、北倚哈馬），從東到西，<small>校讀從七十士本。原文脫字：東邊，海。</small>是丹的一份。<small>直譯：丹一。下同。</small>

² 挨着丹的地界，從東到西，是亞設的一份。

³ 挨着亞設地界，從東到西，是拿弗他利的一份。

⁴ 挨着拿弗他利地界，從東到西，是瑪納西的一份。

⁵ 挨着瑪納西地界，從東到西，是以法蓮的一份。

⁶ 挨着以法蓮地界，從東到西，是呂便的一份。

⁷ 挨着呂便地界，從東到西，是猶大的一份。<small>以上為北方七支族。</small>

⁸ 接着猶大地界，從東到西，便是你們獻上的那片地：<small>即聖產，45:1。</small>寬二萬五千[肘]，<small>南北距離，下文稱"長"。</small>長短跟各份相同，從東到西；聖所立於中央。<small>舊譯不通：聖地當在其中。</small>⁹ 獻歸耶和華的那一份，要長二萬五，寬二萬。<small>校讀從傳統本注。原文：一萬。</small>¹⁰ 這歸聖之地屬祭司者，北[長]二萬五，西寬一萬，東寬一萬，南長二萬五；中央是耶和華的聖所。¹¹ 這祝聖祭司，出於為我執禮的撒都子孫，<small>見 40:46 注。執禮，參 44:15–16。舊譯混亂：守我所吩咐的。</small>他們沒有走以色列子孫的歧途，不像那些利未人迷路。¹² 所以他們要從至聖之地分

得獨有的一份，挨着利未人地界。¹³ 而利未人那一份，緊鄰祭司地界，也是長二萬五，寬一萬——整幅[地]長二萬五，寬二萬。從七十士本。原文：一萬。¹⁴ 此乃福地之頭等，舊譯不妥：初熟之物。不可變賣、交換、轉讓，一寸也不行，因為已歸聖耶和華了。

¹⁵ 那餘下的面積，寬五千，[長]二萬五，便作俗用，建城蓋房，規劃郊野。migrash，城郊公地、牧場。參45:2。城在中央，以西結的新耶京在聖殿之外，附屬於後者。啟21:22。¹⁶ 丈量如下：北面四千五，南面四千五，東面四千五，西面四千五。¹⁷ 城有四郊，向北二百五，向南二百五，向東二百五，向西二百五。加上四郊，長寬各2.6公里。¹⁸ 餘者與所獻聖地平行，東長一萬，西長一萬，連着聖地。其出產專供城內做工的人食用，¹⁹ 耕作則由以色列各支族出人，來京城服務。²⁰ 這樣，所獻歸聖之地加上建城的基業，成一方形：長寬各二萬五千[肘]。參45:6注。

²¹ 這歸聖之地與建城基業的兩翼所餘，歸王公。東翼，qadimah，校讀。原文：所獻之份，terumah。七十士本及古敘利亞語譯本脫。[寬]二萬五，至東界，西翼，[寬]二萬五，至西界；皆與[支族]之份平行，歸王公。其中心為歸聖之地與聖殿聖所，²² 包括利未人產業，加上建城的基業，從中間隔開王公之地。參45:7。王公所屬，在猶大跟本雅明這兩界之間。以下是南方五支族。

²³ 至於其餘支族：從東到西，首先是本雅明的一份。

²⁴ 挨着本雅明地界，從東到西，是西緬的一份。

²⁵ 挨着西緬地界，從東到西，是以薩迦的一份。

²⁶ 挨着以薩迦地界，從東到西，是西布倫的一份。

²⁷ 挨着西布倫地界，從東到西，是迦得的一份。

²⁸ 迦得的南界，則以椰棗莊向南到加迪斯吵架泉，再沿河谷至大海為界。同47:19。²⁹ 此即要你們拈鬮劃分，給以色列各支族為業的福地，份額如上——主耶和華宣諭。

城門

³⁰那城的出口如下：北面，量得四千五，³¹城門取以色列支族之名，啟 21:12–13。有北門三座：一呂便門，一猶大門，一利未門。猶大居中，面朝聖所，尊位第一。³²東面，四千五，也有三門：一約瑟門，一本雅明門，一丹門。本雅明（原領地包括聖城）居中，約瑟居左，暗貶北國。³³南面，量得四千五，有門三座：一西緬門，一以薩迦門，一西布倫門。³⁴西面，四千五，也有三門：從一抄本及七十士本、古敘利亞語譯本。原文：他們的門。一迦得門，一亞設門，一拿弗他利門。³⁵四圍總計：一萬八千[肘]。

而城名，自那天起，要稱“耶和華在那裏”。救主歸來，重建聖居，10:18–19。

二〇一八年十二月初稿，一九年三月定稿

何西阿書

一章

　　耶和華之言，降於裴利之子何西阿，hoshea`，"拯救"，北國先知，活躍於公元前 750 年至以色列覆滅前夕。時值烏齊亞、約坦、珓哈、希士迦為猶大王，賽 1:1。約阿什之子增民為以色列王。增民，yarob`am，二世，前 788~747 在位，以撒瑪利亞城為國都。

歌美

　　² 開始，耶和華藉何西阿降言，擢其為先知。耶和華吩咐何西阿：去，娶一個賣淫的為妻，跟淫婦生孩子！象徵以色列對上帝不忠，辜負了天父寵愛，賽 1:21，耶 2:2，結 16, 23 章。這片地除了淫亂還有什麼？譴責當權者容忍迦南異教，拜祭大神巴力。出 34:15 注。背棄耶和華！

　　³ 於是，他娶了狄布林的女兒歌美，gomer，"結束／完成"。她懷孕誕下一子。⁴ 耶和華道：給他起名"帝植"。yizre`e'l，牙哈王行宮所在，近麥吉度古戰場，亞 12:11。因再過片刻，我必找耶胡家追討帝植的血債，耶胡，yehu'，北國將軍，前 842 年在帝植篡位，殺牙哈王七十子裔及王后夷色貝，王下 9:30–10:11。把以色列家的王權了結。⁵ 待到那一天，我必折斷以色列的弓，提喻戰爭。就在帝植山谷。

　　⁶ 第二胎得一女。[耶和華]道：給她起名"不憐"。lo' ruhamah，人名警世，一如以賽亞二子，賽 7:3, 8:1–4。因我再不會憐憫以色列家了，決不扶起他們。喻赦免，賽 2:9，民 14:19。另讀如欽定本：徹底清除他們。⁷ 相反，此節似補注，撒瑪利亞覆亡後，弟子逃難到南國所傳。猶大家必蒙垂憐而獲救——拯救不靠弓劍爭勝，不靠戰馬騎兵，靠的是耶和華他們的上帝。詩 20:7。

· 455 ·

⁸不憐斷奶後，〔歌美〕又懷孕誕下一子。⁹〔耶和華〕道：給他起名"非民"。lo' `ammi，象徵天父摒棄罪民。因你們俱非我的子民，我也不是你們的〔上帝〕！

海沙

二章

但以色列子孫終將多如海沙，無法斗量，不可勝數。至高者踐諾，創22:17, 32:13。就在被斥為"非我子民"的去處，他們必稱"永生上帝的兒女"。羅9:26。

²而猶大子孫跟以色列子孫要匯攏來，為自己立一位頭領；企盼南北統一，消弭子民間的宗教分裂。他們將從地上爬起：意謂擺脫苦境，領有福地。無確解。哦，大哉，上帝種植之日！救主決勝之日，1:5。通行本此處分章，節數減二。

³然後，叫你們兄弟"我的子民"，回到亞伯拉罕的上帝的懷抱，正名，1:6, 9。稱你們姐妹"喜蒙垂憐"。

你要叫我丈夫

⁴控訴吧，控訴你們的母親　擬人，指以色列。天父向兒女發話。

因為她不是我的妻了　賽3:13，耶2:9，彌6:1，詩50:4。

我也不是她的丈夫。古代近東的休妻證言，或屬法定程序。

讓她卸掉臉上的淫妝　兼喻異教首飾、護符紋身之類，下文15節。

把乳溝的姦情除去！

⁵免得我將她剝光，人就像　懲罰通姦者，賽47:2-3，耶13:22，

在出生之日，又如荒野裸露　結16:37，鴻3:5，啟17:16。

一片乾涸之鄉──我叫她渴死！

⁶她的兒女，我也不憐憫　雙關，聯想先知女兒名，1:6。

因為是淫亂所生。

7 因為他們母親當了妓　即 "廟妓"，4:14，貶稱迦南女祭司。

那懷上他們的，行事無恥

居然聲稱：我要跟從我的情人；指異教神祇，如掌生育的巴力。

我的麵餅和水，羊毛與麻

油跟飲料，都是拜他們所賜。

8 所以看哪，我必以荊棘擋她的道

豎一面牆，讓她找不見路；她，校讀從古譯本。原文：你。

9 讓她怎麼追，也追不上情人

再尋也尋不着他們，只好說：

我得回歸我頭一個丈夫了　依信約，"復婚" 也是上帝的義務。

真的，從前多好，哪像我現在？

10 她還不明白，是我給的她的五穀

新酒和油，讓她金銀堆積——　豐裕生誘惑，申 8:12–18。

她卻拿去供了巴力！人容易以成敗論英雄，相信福澤來自大神。

11 所以收穫之時，我必收回我的五穀

季節一到，必拿走我的新酒

連同給她蔽體的羊毛與麻。

12 如今，我要裸露她的羞處　nabluth，舊譯醜態，不確。

當着她情人的眼睛——　賽47:3，結16:37。

看誰能救她，從我手中！諷刺，人在救主手中，如何解救？

13 我要取消她所有的歡樂

節期月朔安息日，並她的一切盛會。因儀式摻雜了異教因素。

14 還要毀她的葡萄和無花果樹　象徵富足安樂，王上5:5。

因為她說：這是情人們送我的纏頭。嫖客給的財物，賽23:17。

待我廢果園為荒林

給野獸啃食，¹⁵我必追究她

燒香膜拜巴力的日子：

她鼻環項鍊，濃妝豔抹

去跟從她的情人，把我忘記！耶 2:32。

——耶和華宣諭。

¹⁶所以看哪，**我要好好引誘她**　兼指勾引、誘姦，耶 20:7 注。

領她進荒野，向她的心　荒野，象徵以色列出埃及或信仰重建。

說話。¹⁷**那兒，我會重起她的葡萄園**

變禍谷為希望之門。禍谷，在耶利哥城附近，約書亞剪除不忠處。

那兒，她必應答，宛如少時　書 7:24–26。

如從埃及上來之日。古人以聖城為大地之"臍"，來為上，離為下。

¹⁸**待到那一天——耶和華宣諭——**

你要叫我"丈夫"，不許再稱我"巴力"。ba`al，主，大神名。

¹⁹**我必從她口中清除巴力之名**　丈夫，'ish，男人。參創 4:1。

將那名號永遠遺棄。直譯：再也不記得。

²⁰**待到那一天，為了他們**　即以色列；移動視角，轉第三人稱。

我必與野獸，與空中的飛鳥

並地上的爬蟲立約；造主恢復同挪亞父子及眾生立的彩虹之約。

必折斷弓劍，讓大地息戰　創 9:8 以下，利 26:6，結 34:25。

人可安睡。

²¹**我必聘你**　迎回罪妻，如聘童女。

永遠歸我；必以正義公平仁愛

與憐憫下聘，²²**是的，必以信實**　'emunah，救主不忘信約義務。

下聘而把你迎娶，使你認定　猶言忠於、信從。
耶和華。

23待到那一天，我必應允　承諾結束藏臉，赦罪並出手施救。
——耶和華宣諭——
我必應允諸天，天必應允大地
24地必應允五穀、新酒和油
而這些必應允"上帝種植"。帝植，何西阿長子名，此處象徵神恩。
25當我將她種下歸我，歸福地　種下，喻子民悔罪，重植信仰。
那"不蒙垂憐"的，我必憐惜
必呼那"非我子民"的：你是我子民。恢復本名，以色列復興。
而他會說：[你是]我的上帝。照應1:6,9；上文3節。

愛姦婦

三章

　　耶和華吩咐我：你還是去愛一個姦婦，縱使她老有新歡！強調上帝不棄"元配"，一直在等待子民悔改。就像耶和華愛着以色列子孫，儘管他們追隨異神，追隨，舊譯偏向，誤。愛上了葡萄餅。異教祭品，賽16:7。

　　2我便用十五塊銀子，外加一馱大麥一罈酒，從七十士本。原文：半馱大麥。馱，homer，乾量單位，源於毛驢的負載，合10筐，利27:16注。將她買下，從主人家或神廟贖出；歌美原是婢女或祭司，2:7。3並叮囑她：你跟了我，就要恒久，感情專一。不可犯淫，不許找[別的]男人；我對你也是如此。

　　4同樣，以色列子孫也得恒久，沒有君王公卿，北國覆滅後。沒有犧牲與神柱，沒有聖衣和家神像。停止祭祀，無論正邪，出23:24, 28:6以下。5之後，以色列子孫才會回頭尋找耶和華他們上帝，並大衛他們的王；補注。耶30:9。才會顫抖着，歸於耶和華，領受他的福恩——待到終了之日。仰承上帝種植，2:2, 24。第一單元完。

耶和華的控訴

四章

請聽耶和華之言，以色列子孫　單元二至 14:1，論罪罰。

耶和華向這一國居民擲下了指控：親自提起公訴，賽3:13。

無信無忠，不認上帝的國度！直譯：上帝在國中。照應2:22。

2 發假誓兇殺偷盜，又是通姦

又是強暴，血案接着血案。訴狀列出罪名，耶7:9。

3 難怪這片地要舉哀　經書熟語，賽24:4。

她居民凋零殆盡，連同野獸

空中的飛鳥，乃至海裏

游魚絕跡。

拒祭司

4 然而人無須爭辯，也不用駁斥

我控訴的是你，祭司！校讀從傳統本注。原文有訛，無定解。

5 大白天，你要跌跤

入夜，有先知同你一起絆倒　詛咒假先知，耶23:14。

而我必毀了你母親。親族負連帶／團體責任，珥1:18，瑪2:3。

6 啊，我的子民毀於無知——

但既然你拒絕真知，我必拒你　真知，美稱聖法。

於我的祭司之外；

你忘了你的上帝的教導？torah，即聖法，由祭司講授，申33:10。

那我就把你的兒女忘掉！

⁷[祭司]越多，對我犯下的罪越重

竟至於拿自家的榮耀換恥辱。喻異神。榮耀，婉言上帝。

⁸享用的是我子民的罪愆 提喻聖所祭肉，利6:19,7:7。

喉嚨口記掛其咎責。形容祭司貪婪，不啻借百姓贖罪謀利。

⁹可子民如何，祭司必也如何

當我追究他們的路向，邪行

我一一報還：¹⁰要他們吃了

卻不得飽，行淫卻無繁育 咒其絕後，並否定迦南生殖崇拜。

只因他們捨棄了耶和華

規規矩矩 ¹¹當妓！直譯：遵守淫（規）。斷句從傳統本注。

於是陳酒新酒蒙了 ¹²子民的心：

寧可求問一段木頭，從一根棍兒 雙關兼指偶像、巫術、男根。

得諭示！是呀，被淫亂之靈

引入歧途，他們撇開上帝

去犯淫——¹³爬上山巔獻祭

一座座丘崗把香燒；

在橡樹白楊和篤耨香下面 暗喻異教神龕，申12:2，賽57:5。

這片綠蔭，真好！

所以，儘管你們女兒當妓

你們兒媳通姦，¹⁴我卻不會懲辦 兒媳，kalloth，或作新婦。

那賣淫的女兒與犯姦的兒媳；傳統上女子無完全行為能力，罪責

因[男人]們自己先跟娼婦跑了 在父親、丈夫或兄長。

去陪廟妓，獻犧牲——一族人

失了悟性必裁倒。廟妓，qedeshoth，本義聖女，神廟女祭司，2:7。

抗命必蒙羞

15 以色列呀，你管你當妓
別叫猶大也陷罪裏。
莫去石圈，莫上孽偶之家　beth 'awen，貶稱伯特利／上帝之家。
發誓莫説"耶和華永生"。　石圈，gilgal，異教神龕，在耶利哥東面，
16 的確，以色列抗命　又名割羞台，書5:9。
小母牛般的倔強；如今　參10:11。
耶和華是否還會將他牧養
如羊羔在寬廣的草甸？

17 以法蓮被偶像拴住了——　以法蓮，提喻北國，賽28:1。
隨他去吧！18 一群醉漢　一群，sod，校讀。原文：拿開／結束，sor。
除了淫亂還會什麼？反復聲討，1:2。
真是愛恥辱甚於愛自己的驕傲。校讀，喻上帝。原文：她的盾。
19 願大風展翅把他們捲走：他們，從傳統本注。原文：她。
獻祭若此，人必蒙羞。

新月將他們吞滅

五章
祭司呀，你們聽好此［言］
以色列家請留意，王室呀
請側耳！
公道託付於你們；主持祭禮、教誨百姓是祭司的職責。
可你們在瞭望臺佈下圈套　瞭望臺，mizpah，經書常見地名。
塔博山上支起羅網　貶喻異教神龕或祭禮，一如上句"圈套"。

² 又在金合歡甸子掘一深坑——　與外族通婚，9:10，民25:1。

這些人欠我一頓教訓！金合歡，shittim，校讀。原文不通：叛逆。

³ 以法蓮我認得，以色列瞞不過我；

可你居然做了娼妓，以法蓮

玷污以色列！

⁴ 於是回歸不了他們上帝——邪行不許；

人內中為淫亂之靈所把持　不敵惡欲，被罪制伏，4:12，創4:7。

耶和華他們不復認識。猶言信仰不堅，2:22注。

⁵ 於是當面見證了以色列的傲慢：見證，`anah，或同音詞：卑屈。

以法蓮因其咎責而跌跤　原文句首重複：以色列。從傳統本注刪。

接着猶大也一同摔倒。此句破格律，似插注。

⁶ 然後一個個牽着牛羊去尋耶和華

但他們不會找見——他

已經抽身。出離子民，天父不接受遲來的懺悔。

⁷ 誰讓他們對耶和華背信

生一堆異[教]子女！呼應2:6。

而今新月要將他們吞滅　新月，即月朔；意謂上帝降罰在即。

奪走每一份產業。

兄弟相殘

⁸ 羊角在戈崗吹響，銀號在拉瑪嗚咽　賽10:28。

吶喊聲起於孳偶之家：見4:15注。三地皆在本雅明境內，近南國。

當心你身後，本雅明！以色列聯合亞蘭攻猶大，後者向亞述求援。

⁹ 受罰之日，以法蓮必成廢墟——　參觀賽7:1以下。

對以色列各支族，我已宣告定數。前722年，被亞述攻滅。

¹⁰猶大首領行事，好似移動界標的人 南國趁機侵蝕北國領土。

我要向他們潑水似的洩憤。申27:17。

¹¹而以法蓮就遭了踐躪，被判決碾碎

因他執意追隨的是"虛妄"。shaw'，校讀，耶18:15注。原文無解。

¹²所以我要如蛾子蛀空以法蓮

對猶大家，如壞疽一斑。

我們向聖容而生

¹³以法蓮見自己病重，猶大生瘡 mezoro，擠出，轉指瘡痛。

以法蓮就去到亞述——遣使臣 北國曾向亞述朝貢求和。

進謁大王。可是他哪能醫治你們 大王，校讀。原文：爭鬥王。

清除毒瘡？¹⁴看，我要像雄獅

撲倒以法蓮，像小獅撲向猶大家；

我要親自撕了獵物，叼走 意同賽5:29。

誰敢來救？

¹⁵[然而]我得去了——回到原地

等他們認罪，而尋求我的聖容：認罪，ye'eshmu，承罪受罰。

急難中他們將苦苦尋覓。求救主寬恕。

六章

來，讓我們回歸耶和華！子民害怕了，開始懺悔。

是他撕的，他必醫治

他打的，他必包紮。罪罰與恩典同源，申32:39。

²兩天後，他必使我們復元 兩天/三天，猶言不久，時間短促。

第三天，**他將我們扶起**　後世基督教傳統引此指耶穌復活。

讓我們向聖容而生——　詩 11:7, 17:15。

3 **讓我們重拾真知，追上去**

認識耶和華——他的起身如黎明

確切。他必再臨，如時雨　起身，moza'o，上帝結束藏臉而現身。

恩顧我們，又如春霖　直譯：後雨。三四月間的雨，申 11:14。

潤澤大地。　潤澤，yarweh，校讀。原文：先雨/秋霖，yoreh。

4 **我能為你做什麼，以法蓮？**　天父回答。

能為你做什麼，猶大？

你們的虔敬彷彿晨霧　虔敬，hesed，兼指敬愛、仁慈。同 13:3。

又像是露珠，一早消失。

5 **所以我才藉眾先知〔召來〕屠戮**

以唇上的訓言，將他們砍殺——

我判決擲下如明輝四射。　我/如，從古譯本。原文：對你。

6 **是的，唯有虔敬我才悅納**

勝似犧牲；

認定耶和華，我才喜歡　耶 6:20，摩 5:22。

勝似全燔。

以色列背信

7 **然而，他們在亞當違反信約**　在，校讀。原文：像。

一到那兒就背叛了我。　亞當，子民跨約旦河入侵迦南處，書 3:16。

8 **基列成了造孽者的城**　基列，約旦河東岸山地，創 31:46–49。

處處血污腳印。

9 **祭司結黨，如強盜埋伏**

在石肩道上殺人──　聯想祭司祖先利未報仇屠城，創34章。

他們作惡肆無忌憚！

¹⁰我在上帝之家所見，極為可怖：上帝之家，beth'el，校讀。

那裏，以法蓮做了娼妓　原文：以色列家。

以色列遭玷污。同5:3。

¹¹至於你，猶大，也收割有期　喻覆亡。此句似後加的，1:7注。

當我扭斷子民的囚鎖──　見耶29:14注。

七章

每當我要醫治以色列時

以法蓮就袒露了咎責，撒瑪利亞　袒露，婉言反抗，6:1。

劣跡斑斑。這些人欺詐成性

竊賊潛入屋舍，強盜當街搶劫；原文脫"屋舍"，從七十士本補。

²他們心裏從未想到

那一樁樁惡事我全記得。腐敗日久，忘了上帝全知，詩139:1–3。

如今一個個被自己的邪行纏繞──

當我的面，玩這個！

火爐

³他們用惡習取悅君王　此段寫以色列宮廷之亂。

以諂媚討好公卿。

⁴人人通姦，如火爐燒旺

烤餅師傅從揉面到麵團發起

都無須添柴。

⁵在我們國王的[節]日　登基日或別的王室節慶。

當公卿不勝酒力，他竟然

跟譏誚的牽手，⁶讓他們伺候。 直譯：近前。

陰謀者的心卻像一口爐子 譏誚，指佞臣兩面三刀，褻瀆神聖。

怒氣在裏面躺了一夜，到凌晨 怒氣，校讀。原文：烤餅的。

突然躥起，熾焰熊熊！此節有訛，注家歧解紛紜。

⁷ 是的，每一次都火爐般的炙手

他們吞噬統治者，傾覆國君； 前747~732年間，四位國王遭刺殺。

每一次，他們沒有一人

曾向我呼求。

蠢鴿

⁸以法蓮是自己要摻雜萬民 違反"不自命於萬族之列"，民23:9。

以法蓮，是一塊烤餅沒翻個兒。 一面烤焦，另一面還生着。

⁹外邦人耗盡了他氣力 喻土地財富。舊譯不妥：勞力得來的。

可他不覺得；自己頭髮斑白

也沒注意。

¹⁰ 於是當面見證了以色列的傲慢 同5:5。

卻不回歸耶和華他們上帝

即便如此，仍不尋求—— 頑固，死不認罪，5:15。

¹¹ 以法蓮像一隻蠢鴿，受了誘惑 不說誰是引誘者。參2:16。

剛求告埃及，又投靠亞述。 蠢，'en leḇ，缺失心智。

¹² 可無論他們往哪兒，都逃不脫

我佈下的雀羅：像空中的鳥兒

被我捕獲，按會眾所聞 已事先警告。七十士本另讀：據其惡行。

我必教訓。 但救主至慈，不排除從寬處置，耶10:24, 30:11。

¹³有禍了他們，逃離我的人！

毀滅吧，他們，敢對我背逆！賽1:2, 43:27。

我本想贖下他們，這些人卻撒謊

騙我！¹⁴不，他們呼救不是真心　呼救，指懺悔祈禱。

只是躺床上哭號；一如為求五穀新酒

而割破皮肉，他們仍在抗命。割破皮肉，校讀。原文：寄居。

¹⁵而我，訓練並強健了他們雙臂　喻國力，結30:21–24。

他們竟圖謀害我！¹⁶回頭

卻不肯向上，像一張扭歪的弓。形容背信，詩78:57。

他們的公卿要倒在劍下　不肯向上，七十士本另讀：向着虛無。

因為舌頭放肆：去到了埃及　放肆，指遣使遊說、乞援。

還這樣，跟人結結巴巴！貶損埃及語，賽28:11, 33:19。

撒瑪利亞的牛犢

八章

羊角號，上口〔吹吧〕！

像是一頭鷹，撲向耶和華的家！不明言亞述佔領福地，敬神故。

只因他們違犯了我的約　耶48:40。

背逆聖法。²還向我喊什麼：

上帝呀，我們以色列認得你了！求饒，企圖恢復信約關係。

³但是以色列已經捐棄福份

仇敵要把他驅使。被亞述擄掠、奴役。

⁴他們立王，未經我〔同意〕　否定君權神授，撒上10章。

冊封公卿，我也不知情。譴責北國宮廷謀殺不斷，政治腐敗。

搜刮金銀給自己製作偶像

結果——仍被剷除。

5 鄙棄你的牛犢吧，撒瑪利亞！王上 12:28 以下。

我鼻息點燃，噴他們！鄙棄吧，從七十士本。原文：他鄙棄。

這等人還能免罰到幾時？反言罪及全體，命數已定。

6 以色列的出產，工匠的活計

那東西，也算神明？

不，撒瑪利亞的牛犢

必成碎末。shebabim，或作同音詞：火焰。出 32:20。

7 既然播下的是風

他們收穫的便是風暴。喻報應有時，10:13，伯 4:8。

麥子不抽穗，就不會出麵粉——　成語。

即使出了也是外邦人吞吃。

8 以色列被混亂吞了。nibla`，兼指毀亡，詩 55:9 注。

而今摻和在萬族中間　呼應 7:8。

像一件沒人喜歡的家什　經書熟語，耶 22:28, 48:38。

9 [如] 一匹野驢，獨自流浪。移行斷句從猶太社本。

於是去攀附亞述，以法蓮

一趟趟給情人送禮。喻進貢，臣服於敵族，結 16:33–34。

10 雖然禮金送遍了列邦

但馬上，我要將他們趕攏；氣極，自比亞述，放逐子民。

而他們擔着國王與主子的重負　原文脱 "與"，從諸抄本補。

不久，必凋零。另讀如七十士本：停止膏禮。無定解。

11 當以法蓮增設祭壇，以贖罪　表面上，國教欣欣向榮。

那些祭壇反使他觸罪。祭禮徒具形式，掩飾不了社會不公。

¹²**我給他寫下這許多教導**　見4:6注。

都被他視為外邦人的番話。zar，諷刺：聖法成了異教異物。

¹³**什麼奉獻犧牲，不過是他們自己**

要食肉；耶和華決不悦納！摩5:22。

相反，他記着他們的咎責

定將追究其罪愆：

這些人，得回去埃及！隱喻亡國，入囚為奴。對比民14:1以下。

¹⁴**以色列忘了自己的造主**

而廣建殿宇，一如猶大徒增堅城——　此句斥南國，似補注。

可我必降火焚他的城池

將巍巍宮闕吞噬。摩2:5。

降罰之日

九章

告別喜悦吧，以色列

莫學異民的樣歡歌；如異教節慶。莫，從古譯本。原文：對。

你背離了上帝，做娼妓

在新穀的禾場上你只愛纏頭！巴力，當豐收神拜祭。賽23:17。

²**但禾場跟酒榨終會斷供**　直譯：不餵養。七十士本另讀：不認人。

新酒必令他們失望。yekahesh，舊譯不通：缺乏。

³**耶和華的福地他們不能再住；**

以法蓮要回返埃及，或去亞述　參8:13。

吃不潔食物。因外族拜偶像，土地及出產不潔，摩7:17。

⁴**也不能再向耶和華奠酒**

他們的犧牲他不中意。呼應6:6。

就像喪餅，人吃了即沾染不潔；子民流亡他鄉，不當守喪。

所以他們的麵餅只能自己　申 26:14。

裹腹，而不能獻上

耶和華的殿堂。

⁵那麼當聖會之日，在耶和華的節慶

你們能做什麼？意謂流亡者無法回聖所，獻祭守節，出 23:14–17。

⁶看哪，何等的摧折，他們逃出──

〔屍骸〕要埃及收斂，墨府埋葬！墨府，即孟菲斯，賽 19:13 注。

他們珍愛的銀器要由蒺藜繼承

帳幕歸刺叢佔領。淪陷地的荒涼景象，賽 34:13。

⁷來了，降罰之日！此二節晦澀，歧解紛紜。

到了，報應之日：願以色列認得！認救主而領苦難，5:4, 8:2。

──愚蠢哪，先知　當局指斥先知？兩派先知互黜？

靈附體的，瘋了！

──因為你，咎責極多

才有此怨恨極大！

⁸替以法蓮站崗，與我上帝同在──

那才叫先知。

但捕雀人的網羅佈滿了他的路　捕雀人，喻仇敵，詩 91:3, 124:7。

怨恨充斥他的上帝的殿。或指先知被主流排擠打壓，耶 20:1–6。

⁹啊，人已深陷腐惡，一如戈崗之日；事見士 19 章。

而他，記着他們的咎責　他，指耶和華。同 8:13。

定將追究其罪愆。

巴力毗珥

¹⁰彷彿荒漠裏發現了串串葡萄

當我初遇以色列時；　回放子民出埃及史詩，申 32:10。

又像無花果初熟的頭茬果子　　比作美味，賽 28:4，耶 24:2。

當我找見你們祖先。

可是他們來到巴力毗珥　　死海東北異教聖地，事見民 25 章。

竟委身於那恥物，自己甘為穢污　　恥物，貶稱巴力，耶 11:13。

一如所愛！

¹¹以法蓮的榮光，要如一隻小鳥飛走——

不生，不胎，不孕；

¹²即便養大了兒女，我也要叫他們喪子

一個不留。是呀，大禍在即　　呼應 7:13。

一俟我丟下他們。

¹³曾經，以法蓮在我眼裏宛若石城　　七十士本另讀：獵物。

植於沃野，而今以法蓮卻要交出兒女　　此節有訛，無善解。

送去屠戮。

¹⁴求求你，耶和華，賜予他們——　　先知插話。

賜予什麼？

求你賜他們子宮流產

乳房乾癟。絕嗣而亡。路 23:29。

¹⁵種種惡行均始於石圈　　見 4:15 注。

那裏，他們激起了我的憤恨。　或指掃羅奉聖名稱王，撒上 11:15。

那些作為實在邪惡，我只好把他們

從家裏逐出，而不再施愛：　家，美稱福地，8:1。

這幫首領無不抗命！

¹⁶以法蓮受了打擊——

根子乾枯了，不結果實。對應上文10節。

不，縱使能生，那子宮的珍愛 喻後裔，上文12節。

也必須殺死，¹⁷被上帝擯棄。上帝，從七十士本。原文：我上帝。

就因為他們不肯聽從

他們必流浪於萬族之中。申28:64–65。

雙份的咎責

十章

以色列原是一株茂盛的葡萄 套喻，賽5:7，詩80:8。

掛滿果實。可是果子多了

他祭壇也越修越多；土地豐美

他神柱也越立越美。不奉唯一，故謂抗命，4:16，申32:15–18。

²於是，心裂作了兩瓣 正教異教共存共生，彷彿一心兩用。

如今能不負罪？

自有一位要劈倒他們的祭壇 劈倒，ya`aroph，打斷（頸子），

將神柱一一打碎。 出13:13，賽66:3。

³而後他們要說：我們沒有國王

是因為不敬畏耶和華——

可是國王又能為我們做什麼？以色列向亞述稱臣，淪為藩屬。

⁴話是空話，誓是假誓，照樣立約；

所謂“公道”如毒草叢生 摩6:12。

覆蓋了田壟。

⁵因那孽偶之家的牛犢　原文複數，校讀從古譯本，8:5。

撒瑪利亞的居民要發抖；

百姓一如牛犢的祭司要哀傷

當那曾經的歡樂，他們的榮耀

從［家中］擄走。

⁶那東西要抬去亞述，作貢物

獻給大王。如此以法蓮收穫恥辱　大王，即亞述王，5:13注。

以色列因自己的偶像而蒙羞。偶像，指牛犢，校讀。原文：計謀。

⁷撒瑪利亞，她的王必亡──

就像水面漂着的一截木片　qezeph，通行本另讀：泡沫，spuma。

⁸那孽偶的高丘，以色列的罪愆

都要毀掉，讓荊棘刺薊爬上祭壇；

讓他們央求大山：埋了我們！

求小山：倒下來壓死我們！極言其驚恐絕望，路23:30，啟6:16。

⁹自從戈崗之日，你就陷罪裏，以色列。

那兒，他們仍執迷不悟　直譯：站立／堅持。

難道在戈崗戰禍不會追上

這些不義之子？猶言罪人。子，類別虛詞，詩79:11注。

¹⁰我必前來，降懲戒；萬民集合　前來，校讀。原文：意欲中。

攻打他們，將他們牢牢綁上　七十士本另讀：懲戒他們。

雙份的咎責。或指掃羅稱王、戈崗人姦殺投宿女子二事，士19章。

¹¹以法蓮本是一頭溫馴的小母牛

她喜愛碾穀。但我給她美麗的頸項

架了軛具，我要以法蓮拉套　原文無"軛具"，從傳統本注補。

一如要猶大耕田

雅各耙地。

¹²播種公義吧，為你們自己

收穫仁愛的果子；校讀從七十士本。原文：按仁愛收穫。

開墾你們的荒地吧　喻回歸真道，耶4:3。

正是尋求耶和華之時——

求他降臨，向你們澆淋公義。或作：教你們公義。無定解。

¹³然而你們耕種的是邪惡　然而，七十士本：為什麼。

收割的是不義，吃了謊言之果。

因為你倚仗兵車及勇士眾多　兵車，校讀。原文：你的路。

¹⁴刀兵喧嚷必籠罩你的民眾　直譯：對你民眾升起。

你的堡壘一總夷平。

猶如沙勒曼夷滅亞爾貝城　摩押王沙勒曼曾入侵基列，6:8注。

當戰禍之日，母親被摔碎在兒女身上；勝利者屠城，賽13:16。

¹⁵上帝之家呀，你們也必遭此難——

個個惡貫滿盈！天一亮

以色列的王必毀亡。上帝降罰或施救多在黎明，賽17:14，詩46:5。

大愛

十一章

以色列還年幼，我就愛上了他　參耶2:2以下，比作夫妻之愛。

我召喚他走出埃及　選召乃出於大愛，申4:37, 7:8–9, 10:15。

我的兒。太2:15。

²可我越是呼喚，他們越是跑開去　從七十士本，原文有訛。

向眾巴力獻祭，給雕像進香。眾巴力，泛指異神，耶2:23。

³而當初是我教以法蓮邁步　申1:31。

把他們抱在臂彎；

他們卻不理會我的百般呵護。

⁴我用人的紐帶、愛的繩兒牽着他們；人，另讀信實、仁愛。

我待他們，就像一個將嬰兒舉起　嬰兒，校讀。原文：軛具。

貼上臉頰的，又俯身為他餵食。比作父母育兒，申8:5。

⁵不，他不用回埃及了——　反諷，呼應7:11, 8:13。

有亞述給他為王！做奴隸服苦役的命運不變。

既然他拒絕回頭

⁶刀劍必摧殘他的城邑

斫斷他的門閂，因其孽謀　門閂，baddayw，或作肢體。

而肆意吞吃。

⁷啊，我的子民竭盡全力要變節　耶3:22, 8:5, 9:4。

若是召他們向上——　婉言立信，侍奉至高者，7:16。

沒有一個能起身頌揚。此節晦澀，無善解。

⁸以法蓮哪，我怎能捨棄你　天父愛子民，乃信約義務。

怎能交出你，以色列？反言北國背信，對上帝不忠而毀約。

我怎會變你為押瑪

待你如澤波？二城鄰近所多瑪、俄摩拉，同遭天火，申29:22。

我的心在內中翻覆　nehpak，想到罪城傾覆的慘狀，創19:29。

驀地我憐愛潮湧。描摹大愛之心理，賽54:8。舊譯不通：大大發動。

⁹不，我不要點燃鼻息　熟語，喻聖怒，8:5，賽5:25，耶4:8。

以法蓮我決不再一次摧毀；

因為我乃上帝——而不是人；故能息怒施恩而成善，神在人內。

是你身旁的聖者，我不要

在烈怒中降臨。

¹⁰將來他們必跟隨耶和華　此闋思想風格類同第二以賽亞，

他要如獅子吼叫：　　似後人託名，年代較晚。耶 25:30。

他一聲吼

兒女就顫抖着從西海歸來　流散地子民返歸福地，賽 49:12。

¹¹顫抖着，像小鳥從埃及飛回　顫抖，yeherdu，虔敬而激動狀，

像鴿子從亞述大地；　賽 66:2, 5。舊譯急速，誤。

而我，必送他們還家——

耶和華宣諭。

謊言把我包圍

十二章

以法蓮拿謊言把我包圍　異教暢行，國勢衰落，猶如上帝受攻。

以色列家耍盡詭計——

但猶大依舊與上帝同遊　ra<u>d</u>，形容受恩寵？另讀統治。七十士本：

對聖者忠信不移。　蒙上帝認定。無定解。此句是插注。

²以法蓮當了風的牧人　喻徒勞無益，傳 1:14。舊譯不妥：吃風。

終日追着東風　喻亞述，耶 4:11 注。

聽任欺罔與暴行氾濫；通行本十二章此節開始，節數減一。

剛同亞述締約，油就送去了埃及。　兩面投靠，十分危險，7:11。

³耶和華對猶大已提起控訴　猶大，一說原作以色列，如 4:1；

必照雅各的路向降罰　書傳南國，謄寫者改換，以警示同胞。

按他的行事報應。

4 還在子宮，他就抓哥哥腳跟　創 25:26。

雄起之年又同上帝角力。雄起，be'ono，發育成熟，成年，創 49:3。

5 他角力天使，佔了上風

卻流着淚求他開恩。創 32:23 以下無此 "詐騙" 細節，或另有所本。

曾於上帝之家遭遇［上帝］　創 28:10–22。

那裏，他替我們領受訓言——　雅各承恩，視同後裔得教誨。

6 耶和華萬軍之上帝，耶和華受祈福之名！zikro，被人呼喚

7 所以你必須回歸你的上帝　讚美而永誌不忘，出 3:15。

謹守虔敬與公平

時時企盼你的上帝。企盼，舊譯等候，弱，賽 8:17。

8 他，活脫一個迦南人　以其善於經商而借指買賣人，賽 23:8。

手裏拎着欺人的秤，敲詐是他所愛：

9 嘿，發財了，以法蓮說

我自個掙來的財富！全是辛勞所得

並無一樣觸罪而該負咎責。原文晦澀，無確解；意譯參聖城本。

10 自埃及之地起

我便是耶和華你的上帝；信約義務起於歷史選擇，出 20:2。

我要使你重新入居你的帳幕　重整家園，生活無憂。

一如聖會之日。

11 那訓示眾先知的是我——

我異象接異象，藉先知講傳諷喻。預言子民災禍難逃，6:5。

12 基列沉溺於孽偶？

呸，那是［膜拜］虛妄！復指偶像，6:8。

在石圈，則是向公牛獻祭　校讀參傳統本注。原文：奉獻公牛。

難怪他們的祭壇要像田壘上

一堆堆的亂石。

¹³當初雅各逃去亞蘭之野　　創29章。

以色列為娶妻做了僕人——

為娶妻，給人看〔羊〕。

¹⁴藉一先知，耶和華將以色列　　擢立摩西，託付子民，出 3:7–10。

領出埃及——藉一先知他得了看護。　詩77:20。

¹⁵可是以法蓮犯苦，惹動聖怒　　犯苦，tamrurim，婉言犯罪，

背上壓了血債；那一連番的　　觸怒至尊。

羞辱，他的主終必報還。

寬恕已藏起

十三章

從前以法蓮說話，〔人要〕發抖

以色列唯獨他顯揚；　指其在北國的社會經濟和政治地位。

可一旦他陷於巴力之罪　　即容忍異教，9:10。

他就死了——²而今更是罪上加罪

一個勁給自己鑄偶像，掏銀子

巧運思，全套的匠人手藝！

給〔大神〕獻祭呀，他們嚷嚷　　此句或有訛，無確解。

人把牛犢吻起來！　禮拜儀式，王上 19:18。

³所以他們必如晨霧

又像露珠，一早消失；　同 6:4。

如禾場上秕糠被狂風吹散　　套喻，賽17:13，番 2:2，詩 1:4。

又像窗口飄出的青煙。

⁴然而自埃及之地起

我便是耶和華你的上帝；同 12:10。

除了我，你不可認別的神　禁拜"邪神"，申 5:7，賽 43:11, 45:21。

救主，舍我其誰？

⁵是我，在荒野和大旱之地　先知以摩西之約為人神關係之基石。

認領了你——⁶如此牧養　認領，七十士本重複：牧養。

他們才飽足；可飽足了　突轉第三人稱複數，暗示關係破裂。

他們便心高氣傲，把我遺忘！申 32:15。

⁷故而對待他們我須如雄獅

像一隻豹子，伏在路旁；

⁸又如失了幼崽的母熊　熟語，形容暴怒，撒下 17:8，箴 17:12。

將他們撲倒，撕開心包；

我要在那兒像母獅大吃一頓——　像母獅，一讀（餵）狗。

任隨野獸咬碎他們！

⁹你毀了你自己，以色列！

可你的佑助只在我。七十士本作問句：是誰？

¹⁰好吧，你的國王在哪，可會救你？yoshi`aka，諧音末代國王

還有你各城的官長　何西亞，hoshea`，前 732~724 在位。

那些你請求賞你的王與公卿！撒上 8:5 以下。

¹¹是的，我一聲鼻息，賜了你國王

又將他拿掉，我怒火已動！

¹²裹起法蓮的咎責，他的罪愆先收好。來日處罰。

¹³呀，分娩的劇痛在催他

這孩兒卻一點不聰明——

時候到了，他卻在產道口　直譯：（娩出）子孫的豁口。賽37:3。

賴着不肯露頭。形容愚頑，拒絕悔改與新生。

¹⁴那落入冥府之手的，我要不要救？天父自問自答。

該不該把他們贖出死亡？讀作陳述句，表示決心救贖，亦通。

死亡啊你的瘟病在哪？從七十士本。原文：我將是你的瘟病。

在哪呀，冥府，你的癘疫？參林前15:55，保羅的化用/修正。

寬恕已對我的眼睛藏起。罪罰已定，不會收回，耶4:28, 15:6注。

¹⁵蘆叢裏他雖然長得茂盛　蘆叢，另讀兄弟。他，指以法蓮。

一俟東風颳來，耶和華的靈　喻亞述入侵，12:2。

起於荒漠：他的水源就要乾涸

泉眼就要枯竭，當府庫橫遭

搶掠，珍寶洗劫一空。

十四章

撒瑪利亞必負罪，因為她反叛上帝。

這些人必倒在劍下

他們的嬰兒要活活摔碎　城破，敵軍施暴，10:14，王下8:12。

孕婦被開膛剖宮。第二單元完。欽定本此處分章。

回歸

²回頭吧，以色列　結尾重申西奈山信約之承諾，翹望救恩。

回歸耶和華你的上帝！

你跌跤是踢了自己的咎責。呼應5:5。

³帶上你們的諾言，回歸耶和華　諾言，特指子民的忠信義務。

向他説：求求你，拂去一切咎責

收下〔我們的〕好；讓我們獻上

雙唇的佳果。peri，從七十士本。原文：公牛，parim。來 13:15。

⁴亞述帶不來救恩，戰馬我們不騎　戰馬，提喻結盟埃及。

更不會再管自己的手工叫"我們的神"——　參 2:18–19。

決不！加入你，孤兒才能獲憐恤。"不憐"得救，1:6。

⁵我一定要醫好他們的變節　大愛表白，11:7–8。

盡情向他們施愛——

是的，怒氣我業已收回。此句似補注。

⁶我要如露珠，滋潤以色列　賽 26:19。

令他如百合花吐豔

如黎巴嫩〔雪松〕扎根；

⁷他伸展新枝，如一棵橄欖樹　賽 27:6。

風姿綽約，又如黎巴嫩

芬芳馥鬱。

⁸那棲居於我的庇蔭的必歸來；我，校讀。原文：他。詩 121:5。

他們必重植五穀，如葡萄藤兒

開花，如黎巴嫩的佳釀揚名。至此一連七"如"，盡顯回歸之美。

⁹以法蓮哪，我同那一堆偶像何干？

那答應了看護他的，是我——　他，指以法蓮／北國。校讀：你。

我就像一株絲柏蒼翠　象徵生命。

是我，讓你果實纍纍。對比 9:16, 10:1。

尾聲

[10]這一切，誰有智慧便能領悟　詩107:43，箴4:7。

誰明辨才能明瞭。

因為，耶和華大道至直；申32:4。

義者須上道前行

罪人卻要絆倒在途中。此闋風格近《詩篇》《箴言》。

約珥書

一章

耶和華之言，降於裴蘇爾之子約珥。 yo'el，"耶帝"，猶大先知，傳道於前 400~350 年。

上篇：蝗災

²**長老啊，請聽此[言]** 長老，統稱子民領袖，拉 5:9, 6:8。

福地的全體居民，請側耳。 福地，ha'arez，或作國中，即故國。

在你們的日子，抑或你們祖宗的日子

可曾有過此事？

³**這[災]須告訴你們的兒孫**

要兒孫傳兒孫，世代相傳！ 循聖法教導，申 28:38，詩 105:34–35。

⁴**剪蟲吃剩的，飛蝗來吃** 剪蟲，gazam，某種蝗或其幼蟲，摩 4:9。

飛蝗吃剩的，跳蝻來吃 跳蝻，yeleq，或作螞蚱、蝗蛹，耶 51:14。

跳蝻吃剩的，蠐螬吃掉。 蠐螬，ḥasil，一說為沙漠蝗的若蟲。

⁵**醒一醒，醉漢，痛哭吧**

號啕呀，所有貪杯的人！ 警誡同胞，賽 5:11–12。

哭你們的嘴唇被剝奪了甜酒。 一說即鮮榨的葡萄汁，賽 49:26。

⁶**看，一支"異族"犯境，極強悍** 異族，喻蝗蟲，2:2。耶 46:23。

而不可勝數，齒是公獅的利齒 啟9:8。

牙是母獅的尖牙！

7 它毀了我的葡萄，劈了我的無花果樹

還一棵棵剝了樹皮

扔棄，留下白森森的枝子。

8 哀嚎吧，像一個腰束麻衣的姑娘 賽3:24, 15:3注。

哭她的未婚夫郎君！直譯：少年主公／丈夫。

9 素祭同酹祭斷了，在耶和華的殿；

祭司一片哀傷，耶和華的侍者。

10 啊，田疇荒廢，泥土舉哀

因為新穀毀了，新酒枯竭

新油凋敗。提喻橄欖樹，故言凋敗，照應下文12節。

11 農夫啊，你們沮喪了？舊譯慚愧，不確。

號啕呀，修剪葡萄的人！

哭你們的小麥與大麥

因為田園的收成全糟蹋了！舊譯滅絕，不通。

12 葡萄樹乾枯，無花果凋落

石榴椰棗和蘋果——田間的果樹

都枯死了。是呀，枯萎了的

還有人子的歡愉。豐收、寧居不再，賽16:10，耶25:10。

祭司

13 束緊腰，志哀吧，祭司

號啕呀，祭壇前執禮的人！

來，繫上麻衣過夜，侍奉我的上帝—— 祈求寬赦，2:17。

雖然你們上帝的殿被奪走了

素祭同酹祭。

¹⁴祝聖禁食，宣告聖會 祝聖，即宣佈禁食志哀。

要眾長老召集全國的居民 或作：召集眾長老，全國居民。

到耶和華你們上帝的殿

向耶和華呼求：

¹⁵嗚呼，這一天！

看，耶和華之日已近 賽13:6，結30:2–3。

彷彿"全毀"自全能者降臨！ 全毀，sho<u>d</u>，諧音全能，shadday。

¹⁶不是嗎，我們眼睜睜看着

斷了糧，歡樂

從我們上帝的殿裏被剪去。 聖者早已出離，結10:18–19。

¹⁷種子在土塊下爛掉； 此句三個生僻詞，僅此一用，無確解。

倉廩殘破，庫房坍塌，因為五穀

枯敗。¹⁸啊，牲畜叫得多傷悲！

群牛因失了牧草而亂走

連羊群也跟着負罪。 動物一如土地受罰，基於傳統的連帶責任。

¹⁹耶和華啊，我向你呼喚

當大火吞噬了荒原草場 火，喻酷熱、災殃，2:3。

烈焰燒光田間的林木。

²⁰甚而野獸也在渴盼着你

因溪水已經乾涸

那荒原草場被大火吞滅。

吹響羊角號

二章

吹響錫安的羊角號　錫安的，或作：在錫安。

上我的聖山，發出警報！hari`u，吶喊、戰號。舊譯大聲，誤。

要讓福地的居民個個顫抖

因為耶和華之日來了——　接應 1:15。

是的，很近了！

2 那一天，昏黑而幽暗

那一日烏雲沉沉。出 10:22，賽 8:22, 60:2，結 34:12，摩 5:22。

彷彿曙色鋪展於群峰　曙色，sha<u>h</u>ar，另讀黑暗，she<u>h</u>or。蝗蟲落地

一極眾而強悍之民，來了！　背負金光，飛起如黑雲蔽日。

相似的[一族]，互古未有

之後千秋萬世，也不會

再來一支。

3 其前鋒，是饕餮大火　蝗災如火，變奏 1:19。

殿後有熊熊烈焰。

照面之前，福地宛如伊甸園　極言其富庶，賽 51:3，結 31:9。

但過後，即成荒野廢墟——

誰也不能倖免。此句似補注。

4 它們形如戰馬，如雄驥狂奔；比作敵族入侵，回放聖史。啟 9:7。

5 又如兵車，隆隆作響

它們縱身躍過山巔；

如烈火劈啪，吞食麥秸
好一支強悍之民，列陣出戰！

⁶見到它們，萬民驚恐
人人臉色慘白。pa'rur，發紅／黑？失色？生僻詞，無確解。鴻2:11。
⁷它們像勇士發起衝鋒
像戰將攻上城牆；
個個奮力前行，無一偏離路向。偏離，校讀。原文不通：抵押。
⁸彼此不推擠，各走各的道：反諷，飛蝗佔道，人在歧途。
迎着投槍，它們降落
絲毫不亂隊形。yibza`u，砍下、攫取，轉指隊伍被衝亂。無定解。
⁹蹦進城，跳上牆，爬滿屋
又竊賊一般從窗口潛入。

¹⁰如此照面，大地震顫
諸天戰慄不已；
日月昏暗，星星收起了光芒。同4:15。
¹¹耶和華一聲雷霆，引領他的大軍！蝗災出於神義，賽43:17注。
是呀，他的軍營極眾　蝗蟲充任天軍，創32:3。
執行其命令者極強；
因為，耶和華之日至大
而極為可畏——誰能抵擋？瑪3:23，啟6:17。

反悔

¹²便是現在——耶和華宣諭——
你們也可回頭，全心歸我

一邊禁食，一邊流淚、哀悼。

13 但撕裂的應是你們的心，而非衣袍

如此回歸耶和華你們上帝；懺悔須誠心，不可搞形式主義。

唯有他能降恩而垂憐

他不輕易發怒，富於仁愛　出 34:6-7。

還會反悔，撤消災禍——　收回定旨，寬恕罪人，耶 18:8。

14 誰知道呢，也許他會回頭

反悔，留下一點後福　婉言豐收，俾子民的餘數重續獻祭，1:9。

一些素祭同醑祭

獻歸耶和華你們上帝？

15 吹響錫安的羊角號

祝聖禁食，宣告聖會　見 1:14 注。

16 召集子民，要會眾守潔　迎接聖日或 "大日"，出 19:10。

聚攏老者，集合孩童

包括吃奶的嬰兒！

讓新郎走出洞房，新娘離開閨帳！

17 要祭司，那些侍奉耶和華的

站在殿廊與祭壇間痛哭，說：約珥強調祭司之功與聖殿祭禮。

求求你，耶和華，顧惜你的子民

莫叫你的產業受辱罵

任憑異族恥笑。limshal，欽定本作同音詞：統治。舊譯管轄，誤。

為什麼要讓萬民訾議：

在哪兒呀，他們的上帝？熟語，同詩 79:10, 115:2。

大功

¹⁸ 終於，耶和華對福地激情復燃　yeqanne'，聖怒化作大愛。

憐憫了他的子民。彌7:19。

¹⁹ 耶和華應允子民，道：

看，我必賜下五穀、新酒和油　申11:14。

讓你們飽足；再也不將你們

丟給異族去辱罵。

²⁰ 那北方來的[大軍]將遠離你們　敵族多自北方入侵迦南。

被趕去旱土荒漠，前鋒掉進東海　即死海。西海，指地中海。

後衛落入西海：屍臭升騰　賽34:3，摩4:10。

腥臊瀰漫——

沒錯，它大功告成！它，即蝗蟲；或作他，指上帝，亦通。

²¹ 土地呀，莫害怕

歡樂吧，忻喜！

因為耶和華成就了大功。微諷，蝗災一功，祛災又一功。

²² 野獸啊，莫害怕

因為荒原草場又綠了

果樹重新結實　結36:30。

無花果和葡萄發力！喻豐收。舊譯效力，誤。

²³ 歡樂吧，錫安之子

忻喜於耶和華你們上帝之中！

是他按公義送來秋霖　通行本讀作同音詞：送來義師。無定解。

給你們降下時雨：

秋霖春雨，一如往昔。

²⁴禾場要堆滿新谷，榨池裏

新酒新油溢出。

²⁵我必補還你們的損失，這些年

被飛蝗、跳蟲、蠐螬和剪蟲　見1:4注。

被我向你們遣下的大軍

吃掉的收成。

²⁶屆時你們將敞開了吃，吃到饜足

然後讚美耶和華你們上帝的名

他在你們身畔行的奇跡——

願我子民永不承辱！一說此句為補注。

²⁷而你們便明白，我在以色列內住　以耶京聖殿為聖居。

我，耶和華，是你們上帝

唯我無他。承接第二以賽亞的傳統，賽44:6, 45:5, 46:9。

願我子民永不承辱。

下篇：聖靈傾注

三章

那以後——　七十士本不分章，此節 = 2:28。

我要向一切肉身傾注我的靈：如摩西所願，以色列家人人先知，

你們的兒女個個要預言　民11:29，結39:29。徒2:17以下。

老人要做異夢

青年要見到異象。

² 甚而對奴婢，臨到那一天　直譯：那些日子。下同。

也要傾注我的靈。拯救無分貴賤，打破階級壁壘。林前 12:13。

³ 我要顯神跡於諸天和大地：

血與火，一柱柱濃煙。

⁴ 太陽將變為昏黑　啟 6:12。

月亮血紅

只等耶和華之日

降臨，那至大而可畏〔之日〕。呼應 2:10–11。

⁵ 而後，凡呼喚耶和華之名的，都要得救恩。羅 10:13。因為在錫安山，在耶路撒冷，必有脫身之人，引俄 17，強調救恩出自聖城，而子民內部忠信者優先。約 4:22。如耶和華所言；而殘存者中間，必有人蒙耶和華召喚。婉言得福，賽 48:12, 15。

脫粒橇之谷

四 章

因為看哪，臨到那一天，那一時　七十士本此節 = 3:1。

當我扭斷猶大與耶路撒冷的囚鎖　喻扭轉命運，耶 29:14 注。

² 我必結集萬族

令他們下到耶判谷　`emeq yehoshaphat，象徵神的報應，地點不詳；

在那兒受我審判。　傳統說法，即聖殿東南黑溪的一段。

因他們把以色列我的子民及產業

流散至萬族當中；

不僅瓜分了我的土地　尤指巴比倫滅猶大，鄰國趁火打劫。

³ 還拈鬮賣我的子民：

男童換一個妓，女童換酒

喝一頓。

4 還有，你們與我何干，或作：你們對我做了什麼。中斷大審判敘事，譴責濱海非利士諸城。石城、西頓和非利士四境？賽23:1–2, 14:29，結28:20，摩1:6–10。你們想報復我麼？若是報復，立刻，我就將你們的行事擲還你們頭頂！喻惡有惡報，結9:10。5 你們掠走我的金銀，拿我的珍寶裝點你們廟堂不算，6 還把猶大與耶路撒冷的子孫賣給雅完子孫，泛指希臘人，創10:2。遠離家園！gebulam，邊界、國土。

7 看，我這就喚起他們，喚起，舊譯不通：激動，耶6:22, 51:11注。從他們被賣去[為奴]的無論什麼地方，將你們的行事擲還你們頭頂：亦即把你們的兒女賣到猶大子孫手裏，以牙還牙，同態報復，出21:22注。8 由他們轉賣給示巴人，地處阿拉伯半島西南商路，創25:3，耶6:20。一支遙遠的異族——此乃耶和華所言。

9 萬族中間要作此宣告：上接1–3節。

守潔備戰，喚起勇士　戰士守潔是聖戰的要求，賽13:3，耶6:4。

全軍集合，開拔！

10 犁頭要打成刀劍

變修枝的鈎為長矛；拋棄農事/和平，全民投入決戰，賽2:4。

要孱弱的也喊：還有我，勇士一名！

11 來呀，快！hushu，校讀。原文生僻：援助？`ushu。無定解。

四方的異族已聚攏一處——

耶和華啊，求你遣下你的勇士！美稱天使，又名聖者，亞14:5。

12 看，那些異族躁動了，開拔了

向着耶判谷！又名判決/脫粒橇之谷，下文14節。參上文2節注。

因我要在那兒設案提審　設案，直譯：坐（庭/堂）。

四方所有的異族。

¹³開鐮吧，莊稼熟了！

來，踩起來，酒榨滿了　賽17:5,63:1–6。可4:29，啟14:15。

榨池溢出——盛不下了

他們的大惡！

¹⁴啊，一大群又一大群

進了判決之谷；判決，<u>haruz</u>，或同音詞脫粒橇，復指大審判／報應。

因為，耶和華之日業已迫近

那脫粒橇之谷。一名兩譯，示其多重寓意，賽28:27,41:15。

歸聖

¹⁵啊，日月昏暗，星星收起了光芒！同2:10。

¹⁶耶和華自錫安吼叫

從耶路撒冷發出雷鳴　經書熟語，耶25:30，摩1:2。

諸天大地顫抖——

耶和華，要做子民的庇佑

以色列子孫的堅城。詩31:2,46:1,91:2。

¹⁷如此你們才會承認

我，耶和華，是你們上帝　參2:27。

居於錫安，我的聖山。

那時，耶路撒冷必已歸聖　不受侵犯，不容污損，耶31:40。

那裏，永無外邦人穿行。排除外族，不指望其皈依。賽52:1。

血債必還

¹⁸待到那一天

大山要滴甜酒，小山要淌奶汁　摩9:13。

猶大的河床無不清水漣漣。

更有一眼醴泉，湧出耶和華的殿　結47:1，亞14:8。

滋潤金合歡谷地。象徵以色列立信，變罪國為聖所，民25:1。

¹⁹埃及則一片悽楚　敵族毀亡，但福地與外邦仍兩極對立，2:3。

紅嶺成荒野廢墟

皆因猶大子孫所遭受的暴行

福地潑灑了的無辜的血。

²⁰然而猶大必家園永續

耶路撒冷萬世常存。祈望救主兌現承諾，耶17:25，結37:25。

²¹我必討還他們的血債──　校讀從七十士本及古敘利亞語譯本。

無債不還：　原文費解：我必以他們的血為無辜[但]不會不罰。

耶和華

居於錫安。

阿摩司書

一章

　　關於以色列的異象，阿摩司，`amos，（耶和華）"抱起／背負"，猶大先知，活躍於前 760~750 年。**一位來自響村的牧主所傳：**響村，teqoa`，耶京以南 16 公里處，耶 6:1。牧主，noqed，或種羊培育者，而非貧苦牧人，王下 3:4。**時值烏齊亞為猶大王，約阿什之子增民為以色列王，**賽 1:1，何 1:1 注。**地震前二年。**古人視地震為徵兆，亞 14:5。2 他說：

> 耶和華自錫安吼叫　耶 25:30，珥 4:16。
>
> 從耶路撒冷發出雷鳴；天父本是雷神或戰神，出 7:4, 15:3。
>
> 牧人的草場舉哀
>
> 果園山山頂枯敗。賽 33:9。

上篇：大審判

3 **此乃耶和華之言：**賽 17:1–3，耶 49:23 以下。

對於大馬士革三番四次地忤逆　大馬士革，亞蘭首都。

我不會收回定旨。直譯：收回它。它，指處罰決定。下同。

因為他們用鐵制的脫粒橇　喻兵燹、蹂躪，珥 4:14 注。

碾碎了基列

4 **我必降火燒了神視王的家**　神視，haza'el，亞蘭王，弒君篡位。

吞噬雷神子的宮闕；雷神子，ben-hadad，神視之子繼位後的稱號。

⁵ **必砸斷大馬士革的門閂**

剪除孽偶甸子的居民 　孽偶甸子，biq`ath-ʼawen，亞蘭西北谷地。

並伊甸之屋那持權杖的：伊甸，幼發拉底河上游商城，結27:23。

要亞蘭子民被擄去陶牆—— 　qir，亞蘭的發祥地，9:7，一説在

耶和華有言。 　　兩河流域下游，巴比倫南部，王下16:9。

⁶ **此乃耶和華之言**：耶47章。

對於加沙三番四次地忤逆 　加沙，代表非利士，以色列的世敵。

我不會收回定旨。

因為他們把流亡者擄來 　流亡者，指逃難的北國百姓。

全數交給了紅嶺 　也是子民的世敵。交給，婉言賣作奴隸。

⁷ **我必降火燒了加沙的城牆**

吞噬她的宮闕；

⁸ **必剪除亞士都的居民** 　賽20:1，耶25:20。

並秤港那持權杖的；

必翻手進攻埃克龍：此三城和加沙、酒榨市曾組成五城聯盟，6:2。

要非利士人的殘餘滅亡——

主耶和華有言。

⁹ **此乃耶和華之言**：賽23章，結26–28章。

對於石城三番四次地忤逆 　石城，ẕor，代表腓尼基。

我不會收回定旨。

因為他們把流亡者全數

交給了紅嶺 　也搞奴隸貿易。

毫不念及兄弟之約 　以、腓曾長期交好，且王室通婚，王上16:31。

¹⁰ **我必降火燒了石城的城牆**

吞噬她的宮闕。

¹¹ **此乃耶和華之言**：賽34:5，耶49:7–22，結35章。

對於紅嶺三番四次地忤逆

我不會收回定旨。

因為他居然舉劍追趕親弟弟 祖先紅哥、雅各是雙胞胎兄弟。

絕了手足之情！ raḥamim，暗示兩人同出一子宮，raḥam。創25:23。

他動輒怒氣撕開 喻兇惡，伯16:9。古敘利亞語譯本：常守怒氣。

永遠守着一腔憤恚；

¹² **我必降火燒了特曼** 紅哥之孫，代指紅嶺，創36:11。

吞噬堡都的宮闕。 堡都，紅嶺首府，賽34:6，耶49:13。

¹³ **此乃耶和華之言**：耶49:1–6，結25:1–7。

對於亞捫子孫三番四次地忤逆

我不會收回定旨。

因為他們把基列的孕婦開膛剖宮 何14:1注。

如此拓展疆界

¹⁴ **我必放火燒了大都的城牆** 大都，亞捫首府，耶49:2，結21:25。

吞噬她的宮闕；

當爭戰之日吶喊四起，當旋風之日

狂飆撲面： 直譯：狂飆中。

¹⁵ **要他們的王被人擄走**

連同公卿，一道入囚——

耶和華有言。

二章

此乃耶和華之言：賽15–16章，耶48章，結25:8–11。

對於摩押三番四次地忤逆

我不會收回定旨。 罪行雖發生在域外，對以色列已構成威脅。

因為他們把紅嶺王的骸骨燒成了灰　古代近東以焚屍為大辱。

2 我必降火燒了摩押

吞噬諸城的宮闕：諸城，qeriyyoth，摩押要塞，詳不可考，耶48:24。

要摩押死於刀兵喧嚷　何10:14。

被吶喊跟羊角號聲掩埋；

3 是的，要從中剪除其君主　shophet，判官、統治者。

連同公卿，一併屠戮——

耶和華有言。

4 此乃耶和華之言：譴責同胞，一說此闋是約珥返南國後補入的。

對於猶大三番四次地忤逆

我不會收回定旨。

因為他們鄙棄耶和華的教導　兼指聖法，賽5:24，耶7:28。

不守他的法令；

而祖輩追隨的那同一堆謊言　貶稱異教神，詩4:2。

引他們入了歧途：

5 我必降火燒了猶大

吞噬耶路撒冷的宮宇。何8:14。

6 此乃耶和華之言：鄰國包括猶大皆鋪墊，主題即先知真正關切的是

對於以色列三番四次地忤逆　北國的社會不公。

我不會收回定旨。

因為他們拿義人換銀子

窮漢僅賣一雙鞋的價錢；同8:6。

7 弱者的頭他們一腳踏進塵土　欽定本另讀：連頭上塵土也垂涎。

卑微者的路踢在一邊；路，猶言善德，聖者之道，賽30:11。

兒子跟父親睡同一個女奴

就這樣，褻瀆我的聖名！申 23:1, 27:20。

⁸ 還把別人抵押的衣袍鋪開　聖法規定，應歸還窮人，申 24:12–13。

每座祭壇旁都躺一躺；

要不就喝那罰金買的酒——

在自家神明的殿上！意謂耶和華的殿屢遭玷污，與外族神廟無異。

⁹ 但在他們面前消滅亞摩利人的，是我；他們，諸抄本：你們。

雖則他雪松般的高大，強壯如橡樹　強壯，舊譯堅固，不妥。

我，打落了他枝頭的果子

掘了他扎下的根。喻徹底摧毀，伯 18:16。

¹⁰ 是我，將你們領出埃及

帶着你們四十年，穿越荒野　申 2:7。

去佔據亞摩利之地；

¹¹ 又從你們的兒女裏擢立先知　包括女先知如米蓮、黛波拉。

納你們的青年做獻身者。nazir，許願獻身而擇期歸聖者，民 6:2。

難道不是如此，以色列子孫？

——耶和華宣諭。

¹² 可是你們竟要獻身者飲酒　破三戒之一，民 6:3–4。

對先知下令：不許預言！壓制真先知，賽 30:10，耶 11:21。

¹³ 那好，像一輛大車壓滿了麥捆　壓，ta`iq，堆 / 搖？僅此一用，

我就在你們住處碾壓你們——　無確解。

¹⁴ 跑再快，來不及脫身　直譯：逃跑對快者滅失。

力大的使不出力氣

勇士也無法自救；詩 33:16。

¹⁵ 弓手站不住，快腿逃不成

騎馬都難保性命：

¹⁶到那天，便是最勇敢的戰士　勇敢，直譯：心強。耶 46:5-6。

也得赤條條地逃命——　丟盔卸甲，暗喻亡國為奴（裸身）。

耶和華宣諭。

中篇：揀選與責任

三章

請聽此言，以色列子孫，此乃耶和華降言譴責你們，譴責我從埃及領出的親族全體：子民十二支族。一說"全體"二字是北國覆滅後（編者）添加的，意在儆誡猶大。

²世上萬族，我只認了你們一家；認，猶言揀選，創 18:19。

所以你們的一切咎責　歸聖意味着承責、受苦。出 19:5-6，申 7:6。

我必追查。

³兩個人若非有約，怎會同行？有約，noʿadu，或作認識、碰面。

⁴公獅若無獵物

怎會咆哮於林叢？

小獅若無捕獲

怎會在洞中嘶吼？

⁵飛鳥若無誘餌　moqesh，或作（中）圈套。

怎會落地撞網羅？

網羅若無所得

怎會從地面翻起？

⁶城裏的百姓若無驚懼

羊角號怎會吹響？發警報，暗示報應日來臨，珥2:1。

是呀，災禍怎會壓城

若非耶和華所降？造主乃萬物之源，萬務之因，賽45:7。

7 確實，我主耶和華行事

沒有一次不將其隱秘　包括人神關係的挫折教訓，申29:28。

先啟示於他的僕人眾先知──　此節散文，是插注。

8 啊，獅子咆哮，誰不害怕？

我主耶和華發話，誰敢不傳？耶20:7-9，林前9:16。

撒瑪利亞的山上

9 宣告吧，向亞士都的宮闕　亞士都，七十士本：亞述，1:8注。

向埃及的殿宇揚聲：彷彿請亞、埃兩鄰國/敵族見證。

聚攏來，到撒瑪利亞的山上　山，原文複數，七十士本單數。

看看城內，多大的騷亂

處處欺凌壓榨！

10 正事他們一點不懂，耶和華宣諭：

宮中積滿暴行與毀亡。

11 如此，主耶和華有言──

必有仇敵圍困福地　圍困，校讀從古敘利亞語譯本。原文：四周。

他要摧垮你的勢力

洗劫你的宮殿。亞述滅北國，王下17:3-6。

12 此乃耶和華之言：

一如牧人從獅子口中　羊被野獸吃掉，牧人若帶回殘骸，可免責。

搶回兩條［羊］腿或一片耳朵：出 22:12。

以色列子孫即撒瑪利亞居民得救

也不過如此——只剩一角床席　兼喻宮樓廢墟、殘存者。

或榻上的繡花毯子。demesheq，大馬士革產的貴重織物？無定解。

¹³聽好了，你們，就雅各家指證　並坦白罪行。

主耶和華，萬軍之上帝宣諭：

¹⁴當我追究以色列的忤逆之日

我必懲罰上帝之家的祭壇；北國聖所，拜金牛犢處，王上 12:29。

祭壇的四角要砍下，扔地上。壇角至聖，故敵軍褻瀆。出 27:2。

¹⁵我必冬宮、夏宮一總夷平；

一如象牙宮註定了傾覆　相傳牙哈王建有象牙宮，王上 22:39。

眾多府邸一掃而空——

耶和華宣諭。

四章

請聽此言，撒瑪利亞山上的巴珊母牛　貶損撒城，比作富家女

你們剝削弱小，蹂躪貧苦　不循聖法，貪圖享樂，帶壞男人。

老纏着自己丈夫：拿着，喝起來！

²我主耶和華指其聖潔起誓：利 11:44–45，詩 89:35。

看哪，日子快到了

人要用魚叉叉起你們　魚叉，zinnoth，刺、鈎、叉？無定解。

一個不剩，全鈎上魚鈎！

³然後一串兒扔出［城牆］豁口

拽着，往黑門山去——　向北，入囚亞述，北國十支族滅亡。

耶和華宣諭。黑門山，hermon，校讀。原文有訛，harmon，無定解。

你們不回頭找我

⁴走，去上帝之家逆反，到石圈

讓忤逆張狂！強調以色列是故意違命，背離實質正義。何4:15注。

早晨獻你們的犧牲，每三天

交一趟什一之物；誇張，諷其虛偽。申14:22以下。

⁵感恩祭燒的是發酵麵食 但聖法未說燒獻，利7:12–14。

說是自願卻在嚷嚷，要人聽見：吹噓，博人讚譽。太6:1–4。

這種事，以色列子孫，你們喜歡！

——主耶和華宣諭。

⁶乃至我賜你們在各城都牙齒

守潔，到處鬧糧荒：牙齒守潔，婉言斷糧。

可你們還是不回頭找我—— 此句吟詠五遍，宛如副歌。

耶和華宣諭。

⁷甚至，距收割尚有三個月

我便收了你們的雨水；

或者這城降雨，那城不降

這塊田有雨，那一塊因缺雨而枯黃；

⁸而兩三座城就踉踉蹌蹌走去 城，提喻城內居民。

另一座討水喝，卻沒討得幾口：直譯：沒滿足。

可你們還是不回頭找我——

耶和華宣諭。

⁹我曾以枯萎與霉病抽打你們；申28:22。

多少次，你們的菜園和葡萄園 多少次，校讀：（園圃）乾旱。

無花果橄欖樹被剪蟲吃光：如同埃及慘遭蝗災，出 10:12 以下。

可你們還是不回頭找我——

耶和華宣諭。

10 我還降下瘟疫

讓你們跟埃及一路；出 9:1–7。

又揮劍屠殺你們的青年

掠取你們的馬匹

使營地的屍臭熏着你們鼻孔：賽 34:3。

可你們還是不回頭找我——

耶和華宣諭。

11 我之覆滅你們，恰如上帝

傾覆所多瑪與俄摩拉，而你們　如羅得一家逃生，創 19:29。

就像大火裏抽出的一根柴：喻子民的殘餘，亞 3:2。

可你們還是不回頭找我——

耶和華宣諭。

12 所以我必如此處置你，以色列。

既然要這樣處理　此句重複，一説為插注。

以色列呀，準備迎接　接受聖法的懲罰，擔起信約之苦難。

你的上帝！

13 因為看哪！贊辭收尾。

是他，搏山嶽，造大風

他的意旨已向人公佈；通過先知，載於聖書，3:7。

他，變黑暗為黎明　或：變黎明為黑暗。七十士本：造黎明與黑暗。

腳踩大地之高處——　形容造主全能，申 32:13，伯 9:8。

耶和華萬軍之上帝，是他的聖名。何 12:6。

哀歌

五章

請聽此言，以色列家，我為你們

吟一首哀歌：結 19:1 注。

2 倒下了，再不會站起

啊以色列姑娘！比作未婚未育、被摧折的花季少女，賽 23:4，珥 1:8。

她被遺棄在自己的土地上　遺棄，語氣沉痛。舊譯不確：躺。

沒有人將她扶起。舊譯攙扶，意象不對，何 6:2。

3 如是，主耶和華有言

指以色列家：此五字移自下句末，從猶太社本。

那派出一千的城，僅生還一百

那派出一百的，生還十個。亞述殘暴，子民傷亡巨大。

4 如是，耶和華對以色列家有言：

尋求我，你們才能得生命；阿摩司以耶京聖殿為唯一聖所，否定

5 不可尋往上帝之家　各地聖所及其祭祀傳統的合法性。

石圈莫進，誓約井也莫去。猶大南部，往埃及路上，創 21:14。

因為石圈將被擄，圈起　諧音石圈，指入囚敵國。

上帝之家必歸於喪亡。'awen，兼指罪孽、死亡，何 9:4, 12:12。

6 尋求耶和華，就能得生命；

免得他如一團火撲向約瑟家　即北國，約瑟是以法蓮之父。

吞滅一切，而上帝之家無人能熄。上帝，七十士本：以色列。

7 啊，你們變公平為苦艾

把正義丟泥塵裏！下闋頌辭打斷敘事，或是後補的。參 4:13。

8 是他，造了駝星跟 "蠢人" 星座名，昴宿七星和獵戶座，

變死影為晨輝，讓白天遁入黑夜 伯 9:9, 38:31 注。

又召攏海水，朝地面傾潑：同 9:6。

耶和華是他的聖名——

9 是他，使毀亡閃擊強者 閃擊，hammablig，笑、閃亮，耶 8:18。

猛然間要塞被夷平。天父抑強扶弱，撒上 2:4–7，路 1:52。

10 他們仇視城門口的仲裁 mokiah，尤指秉公斷案，賽 29:21 注。

憎惡講真話的人。真話，是兩造和證人的義務。

11 但正因為你們踐踏貧弱 忽轉第二人稱，嚴厲。

向他狠抽穀稅 非法搜刮錢糧。

雖然用鑿好的方石蓋房

卻不得入居其中；

開闢葡萄園，長勢再可愛

也喝不上那兒的酒。傳統教義，惡有惡報，申 28:30–33。

12 因我知道你們屢犯忤逆

罪愆多麼嚴重：

又欺負義者，又強索贖金 kopher，或如通行本：受賄，munus。

在城門口推搡窮人—— 司法不公，冤屈好人，出 23:8。

13 故而審慎者現時必沉默 此節或是補注。

因為這時代險惡。但淫威下的無言不可能成善，故先知不會沉默。

14 你們應求善，莫尋惡 善德乃幸福之路，詩 4:6, 34:12, 14。

這樣才能得生命：

耶和華萬軍之上帝

才會與你們同在，如你們所言。實為聖言的承諾，創 28:15。

¹⁵要仇惡，而好善

在城門口建樹公道：呼籲恢復司法正義，但為時已晚。

也許，耶和華萬軍之上帝

會降恩於約瑟的殘餘。she'erith，唯餘數可蒙恩，稱聖者，賽 4:3。

¹⁶如此，耶和華萬軍之上帝

我主有言：

悲哭將籠罩每一座廣場

每一條街都要喊：哀哉！哀哉！

當種地的被叫去舉哀

弔喪婆被請來哭號 原文詞序顛倒：哭號（被請來）會弔喪的。

¹⁷連葡萄園也一起號啕：熟語，賽 16:10，耶 12:10。

因為我必穿行於你［們］中間——

耶和華有言。聯想上帝走遍埃及，取頭生子性命的慘劇，出 12:12。

耶和華之日

¹⁸禍哉，那渴望耶和華之日的！又稱報應日、聖怒之日，何 10:7。

你們要耶和華之日幹嗎？賽 2:12，結 22:24。

那是黑暗，不是光明——

¹⁹好比人躲了獅子又遇上熊 喻敵害，詩 7:2, 17:12，箴 28:15。

或者進到屋裏，手扶一下牆

卻被蛇咬。

²⁰不是嗎，耶和華之日沒有光明

只是黑暗，是絕無一點亮的

昏黑一團！

²¹ **我憎惡，我鄙視你們的節慶**　拒絕空洞的形式與教條，而中意

也不要聞你們的聖會。　實質正義，賽 1:10–17，何 6:6, 9:4。

²² **便是給我獻上全燔祭，或素祭**　聞，猶言喜歡祭品的香煙。

我也不悅納，不會眷顧

你們平安祭的肥畜。　何 8:13，詩 40:6, 50:9–13。

²³ **讓你們嘈雜的歌聲離我遠點**

我不想聽你們彈琴！　節慶祭禮常伴有音樂，撒上 10:5，撒下 6:5。

²⁴ **願公平如大水滾滾**

正義如溪流不斷。　不似巴勒斯坦的季節河，wadi，士 5:21 注。

²⁵ **荒野四十年，你們何嘗**

為我供奉犧牲和素祭，以色列家？　今昔對比，耶 7:22，何 2:16。

²⁶ **如今你們得抬起替自己製作的偶像**　此節散文，似補注。

你們的穢王薩古，並星神凱頑；巴比倫神（土星）貶為穢物。

²⁷ **因我要放逐你們，至大馬士革以外——**　流放亞述。

耶和華，那名為萬軍上帝的，有言。

別提耶和華的名

六章

禍哉，那安逸於錫安　校讀：約瑟。提喻北國，5:6 注。

倚靠撒瑪利亞山

而在萬族之首著名　萬族之首，美稱以色列，特選子民，民 23:9。

為以色列家所求助之人！　詛咒北國領袖和貴族精英。

² 你們前去卡爾尼看看　卡爾尼，又名卡爾諾，敘利亞北部王城。

從那兒轉哈馬大［城］　賽10:9，耶39:5。

再下至非利士人的酒榨市：gath，緊靠猶大西界，1:8注。

莫非［你們］比這幾國還強？你們，另讀：他們。

疆域比她們更寬廣？校讀。原文：他們疆域比你們更廣。無定解。

³ 你們想推開凶日

迎來的卻是暴行登基！shebeth，入座，喻敵族統治。

⁴ 還躺在象牙床上，橫臥於他們的軟榻！窮奢極欲狀。

吃的是羊群的羔子

牛欄的犢兒；⁵ 伴着琴音他們哼唱　haportim，磕磕巴巴地唱？

拿起樂器，學大衛即興表演；另作：發明樂器。此節無確解。

⁶ 又大盅飲酒，用上好的油抹身

卻毫不擔心約瑟的潰爛。sheber，打碎，轉指創傷、腐壞。

⁷ 所以馬上，他們要第一個入囚：擄去亞述。

別了，那橫臥者的狂歡。

⁸ 於是主耶和華指自己起誓：以聖名立誓，創22:16，賽45:23。

我厭惡雅各的高傲，痛恨他的宮闕　高傲，舊譯榮華，不妥。

必把這城及其中一切都交出——　兼指關押、囚禁，伯12:14。

耶和華萬軍之上帝宣諭。

⁹ 屆時，便是一間屋裏只剩十人了，象徵撒城與北國十支族。也是死。¹⁰ 之後若有親戚找來，親戚，dod，愛人、叔伯，泛指親友。猶大也是死難者的親戚。把屍體抬出屋去燒化，此句晦澀，歧解紛紜。如果他問藏在屋後的人：逃生者。同你一起，還有人嗎？答：沒有。他就要說：噓！千萬別提耶和華的名！唯恐聖怒未熄，焚滅自己。

¹¹因為看哪

耶和華一道命令──

大殿崩為瓦礫，小屋塌作碎片。

¹²馬，豈能在峭崖上奔馳？

海，豈能用牛耕作？海，校讀從傳統本注。原文：它。

然而你們變公平為毒草

正義之果竟成了苦艾──　參5:7。

¹³收復無物城，那個高興！無物城，lo'debar，加利利湖東南小城。

卻說什麼：難道攻克雙角鎮　qarnayim，基列山要塞，創14:5。

不是靠我們自己拼力氣？兩地先後被增民二世收復，王下14:25。

¹⁴可是看哪，以色列家

耶和華萬軍之上帝宣諭：

我要興起一族，來攻打你們

從哈馬隘口到約旦河東　nahal ha`arabah，一說即柳溪，賽15:7注。

把你們欺凌！哈馬到河東/柳溪，代指增民王治下以色列的疆域。

下篇：異象

七章

此乃主耶和華賜我所見：異象一。**看，他摶着蝗**[災]，生動，禍難亦至善之造化，申28:38，珥1:4-7。**正值國王的那一茬刈完**，頭茬/冬穀被軍隊徵用。原文此處重複"晚穀"，刪；七十士本：跳蟲。移至下節。**晚穀初生之際。**百姓靠此第二茬/春穀為食。²**待遍地草木被跳蟲吃盡時，我說：**

我主耶和華啊，求你寬恕！

雅各這麼瘦小

他如何站立得住？喻承受打擊。

3 耶和華便有了悔意：niḥam，出於大愛而懸置全知，耶18:8注。

好吧，這一次免了——

耶和華有言。

4 此乃主耶和華賜我所見：異象二。看，主耶和華召來大火之訟，天火或旱災。吞了大深淵，誇張修辭，極言災殃之大。又咬上這份地業。即福地。5 我說：

我主耶和華啊，求你停息！

雅各這麼瘦小

他如何經受得起？

6 耶和華便有了悔意：

好吧，這一次也免了——

主耶和華有言。

7 此乃他賜我所見：異象三。看，一面牆，我主拿準繩量了，立於其上，手握一隻鉛錘。'anak，測量用，象徵夷平重建。生僻詞，僅此一用，無定解。8 阿摩司，你看見什麼？耶和華問。鉛錘呀，我說。於是我主道：

看，我這就在以色列我的子民中間

吊起鉛錘：決不再放過他們。

9 以撒的丘壇必搗毀

以色列的聖所必夷平 包括上帝之家/孽偶之家，何4:15。

我要起身，向增民家揮劍！下接8:1。

耶 強

¹⁰那上帝之家有一個祭司耶強，'amazyah，常名，北國聖所的主祭，3:14, 4:4, 5:5。他派人去向以色列王增民稟報：阿摩司對陛下圖謀不軌，跑來以色列家的心臟！強調聖所崇高而敏感的宗教和政治地位。他胡言亂語，福地承受不起！¹¹比如這話就是阿摩司說的：增民必死在劍下，以色列定要入囚，遠離家園。

¹²對阿摩司，耶強則說：滾吧，視者，即先知，賽29:10。滾回猶大去！去那裏掙你的麵餅，講你的預言！貶其為靠預言或占卜圓夢謀食的術士/職業先知，同時又害怕被他言中，上文10節。¹³永遠別來上帝之家扮先知；這兒是吾王的聖所，是王國的殿！

¹⁴我可不是吃先知飯的，阿摩司回答耶強，也不是先知子弟。即不屬任何門派。我只是個放羊的，boqer，牧人，謙辭，1:1注。也[幫人]割埃及榕果子。果皮割一條縫，催熟，詩78:47。¹⁵是耶和華將我從羊群後面提起，婉言選召。耶和華對我說：複舉聖名，極嚴肅，伯42:7, 10。去，給我的子民以色列預言吧！¹⁶所以聽好了，耶和華有言：

你說，我不得給以色列做先知
也不可向以撒家滴[預言]。滴，言說狀，結21:2，伯29:22。
¹⁷那好，此乃耶和華之言：
將來，你的妻必當街賣淫　當街，直譯：在城裏。申28:30-33。
你兒女必倒在劍下
田地必被人拉繩丈量了分光；
你自己，必死於穢污之地　按教義，外族拜偶像，玷污了土地。
而以色列必入囚異鄉！何9:3-4。

夏天的果子

八章

此乃主耶和華賜我所見：異象四，上接7:9。啊，一籃夏天的果子！象徵增
民家即撒瑪利亞王朝的末日。² 阿摩司，你看見什麼？他問。一籃夏天的果子，我
説。於是耶和華道：

熟到頭了，以色列我的子民　熟到頭，qez，諧音夏果，qayiz。
我不會再放過他們了。
³那一天，殿上的弦歌要化作哭號　另讀：宮中的歌女要哭號。
主耶和華宣諭：
無數屍首，到處扔棄——
噓！恐怖至極，不敢作聲，6:10。

⁴聽着，你們這些踐踏窮人
國中專毀卑微者的！統稱聖者，"高傲"的反面，6:8，賽29:19。
⁵還在説：月朔幾時結束，我們好賣糧
守掉安息日，就打開穀[倉]？
然後筐斗縮小點，秤石弄大些　利19:35-36，申25:13-15。
戥子做手腳，坑人——
⁶拿瘸谷充好麥，賣完！此句移自節末，從猶太社本。
至於花銀子買幾個弱小的：
窮漢不過一雙鞋的價錢。同2:6。

⁷但耶和華指雅各的高傲起誓：高傲，兼指罪愆、榮耀，詩47:4。
他們幹的，沒有一事我會忘記。
⁸啊，大地能不為之震顫？暗示報應在即，1:1。

居住其中的能不傷悲？包括獸畜，一起受罰。同9:5。

看，四方已如尼羅氾濫　尼羅，ye`or，從諸抄本。原文：光，'or。

像埃及之長河翻騰，又消退。想像聖怒之日，地動山搖。

⁹待到那一天──主耶和華宣諭──

我要正午的日頭落下

大地在白晝披上黑紗；日食。

¹⁰要變你們的節慶為悲哭

一切歡歌化作哀歎；

要眾人腰束麻衣，頭髮剃去　舉喪，賽15:2-3，耶7:29。

如同哀悼自己的獨生子：

那最後一天，何等的痛苦！直譯：她的最後如一苦日。

¹¹看，日子快到了──主耶和華宣諭──

當我遍地降下饑荒：

不過不是斷糧，或缺水

而是耶和華訓言的不得聆受。上帝厭倦了抗命之民，停止降言。

¹²人要踉蹌着，從海到海，由北向東　海/海，校讀：南/西。

來來回回尋覓耶和華之言

但終歸不會找見。何5:6。

¹³那一天，美麗的姑娘和青年

要饑渴到昏厥；

¹⁴而那夥指撒瑪利亞的罪責發誓的　罪責，貶損迦南女神。

會說：丹城哪，一如你的神永生！丹城，近以色列北界。

或：一如誓約井之路永在──　路，七十士本另讀：你的神。

他們必栽倒，再也爬不起來。

聖所傾覆

九章

接着，忽見我主立於祭壇之上，異象五，在上帝之家的聖所。之上，或作：旁。他說：吩咐身邊的天使。你敲擊打柱頂，至門檻震動，賽6:4。讓碎石砸在眾人頭上！恍如地震，1:1。餘下的我會舉劍追殺，叫逃命的逃脫不了，溜走的無一獲救。呼應2:14-16。

2 哪怕他們挖通了冥府

那裏，我也要親手揪出他們；詩139:7-12。

哪怕他們爬上諸天

爬那兒了，也必被我擒下。

3 哪怕躲去了果園山頂峰　參1:2。

那裏，我也要搜捕他們；

哪怕潛藏海底，避開我的眼睛　不知造主洞察一切，詩94:9-11。

藏那兒了，也必被大蛇咬住，奉我命令。大蛇，即海龍。

4 哪怕他們為仇敵擄走，入囚

那裏，我也要遣刀劍屠戮；視敵族壓迫者為神的工具。

我必盯住他們的［一舉一動］

降禍而決不賜福。

5 啊，我主萬軍之耶和華——　此闋頌辭，第一行似插注。

他一觸大地，地便癱瘓　tamog，溶化、癱軟。舊譯消化，誤。

那居住其中的個個傷悲；同8:8。

而四方已如尼羅氾濫

像埃及之長河，然後消退。

6 是他，在重霄建天宮，大陸撐穹隆

又召攏海水，朝地面傾瀉：同5:8。描摹創世，詩104:2以下。
耶和華是他的聖名。

7 以色列子孫哪，你們於我

不就像古實子孫？耶和華宣諭：

那將以色列領出埃及，送非利士人

出克里特島或亞蘭人出陶牆的　見1:5注；申2:23，耶47:4。

不都是我？子民並無特權，而只享殊恩，承大苦難之責，3:2注。

8 看，主耶和華已注目於這罪愆之國

只待我把她從世上消滅　她，指罪愆之國，陰性名詞。

誠然雅各家我一定不滅絕——　承諾留餘數，續福恩，5:15。

耶和華宣諭。

9 因為看哪，我要下令了！

將以色列家自萬族中篩出　喻揀選罪民而降罰，路22:31。

一如篩谷，一粒麥也不許落地。麥，或作（粗篩留下的）石子。

10 我的子民凡入罪的皆要死於兵刃——　先知樂觀，以為義人

說呀：災禍挨近不了的　與無辜可免予受禍，至少能逃生。

它追不上我們！

尾聲：大衛的茅棚

11 那一天，我必重起大衛坍塌的茅棚：農人看園子所搭，此處

堵上破口，把摧毀了的修復，將她　喻王朝，賽1:8。

再造了一如往昔；此闋是後補的，後人企盼光復大衛之國。

12 以使他們佔有紅嶺的殘餘　指大衛王治下各族。七十士本解作

並所有當初歸我名下的外族——　萬族皈依，徒15:17。

耶和華，那必成此事的，宣諭。

¹³看，日子快到了——耶和華宣諭——

那扶犁的要撞着收割的　極言福地之豐饒，利26:5。

踹葡萄的趕上播種的；踹葡萄，即榨酒。

大山要淌下甜酒

小山都溶於［醇釀］。珥4:18。

¹⁴而我必扭斷我的子民以色列的囚鎖；喻扭轉命運，何6:11。

讓他們重建廢墟，入居新城

並種植葡萄，暢飲美酒

開闢園圃，採食果實。賽65:21，耶31:5。

¹⁵而我必將他們栽回自己的家園　天父親任園丁，賽27:3。

再也不會被拔出這片

受賜於我的土地——

耶和華你的上帝有言。

俄巴底亞書

一章

俄巴底亞的異象。標題。俄巴底亞，`obadyah，"耶僕"，常名，通説活躍於聖城淪陷前後，與耶利米同時或略晚。**此乃主耶和華之言，講紅嶺**：希伯來聖經裏此篇最短，不分章。

我們從耶和華聽到的消息　參較耶49:14–16。

信使已派往列族：我們，七十士本：我。

起來！讓我們起來，向她進攻！她，指紅嶺/紅族之國，摩9:12。

2 **看哪，我要貶你為萬族之卑**

那最受鄙視的一個！

3 **你肆意妄為的心**

欺騙了你：你這岩石縫裏安家　岩石，或岩堡，紅嶺要塞。

高處為居所的人！高處，原文單數，七十士本複數。

你心説：誰能讓我跌落在地？驕傲狀，紅族曾結盟巴比倫。

4 **哪怕你學了老鷹翱翔，在星宿間搭窩**

我也要從那裏將你打落——

耶和華宣諭。

那天你像一個幫兇

5 **若有賊人來訪，夜裏**　參較耶49:9–10。

強盜突入，不也只是竊其所需？

若有摘葡萄的來你這兒

他們可會一串不留？按聖法，應留一些給窮人和外族，利19:10。

然而你，要這樣毀掉—— 此句移自"突入"後，以順文意。

⁶這樣，以掃被搜個精光 紅族是以掃/紅哥的後裔，創36:9。

他珍藏的寶物都翻了出來！

⁷盟友也全是騙子，慫恿你犯境；直譯：送/放你到邊界。

你的平安之人就佔了你的上風 平安之人，即密友，耶38:22。

那[分吃]麵餅的設下圈套：mazor，生僻詞，無確解。詩41:9。

他呀，一點不聰明！想像紅族越境吃了敗仗，遭盟友/鄰邦恥笑。

⁸及至那一天——耶和華宣諭——

我豈能不滅紅嶺的智者 紅嶺人稱智者之鄉，耶49:7，伯2:11。

不掃除以掃之山的明悟？以掃之山，即紅嶺/毛嶺，創36:8注。

⁹特曼哪，你的勇士一團惶恐 特曼，以掃孫，耶49:7注。

乃至以掃之山沒留下

一條人命。直譯：人（盡）被剪除/毀滅。

因這場殺戮，¹⁰因你對弟弟雅各的 指其參與洗劫猶大。

暴行，你將被羞辱淹沒而覆亡 珥4:19，摩1:11–12，詩137:7。

至永遠。

¹¹那天，你站在一旁

當外邦人搶走他的財富，當番族

闖入他的城門，拿耶路撒冷

抓鬮——那天你就像一個幫兇！抓鬮，喻分擄獲，詩22:18。

¹²不，你不該冷冷地旁觀　舊譯不妥：瞪眼看着。

在你弟弟的遭難之日；弟弟，校讀。原文重複：弟弟之日。

不該心中竊喜　排比句，給敵族畫像。

在猶大子孫的毀亡之日；

不該口出狂言

在那個困厄之日。

¹³不，你不該也擁入城門

在我子民的災殃之日；七十士本：受苦之日。耶18:17，結35:5。

不該跟別人一起看着猶大遇禍　猶大，原文：他。

在他的災殃之日；

不該對他的財富伸手　原文無"手"字，校讀從傳統本注。

在他的災殃之日。七十士本：毀滅之日。

¹⁴不，你不該擋在岔路口

連逃生的也砍上一刀！直譯：砍掉/剷除。

不該交出他［們］的倖存者

在那個困厄之日。

¹⁵你怎樣行事，人怎樣待你——　同態復仇，出21:22-25。

必往你頭上扣你的劣跡！熟語，結9:10，珥4:4,7。

萬族之杯

是的，耶和華之日已近——　此節前後句對調，從猶太社本。

要拿問萬族！

¹⁶你們在我聖山上飲了的［那一杯］　聖怒之酒，耶25:15。

如今要萬族喝下，且要喝個不停　諸抄本：四周（都喝）。

大口大口地咽：彷彿他們　大口地咽，校讀：（喝醉）跟蹌。

早丟了性命！直譯：從未是/在/活着。極言其悲慘絕望。

· 521 ·

¹⁷但在錫安山，必有脫身之人　餘數可蒙救恩，珥3:5。

而且，山必歸聖。外族即拜異神者不得進入，珥4:17。

雅各家必重新佔有

那些侵佔者奪走的產業。

¹⁸然後，雅各家即成一片大火　亞12:6。

約瑟家化為烈焰，而以掃家　福地將南北統一，復興大衛之國。

便是一把碎稭，扔在火裏燒掉：

以掃家將無一倖免——

因為耶和華有言。

新以色列

¹⁹如此，南地的人要佔領以掃之山　或：人要佔領南地及以掃

平原的人要收復非利士之濱；　之山，平原及非利士之濱。

連帶以法蓮之地同撒瑪利亞之野

讓本雅明奪回基列。何6:8注。

²⁰而以色列子孫這支流亡者大軍

必復歸迦南，直抵熔爐港；zarphath，腓尼基港城，新國之北疆。

而流落於色法拉的耶路撒冷人　色法拉，一說係小亞細亞商城。

則要佔據南地的村鎮。守福地的南疆。

²¹而獲救者就要登上錫安山　獲救，或勝利，校讀。原文：拯救。

對以掃之山施以審判——　即末日審判，由此奠立新以色列。

王權必歸耶和華！詩22:28, 45:6, 103:19。

約拿書

風暴

一章

耶和華之言，摹仿傳道者口吻。**降於忠伯之子約拿**，yonah，"鴿子"，方舟使者，希望與哀哭的象徵；加利利山鄉井邊酒榨村人（耶穌同鄉）。忠伯，'amittay，王下 14:25。**道：²你起來，去尼尼微**，亞述首都，前612年被巴比倫/瑪代聯軍摧毀。**向大城宣佈，他們的邪惡升騰**，不啻戰場上的屍臭，賽 34:3。**到了我面前了！**暗比罪城所多瑪，創 18:20。

³**可是約拿起身就逃**，幽默，先知抗命，做無用功。**想去拓西躲耶和華**。直譯：從耶和華面前逃去。拓西，古以色列人心目中的極西之地，賽 2:16，詩 48:7。**他下到約帕**，yapho，海港，今特拉維夫南郊。**找到一條去拓西的船，便付了船錢，上船，跟人一起駛往拓西——只想躲開耶和華的聖容**。伏筆，不說他為何躲避聖容，詩 139:7。

⁴**耶和華卻向海中擲下一股颶風，頓時狂飆捲起巨浪，眼看那船就要被打碎了。⁵水手慌作一團，紛紛呼求各自的神明**，水手來自多國，宗教不同。**一邊就把貨物拋下海去**，指甲板上堆放的貨物，徒 27:18。**好讓船輕些。這時約拿已經鑽進底艙，正躺那兒呼呼大睡**。參觀耶穌平風浪故事，可 4:38，太 8:24。**⁶船長下來，到他跟前吼道：怎麼，真能睡呀！給我起來，求你的神去！**災難面前須動員一切祈禱力量，多神崇拜故。**興許那神肯關心一下我們，免我們一死。**

⁷**他們又彼此商議，說：來，我們抽籤，看是誰引來的這場災禍。**懷疑船上有人觸罪，冒犯了海神。參 4:6 注二。**說着，便落籤來抽，中的竟是約拿。⁸眾人問他：告訴我們，你這招引災禍的**，七十士本脫此七字，或屬插注。**你是做什麼事的？從哪兒來？又是哪國、哪族的人？⁹我是希伯來人，他回答，我敬畏的是耶和華諸天之上帝，海洋陸地都是他造。¹⁰眾人大懼**，知道確是神明發怒。

趕緊又問：你到底幹了什麼？問因何觸罪。當眾人得知他是在逃避耶和華的聖容——這是他給的說法——[11] 都說：該拿你怎麼辦呢，才能叫風浪平息？因為海濤洶湧，越來越高了。[12] [約拿] 道：你們把我舉起，拋進海裏，風浪就會平息。咎責自負，不願連累無辜。我知道，這場大風暴苦了各位，是因我而起的！[13] 眾人拼力劃槳，水手善良，不忍拋棄乘客。但是靠岸依然無望，因為海濤洶湧，越來越高。[14] 終於，他們向耶和華發出呼喊：求求你，耶和華，不要為這人的一口氣把我們也殺了！一口氣，nephesh，呼吸、喉嚨、靈、命，2:6, 4:8注。不要讓我們沾上無辜的血！意謂不論收留希伯來人，還是扔他下海，希望都不要招致聖怒。因為你，耶和華，可隨意而行！承認神有偉力，抗命必究。[15] 說着，便將約拿舉起，拋進了海波；立刻，狂濤就停息了。

[16] 於是，眾人對耶和華益發畏懼，外族一如子民，智慧始於敬畏，詩111:10，伯28:28，箴1:7。忙給耶和華獻上犧牲，許了大願。

大魚

二章

耶和華卻委派一條大魚，將約拿吞了。寓言故事，漫畫色彩，不用鯨魚海怪大蛇之類，tannin，創1:21，賽27:1，詩74:13，伯7:12。七十士本作巨鯨，ketos，福音書從之，太12:40。約拿在魚腹裏過了三天三夜，後世基督教引為耶穌受難"入大地的心"，第三天復活之預象，同上。[2] 自魚腹，約拿向耶和華他的上帝祈禱，[3] 說：實為一感恩頌，化用《詩篇》的句法意象。

每當我遭難，把耶和華呼喚 每當，或作曾經，指過去的經歷。
他都回應—— 詩120:1。
雖陷於陰間的肚裏，但我求救 陰間，喻處境險惡，哀3:55。
你就俯聽了我的哀鳴！施救乃是神的信約義務，何2:22，詩17:1。

⁴你將我拋下深淵，沉入海心　猶言海底，出 15:8。

被洪流圍起；你全部的巨浪驚濤

蓋過了我的頭頂。　象徵災難，詩 42:7, 88:6–7。

⁵但是我說：誠然我已從你眼前　形容失去神恩，詩 31:22。

放逐，依然我仰望着你的聖殿。　兼指天庭聖居、錫安山，詩 5:7。

⁶啊，大水洶湧，淹齊了我的靈　或喉嚨，1:14 注，詩 69:1。

深淵合攏，我的頭被海草纏繞。

⁷沉到群山的根柢，大地落下門閂　墜入冥府，剔出生者之地。

把我關進——永遠。　根柢，qizbe，根基，指海底。

然而你從深坑救出了我的命　深坑，喻陰間，詩 16:10, 30:3。

耶和華啊，我的上帝！

⁸正當我的靈奄奄一息，耶和華

我想起了你，我的禱告

就來到你面前，上了你的聖殿。　表悔改，不再避聖容，1:3, 10。

⁹那敬虛無拜偶像的　貶稱拜異神者，詩 97:7，如船上的各國水手。

是丟棄了他的至慈之愛。

¹⁰而我，卻要用感恩之聲

為你獻祭——我許的願

我必還。　詩 22:25。

救恩來自耶和華！　救恩，yeshu`athah，兼指勝利，詩 3:8。

¹¹於是耶和華指示那魚，它便遊到岸邊，將約拿吐了出來。

尼尼微

三章

接着，耶和華第二次降言於約拿，道：²你起來，去尼尼微，向大城宣佈我要你宣佈之事。此次不言邪惡升騰，沖犯聖容，1:2。³約拿便起身去了尼尼微，遵從耶和華所言。知錯必改。

這尼尼微卻是上帝面前一座奇大的城，上帝面前，最高級修飾語，極言其雄偉，詩36:6, 68:15, 80:10注。尼尼微相傳為"耶和華面前的獵人"寧錄所建，創10:9, 11。橫穿的話得走三天。誇張修辭。⁴約拿便進了城；走了一日，才開始宣告：還有四十天，聯想方舟洪水四十天，以色列出埃及入荒野四十年。七十士本：三天。尼尼微就要傾覆！nehpaketh，雙關：翻轉、改過。

⁵不想尼尼微人竟信了上帝。諷刺，外族仇敵一聽聖言便信了，以色列的"鴿子"先知反倒抗命。太12:41, 路11:32。他們宣佈禁食，無分長幼，人人身披麻衣。志哀、懺悔，珥1:13–14, 詩35:13。⁶消息傳到尼尼微王耳中，他從寶座上站起，脫下冕袍，繫上衰衣，坐在灰裏。結26:16。⁷然後傳旨，詔告全尼尼微：國王及大臣有令，人畜不論，包括牛羊，一律停食；不得放牧，亦不許飲水。⁸人畜皆應身披麻衣，竭力向耶和華呼求；動物轉承人的咎責，故也須祈求寬赦，創6:20注。願人人回頭，棄邪路與手上的暴行。⁹誰知道呢，也許上帝會反悔而回頭，天父的反悔乃救恩之源，耶42:10, 珥2:14。不點燃鼻息，喻聖怒，何11:9。免我們一死？同1:6。

¹⁰當上帝看到他們的行動，如何從邪路上回頭，居然，上帝反悔了！他收回成命，沒有降災，耶18:8, 26:13, 19。一點也沒降。

蓖麻

四章

約拿卻因此很不高興。覺得被至高者戲弄了，因為根據聖法，上帝言出必成，民23:19, 賽14:24, 結12:25，不應收回對罪城的懲罰。他甚至被激怒了，²向耶和華祈禱，說：耶和華呀，這不就是我還在家鄉時已經料到的情形？料到，直譯：說過。所以我才急着逃往拓西，因我知道，引出 34:6–7。你是慈悲之上帝，不輕易發怒，且至為仁愛，會反悔了收回災禍。道出避聖容的理由：約拿深知神性繫於大愛，hesed，不囿於字句，申 10:16，羅 7:6。³耶和華啊，這條命你拿去吧，"鴿子"倔強，認死理，一如眾先知的榜樣摩西和以利亞，出 32:32，王上 19:4。事已至此，我死了也比活着強哪！不願看到聖者悔約，饒恕仇敵。⁴耶和華卻説：你這樣怒氣衝衝，對不對呢？

⁵約拿便往城外走，到東門外坐下。東門外，直譯：城東面。古代近東習俗，東為正，出 26:9。他就地搭了一座棚，坐在棚子的陰影裏，等着看那城如何結局。希望四十天過後大城傾覆；否則預言落空，他便做了一回假先知，應了摩西的警告，申 18:22。⁶於是耶和華上帝指派一株蓖麻，qiqayon，無定解。七十士本：葫蘆。快快長起，高過約拿，給他的頭遮蔭，以免他曬病了。ra`ah，惡、苦、災禍、不高興，上文 1–2 節。顯然棚子簡陋，遮不了頭。約拿很喜歡那株蓖麻。⁷然而次日破曉，上帝派出一條蟲，吃那蓖麻，蓖麻就枯死了。⁸待太陽升起，上帝又派下一股熾烈的東風，熾烈，harishith，無確解，從七十士本。讓日頭暴曬約拿的腦袋——曬得他昏厥在地，靈中只求一死，靈中，猶言整個的人，1:14, 2:6。説：死了也比活着強哪！

⁹可是上帝回復約拿：為了這蓖麻，你就怒氣衝衝，對不對呢？耐心勸諭、啟迪。對，他説，氣死了，我也是對的！先知站在子民立場，堅守中保之責與信約義務，毫不妥協，耶 15:1 注。¹⁰但耶和華道：這株蓖麻你沒出過勞力，不是你培育的，它一夜長成，又一夜凋謝——這你尚且憐惜不已，¹¹那我為何不能憐惜尼尼微這座大城呢？天父闡發普世拯救之理想，委婉諷刺"鴿子"報仇心切，不懂大愛之下，萬民如一，賽 19:23–25。城裏還有十二萬多人，不懂分辨左手右手，指孩童，尚無是非觀念或行為能力，猶如獸畜，不應負罪責。更別説那許多牲畜了！

彌迦書

一章

耶和華之言，降於占莊人彌迦，mikah，"誰能比耶和華"，常名。占莊，moresheth，猶大小村，近非利士邊境，耶 26:18。時值約坦、耶哈、希士迦為猶大王，先知傳道，約在公元前八世紀最後二十五年，較以賽亞年輕，賽 1:1。乃是關乎撒瑪利亞和耶路撒冷之異象。

撒瑪利亞的纏頭

2 萬民哪，你們聽着
大地與充盈其中的，請留意！充盈，指人獸鳥蟲等，詩 24:1。
耶和華要做見證，我主　原文句首重複"主"字，從七十士本刪。
從他的聖殿控訴你們！何 4:1。
3 因為看哪，耶和華出了聖居　賽 26:21。
即將降臨，踏上大地之高處。或作高丘。同摩 4:13。
4 他腳下群山溶化，墾谷裂崩　詩 97:5。
就像蠟燭投火，如洪水
瀉落陡坡。

5 這一切起於雅各的忤逆
以色列家的罪愆。
什麼是雅各的忤逆——
若非撒瑪利亞？

什麼是猶大的高丘——　七十士本及亞蘭語譯本另讀：罪愆。

若非耶路撒冷？彌迦嚴厲，指整個聖城為異教神龕，何 10:8。

⁶我必變撒瑪利亞為野地廢墟

開闢了可種葡萄；

必將殘垣一塊塊扔進山谷　撒城建在山頭，俯瞰谷地。

直至暴露她的根基。詩 137:7。

⁷她的雕像通通打碎

她接客所得，扔火裏燒掉。貶其為廟妓，或迦南女祭司，何 4:14。

那一大堆偶像，我要全部摧毀——

無非是些賣淫攢起的纏頭　淫祀比作淫資，何 2:14 注。

讓它纏頭再做一回！

哭猶大

⁸為了這個，我要哀哭

光了腳裸身走路！奴隸的形象，做預兆警世，賽 20:2–4。

哀嚎啊，我彷彿紅豺

又如鴕鳥傷悲。

⁹她受的重創已無法治癒：她受，校讀：耶和華給她。

那落上猶大，逼近子民城門

直搗耶路撒冷的一擊。以下至 13 節晦澀，或有脫文，歧解紛紜。

¹⁰不要在酒榨市說這事　此闋多諧音雙關語，地名意譯，約略出之。

千萬別流淚；前 701 年亞述南侵，猶大慘遭蹂躪，西部諸城歸非利士。

就到塵鎮，往塵土裏打滾。塵鎮，beth le`aphrah，"小公鹿家"。

¹¹走起來呀你們，麗城的居民！麗城，shaphir，將被亞述驅使。

赤裸身子，怎敢出村呢　赤裸，解作指麗城居民，亦通。

蒙羞的赤安女兒？ yoshebeth za'anan，特指其女性居民。

留莊在悲泣，沒給你們留住　留莊，beth ha'ezel，將陷落敵手。

一方立足之地。

¹² 是呀，苦城的女兒還盼着幸福　苦城，maroth，無福，得 1:20。

可災禍已由耶和華擲下

對準耶路撒冷的城門：亞述王辛黑力圍困聖城，賽 36 章。

¹³ 快，套上馬車，拉岐的居民！準備出逃，拉岐在耶京西南方向。

那裏，錫安女兒罪愆之起點——　那裏，直譯：她。指聖城。

以色列的忤逆自你發源。

¹⁴ 所以你得給酒榨市的占莊　亞述將占莊劃歸非利士人的酒榨市。

送一份分手禮，雖然欺埠之家　batte 'akzib，或即坷市，創 38:5。

對於以色列王，不啻一條

騙人的小溪。迦南的季節河，喻堅城靠不住，耶 15:18。

¹⁵ 我要再一次把佔領者引來

給你，馬堡的居民！馬堡，mareshah，在占莊南側。

然後在避難的亞杜蘭毀掉　校讀。原文：來到亞杜蘭（避難）。

以色列的榮耀。諷刺，大衛王曾在亞杜蘭山洞避難，撒上 22:1。

¹⁶ 剪了你的頭髮，光禿吧　志哀，賽 22:12，耶 7:29。

為了你寵愛的兒女；指上闋所述猶大十二城居民。

把自己禿成一頭兀鷲

因為他們離開你，做了囚徒。

時代險惡

二章

禍哉，那些躺床上還在想孽謀　詩 36:4。

作惡的人！天一亮

他們就幹，仗着手中有權。

²看中了哪塊田，就霸佔

房舍更是巧取豪奪；

業主連同親屬一起欺壓　逼家人償債。

人、財都不放過。還不起的只好賣身為奴，申 15:12。

³如此，耶和華有言：

看，我正給這部族計劃一場災禍

叫你們縮不回頸子，也別想

昂着頭走路，因為這時代險惡。同摩 5:13。

⁴那一天，人要吟一則諷喻　諷刺詩、預言等，賽 14:4，結 17:2 注。

為你們唱起哀歌：

全毀了，我們！

我子民的產業轉了手——

他怎能拿走我的那一份　他，指討債者、敵族或上帝，皆通。

把我們的田園分給變節的！shobeb，校讀：掠奪者，shobenu。

⁵所以，當耶和華的會眾齊集

決不會有人給你拈鬮　你，指欺壓窮人的權貴。校讀：你們。

拉繩尺分地。書 18:6，詩 16:6。

⁶別嘮叨預言了，他們叨叨：直譯：滴 / 流，轉指講道、預言。

人不該絮叨這些。恥辱？聽眾或假先知反駁，嘲笑彌迦。

它追不上〔我們〕！

⁷雅各家豈能受詛咒？'arur，校讀。原文不通：說話，'amur。

耶和華，他怎會氣短？喻失去耐心，士 10:16，亞 11:8。

這一切，不都是他的偉業？救主負有保護子民的信約義務。

當然，我的訓言對走正道的　先知回答。

是福祉。⁸但你們起來——

就與我的子民為敵！此節原文有訛，無善解；校讀參七十士本。

專找求太平的剝他們的大氅

那些從戰場回來沒防備的路人。

⁹還把子民的婦女趕出

她們安樂的家，從小童身上

永遠奪去了我的尊榮。以色列為奴，是上帝之辱。

¹⁰你們起來，走吧！

這兒不是休憩之野。福地已無安寧的牧場，詩23:2。

因毀亡寓於不潔——慘烈呀

那場毀滅！直譯：因不潔可毀（人）並毀得慘烈。無定解。

¹¹若有人追着風走，四處撒謊：追風，暗示敵手徒勞，何12:2。

我預言你們有烈酒醇釀。你們，校讀。原文：你。

此種嘮叨，送給這一族正好！耶5:31。

餘數必歸欄

¹²是的，我必召集雅各全[家]

必聚攏以色列的餘數；

必將他們趕到一處，如羊兒歸欄　bozrah，或同音詞：堡都。

又如羊群歡咩着擁進草場

遠離人[居]。此四字出格律，似插注。

¹³那破城的帶頭，衝上去

接着全體攻破城門，突圍——　想像最後的戰鬥和解放。

走在前面的是他們的王

耶和華，親自指路！ 此闋寫回返福地，或是後補的。

耶和華將臉藏起

三章

於是我說：

你們聽仔細了，雅各的頭領　雅各，七十士本：雅各家。

以色列家的判官。

難道你們不懂何謂公道？ 斥耶京的統治者失職，何5:1。

²可你們仇善好惡，剝人的皮

剔骨頭肉，³恨不得生吃了

我的子民——撕了皮，拆了骨

剁碎了放盤子裏，彷彿　放，校讀。原文：像。七十士本：像肉。

要拿一口大鍋燉肉！ 此句無定解。

⁴然而，當他們呼求耶和華

他卻不會應答。耶11:11。

屆時，他要將臉藏起　喻收回福恩，不再眷顧，申31:17。

要清算他們的斑斑劣跡。

⁵此乃耶和華之言

講引子民走歧路的先知：暗示假先知追隨異神，何4:12，摩2:4。

這夥人只要牙齒間有嚼的

就頌平安；但如果誰不往他們 結13:10。

嘴裏送吃的，他們立刻守潔宣戰。珥4:9注。

⁶所以你們必陷於長夜，不見異象

流落黑地而無法占卜。法術失效，耶 14:14, 27:9。

日頭朝着先知垂落，白晝

因他們而昏暗。

7 於是視者要蒙羞，占卜的懊喪　視者，舊譯不通：先見。

一個個[抬手]遮住髭鬚　喪禮，避不潔，結 24:17, 22。

因為上帝不再答覆。

8 而我恰好相反：藉耶和華的靈

我渾身是力，秉公道與勇敢

控告雅各之忤逆，向以色列

揭露其罪愆。顯然先知被耶京上層視為異端，處境艱難。

9 請務必聽聽這個，雅各家的頭領

以色列家的判官！

你們憎惡公道，歪曲一切正理

10 不惜用血污營造錫安　形容其手段殘忍，玷污聖所，哈 2:12。

建耶路撒冷於不義。北國覆滅後聖城難民大增，有所擴建。

11 她的頭領收了禮才判決　收禮，婉言受賄，賽 1:23。

祭司看價錢施教　尤指調解、裁斷糾紛，出 22:8，申 17:8–13。

先知為銀子而占卜──

這種人也靠着耶和華，還吹噓：對手跟彌迦一樣，奉聖名施教。

難道耶和華不在我們中間？

災殃輪不到我們！熟語，耶 5:12, 23:17。

12 所以，怪只怪你們自己：耶利米曾引用此預言，耶 26:18。

錫安必犁耕為田

耶路撒冷成一堆瓦礫　重蹈撒瑪利亞的覆轍，1:6。

聖殿山野樹滿岡。

錫安頌

四章

待到終了之日　同賽2:2-4，淵源未明。

耶和華的聖殿之山

定將聳立於群峰之上，百嶺之巔。　就其宗教與政治地位而言。

於是萬民彙聚，²列族向前，說：

來呀！

讓我們登上耶和華的山

去到雅各上帝的殿宇

求他指示正道，教我們走他的路。

因為聖法必出於錫安

耶路撒冷，出耶和華之言。　想像普世皈依，聖法一統天下。

³他將在萬民之間審判　他，指耶和華。

替強族裁定是非，不論多遠。　此四字出格律，似插注。

而人要把劍打成犁頭　強族（複數），復指萬民。

變長矛為修枝的鈎。　賽2:4注。對比珥4:10。

一族不必向另一族舉劍

再不用學習爭戰。

⁴而人可坐在自家葡萄藤

和無花果樹下，不受驚擾——　自由的小農經濟的理想生活。

此乃萬軍之耶和華親口所言。　賽1:20。

⁵誠然，萬民是各指各的神名而行；　多神崇拜，相互包容。

但我們前行乃是

奉耶和華我們上帝的聖名—— 參較賽2:5。

永遠而永恆。強調選召的唯一性，包括由此而來的恩典與苦難。

羊群的守望塔

6 那一天——耶和華宣諭——

我必召集瘸腿的 自比牧人，以羊群喻以色列。

必聚攏被放逐的和受我磨難的。承認子民受苦乃神恩所賜。

7 那瘸腿的，我必留作餘數 通過第二次揀選者，可望得救。

那流散的要成一強族。

耶和華必做他們的王，居錫安山

從今時直到永遠。詩113:2, 115:18。

8 至於你，啊羊群的守望塔 migdal-ʿeder，望羊塔，在伯利恒東面，

錫安女兒的山堡—— 創35:21；此處借喻聖城。

向你，那昔日的主權要復歸 主權，memshalah，舊譯權柄，誤。

那耶路撒冷女兒的王國

必再臨！

9 為什麼，你如今卻在號啕？回到現實，預言猶大覆滅。

你失去了國君？抑或謀臣喪命

使得你被劇痛攫住，像一個產婦臨盆？套喻，賽13:8, 26:17。

10 扭動着，尖叫着，啊錫安女兒 尖叫，校讀。原文：生產。

像一個產婦臨盆！

因為現在你就得出城 此闋寫入囚巴比倫，通說是後人託名。

去野地裏住，然後一路走到

巴比倫——那兒，你才能獲救：

那兒從仇敵掌下，那贖回你的

是耶和華。

¹¹ 而今已是萬族聚集，攻你：

玷污她！讓我們把錫安看個遍！喻徹底摧毀，屠城。

他們叫囂。

¹² 但他們不知道耶和華的大計　婉言災禍，2:3，耶51:29。

一點不懂他的宏圖：暗示救恩，賽46:10, 55:8–9。

聚攏他們，就如麥捆堆上了禾場。等待上帝降罰，耶51:33。

¹³ 起來，碾穀吧，錫安女兒！此闋頗具天啟主義風格。

我要使你的犄角如鐵　喻大力，詩18:2, 75:4注。

變你的蹄子為銅，踏碎萬民。

而後禁絕他們的掠物

將不義之財歸聖耶和華

奉獻與大地之主。聖戰結束。通行本此處分章，節數加一。

伯利恒的榮耀

¹⁴ 好了，割破你的皮肉吧　tithgodedi，或：召集隊伍吧。無定解。

亂軍的女兒！喻聖城，悲哀絕望狀，耶47:5。

我們已陷入重圍；要挨棍子了

以色列統治者的面頰。入囚為奴，備受凌辱，賽50:6，伯16:10。

五章

而你，以弗拉的伯利恒　大衛王家鄉，在耶京南面。得4:11。

猶大各宗裏最微不足道的一支：'eleph，千，轉指宗族支系。

你要為我出一位將來統治以色列的── 福音書引以指耶穌，

他，淵源極古，起於永世之日。 太2:6，約7:42。

²如此[耶和華]必交出他們 解釋天父為何藏臉，不再眷顧。

直到那臨盆的分娩；以賽亞曾預言少女懷孕，生以馬內利，賽7:14。

然後，他殘存的兄弟

便可回去以色列子孫身邊。希冀子民合力，建設新國。

³而他將立定，以耶和華的偉力

奉耶和華他的上帝聖名至尊

放牧羊群。喻君王/受膏者的統治，賽40:11，耶23:4。

而他們必安居

因為他[權位]日隆，覆蓋地極。

⁴這一位，又名太平。

亞述若是犯境，踏上我們的家園 校讀。原文：宮闕。

我們就給他立七位牧人

讓八個王公揍他！七/八，表眾多，數字修辭格，箴6:16, 30:15注。

⁵他們將舉劍放牧亞述

利刃出鞘，圈起寧錄之地。利刃出鞘，校讀。原文失對：各門。

那救我們掙脫亞述的，是他──

若亞述敢犯邊，踏進我們的疆域。

露珠與巨手

⁶於是，雅各的餘數要在萬民之中

有如降自耶和華的露珠 暗喻信仰、聖法的教導，申32:2。

如甘霖灑上青草——

既不仰賴人事，也不寄望於人子。因救恩已定。

7 是的，雅各的餘數要在萬民之中　原文"萬民"前重複：列族。

有如林莽百獸裏的雄獅　破格律，從聖城本刪。

如小獅衝進羊群

一隻只撲倒了撕碎，無人能救回。子民開始復仇。

8 你巨手高舉，按下你的敵手

仇家你一總剷除！

9 待到那一天——耶和華宣諭——

我要從你的內中剷除戰馬　你，指敵族。轉第二人稱，嚴厲。

並砸爛你的兵車；

10 要剷除你全國的城邑

傾覆所有的要塞；

11 要剷除你拿手的巫術

叫你絕了念咒的；

12 要剷除你的雕像　一共五句"剷除"。

你身旁的那堆神柱　迦南異教的神龕，出 23:24。

免得你再叩拜自己的手工製作：

13 一旦我拔掉你的木柱女神　出 34:13 注。

將你的村鎮毀盡。村鎮，校讀：偶像。

14 我鼻息熊熊，我一定報復

那拒不順服的列族！抗拒以色列的唯一神，不願皈依者。

控訴以色列

六章

請聽耶和華訓示：

起來，向大山陳述案情　起首程式，呼山嶽或天地見證，賽1:2。

讓小山聽你的辯詞！直譯：聲音。

²聽哪，群山，是耶和華在控訴　賽3:13–15，何4:1。

大地的根基，請側耳；ha'azinu，校讀。原文：永久，ha'ethanim。

是呀，耶和華告了他的子民

他要同以色列爭論！天父紆尊，起訴罪民。

³我的子民哪！

我什麼事冤屈你了？

又如何讓你厭煩？回答我！意謂有何證據，盡可反訴／反駁。

⁴是我領你走出埃及，從奴隸之獄　申5:6, 7:8。

將你贖出，並遣摩西、亞倫和米蓮　姐弟仨並列，民26:59。

為你引路。

⁵我的子民哪，請記住：

摩押王巴勒曾出何計謀？

比珥之子比蘭又怎樣回復？事見民22–24章。

[不忘]金合歡甸子到石圈之旅　指以色列渡約旦河踏上福地，

你們即能認識，耶和華的救恩之義。　書3:1, 4:19。

⁶來到耶和華面前，跪拜高天之上帝　人子／罪民回答。

我該進獻什麼？

是否應獻全燔祭，挑一歲大的牛犢？

⁷耶和華，他可會悅納公綿羊成千

外加油溪上萬？ 誇張修辭，回避實質問題，摩5:21注。

是否［定了］我忤逆

我就得獻出頭生子 雙關暗示／混淆聖祖獻子的考驗，創22章，

因靈的罪愆，割捨子宮的果實？ 及迦南童子祭。

[8] **人哪，你已接訓諭，什麼是善** 先知總結。你，從七十士本。

以及耶和華對你有何要求。 原文：他（訓示你）。

無非是行公道，愛虔敬 何6:4注。

謙恭地，與你的上帝同行——

[9] **唯有明智的才敬畏你的名。** 敬畏，從七十士本。原文：看見。

罪城

啊，耶和華的雷霆，在傳喚這城： 譴責耶京。另解作撒瑪利亞。

聽哪，支族並全城會眾！ 校讀。原文晦澀：手杖，誰又指派她。

[10] **我怎能忘卻，惡人家裏罪惡堆積** 忘卻，校讀。原文：有。

最可咒的是那小筐斗？

[11] **怎能容忍做了手腳的秤** 容忍，直譯：視為潔淨／正當。

連同一袋騙人的秤石？ 摩8:5–6。

[12] **——那裏，富人暴行纍纍** 那裏，指罪城。

居民搖舌詐騙，滿口謊言。 此節按文意可接上文9節。

[13] **所以我才抽打你，毀你——**

那副慘狀配你的罪愆！ 慘狀，另讀如古譯本：開始（抽打）。

[14] **你就會想吃，卻不得飽** 何4:10。

五內被饑餓所齧噬； yeshhaka，生僻詞，僅此一用，無善解。

你會儲存，卻不能保全

就算保住了我也必交與刀劍；

¹⁵你會播種，卻沒有收成

會榨橄欖，卻膏身無油

會踹了葡萄，卻喝不上新酒。申 28：30–33，摩 5：11。

¹⁶因為你守的是昂力的惡規　昂力，ʿomri，以色列王，牙哈之父。

一切照搬牙哈家的行事；牙哈，ʾahʾab，“父兄”，前 874~853 在位。

他們的計謀你一概順從。父子二王曾縱容異教，王上 16：23 以下。

如此我要變你為廢墟　預言罪城與罪民的命運。

要你的居民被噓聲淹沒：你，校讀。原文：她。耶 18：16, 19：8。

終於，你們負起我子民的羞辱。我子民，七十士本：萬民。

守望之日

七章

哀哉！我就像一個夏果采完

葡萄摘過，卻一串都撿不着吃的人——　遭災歉收的景象。

我的靈最愛的頭茬無花果　最愛，舊譯不通：羨慕。何 9：10。

一粒也沒有！

²虔敬者已從國中消失

世間竟無一人正直。極言福地之腐敗，災殃難逃，耶 5：1。

全都埋伏着，要流人的血

對親兄弟結繩網捕獵。

³一雙手極善作惡：校讀從古譯本。原文：對惡。

首領跟判官一樣索賄　呼應 3：11，摩 5：12。

權貴則吹噓他心底的貪欲　或作：隨心所欲地施令。

如此，他們編織［不義］！另讀歪曲（正義）。無定解。

⁴他們最好的一個，像是刺叢

最正直的也不過是一道荊棘籬笆。暗示其妄圖阻斷義人的路。

但他們的守望之日即受罰之日　他們，校讀。原文：你。

到了：馬上，劫難降臨！賽22:5。

⁵鄰人不可信，密友莫倚靠；耶9:3, 12:6。

縱然是躺在你懷裏的——對她

也要守住口舌。

⁶因為，兒子要侮蔑父親　結22:7。

女兒要與母親作對

媳婦與婆婆相欺：

人與自己的家人為敵。耶穌引以闡明人子的使命，太10:35–36。

⁷至於我，卻要把耶和華守望　代表餘數剖白心跡，2:12, 5:6。

要翹盼着上帝，我的救恩——　詩130:5–6。

我的上帝他一定垂聽！以下終曲，以哀歌、預言和頌詩寄託希望。

終曲：哀錫安

⁸別太高興，我的仇敵！一説指紅嶺或周邊敵族，無定解。

我雖然跌倒，必重新站起；

雖然坐於黑地，但耶和華

是我的光明。賽9:1，詩36:9。

⁹但既已觸罪於他

就得忍受耶和華的狂怒；za`aph，狂風、暴怒。舊譯惱怒，弱。

直至他受理我的冤屈　就敵國的侵略壓迫而言，耶50:34。

替我主持公道。他必引我

邁向光明，讓我看到他的正義。

¹⁰ 而我的仇敵見了，要披上羞愧

因為她曾譏誚我：在哪呀　她，指敵國／城，陰性名詞。

耶和華你的上帝？珥2:17，詩42:3, 10。

我要親眼看着她遭蹂躪

這一刻，她幾如街上的泥塵！哀歌完。

神跡

¹¹ 啊，你的城牆重修之日——　由波斯釋囚，子民復歸福地，

那一天，[你的]疆界要拓寬！　而暢想民族復興。

¹² 那一天，他們都要來你這裏　聖城將接受外族歸附。

從亞述到埃及，由埃及到大河　即幼發拉底河。

從海到海，由山到山。到埃及，從一抄本。原文：和埃及城邑。

¹³ 而那一國卻要因其居民　國，指敵國，對應上文11節"城牆"。

而荒寂：終於他們的行事

結了果子。喻受報應、覆亡，摩8:1–2。

¹⁴ 願你以牧杖放牧你的子民　預言轉入祈禱。詩23:1, 4, 95:7。

那果園之間，棲身林叢　其時聖城傾圮，果園良田皆歸了異族，

獨歸你的羊群：讓他們覓食於　會眾生活困苦。

巴珊和基列，一如當年！盼以色列恢復大衛王時代的疆域，俄19。

¹⁵ 正如你走出埃及之日

求求你，大顯神跡！求求你，校讀。原文：我要向他。

¹⁶ 叫列族領教了蒙羞

徒有他們全副的勇力；

叫他們手捂住嘴，耳朵聾掉

¹⁷ 蛇一樣舔着塵灰　降服狀，賽49:23，詩72:9。

做一窩鑽進土裏的長蟲；

叫他們顫抖着，爬出營壘

投降耶和華我們的上帝──

叫他們對你不勝畏懼！聖言憑實力傳佈，實力即神跡，賽64:2。

慈愛頌

[18] 有哪一個神像你，能赦免咎責　耶50:20。

放過忤逆，寬恕你的產業之餘數？你，校讀。原文：他。

不，他不會怒氣永懷　他，指上帝；轉第三人稱，表敬意。

因為他樂於施愛。神性之核心，出34:7，何6:4，拿4:2注。

[19] 他必又一次憐憫我們　救主不忘信約，何1:6，珥2:18。

將我們的咎責踩在腳下

一切罪愆投入深淵──　舊譯不確：深海。詩107:24，伯41:23。

[20] 誠如昔日起誓應許我們祖先　創12:7, 13:15, 15:18。

願你以信實待雅各，以慈愛　願你，或作你必。

賜亞伯拉罕。

那鴻書

一章

　　預言尼尼微，亞述國都，拿 1:2 注。預言，本義負重，轉指神諭，賽 13:1，耶 23:33。**艾爾柯西人那鴻之異象之書**。那鴻，na<u>h</u>um，"安慰"，傳道於公元前七世紀末。艾爾柯西，地點不詳。

引子：聖怒之歌

aleph　　²**不容不忠與報應之上帝，啊耶和華！**對句七頭，按字母順序。

　　　　耶和華施報，乃聖怒之主——　喻經常發怒，箴 22:24。

　　　　耶和華向頑敵報復，對仇懺記恨；此句無藏頭字母，是補注。

　　　　³**耶和華不輕易發怒，但力偉**　出 34:6-7。

　　　　耶和華，該定罪的決不赦罪。耶 30:11。

beth　　**旋風與狂飆，為他開道**　傳統意象，寫造主"神現"，詩 50:2。

　　　　亂雲是他腳下的泥塵。

gimel　　⁴**他一聲呵斥，大海乾枯**　詩 106:9。

　　　　江河全體斷流；

daleth　**巴珊同果園山衰微**　dalelu，校讀。原文重複"凋謝"，脫藏頭。

　　　　黎巴嫩嫩芽凋謝。

he　　⁵**群山在他面前顫抖**　形容地震，耶 4:24。

　　　　岡巒紛紛癱瘓；舊譯消化，誤，摩 9:5。

waw　　**大地隆起，跟他照面**

　　　　世界及居於其中的陡然升高。

zayin　⁶他一動怒，誰敢站立？

誰能承受他點燃鼻息？何 11:9 注。

heth　是呀，聖怒如大火傾瀉

磐石因他而崩裂！

teth　⁷唯有耶和華至善

困厄之日，他是堡壘；熟語，賽 25:4，詩 37:39。

yod　凡倚靠他的，他都認得

⁸哪怕洪水滔天；回放挪亞方舟，洪恩欣慰，創 5:29, 6:8, 8:21。

kaph　而反抗的，他一概滅除　反抗，校讀。原文：她的地方。

將仇敵驅入黑暗。喻死亡。

剪除百戾魔

⁹怎麼，你們想算計耶和華？譴責亞述侵略者。

可是他一定掃除

沒有敵手能反抗兩次！敵手，另讀困厄（發生）。

¹⁰猶如一叢荊棘，錯枝纏繞　一叢，校讀。原文：直到。

他們像醉鬼爛醉；原文重複，無確解。

像乾麥稭，難逃焚燒。

¹¹你們當中出了一人　通說指亞述王辛黑力，王下 18:13 以下。

一個對耶和華設詭計的

百戾魔的謀臣。百戾，beliyya‘al，惡魔，喻死亡，申 13:14，詩 18:4。

¹²此乃耶和華之言：先知安慰猶大。

雖然他們軍力確實強大

終要被砍倒，消滅。辛帝之死，王下 19:35–37，賽 37:36–38。

儘管我讓你受了些折磨

那磨難到頭了！直譯：不會再折磨你了。

¹³我現在就打碎你[項]上的重軛

斬斷你的囚索。同耶 30:8。

¹⁴至於你，耶和華也已頒令：詛咒尼尼微或亞述王。

你的名字要絕後　直譯：由你的名不再播種。

你神廟裏的雕像與鑄像我必剷除

必使你的墳頭受詛咒！

二章

看，那喜訊使者上山的腳：聖者應許救恩，賽 52:7。

平安！他宣佈。

慶祝你的佳節吧，猶大

還你的誓願！

再不會有百戾魔入侵　直譯：穿越你。

他已被剪除淨盡。通行本此處分章，節數減一。

清空尼尼微

²那掄鐵錘的攻上來了！掄鐵錘，校讀，耶 51:20。原文：散開。

快築壘佈防，看守要道

束緊腰，全力以赴！

³因耶和華要還雅各以驕傲　校讀：葡萄樹，賽 5:1 以下。

一如以色列之驕傲；舊譯榮華，不妥，摩 6:8。

雖然糟踐者已將[園子]出空　比作葡萄園遭毀壞。

毀了幾多葡萄藤子。一説此節打斷敘事，應與上節對調位置。

[4] 他的勇士盾牌鮮紅，精兵一色朱袍；敵軍圍攻尼尼微。

當披掛停當之日

戰車錚錚，火光映射　猶太社本另讀：如火炬。無定解。

騎手已按捺不住。騎手，校讀。原文：絲柏。可解作長矛。

[5] 城外兵車發狂，空曠處來回衝殺；城外，另作街上。

看似火炬飛舞

如一道道閃電迅疾。

[6] 於是大喊壯士。但他們跌跌撞撞　亞述人大亂。

趕到城牆，盾篷業已架起。盾篷，用來掩護士兵推撞錘破門。

[7] 洩洪閘一下打開，癱了王宮；開閘，喻城牆豁口。癱，驚恐故。

[8] 天后被俘，她的婢女一同擄走　天后，huzzab，女神名？

如鴿子哀鳴，捶胸。婢女，貶稱女祭司。一作：下令擄掠（全城）。

[9] 啊，尼尼微像一方水塘

塘水在逃逸。站住，站住！塘水，校讀。原文有訛：從她日子。

可是無人回頭。守軍潰散，居民逃難。

[10] 搶銀子吧，搶金子！

府庫搬不完，珍寶無奇不有！

[11] 出空了，清空了，廢墟空空！勝利者屠城，賽24:1, 3。

心已溶化，膝蓋發軟

人人腰胯扭曲，臉色慘白。珥2:6注。腰胯扭曲，痛苦狀。

[12] 獸王的巢，小獅的穴　獸王/獅子，象徵亞述王朝。

那公獅母獅帶着獅崽出沒處

從前不受驚擾，而今安在？

[13] 又有多少獵物，曾被雄獅撕碎

或扼死，留給雌獅和獅崽

以至洞穴裏碎骨成堆？亞述王的征服與統治極其殘暴。

¹⁴看哪，我與你為敵了──萬軍耶和華宣諭──

你的戰車要飛灰湮滅　你，從七十士本。原文：她。均指尼京。

刀劍要吞吃你的小獅。

我必從世上剪除你的捕獵；同上節"撕碎""碎骨"，喻蹂躪列國。

從此，你使臣的聲音

沉寂無聞。

淫婦

三章

禍哉，這血污之城！結24:6。

充斥了欺瞞、劫掠，沒完沒了獵殺。

²聽，鞭聲劈啪，輪子隆隆　回放尼京末日，2:4–10。

戰馬飛馳，兵車顛跳！

³衝上來了，騎手，劍刃閃閃

矛頭灼灼；那無數刺穿了的

死屍堆積──屍骸無邊

絆倒了好多！

⁴只因那淫婦十分淫蕩　套喻，譴責亞述推行異教。

妖冶魅人，是巫術之女主；形容其巫術極盛，1:2注二。

她慣以淫行賺取列邦

一通巫術賤賣各族。賺取/賤賣，喻奴役、荼毒；救贖/解放的反面。

⁵看哪，我與你為敵了──萬軍耶和華宣諭──　同2:14。

我要剝了你的裙子，蒙你的臉　耶13:26。

讓列族看你的裸相

萬國瞅你的羞處！借手巴比倫 /瑪代聯軍，賽47:3，何2:5。

⁶我還要拿穢物倒在你身上

將你污辱了示眾。

⁷而後凡見了你的都要躲開去

説：尼尼微毀了！shaddedah，舊譯荒涼，誤。

誰會搖頭為她哀傷？熟語，賽51:19，耶15:5。

去哪找人，給你安慰？

大城

⁸難道你強似阿蒙大城？noʼ ʼamon，上埃及都城，耶46:25注。

她坐於尼羅之濱，諸水環繞：一説此四字為插注。

海做她的外郭，河當她的內牆。狀其宏偉。海，復指長河尼羅。

⁹古實賦予其大力，[主宰]埃及

一望無垠，普特同利比亞　普特，put，利比亞一部族，創10:6。

是她的援軍。她，從七十士本及古敘利亞語譯本。原文：你。

¹⁰然而，她也終於被俘　前663年，大城被亞述軍攻陷。

入囚；她的嬰孩也摔碎在了　何10:14, 14:1。

各個街口。人拈鬮分她的貴族　勝利者分俘虜，珥4:3，俄11。

大臣全體鎖進鐵鐐。

¹¹同樣，你也會爛醉了不支　校讀。原文：藏起。

也會找庇護所避敵。

¹²但你的一座座要塞　舊譯保障，誤。

不啻無花果樹的頭茬果子

一搖，就落入了那貪食的嘴裏。帝國外強中乾，不堪一擊。

¹³ 瞧你的軍隊，活像一群婦人！ 套喻，賽19：16，耶50：37, 51：30。

強敵面前你國門洞開

都餵了火——你的門閂！ 賽45：2，詩107：16。

¹⁴ 快蓄水，準備受困

加固你的要塞，踹黏土

拌灰泥，磚模子你拿穩了！ 諷刺口吻，尼尼微結局已定。

¹⁵ 那裏，大火要吞了你

刀劍要將你剪滅——吞你

一如跳蟲來襲。 此句重複，或屬補注。

就像跳蟲，你人口激增 難民湧入，圍城開始。

密密麻麻宛若飛蝗。 ¹⁶ᵃ曾經

你跑買賣的比天星還多； 移行參聖城本注，16b接17a。

¹⁷ᵃ你廷臣如飛蝗，書記似螞蚱 廷臣，另作衛隊。無定解。

天涼時一群群落在籬笆上。

日頭一出， ¹⁶ᵇ跳蟲便蛻了皮

飛走了—— ¹⁷ᵇ不知道飛去了何方。 眾叛親離。

呀， ¹⁸你的牧人長眠了，亞述王 呀，校讀。原文：他們在哪。

你的壯士酣睡不起； 呼應2：6。牧人，喻王公，彌5：4。

百姓潰散於山野，無人召集。

¹⁹你的創傷沒治了

你受的打擊足可致命。

凡聽到這消息的都朝你鼓掌： 歡慶勝利，詩47：1。

誰受得了，你惡貫滿盈？

哈巴谷書

一章

預言，即神諭，鴻1:1注。**先知哈巴谷所見**。哈巴谷，<u>h</u>a<u>b</u>aqquq，"擁抱"。

鳴冤一：坐視強暴

²**還要多久，耶和華，我呼救**　先知求問，代表苦難中的子民。

你不應答？我向你喊：強暴！泛指社會不公。

你不施救？熟語，中保向至高者問責，耶14:9，詩18:41。

³**為什麼，你讓我看的盡是罪孽**

而人受苦，你竟坐視？

眼前唯有毀滅與強暴　耶20:8。

紛爭和攻伐四起。

⁴**結果律法鬆弛，公道不彰**　或指耶舉王奢靡腐敗，耶22:13。

惡人把義者團團圍住——

乃至判決無不邪曲。判決，同上句"公道"。

⁵**看看列族吧，仔細觀察**　上帝回答。

你們會吃驚，大吃一驚！

因為在你們的日子有一事要成　七十士本：我要成一事。

說出來，你們不信。

⁶**看哪，我要興起迦勒底人**　巴比倫稱霸近東，參賽13:19。

那狠毒狂暴的一族；由此推測，先知大約活躍於公元前七世紀末。

他們將踏遍遼闊大地

佔領別人的家園。別人，直譯：不屬於自己。

⁷兇惡呀可怖，自封公理

自命尊嚴！形容巴比倫狂妄，蔑視神聖，下文11節。

⁸他的戰馬比豹子還快

危險勝似黑夜的狼；危險，haddu，鋒利、尖銳，轉指兇、險。

衝啊，他的騎兵——騎兵　另讀參死海古卷：展翼。

自遠方撲來，迅疾

如飛鷹捕食。

⁹所到之處暴行纍纍

露臉如東風驟起，他們擄人　東風，從死海古卷。原文：東方。

多如黃沙。

¹⁰列王他們鄙視，諸侯

一頓譏嘲，要塞全是笑話：

堆土坡，攻克。堆土坡，舊譯築壘，誤，賽37:33。

¹¹然而當靈風吹拂，人　靈風，ruah，暗喻救主出手。無定解。

已負罪：他把自己的蠻力

當了神祇。暗諷，以色列的聖者假手蠻力，不啻異神降災，賽28:2。

鳴冤二：惡人吞吃

¹²難道你不是亙古常在，耶和華　先知又問。

我的上帝，我的聖者？

你，決不會死！你，傳統讀法。原文：我們，係虔敬者謄寫。

耶和華啊，你定的他來判決　巴比倫侵佔福地，代理神義。

他的懲戒是你指派，[我的]磐石。

¹³聖潔是你的眼睛，見不得惡事　聖潔，舊譯不妥：清潔。

亦不能坐視困苦；

為何看到背信卻一言不發　責其未及時挽救歧路上的子民。

任憑惡人吞吃比他稍近公義的？以色列雖然觸罪，仍是神的產業。

¹⁴你是把人當作海裏的魚呀——　人，指猶大百姓，耶 16:16。

失了主宰，渾似爬蟲：主宰，舊譯管轄，誤。

¹⁵釣鈎釣，漁網圍，一條條

驅入魚簍，他能不歡樂？他，即上文"懲戒者"巴比倫。結 12:13。

¹⁶難怪他祭起了漁網，給魚簍燒香

全靠這些他才有一份豐饒

並享受脂膏。

¹⁷是否因此他便可以將漁網倒空　喻屠殺。

一次次屠戮列族　或如死海古卷：一次次倒空漁網。

毫不留情？

二章

我要站哨，爬上箭樓眺望　先知為子民守望，賽 21:6，結 3:17。

看他有何訓言，如何回復　他，指上帝。

我的申訴。

²耶和華回答我，説：

你把異象記下，鑴上石版　聯想摩西的十誡約版，出 24:12。

要寫清楚，便於跑路的誦讀。跑路的，指使者？通作易讀。

³因為那異象還定了期限

正迫近終點，它不會撒謊。迫近，直譯：喘着氣（趕往）。

雖然有所推遲，仍應祈盼——　終點 /推遲，指應驗。

它必到來，決不延宕。救恩延宕，於信約或聖言之應許是一大難題。

⁴看，他的靈腫起，內中不正 喻巴比倫驕傲，病入膏肓。

但義人必因忠信而生。七十士本：因信我生。羅 1:17，迦 3:11。

五禍

⁵的確，財富會背信；從死海古卷。原文：酒（使人）背信，1:13。

人傲慢，就不能長久。此節似諺語。

他敞開喉嚨，好似陰間 熟語，賽 5:14，箴 27:20，形容巴比倫。

一如死亡從無饜足，乃至

收割列族，捆紮萬民

統歸了他自己。

⁶可是不！眾人必將他譏嘲

編他的謎語，吟一支諷喻：彌 2:4，箴 1:6。

禍哉，那搜刮他人財物的！一禍，貪財。

要到幾時，你抵押品［滿屋］堆積？

⁷難道那討債的不會突然奮起 討債，直譯：咬（利息）。

那令你顫慄的不會醒來

拿你做他們的擄獲？被壓迫民族要討還血債，做侵略者的債主。

⁸既然各族你無不侵掠

那萬民的殘餘必把你掠奪—— 同態報復，珥 4:7，俄 15。

只因你流人的血，遍地施暴

城鎮、居民皆不放過。

⁹禍哉，那攫取不義之財 二禍，不義。耶 22:17。

往家裏蓄惡的，哪怕他

為了免災，把窩搭在高處！迦勒底人自以為得計，耶 49:16。

¹⁰ 你耍計謀，結果宮室蒙羞

剪滅眾民，竟是自戕性命。箴 20:2。

¹¹ 是的，連牆裏的石頭也在抗議 人民苦極，隨時可能暴動。

大樑椽子根根應聲。椽子，kaphis，另作灰泥。路 19:40。

¹² 禍哉，那以人血建城，藉不義立邑的！三禍，殘暴。

¹³ 看，百姓的苦役付之一炬

萬民勞乏，化作空無：同耶 51:58。

難道這也是萬軍耶和華的安排？還真是救主預定，賽 37:26。

¹⁴ 然而大地要充盈

對耶和華榮耀的認知 婉言敬畏。

一如海洋為洪流所覆蓋。引賽 11:9。

¹⁵ 禍哉，那給鄰人灌酒下毒 另作傾怒。四禍，無恥。

讓他醉倒，而趁機看他裸相的人！聯想挪亞醉酒，創 9:20-25。

¹⁶ 你就飽嘗恥辱，一無榮耀吧：

喝呀，輪到你了，喝個跟蹌！從死海古卷。原文：露出包皮。

耶和華右手的那一杯必回來找你

羞辱要淹沒你的榮光；

¹⁷ 當黎巴嫩忍受的暴行將你掩埋 黎巴嫩，此處象徵福地。

獸畜滅絕，驚惶一片—— 巴比倫的罪孽將殃及動物，珥 1:18。

只因你流人的血，遍地施暴 同上文 8 節。

城鎮、居民無一倖免。

¹⁹ 禍哉，若人對木頭說：醒醒！五禍，偶像。

求不會開口的石頭：起來！ 此闋兩節對調，以順文意。

這東西能施教？ 一說此句為插注。

看哪，它包金裹銀！ 賽40:19。

——裏面卻不存一絲氣息。

¹⁸那麼一尊雕像，人雕刻而成

派什麼用處？

——還有鑄像，教授謊言！ 照應上文3節，與異象/神諭相對。

啞巴偶像一堆也有人信靠

塑造者拜自己所造。

²⁰但耶和華居於他的聖殿—— 兼指天庭，詩11:4，拿2:5。

噓！大地肅靜

萬物皆在他面前。 翹盼報應之日，萬民受審，何9:7。

哈巴谷的祈禱

三章

先知哈巴谷的祈禱，調寄哀歌。 shigyonoth，一作流離，無善解，詩7:1。

²耶和華啊，你威名震耳 申2:25。此章死海古卷1QpHab不載。

你的偉績，耶和華，令我畏懼。 偉績，從創世到出埃及。

願你大功復生，於復生之年 直譯：數年內願其（大功）復生。

彰明一切，在彰明之年： 七十士本另讀：兩活物間你要彰顯……

激憤之中記得垂憐！ 何2:3，珥2:13。

³上帝來自特曼 復指巴蘭山，pa'ran，屬紅嶺，申33:2，摩1:12。

聖者起於巴蘭之巔。（停） selah，樂器過門或休止，無定解。

他尊榮覆蓋諸天

大地充盈他的禮贊。民 14:21，詩 72:19。

⁴他明輝猶如白日　他，從古譯本。原文：而。

手掌燁燁放光　qarnayim，犄角，光芒四射狀，出 34:29 注。

其中有大力蘊藏。

⁵他前頭，瘟病開路　描繪耶和華之日，摩 5:18，珥 1:15。

腳後，火疫迸發。火疫，resheph，迦南雷神名，轉指火焰、瘟疫。

⁶他站下，震動大地　震動，校讀。原文：丈量。

一眼掃去，萬族驚厥。舊譯錯亂：觀看，趕散萬民。

啊，崩裂了，古老的山嶽

永世之丘陵塌陷：亙古

他的行走之處。今世的末日，也是新天地娩出之時，賽 66:7–9。

⁷我曾見古山的帳篷遭難　古山，kushan，復指米甸，阿拉伯半島

米甸之地帷幔顫抖。　西北角。一說即古實的別名。

⁸耶和華啊，是你在對洪流洩怒　原文此處抄重：或對洪流。

鼻息噴發，怒火燒向海洋——　yam，迦南創世神話中的怪物。

你跨上戰馬，駕起勝利的兵車？詩 68:17, 74:13，伯 7:12。

⁹亮出你赤裸的弓吧，讓弓弦

飽餐羽箭！（停）校讀從傳統本注。原文有訛：諸誓，說話的箭。

你以江河切開大地

¹⁰群山見你，痛得打滾；yaḥilu，扭動，形容劇痛，詩 77:16。

暴雨傾瀉，深淵轟鳴。

那高舉雙手的 ¹¹是太陽　驚呆狀。斷句從傳統本注。

月亮駐足於本宮：忘了運行；反言日月皆受造之物，須服從定規。

當你的飛矢劃破黑暗　直譯：飛矢（閃）光。

矛頭灼灼你的閃電。鴻3:3。

12 動怒了，你狠踩大地　狠踩，tiz'ad，舊譯通行，誤。

一聲鼻息，你踹倒列族。即與以色列為敵者。

13 但你出[手]是要救你的子民

向你的受膏者施救恩；受膏者，指子民或猶大王，皆通，詩28:8。

是打碎邪惡之獄的頭顱　邪惡之獄，喻迦勒底／巴比倫，1:6。

從根基到頸項，將它裸露！（停）夷平。頸項，另讀：岩石。

14 就用他自己的箭，你射穿　他自己，另讀：你，上文9節。

他戰士的頭：那些旋風般　戰士，從通行本。原文生僻，無解。

驅散我們的，那麼得意　我們，校讀。原文：我。

彷彿要把躲藏着的窮人吃光！

15 啊，你的戰馬踏進了海濤　借喻仇敵，上文8節。詩77:19。

那白沫翻飛的巨浪！聯想法老軍葬身蘆海，出14:28, 15:4，賽43:17。

告白

16 我聽見了，我五內顫抖

那話音令我嘴唇哆嗦；深知聖言必應驗，兵燹難逃，耶23:9。

朽爛鑽進我的骨骼

我腳步打顫，只能耐心　腳步，校讀。原文關係助詞（我）。

等待那困厄之日照臨　意識到救恩遲延，倍感惶惑，2:3注。

圍攻我們的敵軍。或如猶太社本：待敵軍／一族上來攻打我們。

¹⁷**縱然無花果樹不會發芽** 舊譯發旺，誤。一說此節為補注。

葡萄藤子不再結果； 先知表白信仰，耶5:17。

橄欖寥落，田畝歉收

哪怕羊圈絕羊，牛棚無牛：

¹⁸**我也要以耶和華為喜悅**

為上帝我的救恩而歡歌。 賽61:10，彌7:7，路1:47。

¹⁹**耶和華我主是我的力量**

是他，使我雙腳如母鹿敏捷 同詩18:33。

讓我在高處徜徉。 高處，從七十士本。原文：我的高處。提喻聖山。

交與樂官，絲弦伴奏。 樂官，menazzeah，領唱者或指揮，詩4:1。

西番雅書

一章

　　耶和華之言，降於希士迦玄孫、先知或出身王族，故上溯四代：希士迦，猶大王，前727/715~698/687在位，賽1:1。**耶令曾孫、耶偉之孫、**耶令／耶偉，'amaryah/gedalyah，常名。**"古實人"之子西番雅，**zephanyah，"耶和華寶藏"，耶21:1。古實人，外號？耶36:14。**當阿蒙之子約西亞為猶大王之日。**約西亞，yo'shiyahu，"耶和華支持"，前640~609在位，耶3:6。

祭　宴

2 我要掃除地上的一切，把它掃光！

耶和華宣諭。土地，'adamah，轉承罪責，創3:17，連帶鳥獸魚蟲。

3 人畜我都要掃除

掃盡空中的鳥、海裏的魚！摩8:8，何4:3。

作惡的我必絆倒　校讀。原文：絆腳石連同惡人。

必將世人從地上剪除——

耶和華宣諭。

4 我要伸手擊垮猶大

連同耶路撒冷全體居民；

要剪除這裏巴力的殘餘　要求結束宗教寬容，王下23:4以下。

並其一眾祭司的名；原文此處有插注：及（耶和華的）祭司。

5 還有那上屋頂跪拜諸天萬象的　耶19:13。

說是拜耶和華，起誓卻指着米爾公：亞捫大神，校讀，耶49:1。

6 竟然對耶和華背轉身子　原文：他們的王。拜，原文：拜誓。

既不把耶和華找尋

也不向他求問。反言子民信仰不純，容忍異神，何4:12。

7 噓！主耶和華面前，應肅靜　哈2:20。

因為耶和華之日已近。

耶和華已備下一席祭宴　zebah，婉言屠戮，賽34:6，結49:17。

受邀的皆須歸聖！罪人比作待宰的祭牲，耶12:3。

8 當耶和華祭宴之日

我必降罰於諸大臣王子　約西亞八歲即位，實權在大臣手裏。

及所有穿戴外邦服飾的人。

9 那一天，我必懲罰一切跳門檻的；指異教儀式，或佞臣弄權。

就是他們用暴行和詭計　由此推論，西番雅的預言當在約西亞

塞滿了主子的殿！　宗教改革之前，前630～620年間。

10 待到那一天——耶和華宣諭——

聽，魚門要傳來尖叫　魚門，耶京城門之一，尼3:3。

二區發出哀嚎　二區，mishneh，聖城新區，王下22:14。

大崩塌響徹山岡！

11 號啕吧，臼市的居民　臼市，maktesh，商業區，地勢低窪如臼。

因為商賈全完了，那稱銀子的

被除盡了！

12 到那時，我要提着燈

搜查耶路撒冷，懲辦那幫身子

被酒糟黏住了的。耶和華呀

他們心說，他不會賜福　酒糟黏住，形容貪圖安逸，耶48:11。

也不願降禍！以為上帝已藏臉不理，申31:17，未必是否認其大能。

¹³ 於是他們的財富必被擄走　耶15:13。

屋宇一片廢墟：

蓋了房卻不能入住

開闢葡萄園卻喝不上美酒。熟語，摩5:11，彌6:15。

大 日

¹⁴ 近了，耶和華的大日已近　珥2:11。

而且飛快！

苦啊，耶和華之日的喧聲

連勇士也禁不住喊痛！或作：那兒勇士在吼叫。賽42:13。

¹⁵ 那一天，是聖怒之日

困厄至絕境之日；

是毀棄之日，昏黑之日　熟語，摩5:20，珥2:2。

烏雲與陰霾之日；

¹⁶ 是吹響羊角號發出吶喊　摩2:2，珥2:1。

進攻堅城和巍巍角樓之日。

¹⁷ 我要人受盡磨難

叫他們走路如瞎眼的；

而因為對耶和華犯了罪

他們的血要潑在塵泥　直譯：如塵泥。

腸子如糞土一地。腸子，lehum，七十士本：肉。無確解，耶9:21。

¹⁸ 無論金銀，都不能解救　因救恩以終結商品關係與對價為條件，

當耶和華降怒之日：　賽52:3, 55:1注。

他怒火不容不忠，必吞噬　申4:24，鴻1:2。

整個大地——是的

他要把世上棲居的一切

通通了斷而滅絕！

二章

趕快集合，集合呀　詞根本義：拾麥秸/樹枝。無定解。

不知羞恥的一族！羞恥，nik<u>s</u>aph，臉色變白？轉指蒙羞。

²趁你們還未如秕糠，一朝吹散　校讀。原文有訛：生法令。

趁耶和華尚未對你們點燃鼻息——　何8:5, 13:3。

你們還沒撞上耶和華的

怒氣之日——³快！怒氣，直譯：鼻息，賽5:25注。下同。

尋求耶和華

全世界的卑微者們！勸悔改、皈依而成聖，賽57:15，摩8:4注。

要依循他的公道，尋正義

求謙卑：唯有如此

你們或可藏身

當耶和華怒氣之日。

異邦

⁴是的，加沙就要被遺棄　ʿazu<u>b</u>ah，諧音加沙，ʿazzah。咒非利士

秤港將一片荒蕪；　各城，賽14:28–32，耶47章，摩1:6–8。

亞士都要在正午清空

埃克龍連根拔去。teʿaqer，諧音埃克龍，ʿeqron。

⁵禍哉，濱海聯盟的居民　濱海五城結盟抗敵，摩1:8注。

克里特人一族！代指非利士人，耶47:4，結25:16注。

耶和華之言與你為敵

迦南呀非利士之地：迦南，校讀：我要制伏你。一說為插注。

我必消滅你，一個不留！

⁶濱海聯盟要變為草場

給牧人放牧，羊圈畜羊。放牧，keroth，鑿井？地名？無定解。

⁷那一帶必歸猶大家的餘數　一帶，hebel，同上句"聯盟"。

俾其放牧，夜晚宿營於秤港。

因為，當耶和華上帝眷顧他們　眷顧，兼指追責、懲罰，1:8–9。

必扭轉他們的命運。見耶29:14，何6:11注。

⁸我都聽見了，摩押的辱罵　譴責約旦河東的敵族，摩1:13–2:3。

亞捫子孫的詆毀；

他們如何欺辱我的子民

吹噓自己的疆界！解作吹噓佔領了子民的疆界，亦通。

⁹所以，一如我乃永生——　立誓語，民14:21，申32:40。

萬軍耶和華，以色列的上帝宣諭：

摩押必成所多瑪，亞捫子孫　賽1:9。

與俄摩拉無異，同為野草和鹽坑　野草，harul，荊棘、鷹嘴豆？

所擁有，而永久廢棄。暗諷，兩族源自逃出所多瑪的羅得，創19章。

搶掠他們的則是我子民的餘數

我殘存的族人要佔其產業。

¹⁰這，便是他們狂妄所得

那欺辱了萬軍耶和華的子民

還吹噓的人的回報。

¹¹多麼可畏，耶和華發威！

如此他必餓瘝全世界的神祇　餓瘝，razah，乾瘦、憔悴狀。

而列島異邦，各在其位

要一齊向他拜祭 。表臣服而皈依，賽41:1, 42:4。

12 而你，古實人哪 指埃及的古實王朝。你，原文複數。

你也要被我的劍刺穿！我，校讀：耶和華。

13 他還要巨手揮向北方 他，指上帝。鴻2:2以下。

傾覆亞述，變尼尼微為廢墟

旱若荒漠，14 給畜群躺臥

各種鳥獸棲息：塘鵝同箭豬 鳥，校讀。原文有訛：族。

在柱頂過夜，窗臺貓頭鷹啼號 貓頭鷹，校讀。原文：一聲。

門口烏鴉噪聒，而雪松牆板 烏鴉，從七十士本。原文：廢墟。

均已剝落。

15 這，就是曾經的歡躍之都 參觀賽23:7。

那安枕無憂，心說"我呀

除我之外皆烏有"的那一座？引賽47:8, 10。

現在呢，何等的荒涼——

獸窩一個！路人經過

莫不噓它而搖手 。表譏嘲、厭惡或辟邪，耶18:16，彌6:16。

聖城

三章

禍哉，那抗命、污穢又欺壓人的城！

2 不聽呼喚，不受教訓：

耶和華她不信靠，她的上帝

她不肯挨近。婉言祈禱、獻祭，賽58:2。

³城裏她的王公是咆哮的獅子　城，直譯：她。城是陰性名詞。

判官是長夜的狼，〔獵物〕

不留待天明。長夜，另讀：荒原。結22:25以下。

⁴她的先知肆無忌憚

一夥背信之人；

祭司則褻瀆聖物，違犯聖法。

⁵但公義之耶和華也在城裏　其時尚未出離聖殿，結10:18–19。

不義他決計不行：反言耶京已深陷穢惡，聖怒難逃。

每天早晨他都審案

一如朝暉，從無間斷。何6:3，詩101:8。

可是不義之人全不知羞！此句一說是補注。

⁶我就剪滅列族，化角樓為廢墟

令街市荒蕪，路人不再

城鎮傾圮，渺無人居。

⁷我想：這下她會敬畏　她，校讀。原文：你。

會受教了吧？這一椿椿責罰

她不應睜眼不見哪！校讀從七十士本。原文有訛：她居處不會剪除。

然而不，他們急不可耐　舊譯不通：你們從早起來。

行事反而愈加腐敗。

⁸如此你們應翹盼──耶和華宣諭──　你們，指聖城居民。

盼我起身作證之日。作證，le`ed，從七十士本。原文：擄獲，le'ad。

因我已決定收割列族　哈2:5。

捆紮萬邦，對準他們傾瀉　他們，校讀：你們。

我全部的激憤，我點燃鼻息：

是的，我怒火不容不忠

必吞噬整個大地！同 1:18。

卑賤

9 之後，我必還萬民以潔淨的唇

讓眾人齊呼耶和華的名

肩並肩把他侍奉。肩並肩，直譯：一肩。喻齊心。

10 而那祈求我的，我四散的女兒　愛稱流散地子民。

要從古實河外獻上我的祭品。象徵外族皈依，賽 18:7，詩 68:31。

11 待到那一天，你必結束蒙羞

及一切對我忤逆之事；直譯：你不用（繼續）因忤逆……而蒙羞。

屆時我將清除城裏你的驕歡之輩

而你在我的聖山，也不復趾高氣揚。

12 我卻要留存與你一支卑賤之民　卑賤有福，對上句"驕歡"。

那信靠耶和華聖名的 13 以色列餘數：照應 2:3。

他們不行不義，杜絕謊言　忠信者須言行一致，以免人格分裂。

口中斷無詭詐的舌頭。賽 53:9，耶 9:2–7，啟 14:5。

確實，他們無論放牧睡覺

都不受驚擾。彌 4:4。

頌歌

14 歌唱吧，錫安的女兒　擬人喻聖城，賽 1:8。

以色列呀，請歡呼！要滿心喜悅

女兒呀耶路撒冷！

15 耶和華已撤銷對你的判決　子民苦役期滿，賽 40:2。

趕走了你的仇敵。

以色列之王耶和華在你內中　救主不棄耶京，參上文5節。

你什麼災禍也無須畏懼。

¹⁶那一天，人要對耶路撒冷說：

錫安哪，你莫害怕

手莫癱軟。形容驚恐、喪氣，賽13:7，耶6:24，結7:17。

¹⁷耶和華你的上帝在你內中——

一位施救恩的勇士！耶20:11。

他要因你而欣喜，當你更新於　從七十士本。原文：沉默於。

他的大愛；當他為了你

載歌載舞，¹⁸一如節慶之日。一如，校讀。原文有訛：受折磨。

我要掃除你的禍端　校讀。原文有訛：他們曾是。

你不用再為之受辱罵。

¹⁹看，我必處置一切迫害你的人；

時候一到，便拯救瘸腿

聚攏被放逐了的；必變其羞顏　彌4:6–7。

為頌歌，美名大地傳遍。

²⁰時候一到，便引領你們返歸　變奏上節之母題。

當我招聚之時。

是的，我必賜你們享美名與頌歌

於世上萬民之中

當我扭斷你們的囚鎖

讓你們親眼得見——　你們，猶太社本另讀：他們。

耶和華有言。

哈該書

開工令

一章

　　大流士王二年，六月初一，_{前520年八月。}有耶和華之言，藉先知哈該之手，_{哈該，haggay，"節慶"所生。藉/借手，猶言借助、通過，出9:35，賽37:24。}降於謝亞帖之子猶大省長澤魯巴別，_{zerubbabel，"巴比倫子實"，猶大王耶立之孫，拉3:2，代上3:19。省長，波斯王冊封。}並約扎達之子大祭司約書亞，_{yehoshua`，"耶和華拯救"，常名，亞3:1。}道：

　　2 此乃萬軍耶和華之言：這些人說，重建耶和華的殿，時候未到。_{原文重複"時候"，刪衍文。主張優先安置百姓，恢復生產。}3 然而耶和華之言，借手先知哈該，道：

　　4 是時候，你們住進壁板裝飾的屋麼——

　　這殿還是一地瓦礫？_{指子民貪圖安逸，不思天父，耶22:14。}

　　5 不，此乃萬軍耶和華所言：

　　自己心裏好好掂量，走哪條路！_{轉指人的作為及後果，耶7:3,5。}

　　6 你們種得多，卻收得少；

　　還吃不飽，喝不足，穿不暖

　　掙一點點工錢，都給了

　　一隻破了洞的錢包。_{喻生活窘迫，入不敷出。}

　　7 此乃萬軍耶和華之言：

　　自己心裏好好掂量，走哪條路！_{按文意，此節可與下節對調。}

⁸上山吧，伐木，建殿！視重建聖殿為復興大業之希望同象徵。

讓我悅納，彰顯榮耀——耶和華有言。

⁹你們盼着豐收，可是看哪　豐收／歉收，直譯：多／少。

歉收！運回家，被我一口氣吹沒！禍福同源，均造主佈置。

為什麼？萬軍之耶和華宣諭：

因為我的殿一地瓦礫

你們卻在忙各自的房屋！

¹⁰難怪諸天對你們收起雨露

大地停了出產。¹¹我還召來大旱　天災報應，利 26:19–20。

炙烤福地：群山、五穀、新酒和油

田畝的蔬果與人畜，連同雙手

辛勞所得，無一倖免。

¹²謝亞帖之子澤魯巴別、約扎達之子大祭司約書亞及子民餘數全體，餘數，先知術語，特指殘留在聖城或回歸福地的忠信者，賽 4:3, 10:22，摩 5:15, 9:8 注。聽了耶和華他們上帝的話音，即先知哈該奉耶和華上帝之差遣所言，不禁人人敬畏，在耶和華面前。喻拜祭，創 19:13，出 16:9，利 1:5。¹³接着，耶和華的使者哈該向子民傳達耶和華的旨意：有我與你們同在——耶和華宣諭。

¹⁴說着，耶和華喚醒了謝亞帖之子猶大省長澤魯巴別的靈，喚醒，舊譯不通：激動，耶 51:11，珥 4:7。並約扎達之子大祭司約書亞的靈，及子民餘數全體的靈；全民動員，實為奉旨行事，落實波斯王的詔令，拉 1:2–4。眾人湧來萬軍耶和華他們上帝的殿——開工了！¹⁵那是六月二十四日。前 520 年九月。

新殿的榮耀

大流士王二年——

二章

　　七月二十一日，前 520 年十月，住棚節最後一天。有耶和華之言，借手先知哈該，道：² 去，曉諭謝亞帖之子猶大省長澤魯巴別、約扎達之子大祭司約書亞及子民餘數，說：

³ 殘存者呀，你們中間有誰
見過這殿從前的榮耀？
現在呢，你們看到什麼？
是否在你們眼裏如同無物？責其忘本、背信。
⁴ 然而勇敢些，澤魯巴別——
耶和華宣諭：要勇敢　摩西臨終囑咐接班人約書亞語，申 31:6–7。
約扎達之子大祭司約書亞！
勇敢！福地的全體子民——
耶和華宣諭。
幹起來！有我與你們同在——
萬軍之耶和華宣諭。
⁵ 一如我同你們立〔約〕所言
當你們邁出埃及；七十士本脫此句。
我的靈常駐你們中間
你們無須畏懼。番 3:15。

⁶ 如是，萬軍耶和華有言：
再過片刻，我就要震動天地　來 12:26。

搖撼海陸；⁷就要震懾萬族

使萬邦來獻珍寶，這殿充盈榮耀—— 盼聖殿重起將催來

萬軍耶和華有言。 大審判，列國皈依，賽60:11，彌4:2注。

⁸無論金銀，皆歸我——

萬軍之耶和華宣諭。 反言錢財無用，阻擋不了救恩/毀亡，番1:18。

⁹這新殿的榮耀，必大於之前——

萬軍耶和華有言。 應許結束藏臉，復歸聖居，耶25:30，詩74:2。

而此地，我必降賜平安——

萬軍之耶和華宣諭。

降福

¹⁰大流士二年，九[月]二十四日，前520年十二月。復有耶和華之言降於先知哈該，道：¹¹此乃萬軍耶和華之言：你可向眾祭司請教律法，說：¹²人若是束起袍襟兜聖肉，而袍襟觸碰了麵餅、羹、酒、油或任何食物，觸碰，舊譯挨着，誤。有歸聖不？導致獻歸上帝，利6:11。沒有，祭司回答。¹³哈該又問：那如果接觸了一個被死屍玷污的，這些東西會不潔麼？會的，祭司回答。不潔較聖物"觸染性"更強，利22:4–7，民5:2。¹⁴於是哈該正色道：

此民此族，在我面前

亦是如此——耶和華宣諭：

他們手中的樣樣勞作亦複如是 勞作，轉指收穫，申28:12。

凡在那兒奉獻的，概屬不潔。 因獻祭者/子民自身不潔。

¹⁵現在你們心裏掂量掂量 上接1:11，答應扭轉命運。

時至今天，在耶和華的殿石頭 對照可13:2，路19:44。

壘石頭之前，¹⁶你們落到什麼地步？ 從七十士本。原文費解：

人來堆二十斗穀，只堆出十斗　<small>自從他們是。</small>

到榨池撇五十桶酒，只撇得二十。　<small>撇，laḥsoph，舊譯不確：得。</small>

¹⁷你們手中的一切勞作

我都以枯萎、霉病和冰雹打擊　<small>申28:22，摩4:9。</small>

可你們，依舊不肯回頭——　<small>從七十士本。原文：沒你們同在。</small>

耶和華宣諭。

¹⁸好好思量吧，你們！

從今天起，從九月二十四日

即耶和華聖殿的奠基之日開始　<small>此句似插注。</small>

心裏好好思量：¹⁹倉廩可還缺穀種？

葡萄、無花果、石榴跟橄欖等

果樹可還光禿？<small>直譯：一直沒結（果）。</small>

——自今日起，我必降福。

忠僕如印章

²⁰當月二十四日，耶和華第二次降言於哈該，道：²¹你曉諭猶大省長澤魯巴別，<small>不提大祭司，非關律法解釋，上文11節。</small>說：

我要震動天地了！<small>七十士本另有：搖撼海陸。</small>

²²我要打翻列國的寶座

摧毀萬族的王權；

要傾覆兵車和馭者

令戰馬騎手一同摔倒

人死在自己兄弟的刀下。<small>一幅天啟主義的末日圖景，結38:21。</small>

²³到那天——萬軍耶和華宣諭——

我必擢拔你，謝亞帖之子澤魯巴別

我的僕人——耶和華宣諭：

我必戴上你如一顆印章 形如戒指，男子掛於胸前或戴手指上，

因我揀選的是你—— 表身份意願與權能，創38:18，歌8:6。

萬軍之耶和華宣諭。

撒迦利亞書

上篇

一章

大流士王二年，八月，前 520 年十月中至十一月中。有耶和華之言降於易都之孫、耶伯之子先知撒迦利亞，zekaryahu，"耶和華記得"，賽 8:2。另説，先知是易都之子，拉 5:1, 6:14，尼 12:16。道：²耶和華對你們祖輩發了大怒，乃至毀棄福地與聖居，大衛子裔覆滅。³所以你告訴他們：敦促殘存後代悔改。

此乃萬軍耶和華之言：回頭找我吧——萬軍耶和華宣諭——我就會回到你們身邊，迷途知返即是拯救，賽 30:15，耶 15:19。萬軍之耶和華有言。⁴莫學你們祖輩，從前眾先知召喚過他們：

此乃萬軍耶和華之言：回頭吧，離開你們的邪道惡行！先知熟語，耶 25:5, 35:15。可是他們不聽我的，從不留意——耶和華宣諭。⁵你們的祖輩哪去了？先知呢，永生了嗎？肉身不可能長久。⁶但我的訓言同律令，那眾先知我的僕人奉命所傳，不也照樣追上你們祖宗？果然聖地禍亂不絕。

終於他們回頭了，説：萬軍耶和華是按我們的路向行事處置我們，施報應，耶 17:10，結 24:14，何 12:3。一切如他所定。

騎手之異象

⁷大流士二年，十一月即舍巴月二十四日，前 519 年二月。舍巴，shebat，巴比倫語借詞。復有耶和華之言降於易都之孫、耶伯之子先知撒迦利亞，道：

⁸入夜，我見一異象，啊，一個人，實為天使。騎一匹紅馬，象徵兵燹，啟 6:4。矗立於幽谷的香桃木中間！香桃木，七十士本另讀：兩山，6:1。身後有赤馬、

七十士本插入：花斑馬，6:3。**栗馬**、校讀：黑馬，6:2。**白馬**。⁹**大人**，'aḏoni，尚未意識到對方是天使。**我問，這是什麼？便有天使應聲回復**，直譯：同我說話，告訴我：**我給你看，這是什麼**。¹⁰**立於香桃木中間的那人就接過話頭，說：他們是奉耶和華派遣，巡視大地的。**

¹¹**果然，他們向立於香桃木中間的耶和華使者報告：我們遍地巡視了，所到之處，但見平寧！**波斯帝國看似穩固，但先知希望，這是大審判之前短暫的平靜，該2:6–7。¹²**萬軍耶和華啊，**耶和華的使者叫道，替先知求問。**還要多久，你對耶路撒冷及猶大各城動怒，七十年了還不垂憐？**七十，約數，聖城覆亡於前587年。參賽23:15，耶25:11注。

¹³**耶和華於是答覆同我說話的天使，一番好言安慰。**通過代言天使轉達慰藉。¹⁴**那同我說話的天使遂說：宣告吧，此乃萬軍耶和華之言：**

對耶路撒冷，對錫安，我絕對　舊譯不通：心裏極其火熱。
不容不忠。¹⁵**但我烈怒發作**
是朝向那得意的列族；巴比倫討伐猶大時，鄰國趁火打劫。
之前我稍稍惱怒，他們
就幫着禍害！
¹⁶**故此，耶和華有言：**
我已回來耶路撒冷施憐愛　指引忠信者，同返家園，賽54:6–10，
我的殿要重建於其中——　何11:8。
萬軍之耶和華宣諭：
要在耶路撒冷拉開準繩。參2:5–9，耶31:39，結47:3，摩7:7。

¹⁷**還有，要這樣宣告：此乃萬軍耶和華之言：我的城邑要重新幸福滿溢，而耶和華必再一次安慰錫安，揀選耶路撒冷。**

犄角之異象

二章

我抬眼望去，啊，四隻犄角！象徵列強侵佔猶大。²就問那同我說話的天使：這是什麼？答：這是將猶大、以色列和耶路撒冷驅散的犄角。以色列，一說是補注。

³繼而，耶和華又指給我看四個匠人。象徵保佑子民的天使。⁴我問：他們來做什麼？答：那些犄角驅散了猶大，乃至沒人敢抬頭。形容入囚，給人為奴。但這幾個是來降恐懼的，要砍斷列族的犄角，砍斷，leyaddoth，扔、打落，耶48:25。即高揚於猶大之地，那驅散[子民]的犄角！通行本此處分章，節數減四。

準繩之異象

⁵我又抬眼望去，啊，一個人，手拿繩尺！天使參與重建聖城；換一角度，亦即美稱悔罪者/建設者為神子，結40:3, 43:10注。⁶我問：你這是去哪？答：去丈量耶路撒冷，看她有多寬、多長。⁷忽而，那同我說話的天使出來，另一位天使迎上前去，⁸道：快，跑去告訴那個少年：指拿繩尺的做工神子。

耶路撒冷要住人，但不修城牆；天下太平，理想國無須設防。將來城內人畜極眾。⁹我要親自做她四圍的火牆——耶和華宣諭——並城中央的榮耀。啟21:23, 22:5。

間奏：萬族歸附

¹⁰走吧，走吧，逃離北地—— 即巴比倫，賽48:20，耶16:15。
耶和華宣諭：
雖然當初我將你們吹散
如天際四方的風—— 套喻，結5:10, 12, 12:14。

耶和華宣諭。

¹¹ 走呀，錫安，快逃哇　錫安，轉喻入囚子民，賽51:16。

離開巴比倫女兒！離開，直譯：住（巴比倫）的。

¹² 如是，萬軍耶和華有言

當他的榮耀派我懲辦　校讀。原文有訛：榮耀後他派我到。

那擄掠你們的列族：是的

誰動你們，就是動我眼中的瞳人！我，傳統讀法。原文：他。

¹³ 可是看哪，一旦我掄起巨手　申32:10，詩17:8。

這些人就成了自己奴隸的擄獲。顛倒主僕，開新天地，賽14:2。

而後，你們便會明白

那派遣我的，是萬軍耶和華。強調直接受命於上帝。

¹⁴ 唱吧，歡樂吧，錫安女兒！番3:14。

因為看哪，我這就到來

入居你內中——耶和華宣諭。

¹⁵ 那一天，萬族要歸附耶和華　實現世界大同，賽56:3,6。

是的，要做我的子民；加入信約，領受聖法。我，七十士本：他。

而我必入居你內中。重申錫安得享萬民朝拜，賽2:2–4，詩102:22。

如此你便會明白

是萬軍耶和華派我，來你身畔。

¹⁶ 耶和華必光復猶大，他的聖地之份　聖城一如子民，是神的

他必再一次揀選耶路撒冷。　特選產業，出19:5。

¹⁷ 噓！全體肉身肅靜　迎候至高者審判，哈2:20，番1:7。

在耶和華面前：他已奮起　ne`or，或被喚起，伯8:6。

邁出了聖居！

大祭司之異象

三章

接着，異象繼續。他讓我看大祭司約書亞，該 1:1。他，指上帝。立於耶和華使者面前，右手郤站着撒旦，天庭負責檢控的神子，伯 1:6；先知傳統，其時尚無惡魔的角色，代上 21:1。正對他提起控訴。lesitno，即與大祭司為敵，做他的撒旦 /控告人，詩 71:13, 109:6。² 耶和華的使者向撒旦道：原文無 "使者"，從古敘利亞語譯本補。願耶和華呵斥你，撒旦！斥其辦了錯案。猶 9。願揀選了耶路撒冷的耶和華將你呵斥！這人是火裏抽出的一根柴呀，喻劫後殘餘、忠信者，摩 4:11。不是嗎？

³ 約書亞一身玷污了的衣袍，象徵會眾沾了異神之地的穢污，妨礙聖所祭祀，遭撒旦調查起訴。大祭司本人曾隨父親入囚巴比倫，王上 5:41。立於天使面前。⁴ 後者吩咐左右：直譯：站在他面前的。把他的污衣脫了。然後向他道：看，你的咎責除去了，我要給你換一身禮服！婉言立大祭司。⁵ 我忙説：七十士本略此三字。通行本：又説。請讓他頭戴潔淨的禮冕！大祭司的亞麻布纏頭，出 28:36 以下。他們便取一頂潔冕，戴在他頭上，並給他穿了 [禮] 服。耶和華的使者也一直站着。主持儀式。

⁶ 隨即，耶和華的使者告誡約書亞：⁷ 此乃萬軍耶和華之言：

若是走我的道，為我執禮

你就可以掌我的殿，守我的庭院；託付新聖殿。

並且我准你在這些侍者間往來。允祭司祈禱上達天聽，瑪 2:7。

⁸ 故而聽好了，大祭司約書亞

連同你面前坐着的同僚！

他們可做預兆之人——看吧 命約書亞選用祭司，預備見證。

我必使新枝生發，為我的僕人！新枝，美稱大衛後裔、未來的王，

⁹ 是的，看，這塊石頭 賽 4:2，耶 23:5 注。

我置於約書亞面前，一石奠定 提喻聖殿，4:7。

上有七隻眼睛！看哪　七隻眼睛，象徵上帝全知，4:10。

我要親自將它鐫刻——　宛如天父降賜約版，出 24:12, 34:1。

萬軍耶和華宣諭：一天之內

滌除這福地的咎責。

¹⁰到那天——萬軍耶和華宣諭——

你們每一個都要請鄰人來自家的

葡萄藤和無花果樹下。形容太平盛世，王上 5:5，珥 2:22。

金燈枱之異象

四章

那同我說話的天使又回來喚我，彷彿一個熟睡的人被喚醒。恍恍惚惚，仍在異象中。²他問我：你看見什麼？我看見，我說，啊，一架燈枱，純金的！出 25:31 以下。頂頭一隻碗，盛燈油。分杈七盞燈，各具油嘴，或油管。連接燈[碗]。³旁邊，一雙橄欖樹，原文此處另有“碗”，從傳統本注刪。右手一株，左手一株。⁴便向那同我說話的天使請教：主啊，'adoni，敬語，1:9。這是什麼？⁵那同我說話的天使回答：你真不知道這是什麼？不知道啊，我主，我說。⁶於是，他這樣為我解釋：下接 10b。

此乃耶和華曉諭澤魯巴別之言：按文意，此句至 10a 可接 14 節。

不靠權勢，不用蠻力

而只應奉我的靈——萬軍耶和華有言。

⁷可你算什麼，大山？或指聖殿廢墟。

在澤魯巴別面前要鏟為平地！

而他必起出那塊拱頂之石——　即上文七眼聖石，3:9。

歡聲雷動：恩典哪恩典！聖所重起，會眾歡呼。

⁸乃有耶和華之言降於我，道：直接啟示，無天使中介。

⁹奠基此殿的，是澤魯巴別之手

他手中，此工必竣。

而你們即會明白，我來　你們，從開羅藏經室古卷。原文：你。

是萬軍耶和華派遣。先知三申受命，2:13, 15。

¹⁰卑小之日，誰敢蔑視？卑小，反言以色列終將壯大。

人見到澤魯巴別手裏那一塊

聖選之石，能不歡欣？聖選，校讀。原文：錫。或作鉛錘。

——那七隻不是別的　七隻，指金燈或拱頂聖石的七眼，皆通。

是耶和華巡察大地的眼睛！上接6a。

¹¹我便問他：那麼燈枒左右這一雙橄欖樹，什麼意思？啟11:4。¹²還有，我繼續追問，那一對橄欖枝的尖尖，shibboley，穗、尖、釘。兩根金管子淌油，yizhar，校讀。原文：金子，zahab。應作何解？¹³答：你真不知道那是什麼？不知道啊，我主，我說。

¹⁴那是兩位膏油之子呀，受膏者/彌賽亞，指約書亞同澤魯巴別，該1:1，暗示省長將繼承大衛寶座，耶33:15–18。他回答，是侍奉大地之主的。彌4:13。

書卷之異象

五章

再一次我抬眼望去，啊，一軸書卷，在飛！審判與人子命運之書，結2:9–10，啟10:9–10。²你看見什麼？他問。天使問，4:1, 5。我說：我看見一軸書卷在飛，長二十肘，寬十肘。巨大，同所羅門聖殿前廳的尺寸，王上6:3。³那是一道咒誓，'alah，聖怒之咒，陰性名詞，賽24:6。他說，在掃蕩大地。凡偷盜的都要清空，niqqah，猶太社本反義：皆已脫罪。解作大地充斥惡行，引出下句轉折語氣。按[書卷]這一面所載；凡發[假]誓的，按那一面所載，也清空。

⁴我，［咒誓］已出——萬軍耶和華宣諭——

她將飛到做賊的家裏，並指我的名

發假誓的人家裏；出20:7, 15。

她要住下，叫全家罹禍

一根木頭一塊石子也不放過！夷平罪城與敵邦。參彌6:9以下。

筐婦人之異象

⁵這時，那同我説話的天使出來了，再次現身，2:7。道：你抬眼看，那邊出現了什麼？⁶我問：那是什麼？是一隻筐子，'ephah，乾量單位，約合公制10–20升，出16:36。此處指大筐。他説，它過來了！接着又道：這是他們對整個福地的咎責。校讀從一抄本及七十士本。原文：眼睛。對，或作在。⁷忽然，鉛蓋掀起，呀，筐裏坐起一個婦人！⁸此即"邪惡"，rish`ah，擬人，象徵敵族暴行，貶喻異神，申9:4–5。他説。然後將她摁回筐裏，拿那鉛坨把筐口堵上了。坨，形容鉛蓋沉重。

⁹我抬眼望去，啊，飛來兩個女子，異教女祭司或術士作法。迎風鼓翅——她們拍動一雙灰鸛似的翅膀，鸛，屬不潔禽類，利11:19。將那筐子一下舉起，懸在了天地之間。¹⁰我忙問那同我説話的天使：她們要把筐子抬去哪兒？¹¹答：去示拿之地，shin`ar，巴比倫的古名，創10:10。還會給她修一座廟；舊譯房屋，不妥。一俟落成，就把她安上基座。"邪惡"當偶像供奉。

四馬車之異象

六章

之後，我又抬眼望去，啊，四輛戰車，出於兩座山之間——山是銅山！借用巴比倫神話：眾神的殿有銅山拱衛，太陽自山間升起。²頭一輛車套紅馬，第二輛套黑馬，³第三輛套白馬，第四輛套花斑馬，都十分強健。解作修飾花斑馬，亦通。[4] 便向那同我說話的天使請教：主啊，這是什麼？[5] 天使回答：這是諸天四風，奉旨巡邏的四位天使，1:10–11。剛侍奉了大地之主出來。

[6] 只見那駕黑馬的往北地而出，經亞蘭前往巴比倫。白馬緊隨其後，校讀：向海之地／西方（非利士各城）。花斑馬卻朝着南國：埃及。[7] 這些雄驥出來，便急不可待要奔向四方。去吧，他說，天使傳令。走遍大地！它們就去了四方。[8] 於是他轉向我，喚道：看，那前往北地的，已在北地讓我的靈平靜了。降罰後，聖怒止息。

新枝加冕

[9] 遂有耶和華之言降於我，道：[10] 你可收下入囚者赫爾岱、耶福與耶知的獻儀，校讀。原文：從（入囚者）。耶福／耶知，tobiyah/yeda`yah，常名，回歸子民的代表？他們從巴比倫回來了。今天你就過去，到西番雅之子約西亞家，[11] 取這份金銀，即獻儀。制一頂寶冕，單數從部分抄本，原文複數。下同。戴在約扎達之子大祭司約書亞頭上。此句抵牾下文詩闋，新枝加冕，原指澤魯巴別；或因後來大祭司成為會眾首領，經文作了修訂。[12] 並告訴他：此乃萬軍耶和華之言：

看，就是這人，名為新枝！參 3:8, 4:6–10。
他將就地生發 暗示即王位，承大衛之永約，耶 33:15。
必重建耶和華的殿。
[13] 是的，那重起耶和華聖所的
是他：享尊榮、登寶座而掌王權——
他右手一位祭司，籌劃太平 右手，從七十士本。原文：寶座上。
於二人之間。摩西傳統，政教分離；以教輔政須雙方合作，4:14。

[14] 那寶冕可由赫爾岱、校讀從古敘利亞語譯本。原文：赫蘭。耶福、耶知及西番雅兒子[看護]，入存耶和華的殿，為恩典之紀念。恩典，hen，從傳統本注移至句

末。原文作西番雅之子的名，與上文 10 節矛盾。此句晦澀，無定解。[15] **而當人們從遠方湧來，投入耶和華聖所的重建，你們即會明白，**同 4:9。**我來，是萬軍耶和華派遣——是呀，必定如此，耶和華你們上帝的話音，只需你們句句聽從！**

問禁食

七章

大流士王四年，九月即基斯流月四日，前 518 年十一月。基斯流，kislew，巴比倫語借詞。**有耶和華之言降於撒迦利亞。[2] 恰逢上帝之家派護王率官員隨從，**護王，sar'eẓer，亞述名，賽 37:38。另讀：上帝之家護王。官員，regem melek，或作人名，無確解。**前來求耶和華開恩，**婉言息怒。**[3] 向萬軍耶和華殿上的祭司和先知請教：五月我仍須哀哭、齋戒麼，**hinnazer，獻歸聖潔，轉指禁食。前 587 年"五月七日"，巴比倫軍焚毀聖殿，王下 25:8 以下。**依照歷年的做法？**既已開工重建聖殿，問可否停了哀禮。上帝的答覆見 8:18–9。

[4] 然而萬軍耶和華降言於我，道：
[5] 你曉諭福地全體子民與祭司：
你們五月跟七月禁食哭號　七月，紀念省長遇刺，王下 25:25。
這七十年，果真是在為我禁食？七十年，約數，1:12 注。
[6] 還不是照樣吃喝——
又吃又喝，只顧着你們自己！利己主義、實用主義消解了信仰。
[7] 當年耶路撒冷居民興旺
村鎮環繞，南地一如平原不乏人煙；
耶和華借手前輩先知所頒佈的
不就是這些訓言？救主曾警告在先，耶 11:7，何 7:12。

⁸接着，又有耶和華之言降於撒迦利亞，道：⁹此乃萬軍耶和華所言：審斷須按實情，舊譯至理，不確，結18:8。人與兄弟以仁愛憐憫相待；會眾倫理準則，基於大愛，何2:21，拿4:2注。¹⁰不可欺壓孤寡、客籍或貧苦，出22:20–21。不可心裏彼此謀害。¹¹但他們拒絕留意，反而肩頭一扭抗命，耳朵堵上不聽，¹²寧肯心變了金剛鑽，喻其愚頑，出32:9，賽48:4。也不聆受聖法，那萬軍耶和華於靈中借手前輩先知所傳的訓言。難怪他勃然大怒，萬軍耶和華！

¹³既然我呼喚，他們不聽，那好　我，校讀。原文：他。

讓他們呼求，我也不垂聽！

萬軍之耶和華有言——

¹⁴我一陣狂風將他們颳去　喻聖城傾覆，子民流散，賽54:11，

他們不識的異族中間：拋下家園　耶9:15。

一片荒蕪，路人絕跡；一方樂土

化作了廢墟。同上句"荒蕪"。

聖山

八章

萬軍之耶和華降言如下：此章為預言集萃。

²此乃萬軍耶和華所言：

為了錫安，我絕對不容不忠　提示誡命，1:14，出20:5。

是呀，我不容不忠，怒火之大

都是為她！

³如此，耶和華有言：部分抄本：萬軍耶和華有言。

我這就回返錫安，入居耶路撒冷

而耶路撒冷必稱忠信之城　賽1:26。

萬軍耶和華的山

必名聖山。提喻聖殿，神的居處，詩2:6, 24:3。

4如此，萬軍耶和華有言：

耶京街口要重新坐着老翁老嫗

人手一根拐杖，因為年高；錫安復興後的太平景象，賽65:20。

5[四門]廣場要擠滿男孩女孩　廣場，同上句"街口"。

一城他們的歡笑！

6如此，萬軍耶和華有言：

縱然現時這在子民的餘數看來　現時，直譯：這些日子。

不啻奇跡，在我眼中算什麼奇跡？猶言難事。舊譯希奇，誤。

——萬軍耶和華宣諭。創18:14，耶32:27。

7如此，萬軍耶和華有言：

看，我要救我的子民

掙脱日出之國與日落之地；統稱流散地、世界各國，賽45:6。

8要將他們領回，入居耶路撒冷——

俾他們當我的子民，我做他們上帝　確認信約義務，出6:7。

秉信實與公義。信實，舊譯誠實，誤，賽16:5, 38:19。

9如此，萬軍耶和華有言：願你們的手堅強，喻勇敢，該2:4。如今你們聽到了眾先知唇上這番訓言，當此萬軍耶和華的殿奠基、聖殿重建之日！該2:18。

10是的，此前無論人畜皆拿不着工錢；仇敵環伺，出入亦無平安：聖城居民痛苦生活的寫照。我叫他們以鄰為壑，人人如此！道德敗壞，背負聖怒。11但現在，我待這子民餘數，決不會再像昔日——萬軍耶和華宣諭。¹² 不，他們會播撒平安的種子，會有葡萄纍纍，田畝豐登，天降甘露；熟語，申 33:13，結 36:29–30。這一切我都賜予子民的餘數。¹³ 一如你們曾飽受列族詛咒，受詛，並被用作咒語。猶大家啊以色列家，當我佈施救恩，人必呼你們而祈福！承聖祖之福，創12:2。你們別怕，手要堅強！

¹⁴ 如是，萬軍耶和華有言：一如當初我決意降禍，是因為你們祖輩惹我動怒，我不輕饒——萬軍耶和華有言——¹⁵ 今天我改變了決定，息怒而寬恕，耶18:8。必賜福與耶路撒冷同猶大家。你們別怕！

¹⁶ 這幾樣，你們必須做到：求得赦免的條件。人與鄰人開誠佈公，城門口按實情斷案，促和睦；¹⁷ 萬勿心裏彼此謀害，意同 7:9–10。假誓不可不戒。直譯：假誓勿愛。所有這些都是我所痛恨的——耶和華宣諭。

¹⁸ 於是，萬軍耶和華降言於我，道：
¹⁹ 此乃萬軍耶和華所言：
四月禁食而五月禁食，七月禁食　參7:3,5注。
又十月禁食，這在猶大家　十月、四月，紀念聖城受圍與陷落，
必成歡樂的佳節，福恩之喜慶——　王下 25:1, 4。
你們應愛真理，愛和平！真理，'emeth，指守持信仰，詩15:2, 26:3。

²⁰ 如此，萬軍耶和華有言：還有各族各城的居民要來，²¹ 當這城的百姓到那城去說：走，我們去懇求耶和華開恩，去把萬軍耶和華尋覓；構想萬民皈依，賽2:3，彌 4:2。我這就上路！²² 是的，眾多民族包括列強，會來耶路撒冷尋萬軍耶和華，乞求耶和華開恩。

²³ 如此，萬軍耶和華有言：到那天，直譯：那些日子。十個講異語的外族要拉住一個猶大人的衣襟，說：讓我們跟你們走吧！子民引路，做萬族的光，賽42:6。我們聽說了，上帝與你們同在。

下篇

九章

神諭：耶和華之言。斷句從猶太社本。

他要到哈德拉並大馬士革之地棲息 　婉言佔領。

要世人學以色列眾支族 　哈德拉，敘利亞城邦，在大馬士革以北。

向耶和華舉目—— 　世人舉目，校讀：亞蘭之源（歸耶和華）。

2 再到接壤的哈馬，及石城西頓：拓展福地至理想的大衛王版圖，

的確，她[們]蠻聰明！ 　包括亞蘭、腓尼基和非利士諸城。

3 石城給自己修了工事 　舊譯不通：保障。

她堆銀如土，赤金如街上的泥塵。熟語，彌7:10。

4 可是看哪，我主即將剝奪她的產業 　我主，諸抄本：耶和華。

把財富扔進海濤，叫她 　財富，14:14，另作（她的）大軍。

被烈火吞滅。

5 秤港見了，一團恐慌

加沙則劇烈地扭動 　套喻，痛苦狀，耶51:29。

一如埃克龍，信心枯萎。另讀如七十士本：蒙羞。

君王要從加沙消失，秤港渺無人跡；

6 當雜種定居於亞士都 　雜種，mamzer，異族統治，種群混雜。

非利士的驕傲我必剪除。

7 但我終會擦掉他口中的血 　他，指鄰國居民。

教他吐出齒間的穢污。皈依聖法，禁食不潔，創9:4，利11:7。

他的餘數，也得歸我們上帝；

恰如一個酋長，併入猶大 　酋長，提喻部落、家族。

埃克龍要像耶布斯人。耶京土著，被大衛王降服，撒下 5:6。

[8]**我的家我必駐守，防備來犯之敵**；家，兼指聖居、福地。

再沒有壓迫者橫行霸道

而今我親自站哨。

騎驢的王

[9]**狂喜呀，錫安女兒！歡呼吧**

耶路撒冷的女兒！擬人喻聖城，番 3:14。

看哪，你的王，他過來了——

他得了公義，勝利了！意謂贏了救恩，賽 25:9，詩 3:8。

恭順的，他騎在驢背恭順，舊譯謙和，誤。民 12:3，太 5:5。

騎一頭母驢的駒兒。參較太 21:5，約 12:15。

[10]**他必從以法蓮剷除兵車**他，從七十士本。原文：我。

令耶路撒冷告別戰馬；南北一同解放，彌 5:9。

打仗的弓張張折斷熄滅戰火，何 2:20，詩 46:9。

他一聲令下，列族和平：婉言歸降。舊譯不妥：向列國講和平。

兩海貫通，承他的統治兩海，地中海與紅海亞喀巴灣。

由大河直達地極。大河，即幼發拉底河，詩 72:8。

立約的血

[11]**至於你，既有與你立約的血**指西奈山摩西之約，出 24:8。

我必打開那口枯井，釋放枯，直譯：無水。創 37:24。

你的俘虜：[12]**回返你的堡壘吧**

希望的囚徒！贊子民之餘數守信約，盼救恩，彌 7:7。

並且今天就宣佈

對你，我必雙倍報還。隱含賠償損害之意，出 22:3，伯 42:10。

¹³因我拿猶大做了上弦的弓

插上以法蓮〔當一支箭〕。號召追隨受膏者起義？

我要喚醒你的兒子，錫安——

與你兒子為敵，雅完：yawan，希臘，創 10:2，或泛指異族。

要把你揮舞如勇士的劍。

¹⁴而後，耶和華必向他們顯現　他們，指猶大子民，上文 8 節。

一道道閃電，射他的箭矢；詩 18:14。

啊，主耶和華吹響了羊角號　報應日降臨，賽 27:13。

乘南方的旋風而來！申 33:2。

¹⁵萬軍耶和華要庇護他們

而他們必上前踩踏投石的人；校讀。原文費解：必吞吃，踩投石。

必醉飲鮮血如飲酒，如滿滿一盅　鮮血，校讀。原文：喧嚷。

如祭壇四角——通紅。出 27:2, 29:12。

¹⁶是的，耶和華他們上帝必施救

那一天，他們宛若羊群

他的子民，如王冠上的寶石　如，從傳統本注。原文：因。

照耀他的土地。照耀，mithnosesoth，一作舉起，詩 60:4，無定解。

¹⁷啊，多麼幸福，多麼美麗！

青年像五穀豐登

姑娘似新酒流溢。喻歡樂，耶 31:13。舊譯混亂：新酒培養處女。

春雨

十章

　向耶和華求雨吧，待到春霖時節；<small>春霖，象徵復蘇，何6:3。</small>

　雷電一如驟雨皆耶和華所造　<small>詩135:7</small>

　人人受賜，四野葱蘢。

²相反，那堆家神說的是喪亡　<small>或罪孽，摩5:5。舊譯虛空，誤。</small>

　占卜的只見謊兆　<small>參結21:26。</small>

　而解夢的盡講些虛妄　<small>呼籲警惕假先知，申13:2。</small>

　一口噓氣當慰藉：<small>噓氣，暗喻異教神/偶像，耶2:5, 8:19。</small>

　就這樣，他們像羊兒陷於迷途

　因失了牧人而受苦。<small>結34:5–6。</small>

³於是對準這幫牧者，點燃鼻息　<small>牧者，指統治者，耶25:34。</small>

　我要懲罰領頭的公山羊。<small>喻首領，賽14:9。</small>

　因為，萬軍耶和華必眷顧　<small>同上句"懲罰"，反義結對，番2:7。</small>

　自己的羊群即猶大家

　定將他做一匹戰馬，顯尊榮。<small>復興以色列，再現聖威，彌2:9。</small>

⁴其中必湧現柱石跟帳篷橛釘　<small>喻領袖、英雄，賽19:13。</small>

　戰弓連同每一個將領

　都出於其中——全部 ⁵如勇士

　上陣，踏進街巷的泥濘；<small>期盼起義，以巷戰奪回聖城。</small>

　一場激戰，因有耶和華同在

　蒙羞的是那些騎兵！

⁶我要讓猶大家強大，約瑟家得勝；<small>或獲救。</small>

　要把他們領回，憐憫有加

彷彿未曾遭我摒棄。反言子民已成棄民，詩43:2, 88:14。

因為，我乃耶和華他們上帝

我必應允他們。回應祈禱，是信約義務，賽41:17。

[7]而以法蓮會像一名勇士

滿心歡愉如飲美酒；

兒女見了，一同喜樂：

喜在耶和華，樂在心頭！

[8]我還要吹哨，聚攏他們——

是的，我已付了贖金；此句破格律，似插注。

以使他們〔人口〕劇增

更比先前繁盛。

[9]儘管播撒在萬民之間

他們在遠方仍把我思念　舊譯記念，誤。

直至兒女養大，一起歸來。養大，校讀。原文：（一起）生活。

[10]而我就領着眾人，重出埃及

自亞述招聚，回返基列與黎巴嫩：領土擴張，浪漫設想，9:2注。

如此國土也住不下他們。誇張修辭。

[11]而他，將渡過困厄之海　他，即上帝。校讀：他們。指子民。

擊碎驚濤，令尼羅河枯竭見底。直譯：深處全枯。

亞述的高傲必倒，埃及的權杖必除

[12]當我使他們壯大於耶和華之中：舊譯生造：倚靠我，得以堅固。

奉他的名，他們前行——　賽2:5，彌4:5。

耶和華宣諭。

雪松

十一章

打開你的大門，啊黎巴嫩

讓烈火吞了你的雪松！象徵強權、君主，賽10:34，結31:3。

² 哀哭呀，絲柏，雪松傾覆

尊者一總毀掉！

哭呀，巴珊的橡樹　喻王公貴族，賽2:13。

密林片片斫倒！

³ 聽哪，牧者在哀號　見10:3注。

他們的尊榮盡毀。

聽哪，小獅在咆哮

毀了，約旦河岸的驕傲！形容叢林茂密，耶49:19。

兩根杖

⁴ **此乃耶和華我的上帝之言：你給待宰的羊群做牧人去**。即當先知。待宰，猶言子民結局已定。⁵ **買家宰羊，不用負罪；賣家則口口聲聲：讚美耶和華，讓我發財！**統治階級荒淫，不顧百姓死活。**而放羊的全不顧惜**。祭司集團早已腐敗。⁶ **是呀，這福地居民我再也不憐惜了——耶和華宣諭**。此節打斷敘事，一說是補注。但先知預言，常變換視角、語調。**相反，我要將這些人交到各自的鄰人手裏，扔在國王掌下；讓他們把福地砸個粉碎，我決不擋他們的手！**

⁷ **我便替迦南羊販做了牧人**，迦南羊販，從七十士本。原文：如此貧苦的羊。**牧養這群待宰的羊兒。還拿了兩根杖，一叫"美意"**，no`am，婉稱聖容、神恩，詩27:4。**一名"統一"**。hoblim，用繩綁在一起，象徵王國統一。**如此，我開始放牧；⁸ 但一月之內，就換下了三個牧工**。或指大祭司。另說指所羅門拜偶像；其子寬民王魯愚，造成南北分裂；分裂後，北國增民王另立聖所。**我的靈受不了他們，他們也靈中**

嫌我怨我。⁹於是我説：**我不牧養你們了，該死的由他死掉，當走的由他走失；剩下的，隨他們彼此撕肉！**

¹⁰**説罷，取我的"美意"之杖，砍作兩截，廢了我同萬民立的約。**允許外族入侵，蹂躪福地；猶如廢止息洪水的彩虹之約，創 9:9 以下。¹¹**廢止當日，那些望着我的羊販子就懂了，此是耶和華降言。**故罪人 /耶京上層是明知故犯。¹²**我對他們説：你們若是覺得好，就付我工錢；不然，就別付。他們便稱出我的工錢：三十塊銀子。**蔑視先知 /上帝的代表，僅願出奴婢的身價，出 21:32。¹³**耶和華卻指示我：把它丟庫房去，**校讀從古敍利亞語譯本。原文：丟給陶工。**我被這些人估了個價，好尊貴！**嘲諷，慍怒。**我便接過那三十塊銀子，上耶和華的殿，把錢丟進了殿庫。**基督教視為猶大收受並退還的耶穌身價之預象，太 26:15, 27:3–10。**然後，將第二根杖"統一"砍斷，**或指撒瑪利亞在福山，gerizim，另建聖所，對抗耶京，約 4:20。**廢了猶大同以色列的手足之情。**

¹⁵**接着，耶和華又道：你把那蠢牧工的家什也拿上。**動作諷喻，揭露統治者愚頑，辜負子民，耶 23:1–2。¹⁶**因為看哪，我要就地立一個牧人，**結 34:2–4。**他走失的不眷念，迷路的不尋找，**迷路，校讀。原文：年幼。**受傷的不醫治，病弱的不扶持；**病弱，nizzabah，詞根本義腫脹？民 5:22, 27。另作健康，無確解。**卻要撿肥美的吃，連蹄子也一併剝去。**

¹⁷**禍哉，我這無用的牧工** 無用，另讀愚蠢。約 10:12–23。
竟拋下羊群！願利劍
刺穿他的臂膀和右眼；形容被俘受折磨，撒上 11:2。
願他臂膀完全枯槁
右眼昏黑，瞎掉！

聖城復元

十二章

神諭：耶和華之言，講以色列。<small>預言救恩之日，呼應9:1。</small>

耶和華，那鋪展諸天，奠立大地

搏人的靈於內中的，宣諭：<small>模仿賽42:5。</small>

² **看，我要拿耶路撒冷做一盅暈眩**<small>喻聖怒，耶25:15，俄16。</small>

醉倒四周列邦——猶大亦然

當耶路撒冷受困之際。<small>此句似補注。</small>

³ **待到那一天，世上萬族將她團團圍住，**<small>救主絕地反擊，彌4:11。</small>**我要拿耶路撒冷做一塊沉沉的石頭，**<small>聯想聖殿，3:9。</small>**讓列邦去搬；凡搬它的必受重傷。**

⁴ **那一天，耶和華宣諭：我要使戰馬驚厥，騎手發狂。**<small>敵軍潰敗狀。</small>**但猶大家我必睜眼看護，叫列邦的馬無不失明。**<small>馬，一說是衍文，抄重。</small>⁵ **而後，猶大的族長就不得不心說：**<small>族長，另讀：各宗。下同。</small>**耶路撒冷居民之能頂住，**<small>原文此處有衍文"為我"，從傳統本注刪。</small>**靠的是萬軍耶和華他們上帝！**

⁶ **那一天，我要拿猶大族長做柴堆上的一口火盆，麥捆裹的一支火把，**<small>復指聖怒。</small>**將四周列邦左吞右噬；而耶路撒冷必復元而人丁興旺，**<small>weyashbah `od，或作常存。無定解。</small>**就在耶路撒冷！**<small>校讀：享平安。</small>⁷ **但首先，耶和華必賜猶大的帳幕得勝，**<small>帳幕，提喻家園，賽33:20，兼指神的親在、聖所，結37:27。</small>**以免大衛家的榮光並耶京居民的榮光超過猶大。**

⁸ **那一天，耶和華要庇佑耶京居民，以使他們中間最弱者在那天也猶如大衛，**<small>在那天，修辭，抑或抄重？</small>**而大衛家即如上帝，**<small>'elohim，或神明/眾神，出4:16注。先知仍寄望於大衛王朝復興。</small>**如耶和華的使者，引領他們。**<small>直譯：在他們面前/前頭。創24:7，出23:20。</small>

⁹待到那一天，我要摧毀那進攻耶路撒冷的萬族，急不可耐！難以抑制
狀，6:7，創43:30。¹⁰但對大衛家和耶京居民，我必傾瀉恩典與祈求之靈。救恩取
代聖怒。而他們卻要仰望着我，一經被他們刺穿；神在人內，當忠僕罹難，賽53:5。
參觀約19:37，解作耶穌受難之預象。而人就要哀悼，如悼一個獨兒，要痛哭，如哭
一個頭生子。

¹¹那一天，耶路撒冷的哀儀，要比麥吉度山谷哭石榴雷神的哀儀還大。
石榴雷神，hadad-rimmon，貶稱迦南大神巴力。麥吉度，古戰場象徵末日決戰，士5:19，王下9:27。
¹²是的，要大地志哀，大地，暗示普世皈依。或作舉國，則指福地，13:2。按親族分別
[設祭]——大衛家做一處，女眷分開；直譯：另作一處。下同。傳統觀念，造主面前，
男先女後，分兩處。林前11:8–9，14:34。納單家做一處，納單，大衛與誓女所生，所羅門之弟，
撒下5:14，路3:31。女眷分開；¹³利未家做一處，女眷分開；石美家做一處，石
美，利未之子革順所出，民3:21。女眷分開。¹⁴餘者亦皆按親族[設祭]，女眷分開。

十三章

那一天，要開掘一個泉眼，喻救恩，賽12:3，結36:25, 47:1。給大衛家和耶京居
民[滌淨]罪愆與不潔。

²那一天，萬軍耶和華宣諭：我要從福地剷除那堆偶像，叫它們名字再
無人記得；熟語，結21:37注。同樣，那幫"先知"跟穢靈，也得絕跡於福地。
以遏制假先知與各種法術氾濫之勢，耶23:9以下，結31章。³之後，若有人繼續扮先知，
其生身父母應大喝一聲：你活不了了，竟敢托耶和華的名撒謊！不必等他
預言說完，那生身父母即可將他刺死。

⁴待到那一天，至此，共排比九天。凡做先知的，無一例外，要由自己預言
的異象而蒙羞；再不能披一件粗毛大袍就騙人。粗毛大袍，學先知以利亞的裝束，
王下1:8，太3:4。⁵相反，他得說：我不是先知，我，呃，種地的呀；吞吞吐
吐，狼狽樣。從小，土地是我的營生。校讀。原文費解：人買下了我。⁶若有人問：
你胸口傷疤怎麼回事？胸口，直譯：手間。先知術士施法、志哀，常割破皮肉，王上

18:28；聖法禁止，申 14:1。**他只能答：嗃，在朋友家，劃了一記。**否認當過先知，推說是醉酒鬥毆所致。

利劍擊倒牧人

[7] **利劍哪，你醒來** 照應 11:4–17。

對準我的牧人，我的同伴！解作子民首領、先知或忠僕，皆通。

萬軍耶和華宣諭：

擊倒這牧人，令羊群四散！福音書引以指耶穌被捕，太 26:31。

而我就翻手打那幼小的 羔羊或無辜者亦不倖免，賽 53:7。

[8] **直至舉國上下——耶和華宣諭——**

三分之二被砍倒，殺戮

殘留的僅三分之一。

[9] **但那三分之一我要投進火裏** 餘數成聖，賽 6:13，結 5:2–4。

加以熔煉，如銀子煉成

或檢驗，如金子驗定。熟語，賽 48:10，耶 9:6，伯 23:10。

讓他一呼我的名，我即應允

並宣佈：他是我的子民。

而他要喊：耶和華，我的上帝！人子修復/回歸信約，8:8 注。

大決戰

十四章

看，日子快到了，歸於耶和華——當你被搶掠，當場分光！當場，直譯：在你內中。[2] **當我聚集萬族來攻打耶路撒冷，這城能不陷落？房屋遭洗劫，**

婦女被強姦，同賽13:16。半城的人擄去入囚；唯有殘存的沒砍殺的，可不出城。逃亡亦視如死者。

³之後，耶和華就開戰了！末日決戰。一如當年上陣之日，痛擊這群異族。⁴那一天，他要腳踏橄欖山，立於耶路撒冷東面。而橄欖山要由東向西，裂為兩截，引發地震，摩1:1。形成一條深谷；山的一半朝北退縮，另一半往南擠壓。⁵你們即可由我〔踏出〕的山谷出逃，因這裂山之谷直通留莊；'azal，或貴莊，當在耶京以南，詳不可考，彌1:11。要像逃避猶大王烏齊亞年間那一場地震，快逃！此節七十士本另讀：接着那山間谷地又被填平，封了山谷，至亞梭；幾如猶大王烏齊亞年間，為地震所掩埋。但耶和華我的上帝必降臨，率同他的全體聖者。他，從諸抄本及古譯本。原文：你。

⁶待到那一天，陽光不見，唯有冰凝霜凍；從西瑪庫本及通行本。原文晦澀，無定解。⁷唯有漫長的一日，僅耶和華認得──無晝無夜，廢日月之功，創1:16，賽60:19-20。至傍晚方將亮起。

⁸待到那一天，必有活水自耶路撒冷湧出，源於聖殿，結47:1，珥4:18。一半流向東海，死海。一半注入西海，地中海，珥2:20。無論炎夏寒冬。

⁹是的，耶和華為王，必一統天下：普世一教，獨尊一神，不留死角。那一天，耶和華唯一，聖名唯一。信經指導萬民，申4:35, 6:4，賽45:5。

¹⁰而全國要變為一大平原，從戈丘到南地石榴泉。rimmon，位於猶大南端；戈丘近北界，賽10:28。但耶路撒冷仍聳立不移，自本雅明門至老門原址，即角門，並從神恩塔到國王榨池，耶20:2, 31:38。¹¹皆可居住。再無禁絕之咒，herem，殺光夷平作禁物歸神，賽34:2，啟22:3。耶路撒冷將復歸安寧。

¹²至於那圍攻耶路撒冷的列邦，耶和華必降此瘟疫，子民曾屢受此刑，民14:37, 17:13, 25:8。折磨他們：腳還站着，肉就爛掉，而眼珠已在眼窩裏乾瘭，舌頭在口中潰爛。¹⁵同樣，從聖城本此節前移，以順文意。瘟病也要奪走馬騾駝驢；營地的牲畜，無一逃過這場癘疫。

¹³ 待到那一天，必有大驚恐攫住他們，耶和華叫他們一個揪住另一個的手，鄰人對鄰人揮拳。直譯：舉手。敵營大亂，12:4。¹⁴ 終於猶大反擊了，在耶路撒冷！四周異族的財富一律收繳，金銀、衣物，不計其數。

¹⁶ 而後，那進攻耶路撒冷的萬族之殘餘，就要年年上來，朝拜[他們的]王，萬軍之耶和華，並守住棚節。守節七日，謝恩並慶祝救主解放子民，出 23:16，利 23:34 以下。¹⁷ 世上若有任何部族，不上耶路撒冷朝拜[他們的]王，萬軍耶和華必斷其雨水。¹⁸ 若埃及之族不來朝覲，則耶和華必降瘟疫，必，從七十士本及古敘利亞語譯本。原文：不。一如其折磨任何一族，倘使他們不上來守住棚節。¹⁹ 此乃埃及之刑，hatta'th，兼指罪愆、刑罰。萬族之中，凡拒不上來守住棚節的，皆受此刑。

²⁰ 那一天，便是馬的鈴鐺也要鐫上"歸聖耶和華"。四境之內，潔物皆聖。耶和華殿上的鍋碗，一如祭壇前的銅盆；²¹ 是的，耶路撒冷與猶大的每一口鍋，必歸聖萬軍耶和華。凡來獻祭的，都可以用它煮[祭肉]。參結 44:3。於是在萬軍耶和華的殿上，商販絕跡，商販，kena`ani，迦南人，借指售賣合規潔淨鍋碗者，何 12:8，伯 40:30，箴 31:24。當那一天降臨。

瑪拉基書

一章

神諭：先知預言，鴻 1:1 注。**耶和華之言，借手瑪拉基**，maI'aki，"我的使者"，未必是先知真名，2:7, 3:1。亞蘭語譯本：我的使者、書記，名以斯拉。**説以色列。**

神愛

² **我一直愛着你們**，信約之愛，申 4:37, 7:8，賽 54:8。舊譯不妥：曾愛你們。**耶和華説。可你們老問：愛我們麼？如何愛的？** 質疑聖史。

難道以掃不是雅各的哥哥？ 雙胞胎，創 25:25–26。**耶和華宣諭：然而雅各是我的所愛，³ 而以掃，我恨**；傳統修辭，反言拒絶其愛，路 14:26，羅 9:13。以掃後人稱紅族，據紅嶺，是以色列的世敵。**乃至其山嶺被我毀棄，產業化為荒野，交與紅豺。** 賽 34:13, 35:7。

⁴ **若紅嶺説：雖然殘破，廢墟總可以重建！那麼此乃萬軍耶和華之言：隨他們建去，我必拆毀！** 摩 1:11–12。**將來人要叫他們"邪惡之疆"**，gebul，邊界，轉指疆土，耶 31:17。**"永負耶和華聖怒之民"。⁵ 而你們一旦目睹，定會高呼：啊，耶和華至大，遠超以色列之疆域！**

駁祭司

⁶ **兒當尊父，奴當敬主。** 從七十士本，原文脱"敬"字。出 20:12，約 13:16。**可我若是父親**，忠信者皆神的兒女，申 32:6，耶 3:19。**尊孝在哪？我若是主子**，'adonim，複數表大。**敬畏何在？萬軍耶和華在質問你們，蔑視聖名的祭司！**

可你們説：蔑視你的名？怎麼蔑視？ 祭司不服。

⁷——拿玷污了的餅，供我的祭壇。上帝回答。

如何就玷污了你呢？七十士本：它呢。指祭壇，敬神故。你們反問。

——因為你們說了：耶和華那張桌子，貶損祭壇。蔑視無妨！⁸當你們擺上瞎眼的祭牲，這不是惡，是什麼？違犯聖法，利22:18–25。還有跛足的生病的，獻獻也不礙事？牽來送你的省長試試，他會悅納，抬起你的臉？喻認可、悅納、恩顧，創4:7，民6:26。舊譯錯亂：看你的情面。萬軍耶和華有言。

⁹所以還是懇求上帝開恩吧，求他憐憫我們！一說作者係新聖殿的祭司，活躍於公元前五世紀上半葉。這事出自你們的手，意謂錯在祭司。他能讓你們抬臉？喻蒙恩。萬軍耶和華有言。

¹⁰啊，但願你們誰把［殿］門關了，免你們白費力氣，給我的祭壇獻火！不，我很不中意你們，萬軍耶和華說，手中的祭品沒有一樣是可悅納的。

¹¹相反，從日出之地到日落之鄉，列族皆尊我的名為大；天下飯依，同拜一神，賽45:6，亞8:21。各處燒香、獻潔淨祭品，均奉聖名。彌賽亞／受膏者之日，即聖法之世。因為，列族中間我的名至大，萬軍耶和華有言。

¹²然而你們褻瀆了它，說：我主的桌子玷污了，那些吃的也無妨蔑視。那些，校讀。原文費解：它的果子。¹³還說什麼：麻煩死了。居然對我嗤鼻子！hippa<u>h</u>tem，吹氣、喘息、嗤聲、輕蔑狀。我，傳統讀法。原文：它。萬軍耶和華有言。

故而你們管它是撿回的，gazul，本義搶奪，或指被野獸咬死（獸口奪回）的牲畜，未經屠宰放血，不潔，出22:30。或跛足生病的，都牽來充當祭品。我豈能從你們手中悅納？耶和華有言。少數抄本：萬軍耶和華有言。

¹⁴這種無賴，必受詛咒！明明羊群裏有［好］公羊，也許了願，卻挑一隻殘損的獻給主。諸抄本：給耶和華／我。不，我乃至大之王，萬軍耶和華有言：我的名，列族敬畏。詩95:3, 102:15。

二章

好了，這條誡命給你們，各位祭司！

² 若你們不願聽從，不銘記在心，而把榮耀歸於我的名，萬軍耶和華有言：我必降咒，變你們的福份為詛咒。禍福皆神義之報應，申 28:15。其實我已經發了詛咒，因你們沒有一個把〔誡命〕放在心間。³ 看，我要斥責你們的子實，後裔負連帶／團體責任，出 20:5，何 4:5。七十士本另讀：砍斷你們的臂膀。將糞潑在你們臉上——將那節期祭牲的糞，跟你們做一堆掃除！一說此句是補注。

⁴ 如此，你們即可明瞭，這誡命傳與你們，是要保持我與利未的約，民 3:6–12, 18:1–7, 20–24。萬軍耶和華有言。⁵ 我同他立有此約，賜生命與平安，包括一切福祉，賽 54:10，結 34:25。並敬畏，即令其心生敬畏：對我的名他應畏懼。

⁶ 真理之教導在他口中　真理，或作忠信（之法），亞 8:19 注。

他唇上絕無不義；　舊譯不通：真實。

因誠實、正直而與我同行　誠實，shalom，本義完好、平安。

使眾人回頭，棄咎責。訓誨百姓，裁決爭端，申 21:5。

⁷ 是呀，祭司的唇須守護知識　箴 5:2, 15:7。

聖法，當從他口中尋覓——　聖法，同上節 "教導"，何 4:6。

他的確是萬軍耶和華的使者。傳達神諭，不啻天使或先知。

⁸ 然而你們背離了正道，讓眾人在律法上絆跤。指其歪曲摩西之律，裁判不公。結果敗壞了利未之約，萬軍耶和華有言：⁹ 讓我不得不將你們交與萬民去蔑視而鄙棄，婉言聖殿焚毀，祭司入囚。只因你們不守我的道，竟至拿聖法徇私！

髮妻

¹⁰ 不是嗎，人共有一位父親，天父，林前 8:6。一位上帝，他創造了我們？為什麼，人要背棄自己兄弟，陷於宗派紛爭。背棄，舊譯不確：以詭詐待。褻瀆我們祖先的約？褻瀆，舊譯背棄，誤。¹¹ 猶大背信了，以色列和耶路撒冷犯下了穢

行。那猶大褻瀆的是耶和華鍾愛的聖所：或聖地。娶異神的女兒為妻！與外族通婚，寬容異教，視同背信，創24:3，申7:3-4。¹²願耶和華將犯事之人，並證婚的監督的，校讀。原文有訛：叫醒了回答？此句無定解。從雅各的帳篷，從供奉萬軍耶和華的會眾中剪除。拉9-10章，尼13:23-29。

¹³還有這事，也是你們幹的，就是讓眼淚、哀歎和呻吟遮蓋了耶和華的祭壇，棄婦及受欺侮女性的祈禱上達天聽，引發聖怒。乃至他不復眷顧祭品，不從你們手中悅納了。¹⁴怎麼搞的？你們問。

怎麼，耶和華是你同年輕時娶的髮妻間的見證哪！而你竟背棄了她，全然不顧她是你的配偶、你的約妻。傳統觀念，婚姻神聖，賽54:6，結16:8，箴2:17。¹⁵難道[她]不是那一位所造，她，另讀：人。肉與靈，校讀。原文：靈/氣之餘。皆屬於他？而合一，ha'eḥad，男女結合，創2:24；解作那一位，亦通。是求什麼？上帝的子實呀！生於女人，即上帝所摶，故名神的子實，創4:1。上帝，舊譯虔誠，誤。所以好好守護自己的生命之氣吧，誰也不可背棄髮妻。

¹⁶是的，我恨休妻，摩西之律對此略有限制，申24:1-4，參可10:2-9。耶和華，以色列的上帝有言——恨人把強暴披在衣袍裏，喻家暴、休妻。或作：衣袍沾滿暴行。萬軍耶和華所言。

好好守護你們的生命之氣，人不可背信。

降臨之日

¹⁷你們喋喋不休，惹耶和華生厭了，舊譯不通：煩瑣。對照彌6:3。還在問：如何就讓他厭煩了？

——因為你們說了：即便作惡，也都是善，在耶和華眼裏；質疑善惡報應，耶12:1注，伯21:7-8。而且他喜歡他們！或者：哪有什麼公道之上帝！公道，兼指審判。

三章

看，我這就派我的使者，見 1:1 注二。在我前面預備一條大道。做救主的前驅，賽 40:3。福音書引以指施洗約翰，可 1:2-3，太 11:10。突然間，你們尋求的主，要來他的殿上！聖者再臨，結束出離。那承約使者，受命重續平安之約，賽 54:10，耶 31:31, 33。你們的歡愉所繫，看哪，他來了！萬軍耶和華有言。

² 但誰能承受他的降臨之日？他顯現之時，誰可站牢？鴻 1:6，啟 6:17。

他就像一個爐工的火，又如漂洗人的鹼；³ 他要坐下，如爐工煉銀，煉淨利未子孫，宛如金銀投入熔爐，祭司一如子民餘數，須經受嚴酷考驗，亞 13:9。以使他們能秉持公義向耶和華獻祭。不僅儀軌，日常言行也合聖法的教導。⁴ 而後猶大與耶路撒冷的祭品，便會重獲耶和華歡心，一如往日，多年以前。

⁵ 不過，我要 [先] 迫近你們，擲下判決；報應日在即，珥 4:14。要迅速作證，指控那些不敬畏我的，凡行巫術、犯通姦、發假誓、克扣工錢、欺壓孤寡、推搡客籍的，出 22:20-21，利 19:13，申 18:10, 24:14-15。一個不漏，萬軍耶和華有言。

什一捐

⁶ 是的，我乃耶和華，我不會變；神性恒定，乃信約之根基，民 23:19。因而你們就沒滅亡，雅各子孫！

⁷ 然而自祖輩起，你們就背離我的法令，不遵行。摩 2:4。回頭找我吧，我一定回來你們身邊，應許寬赦，亞 1:3。萬軍耶和華有言。

可你們說：回頭？怎麼回法？

⁸ 人豈能騙過上帝？騙，haya`aqob，從七十士本，諧音雅各。原文：搶，hayiqba`，係虔敬者膳寫。下同。但你們一直在騙我！還說：騙你？如何騙法？天父全知，不可能受蒙蔽。

——用什一捐和各樣獻儀呀。指其濫用祭司特權，褻瀆聖職。民 18:21-31，申 14:22 以下。⁹ 詛咒中你們橫遭詛咒！竟敢騙我，你們整個一族！無辜者受了牽連，2:3

注。¹⁰不，什一捐應全部入公庫，讓我的殿有存糧。供給利未人，維持聖所祭祀，尼 13:12。就這麼做，試試我看，萬軍耶和華有言：看我會不會為你們打開天穹的水閘傾瀉福祉，聯想方舟洪水，創 7:11，申 28:12。直到你們消受不了！暗示不回頭／悔改即剝奪福份。

¹¹我還要替你們呵斥吞噬者，婉言蝗蟲。不容它毀壞土地的出產，亦不許田間的葡萄顆粒無收，萬軍耶和華有言。

¹²而後，萬族要稱你們有福，因你們必成一片樂土，故名福地。萬軍耶和華有言。

公義之旭日

¹³你們講話，常頂撞我，尤指統治者決策、祭司佈道等。耶和華說。可你們老問：講了什麼，頂撞你了？¹⁴還說：沒用的，侍奉耶和華。給他執禮，或披上黑衣，舉哀，耶 14:2。走在萬軍耶和華面前，有何益處？實用主義態度，伯 21:14–15。¹⁵如今我們稱狂傲者有福；造孽的個個興旺，直譯：建成。而且試探上帝，總能脫身！

¹⁶於是，那敬畏耶和華的彼此議論，包括疑慮、不解和不滿情緒。耶和華皆側耳垂聽。且有書卷展開在他面前，供其記錄，天庭記述人子功罪和命運的名冊，即生命冊，詩 40:7, 56:8, 69:28，但 7:10。將敬畏耶和華、思念聖名的一一載入。¹⁷當我成就之日，他們必歸我，我的特選產業，segullah，確認信約不變，出 19:5。舊譯不通：特特歸我。萬軍耶和華有言：而我就憐惜他們，宛若人憐愛一個服事自己的兒子。詩 103:13。¹⁸然後，你們即可重新分清義人與惡人，區別侍奉上帝的跟不侍奉的了。通行本此處分章。

¹⁹因為看哪，日子快到了，熾烈如一口火爐！詩 21:9。那群狂傲的造孽的則是碎秸，只待那一天來臨，點燃他們，套喻，賽 5:24, 33:11，俄 18。萬軍耶和華有言：根子枝子，一片不留。

²⁰ **但是向着你們，敬畏聖名的，必有公義之旭日升起，展翼將救治四射。** 救恩如陽光普照（旭日展翼），世界將煥然一新，賽 60:2–3，路 1:78。**而你們就要出來，像蹦出牛欄的犢子撒歡；** 以色列掙脫囚鎖。²¹ **要踏倒惡人，拿他們當泥塵踩在你們腳底，當我成就之日，萬軍之耶和華有言。** 以下兩段結語通說是後加的。

結語

²² **請牢記摩西我的僕人的教導，** 指聖法，2:6–7。**亦即我在何烈山命其傳授以色列全體之典章律例。** 何烈山，horeb，又名西奈山、上帝之山，出 3:1，申 5:1–2。

²³ **看，我要遣先知以利亞來你們中間，** 史載以利亞被火馬車接去了天上，王下 2:11–13。先知預言，他將再臨福地，宣告末日救贖，可 9:11–13，太 11:14, 17:10–13。**迎接那大而可畏的耶和華之日。** 珥 2:11, 3:4。²⁴ **他必使父母對兒女回心，** 父母／兒女，直譯：父／子。陽性複數兼指兩性。**兒女向父母轉意，** 盼會眾停止相殘，重新和好，團結對外，德 48:10，路 1:17。**以免當我降臨之時，將這一國打入禁絕。** 亞 14:11 注。猶太會堂傳統，誦經至此須重複上節。

二〇一九年七月初稿，十二月定稿

參考書目

　　拙譯《先知書》及前言、導讀中引文所據原文的底本，跟之前的三卷聖書《摩西五經》《智慧書》與《新約》(2006，2008，2010) 相同：希伯來《聖經》用德國斯圖加特版 Kittel-Kahle-Elliger-Rudolph 傳統本第五版 (*Biblia hebraica stuttgartensia*, 1997，簡稱 BHS)，《新約》則取斯圖加特版 Nestle-Aland 匯校本第二十七版 (*Novum testamentum graece*, 1993，簡稱 *NTG*)，皆西方學界公認的權威。釋義、串解、斷句及風格研究，*BHS*、*NTG* 腳注所載異文異讀之外，主要參考了六種經典西文譯本，即希臘語七十士本、拉丁語通行本、德語路德本、法語聖城本、英語欽定本和猶太社本。

　　以下羅列書中提及或引用的文獻，並一些相關的聖經學研究。排序按著/編者姓氏中譯名的漢語拼音和四聲筆劃。外國經典作家，譯名已約定俗成的，不附西文原名，如：奧古斯丁。

A

艾爾曼 (Bart Ehrman)：《遺失了的經書》(*Lost Scriptures: Books that Did Not Make It into the New Testament*)，牛津大學出版社，2005。

艾爾曼：《造假：以上帝的名義寫作》(*Forged: Writing in the Name of God – Why the Bible's Authors Are Not Who We Think They Are*)，HarperOne, 2011。

奧古斯丁：《上帝之城》(*The City of God*)，R.W. Dyson 譯注，劍橋大學出版社，1998。

奧特 (Robert Alter)：《聖經詩藝》(*The Art of Biblical Poetry*)，Basic Books, 1985。

B

巴蘭丁 (Samuel Balentine)：《隱匿之神》(*The Hidden God: The Hiding of the Face of God in the Old Testament*)，牛津大學出版社，1983。

巴爾頓 (John Barton)：《神諭》(*Oracles of God: Perceptions of Ancient Prophecy in Israel After the Exile*)，牛津大學出版社，2007。

班生 (Larry D. Benson)：《駁論集：從〈貝奧武甫〉到喬叟》(*Contradictions: From Beowulf to Chaucer*)，Routledge, 2016。

波德洛 (Jean Bottero)：《古代兩河流域宗教》(*Religion in Ancient Mesopotamia*)，Teresa Fagan 英譯，芝加哥大學出版社，2001。

伯爾曼 (Joshua Berman)：《受造而平等》(*Created Equal: How the Bible Broke with Ancient Political Thought*)，牛津大學出版社，2011。

伯科特 (Walter Burkert)：《創造神聖：早期宗教的生物學蹤跡》(*Creation of the Sacred: Tracks of Biology in Early Religions*)，哈佛大學出版社，1996。

伯特 (Robert Burt)：《旋風中》(*In the Whirlwind: God and Humanity in Conflict*)，哈佛大學出版社，2012。

勃洛赫 (Ernst Bloch)：《基督教裏的無神論》(*Atheism in Christianity*)，J.T. Swann英譯，Verso, 2009。

布伯 (Martin Buber)：《兩種信仰》(*Two Types of Faith*)，Norman Goldhawk英譯，雪城大學出版社，2003。

D

德福 (Rolland de Vaux)：《古以色列之生活與制度》(*Ancient Israel: Its Life and Institutions*)，John McHugh英譯，Wm. B. Eerdmans, 1997。

德維爾 (William Dever)：《上帝曾有妻否》(*Did God Have a Wife? Archaeology and Folk Religion in Ancient Israel*)，Eerdmans, 2008。

F

菲羅 (Philo of Alexandria)：《菲羅集》(*Philo*)，F.H. Colson & G.H. Whitaker英譯，十卷，哈佛/羅伯叢書，1991。

馮象：《政法筆記》，增訂版，北京大學出版社，2012。

馮象：《信與忘：約伯福音及其他》，北京三聯，2012。

馮象：《以賽亞之歌》，北京三聯，2017。

馮象：《聖詩擷英》，北京三聯，2017。

馮象：《我是阿爾法：論法和人工智能》，香港牛津，2018。

芬克斯坦/西爾伯曼 (Israel Finkelstein & Neil Silberman)：《聖經出土》(*The Bible Unearthed: Archaeology's New Vision of Ancient Israel and the Origin of Its Sacred Texts*)，Free Press, 2001。

傅利門 (Richard Friedman)：《聖經是誰寫的》(*Who Wrote the Bible*)，Harper Collins, 1989。

傅利門：《上帝之消失》(*The Disappearance of God: A Divine Mystery*)，Little, Brown & Co., 1995。

G

高蒂斯 (Robert Gordis)：《上帝與人之書》(*The Book of God and Man: A Study of Job*)，芝加哥大學出版社，1965。

H

哈佐尼 (Yoram Hazony)：《希伯來聖經哲學》(*The Philosophy of Hebrew Scripture*)，劍橋大學出版社，2012。

何歇爾 (Abraham Heschel)：《論先知》(*The Prophets*)，Harper Perrennial, 2001。

K

卡恩 (Steven Cahn) [編]：《宗教哲學文選》(*Ten Essential Texts in the Philosophy of Religion: Classical and Contemporary Issues*)，牛津大學出版社，2005。

卡爾 (David Carr)：《希伯來聖經成形之新解》(*The Formation of the Hebrew Bible: A New Reconstruction*)，牛津大學出版社，2011。

卡吉爾 (Robert Cargill)：《城市築起聖經》(*The Cities that Built the Bible*)，HarperOne, 2016。

凱爾特納/斯圖爾曼 (John Kaltner & Louis Stulman) [編]：《靈媒傳話：古代近東的預言》(*Inspired Speech: Prophecy in the Ancient Near East*)，T&T Clark, 2004。

柯麗茨娜 (Judy Klitsner)：《聖經中的顛覆性接續》(*Subversive Sequels in the Bible: How Biblical Stories Mine and Undermine Each Other*)，Maggid Books, 2011。

克羅斯 (Frank Cross)：《迦南神話與希伯來史詩》(*Canaanite Myth and Hebrew Epic: Essays in the History of the Religion of Israel*)，哈佛大學出版社，1973。

克羅斯：《從史詩到正典》(*From Epic to Canon: History and Literature in Ancient Israel*)，約翰霍普金斯大學出版社，1998。

孔德–思朋維爾 (Andre Comte-Sponville)：《論無神論的靈性》(*The Little Book of Atheist Spirituality*)，Nancy Huston英譯，Viking, 2007。

庫格爾 (James Kugel)：《聖經詩理》(*The Idea of Biblical Poetry: Parallelism and Its History*)，耶魯大學出版社，1981。

庫格爾：《大轉換：遭遇上帝於聖經時代》(*The Great Shift: Encountering God in Biblical Times*)，Mariner Books, 2018。

L

蘭伯特 (David Lambert)：《悔改和解經》(*How Repentance Became Biblical: Judaism, Christianity, and the Interpretation of Scripture*)，牛津大學出版社，2017。

列文森 (Jon Levenson)：《創世與惡之持續》(*Creation and the Persistence of Evil*)，Harper & Row, 1988。

列文森：《愛子的死與復活》(*The Death and Resurrection of the Beloved Son: The Transformation of Child Sacrifice in Judaism and Christianity*)，耶魯大學出版社，1995。

列文森：《復活與以色列復興》（*Resurrection and Restoration of Israel: The Ultimate Victory of the God of Life*），耶魯大學出版社，2008。

劉易斯 (C.S. Lewis)：《反思詩篇》（*Reflections on the Psalms*），Mariner Books, 2012。

羅森堡 (David Rosenberg)：《亞伯拉罕傳》（*Abraham: The First Historial Biography*），Basic Books, 2006。

M

邁爾斯 (Jack Miles)：《上帝傳》（*God: A Biography*），Vintage Books, 1996。

麥茨格 (Bruce Metzger)：《聖經移譯史》（*The Bible in Translation*），Baker Academic, 2001。

N

納德勒 (Steven Nadler)：《一切可能世界中最好的那個》（*The Best of All Possible Worlds: A Story of Philosophers, God and Evil*），Farrar, Straus & Giroux, 2008。

納吉曼 (Hindy Najman)：《失去聖殿，找回未來》（*Losing the Temple and Recovering the Future: An Analysis of 4 Ezra*），劍橋大學出版社，2014。

O

歐麥利 (John O'Malley)：《西方的四種文化》（*Four Cultures of the West*），哈佛大學出版社，2004。

P

帕爾蒂絲 (Ilana Pardes)：《聖經裏的反傳統：女性主義解讀》（*Countertraditions in the Bible: A Feminist Approach*），哈佛大學出版社，1992。

平斯基 (Robert Pinsky)：《大衛傳》（*The Life of David*），Schocken Books, 2005。

Q

齊莫利 (Walther Zimmerli)：《律法與先知》（*The Law and the Prophets: A Study of the Meaning of the Old Testament*），R.E. Clements英譯，Wipf & Stock, 2010。

S

沙瑪 (Simon Schama)：《猶太人史》（*The History of the Jews: Finding the Words, 1000 BC~1492 AD*），HarperCollins, 2013。

史密斯 (Mark Smith)：《上帝前史》（*The Early History of God: Yahweh and the Other Deities in Ancient Israel*），Eerdmans, 2002。

史尼德溫 (William Schniedewind)：《聖經是如何成書的》（*How the Bible Became a Book*），劍橋大學出版社，2004。

斯賓諾莎：《倫理學》（*Ethics*），Edwin Curley英譯，Penguin Classics, 2005。

斯當普（Eleonore Stump）：《黑暗中的徘徊：敘事與苦難問題》（*Wandering in Darkness: Narrative and the Problem of Suffering*），牛津大學出版社，2012。

斯坦伯格（Meir Sternberg）：《聖經敘事詩學》（*The Poetics of Biblical Narrative: Ideological Literature and the Drama of Reading*），印地安那大學出版社，1987。

《死海古卷》（*The Complete Dead Sea Scrolls in English*），Geza Vermes英譯，企鵝叢書，1998。

《死海古卷聖經》（*The Dead Sea Scrolls Bible*），Martin Abegg, Peter Flint & Eugene Ulrich譯注，HarperSanFrancisco, 1999。

T

托夫（Emanuel Tov）：《猶大荒野出土文本所示文書實踐及方式》（*Scribal Practices and Approaches Reflected in the Texts Found in the Judean Desert*），Brill, 2004。

W

瓦爾澤（Michael Walzer）：《上帝庇蔭》（*In God's Shadow: Politics in the Hebrew Bible*），耶魯大學出版社，2012。

威利克（Jed Wyrick）：《論猶太、希臘與基督教傳統中作者之確認與正典之形成》（*The Ascension of Authorship: Attribution and Canon Formation in Jewish, Hellenistic and Christian Traditions*），哈佛大學出版社，2004。

威爾遜（Robert Wilson）：《古以色列的預言與社會》（*Prophecy and Society in Ancient Israel*），Fortress, 1980。

葦葉（Simone Weil）：《重負與神恩》（*Gravity and Grace*），Emma Crawford & Mario von der Ruhr 英譯，Routledge Classics, 2002。

Y

約瑟夫（Flavius Josephus）：《全集》（《猶太戰爭》《猶太史》《自傳》和《斥阿比安》），H.St.J. Thackeray等英譯，十三卷，哈佛/羅伯叢書，1926~65。

約西波維奇（Gabriel Josipovici）：《上帝之書》（*The Book of God: A Response to the Bible*），耶魯大學出版社，1988。

Z

澤維特（Ziony Zevit）：《古以色列諸宗教》（*The Religions of Ancient Israel: A Synthesis of Parallactic Approaches*），Continuum, 2001。

譯注者簡介

馮象，上海人。少年負笈雲南邊疆，從兄弟民族受"再教育"凡九年成材，獲北大英美文學碩士，哈佛中古文學博士 (Ph.D)，耶魯法律博士 (J.D)。現任北京清華大學梅汝璈法學講席教授，兼治法律、宗教、倫理和西方語文。著/譯有《貝奧武甫：古英語史詩》(北京三聯，1992)，《中國知識產權》(英文，Sweet & Maxwell, 1997)，《木腿正義》(1999；北京大學增訂版，2007)，《玻璃島》(北京三聯，2003)，《政法筆記》(2004；北京大學增訂版，2011)，《創世記：傳說與譯注》(2004；北京三聯修訂版，2012)，《摩西五經》(牛津大學，2006，修訂版，2013)，《寬寬信箱與出埃及記》(北京三聯，2007)，《智慧書》(牛津大學，2008，修訂版，2016)，《新約》(牛津大學，2010，修訂版，2018)，《信與忘》(北京三聯，2012)，《以賽亞之歌》(北京三聯，2017)，《聖詩擷英》(北京三聯，2017)，《我是阿爾法》(牛津大學，2018)，《先知書》(牛津大學，2020)，及法學評論、小說詩歌若干。

(電郵：fengxiang@post.harvard.edu)

先知書
The Prophets

ISBN 978-988-8678-85-3

9 789888 678853